G-TELP 기출문제 **7**회분 수록!

G-TELP KOREA 문제 제공

지텔프

기출문제 해설집

Level 2

BM (주)도서출판 **성안당**

G-TELP
목표 점수대별 공략법

35점~50점대 공략법

- 한국산업인력공단 : 호텔서비스사 - 39점
- 경찰청 : 경찰공무원(순경) - 43점
  (2022년부터!)
- 국민안전처 : 소방사(공채) - 43점
  (2023년부터)
- 국방부 : 군무원 9급 - 32점,
  군무원 7급 - 47점

지텔프 시험에 응시하여 목표로 하는 점수대를 단기간에 받기 위해서는 선택과 집중이 필요합니다. 비교적 낮은 점수대만 받아도 되는 경우에는 영역별로 점수 받기가 상대적으로 쉬운 파트를 집중적으로 공략하고 필요한 점수를 확보하는 전략을 취해야 합니다. 점수 받기가 가장 용이한 파트인 문법에서 최대한 점수를 확보하고 그 다음으로 독해에서 상대적으로 쉬운 PART 1, PART 4를 공략합니다. 듣기 영역은 점수를 얻기가 가장 어렵기 때문에 상대적으로 쉬운 대화 파트에서 승부를 걸어야 합니다. 지텔프 목표 점수대별 공략법을 알려 드립니다!

READING
독해는 PART 1을 집중 공략

> 상대적으로 쉬운 PART 1(인물 일대기)을 공략해야 해!

LISTENING
듣기는 PART 1을 집중 공략

> 상대적으로 쉬운 PART 1 (개인적 대화)에서 점수 확보!

GRAMMAR
문법은 80점 이상 확보

> 특히, 점수 얻기 쉬운 파트인 시제, 가정법, 당위성 문제에서 점수를 확보해야 해!

> 이렇게 보니 지텔프 목표 점수대별 공략법이 한눈에 보이네요!

50점~65점대 공략법

- 국민안전처 : 소방간부 후보생 – 50점
- 경찰청 : 경찰간부 후보생 – 50점

65점대 이상 공략법

- 국회 : 입법고시 – 65점 • 병무청 : 카투사 – 73점
- 법원 : 법원 행정고시 – 65점
- 정부 : 국가공무원 5·7급 – 65점,
  외교관 후보자 – 88점
- 금융감독원 : 공인회계사 – 65점
- 한국산업인력공단 :
  변리사 – 77점, 세무사 – 65점
- 국방부 : 군무원 5급 – 65점

READING

독해는 PART 1, PART 4를 집중 공략

상대적으로 쉬운
PART 1(인물 일대기)과
PART 4(비즈니스 레터)를
집중 공략해야 해!

READING

**독해는 PART 1, PART 2, PART 4를
집중 공략**

독해는
PART 1, PART 4뿐
아니라 PART 2(잡지
기사)도 집중 공략!

LISTENING

**듣기는 상대적으로 쉬운
PART 1, PART 3를 집중 공략**

PART 1
(개인적 대화)과
PART 3(협상적
대화)에서 최대한
점수 확보!

LISTENING

**듣기는 PART 1, PART 3뿐 아니라
PART 2도 집중 공략**

PART 4(절차 설명)에 비해
상대적으로 쉬운 PART 2
(발표)에서 점수 확보!
육하 원칙에 따라 내용을
들으면서 메모해!

GRAMMAR

문법은 85점 이상 확보

시제, 가정법, 당위성
문제뿐 아니라 관계사,
조동사와 준동사 문제까지
맞춰야 해!

GRAMMAR

문법은 90점 이상 확보

시제, 가정법, 당위성,
관계사, 조동사, 준동사
문제뿐 아니라 연결어
문제까지 완벽하게
대비해야 해!

목표 점수대별 학습 플랜

14일 2주 완성 학습 플랜 : 35점 이상

Day 1	Day 2	Day 3	Day 4	Day 5	Day 6	Day 7
TEST 1 – 문제 풀기 – 틀린 문제 확인 – 문법 리뷰	TEST 1 – 독해/청취 리뷰 (Part 1 중심) – 어휘 암기	TEST 2 – 문제 풀기 – 틀린 문제 확인 – 문법 리뷰	TEST 2 – 독해/청취 리뷰 (Part 1 중심) – 어휘 암기	TEST 3 – 문제 풀기 – 틀린 문제 확인 – 문법 리뷰	TEST 3 – 독해/청취 리뷰 (Part 1 중심) – 어휘 암기	TEST 4 – 문제 풀기 – 틀린 문제 확인 – 문법 리뷰

Day 8	Day 9	Day 10	Day 11	Day 12	Day 13	Day 14
TEST 4 – 독해/청취 리뷰 (Part 1 중심) – 어휘 암기	TEST 5 – 문제 풀기 – 틀린 문제 확인 – 문법 리뷰	TEST 5 – 독해/청취 리뷰 (Part 1 중심) – 어휘 암기	TEST 6 – 문제 풀기 – 틀린 문제 확인 – 문법 리뷰	TEST 6 – 독해/청취 리뷰 (Part 1 중심) – 어휘 암기	TEST 7 – 문제 풀기 – 틀린 문제 확인 – 문법 리뷰	TEST 7 – 독해/청취 리뷰 (Part 1 중심) – 어휘 암기

21일 3주 완성 학습 플랜 : 50점 이상

Day 1	Day 2	Day 3	Day 4	Day 5	Day 6	Day 7
TEST 1 – 문제 풀기 – 틀린 문제 확인 – 문법 리뷰	TEST 1 – 독해 리뷰 (Part 1, 4 중심) – 어휘 암기	TEST 1 – 듣기 연습 – 듣기 문제 리뷰 (Part 1, 3 중심)	TEST 2 – 문제 풀기 – 틀린 문제 확인 – 문법 리뷰	TEST 2 – 독해 리뷰 (Part 1, 4 중심) – 어휘 암기	TEST 2 – 듣기 연습 – 듣기 문제 리뷰 (Part 1, 3 중심)	TEST 3 – 문제 풀기 – 틀린 문제 확인 – 문법 리뷰

Day 8	Day 9	Day 10	Day 11	Day 12	Day 13	Day 14
TEST 3 – 독해 리뷰 (Part 1, 4 중심) – 어휘 암기	TEST 3 – 듣기 연습 – 듣기 문제 리뷰 (Part 1, 3 중심)	TEST 4 – 문제 풀기 – 틀린 문제 확인 – 문법 리뷰	TEST 4 – 독해 리뷰 (Part 1, 4 중심) – 어휘 암기	TEST 4 – 듣기 연습 – 듣기 문제 리뷰 (Part 1, 3 중심)	TEST 5 – 문제 풀기 – 틀린 문제 확인 – 문법 리뷰	TEST 5 – 독해 리뷰 (Part 1, 4 중심) – 어휘 암기

Day 15	Day 16	Day 17	Day 18	Day 19	Day 20	Day 21
TEST 5 – 듣기 연습 – 듣기 문제 리뷰 (Part 1, 3 중심)	TEST 6 – 문제 풀기 – 틀린 문제 확인 – 문법 리뷰	TEST 6 – 독해 리뷰 (Part 1, 4 중심) – 어휘 암기	TEST 6 – 듣기 연습 – 듣기 문제 리뷰 (Part 1, 3 중심)	TEST 7 – 문제 풀기 – 틀린 문제 확인 – 문법 리뷰	TEST 7 – 독해 리뷰 (Part 1, 4 중심) – 어휘 암기	TEST 7 – 듣기 연습 – 듣기 문제 리뷰 (Part 1, 3 중심)

28일 4주 완성 학습 플랜 : 65점 이상

Day 1	Day 2	Day 3	Day 4	Day 5	Day 6	Day 7
TEST 1 – 문제 풀기 – 틀린 문제 확인 – 어휘 암기	TEST 1 – 문법 리뷰 – 문법 유형 익히기	TEST 1 – 듣기 노트테이킹 연습 – 듣기 문제 리뷰	TEST 1 – 독해 리뷰 – 문제 유형 익히기	TEST 2 – 문제 풀기 – 틀린 문제 확인 – 어휘 암기	TEST 2 – 문법 리뷰 – 문법 유형 익히기	TEST 2 – 듣기 노트테이킹 연습 – 듣기 문제 리뷰

Day 8	Day 9	Day 10	Day 11	Day 12	Day 13	Day 14
TEST 2 – 독해 리뷰 – 문제 유형 익히기	TEST 3 – 문제 풀기 – 틀린 문제 확인 – 어휘 암기	TEST 3 – 문법 리뷰 – 문법 유형 익히기	TEST 3 – 듣기 노트테이킹 연습 – 듣기 문제 리뷰	TEST 3 – 독해 리뷰 – 문제 유형 익히기	TEST 4 – 문제 풀기 – 틀린 문제 확인 – 어휘 암기	TEST 4 – 문법 리뷰 – 문제 유형 익히기

Day 15	Day 16	Day 17	Day 18	Day 19	Day 20	Day 21
TEST 4 – 듣기 노트테이킹 연습 – 듣기 문제 리뷰	TEST 4 – 독해 리뷰 – 문제 유형 익히기	TEST 5 – 문제 풀기 – 틀린 문제 확인 – 어휘 암기	TEST 5 – 문법 리뷰 – 문법 유형 익히기	TEST 5 – 듣기 노트테이킹 연습 – 듣기 문제 리뷰	TEST 5 – 독해 리뷰 – 문제 유형 익히기	TEST 6 – 문제 풀기 – 틀린 문제 확인 – 어휘 암기

Day 22	Day 23	Day 24	Day 25	Day 26	Day 27	Day 28
TEST 6 – 문법 리뷰 – 문법 유형 익히기	TEST 6 – 듣기 노트테이킹 연습 – 듣기 문제 리뷰	TEST 6 – 독해 리뷰 – 문제 유형 익히기	TEST 7 – 문제 풀기 – 틀린 문제 확인 – 어휘 암기	TEST 7 – 문법 리뷰 – 문법 유형 익히기	TEST 7 – 듣기 노트테이킹 연습 – 듣기 문제 리뷰	TEST 7 – 독해 리뷰 – 문제 유형 익히기

G-TELP 기출문제 해설집을 내면서

도서출판 성안당에서 지텔프 코리아가 제공한 G-TELP Level 2 기출문제 7회분을 담은 [G-TELP KOREA 문제 제공 지텔프 기출문제 해설집]을 출간하였습니다. 반세기 동안 수험서 출간을 선도해온 성안당에서 특유의 노하우와 진심을 담아 G-TELP Level 2 시험에 완벽하게 대비하고 단기간에 목표 점수를 성취하도록 돕고자 합니다.

지텔프 최신 경향을 담은 기출문제!

이 책은 미국 ITSC(International Testing Services Center, 국제테스트연구원)로부터 기출문제 7회분을 제공받아 교재에 수록했습니다. 수험생들이 최신 경향을 반영한 기출문제를 한 세트라도 더 공부할 수 있도록 정성을 다하였습니다.

본 교재 한 권으로 G-TELP Level 2 완벽 대비!

최근의 영역별 지텔프 시험 경향을 철저히 분석하여 고득점 전략을 제시하였고, 영역별 문제마다 예리한 해설과 문제풀이 노하우인 정답키를 제공하였습니다. 지텔프를 처음 접하는 수험생들도 지텔프 시험 경향과 학습 전략을 숙지하고 기출문제와 해설서로 공부하면 본 교재 한 권으로 G-TELP Level 2 시험에 완벽하게 대비하여 목표 점수를 성취할 수 있습니다.

문법 영역에서 문법 사항 정리한 참고 자료 제공!

지텔프 시험에서 단기간에 점수를 내기 위해서 반드시 잡아야 할 영역은 바로 문법입니다. 본 교재는 문법 문제별 해설과 오답 분석에서 그치지 않고 각 문제에 해당 문법 사항을 정리한 참고 자료를 제공하여 문법 핵심 사항을 반복 학습할 수 있도록 구성하였습니다.

직독 직해와 근거 문장 제시로 독해력 급상승!

독해 지문과 듣기 지문을 직독 직해 스타일로 해석하여 실질적인 이해를 돕고, 문제 해설마다 정답의 근거 문장을 제시하여 바로 파악할 수 있도록 하였습니다.

실전과 동일한 문제지, 답안지, MP3 제공!

실전 감각을 높이기 위해 G-TELP Level 2 시험과 동일한 형식의 문제지와 답안지 및 듣기 영역 MP3를 함께 수록하였습니다. 특히, 문제지에서 청취 영역 전체 MP3를 제공하고 해설집에서는 파트별로 MP3를 나눠서 제공합니다.

[G-TELP KOREA 문제 제공 지텔프 기출문제 해설집]을 통해 영어 실력 향상과 함께 지텔프 목표 점수를 확보하여 학업과 취업에서 좋은 성과를 이루길 진심으로 응원합니다.

성안당 지텔프 연구소

목 차

2021년 기출 7회분의 G-TELP 청취(Listening) 영역의 MP3 파일은 두 가지!

★ PART별 MP3 − 본지 [최신 기출문제 해설집]에서는 각 TEST에 4개 PART별 해당 지문을 QR코드(스마트폰) 또는 URL로 바로 듣고 다운로드도 가능합니다.

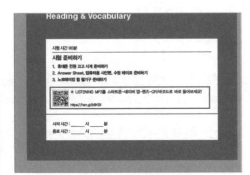

★ TEST별 MP3 − 부록 [기출문제집]에서는 청취(Listening) 각 TEST별로 역시 해당 지문을 시험과 동일한 조건으로 QR코드(스마트폰)와 URL로 바로 듣고 다운로드도 가능합니다.

MP3 파일 다운로드 방법도 두 가지!

★ MP3 실행중 다운로드 바로바로 하기 − 플레이 버튼 끝의 더보기(:) 버튼 클릭 후 [다운로드] 실행

 https://han.gl/LpOSV

★ MP3 파일을 한방에 무료로 다운로드하기 − ㈜성안당 홈 페이지(www.cyber.co.kr) [도서몰]에 회원가입 후 반드시 로그인한 상태에서 [자료실]−[외국어 자료실]로 이동하여 도서명 '지텔프'를 검색창에 입력하신 뒤 [검색] 버튼 또는 Enter 키를 눌러 도서명을 클릭하신 뒤 [자료 다운로드 바로가기]를 클릭하시면 다운로드됩니다(모바일에서는 PC 버전으로 가능).

1 최신 G-TELP 기출문제 7회분 수록

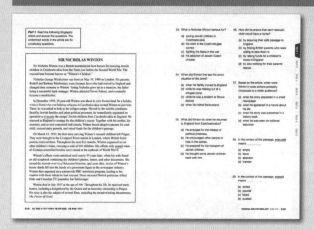

지텔프 코리아에서 제공하는 G-TELP 기출문제 7회분 수록으로 실제 시험과 동일하게 연습할 수 있도록 기출문제와 정답지, 듣기 MP3를 모아 별책으로 구성했습니다.

2 최신 경향 분석과 고득점 전략 제시

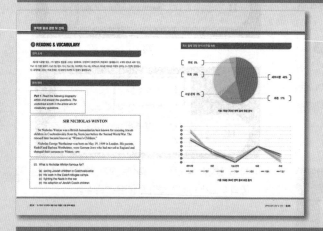

문제 유형이 정해져 있는 지텔프에서 각 영역별로 세밀하게 변화한 유형, 최신 출제 경향, 그에 따른 전략 등을 자세하게 담았습니다.

3 [부록] 청취·독해와 어휘 영역 고득점을 위한 유형별 문제 암기 노트 활용

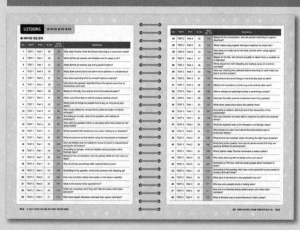

문법에 비해 상대적으로 어려운 독해와 청취 영역의 문제를 유형별로 모아 수시로 들여다보며 익숙해지고 암기할 수 있도록 암기 노트를 별도로 구성했습니다.

GRAMMAR SECTION

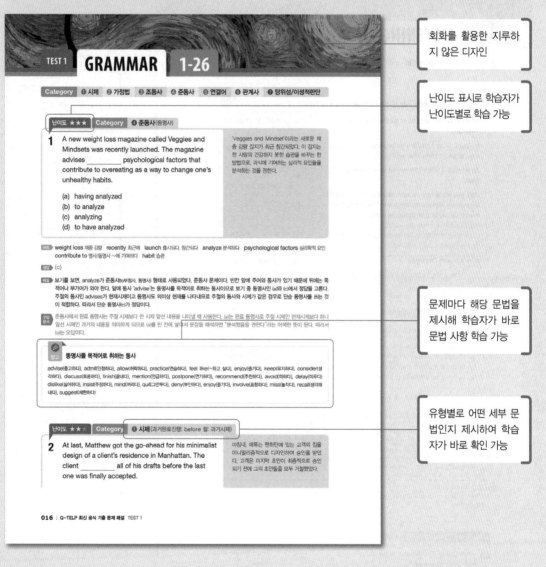

회화를 활용한 지루하지 않은 디자인

난이도 표시로 학습자가 난이도별로 학습 가능

TEST 1 **GRAMMAR** 1-26

Category ❶ 시제 ❷ 가정법 ❸ 조동사 ❹ 준동사 ❺ 연결어 ❻ 관계사 ❼ 당위성/이성적판단

난이도 ★★★ Category ❹ 준동사(동명사)

1 A new weight loss magazine called Veggies and Mindsets was recently launched. The magazine advises _____ psychological factors that contribute to overeating as a way to change one's unhealthy habits.

(a) having analyzed
(b) to analyze
(c) analyzing
(d) to have analyzed

'Veggies and Mindset'이라는 새로운 체중 감량 잡지가 최근 창간되었다. 이 잡지는 한 사람의 건강하지 못한 습관을 바꾸는 한 방법으로, 과식에 기여하는 심리적 요인들을 분석하는 것을 권한다.

어휘 weight loss 제중 감량 recently 최근에 launch 출시되다, 창간되다 analyze 분석하다 psychological factors 심리학적 요인 contribute to 명사/동명사 ~에 기여하다 habit 습관

정답 (c)

해설 보기를 보면, analyze가 준동사(to부정사, 동명사) 형태로 사용되었다. 준동사 문제이다. 빈칸 앞에 주어와 동사가 있기 때문에 뒤에는 목적어나 부가어가 와야 한다. 앞에 동사 'advise'는 동명사를 목적어로 취하는 동사이므로 보기 중 동명사인 (a)와 (c)에서 정답을 고른다. 주절의 동사인 advises가 현재시제이고 동명사도 의미상 현재를 나타내므로 주절의 동사와 시제가 같은 경우로 단순 동명사를 쓰는 것이 적합하다. 따라서 단순 동명사(c)가 정답이다.

오답 분석 준동사에서 완료 동명사는 주절 시제보다 한 시제 앞선 내용을 나타낼 때 사용한다. (a)는 완료 동명사로 주절 시제인 현재시제보다 하나 앞선 시제인 과거의 내용을 의미하게 되므로 (a)를 빈 칸에 넣어서 문장을 해석하면 "분석했음을 권한다"라는 어색한 뜻이 된다. 따라서 (a)는 오답이다.

문제마다 해당 문법을 제시해 학습자가 바로 문법 사항 학습 가능

참고 동명사를 목적어로 취하는 동사

advise(충고하다), admit(인정하다), allow(허락하다), practice(연습하다), feel like(~하고 싶다), enjoy(즐기다), keep(유지하다), consider(생각하다), discuss(토론하다), finish(끝내다), mention(언급하다), postpone(연기하다), recommend(추천하다), avoid(피하다), delay(미루다), dislike(싫어하다), insist(주장하다), mind(꺼리다), quit(그만두다), deny(부인하다), enjoy(즐기다), involve(포함하다), miss(놓치다), recall(생각해내다), suggest(제안하다)

난이도 ★★★ Category ❶ 시제(과거완료진행: before 절: 과거시제)

2 At last, Matthew got the go-ahead for his minimalist design of a client's residence in Manhattan. The client _____ all of his drafts before the last one was finally accepted.

마침내, 매튜는 맨하탄에 있는 고객의 집을 미니멀리즘으로 디자인하여 승인을 받았다. 고객은 마지막 초안이 최종적으로 승인되기 전에 그의 초안들을 모두 거절했었다.

유형별로 어떤 세부 문법인지 제시하여 학습자가 바로 확인 가능

✎ LISTENING SECTION

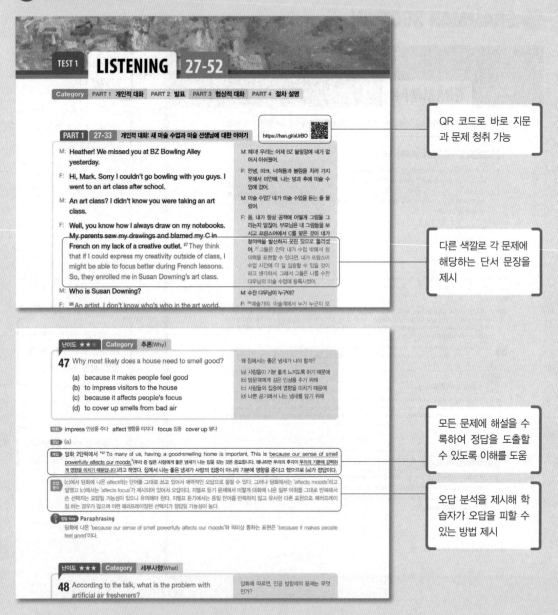

TEST 1 **LISTENING** 27-52

Category PART 1 개인적 대화 PART 2 발표 PART 3 협상적 대화 PART 4 절차 설명

PART 1 27-33 개인적 대화: 새 미술 수업과 미술 선생님에 대한 이야기

https://han.gl/aUrBO

M: Heather! We missed you at BZ Bowling Alley yesterday.

F: Hi, Mark. Sorry I couldn't go bowling with you guys. I went to an art class after school.

M: An art class? I didn't know you were taking an art class.

F: Well, you know how I always draw on my notebooks. My parents saw my drawings and blamed my C in French on my lack of a creative outlet. ²⁷They think that if I could express my creativity outside of class, I might be able to focus better during French lessons. So, they enrolled me in Susan Downing's art class.

M: Who is Susan Downing?

F: ²⁸An artist. I don't know who's who in the art world.

M: 헤더! 우리는 어제 BZ 볼링장에 네가 없어서 아쉬웠어.

F: 안녕, 마크. 너희들과 볼링을 치러 가지 못해서 미안해. 나는 방과 후에 미술 수업에 갔어.

M: 미술 수업? 네가 미술 수업을 듣는 줄 몰랐어.

F: 음, 내가 항상 공책에 어떻게 그림을 그리는지 알잖아. 부모님은 내 그림들을 보시고 프랑스어에서 C를 맡은 것이 내가 창의력을 발산하지 못한 탓으로 돌리셨어. ²⁷그들은 만약 내가 수업 밖에서 창의력을 표현할 수 있다면 내가 프랑스어 수업 시간에 더 잘 집중할 수 있을 것이라고 생각하셔. 그래서 그들은 나를 수잔 다우닝의 미술 수업에 등록시켰어.

M: 수잔 다우닝이 누구야?

F: ²⁸예술가야. 미술계에서 누가 누군지 모

난이도 ★★☆ **Category** 추론(Why)

47 Why most likely does a house need to smell good?

(a) because it makes people feel good
(b) to impress visitors to the house
(c) because it affects people's focus
(d) to cover up smells from bad air

왜 집에서는 좋은 냄새가 나야 할까?

(a) 사람들이 기분 좋게 느끼도록 하기 때문에
(b) 방문객에게 깊은 인상을 주기 위해
(c) 사람들의 집중에 영향을 미치기 때문에
(d) 나쁜 공기에서 나는 냄새를 덮기 위해

어휘 impress 인상을 주다 affect 영향을 미치다 focus 집중 cover up 덮다

정답 (a)

해설 담화 2단락에서 "⁴⁷To many of us, having a good-smelling home is important. This is because our sense of smell powerfully affects our moods.'(우리 중 많은 사람에게 좋은 냄새가 나는 집을 갖는 것은 중요합니다. 왜냐하면 우리의 후각이 우리의 기분에 강력하게 영향을 미치기 때문입니다.)'라고 하였다. 집에서 나는 좋은 냄새가 사람의 집중이 아니라 기분에 영향을 준다고 했으므로 (a)가 정답이다.

오답분석 (c)에서 담화에 나온 affect라는 단어를 그대로 쓰고 있어서 매력적인 오답으로 들릴 수 있다. 그러나 담화에서는 'affects moods'라고 말했고 (c)에는 'affects focus'가 제시되어 있어서 오답이다. 지텔프 듣기 문제에서 이렇게 대화에 나온 일부 어휘들을 그대로 반복해서 쓴 선택지는 오답일 가능성이 있으니 유의해야 한다. 지텔프 듣기에서는 동일 단어를 반복하지 않고 유사한 다른 표현으로 패러프레이징 하는 경우가 많으므로 이런 패러프레이징된 선택지가 정답일 가능성이 높다.

정답 Key Paraphrasing

담화에 나온 'because our sense of smell powerfully affects our moods'와 의미상 통하는 표현은 'because it makes people feel good'이다.

난이도 ★★★ **Category** 세부사항(What)

48 According to the talk, what is the problem with artificial air fresheners?

담화에 따르면, 인공 방향제의 문제는 무엇인가?

QR 코드로 바로 지문과 문제 청취 가능

다른 색깔로 각 문제에 해당하는 단서 문장을 제시

모든 문제에 해설을 수록하여 정답을 도출할 수 있도록 이해를 도움

오답 분석을 제시해 학습자가 오답을 피할 수 있는 방법 제시

READING AND VOCABULARY SECTION

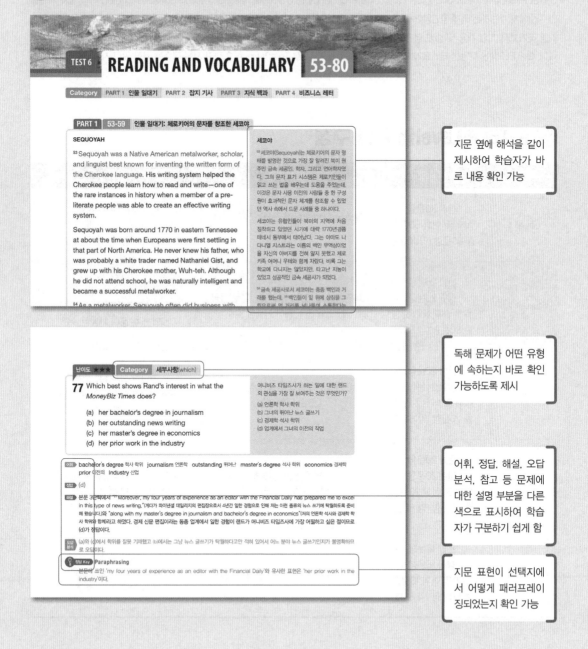

TEST 6 **READING AND VOCABULARY** **53-80**

Category PART 1 인물 일대기 PART 2 잡지 기사 PART 3 지식 백과 PART 4 비즈니스 레터

PART 1 **53-59** 인물 일대기: 체로키어의 문자를 창조한 세쿼야

SEQUOYAH

⁵³Sequoyah was a Native American metalworker, scholar, and linguist best known for inventing the written form of the Cherokee language. His writing system helped the Cherokee people learn how to read and write—one of the rare instances in history when a member of a pre-literate people was able to create an effective writing system.

Sequoyah was born around 1770 in eastern Tennessee at about the time when Europeans were first settling in that part of North America. He never knew his father, who was probably a white trader named Nathaniel Gist, and grew up with his Cherokee mother, Wuh-teh. Although he did not attend school, he was naturally intelligent and became a successful metalworker.

⁵⁴As a metalworker, Sequoyah often did business with

세쿼야

⁵³세쿼야(Sequoyah)는 체로키어의 문자 형태를 발명한 것으로 가장 잘 알려진 북미 원주민 금속 세공인, 학자, 그리고 언어학자였다. 그의 문자 표기 시스템은 체로키인들이 읽고 쓰는 법을 배우는데 도움을 주었는데, 이것은 문자 사용 이전의 사람들 중 한 구성원이 효과적인 문자 체계를 창조할 수 있었던 역사 속에서 드문 사례들 중 하나이다.

세쿼야는 유럽인들이 북미의 지역에 처음 정착하고 있었던 시기에 대략 1770년경쯤 테네시 동부에서 태어났다. 그는 아마도 나다니엘 지스트라는 이름의 백인 무역상이었을 자신의 아버지를 전혀 알지 못했고 체로키족 어머니 우테와 함께 자랐다. 비록 그는 학교에 다니지는 않았지만, 타고난 지능이 있었고 성공적인 금속 세공사가 되었다.

⁵⁴금속 세공사로서 세쿼야는 종종 백인과 거래를 했는데, ⁵⁵백인들이 잎 위에 상징을 그 ... 으로써, 먼 거리를 넘나들며 소통하는

> 지문 옆에 해석을 같이 제시하여 학습자가 바로 내용 확인 가능

난이도 ★★★ **Category** 세부사항(which)

77 Which best shows Rand's interest in what the *MoneyBiz Times* does?

(a) her bachelor's degree in journalism
(b) her outstanding news writing
(c) her master's degree in economics
(d) her prior work in the industry

머니비즈 타임즈사가 하는 일에 대한 랜드의 관심을 가장 잘 보여주는 것은 무엇인가?

(a) 언론학 학사 학위
(b) 그녀의 뛰어난 뉴스 글쓰기
(c) 경제학 석사 학위
(d) 업계에서 그녀의 이전의 작업

> 독해 문제가 어떤 유형에 속하는지 바로 확인 가능하도록 제시

어휘 bachelor's degree 학사 학위 journalism 언론학 outstanding 뛰어난 master's degree 석사 학위 economics 경제학 prior 이전의 industry 산업

정답 (d)

해설 본문 3번째 단락에서 "⁷⁷Moreover, my four years of experience as an editor with the Financial Daily has prepared me to excel in this type of news writing."(게다가 파이낸셜 데일리의 편집장으로서 4년간 일한 경험으로 인해 저는 이런 종류의 뉴스 쓰기에 탁월하도록 준비해 왔습니다.)와 "along with my master's degree in journalism and bachelor's degree in economics"(저의 언론학 석사와 경제학 학사 학위와 함께)라고 하였다. 경제 신문 편집이라는 통솔 업계에서 일한 경험이 랜드가 머니비즈 타임즈사에 가장 어필하고 싶은 점이므로 (d)가 정답이다.

오답 (a)와 (c)에서 학위를 잘못 기재했고 (b)에서는 그냥 뉴스 글쓰기가 탁월하다고만 적혀 있어서 어느 분야 뉴스 글쓰기인지가 불명확하므로 오답이다.

> 어휘, 정답, 해설, 오답 분석, 참고 등 문제에 대한 설명 부분을 다른 색으로 표시하여 학습자가 구분하기 쉽게 함

정답 Key Paraphrasing
본문에 쓰인 'my four years of experience as an editor with the Financial Daily'와 유사한 표현은 'her prior work in the industry'이다.

> 지문 표현이 선택지에서 어떻게 패러프레이징되었는지 확인 가능

✏️ G-TELP란?

G-TELP(General Tests of English Language Proficiency)는 ITSC(International Testing Services Center, 미국 국제 테스트 연구원)에서 주관하는 국제 공인영어시험입니다. 한국은 1986년에 지텔프코리아가 설립되어 시험을 운영 및 주관하고 있습니다. 현재 각종 국가고시, 기업 채용 및 승진 평가 시험, 대학교 졸업 인증 시험, 교육 과정 등에서 널리 활용되는 글로벌 영어평가 교육 시스템입니다. G-TELP에는 다양한 테스트가 있으며, 그중 G-TELP Level Test의 Level 2 정기 시험 점수가 가장 많이 사용되고 있습니다.

✏️ G-TELP Level별 시험 구성

구분	출제 방식 및 시간	평가 기준	합격자의 영어 구사 능력
Level 1	청취 30문항 독해 및 어휘 60문항 총 90문항 (약 100분)	Native Speaker에 준하는 영어 능력: 상담, 토론 가능	모국어가 영어인 사람과 대등한 의사소통 국제회의 통역 가능한 수준
Level 2	문법 26문항 청취 26문항 독해 및 어휘 28문항 총 80문항 (약 90분)	다양한 상황에서 대화 가능: 업무 상담 및 해외 연수 등이 가능한 수준	일상생활 및 업무 상담 가능 외국인과의 회의 및 세미나, 해외 연수 등이 가능한 수준
Level 3	문법 22문항 청취 24문항 독해 및 어휘 24문항 총 70문항 (약 80분)	간단한 의사소통과 친숙한 상태에서의 단순 대화 가능	간단한 의사소통 가능 해외 여행과 단순한 업무 출장이 가능한 수준
Level 4	문법 20문항 청취 20문항 독해 및 어휘 20문항 총 60문항 (약 80분)	기본적인 문장을 통해 최소한의 의사소통이 가능한 수준	기본적인 어휘의 짧은 문장으로 최소한의 의사소통이 가능한 수준
Level 5	문법 16문항 청취 16문항 독해 및 어휘 18문항 총 50문항 (약 55분)	극히 초보적인 수준의 의사소통 가능	영어 초보자 일상의 인사, 소개 등을 이해할 수 있는 수준

📝 G-TELP Level 2의 구성

영역	분류	문항	배점
문법	시제, 가정법, 조동사, 준동사, 연결어, 관계사, 당위성/이성적 판단	26	100점
청취	Part 1 개인적인 이야기를 하는 대화 Part 2 정보를 제공하는 발표 형식의 담화 Part 3 결정을 위해 의논하는 대화 Part 4 절차나 과정을 설명하는 형식의 담화	26 (각 7/6/6/7문항)	100점
독해 및 어휘	Part 1 과거나 현세대 인물의 일대기 Part 2 사회나 기술적 내용을 다루는 잡지 기사 Part 3 일반적인 내용의 지식 백과 Part 4 설명하거나 설득하는 내용의 비즈니스 레터	28 (각 7문항)	100점
전체	약 90분 (영역별 제한 시간 없이 전체 90분 활용 가능)	80문항	공인 성적: 영역별 점수 합을 3으로 나눈 평균값

📝 G-TELP의 특징

▶ 절대 평가 방식: 문법, 청취, 독해 및 어휘 모두 75점 이상이면 해당 등급에 합격(Mastery)하지만 국내의 각종 영어 대체 시험 성적
　　으로는 Level 2의 65점 이상만 얻으면 합격 가능
▶ 빠른 성적 확인: 응시일로부터 일주일 이내 성적 확인 가능
▶ 문법, 청취, 독해 및 어휘의 3영역에 객관식 4지선다형으로 학습 부담 적음
▶ 영역별 문제 유형이 확실하게 정해져 있어 단기간 학습으로 점수 상승 가능

✎ G-TELP Level 2의 성적 활용 비교

구분	G-TELP (LEVEL 2)	TOEIC
5급 공채	65	700
외교관 후보자	88	870
7급 공채	65	700
7급 외무영사직렬	77	790
7급 지역인재	65	700
국회사무처(입법고시)	65	700
대법원(법원행정고시)	65	700
국민안전처(소방간부 후보생)	50	625
국민안전처(소방사) (2023년부터)	43	550
경찰청(경찰간부 후보생)	50	625
경찰청(경찰공무원)	43	550
국방부(군무원) 5급	65	700
국방부(군무원) 7급	47	570
국방부(군무원) 9급	32	470
카투사	73	780
특허청(변리사)	77	775
국세청(세무사)	65	700
고용노동부(공인노무사)	65	700
국토교통부(감정평가사)	65	700
한국산업인력공단(관광통역안내사)	74	760
한국산업인력공단(호텔경영사)	79	800
한국산업인력공단(호텔관리사)	66	700
한국산업인력공단(호텔서비스사)	39	490
금융감독원(공인회계사)	65	700

지텔프 vs. 토익

	지텔프 (Level 2)	토익 (TOEIC)
시험 개요	연 24회 실시	연 24회 실시
	7일 이내 성적 확인	14일 후 성적 확인
	총 3영역, 80문항	총 2영역, 200문항
	시험 시간: 1시간 30분	시험 시간: 약 2시간
	영역별 시험 시간 정해져 있지 않음	LC 45분, RC는 LC 끝난 뒤 75분
	점수: 100점 기준 [문법 《맞은 개수/26》 x 100 + 청취 《맞은 개수/26》 x 100 + 독해 《맞은 개수/28》 x 100] / 3	점수: 990점 기준 (LC 495 + RC 495)
문법	난이도: ★ Grammar: 총 26문항 – 실용적인 영문법 표현 출제 – 출제 범위 좁음 – 평이한 난이도로 단기간 고득점 가능 – 유형별 풀이 공식 적용해 정답 도출	난이도: ★★★ RC Part 5, 6: 총 46문항 Part 5 (30): 단문 공란 메우기 (문법/어휘) Part 6 (16): 장문 공란 메우기 – 혼동하기 쉬운 문법 표현 출제 – 빈칸에 알맞은 품사, 단어의 형태 고르기 – 출제 범위가 넓기 때문에 전반적인 문법 학습 필요
청취	난이도: ★★★ Listening: 총 26문항 (4개 Part로 구성) Part 1 (7), 3 (6): 6분 길이의 2인 대화 Part 2 (6), 4 (7): 1인 담화 – 지문이 고난이도 장문이므로 노트테이킹 필수	난이도: ★★ LC: 총 100문항 (4개 Part로 구성) Part 1 (6) – 사진을 알맞게 묘사한 문장 고르기 Part 2 (25) – 문장 듣고 알맞은 답변 고르기 Part 3 (39) – 화자의 말에 대한 의도 파악하기 Part 4 (30) – 그래프, 도표 등 시각 자료 연계
독해	난이도: ★★ Reading & Vocabulary: 총 28문항 (4개 Part로 구성) Part 1 (7): 인물 일대기 Part 2 (7): 잡지 기사 Part 3 (7): 지식 백과 Part 4 (7): 비즈니스 레터 – 각 Part는 500단어 내외 지문으로 7문제가 출제되고, 어휘(유의어 찾기) 문제가 2개씩 출제	난이도: ★★ RC: 총 100문항 중 독해는 54문항 Part 7 (54): 단일 지문 (29) / 복수 지문 (10+15=25) – 어휘: 문맥에 맞는 어휘, 동의어 문제 등 혼동하기 쉬운 어휘 및 숙어 암기 필수 – 독해: 문맥에 어울리는 문장 고르기 등 – 지문을 매번 다른 형태로 구성(광고, 웹페이지, 비즈니스 레터, 송장, 영수증 등) – 2개 지문의 단서를 종합해 정답을 찾아야 하는 고난도 연계 문제 출제

시험 접수부터 성적 확인까지

📝 접수하기

▶ **접수** : www.g-telp.co.kr에 회원 가입 후 접수 또는 지정 접수처에 직접 방문하여 접수

▶ **응시일** : 매월 2회(격주) 일요일 오후 3시

　　　　　(정기 시험 일정과 고사장, 응시료 등은 변동될 수 있으므로 지텔프코리아 홈페이지에서 확인)

▶ **응시료** : 정기 접수 6만 300원, 추가 접수 6만 4,700원, 수시 접수 6만 8,200원

▶ **응시 자격** : 제한 없음

📝 응시하기

▶ **입실** : 오후 2시 20분까지 입실 완료

▶ **준비물** : 신분증, 컴퓨터용 사인펜, 시계, 수정테이프

▶ **유의 사항** :

　– 신분증은 주민등록증, 여권(기간 만료전), 운전면허증, 공무원증, 군인신분증, 중고생인 경우 학생증(사진 + 생년월일 + 학교장 직인 필수), 청소년증, 외국인등록증(외국인) (단, 대학생의 경우 학생증 불가)만 인정

　– 허용된 것 이외에 개인 소지품 불허

　– 컴퓨터용 사인펜으로만 마킹 가능(연필이나 볼펜 마킹 후 사인펜으로 마킹하면 오류가 날 수 있으니 주의)

　– 수정테이프만 사용 가능, 수정액 사용 불가

📝 성적 확인하기

▶ **성적 결과** : 시험 후 일주일 이내에 지텔프코리아 홈페이지(www.g-telp.co.kr)에서 확인 가능

▶ **성적표 수령** : 온라인으로 출력(최초 1회 발급 무료)하거나 우편으로 수령 가능하고 성적은 시험일로부터 2년간 유효함

성적표 샘플

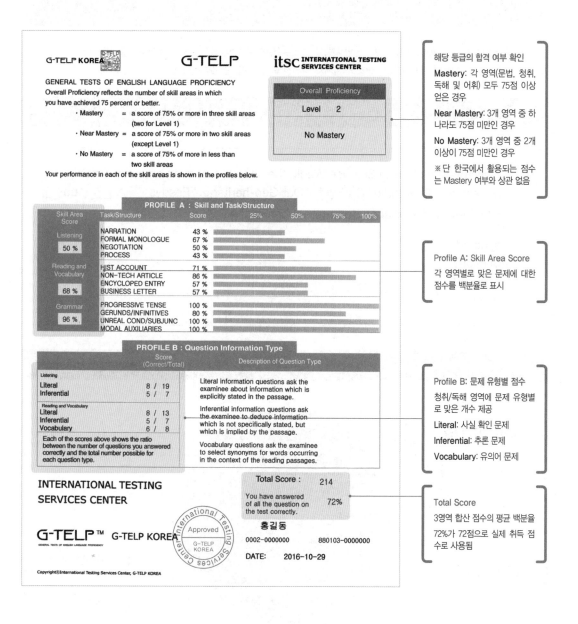

GENERAL TESTS OF ENGLISH LANGUAGE PROFICIENCY

Overall Proficiency reflects the number of skill areas in which you have achieved 75 percent or better.

· Mastery = a score of 75% or more in three skill areas (two for Level 1)
· Near Mastery = a score of 75% or more in two skill areas (except Level 1)
· No Mastery = a score of 75% of more in less than two skill areas

Your performance in each of the skill areas is shown in the profiles below.

Overall Proficiency

Level 2

No Mastery

해당 등급의 합격 여부 확인

Mastery: 각 영역(문법, 청취, 독해 및 어휘) 모두 75점 이상 얻은 경우

Near Mastery: 3개 영역 중 하나라도 75점 미만인 경우

No Mastery: 3개 영역 중 2개 이상이 75점 미만인 경우

※ 단 한국에서 활용되는 점수는 Mastery 여부와 상관 없음

PROFILE A : Skill and Task/Structure

Skill Area Score	Task/Structure	Score	25%	50%	75%	100%
Listening 50 %	NARRATION	43 %				
	FORMAL MONOLOGUE	67 %				
	NEGOTIATION	50 %				
	PROCESS	43 %				
Reading and Vocabulary 68 %	HIST ACCOUNT	71 %				
	NON-TECH ARTICLE	86 %				
	ENCYCLOPED ENTRY	57 %				
	BUSINESS LETTER	57 %				
Grammar 96 %	PROGRESSIVE TENSE	100 %				
	GERUNDS/INFINITIVES	80 %				
	UNREAL COND/SUBJUNC	100 %				
	MODAL AUXILIARIES	100 %				

Profile A: Skill Area Score

각 영역별로 맞은 문제에 대한 점수를 백분율로 표시

PROFILE B : Question Information Type

	Score (Correct/Total)	Description of Question Type
Listening		Literal information questions ask the examinee about information which is explicitly stated in the passage.
Literal	8 / 19	
Inferential	5 / 7	
Reading and Vocabulary		Inferential information questions ask the examinee to deduce information which is not specifically stated, but which is implied by the passage.
Literal	8 / 13	
Inferential	5 / 7	
Vocabulary	6 / 8	Vocabulary questions ask the examinee to select synonyms for words occurring in the context of the reading passages.

Each of the scores above shows the ratio between the number of questions you answered correctly and the total number possible for each question type.

Profile B: 문제 유형별 점수

청취/독해 영역에 문제 유형별로 맞은 개수 제공

Literal: 사실 확인 문제

Inferential: 추론 문제

Vocabulary: 유의어 문제

INTERNATIONAL TESTING SERVICES CENTER

Total Score : 214

You have answered of all the question on the test correctly. 72%

홍길동

0002-0000000   880103-0000000

DATE: 2016-10-29

Total Score

3영역 합산 점수의 평균 백분율 72%가 72점으로 실제 취득 점수로 사용됨

Copyright ⓒ International Testing Services Center, G-TELP KOREA

GRAMMAR SECTION

영역 소개

2~3개로 구성된 문장의 빈칸에 들어갈 알맞은 문법 사항을 고르는 문제이며, 1번부터 26번까지 26문제가 출제됩니다.
7개 문법 유형(시제, 가정법, 준동사, 조동사, 연결어, 관계사, 당위성/이성적 판단)만 출제됩니다.

문제 형태

1. In celebration of Earth Science Week, the school is hosting an essay writing
   contest with the theme "Caring for Our Geo-heritage." Essays _____ be
   submitted to the science department before the 21st of October.

   (a) could
   (b) might
   (c) would
   (d) must

최신 출제 경향 분석 비주얼 차트

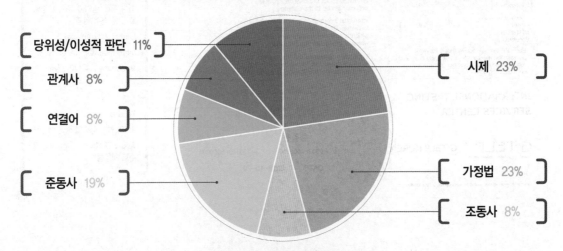

당위성/이성적 판단 11%
관계사 8%
연결어 8%
준동사 19%
시제 23%
가정법 23%
조동사 8%

기출 7회분 [문법] 영역 출제 유형 분석

최신 출제 경향 분석 및 고득점 전략

1 문법 최신 출제 경향

❶ 7개의 문법 유형(시제, 가정법, 준동사, 조동사, 연결어, 관계사, 당위성/이성적 판단)이 출제됩니다.

❷ 문법 총 26문항 중 시제(6문항), 가정법(6문항), 준동사(5~6문항), 조동사(2문항), 연결어(2문항), 관계사(2문항), 당위성 및 이성적 판단(2~3문항)으로 출제되고 있습니다.

❸ 시제와 가정법 문제가 각각 6문항씩 가장 많이 출제되고 있고 준동사가 5~6문항으로 그 다음으로 많이 출제되고 있습니다.

❹ 시제는 현재진행, 과거진행, 미래진행, 현재완료진행, 과거완료진행, 미래완료진행에서 각각 한 문항씩 출제됩니다.

❺ 가정법은 가정법 과거 3문항, 가정법 과거완료 3문항이 출제됩니다.

❻ 준동사 중 동명사가 3문항, to부정사가 2~3문항이 출제됩니다.

❼ 조동사는 의미와 기능이 명확한 4가지(can, will, must, should)가 주로 출제됩니다.

❽ 연결어는 접속사, 접속부사(구), 전치사(구)가 출제되고 주로 대조나 비교, 원인과 결과, 양보의 연결어가 자주 출제됩니다.

❾ 관계사는 관계대명사가 2문항 출제되거나 관계대명사와 관계부사가 1문항씩 출제됩니다.

❿ 당위성 문제는 동사(요구, 주장, 제안, 명령)와 이성적 판단 형용사(necessary, important, mandatory 등)가 나오며 2~3문항씩 출제됩니다. 이 문제 유형은 당위성 동사나 이성적 판단 형용사와 함께 쓰인 that절에 should가 생략된 동사원형이 정답이 되는 형태로 나오는데, 학습자들이 시제 문제로 혼동하는 경우가 많아 '당위성/이성적 판단'이라는 일곱 번째 항목으로 따로 분류했습니다.

2 문법 고득점 전략

❶ 보기와 빈칸 주변 문장을 보고 문제 유형을 판단합니다.
  − 문제 유형(7가지) : 시제, 가정법, 준동사, 조동사, 연결어, 관계사, 당위성/이성적 판단

❷ 각 유형에 따라 정답 포인트를 확인합니다.
  − 시제 : 시간 부사절이나 부사구를 확인합니다.
  − 가정법 : if절 안의 시제가 과거인지 과거완료인지 파악합니다.
  − 준동사 : 빈칸 앞 동사가 동명사 혹은 to부정사 중 어느 것을 목적어로 취하는지 확인합니다.
  − 조동사 : 문장을 해석하면서 보기의 조동사를 빈칸에 대입해 보고 문맥에 맞는 것을 고릅니다.
  − 연결어 : 빈칸 앞뒤의 문장을 해석하고, 앞뒤 문장의 관계를 확인하여 정답을 고릅니다.
  − 관계사 : 선행사를 찾고 관계사절에서 그 선행사의 역할을 파악하여 알맞은 관계사를 고릅니다.
  − 당위성/이성적 판단 : 선택지에 동사가 다양한 시제와 동사원형이 나오면 당위성 문제이며 should가 생략된 동사원형이 정답입니다. 당위성 동사와 이성적 판단 형용사를 미리 암기해 두어야 합니다.

LISTENING SECTION

2명의 대화나 1명의 담화를 듣고, 6~7개 질문의 정답을 고르는 문제이며, 27번부터 52번까지 26문제가 출제됩니다.

4개의 파트(Part 1, 3은 대화, Part 2, 4는 담화)로 되어 있고, 파트별 듣기 지문은 2~3분 정도의 비교적 긴 지문이 나옵니다.

문제지에는 질문 없이 선택지만 나오며, 질문은 지문이 시작되기 전에 한 번, 지문이 끝나고 다시 한 번 들려줍니다.

문제 형태

Part 1. *You will hear a conversation between two people. First you will hear questions 27 through 33. Then you will hear the conversation. Choose the best answer to each question in the time provided.*

27. (a) so she can train for a career in the arts
    (b) so she can have a release for her artistry
    (c) because they want her to stop bowling
    (d) because they want her to drop French class

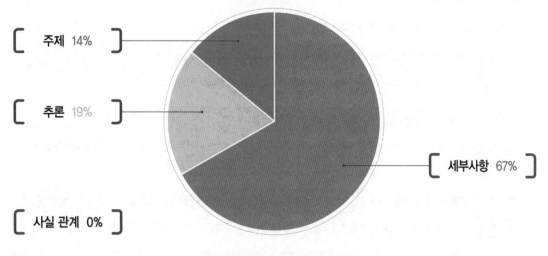

주제 14%

추론 19%

세부사항 67%

사실 관계 0%

기출 7회분 [청취] 영역 출제 유형 분석

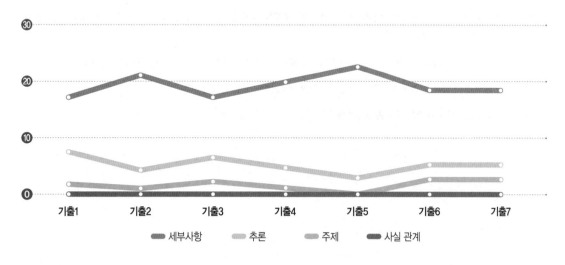

세부사항   추론   주제   사실 관계

기출 7회분 [청취] 영역 출제 유형 분석

최신 출제 경향 분석 및 고득점 전략

1 청취 최신 출제 경향

❶ 지텔프의 청취 문제는 4가지 파트로 고정되어 있습니다.

| Part 1 | **개인적 대화** : 주로 개인 경험담을 상대방과 나누는 대화입니다. |
| | 인사를 하고, 한 에피소드를 이야기하고 질문과 응답을 하는 형태로 진행됩니다. |

| Part 2 | **발표** : 한 회사의 신제품 소개나 행사를 안내하는 담화입니다. |
| | 신제품 소개나 행사의 목적 소개 ➡ 육하원칙에 따른 세부사항 ➡ 제품의 특징, 행사에 필요한 정보를 제공 ➡ 마무리 인사 |

| Part 3 | **협상적 대화** : 특정 주제나 문제의 장단점을 비교하고 결정에 이르는 대화입니다. |
| | 인사 ➡ 의견 제시 및 상대방 의견 요청 ➡ 장단점 비교 ➡ 무엇으로 결정할지에 대한 암시 |

| Part 4 | **절차 설명** : 한 화자가 특정 주제에 대해 단계적으로 설명하는 담화입니다. |
| | 이 파트의 담화는 순서나 단계를 들어 설명하는 방식입니다. |

❷ 파트별로 6~7문제가 출제되는데 1번 문제는 주제나 목적을 묻는 문제가 주로 출제되고, 세부사항을 묻는 문제가 4~5문항 정도로 가장 많이 출제됩니다.

❸ 사실 관계(True or Not true) 문제는 듣기에서 종합해서 내용을 분석하는 것이 어렵기 때문에 출제 빈도 수가 아주 적습니다.

❹ 대화나 담화 후에 하게 될 행동 혹은 결정 등을 추론하는 문제가 1~2문항 출제됩니다.

❺ 지텔프 리스닝은 내용이 많고 길게 출제되며 문제가 지문의 순서대로 출제됩니다.

② 청취 고득점 전략

❶ 듣기 문제는 지텔프 시험에서 가장 어려운 파트로 영어 청해력도 좋아야 되지만, 기억력도 요구됩니다. 따라서 기출문제의 질문 유형을 숙지하고 키워드 위주로 메모하면서 문제를 풀어야 합니다.

❷ 문제는 지문의 흐름과 같이 진행되는데 주로 첫 번째 문제는 주제 문제이기 때문에 이 질문을 듣고 본문의 내용을 미리 예상합니다.

❸ 세부사항 문제는 육하원칙에 따라 청취하고, 육하원칙(When, Where, What, Who, Why, How)이 나오는 정보는 모두 메모해 둡니다.

❹ 추론 문제는 주로 대화나 담화의 후반부에 출제되는데, 본문 내용을 잘 이해해서 그 기준에 맞추어 앞으로 할 행위나 결정을 물어보기 때문에 아주 난이도가 높습니다. 이때 자주 나오는 부사나 부사구는 most likely, likely, probably가 있습니다.

[청취 실전 테크닉]

1단계	파트별 디렉션이 나올 때, 문제의 선택지를 훑어보면서 내용을 예상합니다.
2단계	질문을 들으며 의문사나 키워드를 메모합니다.
3단계	지문 내용을 들으며 키워드 주변 부분이 나오면 바로 선택지에서 정답을 선택합니다.
4단계	정답을 선택할 때, 패러프레이징에 유의합니다: 지텔프 리스닝에서는 지문에 나온 표현을 그대로 선택지에서 반복해서 쓰지 않고 유사한 다른 표현이나 어휘로 바꿔 쓰는 경우가 많음에 유의하면서 정답을 고릅니다.

교재의 후반부에 부록으로 듣기 전체 문제를 따로 정리해 놓았습니다. 이 부분을 수시로 보면서 질문 유형을 암기해 두고, 질문에 맞는 답을 연상해 봄으로써 질문과 정답의 관계를 파악합니다.

본문 내용을 그대로 반복하는(repeat) 것이 아니라 비슷한 표현으로 바꾸어 표현하는 패러프레이징(paraphrasing)에 익숙해져야 합니다. 본 기출문제 해설집에서 문제마다 패러프레이징 파트를 만들어 정답과 본문 내용이 어떻게 패러프레이징(바꾸어 표현)되었는지 분석해 놓았습니다.

지텔프는 만점이 목적이 아니라 필요한 점수를 획득하는 것이 중요하므로 본인 목표에 맞게 난이도에 따라 영역별로 점수 확보 전략을 세워야 합니다(목표점수별 전략 표 참조).

READING AND VOCABULARY SECTION

영역 소개

제시된 지문을 읽고, 7개 질문의 정답을 고르는 문제이며, 53번부터 80번까지 28개의 문제가 출제됩니다. 4개의 파트로 되어 있고, Part 1은 인물 일대기, Part 2는 잡지 기사, Part 3은 지식 백과, Part 4는 비즈니스 레터로 파트별 지문의 길이는 5~7단락 정도입니다. 유의어를 고르는 어휘 문제는 각 파트의 마지막 2문제로 출제됩니다.

문제 형태

Part 1. Read the following biography article and answer the questions. The underlined words in the article are for vocabulary questions.

SIR NICHOLAS WINTON

Sir Nicholas Winton was a British humanitarian best known for rescuing Jewish children in Czechoslovakia from the Nazis just before the Second World War. The rescued later became known as "Winton's Children."

Nicholas George Wertheimer was born on May 19, 1909 in London. His parents, Rudolf and Barbara Wertheimer, were German Jews who had moved to England and changed their surname to Winton. (생략)

53. What is Nicholas Winton famous for?

    (a) saving Jewish children in Czechoslovakia
    (b) his work in the Czech refugee camps
    (c) fighting the Nazis in the war
    (d) his adoption of Jewish Czech children

최신 출제 경향 분석 비주얼 차트

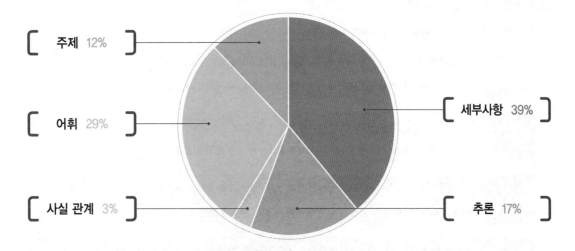

주제 12%

어휘 29%

사실 관계 3%

세부사항 39%

추론 17%

기출 7회분 [독해와 어휘] 영역 출제 유형 분석

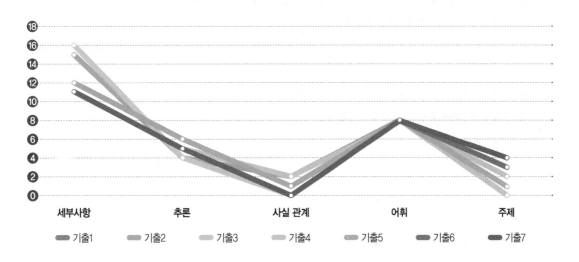

기출1 기출2 기출3 기출4 기출5 기출6 기출7

기출 7회분 [독해와 어휘] 영역 출제 유형 분석

최신 출제 경향 분석 및 고득점 전략

■ 독해 및 어휘 최신 출제 경향

❶ 지텔프의 독해 및 어휘 문제는 4개의 파트가 있습니다.

| Part 1 | **인물 일대기**: 과거 또는 현재의 유명 인사의 일대기를 소개하는 글입니다. |
| | 인물의 소개 ➡ 유년기 ➡ 청소년기 ➡ 전성기(업적이나 특징) ➡ 말년이나 죽음 |

| Part 2 | **잡지 기사**: 사회적 이슈가 되는 기사나 사건을 다루는 잡지나 기사가 나옵니다. |
| | 연구 결과 또는 신기술 소개 ➡ 특징이나 사회적 중요성 ➡ 추후 변화의 흐름 |

| Part 3 | **지식 백과**: 역사적, 과학적 사실이나 유익한 정보나 지식을 소개합니다. |
| | 정보 소개 ➡ 특징이나 유익성 소개 ➡ 현재 상황 ➡ 발전 방향 및 영향력 |

| Part 4 | **비즈니스 레터**: 업무 관련 메일로 주로 마케팅, 사업 제안 및 업무 내용을 편지로 소개합니다. |
| | 인사 ➡ 편지의 목적 ➡ 세부사항 및 앞으로 업무 절차 ➡ 마무리 인사 |

❷ 파트별로 일곱 문제가 출제되는데 1번 문제는 주로 주제나 목적을 묻는 문제이고, 육하원칙에 따른 세부사항(When, Where, What, Who, Why, How)을 묻는 문제가 출제됩니다.

❸ 본 담화에 나온 내용을 확인하는 사실 관계(True or Not True) 문제가 한 문제 정도 출제되기도 하지만 최근에는 거의 출제되지 않고 있습니다.

❹ 본 담화에 나오지는 않지만, 그 담화를 기초로 어떤 행동이나 사실을 묻는 추론 문제가 출제됩니다.

❺ 모든 파트에서 마지막 두 문제는 어휘 문제가 출제됩니다.

② 독해 및 어휘 고득점 전략

① 지텔프 독해 및 어휘 문제는 문제부터 먼저 읽고 의문사나 키워드를 찾는 것이 포인트입니다.

② 지문에서 해당 문제의 키워드가 나오는 부분의 문장들을 훑어보면서 정답의 단서가 되는 근거 문장을 찾습니다.

③ 지문의 근거 문장에서 찾은 답을 알맞게 표현한 선택지를 고릅니다.

④ 패러프레이징(paraphrasing)을 이해해야 고득점이 나옵니다. 해당 문제의 근거 문장을 지문에서 찾고 이를 알맞게 표현한 선택지를 고를 때, 지문의 근거 문장에 나온 표현을 그대로 반복해서 쓰지 않고 비슷한 의미를 가진 다른 표현으로 바꾸어 쓴 선택지가 정답이 되는 경우가 대부분입니다. 지텔프 독해에서 고득점을 받을 수 있는 핵심 전략이 바로 이 패러프레이징에 대한 대비와 연습입니다. 본 교재 해설집에 청취와 독해 영역에서 지문에 나온 표현과 유사한 표현이 쓰인 선택지를 비교하는 정답 키를 자세하게 제시하고 있습니다.

⑤ 추론 문제는 본문에 직접 언급되어 있지 않지만 미루어 짐작할 수 있는 내용을 물어보는 난이도 높은 문제이지만, 최근에는 파트당 한 문제씩은 나오는 추세입니다. 자주 나오는 부사나 부사구는 most likely, likely, probably입니다.

⑥ 마지막 어휘 두 문제는 본문에서 밑줄로 주어지고, 그 단어 앞뒤의 내용과 본 문장에서 어떤 의미로 사용되었는지를 묻는 문제입니다. 이때 주의할 점은 기존에 알고 있던 의미로만 접근하면 안 된다는 것입니다. 반드시 본문에서 어떤 의미로 사용되었는지를 중심으로 문맥상 비슷한 어휘로 골라야 합니다..

TEST 1 나의 점수 기록

GRAMMAR _____ / 26

LISTENING _____ / 26

READING AND VOCABULARY _____ / 28

총점 _____ / 80 ▶ _____ 점

*틀린 문제나 틀리기 쉬운 문제는 반드시 확인하고 다음 TEST로 넘어가세요.

[기출문제 점수 계산법]
- 각 영역 점수: 맞은 개수 ÷ 전체 문제 개수 x 100
- 총점: 각 영역 점수 합계 ÷ 3 (※ 소수점 이하 점수는 올림 처리)
- 예 문법 15개, 청취 10개, 독해 및 어휘 12개 맞혔을 경우
  문법: 15 ÷ 26 x 100 = 58점
  청취: 10 ÷ 26 x 100 = 39점
  독해 및 어휘: 12 ÷ 28 x 100 = 43점
  총점: (58 + 39 + 43) ÷ 3 = 47점

GRAMMAR

1 (D)	2 (A)	3 (D)	4 (B)	5 (C)	6 (A)	7 (A)	8 (B)	9 (D)	10 (C)	11 (B)	12 (C)
13 (A)	14 (D)	15 (C)	16 (C)	17 (A)	18 (B)	19 (C)	20 (D)	21 (D)	22 (C)	23 (B)	24 (D)
25 (A)	26 (B)										

LISTENING

PART 1	27 (B)	28 (C)	29 (B)	30 (A)	31 (D)	32 (A)	33 (C)
PART 2	34 (B)	35 (A)	36 (B)	37 (C)	38 (D)	39 (C)	
PART 3	40 (C)	41 (A)	42 (D)	43 (D)	44 (B)	45 (C)	
PART 4	46 (D)	47 (A)	48 (A)	49 (B)	50 (D)	51 (C)	52 (B)

READING AND VOCABULARY

PART 1	53 (A)	54 (B)	55 (C)	56 (B)	57 (D)	58 (D)	59 (A)
PART 2	60 (B)	61 (C)	62 (D)	63 (A)	64 (D)	65 (C)	66 (B)
PART 3	67 (D)	68 (B)	69 (A)	70 (D)	71 (C)	72 (A)	73 (C)
PART 4	74 (B)	75 (A)	76 (A)	77 (C)	78 (C)	79 (B)	80 (D)

TEST
1

GRAMMAR
LISTENING
READING AND VOCABULARY

Category ❶ 시제 ❷ 가정법 ❸ 조동사 ❹ 준동사 ❺ 연결어 ❻ 관계사 ❼ 당위성/이성적 판단

난이도 ★★☆ Category ❸ 조동사(의무: must)

1
In celebration of Earth Science Week, the school is hosting an essay writing contest with the theme "Caring for Our Geo-heritage." Essays _____ be submitted to the science department before the 21st of October.

(a) could
(b) might
(c) would
(d) must

그 학교는 지구과학 주간을 맞아 '우리 지질 유산 돌보기'를 주제로 한 논술 대회를 개최한다. 에세이는 10월 21일 이전에 과학부에 제출되어야 한다.

어휘 in celebration of ~을 기념하여, ~을 맞아 host 개최하다 theme 주제 Geo-heritage 지질유산 submit 제출하다

정답 (d)

해설 보기에 다양한 조동사가 나왔으므로 조동사 문제이다. 빈칸이 들어간 문장과 앞뒤의 문장을 해석해서 알맞은 조동사를 선택한다. 조동사 문제는 보기를 하나씩 대입해서 가장 자연스러운 의미를 고르면 된다. 빈칸 앞의 문장에서 논술 대회를 개최한다고 했고 뒤의 문장에서 에세이는 10월 21일 이전에 제출한다고 했다. 앞뒤 문맥에서 '에세이가 ~까지 꼭 제출되어야 한다'가 가장 적합한 의미이므로 '의무'를 나타내는 조동사 must가 적합하다. 따라서 (d)가 정답이다.

참고 **필수/의무 [have to < have got to < must] (~해야 한다)**

1. have to는 매일 사용되는 일상적인 표현으로 다른 선택의 여지가 없음을 나타낸다.
2. have got to는 회화나 비공식적인 쓰기 표현에서 강한 의무를 나타낸다.
3. must는 가장 강한 어감을 나타낸다. 구어에서는 화자가 권력이 있거나 긴급한 필수 상황일 때 사용되며 문어에서는 공지 사항이나 계약 형식 등에서 사용된다.
4. must는 현재와 미래만 사용 가능하고 과거를 표현할 수 없다.
5. don't have to vs. must not
   • don't have to: ~할 필요가 없다 (= need not)
   • must not: ~해서는 안 된다

난이도 ★★★ Category ❶ 시제(미래진행: when+현재+next week)

2
After seeing the imperial palaces and Baroque streetscapes of Vienna and Prague, John and Lois will tour Santorini for the next leg of their honeymoon. They _____ around Europe when you try to contact them next week.

비엔나와 프라하의 황궁과 바로크 거리 풍경을 본 후, 존과 로이스는 신혼 여행의 다음 단계로 산토리니를 여행할 것이다. 다음 주에 그들과 연락하려고 할 때 그들은 여전히 유럽을 여행하고 있을 것이다.

(a) will still be traveling
(b) will still have traveled
(c) were still traveling
(d) have still been traveling

어휘 imperial 제국의 streetscape 거리 풍경 leg (여행의) 구간 contact 연락하다

정답 (a)

해설 보기에서 동사 travel이 다양한 시제로 나왔으므로 시제 문제이다. 빈칸 앞뒤에 시간 부사구나 부사절을 확인한다. 빈칸 뒤에 미래의 의미를 현재 시제로 나타낸 시간 부사절 'when you try to contact them next week.'이 나왔으므로 기준 시점이 미래임을 알 수 있다. 미래 시점에 진행되고 있을 동작을 나타내므로 미래진행 시제가 적합하다. 따라서 (a)가 정답이다.

오답 분석 (b)에서 미래완료진행 시제가 쓰였는데 맨 앞의 will만 보고 (b)를 정답으로 오인하는 경우가 있다. 미래완료진행 시제는 'by+미래 시점', 'for+기간' 등 미래완료 시제를 표시하는 부사 표현이 나와야 하는데 여기서는 나오지 않아서 (b)는 오답이다.

참고 **미래진행**

• 형태: will be -ing
• 의미: (~하고 있을 것이다) 미래의 특정 시간에 동작이 진행 중일 것임을 나타낸다.
• 자주 쓰이는 표현: 부사구 – when/if/until + 현재 시제절
　　　　　　　　　 부사절 – next week/month/year, next time, until then, in the future, tomorrow
*시간 부사절에서 미래를 나타낼 때는 현재나 현재진행 시제가 사용된다.
　e.g. (O) ll be doing the dishes while you are watching TV.
　　　네가 TV를 보고 있을 때, 나는 설거지를 하고 있을 것이다.
　　(X) I'll be doing the dishes while you will be watching TV.

난이도 ★★★　　**Category**　**❼ 당위성**(충고: advise)

3 Many computer users hate priority updates, but tech experts say they're important for the computer's security. It is advised that users _____ their computer to allow automatic updates, unless they prefer manual updates.

(a) will set
(b) are setting
(c) have set
(d) set

많은 컴퓨터 사용자들은 우선 순위 업데이트를 싫어하지만 기술 전문가들은 이 업데이트가 컴퓨터 보안에 중요하다고 말한다. 사용자가 수동 업데이트를 선호하지 않는다면 자동 업데이트를 허용하도록 컴퓨터를 설정하는 것이 좋다.

어휘 priority 우선 순위 expert 전문가 security 보안 allow 허용하다 manual 수동의 unless ~하지 않는다면

정답 (d)

해설 보기에 동사 set이 다양한 시제로 나왔으므로 시제 문제 아니면 당위성 문제이다. 보기 중 동사원형이 있고 빈칸 앞에 당위성 동사 advise가 있으므로 당위성 문제임을 알 수 있다. that절에서 should가 생략된 동사원형이 빈칸에 들어가는 것이 적절하므로 동사원형 (d)가 정답이다.

참고 **당위성을 나타내는 문장**

· 형태: 주어+당위성 동사+that+주어+(should)+동사원형
· 당위성 문제는 전형적으로 다음의 동사와 함께 나온다.
  당위성 동사: advise(조언하다), ask(요청하다), beg(간청하다), command(명령하다), stress(강조하다), demand(요구하다), direct(지시하다), insist(주장하다), instruct(지시하다), intend(의도하다), order(명령하다), prefer(선호하다), propose(제안하다), recommend(추천하다), request(요청하다), require(요구하다), stipulate(규정하다), suggest(제안하다), urge(촉구하다), warn(경고하다)

난이도 ★★★ | **Category** **❷ 가정법**(가정법 과거완료: if절+과거완료)

4 Dan's client, for whom he is designing a website, is demanding more work than he agreed to deliver. If he had known that the client was so difficult to work with, he _____ the project.

(a) will not accept
(b) would not have accepted
(c) had not accepted
(d) would not accept

댄의 고객은, 그가 그 고객을 위해 웹사이트를 디자인하고 있는데, 댄이 제공하기로 합의한 것보다 더 많은 작업을 요구하고 있다. 만약 그가 그 고객과 함께 일하기가 그렇게 어렵다는 것을 알았다면, 그는 그 프로젝트를 수락하지 않았을 것이다.

어휘 client 고객   deliver (연설, 일 등을) 제공하다   demand 요구하다   accept 받아들이다, 수락하다

정답 (b)

해설 보기에 동사 accept가 서법조동사와 함께 나왔고 빈칸 앞에 if절이 있으므로 가정법 문제이다. if절의 시제가 과거완료이므로 가정법 과거완료임을 알 수 있다. 가정법 과거완료의 주절에는 'would/should/could/might+have p.p.'가 와야 하므로 (b)가 정답이다.

참고 **가정법 과거완료**

· 형태: If+주어+had p.p.+~, 주어+would/should/could/might+have p.p.~.
· 과거에 있었던 일을 반대로 가정해서 말할 때 사용된다.

난이도 ★★★ | **Category** **❶ 시제**(현재완료진행: 완료시제 부사구 for+기간)

5 Kaitlin is ardently pursuing her dream of becoming a fashion designer. She _____ design classes at the Paris Fashion Institute for three months now. While there, she is gaining hands-on experience and building her professional network.

(a) attends
(b) will be attending
(c) has been attending
(d) attended

케이틀린은 패션 디자이너의 꿈을 열심히 추구하고 있다. 그녀는 파리 패션 협회에서 디자인 수업을 3개월째 출석해 오고 있다. 그곳에 있는 동안, 그녀는 실전 경험을 쌓고 전문 네트워크를 구축하고 있다.

어휘 ardently 열심히 **pursue** 추구하다 **attend** 출석하다, 참석하다 **hands-on** 실전의, 실제의 **institute** 기관, 협회

정답 (c)

해설 보기에 동사 attend가 다양한 시제로 나왔으므로 시제 문제이다. 빈칸 뒤에 완료형 시제와 함께 사용되는 부사구 'for three months'와 현재진행 시제에 자주 쓰이는 부사인 now가 있다. 현재를 기준 시점으로 과거에 시작된 일이 현재에 계속 진행되고 있음을 나타내므로 현재완료진행 시제가 적합하다. 따라서 (c)가 정답이다.

참고 현재완료진행

- 형태: have/has been -ing
- 의미: (~해오고 있다) 과거에 시작한 행동이 현재까지 계속 진행되고 있음을 나타낸다.
- 자주 쓰이는 시간 부사어구: since+과거 시점/과거 시제절(~한 이래로), for+시간명사(~동안), lately(최근에)

난이도 ★★★ | Category ④ 준동사(동명사: keep)

6 Choking happens when an airway gets blocked, and the person cannot breathe properly. If the blockage is minor, the person should be encouraged to keep _____ until the blockage is cleared.

질식은 기도가 막혀 숨을 제대로 쉴 수 없을 때 발생한다. 막힘이 경미한 경우, 막힘이 해소될 때까지 기침을 계속하도록 권장해야 한다.

(a) coughing
(b) to have coughed
(c) having coughed
(d) to cough

어휘 choking 질식, 숨 막힘 **airway** 기도 **breathe** 숨쉬다 **properly** 제대로 **blockage** 막힘 **encourage** 권장하다 **cough** 기침하다

정답 (a)

해설 보기에 동사 cough가 준동사 형태로 나왔으므로 준동사 문제이다. 빈칸 앞에 동명사를 목적어로 취하는 동사 keep이 나왔으므로 빈칸에 동명사가 들어가는 것이 적절하다. 보기에 단순동사 (a)와 완료동사 (c)가 있다. 완료동사는 주절 동사보다 한 시제 앞선 내용을 나타낼 때 사용되지만 이 문맥에서는 같은 시제의 내용을 나타내고 있으므로 단순동명사 (a)가 정답이다.

참고 to부정사와 동명사를 목적어로 취하는 동사

① **to 부정사:** 아직 실현되지 않음(−reality), 구체성, 일시성, 미래지향적 (미래에 해야 할 일, 미래에 대한 소망을 표현할 때 사용)
계획/결정: plan, mean, determine, choose
소망/기대: wish, hope, want, expect, long, care
동의/거절: agree, refuse

② **동명사:** 실현되었음(+reality), 추상성, 습관성, 과거지향적 (해오던 것을 중단하거나, 습관적인 동작을 회피하는 것을 나타낼 때 사용)
동작의 중단: finish, stop, quit, give up
동작의 회피: escape, avoid, postpone, delay, mind
인정/부인: admit, deny

7 Harris runs regularly, but he doesn't pay attention to what he's eating. If he were to prioritize eating healthier food, he _____ some of that weight he frequently complains about.

(a) would lose
(b) will lose
(c) is losing
(d) would have lost

해리스는 규칙적으로 달리기는 하지만 먹는 것에는 신경을 안 쓴다. 만약 그가 건강에 좋은 음식을 먹는 것을 우선시한다면, 그는 자주 불평하는 자신의 체중을 어느 정도 줄일 것이다.

어휘 ▶ regularly 규칙적으로　pay attention to ~에 신경 쓰다　prioritize 우선시하다　weight 무게　frequently 자주
complain about ~에 대해 불평하다, 투덜대다

정답 ▶ (a)

해설 ▶ 보기에 동사 lose가 다양한 서법조동사로 나왔고 빈칸 앞에 if절이 있으므로 가정법 문제이다. if절의 시제가 과거이므로 가정법 과거임을 알 수 있다. 특히 이 문장처럼 if절 안에 동사로 'were to'가 쓰인 경우는 앞으로 일어날 가능성이 희박한 일을 나타낸다. if절에 'were to'가 쓰인 가정법 과거의 주절에 'would+동사원형'이 와야 하므로 (a)가 정답이다.

참고 ▶ 가정법 과거

· 형태: If + 주어 + 과거형 동사 ~, 주어 + would/should/could/might + 동사원형 ~.
· 현재 사실을 반대로 돌려서 가정해서 말할 때 사용된다.

---

8 The number of farmers in industrialized nations has been steadily declining. In the US, more and more farmers are approaching the age of 65. Upon retirement, they will pass their farms to their children, _____ in farming.

(a) what often have no interest
(b) who often have no interest
(c) which often have no interest
(d) that often have no interest

선진국들의 농민 수는 꾸준히 감소해오고 있다. 미국에서는 점점 더 많은 농부들이 65세에 가까워지고 있다. 은퇴 시, 그들은 농사에 관심이 없는 자녀들에게 그들의 농장을 물려줄 것이다.

어휘 ▶ industrialized nation 선진국　decline 감소하다　approach 접근하다　have no interest in ~에 관심이 없다　retirement 은퇴

정답 ▶ (b)

해설 ▶ 보기에 다양한 관계대명사가 이끄는 절이 나왔으므로 관계사 문제이다. 빈칸 앞에 선행사를 찾고 관계사가 들어 있는 문장에서 그 선행사가 어떤 역할을 하는지를 파악해야 한다. 'their children'이 선행사이고, 관계사절에서 동사 have의 주어 역할을 하고 있다. 선행사가 사람이고 관계사절에서 주어 역할을 하며, 계속적 용법에도 사용될 수 있는 주격 관계대명사 who가 적합하다. 따라서 (b)가 정답이다.

오답 분석 ▶ (a)에서 what은 선행사를 포함하는 관계대명사인데 여기서는 선행사가 있어서 오답이다.
(c)에서 which는 사물을 선행사로 취하는 관계대명사인데 여기서는 선행사가 사람이므로 오답이다.
(d)에서 that은 사람, 사물을 모두 선행사로 취하지만 계속적 용법에서는 쓰일 수 없으므로 오답이다.

9 With December fast approaching, retail stores are getting ready for the holiday season. Just this morning, Bradford's Department Store announced that it plans _____ at least 80,000 seasonal workers to handle the Christmas rush.

(a) hiring
(b) to have hired
(c) having hired
(d) to hire

12월이 빠르게 다가옴에 따라, 소매점들은 휴가철을 맞이할 준비를 하고 있다. 오늘 아침, 브래드포드 백화점은 크리스마스 러시를 처리하기 위해 최소한 8만 명의 계절 근로자들을 고용할 계획이라고 발표했다.

어휘 ▶ **approach** 다가오다   **retail** 소매   **announce** 발표하다   **hire** 고용하다   **at least** 적어도   **seasonal** 계절의, 계절적인

정답 ▶ (d)

해설 ▶ 보기에 동사 hire가 준동사 형태로 나왔으므로 준동사 문제이다. 빈칸 앞의 동사를 보고 목적어로 to부정사를 취하는지, 동명사를 취하는지 확인한다. 빈칸 앞에는 to부정사를 목적어로 취하는 동사 plan이 나왔으므로 빈칸에 to부정사가 적합하다. 보기 중 완료부정사 (b)와 단순부정사 (d)가 나오는데 부정사의 시제가 주절 동사의 시제와 일치하므로 단순부정사 (d)가 정답이다.

참고   **to부정사를 목적어로 취하는 동사**

• to부정사는 일어나지 않은 사건을 나타낼 때 사용되므로 주로 미래 의미를 가진 동사와 함께 사용된다.
decide(결정하다), want(원하다), expect(기대하다), need(필요로 하다), wish(소망하다), hope(희망하다), desire(갈망하다), agree(동의하다), choose(선택하다), learn(배우다), plan(계획하다), promise(약속하다), refuse(거절하다), pretend(~인 체하다), aim(목표로 하다)

10 We arrived late at the airport last night and had to hurry through dinner just to catch our flight. We _____ at the airport's burger restaurant when our flight was called for boarding.

(a) still dined
(b) are still dining
(c) were still dining
(d) had still dined

우리는 어젯밤 공항에 늦게 도착해서 비행기를 타기 위해 저녁 식사를 서둘러야 했다. 우리의 비행기 탑승이 요청되었을 때 우리는 여전히 공항의 햄버거 레스토랑에서 식사를 하고 있었다.

어휘 ▶ **dine** 식사하다   **call for** 요청하다   **board** 탑승하다

정답 ▶ (c)

해설 ▶ 보기에 동사 dine이 여러 가지 시제로 나왔으므로 시제 문제이다. 빈칸 뒤에 when절의 시제가 과거이므로 기준 시점이 과거임을 알 수 있다. 보기에 과거 시제와 관련된 것은 과거진행 (c)와 과거완료 (d)가 있는데 비행기 탑승 안내가 나왔을 때 식사가 끝난 것이 아니라 '여전히 먹고 있었다'가 자연스럽기 때문에 과거진행 (c)가 정답이다.

참고 **과거진행**

- 형태: was/were -ing
- 의미: (~하고 있었다) 과거의 특정 시점에 동작이 진행 중이었음을 나타낸다.
- 자주 쓰이는 시간 부사어구: when+과거 시제절, while+과거 시제절

난이도 ★★★ | **Category** | ❷ **가정법**(가정법 과거완료: if절+과거완료)

11 About a year ago, Joan started saving a third of her salary as a travel fund. If she hadn't given up her daily mocha latte along with other luxuries, she _____ the Eiffel Tower last month.

(a) did not see
(b) would not have seen
(c) would not see
(d) had not seen

약 1년 전, 조안은 여행 자금으로 급여의 3분의 1을 저축하기 시작했다. 만약 그녀가 다른 사치품들과 함께 매일의 모카 라떼를 포기하지 않았다면, 그녀는 지난달에 에펠탑을 보지 못했을 것이다.

어휘 save 저축하다 a third of ~의 3분의 1 salary 급여 fund 자금 luxury 사치, 사치품

정답 (b)

해설 보기에 동사 see가 다양한 서법조동사와 같이 나왔고 빈칸 앞에 if절이 나왔으므로 가정법 문제이다. 조건절의 시제가 과거완료이므로 가정법 과거완료임을 알 수 있다. 가정법 과거완료의 주절에는 'would/should/could/might+have p.p.'가 와야 하므로 (b)가 정답이다.

난이도 ★★★ | **Category** | ❺ **연결어**(양보: on the other hand)

12 Most basketball players are incredibly tall: a survey found that the average height in the NBA is 6 feet 7 inches! _____, there have been great players as short as 5 feet 3 inches.

(a) Furthermore
(b) Therefore
(c) On the other hand
(d) Until then

대부분의 농구 선수들은 믿을 수 없을 정도로 키가 크다: 한 조사에 따르면 NBA의 평균 키는 6피트 7인치이다! 반면에, 키가 5피트 3인치 정도로 작은 훌륭한 선수들이 존재해 왔다.

어휘 incredibly 믿을 수 없을 정도로 survey 조사 average height 평균 키

정답 (c)

해설 보기에 다양한 접속부사가 나왔으므로 연결어 문제이다. 보기의 연결어를 하나씩 넣어서 빈칸 앞뒤의 문장을 해석하여 문제를 풀어야 한다. 앞 문장에서 대부분의 농구 선수들은 키가 크다고 하였고 뒤의 문장에서 키가 작은 훌륭한 선수들이 있다고 했으므로 앞뒤 의미 관계가 대조를 나타낸다. 따라서 대조 상황을 연결할 때 적합한 접속부사구 (c)가 정답이다.

오답분석 (a) furthermore(게다가), (b) therefore(그러므로), (d) until then(그때까지)은 문맥상 적합하지 않아서 오답이다.

TEST 1

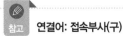

참고 연결어: 접속부사(구)

1 비교, 대조
however(하지만), by contrast(대조적으로), even so(그렇기는 하지만), in contrast(대조적으로), nevertheless(그럼에도 불구하고), on the contrary(반대로), on the other hand(반면에)

2 결과
as a consequence(결과적으로), as a result(결과적으로), consequently(결과적으로), in consequence(결과적으로), hence(따라서), therefore(그러므로)

3 정보 추가
besides(게다가), furthermore(더구나), in addition(게다가), moreover(게다가), what's more(게다가)

4 동시 상황
at that time(그때에), at the same time(동시에), meanwhile(그러는 동안)

난이도 ★★★ | **Category** ❼ **당위성**(강조: stress)

13 Jamal's marriage counselor frequently stresses that he _____ carefully when his spouse comes to him with a complaint. In keeping with this advice, Jamal now asks questions and withholds judgment instead of immediately trying to defend himself.

(a) listen
(b) listens
(c) will listen
(d) is listening

자말의 결혼 상담사는 자말의 배우자가 자말에게 불평할 때 주의깊게 들어야 한다고 자주 강조한다. 이 조언에 따라 자말은 즉시 자신을 방어하려고 애쓰는 대신 이제 질문을 던지고 판단을 보류한다.

어휘 counselor 상담사 frequently 자주 stress 강조하다 spouse 배우자 complaint 불평 in keeping with ~에 따라 withhold 보류하다 judgment 판단 immediately 즉시 defend 방어하다

정답 (a)

해설 보기에 동사 listen이 다양한 시제와 동사원형으로 나왔으므로 시제 문제 아니면 당위성 문제이다. 빈칸 앞뒤에 시간 부사구나 부사절 아니면 빈칸 앞에 당위성 동사(요구, 주장, 제안, 명령)나 이성적 판단 형용사가 있는지 확인한다. 빈칸 앞에 당위성 동사 중 하나인 stress(강조하다)가 나왔다. that절에 should가 생략된 후 동사원형이 나와야 하므로 (a)가 정답이다.

난이도 ★★☆ | **Category** ❶ **시제**(현재진행: 현재진행 부사구 right now)

14 My mother likes to shop at flea markets. The possibility of a good bargain always thrills her. Right now, she _____ for Christmas decorations at the Randolph Street Market.

(a) will scout
(b) has been scouting
(c) scouted
(d) is scouting

엄마는 벼룩시장에서 쇼핑하는 것을 좋아한다. 좋은 가격에 살 가능성이 항상 그녀를 설레게 한다. 지금, 그녀는 랜돌프 거리 시장에서 크리스마스 장식을 사러 돌아다니고 있다.

어휘 flea market 벼룩시장 **thrill** 설레게 하다 **scout for** ~을 찾아 돌아다니다 **decoration** 장식

정답 (d)

해설 보기에 동사 scout가 다양한 시제로 나왔으므로 시제 문제이다. 빈칸 앞뒤에 시간 부사구나 부사절을 확인한다. 빈칸 앞에 현재진행 시제와 자주 사용되는 시간 부사구 'right now'가 있으므로 현재진행 시제 (d)가 정답이다.

> **참고 현재진행**
>
> • 형태: am/are/is -ing
> • 의미: (~하고 있다) 현재에 진행 중인 동작을 나타낸다.
> • 자주 쓰이는 부사어구: at the moment, now, right now, at the weekend, at this time/week/month, currently, continually, constantly

---

난이도 ★★★ **Category** ❷ **가정법**(가정법 과거완료: if절+과거완료)

15 Monica was so embarrassed that she was late for her cousin's wedding in Oklahoma. If she hadn't taken the wrong exit on the expressway, she _____ in time to witness her cousin walk down the aisle.

(a) would arrive
(b) was arriving
(c) would have arrived
(d) had arrived

모니카는 오클라호마에서 열린 사촌 결혼식에 늦게 가서 매우 당황했다. 만약 그녀가 고속도로에서 잘못된 출구를 택하지 않았다면, 그녀는 제시간에 도착해서 사촌이 식장에 입장하는 것을 목격했을 것이다.

어휘 **embarrassed** 당황한, 난처한 **exit** 출구 **expressway** 고속도로 **in time** 제시간에 **witness** 목격하다
walk down the aisle 식장에 입장하다

정답 (c)

해설 보기에 동사 arrive가 다양한 시제와 서법조동사(will, shall, can, may, would, should, could, might)와 같이 나왔고 빈칸 앞에 if절이 있으므로 가정법 문제이다. if조건절의 시제가 과거완료이기 때문에 가정법 과거완료임을 알 수 있다. 가정법 과거완료의 주절에는 'would/should/could/might+have p.p.'가 와야 하므로 (c)가 정답이다.

난이도 ★★★ **Category** ❹ **준동사**(동명사: recommend)

16 Coffee connoisseurs say that only fresh beans can be used to make the perfect cup of coffee. They recommend _____ just a seven-day supply of beans, which can be stored in an airtight jar for maximum freshness.

(a) to buy
(b) having bought
(c) buying
(d) to be buying

커피 감식가들은 완벽한 커피를 만들기 위해서는 신선한 원두만 사용될 수 있다고 말한다. 그들은 단 7일분의 원두만 구입할 것을 권하며, 그것을 밀폐된 병에 보관하면 신선도를 극대화할 수 있다.

어휘 ▶ connoisseur 감식가, 감정가　recommend 추천하다　supply 공급량　airtight 밀폐된　maximum 최대의, 극대의

정답 ▶ (c)

해설 ▶ 보기에 동사 buy가 준동사 형태로 나왔으므로 준동사 문제이다. 빈칸 앞에 동사를 살펴보아야 한다. 동명사를 목적어로 취하는 동사 recommend가 쓰였으므로 빈칸에 동명사가 적합하다. 보기 중 완료동명사 (b)와 단순동명사 (c)가 있다. 지텔프 시험에서 준동사가 주어나 목적어, 목적격보어로 사용될 때 완료동명사가 정답이 되는 경우는 극히 드물다. 물론 해석상 완료동명사는 본동사보다 한 시제 앞선 상황을 설명할 때 사용될 수 있지만 이 문맥에서는 본동사와 같은 시제의 상황을 설명하므로 단순동명사 (c)가 정답이다.

참고　동명사만을 목적어로 취하는 동사

adore(흠모하다, 존경하다), advise(충고하다), admit(인정하다), allow(허락하다), practice(연습하다), feel like(~하고 싶다), enjoy(즐기다), keep(유지하다), consider(고려하다), discuss(토론하다), finish(끝내다), mention(언급하다), postpone(연기하다), recommend(추천하다), avoid(피하다), delay(연기하다), dislike(싫어하다), insist(주장하다), mind(꺼리다), quit(그만두다), deny(부인하다), involve(포함하다), miss(놓치다), suggest(제안하다)

난이도 ★★★　**Category**　**⑤ 연결어**(접속부사: however)

17 The Nazca Lines are large drawings etched into the ground of the Nazca Desert about 2,500 years ago. These geometric shapes and animals were most likely drawn by ancient Nazca people. _____, their purpose remains unclear.

(a) However
(b) Moreover
(c) Therefore
(d) Similarly

나스카 라인은 약 2,500년 전에 나스카 사막의 땅에 새겨진 큰 그림이다. 이 기하학적인 모양과 동물들은 고대 나스카 사람들에 의해 그려졌을 가능성이 크다. 하지만 그것들의 목적은 여전히 불분명하다.

어휘 ▶ drawing 그림　etched 새겨진　geometric 기하학적인　most likely 틀림없이, 가능성이 높게　purpose 목적 remain 여전히(계속) ~이다　unclear 불분명한

정답 ▶ (a)

해설 ▶ 보기에 다양한 접속부사들이 나왔으므로 연결어 문제이다. 빈칸 앞뒤의 문장을 해석하여 두 문장의 관계를 파악해야 한다. 접속사 문제는 보기를 하나씩 대입해서 해석하면서 정답을 유추할 수 있다. 빈칸 앞의 문장에서 나스카 라인은 고대 나스카 사람들에 의해 그려졌을 가능성이 크다고 했고 빈칸 뒤의 문장에서 그것들의 목적은 여전히 불분명하다고 하였다. 목적이 불분명하다는 내용을 연결하기 위해서는 앞의 내용과 반대되는 상황이 적합하므로 대조를 나타내는 접속부사 However(하지만)가 적절하다. 따라서 (a)가 정답이다.

오답분석 ▶ (b) Moreover(게다가), (c) Therefore(그러므로), (d) Similarly(유사하게, 마찬가지로)는 문맥상 어색한 연결이므로 오답이다.

참고　대조를 나타내는 연결어

❶ however (하지만)
e.g. He just wanted to be friends with her. However, she wanted more in the relationship.
(그는 단지 그녀와 친구가 되고 싶었다. 하지만 그녀는 그 이상의 관계를 원했다.)

❷ in contrast (대조적으로)
e.g. The house looked tiny. In contrast, the interior of it was very spacious.
(그 집은 작아 보였다. 대조적으로 그것의 내부는 매우 넓었다.)

3 on the contrary (반대로)

e.g. The researchers expected to prove their hypothesis. On the contrary, the study showed opposite results.
(그 연구자들은 그들의 가설을 증명하기를 기대했다. 반대로 그 연구는 반대의 결과를 보여줬다.)

4 on the other hand (반면에)

e.g. The students want to go out for drinks. On the other hand, they know they ought to be studying for their finals.
(그 학생들은 한잔하러 외출하고 싶어한다. 반면에 그들은 기말고사 공부를 해야 한다는 것도 알고 있다.)

5 still (그래도 여전히)

e.g. John has a lot of defects. Still, I like him. (존은 많은 단점이 있다. 그래도 여전히 나는 그를 좋아한다.)

6 though (비록 ~에도 불구하고)

e.g. Though the story of the drama was very sad, people enjoyed the drama.
(비록 그 드라마의 스토리는 매우 슬펐음에도 불구하고 사람들은 그 드라마를 즐겼다.)

7 unlike (~와는 달리)

e.g. Unlike my friend who opened his own restaurant, I decided to work at a company.
(자신의 식당을 개업한 내 친구와는 달리, 나는 회사에서 일하기로 결정했다.)

8 whereas (반면에)

e.g. My sisters are surgical doctors, whereas I am a mechanic. (내 누이들은 외과의사인 반면에 나는 기계공이다.)

9 while (반면에)

e.g. Their friends went to the movies while the couple had dinner at a restaurant.
(그 부부는 식당에서 저녁을 먹었던 반면에 그들의 친구들은 영화를 보러 갔다.)

10 yet (그러나)

e.g. The store was open for quite a while, yet no one had entered it.
(그 상점은 얼마 동안 열려 있었으나 아무도 그곳에 들어간 적이 없었다.)

난이도 ★★★ | **Category** | **❶ 시제**(과거완료진행: 완료 시제 부사구 for+시간명사)

18 Paula was dismayed when her son's pediatrician told her that she should be giving him 5 ml of multivitamins instead of just 1 ml. She _____ her son the wrong dosage for the past three months!

폴라는 아들의 소아과 의사가 그녀에게 1ml가 아니라 5ml의 종합 비타민을 주어야 한다고 말했을 때 당황했다. 그녀는 지난 3개월 동안 아들에게 잘못된 복용량을 주고 있었다!

(a) gave
(b) had been giving
(c) will have given
(d) is giving

어휘 dismayed 당황한 pediatrician 소아과 의사 multivitamin 종합 비타민 dosage (약의) 복용량

정답 (b)

해설 보기에 동사 give가 다양한 시제로 나왔으므로 시제 문제이다. 빈칸 앞뒤에 시간 부사구나 부사절을 확인해야 한다. 빈칸 뒤에 과거완료와 사용되는 시간 부사 'for the past three months'가 있으므로 과거 이전부터 시작된 일이 과거까지 계속되고 있음을 나타내는 과거완료 또는 과거완료진행 시제가 빈칸에 적합하다. 따라서 (b)가 정답이다.

참고   과거완료(had p.p.)와 과거완료진행(had been -ing)

1 과거완료는 과거에 일어났던 일들 중 먼저 일어난 사건을 나타낼 때 사용된다.

   e.g. By the time Tim was in college, iphone 5 <u>had arrived</u>. (팀이 대학에 다닐 때쯤에, 아이폰5가 도래해 있었다.)

   e.g. When Steve Jobs died, Apple company <u>had doubled</u> its profit.

     (스티브 잡스가 죽었을 때, 애플사는 두 배의 수익을 올리고 있었다.)

2 과거완료는 완료/결과, 경험, 계속의 의미로 쓰이며 특히, 계속의 의미일 때는 과거완료진행 시제가 함께 혼용해서 쓰인다.

   ① 완료/결과: (그때까지는) 벌써 ~해 버렸다

     e.g. It <u>had</u> already <u>started</u> to rain when he brought an umbrella. (그가 우산을 샀을 때 이미 비가 내리기 시작했다.)

   ② 경험: (그때까지는) ~한 적이 있었다

     e.g. He <u>had</u> never <u>managed</u> a company until two years ago. (그는 2년전까지만 해도 회사를 경영한 적이 없었다.)

   ③ 계속: (그때까지 쭉) ~하고 있었다

     e.g. He <u>had waited</u> for an hour before the meeting started. (그는 회의가 시작되기 전에 1시간 동안 기다려 왔다.)

     He <u>had been waiting</u> for an hour before the meeting started. (그는 회의가 시작되기 전에 1시간 동안 기다려 오고 있었다.)

난이도 ★★☆   **Category**   ❹ 준동사(to부정사: 부사적 용법)

19 Etiquette dictates that drivers also show courtesy when parking. When a car is pulling out of a space, you should wait nearby and turn on your hazard signal _____ others know you are claiming the space.

   (a) having let
   (b) letting
   (c) to let
   (d) to have let

에티켓은 운전자들이 주차할 때도 예의를 표하도록 지시한다. 차량이 공간을 빠져나갈 때는 근처에서 기다렸다가 자신이 공간을 차지한다는 것을 다른 사람에게 알리기 위해서 위험 신호를 켜야 한다.

어휘 ▶ dictate 규정하다   courtesy 예의   pull out of ~에서 빠져나가다   nearby 근처에서   turn on 켜다   hazard 위험   signal 신호 claim 주장하다. (공간을) 차지하다

정답 (c)

해설 보기에 동사 let이 준동사 형태로 나왔으므로 준동사 문제이다. 빈칸 앞의 동사는 완전한 구조로 되어 있어 따로 목적어를 필요로 하지 않는다. 이런 경우 부사적 용법인지, 아니면 부대상황을 설명하는지 확인한다. 문맥상 자신이 공간을 차지한다는 것을 다른 사람에게 알리기 위하여 위험 신호를 켜야 한다는 해석이 가장 적절하다. 따라서 to부정사의 부사적 용법 중 목적이므로 (c)가 정답이다.

오답 분석 완료to부정사 (d) to have let은 본동사보다 이전 상황을 설명하지만 본 문장에서는 본동사와 to부정사의 시제가 동일하므로 (d)는 오답이다.

참고   to부정사의 부사적 용법

1 목적: ~하기 위해서: e.g. Jack studied hard to pass the exam. (잭은 시험에 합격하기 위해 열심히 공부했다.)

2 감정의 원인: ~해서: e.g. His mother was very happy to hear the news. (그의 어머니는 그 소식을 듣고 매우 기뻐했다.)

3 판단의 근거: ~하다니: e.g. Linda is very smart to solve the problem. (린다가 그 문제를 풀다니 정말 똑똑하다.)

4 결과: 결국 ~하다: e.g. Her son grew up to be a movie actor. (그녀의 아들은 자라서 영화 배우가 되었다.)

20 Yesterday, we went to the new pasta house in town. The spaghetti tasted great, but there were only a few dishes to choose from. If I were to make the menu, I _____ ravioli and risotto.

(a) would also have served
(b) am also serving
(c) had also served
(d) would also serve

어제, 우리는 마을에 새로 생긴 파스타 집에 갔다. 스파게티는 맛이 좋았지만, 선택할 수 있는 요리는 몇 가지밖에 없었다. 만약 내가 메뉴를 만든다면 라비올리와 리조또도 제공할 것이다.

어휘 taste 맛이 나다 serve 제공하다 ravioli 라비올리(이탈리아식 만두 요리) risotto 리조또(이탈리아식 쌀 요리)

정답 (d)

해설 보기에 동사 serve가 다양한 시제와 서법조동사와 같이 나왔으므로 시제 아니면 가정법 문제이다. 빈칸 앞뒤 시간 부사절이나 부사구 아니면 조건절을 확인한다. 앞에 if조건절이 있으므로 가정법 문제이다. if조건절의 시제가 과거이므로 빈칸에는 가정법 과거의 주절의 형태인 'would/should/could/might+동사원형'이 와야 한다. 따라서 (d)가 정답이다.

---

21 When the body loses fluids, it also loses essential salts like sodium and potassium. To avoid headaches and other symptoms of dehydration, doctors suggest that one _____ drinking fluids throughout the day.

(a) will continue
(b) has continued
(c) continues
(d) continue

몸이 수분을 잃으면 나트륨과 칼륨 같은 필수 염분도 잃는다. 두통과 탈수의 다른 증상들을 피하기 위해, 의사들은 하루 종일 계속해서 수분을 섭취해야 한다고 제안한다.

어휘 fluid 수분 essential 필수적인 sodium 나트륨 potassium 칼륨 avoid 피하다 headache 두통 symptom 증상 dehydration 탈수 continue 계속하다 throughout 기간 내내

정답 (d)

해설 보기에서 동사 continue가 다양한 시제와 동사원형, 조동사와 함께 사용되었다. 시제 문제 아니면 당위성 문제이다. 빈칸 앞에 당위성 동사 suggest가 나왔으므로 당위성 문제이다. that절 안에서 should가 생략된 동사원형이 빈칸에 적합하므로 (d)가 정답이다.

---

22 Around 11% of the 2.3 million couples marrying in the US each year marry in June, the most popular wedding month. This means that every single day

매년 미국에서 결혼하는 230만 쌍의 부부 중 약 11%가 가장 인기 있는 결혼식 달인 6월에 결혼한다. 이것은 내년 6월에 매일 대략 8,400쌍의 커플들이 결혼 서약을 할 것

2021년 G-TELP
기출 문제 **7**회분 수록!

G-TELP KOREA 문제 제공

2023년
대비

지텔프

기출 문제 해설집

Level 2

별책부록

청취 · 독해와 어휘 영역 고득점을 위한

유형별 문제 암기 노트

BM (주)도서출판 성안당

❶ 세부사항

No	TEST	PART	Q_No	해설집 본문 쪽수	Question
1	TEST 1	PART 1	28	48	Why does Heather think that Susan Downing is a well-known artist?
2	TEST 1	PART 1	29	49	What did the art teacher ask Heather and the class to do?
3	TEST 1	PART 1	31	49	What did the art teacher say that puzzled Heather?
4	TEST 1	PART 2	36	53	What does spend some time alone do to PARTners in a relationship?
5	TEST 1	PART 2	37	54	How does spending time by oneself improve creativity?
6	TEST 1	PART 2	38	54	How does the speaker describe those who spend some time by themselves each day?
7	TEST 1	PART 2	39	55	Based on the talk, how should one's time alone be spent?
8	TEST 1	PART 3	41	58	When was Steve able to sell his antique steering wheel?
9	TEST 1	PART 3	42	58	What kinds of things do people tend to buy on impulse at yard sales?
10	TEST 1	PART 3	44	59	Why could selling her unused items online be better for Edna's schedule?
11	TEST 1	PART 4	48	62	According to the talk, what is the problem with artificial air fresheners?
12	TEST 1	PART 4	49	63	Why does the speaker prefer to use glass rather than plastic for the spray bottle?
13	TEST 1	PART 4	51	64	Which essential oils should one buy when making an air freshener?
14	TEST 1	PART 4	52	64	What should one do first before using the homemade air freshener?
15	TEST 2	PART 1	28	103	Why did Natalie and her husband choose to travel to Copola Island during the off-season?
16	TEST 2	PART 1	29	104	According to George, what can Natalie still accomplish within fourteen days?
17	TEST 2	PART 1	30	104	Based on the conversation, how do airlines offset the high cost of a flight?
18	TEST 2	PART 1	31	104	Why do airlines sometimes offer reduced ticket prices?
19	TEST 2	PART 2	34	108	According to the speaker, what is the problem with dressing up?
20	TEST 2	PART 2	37	109	How can one find a dress more easily on the store's website?
21	TEST 2	PART 2	38	109	What is the twenty-dollar payment for?
22	TEST 2	PART 2	39	110	What can customers do if they don't like the dress that's been delivered?
23	TEST 2	PART 3	41	113	Why does regular shampoo cost less than organic shampoo?
24	TEST 2	PART 3	42	113	Based on the conversation, why are people switching to organic shampoo?
25	TEST 2	PART 3	43	114	What makes using organic shampoo healthier for one's hair?

No	TEST	PART	Q_No	해설집 본문 쪽수	Question
26	TEST 2	PART 3	44	114	How does one make up for the lack of suds when using organic shampoo?
27	TEST 2	PART 4	47	117	Based on the talk, why should one plan to return from a vacation on a Saturday?
28	TEST 2	PART 4	48	117	When should one start sleeping and waking up as on a normal workday?
29	TEST 2	PART 4	49	118	How can checking the calendar before returning to work make one feel in control of tasks?
30	TEST 2	PART 4	51	119	What should one avoid doing on the first day back at work?
31	TEST 2	PART 4	52	119	What is the importance of planning a fun activity after work?
32	TEST 3	PART 1	28	156	Why is Jessica not planning to enter a swimming contest?
33	TEST 3	PART 1	29	156	How can the water prevent a swimmer from tiring quickly?
34	TEST 3	PART 1	30	157	What does Jessica love about the starfish float?
35	TEST 3	PART 1	31	157	According to Jessica, which is one of the downsides of the backstroke?
36	TEST 3	PART 1	32	158	Why has Chandler not been able to improve his skill in the butterfly stroke?
37	TEST 3	PART 2	35	161	What will students learn in the Research and Design class?
38	TEST 3	PART 2	36	161	Why should one learn more about the instruments used in landscape design?
39	TEST 3	PART 2	37	162	What should one consider when choosing the right type of plants?
40	TEST 3	PART 2	38	162	According to the speaker, how can students ensure that they are applying fertilizer to soil properly?
41	TEST 3	PART 3	42	166	Which activity helps Thomas remember a lesson better?
42	TEST 3	PART 3	43	166	Why does Joanna prefer to study at her own pace?
43	TEST 3	PART 3	44	167	According to Thomas, what do study groups allow members to share?
44	TEST 3	PART 4	47	170	According to the speaker, why may a new graduate be persuaded to accept a job right away?
45	TEST 3	PART 4	48	170	What type of job should a new graduate look for?
46	TEST 3	PART 4	49	171	Why are some people afraid of taking risks?
47	TEST 3	PART 4	50	171	How can one develop strong relationships with other team members?
48	TEST 3	PART 4	51	172	What is the best way to move forward in one's career?
49	TEST 4	PART 1	28	210	How would having a big dog help Casper when he goes outside?
50	TEST 4	PART 1	29	210	Why does Mindy like small dogs?
51	TEST 4	PART 1	30	211	What makes a German Shepherd easy to train?
52	TEST 4	PART 1	32	212	Why does Casper believe that a German Shepherd would make a good watchdog?

No	TEST	PART	Q_No	해설집 본문 쪽수	Question
80	TEST 5	PART 4	46	281	What do some people do with their balcony if it is too small?
81	TEST 5	PART 4	47	281	What is the first thing to do when styling a small balcony?
82	TEST 5	PART 4	48	282	Why is it important to choose just one purpose for a small balcony?
83	TEST 5	PART 4	49	282	Why is an artificial grass carpet ideal for a balcony's flooring?
84	TEST 5	PART 4	50	282	According to the talk, what kind of furniture pieces must one put on the balcony?
85	TEST 5	PART 4	51	283	What benefit does lighting bring to a balcony?
86	TEST 5	PART 4	52	283	How can one give the balcony a more personal touch?
87	TEST 6	PART 1	28	321	What is Jane thinking about doing with her business?
88	TEST 6	PART 1	29	321	What is Paul suggesting that Jane do to attract more customers to her coffee shop?
89	TEST 6	PART 1	30	322	What will Jane do to make room for more customers?
90	TEST 6	PART 1	31	322	How will Jane improve the coffee shop's menu?
91	TEST 6	PART 1	32	323	What does Jane need to make her plans work?
92	TEST 6	PART 2	35	326	What proves that the school does a good job of teaching English language skills?
93	TEST 6	PART 2	36	326	What do the students learn in the Let's Communicate program?
94	TEST 6	PART 2	37	327	How is the Let's Chat program different from the other courses?
95	TEST 6	PART 2	39	328	What should one do to reserve a slot in the camp?
96	TEST 6	PART 3	41	331	Which is an advantage of the webinar?
97	TEST 6	PART 3	42	331	According to Sam, what will Lily miss out on if she chooses the webinar?
98	TEST 6	PART 3	43	332	Why will the in-person seminar work better with Lily's schedule?
99	TEST 6	PART 3	44	332	How will attending the three-day in-person seminar affect Lily's work?
100	TEST 6	PART 4	46	335	What should be the first thing one does with a camera?
101	TEST 6	PART 4	47	335	Why should one set a camera at a high resolution?
102	TEST 6	PART 4	49	336	How can one get a fuller shot of the subject when taking a picture?
103	TEST 6	PART 4	50	336	According to the speaker, how can one get enough light when shooting indoors?
104	TEST 6	PART 4	51	337	What should photographers do to avoid blurry pictures?
105	TEST 7	PART 1	28	375	What did John expect to see in the restaurant's interior?
106	TEST 7	PART 1	29	376	What did John think about the seafood paella?

No	TEST	PART	Q_No	해설집 본문 쪽수	Question
107	TEST 7	PART 1	30	376	How did the Four Seasons pizza get its name?
108	TEST 7	PART 1	31	376	What did Rachel learn about the food's prices?
109	TEST 7	PART 1	32	377	Why did John give the waiters a generous tip?
110	TEST 7	PART 2	35	380	How does Step-Up differentiate itself from other dance studios?
111	TEST 7	PART 2	36	381	According to the talk, what makes Step-Up a premier ballet school?
112	TEST 7	PART 2	38	382	Why is street dance a favorite of young people?
113	TEST 7	PART 2	39	382	What will the students get if they enroll early?
114	TEST 7	PART 3	40	385	Why is Mark going to attend the school meeting?
115	TEST 7	PART 3	41	385	What is one benefit to students of using tablet computers?
116	TEST 7	PART 3	42	386	Why would the school raise its tuition fees if students used tablet computers?
117	TEST 7	PART 3	43	386	According to Jenny, what is the positive effect of traditional textbooks on learning?
118	TEST 7	PART 4	47	390	In what way can conflict benefit a company?
119	TEST 7	PART 4	48	390	When is the right time to hold a meeting with employees who are in conflict?
120	TEST 7	PART 4	49	391	According to the talk, why should mediators wait before giving their opinions?
121	TEST 7	PART 4	50	391	How can having a common goal help people solve a conflict?
122	TEST 7	PART 4	51	392	What does the last step in resolving conflict involve?

❷ 주제

No	TEST	PART	Q_No	해설집 본문 쪽수	Question
123	TEST 1	PART 1	27	48	Why did Heather's parents sign her up for an art class?
124	TEST 1	PART 2	34	52	What is the subject of the talk?
125	TEST 1	PART 3	40	57	What is Edna's problem?
126	TEST 1	PART 4	46	62	What topic is the speaker mainly discussing?
127	TEST 2	PART 1	27	103	What is Natalie worried about?
128	TEST 2	PART 2	36	108	What does Dress-up Nation do?
129	TEST 2	PART 3	40	112	What is Sara so excited to tell Jason about?
130	TEST 2	PART 4	46	116	What is the talk about?
131	TEST 3	PART 1	27	156	What is the reason Jessica is looking so fit these days?

No	TEST	PART	Q_No	해설집 본문 쪽수	Question
132	TEST 3	PART 2	34	160	What is the speaker mainly talking about?
133	TEST 3	PART 3	40	165	What are Thomas and Joanna discussing?
134	TEST 3	PART 4	46	170	What is the talk all about?
135	TEST 4	PART 1	27	210	What is Casper reading?
136	TEST 4	PART 2	34	214	What is the talk all about?
137	TEST 4	PART 3	40	219	What is Richard trying to decide?
138	TEST 4	PART 4	46	224	What is the talk all about?
139	TEST 5	PART 1	32	269	What did Daniel advise Monica to do with the caterer?
140	TEST 5	PART 2	36	272	What made Olga's Overruns a successful business?
141	TEST 5	PART 3	40	276	What does Jim want his employees to stop doing at work?
142	TEST 6	PART 1	27	321	Why is Jane worried?
143	TEST 6	PART 2	34	326	What is the talk mainly about?
144	TEST 6	PART 3	40	330	What is Lily doing with her computer?
145	TEST 7	PART 1	27	375	How did John describe his experience at Buena Cibo Restaurant?
146	TEST 7	PART 2	34	380	What does Step-Up Dance Studio aim to do?
147	TEST 7	PART 4	46	389	What is the purpose of the talk?

❸ 추론

No	TEST	PART	Q_No	해설집 본문 쪽수	Question
148	TEST 1	PART 1	30	49	Based on the conversation, how probably did Heather plan to draw the subjects' color?
149	TEST 1	PART 1	32	50	Why most likely did Heather's art teacher not give her a white pencil?
150	TEST 1	PART 1	33	50	What will Heather probably do tomorrow?
151	TEST 1	PART 2	35	53	Based on the talk, why most likely are many people hesitant to go out alone?
152	TEST 1	PART 3	43	59	Based on the conversation, how most likely will Edna be able to keep all the profits with a yard sale?
153	TEST 1	PART 3	45	59	What has Edna probably decided to do?
154	TEST 1	PART 4	47	62	Why most likely does a house need to smell good?
155	TEST 1	PART 4	50	63	Based on the talk, what would probably happen if alcohol is not added to the spray?
156	TEST 2	PART 1	32	105	What would Natalie's husband probably not mind doing?

READING & VOCABULARY

❶ 사실 관계   ❷ 세부사항   ❸ 어휘   ❹ 주제   ❺ 추론

❶ 사실 관계

No	TEST	PART	Q_No	해설집 본문 쪽수	Question
1	TEST 1	PART 2	63	72	What is true about the three-ply version?
2	TEST 2	PART 3	68	130	Which is NOT true about the honeybee's physical appearance?
3	TEST 4	PART 2	64	236	What is NOT a way to achieve a resolution?
4	TEST 4	PART 3	71	240	Based on the article, what is true regarding the threats to the narwhal population?
5	TEST 5	PART 4	76	299	What will guests NOT be able to do at the PARTy?

❷ 세부사항

No	TEST	PART	Q_No	해설집 본문 쪽수	Question
6	TEST 1	PART 1	54	67	When did Winton first see the awful situation of the Jews?
7	TEST 1	PART 1	55	67	What did Winton do when he returned to England from Czechoslovakia?
8	TEST 1	PART 1	56	68	How did he ensure that each rescued child would have a home?
9	TEST 1	PART 2	61	71	How does the Stanford material differ from regular fabrics?
10	TEST 1	PART 2	62	72	Why can plastic wrap not be used as a clothing material?
11	TEST 1	PART 3	67	75	How did Pajitnov come up with the concept for Tetris?
12	TEST 1	PART 3	70	76	What largely accounts for the popularity of Tetris?
13	TEST 1	PART 3	71	77	When did Pajitnov finally own the rights to Tetris?
14	TEST 1	PART 4	75	79	What did Barnes say is now a problem with the building's lobby?
15	TEST 1	PART 4	77	80	When did the need for more parking spaces in front of One Kennedy Place arise?
16	TEST 1	PART 4	78	81	Why does Barnes feel that the unit owners can demand a high quality of service?
17	TEST 2	PART 1	54	122	How did Musk show his technological skills as a child?
18	TEST 2	PART 1	56	123	According to the article, what is the goal of SpaceX?
19	TEST 2	PART 1	57	123	How does the Musk Foundation help victims of natural disasters?
20	TEST 2	PART 2	61	126	How did cooking food benefit the ancestors of modern men?
21	TEST 2	PART 2	62	126	Based on the article, why did Neanderthals need more calories to survive?
22	TEST 2	PART 2	64	127	Which factor could help determine if cooking really affected the Neanderthal's survival?
23	TEST 2	PART 3	69	131	Why do honeybees only live where plenty of flowers are found nearby?

No	TEST	PART	Q_No	해설집 본문 쪽수	Question
51	TEST 5	PART 1	56	286	Why did Nietzsche quit his teaching post at Basel?
52	TEST 5	PART 1	57	287	What can be said about Nietzsche's philosophical beliefs?
53	TEST 5	PART 2	60	290	What are Chinese millionaires mainly using investment visas for?
54	TEST 5	PART 2	62	290	What did the Canadian government do with its investment visa policy in 2015?
55	TEST 5	PART 3	68	294	When did jerky start to be produced in large amounts?
56	TEST 5	PART 3	69	295	Why is the fat removed from the jerky?
57	TEST 5	PART 3	70	295	How can one confirm that jerky is ready for eating?
58	TEST 5	PART 4	75	298	According to Woods, who can visit the shop after normal store hours on Friday?
59	TEST 5	PART 4	77	299	What can the guests do at the PARTy to make it more memorable?
60	TEST 6	PART 1	54	340	How did Sequoyah become acquainted with Europeans?
61	TEST 6	PART 1	55	340	What prompted Sequoyah to create his symbols?
62	TEST 6	PART 1	57	341	Why did Sequoyah move to Arkansas?
63	TEST 6	PART 2	62	343	According to the article, why would millennials rather work in a city environment?
64	TEST 6	PART 2	63	343	What is the expected effect of making office layouts more open?
65	TEST 6	PART 3	68	349	Where did the name "Cassiopeia" come from?
66	TEST 6	PART 3	69	349	How is Cassiopeia's distinct appearance shaped?
67	TEST 6	PART 3	70	349	What makes Cassiopeia different from other constellations?
68	TEST 6	PART 4	77	354	Which best shows Rand's interest in what the MoneyBiz Times does?
69	TEST 6	PART 4	78	354	What can Turner request from Rand's former workmates at Financial Daily?
70	TEST 7	PART 1	54	395	Why did Van PARTible create Johnny Bravo?
71	TEST 7	PART 1	55	395	What did PARTible first do to prepare Johnny Bravo for public exposure?
72	TEST 7	PART 1	56	395	How does Bravo try to entice the women he is interested in?
73	TEST 7	PART 2	61	399	What kind of information can thieves buy from tellers?
74	TEST 7	PART 2	62	400	Which customers could be at a higher risk of being robbed by tellers?
75	TEST 7	PART 2	64	401	How do some dishonest tellers escape from criminal charges?
76	TEST 7	PART 3	68	403	When did Jacobsen's fascination with the Little Mermaid start?
77	TEST 7	PART 3	70	404	What was a consequence of the fame of the Little Mermaid statue?

No	TEST	PART	Q_No	해설집 본문 쪽수	Question
78	TEST 7	PART 4	75	408	What is the main subject of consideration for the audit?
79	TEST 7	PART 4	76	408	How long will Watkins & Smith keep the questionable receipts?
80	TEST 7	PART 4	77	409	Why is Fulton asking for Williams's cooperation?

❸ 어휘

No	TEST	PART	Q_No	해설집 본문 쪽수	Question
81	TEST 1	PART 1	58	69	In the context of the passage, evacuate means _____.
82	TEST 1	PART 1	59	69	In the context of the passage, ceased means _____.
83	TEST 1	PART 2	65	73	In the context of the passage, sandwiched means _____.
84	TEST 1	PART 2	66	73	In the context of the passage, refining means _____.
85	TEST 1	PART 3	72	77	In the context of the passage, exclusive means _____.
86	TEST 1	PART 3	73	77	In the context of the passage, founded means _____.
87	TEST 1	PART 4	79	81	In the context of the passage, address means _____.
88	TEST 1	PART 4	80	82	In the context of the passage, disruptive means _____.
89	TEST 2	PART 1	58	124	In the context of the passage, chain means _____.
90	TEST 2	PART 1	59	124	In the context of the passage, recognitions means _____.
91	TEST 2	PART 2	65	128	In the context of the passage, edge means _____.
92	TEST 2	PART 2	66	128	In the context of the passage, demand means _____.
93	TEST 2	PART 3	72	132	In the context of the passage, divided means _____.
94	TEST 2	PART 3	73	132	In the context of the passage, conveys means _____.
95	TEST 2	PART 4	79	136	In the context of the passage, sizeable means _____.
96	TEST 2	PART 4	80	136	In the context of the passage, further means _____.
97	TEST 3	PART 1	58	176	In the context of the passage, promoted means _____.
98	TEST 3	PART 1	59	177	In the context of the passage, stability means _____.
99	TEST 3	PART 2	65	180	In the context of the passage, boost means _____.
100	TEST 3	PART 2	66	181	In the context of the passage, sidetrack means _____.
101	TEST 3	PART 3	72	185	In the context of the passage, rich means _____.
102	TEST 3	PART 3	73	185	In the context of the passage, mentioned means _____.

No	TEST	PART	Q_No	해설집 본문 쪽수	Question
103	TEST 3	PART 4	79	189	In the context of the passage, observes means _____.
104	TEST 3	PART 4	80	189	In the context of the passage, complement means _____.
105	TEST 4	PART 1	58	232	In the context of the passage, limited means _____.
106	TEST 4	PART 1	59	232	In the context of the passage, head means _____.
107	TEST 4	PART 2	65	236	In the context of the passage, alter means _____.
108	TEST 4	PART 2	66	237	In the context of the passage, encourages means _____.
109	TEST 4	PART 3	72	241	In the context of the passage, congregate means _____.
110	TEST 4	PART 3	73	241	In the context of the passage, derived means _____.
111	TEST 4	PART 4	79	245	In the context of the passage, award means _____.
112	TEST 4	PART 4	80	246	In the context of the passage, intent means _____.
113	TEST 5	PART 4	79	300	In the context of the passage, business means _____.
114	TEST 5	PART 4	80	301	In the context of the passage, exclusive means _____.
115	TEST 5	PART 1	58	287	In the context of the passage, fruitful means _____.
116	TEST 5	PART 1	59	288	In the context of the passage, unsavory means _____.
117	TEST 5	PART 2	65	292	In the context of the passage, hike means _____.
118	TEST 5	PART 2	66	292	In the context of the passage, route means _____.
119	TEST 5	PART 3	72	296	In the context of the passage, ubiquitous means _____.
120	TEST 5	PART 3	73	296	In the context of the passage, inhibit means _____.
121	TEST 6	PART 1	58	341	In the context of the passage, dictated means _____.
122	TEST 6	PART 1	59	342	In the context of the passage, preserve means _____.
123	TEST 6	PART 2	65	344	In the context of the passage, luxury means _____.
124	TEST 6	PART 2	66	344	In the context of the passage, disregard means _____.
125	TEST 6	PART 3	72	350	In the context of the passage, enraged means _____.
126	TEST 6	PART 3	73	351	In the context of the passage, PARTicular means _____.
127	TEST 6	PART 4	79	355	In the context of the passage, suited means _____.
128	TEST 6	PART 4	80	355	In the context of the passage, dedication means _____.
129	TEST 7	PART 1	58	396	In the context of the passage, offend means _____.

No	TEST	PART	Q_No	해설집 본문 쪽수	Question
130	TEST 7	PART 1	59	397	In the context of the passage, aired means _____.
131	TEST 7	PART 2	65	401	In the context of the passage, rampant means _____.
132	TEST 7	PART 2	66	401	In the context of the passage, perks means _____.
133	TEST 7	PART 3	72	405	In the context of the passage, deviated means _____.
134	TEST 7	PART 3	73	406	In the context of the passage, restore means _____.
135	TEST 7	PART 4	79	410	In the context of the passage, prompted means _____.
136	TEST 7	PART 4	80	410	In the context of the passage, dealings means _____.

❹ 주제

No	TEST	PART	Q_No	해설집 본문 쪽수	Question
137	TEST 1	PART 1	53	66	What is Nicholas Winton famous for?
138	TEST 1	PART 2	60	71	According to the article, what would be a benefit of the new cooling fabric?
139	TEST 1	PART 3	68	75	What is the goal of Tetris?
140	TEST 1	PART 4	74	79	Why did Elaine Barnes write the building administrator a letter?
141	TEST 2	PART 1	53	121	What type of company is Elon Musk known for running?
142	TEST 2	PART 2	60	126	What may be one of the reasons for the disappearance of Neanderthals?
143	TEST 2	PART 3	67	130	What is the honeybee most popularly known for?
144	TEST 2	PART 4	74	134	Why did Susan Parker write a letter to John Davis?
145	TEST 3	PART 2	60	178	What does the report say about taking photos of an experience?
146	TEST 3	PART 3	67	182	What is St. Elmo's fire?
147	TEST 3	PART 4	74	187	What role is Victoria Witham looking to fill at Michael Reed's firm?
148	TEST 4	PART 1	53	229	What is Virginia Apgar best known for?
149	TEST 4	PART 2	60	234	What is the study all about?
150	TEST 4	PART 3	67	238	What makes the narwhal different from other whales?
151	TEST 4	PART 4	74	243	What is the main purpose of Rosa Cooper's letter?
152	TEST 5	PART 1	53	285	What made Friedrich Nietzsche's work so controversial?
153	TEST 5	PART 2	63	291	According to the article, why do many of the rich Chinese move?
154	TEST 5	PART 3	67	294	What was likely the origin of the word "jerky"?

No	TEST	PART	Q_No	해설집 본문 쪽수	Question
155	TEST 5	PART 4	74	298	Why did Lewis Woods write to Rachelle Hudson?
156	TEST 6	PART 1	53	339	What did Sequoyah do for the Cherokee people?
157	TEST 6	PART 2	60	344	What did researchers find about the preferences of millennial workers?
158	TEST 6	PART 3	67	348	Why can most people easily identify the constellation Cassiopeia?
159	TEST 6	PART 4	74	352	Why did Judith Rand write to George Turner?
160	TEST 7	PART 1	53	394	What can Johnny Bravo be PARTially credited for?
161	TEST 7	PART 2	60	399	According to the article, how are some bank tellers creating security issues for banks?
162	TEST 7	PART 3	67	403	What was the inspiration for building the bronze statue?
163	TEST 7	PART 4	74	407	Why did Greta Fulton write Dean Williams a letter?

❺ 추론

No	TEST	PART	Q_No	해설집 본문 쪽수	Question
164	TEST 1	PART 1	57	68	Based on the article, when were Winton's noble actions probably introduced to a wider audience?
165	TEST 1	PART 2	64	72	How most likely would the new fabric reduce energy costs?
166	TEST 1	PART 3	69	76	Which probably contributed to the success of the game's GameBoy version?
167	TEST 1	PART 4	76	80	What is Barnes probably requesting that management do about the building's front steps?
168	TEST 2	PART 1	55	122	Why most likely did Musk stop pursuing his studies?
169	TEST 2	PART 2	63	127	What could have driven the Neanderthals to extinction?
170	TEST 2	PART 3	71	132	What is most likely the role of honeybees in agriculture?
171	TEST 2	PART 4	78	135	Why most likely did Parker include a brochure with her letter?
172	TEST 3	PART 1	56	175	What most likely was the reason that Chrysler left the Willys-Overland Company?
173	TEST 3	PART 2	64	180	Why most likely did the picture-takers enjoy the lion attack less?
174	TEST 3	PART 3	70	184	Based on the passage, what did the early sailors probably believe about St. Elmo's fire?
175	TEST 3	PART 4	76	188	Why most likely do companies hire LEAD Certification Services?
176	TEST 4	PART 1	54	230	Based on the article, why most likely did Apgar change her medical specialty?
177	TEST 4	PART 1	55	230	How does the Apgar score probably help newborns?
178	TEST 4	PART 2	63	235	Why most likely are yes-or-no questions more helpful in meeting goals?
179	TEST 4	PART 3	69	239	Why most likely is the growth on the narwhal's head called a tusk and not a horn?

next June, roughly 8,400 couples _____ say "I do."

(a) may
(b) can
(c) will
(d) must

이라는 것을 의미한다.

어휘 marry 결혼하다 popular 인기 있는 roughly 대략
say "I do" 결혼 서약을 하다(결혼식에서 배우자를 평생 아끼고 사랑할 거냐는 질문에 "I do"라고 말함)

정답 (c)

해설 보기에 서법조동사(will, shall, can, may, must)가 나왔으므로 조동사 문제이다. 빈칸 앞뒤 문장의 의미 관계를 살펴보면, 내년 6월에 매일 약 8,400쌍의 커플들이 "그렇게 하겠습니다"라고 말할 것이라는 의미이다. '~할 것이다.'라는 확실성 높은 미래 예측을 나타내는 조동사 will이 가장 적합하므로 (c)가 정답이다.

오답분석 (a) may는 '~해도 된다'(허락) 혹은 '~할지 모른다'(약한 추측), (b) can은 '~할 수 있다'(능력), (d) must는 '~해야 한다'(의무)를 나타내므로 문맥상 적합하지 않아서 오답이다.

난이도 ★★★ **Category** ❶ 시제(미래완료진행: 완료 부사구 for + 시간명사, when + 현재 시제절)

23 Stuart and William, who have been close friends since high school, founded S+W Shoes together. When they celebrate their store's anniversary in November, they _____ high-quality footwear for twenty-five years.

(a) are selling
(b) will have been selling
(c) have been selling
(d) had sold

고등학교 때부터 절친한 친구였던 스튜어트와 윌리엄이 함께 S+W 슈즈를 설립했다. 그들이 11월에 개점 기념일을 축하할 때면, 그들은 25년 동안 고품질의 신발을 판매해 오고 있을 것이다.

어휘 found 설립하다 celebrate 축하하다 anniversary 기념일 footwear 신발

정답 (b)

해설 보기에 동사 sell이 다양한 시제로 나왔으므로 시제 문제이다. 빈칸 앞뒤에서 시간 부사구나 부사절을 확인한다. 빈칸 앞에 미래 의미를 가지는 현재 시제 부사절 when절이 나왔으므로 기준 시점이 미래이다. 또, 완료형 시제와 같이 사용되는 부사구 'for twenty-five years'가 나왔으므로 미래완료 또는 미래완료진행 시제가 적합하다. 따라서 (b)가 정답이다.

참고 **미래완료진행**

- 형태: will have been -ing
- 의미: 미래 이전에 시작된 행동이 미래의 특정 시점까지 계속 진행되고 있음을 나타낸다.
- 자주 쓰이는 시간 부사 표현: by the time/when + 현재 시제절 + (for + 시간명사), by/in + 미래 시점 + (for + 시간명사)

24 Snail slime is a mucus with plenty of nutrients that protect the snail's skin from drying out. Because of its hydrating properties, skincare experts advocate _____ snail slime in products such as facial masks and moisturizers.

(a) to be using
(b) to use
(c) having used
(d) using

달팽이 점액은 달팽이의 피부가 마르는 것을 보호해 주는 많은 영양소를 가진 점액이다. 그것의 보습성 때문에 피부 관리 전문가들은 마스크팩과 보습제와 같은 제품에 달팽이 점액을 사용하는 것을 지지한다.

어휘 ▶ snail 달팽이 slime 점액 mucus 점액 plenty of 많은 nutrient 영양소 dry out 바짝 마르다 hydrating 보습 property 자질, 성질 expert 전문가 advocate 옹호하다, 지지하다 moisturizer 보습제

정답 ▶ (d)

해설 ▶ 보기에 준동사 형태가 나왔으므로 준동사 문제이다. 빈칸 앞에 있는 동사 advocate는 '옹호하다, 지지하다'의 의미로 동명사를 목적어로 취하는 동사이고 본동사와 같은 시제 상황을 나타내므로 단순동명사 (d)가 정답이다.

25 To be successful at selling online, you should price your product carefully. Ask yourself, "If the item belonged to someone else, and they were selling it to me, how much _____ to pay for it?"

(a) would I be willing
(b) would I have been willing
(c) will I be willing
(d) had I been willing

온라인 판매에 성공하려면 제품의 가격을 신중하게 책정해야 한다. "만약 그 물건이 다른 사람의 것이고, 그들이 나에게 그것을 팔려고 한다면, 나는 얼마를 기꺼이 지불하겠는가?"를 스스로에게 물어보라!

어휘 ▶ successful 성공적인 price 가격을 책정하다 carefully 조심스럽게 belong to ~에게 속하다 be willing to 기꺼이 ~하다 pay for ~에 돈을 지불하다

정답 ▶ (a)

해설 ▶ 보기에 'be willing'이 다양한 시제와 조동사로 나왔다. 시제 문제 아니면 가정법 문제이다. 빈칸 앞에 조건절이 있고, 조건절의 시제가 과거이므로 가정법 과거임을 알 수 있다. 가정법 과거의 주절이 'would+동사원형'으로 나와야 한다. 여기서는 의문사구 'how much'가 문장 맨 앞으로 나가고 주어와 조동사(would)가 도치된 의문문의 형태가 나왔다. 평서문 'I would be willing to pay 금액 for it.'에서 금액을 묻는 의문사 how much를 사용하여 의문문을 만들 때, 'how much'가 문장 앞으로 나가고 조동사 would가 주어 앞으로 나가서 문장 구조가 'how much <u>would I be willing</u> ~?'이 되므로 (a)가 정답이다.

TEST 1
TEST 2
TEST 3
TEST 4
TEST 5
TEST 6
TEST 7

난이도 ★★★ | **Category** | ⑥ 관계사(관계부사: where)

26 Julie went to Main Street hoping to buy a bottle of the pure essential oils she occasionally gets to perfume her house. Unfortunately, when she got there, the shop _____ had already closed for the night.

(a) that she bought the fragrant oils
(b) where she bought the fragrant oils
(c) which she bought the fragrant oils
(d) when she bought the fragrant oils

줄리는 가끔 집을 향기롭게 하기 위해 쓰는 순수 에센셜 오일 한 병을 사려고 메인 스트리트에 갔다. 안타깝게도, 그녀가 그곳에 도착했을 때, 그녀가 향기로운 오일을 샀던 그 가게는 이미 그날 영업을 마치고 문이 닫혀 있었다.

어휘 pure 순수한 occasionally 가끔 perfume 향기롭게 하다 unfortunately 안타깝게도, 불행히도 fragrant 향기로운

정답 (b)

해설 보기에 다양한 관계대명사와 관계부사가 이끄는 절이 왔으므로 관계사 문제이다. 빈칸 앞에 선행사를 찾고, 관계사절에서 선행사가 어떤 역할을 하는지를 찾아야 한다. 문맥상 선행사는 'the shop'이고 보기의 관계사절에서 'she bought the fragrant oils'가 완벽한 문장이므로 이 두 절을 이어주는 것은 관계대명사가 아니라 관계부사여야 한다. 그리고 선행사 'the shop'이 장소이기 때문에 장소를 나타내는 관계부사 where가 적합하므로 (b)가 정답이다.

참고 **관계부사**

• 관계부사는 접속사와 부사의 역할을 동시에 한다. 두 절의 연결 부분에서 두 절을 연결하는 접속사 기능을 하면서 동시에 자신이 이끄는 절 안에서 부사 기능을 수행한다.
• 관계부사가 이끄는 절은 주어나 목적어 같은 필수 성분이 빠져 있지 않은 완벽한 구조가 온다.
• 단, 방법을 나타내는 선행사 the way와 관계부사 how는 함께 오지 않고, 둘 중 하나는 반드시 생략됨에 유의한다.

	선행사	관계부사
장소	the place, the city, the house 등	where
시간	the time, the day, the period 등	when
이유	the reason	why
방법	the way	how

LISTENING | 27-52

PART 1 | **27-33** | 개인적 대화: 새 미술 수업과 미술 선생님에 대한 이야기

https://han.gl/BEJRO

M: Heather! We missed you at BZ Bowling Alley yesterday.

F: Hi, Mark. Sorry I couldn't go bowling with you guys. I went to an art class after school.

M: An art class? I didn't know you were taking an art class.

F: Well, you know how I always draw on my notebooks. My parents saw my drawings and blamed my C in French on my lack of a creative outlet. [27] They think that if I could express my creativity outside of class, I might be able to focus better during French lessons. So, they enrolled me in Susan Downing's art class.

M: Who is Susan Downing?

F: [28] An artist. I don't know who's who in the art world, but judging by how costly her lessons are, she must be pretty well-known.

M: Well, how's the art class going?

F: It's great, actually! I didn't really want to go at first, but I've been learning some cool things ever since I started attending. And Susan is turning out to be a good teacher as well as an artist.

M: Is that so… What have you been learning?

F: Well, just yesterday, she put a white egg and a piece of white silk on a table. [29] She placed the table by the studio's window, and then asked us to draw what we saw.

M: That sounds easy!

F: Not really. [30] She gave each of us some cream-colored paper and a set of colored pencils, but there

M: 헤더! 우리는 어제 BZ 볼링장에 네가 없어서 아쉬웠어.

F: 안녕, 마크. 너희들과 볼링을 치러 가지 못해서 미안해. 나는 방과 후에 미술 수업에 갔어.

M: 미술 수업? 네가 미술 수업을 듣는 줄 몰랐어.

F: 음, 내가 항상 공책에 어떻게 그림을 그리는지 알잖아. 부모님은 내 그림들을 보시고 프랑스어에서 C를 맞은 것이 내가 창의력을 발산하지 못한 탓으로 돌리셨어. [27] 그들은 만약 내가 수업 밖에서 창의력을 표현할 수 있다면, 내가 프랑스어 수업 시간에 더 잘 집중할 수 있을 것이라고 생각하셔. 그래서 그들은 나를 수잔 다우닝의 미술 수업에 등록시켰어.

M: 수잔 다우닝이 누구야?

F: [28] 예술가야. 미술계에서 누가 누군지 모르지만, 그녀의 수업이 얼마나 비싼지를 보면, 그녀는 꽤 유명함에 틀림없어.

M: 음, 미술 수업은 어떻게 진행되고 있어?

F: 정말 대단해! 처음에는 별로 가고 싶지 않았지만, 다니기 시작하면서부터 멋진 것들을 배우고 있어. 그리고 수잔은 예술가일뿐 아니라 알고 보니 좋은 선생님이더라.

M: 그렇구나… 너는 무엇을 배워 오고 있니?

F: 음, 바로 어제, 그녀는 흰 달걀과 흰 비단 조각을 탁자 위에 올려 놓았어. [29] 그녀는 탁자를 스튜디오 창가에 놓고 우리에게 본 것을 그리라고 요청했어.

M: 그건 쉬워 보이는데!

F: 그렇진 않아. [30] 그녀는 크림색 종이와 색연필 한 세트를 우리 각자에게 주었지만, 그릴 흰색 연필은 없었어. 그래서, 나는 그녀의 주의를 끌었고, "저는 흰색 연필이 없어요."라고 말했어.

wasn't any white pencil to draw with. So, I got her attention and said, "I don't have a white pencil."

M: And did Susan give you one?

F: No. She just said, "No, you don't have a white pencil."

M: How were you supposed to draw an egg and white fabric on colored paper if you didn't have a white pencil?

F: Exactly! But she came near me, lowered her head beside mine, and looked at the objects on the table from my point of view. [31] And then she said the most puzzling thing.

M: [31] What was that?

F: That she didn't see any white on the table.

M: What? But there was a white egg and some white silk fabric.

F: I thought so, too, until Susan pointed out all the different colors on the subjects as reflected from the light passing through the stained-glass window. [32] She said I shouldn't draw what I know; I should draw what I see.

M: I think I understand. You knew the egg and the fabric were white, so you wanted to only draw with that color.

F: Yes, [32] but once I tried to really see, I didn't see any white, either. There was pink, orange, blue... but there wasn't any white, at all.

M: That's really cool. How was your drawing of the egg?

F: Good, I guess. Because after Susan looked at my work, she said I'm finally learning how "to see."

M: She really sounds like a good artist and teacher. Well, Heather, I'm glad you're enjoying art class. [33] But do you think your French will improve?

F: I'm not sure, Mark. I guess we'll find out on tomorrow's exam!

M: 수잔이 너에게 하나 줬어?

F: 아니. 그냥 "그래. 너는 흰색 연필이 없어."라고 말씀하셨어.

M: 하얀 연필이 없다면 어떻게 색종이에 달걀과 하얀 천을 그리라는 거야?

F: 그러니까말야! 그런데 그녀는 내 곁에 와서, 내 옆에서 고개를 숙이고, 내 관점에서 탁자 위에 있는 물건들을 보았어. [31] 그리고 나서 그녀는 가장 영문 모를 말을 했어.

M: [31] 그게 뭐였지?

F: 그녀는 테이블 위에 흰색인 것을 하나도 볼 수 없다고 말했지.

M: 뭐라고? 하지만 거기에는 하얀 달걀과 약간의 하얀 실크 천이 있었어.

F: 수잔이 스테인드글라스 유리창을 통과하는 빛에서 반사되는 대상의 모든 다양한 색깔들을 지적할 때까지는 나도 그렇게 생각했어. [32] 그녀는 내가 아는 것을 그려서는 안 된다고 말했어. 나는 내가 보는 것을 그려야 한다는 것이지.

M: 이해할 것 같아. 너는 달걀과 천이 흰색인 것을 알고 그 색깔로만 그림을 그리려고 했군.

F: 그래, [32] 하지만 일단 내가 정말 보려고 하자마자, 나 역시 어떤 흰색도 보이지 않았어. 분홍색, 주황색, 파란색…. 그러나 흰색은 전혀 없었어.

M: 정말 멋져. 달걀 그림은 잘 그렸니?

F: 잘한 것 같아. 수잔이 내 작품을 보고 나서, 내가 마침내 "보는 방법"을 배우고 있다고 말했기 때문이야.

M: 그녀는 정말 좋은 예술가이자 선생님같네. 음, 헤더, 네가 미술 수업을 즐기고 있다니 기뻐. [33] 하지만 너는 프랑스어가 향상될 거라고 생각하니?

F: 잘 모르겠어, 마크. 내일 있을 시험에서 알게 되겠지!

TEST 1

TEST 2

TEST 3

TEST 4

TEST 5

TEST 6

TEST 7

어휘 miss ~가 없어 아쉽다, 그리워하다 drawing 그림 blame A on B A를 B탓으로 돌리다 lack of ~의 부족 creative 창의적인 outlet 배출구, 발산 express 표현하다 creativity 창의성 enroll 등록하다 judge 판단하다 costly 비싼 turn out ~로 판명되다 as well as ~뿐만 아니라 attention 관심, 주의 fabric 천, 직물 colored 유색의 point of view 관점 puzzling 영문 모를, 혼동스러운 reflect 반사되다, 반영하다 improve 향상시키다

난이도 ★★★　　**Category**　주제(Why)

27 Why did Heather's parents sign her up for an art class?

(a) so she can train for a career in the arts
(b) so she can have a release for her artistry
(c) because they want her to stop bowling
(d) because they want her to drop French class

왜 헤더의 부모님은 그녀를 미술 수업에 등록시켰는가?

(a) 그녀가 예술 분야 경력을 쌓기 위해 훈련하도록
(b) 그녀의 예술성을 발산할 수 있도록
(c) 그녀가 볼링을 멈추기를 원해서
(d) 그녀가 프랑스어 수업을 그만두기를 원해서

어휘 sign up for ~에 등록하다 career 경력 release 발산 artistry 예술성

정답 (b)

해설 대화에서 "²⁷ They think that if I could express my creativity outside of class, I might be able to focus better during French lessons. So, they enrolled me in Susan Downing's art class."(부모님은 만약 내가 수업 밖에서 창의력을 표현할 수 있다면, 나는 프랑스어 수업 시간에 더 잘 집중할 수 있을 것이라고 생각하셔. 그래서 그들은 나를 수잔 다우닝의 미술 수업에 등록시켰어.)라고 하였다. 보기 중 이 내용과 일치하는 (b)가 정답이다.

🔑 정답 Key **Paraphrasing**

대화에 나온 'if I could express my creativity outside of class'와 유사한 표현은 'so she can have a release for her artistry'이다. 이렇게 지텔프 리스닝에서는 대화나 담화에 나온 표현을 그대로 반복하지 않고 의미상 유사한 표현으로 바꿔서 쓰는 패러프레이징 (paraphrasing)을 활용하여 정답을 구성하는 경우가 많으니 유의해야 한다.

난이도 ★★★　　**Category**　세부사항(Why)

28 Why does Heather think that Susan Downing is a well-known artist?

(a) Her classes are well attended.
(b) Her name sounds very familiar.
(c) Her art lessons are expensive.
(d) Her artwork looks professional.

왜 헤더는 수잔 다우닝이 유명한 예술가라고 생각하는가?

(a) 그녀의 수업은 출석률이 좋다.
(b) 그녀의 이름은 매우 친숙하게 들린다.
(c) 그녀의 미술 수업은 비싸다.
(d) 그녀의 작품은 전문적으로 보인다.

어휘 well-known 유명한 attend 출석하다 familiar 친숙한 expensive 비싼 artwork 예술작품 professional 전문적인

정답 (c)

해설 대화에서 "²⁸ An artist. I don't know who's who in the art world, but judging by how costly her lessons are, she must be pretty well-known."(예술가. 미술계에서 누가 누군지 모르지만, 그녀의 수업이 얼마나 비싼지를 보면, 그녀는 꽤 유명함에 틀림없어.)라고 하였다. 보기 중 이 내용과 일치하는 (c)가 정답이다.

🔑 정답 Key **Paraphrasing**

대화에 나온 'judging by how costly her lessons are, she must be pretty well-known'과 의미상 통하는 것은 'Her art lessons are expensive.'이다.

난이도 ★★★ **Category** 세부사항(What)

29 What did the art teacher ask Heather and the class to do?

(a) to find all the colors on a table
(b) to draw what they observed
(c) to find white objects on a white background
(d) to apply color to an egg

미술 선생님이 헤더와 반 아이들에게 무엇을 하라고 요청했는가?

(a) 테이블 위에서 모든 색상을 찾도록
(b) 관찰한 것을 그리도록
(c) 흰색 배경에서 흰색 물체를 찾도록
(d) 달걀에 색을 입히도록

어휘 **draw** 그리다 **observe** 관찰하다 **object** 사물, 대상 **apply** 바르다

정답 (b)

해설 대화에서 "²⁹ She placed the table by the studio's window, and then asked us to draw what we saw."(그녀는 탁자를 스튜디오 창가에 놓고 우리에게 우리가 본 것을 그리라고 요청했어.)라고 하였다. 보기 중 이 내용과 일치하는 (b)가 정답이다.

🔑 정답 Key **Paraphrasing**
대화에 나온 'to draw what we saw'와 유사한 표현이 'to draw what they observed'이다.

난이도 ★★★ **Category** 추론(How)

30 Based on the conversation, how probably did Heather plan to draw the subjects' color?

(a) by coloring the subjects white
(b) by selecting a different color of paper
(c) by using every color of pencil
(d) by using the paper's white background

대화에 따르면, 헤더는 어떻게 대상들의 색깔을 그릴 계획이었을까?

(a) 작품의 대상을 흰색으로 색칠하여
(b) 다른 색상의 용지를 선택하여
(c) 모든 색상의 연필을 사용하여
(d) 종이의 흰 바탕을 이용하여

어휘 **select** 선택하다 **subject** 주제, 대상 **background** 배경

정답 (a)

해설 대화에서 "³⁰ She gave each of us some cream-colored paper and a set of colored pencils, but there wasn't any white pencil to draw with. So, I got her attention and said, "I don't have a white pencil.""(그녀는 크림색 종이와 색연필 한 세트를 우리 각자에게 주었지만, 그릴 흰색 연필은 없었어. 그래서, 나는 그녀의 주의를 끌었고, "저는 흰색 연필이 없어요."라고 말했어.)라고 하였다. 선생님이 흰색 연필을 주시지 않아서 헤더가 흰색 연필이 없다고 선생님께 말했으므로 헤더는 연필을 사용해서 대상을 그릴 생각이었음을 추론할 수 있다. 따라서 (a)가 정답이다.

난이도 ★★☆ **Category** 세부사항(What)

31 What did the art teacher say that puzzled Heather?

(a) that Heather should draw what she knew
(b) that the table's position should be changed
(c) that Heather does not have good eyesight
(d) that certain objects did not appear to be white

미술 선생님이 뭐라고 말씀하셔서 헤더를 당혹스럽게 했는가?

(a) 헤더가 자신이 알고 있는 것을 그려야 한다고
(b) 테이블의 위치가 변경되어야 한다고
(c) 헤더가 시력이 좋지 않다고
(d) 특정 물체들이 흰색으로 보이지 않았다고

어휘 puzzle 당혹스럽게 하다, 어리둥절하게 하다 **eyesight** 시력 **certain** 특정한, 어떤 **object** 물체 **appear** 보이다

정답 (d)

해설 대화에서 "F: ³¹ And then she said the most puzzling thing. M: ³¹ What was that? F: <u>That she didn't see any white on the table</u>."(F: 그리고 나서 그녀는 가장 당혹스러운 말을 했어. M: 그게 뭐였지? F: 그녀는 테이블 위에 흰색을 하나도 보지 못했다고 말했어.)라고 하였다. 보기 중 이 내용과 일치하는 (d)가 정답이다.

정답 Key Paraphrasing

대화에 나온 'That she didn't see any white on the table'와 유사한 표현은 'that certain objects did not appear to be white' 이다.

난이도 ★★★ Category 추론(Why)

32 Why most likely did Heather's art teacher not give her a white pencil?

(a) because it was unnecessary
(b) because Heather should find it herself
(c) because there were no white pencils
(d) because white is not easily visible

왜 헤더의 미술 선생님이 그녀에게 흰색 연 필을 주지 않았을까?

(a) 그것이 불필요했기 때문에
(b) 헤더가 직접 그것을 찾아야 하기 때문에
(c) 흰 연필이 없었기 때문에
(d) 흰색은 쉽게 보이지 않기 때문에

어휘 unnecessary 불필요한 **visible** 보이는

정답 (a)

해설 대화에서 "³² <u>She said I shouldn't draw what I know; I should draw what I see.</u>"(그녀는 내가 아는 것을 그려서는 안 된다고 말했어. 내가 보는 것을 그려야 한다는 것이지.)와 "³² but I once tried to really see, <u>I didn't see any white, either.</u>"(그러나 일단 정말로 보려고 하자마자 나도 어떤 흰색도 보이지 않았어.)라고 하였다. 선생님은 헤더의 위치에서 달걀과 천을 보면서 물체에 대해 알고 있던 선입관을 버리고 실제로 보이는 것을 그리라고 했고 헤더가 정말로 보려고 애쓰니까 흰색으로 보이지 않았다는 것으로 보아 흰색 연필은 필요 없다는 것을 추론할 수 있다. 따라서 (a)가 정답이다.

난이도 ★★★ Category 추론(What)

33 What will Heather probably do tomorrow?

(a) start working on her art exam
(b) keep perfecting her egg drawing
(c) take a test in her language class
(d) practice her ability to "see"

헤더는 내일 무엇을 할 것 같은가?

(a) 미술 시험 공부를 시작한다
(b) 달걀 그림을 계속 완성한다
(c) 언어 수업에서 시험을 본다
(d) '보는' 능력을 연습한다

어휘 work on ～에 애쓰다, 공들이다 **perfect** 완성하다 **take a test** 시험을 치르다 **practice** 연습하다, 실행하다

정답 (c)

해설 대화에서 "M: ³³ But do you think your French will improve? F: I'm not sure, Mark. <u>I guess we'll find out on tomorrow's exam!</u>"(M: ³³ 하지만 너는 프랑스어가 향상될 거라고 생각하니? F: 잘 모르겠어, 마크. 내일 있을 시험에서 알게 되겠지!)라고 하였다. 내일 프랑스어 시험을 보면 프랑스어 실력이 향상되었는지 알게 될 것이라고 했으므로 내일 언어 수업 시험을 볼 것임을 알 수 있다. 따라서 (c)가 정답이다.

Hello, everybody! For many of us, spending time alone can be uncomfortable and lonely, if not totally scary. That's why whenever we do find ourselves alone, many of us can't last five minutes without checking our phone or going online just to connect with other people.

And how many times have you thought about doing something enjoyable outside but didn't do it just because you were alone? [35] Perhaps you were worried that if you went out to eat, watched a movie, or visited an art gallery by yourself, people might think you're not a friendly person.

But you shouldn't worry about what other people think about you. Otherwise, you're going to miss out on a lot of opportunities. [34] Researchers have found that spending time alone—whether at home or outside—has many benefits. I'll be talking about some of them today. And maybe, after this talk, you might even prefer to spend some free time by yourself rather than with other people.

One reason why you should have some private time is because it enhances your relationships. Psychologists say that if you want your relationships to be healthy, you have to take time out for yourself. Not so much that you're no longer available to do things with your partner, though, but enough to engage in your own interests. [36] Both partners will appreciate having the time to do the individual things they love and will come back feeling renewed and excited to be together.

Spending time by yourself also makes you more creative. [37] First, being alone allows you to concentrate on whatever you are doing, and saves energy that would otherwise be spent socializing. And second, it frees you from the limitations caused by a natural desire to conform to the expectations of others. It's not a coincidence that many famous artists and creative geniuses have produced masterpieces during times when they were alone.

Another benefit of having some time for yourself is that

안녕하세요 여러분! 우리 중 많은 사람들에게, 혼자 시간을 보내는 것은 완전히 무섭지는 않더라도 불편하고 외로울 수 있습니다. 그렇기 때문에 혼자 있는 자신을 발견할 때마다, 우리 중 많은 사람들은 단지 다른 사람들과 연결시키기 위해 휴대폰을 확인하거나 온라인에 접속하지 않고는 5분을 버틸 수 없습니다.

그리고 여러분은 밖에서 즐거운 일을 하려고 생각했지만, 혼자라는 이유만으로 하지 않은 적이 몇 번이나 있었습니까? [35] 아마도 여러분이 혼자 나가서 식사하거나, 영화를 보거나, 미술관을 방문하면 사람들이 여러분을 친화적인 사람이 아니라고 생각할까 봐 걱정했을 것입니다.

하지만 다른 사람들이 당신에 대해 어떻게 생각하는지 걱정하지 말아야 합니다. 그렇지 않으면 많은 기회를 놓치게 될 것입니다. [34] 연구원은 집에서든 밖에서든 혼자 시간을 보내는 것은 많은 이점을 가지고 있다는 것을 발견했습니다. 오늘 그중 몇 가지에 대해 말씀 드리겠습니다. 그리고 아마, 이 강연 후에, 여러분은 다른 사람들과 함께 하는 것보다 혼자만의 자유 시간을 보내는 것을 더 좋아하게 될지도 모릅니다.

당신이 사적인 시간을 가져야 하는 한 가지 이유는 그것이 여러분의 관계를 증진시키기 때문입니다. 심리학자들은 만약 여러분이 관계가 건강해지기를 원한다면, 자신을 위해 쉬어야 한다고 말합니다. 하지만 더 이상 파트너와 함께 일을 할 수 없을 정도로 많이는 아니고, 충분히 자신의 관심사에 참여할 수 있을 정도로 말입니다. [36] 두 파트너 모두 각자 좋아하는 개별적인 일을 할 수 있는 시간을 갖는 것에 감사할 것이고 함께 하는 것에 대해 새로움과 설렘을 느끼며 돌아올 것입니다.

혼자 시간을 보내는 것은 또한 당신을 더 창의적으로 만듭니다. [37] 첫째, 혼자라는 것은 여러분이 하고 있는 모든 일에 집중할 수 있게 해주고, 그렇지 않으면 사교하는데 소비될 에너지를 절약해 줍니다. 그리고 두 번째, 그것은 다른 사람들의 기대에 순응하려는 자연적인 욕구에 의해 야기되는 한계로부터 여러분을 해방시켜 줍니다. 많은 유명한 예술가들과 창조적인 천재들이 혼자 있을 때 걸작을 만들어냈다는 것은 우연이 아닙니다.

자신을 위한 시간을 갖는 것의 또 다른 이점은 새로운 사람들을 만날 수 있는 좋은 방법

it's a great way to meet new people. When you go out with a partner or a friend, you usually won't notice many things in your surroundings, including the other people around you.

You're usually engaged in a conversation, either thinking about what the other person is saying or planning what to say next. But whenever you're alone, do you see how you're suddenly more open to the world and to other people? Going out by yourself is fun and exciting!

Seeking some private time also leads to a clear mind and a sense of peace. This is because, when you're by yourself, you can practice self-reflection. [38] Those who spend some time alone each day know themselves well. Thus, they are less likely to be pressured into doing things that go against their own values and principles.

They also know what they want out of life, and so are careful to only spend their time and energy on things that matter to them. This self-awareness brings a certain level of peace and confidence.

[39] So, go spend some time alone. Work on that blog. Clean the house. Or just get out there and see what happens. Watch people while you enjoy a solo meal. Daydream at a park. How you spend your alone time is up to you. What matters is that you do spend it.

이라는 것입니다. 여러분이 파트너나 친구와 함께 외출할 때, 여러분은 보통 주변의 다른 사람들을 포함한 많은 것들을 알아차리지 못할 것입니다.

여러분은 보통 대화에 참여하는데, 상대방이 무슨 말을 하는지 생각하거나 다음에 무슨 말을 할지 계획하면서 말입니다. 하지만 여러분이 혼자 있을 때마다, 여러분은 어떻게 갑자기 세상과 다른 사람들에게 더 개방적이 되는지 아시나요? 혼자 밖에 나가는 것은 재미있고 신납니다!

사적인 시간을 좀 찾는 것도 맑은 정신과 평화로 이어집니다. 왜냐하면 혼자 있을 때 자기 성찰을 실천할 수 있기 때문입니다. [38] 매일 혼자 시간을 보내는 사람들은 자기 자신을 잘 압니다. 따라서, 그들은 그들 자신의 가치와 원칙에 반하는 일을 하도록 압력을 받을 가능성이 덜합니다.

그들은 또한 삶에서 무엇을 원하는지 알고 있기 때문에, 자신에게 중요한 것에만 시간과 에너지를 소비하려고 조심합니다. 이러한 자각은 일정 수준의 평화와 자신감을 가져다 줍니다.

[39] 그러니, 가서 혼자 시간을 보내세요. 그 블로그를 작업하세요. 집을 청소하세요. 아니면 나가서 무슨 일이 일어나는지 보세요. 혼자 식사를 즐기는 동안 사람들을 보세요. 공원에서 공상하세요. 여러분이 혼자 시간을 어떻게 보내느냐는 여러분에게 달려 있습니다. 중요한 것은 여러분이 그 시간을 보낸다는 것입니다.

어휘 uncomfortable 불편한 lonely 외로운 scary 무서운 connect 연결하다 otherwise 그렇지 않으면, 다른 방식으로는 miss out 놓치다 opportunity 기회 benefit 이점, 이득 prefer 선호하다 private 사적인 enhance 강화하다 psychologist 심리학자 take time out 쉬다 available 이용 가능한 engage in ~에 참여하다, 몰두하다 appreciate 감사하다 individual 개별적인, 개인적인 concentrate on ~에 집중하다 save 저축하다, 절약하다 socialize 사귀다, 어울리다 limitation 한계 desire 욕구 conform to ~에 순응하다 expectation 기대 coincidence 우연의 일치 surroundings 주변, 환경 including ~을 포함하여 conversation 대화 seek 구하다 lead to ~로 이어지다 practice 실천하다 self-reflection 자기 성찰 be pressured 압박을 받다 value 가치 principle 원리, 원칙 self-awareness 자각 confidence 자신(감) up to ~에게 달려 있는

난이도 ★★☆ | **Category** 주제(What)

34 What is the subject of the talk?

(a) how to prevent loneliness
(b) the advantages of being by oneself
(c) the benefits of going out
(d) how to avoid the company of others

그 강연의 주제는 무엇인가?

(a) 외로움을 예방하는 방법
(b) 혼자 있는 것의 장점
(c) 외출의 이점
(d) 사람들과 어울리는 것을 피하는 법

어휘 prevent 막다 loneliness 외로움 by oneself 혼자서 benefit 장점 avoid 피하다 company 함께 있음

정답 (b)

해설 담화 3단락에서 "³⁴ Researchers have found that spending time alone – whether at home or outside – has many benefits. I'll be talking about some of them today."(연구원들은 집에서든 밖에서든 혼자 시간을 보내는 것은 많은 장점이 있다는 것을 발견했습니다. 그중 몇 가지에 대해 말씀드리겠습니다.)라고 하였다. 혼자 시간을 보내는 것의 장점에 대해 강연하겠다고 했으므로 (b)가 정답이다.

정답 Key Paraphrasing
대화에 나온 'spending time alone has many benefits'와 유사한 표현은 'the advantages of being by oneself'이다.

난이도 ★★★ **Category** 추론(Why)

35 Based on the talk, why most likely are many people hesitant to go out alone?

(a) because they are afraid of being judged
(b) because they think it will not be fun
(c) because most activities require a partner
(d) because they worry about their safety

담화에 따르면, 왜 많은 사람들이 혼자 외출하는 것을 주저할까?

(a) 평가되는 것이 두렵기 때문에
(b) 그것이 재미없을 것이라고 생각해서
(c) 대부분의 활동이 파트너를 필요로 하기 때문에
(d) 자신의 안전에 대해 걱정해서

어휘 hesitant 망설이는 alone 혼자인 be afraid of 두려워하다 judge 판단하다 require 필요로 하다 safety 안전

정답 (a)

해설 담화 2단락에서 "³⁵ Perhaps you were worried that if you went out to eat, watched a movie, or visited an art gallery by yourself, people might think you're not a friendly person."(만약 여러분이 외식하거나, 영화를 보거나, 혼자서 미술관을 방문한다면, 사람들은 여러분이 친화적인 사람이 아니라고 생각할지도 모른다고 여러분은 걱정했을 것입니다.)라고 하였다. 혼자 외출하는 것을 꺼리는 이유는 사람들에 의해 비사교적인 사람으로 평가받을까 봐 두려워서이므로 (a)가 정답이다.

정답 Key Paraphrasing
담화에 나온 'people might think you're not a friendly person'과 의미상 통하는 것은 'being judged'이다. 또, 담화에 나온 'you were worried'와 유사한 표현은 'they are afraid'이다.

난이도 ★★☆ **Category** 세부사항(What)

36 What does spending some time alone do to partners in a relationship?

(a) It allows them to find new interests.
(b) It makes them eager to spend time together again.
(c) It causes them to want more time by themselves.
(d) It makes them feel distant from each other.

혼자 시간을 보내는 것은 관계에서 파트너들에게 무엇을 하는가?

(a) 그들이 새로운 관심사를 찾을 수 있게 해 준다.
(b) 그들이 다시 함께 시간을 보내기를 열망하게 한다.
(c) 그들이 혼자 보내는 더 많은 시간을 원하게 한다.
(d) 그들이 서로 거리감을 느끼게 한다.

어휘 relationship 관계 interest 관심사 eager to+동사원형 ~하기를 열망하는 distant 거리가 먼

정답 (b)

담화 4단락에서 "³⁶ Both partners will appreciate having the time to do the individual things they love and will come back feeling renewed and excited to be together."(두 파트너 모두 각자 좋아하는 일을 할 수 있는 시간을 갖는 것에 감사할 것이고 함께 하는 것에 대해 새로움과 흥분을 느끼며 돌아올 것입니다.)라고 하였다. 보기 중 이 내용과 일치하는 (b)가 정답이다.

정답 Key Paraphrasing

담화에 나온 'come back feeling renewed and excited to be together.'와 유사한 표현은 'It makes them eager to spend time together again.'이다.

난이도 ★★★ **Category** **세부사항(How)**

37 How does spending time by oneself improve creativity?

(a) by inspiring one to think like a famous artist
(b) by making one notice the surroundings
(c) by allowing one to focus on a project
(d) by making one more open to meeting other people

혼자서 시간을 보내는 것은 어떻게 창의력을 향상시키는가?

(a) 유명한 예술가처럼 생각하도록 영감을 주어서
(b) 주변을 파악하게 함으로써
(c) 프로젝트에 집중할 수 있게 함으로써
(d) 다른 사람과 만남에 보다 개방적으로 만들어서

어휘 improve 향상시키다 creativity 창의력 inspire 영감을 주다 surroundings 주변

정답 (c)

해설 담화 5단락에서 "³⁷ First, being alone allows you to concentrate on whatever you are doing, and saves energy that would otherwise be spent socializing."(첫째, 혼자라는 것은 여러분이 하고 있는 모든 일에 집중할 수 있게 해주고, 그렇지 않으면 사교하는데 소비될 에너지를 절약해 줍니다.)라고 하였다. 보기 중 이 내용과 일치하는 (c)가 정답이다.

정답 Key Paraphrasing

담화에 나온 'being alone allows you to concentrate on whatever you are doing'와 유사한 표현은 'by allowing one to focus on a project'이다. 특히 'concentrate on'과 'focus on'은 동의어이고, 'what you are doing'과 'a project'는 같은 것을 나타낸다. 지텔프 리스닝 문제에서 이러한 패러프레이징이 자주 나오며 대화나 담화에 나온 표현을 패러프레이징한 선택지가 정답이 되는 경우가 많다.

난이도 ★★★ **Category** **세부사항(How)**

38 How does the speaker describe those who spend some time by themselves each day?

(a) They have the most principles.
(b) They accept whatever happens.
(c) They have a lot of priorities.
(d) They are very self-aware.

화자는 매일 혼자 시간을 보내는 사람들을 어떻게 묘사하는가?

(a) 그들은 가장 많은 원칙을 가지고 있다.
(b) 그들은 무슨 일이 일어나든 받아들인다.
(c) 그들은 우선순위가 많다.
(d) 그들은 자아에 대해 잘 인식하고 있다.

어휘 describe 묘사하다 principle 원리, 원칙 accept 받아들이다 priority 우선순위 self-aware 자기를 인식하는

정답 (d)

해설 담화 8단락에서 "³⁸ Those who spend some time alone each day know themselves well."(매일 혼자 시간을 보내는 사람들은 자기 자신을 잘 압니다.)라고 하였다. 혼자 시간을 보내는 사람은 자신을 잘 안다고 했는데 이는 자아에 대한 인식과 자각이 강하다는 의미이므로 (d)가 정답이다.

TEST 1

TEST 2

TEST 3

TEST 4

TEST 5

TEST 6

TEST 7

정답 Key ▶ **Paraphrasing**

담화에 나온 'Those who spend some time alone each day know themselves well.'와 유사한 표현은 'They are very self-aware.'이다. 특히 'know themselves well'과 'are very self-aware'는 의미상 유사성이 높다.

난이도 ★★★ | **Category** 세부사항(How)

39 Based on the talk, how should one's time alone be spent?

(a) by doing outdoor activities
(b) by doing something productive
(c) by doing whatever one likes
(d) by doing exciting new things

담화에 따르면, 혼자만의 시간을 어떻게 보내야 할까?

(a) 야외 활동을 함으로써
(b) 생산적인 일을 함으로써
(c) 자신이 하고 싶은 것을 함으로써
(d) 흥미진진한 새로운 일을 함으로써

어휘 ▶ outdoor activity 야외 활동 productive 생산적인 whatever one likes 자신이 하고 싶은 것은 무엇이든

정답 ▶ (c)

해설 ▶ 담화 마지막 단락에서 "³⁹ So, go spend some time alone. Work on that blog. Clean the house. Or just get out there and see what happens. Watch people while you enjoy a solo meal."(그러니, 가서 혼자 시간을 보내세요. 그 블로그를 작업하세요. 집을 청소하세요. 혹은 나가서 무슨 일이 일어나는지 보세요. 혼자 식사를 즐기는 동안 사람들을 보세요.)라고 하였다. 블로그를 하든, 청소를 하든, 혹은 나가서 구경을 하든 혼자 있는 시간에는 자기가 하고 싶은 여러 가지 일들을 하라는 의미이므로 (c)가 정답이다.

PART 3 | **40-45** 협상적 대화: 마당 판매 vs. 온라인 판매

https://han.gl/Cq0lM

M: Hello, Edna. Is everything ready for your move?

F: Not yet, Steve. ⁴⁰ I have too many things that I no longer use but I just can't throw away. I've thought about selling them, but I couldn't decide whether to hold a yard sale or sell them online.

M: Both types of selling have their advantages and disadvantages. You'll reach more buyers through the Internet and there's a greater chance that the right buyer will find the item you're selling.

F: The right buyer? What do you mean?

M: Well, during my last yard sale, nobody bought my 1960s Ford Cortina steering wheel, even though I was selling it for only $5. ⁴¹ So, I put it on an online auction instead, and a vintage collector from Iowa bought it for $30.

M: 안녕, 에드나. 이사 준비는 다 됐니?

F: 아직이야, 스티브. ⁴⁰ 나는 더 이상 사용하지 않지만 그냥 버릴 수 없는 물건들이 너무 많아. 팔까도 생각해 봤는데 마당 판매를 열지 혹은 인터넷으로 팔지 결정을 못 했어.

M: 두 판매 모두 장단점이 있어. 인터넷을 통해 더 많은 구매자와 연결이 될 수 있고, 적합한 구매자가 네가 판매하고 있는 상품을 찾을 가능성이 더 크지.

F: 적합한 구매자? 그게 무슨 말이지?

M: 음, 내 최근 마당 판매 동안, 아무도 1960년대 포드 코르티나 핸들을 사지 않았어. 내가 단 5달러에 팔았는데도 말이야. ⁴¹ 그래서 나는 그것을 대신 온라인 경매에 내놓았고, 아이오와 출신 빈티지 수집가가 그것을 30달러에 샀어.

F: Wow! He wouldn't have heard of your yard sale.

M: Exactly. Another advantage of online selling is that you can sell broken items. That's because many online buyers search for specific things. Some look for broken electronic items that can be fixed and resold.

F: That makes sense. Most of those who go to yard sales are probably just looking for things they can start using right away. If something isn't working, they won't buy it.

M: Right. [42] However, there are some things that don't sell well on the Internet but sell really well at yard sales, where you have the advantage of "sensory impulse."

F: What's that?

M: At a yard sale, people get to fully see and feel the item. They fall in love with the softness of a shawl or the wood grain of a cabinet, and they buy it right then and there.

F: That's very different from online shopping, where all people see are several pictures and wordy descriptions of the product.

M: The Internet also isn't good for selling big objects. Online shoppers might not buy something that requires expensive shipping.

F: I see… [43] I guess another downside is that websites charge fees—usually a portion of the sale. And there's the added fees charged by the third-party payments company, which is necessary for online transactions. If I sell in my own yard, I get to take all the profits.

M: You're right. However, having a yard sale takes a lot of time. You'll have to set up the items, and then spend an entire day in your yard negotiating with buyers. Your items won't always sell out at once, and you'll have to set up again on the next weekend, and the next.

F: That's tiring! On the other hand, [44] I'll spend only a few hours taking pictures of the items I'm selling and

F: 우와! (네가 온라인 경매에 내놓지 않았다면) 그는 너의 마당 판매 소식을 듣지 못했을 거야.

M: 맞아. 온라인 판매의 또 다른 장점은 고장 난 물건을 팔 수 있다는 거야. 그것은 많은 온라인 구매자들이 특정한 것을 찾기 때문이지. 어떤 사람들은 고쳐서 다시 팔 수 있는 고장 난 전자 제품들을 찾아.

F: 말이 되네. 마당 판매에 가는 대부분의 사람들은 아마 당장 사용할 수 있는 것들을 찾고 있을 거야. 만약 어떤 것이 작동하지 않으면, 그들은 그것을 사지 않을 거야.

M: 그래. [42]하지만, 인터넷에서는 잘 팔리지 않지만 마당 판매에서는 정말 잘 팔리는 것들이 있는데, 마당 판매에서는 '감각 충동'이라는 장점을 가지고 있지.

F: 그게 뭐야?

M: 마당 판매에서, 사람들은 그 물건을 완전히 보고 느낄 수 있어. 그들은 숄의 부드러움이나 캐비닛의 나무 결에 빠져서, 즉석에서 그것을 사지.

F: 그것은 사람들이 보는 전부가 제품에 대한 몇 장의 사진과 장황한 설명뿐인 온라인 쇼핑과는 아주 다르지.

M: 인터넷은 큰 물건을 파는 데도 좋지 않아. 온라인 쇼핑객들은 비싼 배송비가 필요한 물건을 사지 않을 수도 있어.

F: 그렇군…. [43]또 다른 단점은 웹사이트에서 보통 판매금의 일부분으로 수수료를 부과한다는 점인 것 같아. 그리고 제3자 결제 회사에서 추가 요금을 부과하는데, 이는 온라인 거래에 필요해. 내 집 마당에서 팔면 모든 이익을 챙길 수 있어.

M: 네 말이 맞아. 하지만 마당 판매를 하는 데는 많은 시간이 걸려. 너는 물건들을 차린 다음, 하루 종일 마당에서 구매자들과 협상을 하면서 보내야 할 거야. 물건이 항상 한 번에 품절되는 것은 아니며, 다음 주말과 그 다음에도 다시 차려야 해.

F: 그건 피곤해! 반면에, [44]내가 팔고 있는 물건들의 사진을 찍어서 인터넷에 올리는데 몇 시간밖에 걸리지 않을 거야. 그리고 나서 구매자가 있는지 하루에 몇 번 확인만 하면 되지.

posting them online. Then I can just check a few times a day if there are buyers.

M: Also, a yard sale needs advertising in order to attract buyers. And you'll have to put up signs all over your neighborhood to direct people to your place. Otherwise, few prospective customers will come.

F: I hadn't thought of that…

M: But if you ask me, yard sales are more enjoyable than selling online. It's always interesting to talk to different people and see customers happily walking home with my old stuff.

F: Yeah, I bet it would be fun.

M: So, Edna, what have you decided to do with your old things?

F: [45] Well, Steve, I have quite a few unique items, and I'd really like to find the right buyers for them.

TEST 1　TEST 2　TEST 3　TEST 4　TEST 5　TEST 6　TEST 7

M: 또한, 마당 판매는 구매자들을 끌어들이기 위해 광고가 필요해. 그리고 사람들을 너의 집으로 안내하기 위해 동네 곳곳에 표지판을 세워야 할 거야. 그렇지 않으면 물건을 살 고객이 거의 오지 않을 거야.

F: 그런 생각은 미처 못했어.

M: 하지만 내 생각에는, 마당 판매는 온라인 판매보다 더 즐거워. 여러 사람들과 이야기를 나누고 손님들이 내 오래된 물건들을 가지고 즐겁게 집으로 걸어가는 것을 보는 것은 항상 흥미롭지.

F: 그래, 재미있을 거야.

M: 그래, 에드나, 너의 오래된 물건들은 어떻게 하기로 했어?

F: [45] 음, 스티브, 나는 상당수의 독특한 물건을 가지고 있는데, 정말 그것들에게 맞는 구매자를 찾고 싶어.

어휘 throw away 버리다　hold 열다, 개최하다　yard sale 마당 판매, 알뜰 시장　steering wheel 자동차 핸들　auction 경매　vintage collector 빈티지 수집가　look for 찾다　fixed 고쳐진　advantage 이점　sensory 감각적　impulse 충동　shawl 숄　wood grain 나무 결　be different from ~와 다르다　wordy 장황한　description 설명　shipping 선적, 배송　downside 단점　a portion of ~의 일부분　added fee 추가 수수료　charged 청구된　transaction 거래, 매매　third-party payments company 제3자 결제 회사　profit 이득, 이익　set up 설치하다, 차리다　entire 전부의, 전체의　negotiate 협상하다　sell out 다 팔다　at once 한꺼번에　on the other hand 반면에　in order to ~하기 위해　put up signs 표지판을 세우다　direct A to B A에게 B로 가는 길을 안내하다　otherwise 그렇지 않다면, 다른 방식으로는　prospective 장래의, 유망한　customer 손님, 고객　quite a few 상당수의, 꽤 많은　unique 독특한

난이도 ★★★　**Category**　주제(What)

40 What is Edna's problem?

(a) She has a lot of trash to throw away.
(b) She is undecided about going to a yard sale.
(c) She has too much unwanted stuff at home.
(d) She is hesitant to donate her unused things.

에드나의 문제는 무엇인가?

(a) 버릴 쓰레기가 많다.
(b) 마당 판매에 갈지 결정을 못한다.
(c) 집에 원치 않는 물건이 너무 많다.
(d) 사용하지 않는 물건 기부를 망설이고 있다.

어휘 trash 쓰레기　throw away 버리다　undecided 결정을 못한　unwanted 원하지 않는　stuff 물건　hesitant 망설이는　donate 기부하다　unused 사용되지 않는

정답 (c)

해설 대화에서 "[40] I have too many things that I no longer use but I just can't throw away. I've thought about selling them"(나는 더 이상 사용하지 않지만 그냥 버릴 순 없는 물건이 너무 많아. 그것들을 팔까 생각 중이야.)라고 하였다. 사용하진 않지만 버릴 수 없는 물건이므로 쓰레기는 아니고 그냥 원치 않는 물건들이다. 또 그 물건들을 팔 생각이므로 기부에 대한 고려는 없으므로 (c)가 정답이다.

대화에 나온 '⁴⁰ I have too many things that I no longer use.'와 유사한 표현은 'She has too much unwanted stuff at home.'이다.

난이도 ★★★ | **Category** 세부사항(When)

41 When was Steve able to sell his antique steering wheel?

(a) when he put it for sale online
(b) when he held a yard sale
(c) when he reduced its price
(d) when he went to visit Iowa

스티브는 언제 고풍스러운 핸들을 팔 수 있었는가?

(a) 온라인에 팔려고 내놓았을 때
(b) 마당 판매를 개최했을 때
(c) 그가 가격을 인하했을 때
(d) 그가 아이오와에 갔을 때

어휘 antique 고풍스러운 steering wheel 핸들 for sale 판매용으로 hold a yard sale 마당 판매를 열다 reduce 줄이다

정답 (a)

해설 대화에서 "⁴¹ So, I put it on an online auction instead, and a vintage collector from Iowa bought it for $30."(그래서 나는 그것을 대신 온라인 경매에 내놓았고, 아이오와 출신 한 빈티지 수집가가 그것을 30달러에 샀어.)라고 하였다. 보기 중 이 내용과 일치하는 (a)가 정답이다.

🔑 **정답 Key** Paraphrasing

대화에 나온 'I put it on an online auction instead'와 유사한 표현은 'when he put it for sale online'이다.

난이도 ★★★ | **Category** 세부사항(What)

42 What kinds of things do people tend to buy on impulse at yard sales?

(a) items that look good in pictures
(b) things that can be easily fixed
(c) items that come with descriptions
(d) things that appeal to one's senses

마당 판매에서 사람들은 충동적으로 어떤 종류의 물건을 사는가?

(a) 사진상 좋아 보이는 물건들
(b) 쉽게 고쳐질 수 있는 것들
(c) 설명과 함께 제공되는 물건들
(d) 감각에 호소하는 것들

어휘 tend to+동사원형 ~하는 경향이 있다 on impulse 충동적으로 description 설명, 묘사 appeal to ~에 호소하다

정답 (d)

해설 대화에서 "⁴² However, there are some things that don't sell well on the Internet but sell really well at yard sales, where you have the advantage of "sensory impulse.""(하지만, 인터넷에서는 잘 팔리지 않지만 마당 판매에서는 정말 잘 팔리는 것들이 있는데, 여기에서는 '감각 충동'이라는 장점을 가지고 있지.)라고 하였다. 마당 판매에서는 감각적 충동이 작용해서 온라인 판매보다 더 잘 팔리는 물건이 있다고 했으므로 사람들은 감각에 호소하는 물건을 충동적으로 산다고 할 수 있다. 따라서 (d)가 정답이다.

🔑 **정답 Key** Paraphrasing

대화에 나온 'sensory impulse'와 의미상 통하는 것은 'things that appeal to one's senses'이다.

난이도 ★★★ | **Category** | 추론(How)

43 Based on the conversation, how most likely will Edna be able to keep all the profits with a yard sale?

(a) by using free yard sale websites
(b) by not needing to pay for shipping fees
(c) by holding multiple yard sales
(d) by not having to pay third-party fees

대화에 따르면, 에드나는 어떻게 마당 판매를 통해 모든 수익을 취할 수 있을까?

(a) 무료 마당 판매 웹사이트를 사용하여
(b) 배송비를 지불할 필요가 없게 하여
(c) 여러 개의 마당 판매를 열어서
(d) 제3자 수수료를 지불할 필요가 없게 하여

어휘 profit 이득   hold 개최하다   multiple 여러 개의   third-party fee 제3자 수수료

정답 (d)

해설 대화에서 "⁴³I guess another downside is that websites charge fees—usually a portion of the sale. And there's the added fees charged by the third-party payments company, which is necessary for online transactions. If I sell in my own yard, I get to take all the profits."(내 생각엔 또 다른 단점은 웹사이트들이 보통 판매의 일부 수수료를 부과한다는 거야. 그리고 제3자 결제 회사에서 추가 요금을 부과하는데, 이는 온라인 거래에 필요해. 내 집 마당에서 팔면 모든 이익을 챙길 수 있어.)라고 하였다. 마당 판매를 하면 수수료를 지불할 필요가 없어서 이득을 모두 챙길 수 있다고 했으므로 (d)가 정답이다.

난이도 ★★★ | **Category** | 세부사항(Why)

44 Why could selling her unused items online be better for Edna's schedule?

(a) because she can sell items only on weekends
(b) because she will spend less time on it
(c) because she can negotiate more easily
(d) because she already has photos of everything

왜 사용하지 않는 물건을 온라인으로 파는 것이 에드나의 일정에 더 나은가?

(a) 주말에만 물건을 팔 수 있어서
(b) 그것에 더 적은 시간을 쓸 것이기 때문에
(c) 더 쉽게 협상할 수 있기 때문에
(d) 이미 모든 것을 찍은 사진을 가지고 있어서

어휘 spend A on B A를 B에 쓰다   unused 사용하지 않는   negotiate 협상하다

정답 (b)

해설 대화에서 "⁴⁴I'll spend only a few hours taking pictures of the items I'm selling and posting them online. Then I can just check a few times a day if there are buyers."(내가 팔고 있는 물건들의 사진을 찍어서 인터넷에 올리는데 몇 시간밖에 걸리지 않을 거야. 그리고 나서 구매자가 있는지 하루에 몇 번 확인만 하면 되지.)라고 하였다. 에드나는 온라인 판매가 시간이 얼마 안 걸린다는 점을 강조하고 있으므로 (b)가 정답이다.

정답 Key Paraphrasing

대화에 나온 'I'll spend only a few hours taking pictures of the items I'm selling and posting them online'과 유사한 표현은 'because she will spend less time on it'이다.

난이도 ★★★ | **Category** | 추론(What)

45 What has Edna probably decided to do?

(a) sell her items on her own property
(b) create her own online shopping website
(c) use a selling method that reaches more buyers
(d) put up ads in her neighborhood

에드나는 무엇을 하기로 결정했을 것 같은가?

(a) 자기 자신의 재산 목록을 판다
(b) 자신의 온라인 쇼핑 웹사이트를 만든다
(c) 더 많은 구매자에게 도달하는 판매 방법을 사용한다
(d) 자신의 이웃에 광고를 낸다

PART 4 | **46-52** | 절차 설명: 방향제 만드는 방법

https://han.gl/tRRo5

Good evening, viewers, and welcome to *Home Hacks*. ⁴⁶ Today on the show, I'll teach you how to make a spray air freshener that is easy and affordable. And the best part is, it's made from all-natural ingredients that won't harm your health.

⁴⁷ To many of us, having a good-smelling home is important. This is because our sense of smell powerfully affects our moods. How a room smells, for example, can make us feel either calm, happy, tired, irritated, and so on. Companies take advantage of this by offering countless air freshening products in stores, all of them claiming to clean and freshen the air in our homes.

⁴⁸ However, it just takes a quick look at their ingredient lists to see that these air fresheners are actually a serious threat to our health. In fact, most of the main ingredients in artificial air fresheners are harmful. One of these is propylene glycol, a chemical that can cause cancer when it builds up in the body. Another is the industrial fragrance component, which contains artificial ingredients that cause skin irritation and headaches. Rather than inhaling those unsafe substances, why not make your own air freshener? Let's begin!

The first step is to gather the materials and ingredients needed. You will only need four things to make a spray air freshener: a spray bottle, one-half cup of distilled water, one-half cup of alcohol, and any essential oil of your choice for fragrance. ⁴⁹ For the spray bottle, I recommend using a glass bottle instead of a plastic bottle. Plastic bottles are made with artificial chemicals that can mix with the contents of the bottle.

안녕하십니까 시청자 여러분, 홈 해크스에 오신 것을 환영합니다. ⁴⁶ 오늘 방송에서는 쉽고 저렴한 스프레이 방향제 만드는 방법을 알려드릴게요. 그리고 가장 좋은 점은, 여러분의 건강을 해치지 않는 천연 재료로 만든다는 것입니다.

⁴⁷ 우리 중 많은 사람에게 좋은 냄새가 나는 집을 갖는 것은 중요합니다. 왜냐하면 우리의 후각이 우리의 기분에 강력하게 영향을 미치기 때문입니다. 예를 들어, 방의 냄새는 우리를 차분하게, 행복하게, 피곤하게, 짜증나게 만들 수 있습니다. 기업들은 상점에서 수없이 많은 방향제 제품을 제공함으로써 이것을 이용하는데, 그 제품들 모두 우리 집의 공기를 깨끗하고 신선하게 한다고 주장합니다.

⁴⁸ 하지만, 그것들의 성분 목록을 간단히 살펴보기만 해도 이 방향제가 실제로 우리 건강에 심각한 위험이 된다는 것을 알 수 있습니다. 사실, 인공 방향제의 주성분은 대부분 해롭습니다. 그중 하나는 프로필렌 글리콜인데, 이것은 몸 속에 축적될 때 암을 유발할 수 있는 화학 물질입니다. 또 다른 것은 산업용 향기 성분으로 피부 자극과 두통을 유발하는 인공 성분을 함유하고 있습니다. 안전하지 않은 물질을 들이마시는 것보다, 여러분이 직접 방향제를 만들어 보는 것은 어떨까요? 시작합시다!

첫 번째 단계는 필요한 물질과 재료를 모으는 것입니다. 스프레이 방향제를 만들기 위해서는 스프레이 병, 증류수 반 컵, 알코올 반 컵, 향기를 위해 여러분이 선택한 에센셜 오일 등 네 가지만 필요합니다. ⁴⁹ 스프레이 병은 플라스틱 병 대신 유리병을 사용하는 것을 추천합니다. 플라스틱 병은 병의 내용물과 섞일 수 있는 인공 화학 물질로 만들어집니다.

You can use any glass bottle you have at home, such as a vinegar or juice bottle. Their mouths are usually the same size as those of plastic spray bottles. Just transfer the nozzle from a plastic spray bottle to the glass bottle, and you have your glass spray bottle.

The second step is to pour the water into your spray bottle, and then mix in the alcohol. You can use either rubbing alcohol or vodka, but I personally recommend vodka because it doesn't have a strong smell. [50] Adding alcohol into the mixture is important because pure water doesn't mix with oil. Alcohol will also help spread out the essential oils later on and make the scent last longer once the mixture is sprayed.

Next, add ten drops of an essential oil. Use whatever scent you like. You can also combine two or three essential oils to create a special scent. I particularly like the sweet and minty combination of lemon, vanilla, and peppermint. You can add more drops, depending on how strong you want the scent to be.

Essential oils aren't just good for their fragrance. Some of them also have antibacterial or antiviral properties. Examples are lemon, lavender, and eucalyptus, which can slow down the growth of some bacteria and viruses. [51] But make sure to buy only 100-percent pure essential oils, which don't contain additives.

There you have it—your all-natural, homemade air freshening spray. Aside from using it to freshen the air of any room in your house, you can also spray it on your curtains, carpet, and beds—anywhere you need that nice, clean smell. [52] Always shake before spraying. Have a healthy and good-smelling home, everyone!

여러분은 식초나 주스 병과 같이 집에 있는 어떤 유리병도 사용할 수 있습니다. 그 입구는 보통 플라스틱 스프레이 병의 입구와 같은 크기입니다. 플라스틱 스프레이 병에서 유리 병으로 노즐을 옮기면 유리 스프레이 병을 가지게 됩니다.

두 번째 단계는 스프레이 병에 물을 붓고 알코올을 혼합하는 것입니다. 소독용 알코올이나 보드카를 사용할 수 있지만, 저는 개인적으로 보드카를 추천합니다. 왜냐하면 보드카는 냄새가 강하지 않기 때문이죠. [50] 순수한 물은 오일과 섞이지 않기 때문에 혼합물에 알코올을 첨가하는 것은 중요합니다. 알코올은 또한 나중에 에센셜 오일을 퍼뜨리는 것을 돕고, 혼합물이 뿌려지면 그 향이 더 오래 지속되도록 도와줍니다.

다음, 에센셜 오일 10방울을 넣으세요. 어떤 향이든 당신이 좋아하는 것을 사용하세요. 여러분은 또한 특별한 향을 내기 위해 두세 개의 에센셜 오일을 결합할 수 있습니다. 저는 특히 레몬, 바닐라, 페퍼민트의 달콤하고 민트향 나는 조합을 좋아합니다. 향이 얼마나 강하길 원하느냐에 따라 더 많은 방울을 첨가할 수 있습니다.

에센셜 오일은 단지 향기만 좋은 것이 아닙니다. 그중 일부는 항균 또는 항바이러스 성질도 가지고 있습니다. 예를 들면 레몬, 라벤더, 유칼립투스 등이 있는데, 이것은 몇몇 박테리아와 바이러스의 성장을 늦출 수 있습니다. [51] 하지만 첨가제가 포함되지 않은 100% 순수 에센셜 오일만 사도록 명심하세요.

자, 여기 있습니다. 집에서 만든 천연 방향제 스프레이입니다. 집안의 어떤 방이든 공기를 맑게 하기 위해 사용하는 것 외에도, 여러분은 그것을 커튼, 카펫과 침대에도 뿌릴 수 있습니다 – 여러분이 좋고 깨끗한 냄새를 필요로 하는 어느 곳에서나. [52] 스프레이를 뿌리기 전에 항상 흔드세요. 건강하고 좋은 향기가 나는 집을 가져 보세요, 여러분!

어휘 air freshener 방향제 affordable 저렴한 be made from ~로 만들어지다 ingredient 재료 harm 해를 끼치다
affect 영향을 주다 irritated 짜증난 and so on 기타 등등 take advantage of ~을 활용하다 threat 위협, 위협하다
artificial 인공적인 cause 일으키다 build up 증가하다, 축적되다 industrial 산업적인, 산업용 fragrance 향기
component 성분, 구성요소 skin irritation 피부 자극 headache 두통 inhale 흡입하다, 들이쉬다 substance 물질
one-half cup of 반 컵의 ~ distilled water 증류수 recommend 추천하다 instead of ~ 대신에 content 내용물
vinegar 식초 transfer from A to B A에서 B로 옮기다 rubbing alcohol 소독용 알코올 scent 향, 냄새 mixture 혼합물
combine 결합하다 particularly 특히 depending on ~에 따라 antibacterial 항균성의 antiviral 항바이러스성의
property 자질, 성질 additive 첨가물 aside from ~이외에도 freshen 상쾌하게 하다

46 What topic is the speaker mainly discussing?

화자는 주로 어떤 주제를 논의하고 있는가?

(a) how to choose the right air freshener
(b) how to improve one's health using scents
(c) how to buy affordable fragrances
(d) how to make an air freshener

(a) 적합한 방향제 선택 방법
(b) 향을 이용한 건강 증진 방법
(c) 저렴한 향수를 구입하는 방법
(d) 방향제 만드는 방법

어휘 choose 선택하다 air freshener 방향제 improve 향상시키다 scent 향, 냄새 fragrance 향기

정답 (d)

해설 담화 1단락에서 "⁴⁶Today on the show, I'll teach you how to make a spray air freshener that is easy and affordable."(오늘 방송에서는 쉽고 저렴한 스프레이 방향제 만드는 방법을 알려드릴게요.)라고 하였으므로 (d)가 정답이다.

---

47 Why most likely does a house need to smell good?

왜 집에서는 좋은 냄새가 나야 할까?

(a) because it makes people feel good
(b) to impress visitors to the house
(c) because it affects people's focus
(d) to cover up smells from bad air

(a) 사람들이 기분 좋게 느끼도록 하기 때문에
(b) 방문객에게 깊은 인상을 주기 위해
(c) 사람들의 집중에 영향을 미치기 때문에
(d) 나쁜 공기에서 나는 냄새를 덮기 위해

어휘 impress 인상을 주다 affect 영향을 미치다 focus 집중 cover up 덮다

정답 (a)

해설 담화 2단락에서 "⁴⁷To many of us, having a good-smelling home is important. This is because our sense of smell powerfully affects our moods."(우리 중 많은 사람에게 좋은 냄새가 나는 집을 갖는 것은 중요합니다. 왜냐하면 우리의 후각이 우리의 기분에 강력하게 영향을 미치기 때문입니다.)라고 하였다. 집에서 나는 좋은 냄새가 사람의 집중이 아니라 기분에 영향을 준다고 했으므로 (a)가 정답이다.

오답분석 (c)에서 담화에 나온 affect라는 단어를 그대로 쓰고 있어서 매력적인 오답으로 들릴 수 있다. 그러나 담화에서는 'affects moods'라고 말했고 (c)에서는 'affects focus'가 제시되어 있어서 오답이다. 지텔프 듣기 문제에서 이렇게 대화에 나온 일부 어휘를 그대로 반복해서 쓴 선택지는 오답일 가능성이 있으니 유의해야 한다. 지텔프 듣기에서는 동일 단어를 반복하지 않고 유사한 다른 표현으로 패러프레이징 하는 경우가 많으며 이런 패러프레이징된 선택지가 정답일 가능성이 높다.

정답 Key **Paraphrasing**

담화에 나온 'because our sense of smell powerfully affects our moods'와 의미상 통하는 표현은 'because it makes people feel good'이다.

---

48 According to the talk, what is the problem with artificial air fresheners?

담화에 따르면, 인공 방향제의 문제는 무엇인가?

(a) They can pose a health risk.
(b) They smell too strong.

(a) 건강상 위험을 줄 수 있다.
(b) 냄새가 너무 강하다.

(c) They threaten the environment.
(d) They include unstable substances.

(c) 환경을 위협한다.
(d) 불안정한 물질을 함유한다.

어휘 artificial 인공적인 risk 위험 threaten 위협하다 environment 환경 include 함유하다, 포함하다 unstable 불안정한
substance 물질

정답 (a)

해설 담화 3단락에서 "⁴⁸ However, it just takes a quick look at their ingredient lists to see that these air fresheners are actually a serious threat to our health."(하지만, 그것들의 성분 목록을 간단히 살펴 보기만 해도 이 방향제가 실제로 우리 건강에 심각한 위험이 된다는 것을 알 수 있습니다.)라고 하였다. 인공 방향제가 건강에 위협이 된다고 했으므로 (a)가 정답이다.

🔑 **정답 Key** Paraphrasing

담화에 나온 'These air fresheners are actually a serious threat to our health'와 유사한 표현은 'They can pose a health risk.'이다. 특히 'threat to our health'와 'health risk'는 의미상 유사성이 높다.

난이도 ★★★ **Category** 세부사항(Why)

49 Why does the speaker prefer to use glass rather than plastic for the spray bottle?

(a) because glass bottles are more durable
(b) because plastic bottles contain chemicals
(c) because glass bottles hold scents better
(d) because plastic bottles are not the right shape

왜 화자는 스프레이 병으로 플라스틱보다 유리를 사용하는 것을 선호하는가?

(a) 유리병은 내구성이 더 높기 때문에
(b) 플라스틱 병이 화학 물질을 포함하기 때문에
(c) 유리병이 향을 더 잘 담기 때문에
(d) 플라스틱 병이 적합한 모양이 아니므로

어휘 prefer 선호하다 A rather than B B라기보다는 A durable 내구성 있는 contain 함유하다 chemical 화학물질 hold 보유하다
scent 냄새, 향

정답 (b)

해설 담화 4단락에서 "⁴⁹ For the spray bottle, I recommend using a glass bottle instead of a plastic bottle. Plastic bottles are made with artificial chemicals that can mix with the contents of the bottle."(스프레이 병은 플라스틱 병 대신 유리병을 사용하는 것을 추천합니다. 플라스틱 병은 병의 내용물과 섞일 수 있는 인공 화학 물질로 만들어집니다.)라고 하였다. 플라스틱 병이 화학물질로 만들어져 있으므로 화학물질을 포함하고 있다고 말할 수 있다. 따라서 (b)가 정답이다.

🔑 **정답 Key** Paraphrasing

담화에 나온 'Plastic bottles are made with artificial chemicals'와 유사한 표현은 'because plastic bottles contain chemicals' 이다.

난이도 ★★★ **Category** 추론(What)

50 Based on the talk, what would probably happen if alcohol is not added to the spray?

(a) The scent will last too long after spraying.
(b) The ingredients will have a bad reaction.
(c) The scent would not be pleasant enough.
(d) The ingredients would not blend well.

담화에 따르면, 스프레이에 알코올이 첨가되지 않으면 어떻게 될까?

(a) 분무 후 향이 너무 오래 지속된다.
(b) 성분들이 안 좋은 반응을 일으킬 것이다.
(c) 향이 충분히 좋지 않을 것이다.
(d) 재료가 잘 섞이지 않는다.

어휘 be added to ~에 첨가되다 last long 오래 지속되다 ingredient 재료 reaction 반응 scent 냄새 pleasant 좋은, 즐거운
blend 섞이다

정답 (d)

해설 담화 6단락에서 "⁵⁰ Adding alcohol into the mixture is important because pure water doesn't mix with oil."(순수한 물은 기름과
섞이지 않기 때문에 혼합물에 알코올을 첨가하는 것은 중요합니다.)라고 하였다. 물과 오일이 섞이지 않기 때문에 알코올을 첨가한다고 했으므로
알코올을 첨가하지 않으면 재료인 물과 오일이 잘 섞이지 않을 것으로 추론되므로 (d)가 정답이다.

🔑 정답 Key Paraphrasing

   담화에 나온 'because pure water doesn't mix with oil'와 유사한 표현은 'The ingredients would not blend well.'이다. 특히 'pure
   water'와 'oil'은 'the ingredients'와 같은 것을 나타내고 'mix'와 'blend'는 동의어이다.

난이도 ★★★ | Category 세부사항(Which)

51 Which essential oils should one buy when making
an air freshener?

   (a) ones that are mixed with many scents
   (b) ones that contain good additives
   (c) ones that are completely pure
   (d) ones that kill all viruses and bacteria

방향제를 만들 때 어떤 에센셜 오일을 사야
하는가?

(a) 여러 가지 향이 혼합된 것
(b) 좋은 첨가물을 함유한 것
(c) 완전히 순수한 것
(d) 모든 바이러스와 박테리아를 죽이는 것

어휘 be mixed with ~와 혼합되다 additive 첨가물 completely 완전히 pure 순수한

정답 (c)

해설 담화 8단락에서 "⁵¹ But make sure to buy only 100-percent pure essential oils, which don't contain additives."(하지만 첨가제가
포함되지 않은 100% 순수 에센셜 오일만 사도록 하세요.)라고 하였다. 보기 중 이 내용과 일치하는 (c)가 정답이다.

🔑 정답 Key Paraphrasing

   담화에 나온 '100-percent pure essential oils'와 유사한 표현은 'ones that are completely pure'이다.

난이도 ★★★ | Category 세부사항(What)

52 What should one do first before using the
homemade air freshener?

   (a) open windows to air out the room
   (b) shake the contents of the bottle
   (c) clean all of the house's bedding
   (d) test it on one piece of furniture

집에서 만든 방향제를 사용하기 전에 먼저
무엇을 해야 하는가?

(a) 창문을 열어 방을 환기시킨다
(b) 병의 내용물을 흔든다
(c) 집의 모든 침구를 청소한다
(d) 가구 한 개에 대해 시험한다

어휘 air out 환기시키다 shake 흔들다 content 내용물 bedding 침구 furniture 가구

정답 (b)

해설 담화 마지막 단락에서 "⁵² Always shake before spraying."(스프레이를 뿌리기 전에 항상 흔드세요.)라고 하였다. 보기 중 이 내용과 일치
하는 (b)가 정답이다.

🔑 정답 Key Paraphrasing

   담화에 나온 'shake before spraying'과 유사한 표현은 'shake the contents of the bottle'이다.

TEST 1

TEST 2

TEST 3

TEST 4

TEST 5

TEST 6

TEST 7

Category **PART 1** 인물 일대기 **PART 2** 잡지 기사 **PART 3** 지식 백과 **PART 4** 비즈니스 레터

PART 1 **53-59** 인물 일대기: 유태인 어린이들을 구한 니콜라스 윈턴

SIR NICHOLAS WINTON

[53] Sir Nicholas Winton was a British humanitarian best known for rescuing Jewish children in Czechoslovakia from the Nazis just before the Second World War. The rescued later became known as "Winton's Children."

Nicholas George Wertheimer was born on May 19, 1909 in London. His parents, Rudolf and Barbara Wertheimer, were German Jews who had moved to England and changed their surname to Winton. Young Nicholas grew up in a mansion, his father being a successful bank manager. Winton attended Stowe School, and eventually became a stockbroker.

[54] In December 1938, 29-year-old Winton was about to visit Switzerland for a holiday when a friend who was helping refugees in Czechoslovakia invited Winton to join him. There, he was asked to help in the refugee camps. Moved by the terrible conditions faced by Jewish families and other political prisoners, he immediately organized an operation to [58] evacuate the camps' Jewish children from Czechoslovakia to England. [55] He returned to England to arrange for the children's rescue. [56] Together with his mother, his secretary, and several concerned individuals, Winton found adoptive parents for each child, secured entry permits, and raised funds for the children's passage.

On March 14, 1939, the first train carrying Winton's rescued children left Prague. They were brought to the Liverpool Street station in London, where British foster parents received them. Throughout the next five months, Winton organized seven other children's trains, rescuing a total of 669 children. His efforts only [59] ceased when all

니콜라스 윈턴 경

[53] 니콜라스 윈턴 경은 2차 세계대전 직전 체코슬로바키아의 유태인 어린이들을 나치로부터 구해낸 것으로 가장 잘 알려진 영국의 인도주의자였다. 구조된 사람들은 나중에 '윈턴의 아이들'로 알려지게 되었다.

니콜라스 조지 베르트하이머는 1909년 5월 19일 런던에서 태어났다. 그의 부모인 루돌프와 바바라 베르트하이머는 독일계 유태인으로 영국으로 건너가 윈턴으로 성을 바꿨다. 어린 니콜라스는 아버지가 성공한 은행 매니저였기 때문에 대저택에서 자랐다. 윈턴은 스토우 스쿨에 다녔고, 결국 증권 중개인이 되었다.

[54] 1938년 12월, 29세의 윈턴은 휴가를 위해 스위스를 방문하려던 중 체코슬로바키아에서 난민을 돕던 친구가 그와 합류하자고 윈턴을 초대했다. 그곳에서, 그는 난민 캠프에서 도와달라는 요청을 받았다. 유태인 가족과 다른 정치범들이 직면한 끔찍한 상황에 마음이 움직여, 그는 즉시 수용소의 유태인 아이들을 체코슬로바키아에서 영국으로 [58] 대피시키기 위한 작전을 세웠다. [55] 그는 아이들의 구조를 준비하기 위해 영국으로 돌아왔다. [56] 윈턴은 어머니, 비서, 몇몇 관계자들과 함께 각각의 아이들에게 양부모를 찾아주고, 입국 허가를 확보했으며, 아이들의 통행을 위한 기금을 모금했다.

1939년 3월 14일, 윈턴이 구조한 아이들을 태운 첫 기차가 프라하를 떠났다. 그들을 런던의 리버풀 스트리트 역으로 데려왔고, 그곳에서 영국의 양부모들이 그들을 맞이했다. 이후 5개월 동안 윈턴은 7개의 다른 어린이 열차를 조직하여 총 669명의 어린이들을 구조했다. 그의 노력은 제2차 세계 대전의 발발로 독일이 통제하는 모든 국경선이 폐쇄되었을 때 비로소 [59] 중단되었다.

German-controlled borders were closed at the outbreak of World War II.

Winton's efforts went unnoticed until nearly 50 years later, when his wife found an old scrapbook containing the children's photos, letters, and other documents. She turned the records over to a Holocaust historian, and soon after, stories of Winton's heroic deeds fell into the hands of a prominent figure in the newspaper industry. [57] Winton then appeared on a nationwide BBC television program, leading to his reunion with those whom he had rescued. These included British politician Alfred Dubs and Canadian TV journalist Joe Schlesinger.

Winton died in July 2015 at the age of 106. Throughout his life, he received many honors, including a knighthood by the Queen and an honorary citizenship in Prague. His story is also the subject of several films, including the award-winning documentary, *The Power of Good*.

원턴의 노력은 거의 50년이 지나서 그의 아내가 아이들의 사진과 편지, 다른 문서들이 들어 있는 오래된 스크랩북을 발견하기 전까지는 주목받지 못했다. 그녀는 그 기록을 홀로코스트 역사학자에게 넘겼고, 얼마 지나지 않아, 원턴의 영웅적 행동에 대한 이야기는 신문업계의 저명한 인물의 손에 넘어갔다. [57] 원턴은 그 후 전국적인 BBC 텔레비전 프로그램에 출연하여 자신이 구조한 사람들과 재회하게 되었다. 여기에는 영국 정치인 알프레드 더브스와 캐나다 TV 기자 조 슐레진저가 포함되었다.

원턴은 2015년 7월 106세의 나이로 사망하였다. 평생 동안, 그는 여왕의 기사 작위와 프라하의 명예 시민권을 포함하여 많은 영예를 받았다. 그의 이야기는 또한 상을 수상한 다큐멘터리 〈The Power of Good〉을 포함한 여러 영화의 소재이기도 하다.

어휘 humanitarian 인도주의자 rescue 구조, 구조하다 mansion 대저택 attend ~에 다니다 eventually 결국 stockbroker 증권 중개인 refugee camp 난민 캠프 immediately 즉시 operation 작전, 활동 evacuate 대피시키다 arrange 준비하다 secretary 비서 concerned individual 관계자들 adoptive parents 양부모 secure 확보하다 entry permit 입국 허가 raise fund 모금하다 passage 통행 foster parents 양부모 effort 노력 cease 멈추다, 그치다 outbreak 발발, 발생 unnoticed 눈에 띄지 않는, 주목받지 못한 turn A over to B A를 B에게 넘기다 heroic 영웅적인 deed 행동 prominent 저명한 figure 인물 industry 산업 reunion 재회 politician 정치인 journalist 기자 knighthood 기사 작위 honorary citizenship 명예 시민권

난이도 ★★★ | **Category** **주제(What)**

53 What is Nicholas Winton famous for?

(a) saving Jewish children in Czechoslovakia
(b) his work in the Czech refugee camps
(c) fighting the Nazis in the war
(d) his adoption of Jewish Czech children

니콜라스 원턴은 무엇으로 유명한가?

(a) 체코슬로바키아의 유태인 어린이들을 구한 것
(b) 체코 난민 캠프에서의 작업
(c) 전쟁에서 나치와 싸운 것
(d) 유태계 체코 아이들 입양

어휘 be famous for ~로 유명하다 Jewish 유태인 refugee camp 난민 캠프 adoption 입양

정답 (a)

해설 본문 1단락에서 "[53] Sir Nicholas Winton was a British humanitarian best <u>known for rescuing Jewish children in Czechoslovakia</u> from the Nazis just before the Second World War."(니콜라스 원턴 경은 2차 세계대전 직전 체코슬로바키아의 유태인 어린이들을 나치로부터 구해낸 것으로 가장 잘 알려진 영국의 인도주의자였다.)라고 하였다. 보기에서 이 내용과 일치하는 (a)가 정답이다.

정답 Key Paraphrasing
본문에 쓰인 'rescuing Jewish children in Czechoslovakia'와 유사한 표현은 'saving Jewish children in Czechoslovakia'이다. 여기서 rescuing과 saving은 동의어이다. 지텔프 리딩 문제에서는 이렇게 본문에서 사용한 어휘나 표현을 정답이 되는 선택지에서 그대로 반복해서 쓰지 않고 동의어나 유사한 표현으로 바꾸어 쓰는 패러프레이징을 많이 활용하고 있음에 유념해야 한다.

난이도 ★★★ | **Category** | 세부사항(When)

54 When did Winton first see the awful situation of the Jews?

(a) when his family moved to England
(b) while he was helping out at a refugee camp
(c) while he was a student at Stowe School
(d) when he visited Switzerland

원턴은 언제 유태인들의 끔찍한 상황을 처음 보았는가?

(a) 그의 가족이 영국으로 이주했을 때
(b) 그가 난민 캠프에서 도움을 주고 있을 때
(c) 스토우 스쿨의 학생일 때
(d) 그가 스위스를 방문했을 때

어휘 awful 끔찍한 situation 상황 refugee camp 난민 캠프

정답 (b)

해설 본문 3단락에서 "⁵⁴ In December 1938, 29-year-old Winton was about to visit Switzerland for a holiday when a friend who was helping refugees in Czechoslovakia invited Winton to join him. There, he was asked to help in the refugee camps." (1938년 12월, 29세의 원턴은 휴가를 위해 스위스를 방문하려던 중 체코슬로바키아에서 난민을 돕던 친구가 그와 합류하자고 초대했다. 그곳에서, 그는 난민 캠프에서 도와달라는 요청을 받았다.)라고 하였다. 체코에서 난민을 돕는 친구의 요청으로 난민촌을 방문하면서 유태인 난민들의 상황을 보게 되었으므로 (b)가 정답이다.

난이도 ★★★ | **Category** | 세부사항(What)

55 What did Winton do when he returned to England from Czechoslovakia?

(a) He arranged for the release of political prisoners.
(b) He encouraged other people to help in the camps.
(c) He prepared for the transport of Jewish children.
(d) He brought some Jewish children back with him.

원턴이 체코슬로바키아에서 영국으로 돌아왔을 때 무엇을 했는가?

(a) 정치범 석방을 주선했다.
(b) 다른 사람들이 캠프에서 돕도록 권장했다.
(c) 유태인 어린이 수송을 준비했다.
(d) 유태인 아이들을 데리고 돌아왔다.

어휘 return 돌아오다 arrange for 주선하다 release 석방 encourage 권장하다 prepare for 준비하다 transport 수송

정답 (c)

해설 본문 3단락에서 "⁵⁵ He returned to England to arrange for the children's rescue."(그는 아이들의 구출을 준비하기 위해 영국으로 돌아왔다.)라고 하였다. 보기 중 이 내용과 일치하는 (c)가 정답이다.

정답 Key Paraphrasing

본문에 쓰인 'to arrange for the children's rescue'와 유사한 표현은 'He prepared for the transport of Jewish children.'이다.

56 How did he ensure that each rescued child would have a home?

(a) by ensuring their safe passage to England
(b) by finding British parents who were willing to take them in
(c) by raising funds for a children's home in England
(d) by also working for their parents' rescue

그는 구조된 아이들 각각이 가정을 가질 수 있도록 어떻게 보장했는가?

(a) 영국으로의 안전한 통행을 보장함으로써
(b) 기꺼이 데려갈 영국인 부모를 찾아냄으로써
(c) 영국의 어린이집을 위한 기금을 조성하여
(d) 그들의 부모들도 구조하기 위해 일함으로써

> **어휘** ensure 보장하다   passage 통행   be willing to+동사원형 기꺼이 ~하다   raise fund 기금을 조성하다

> **정답** (b)

> **해설** 본문 3단락에서 "56 Together with his mother, his secretary, and several concerned individuals, Winton found adoptive parents for each child, secured entry permits, and raised funds for the children's passage."(윈턴은 어머니, 비서, 그리고 이를 우려하는 몇몇 사람들과 함께 각각의 아이들에게 양부모를 찾아주고, 입국 허가를 확보했으며, 아이들의 통행을 위한 기금을 모금했다.)라고 하였다. 보기 중 이 내용과 일치하는 (b)가 정답이다.

> **정답 Key** **Paraphrasing**
> 본문에 쓰인 'Winton found adoptive parents for each child'와 유사한 표현은 'by finding British parents who were willing to take them in'이다.

---

57 Based on the article, when were Winton's noble actions probably introduced to a wider audience?

(a) when his story appeared in a small newspaper
(b) when he appeared in a movie about his life
(c) when his story was published in a history book
(d) when he was seen on national television

본문에 근거하면, 윈턴의 숭고한 행동은 언제 더 많은 청중에게 소개되었을까?

(a) 그의 이야기가 작은 신문에 실렸을 때
(b) 자신의 삶을 다룬 영화에 출연했을 때
(c) 그의 이야기가 역사책에 실렸을 때
(d) 그가 텔레비전 전국 방송에 출연했을 때

> **어휘** noble 숭고한   probably 아마도   audience 청중   appear 등장하다   publish 출판하다

> **정답** (d)

> **해설** 본문 5단락에서 "57 Winton then appeared on a nationwide BBC television program, leading to his reunion with those whom he had rescued."(윈턴은 그 후 전국적인 BBC 텔레비전 프로그램에 출연하여 자신이 구조한 사람들과 재회하게 되었다.)라고 하였다. 윈턴이 전국적인 TV 방송에 출연하면서 더 많은 청중들에게 알려지게 된 것으로 추론되므로 (d)가 정답이다.

> **정답 Key** **Paraphrasing**
> 본문에 쓰인 'Winton then appeared on a nationwide BBC television program'과 유사한 표현은 'when he was seen on national television'이다.

난이도 ★★★ **Category** 어휘(동사: evacuate)

58 In the context of the passage, evacuate means
_____.

(a) empty
(b) leave
(c) abandon
(d) transfer

본문의 맥락에서, evacuate는
_____를 의미한다.

(a) 비우다
(b) 떠나다
(c) 포기하다
(d) 옮기다

어휘 evacuate 대피시키다 empty 비우다 leave 떠나다 abandon 포기하다 transfer 옮기다

정답 (d)

해설 본문 3단락 "Moved by the terrible conditions faced by Jewish families and other political prisoners, he immediately organized an operation to ⁵⁸evacuate the camps' Jewish children from Czechoslovakia to England."(유태인 가족과 다른 정치 범들이 직면한 끔찍한 상황에 마음이 움직여, 그는 즉시 체코슬로바키아에서 영국으로 수용소의 유태인 아이들을 대피시키기 위한 작전을 조직했다.)에서 evacuate는 '대피시키다'의 의미로 사용되었으므로 맥락상 가장 가까운 (d)가 정답이다.

난이도 ★★★ **Category** 어휘(동사: cease)

59 In the context of the passage, ceased means
_____.

(a) ended
(b) paused
(c) failed
(d) quieted

본문의 맥락에서, ceased는 _____
를 의미한다.

(a) 종료하다
(b) 잠시 멈추다
(c) 실패하다
(d) 조용하게 하다

어휘 cease 종료하다, 그치다 end 끝나다 pause 잠시 멈추다 fail 실패하다 quiet 조용하게 하다

정답 (a)

해설 본문 4단락 "His efforts only ⁵⁹ceased when all German-controlled borders were closed at the outbreak of World War Ⅱ." (그의 노력은 제2차 세계 대전의 발발로 독일이 통제하는 모든 국경선이 폐쇄되었을 때 비로소 중단되었다.)에서 동사 cease는 '중단하다, 끝나다'의 의미로 사용되었으므로 맥락상 가장 가까운 (a)가 정답이다.

PART 2 | **60-66** | 잡지 기사: 피부를 시원하게 하는 의류 신소재

RESEARCHERS HAVE CREATED A PLASTIC CLOTHING MATERIAL THAT COOLS THE SKIN

Scientists from Stanford University have developed a new fabric that works better than cotton in keeping the body cool. ⁶⁰The fabric can be made into clothing that will help save energy on air conditioning.

연구원들이 피부를 시원하게 하는 플라스틱 의류 소재를 만들었다

스탠포드 대학의 과학자들은 몸을 시원하게 유지하는데 면보다 더 효과가 좋은 새로운 천을 개발했다. ⁶⁰이 천은 냉방에 드는 에너지를 절약하는 데 도움이 되는 옷으로 만들어질 수 있다.

Keeping the body cool without the help of air conditioning is a big challenge. Under normal conditions, at least 50% of a person's body heat is released as infrared radiation. If this radiation could leave the body without being blocked by clothing, a person would feel cooler. The new material described in the journal Science works by allowing the body to release heat in two ways. First, like ordinary fabrics, it lets bodily sweat evaporate through it. [61] Second, it also allows infrared radiation to escape—a cooling system that is not possible with regular clothing materials.

The fabric, called *nanoporous* polyethylene or *nanoPE*, is a modified form of polyethylene, a clear, stretchable plastic commonly used as "cling wrap." [62] Cling wrap allows infrared radiation to pass through. However, it also traps moisture and is completely transparent. To address these limitations, the scientists identified a kind of polyethylene commonly used in making batteries. This plastic material lets infrared light pass through but is also opaque enough to block visible light. They then treated the plastic with chemicals to allow it to "breathe" like a natural fiber.

To make the material more fabric-like, the researchers created a three-ply version: a cotton mesh [65] <u>sandwiched</u> between two sheets of treated polyethylene. [63] When the new fabric was compared to ordinary cotton, it was found that it kept a person's skin 4°F or 2.3°C cooler. [64] This drop in temperature would make a nanoPE wearer less inclined to turn on an air conditioner or electric fan.

The researchers are still working on [66] <u>refining</u> the fabric, including adding more cloth-like characteristics and colors, and making the manufacturing process cost-effective. If successful, the new fabric could make people more comfortable in hotter climates. It can also reduce the energy costs of a building by up to 45%.

냉방의 도움 없이 몸을 시원하게 유지하는 것은 큰 도전이다. 정상 상태에서는 최소한 50%의 체온이 적외선으로 방출된다. 만약 이 방사선이 옷에 의해 막히지 않고 몸을 떠날 수 있다면, 사람들은 더 시원하게 느낄 것이다. 《사이언스(Science)》지에 기술된 새로운 소재는 신체가 두 가지 방법으로 열을 방출하도록 허용함으로써 작용한다. 첫째, 일반 직물처럼, 신소재는 그것을 통해 땀이 증발되게 한다. [61]둘째, 적외선이 방출되도록 허용하는데, 이는 일반 의류 소재로는 불가능한 냉각 시스템이다.

나노포러스 폴리에틸렌(nanoporous polyethylene) 즉, 나노PE(nanoPE)라고 불리는 이 원단은 일반적으로 '클링랩'으로 사용되는 투명하고 신축성이 좋은 플라스틱인 폴리에틸렌의 변형 형태이다. [62]클링랩은 적외선이 통과할 수 있게 해준다. 하지만, 그것은 또한 습기를 가두고 완전히 투명하다. 이러한 한계를 해결하기 위해, 과학자들은 배터리를 만드는 데 일반적으로 사용되는 폴리에틸렌의 한 종류를 발견했다. 이 플라스틱 소재는 적외선을 통과시키지만 가시광선을 차단할 수 있을 만큼 불투명하다. 그리고 나서 그들은 플라스틱이 천연 섬유처럼 "호흡"할 수 있도록 화학 물질로 플라스틱을 처리했다.

이 재료를 좀 더 직물처럼 만들기 위해, 연구원들은 세 겹으로 된 버전을 만들었다: 처리한 폴리에틸렌 두 장 사이에 [65]끼워진 면 망사. [63]새 섬유를 일반 면과 비교했을 때, 사람의 피부를 화씨 4도 또는 섭씨 2.3도 더 시원하게 유지한 것으로 알려졌다. [64]이러한 체온 하락은 나노PE 착용자가 에어컨이나 선풍기를 덜 켜게 할 것이다.

연구원들은 천과 같은 특징과 색상을 더하는 것을 포함하고 제조 공정을 비용 효율적으로 만들면서 원단을 [66]개선하는 작업을 여전히 하고 있다. 만약 성공한다면, 새로운 천은 더운 기후에서 사람들을 더 편안하게 만들 수 있다. 또한 건물의 에너지 비용을 45%까지 절감할 수 있다.

어휘 fabric 섬유, 천 cotton 면 air conditioning 냉방 normal 정상적인 infrared radiation 적외선 방사 release 방출하다
sweat 땀 evaporate 증발하다 modified 변형된 stretchable 신축성 있는 trap 가두다 moisture 수분 transparent 투명한
address 해결하다 identify 발견하다 commonly 일반적으로 opaque 불투명한 natural fiber 천연 섬유
three-ply 세 겹의, 3중 cotton mesh 면 망사 sandwiched 끼워진 treated 처리된 compare 비교하다 ordinary 일반적인
less inclined to+동사원형 ~하려는 경향이 덜한 refine 정제하다, 개선하다 manufacture 제조하다 cost-effective 비용 효율적인

난이도 ★★★ | **Category** 주제(What)

60 According to the article, what would be a benefit of the new cooling fabric?

(a) increasing the efficiency of air conditioning
(b) saving money on electricity use
(c) keeping the body at the ideal temperature
(d) boosting the fashion industry

기사에 따르면 새로운 시원한 섬유의 이점은 무엇일까?

(a) 냉방의 효율 증대
(b) 전기 사용 비용 절감
(c) 몸을 이상적인 온도로 유지
(d) 패션 산업 활성화

어휘 benefit 이점   efficiency 효율   temperature 온도   boost 활성화하다   industry 산업

정답 (b)

해설 본문 1단락에서 "⁶⁰ The fabric can be made into clothing that will <u>help save energy</u> on air conditioning."(이 섬유는 냉방에 드는 에너지를 절약하는 데 도움이 되는 옷으로 만들어질 수 있다.)라고 하였다. 이 섬유는 냉방 자체의 효율을 높이는 것이 아니라 냉방에 들어가는 전기 비용을 절약할 수 있으므로 (b)가 정답이다.

오답 분석 (a)는 'efficiency' 혹은 'air conditioning' 등 본문에 자주 나온 단어들을 그대로 활용하여 만들어진 매력적인 오답이다. 본문에 많이 나온 익숙한 단어 한두 개가 쓰여져 있어 눈으로만 보고서 무심코 고를 확률이 높은 선택지인 것이다. 지텔프 리딩 문제를 풀 때, 본문에 나왔던 동일 단어에 현혹되지 말고 의미를 반드시 해석해 보고 이와 유사한 다른 표현으로 패러프레이징된 선택지를 골라야 한다.

정답 Key Paraphrasing

본문에 쓰인 'save energy on air conditioning'과 유사한 표현은 'saving money on electricity use'이다.

난이도 ★★☆ | **Category** 세부사항(How)

61 How does the Stanford material differ from regular fabrics?

(a) It does not allow body heat to escape.
(b) It enables sweat to evaporate easily.
(c) It does not block infrared radiation.
(d) It absorbs the evaporating sweat.

스탠포드 소재는 일반 섬유와 어떻게 다른가?

(a) 체온이 빠져나가지 않도록 한다.
(b) 땀이 쉽게 증발되도록 한다.
(c) 적외선 방사를 차단하지 않는다.
(d) 증발하는 땀을 흡수한다.

어휘 differ from ~와 다르다   evaporate 증발되다   block 막다   infrared 적외선의   radiation 방사   absorb 흡수하다

정답 (c)

해설 본문 2단락에서 "⁶¹ Second, it also allows infrared radiation to escape—a cooling system that is not possible with regular clothing materials."(둘째, 적외선이 방출되도록 허용하는데, 이는 일반 의류 소재로는 불가능한 냉각 시스템이다.)라고 하였다. 이 섬유는 일반 의류 소재와는 달리, 냉각 시스템, 즉 적외선이 빠져나가는 것을 허용한다는 특장점을 가지고 있으므로 (c)가 정답이다.

정답 Key Paraphrasing

본문에 쓰인 'it also allows infrared radiation to escape'와 유사한 표현은 'It does not block infrared radiation.'이다.

62 Why can plastic wrap not be used as a clothing material?

    (a) because it is not stretchable enough
    (b) because it is made with unsafe chemicals
    (c) because it lets radiation escape
    (d) because it can be seen through

왜 플라스틱 랩이 의류 소재로 사용될 수 없는가?

(a) 충분히 신축성이 없기 때문에
(b) 안전하지 않은 화학 물질로 제조되므로
(c) 방사선이 빠져나오게 하므로
(d) 속이 들여다 보이기 때문에

어휘 clothing material 의류 소재   stretchable 신축성 있는   unsafe 안전하지 않은   chemical 화학 물질   escape 빠져나오다   be seen through 속이 훤히 보이다

정답 (d)

해설 본문 3단락에서 "62 Cling wrap allows infrared radiation to pass through. However, it also traps moisture and is completely transparent."(클링랩은 적외선이 통과할 수 있게 해준다. 하지만, 그것은 또한 습기를 가두고 완전히 투명하다.)라고 하였다. 플라스틱 랩은 완전히 투명해서 그것을 옷감으로 사용하면 속이 들여다 보이는 단점이 있을 것으로 생각되므로 (d)가 정답이다.

정답 Key Paraphrasing
본문에 쓰인 'it also traps moisture and is completely transparent.'와 유사한 표현은 'because it can be seen through'이다.

63 What is true about the three-ply version?

    (a) It was able to keep the body's surface cooler.
    (b) It lowered a person's temperature quickly.
    (c) It felt more comfortable than ordinary cotton.
    (d) It could maintain a normal body temperature.

세 겹으로 구성된 버전에 대한 설명으로 옳은 것은?

(a) 신체의 표면을 더 시원하게 유지할 수 있었다.
(b) 사람의 체온을 빠르게 낮췄다.
(c) 일반 면보다 편안하게 느껴졌다.
(d) 정상 체온을 유지할 수 있었다.

어휘 surface 표면   lower 낮추다   temperature 기온   comfortable 편안한   ordinary 일반적인   maintain 유지하다   normal 정상적인

정답 (a)

해설 본문 4단락에서 "63 When the new fabric was compared to ordinary cotton; it was found that it kept a person's skin 4℉ or 2.3℃ cooler."(새 섬유를 일반 면과 비교했을 때, 사람의 피부를 화씨 4도 또는 섭씨 2.3도 더 시원하게 유지한 것으로 확인되었다.)라고 하였다. 새 천이 피부를 더 시원하게 유지했으므로 (a)가 정답이다.

정답 Key Paraphrasing
본문에 쓰인 'it kept a person's skin 4℉ or 2.3℃ cooler'와 유사한 표현은 'It was able to keep the body's surface cooler.'이다. 특히 'skin'과 'the body's surface'는 같은 것을 나타낸다.

64 How most likely would the new fabric reduce energy costs?

    (a) by being easier to manufacture than other fabrics

새 섬유가 에너지 비용을 어떻게 절감할까?

(a) 다른 직물보다 제조하는 것이 더 쉽도록 함으로써

(b) by keeping a building cool for longer
(c) by reducing the wearer's sweating
(d) by decreasing the need for air-conditioning

(b) 건물을 더 오랫동안 시원하게 유지함으로써
(c) 착용자의 땀을 줄임으로써
(d) 냉방의 필요성을 줄임으로써

어휘 reduce 줄이다 cost 비용 manufacture 제조하다 decrease 감소시키다

정답 (d)

해설 본문 4단락에서 "⁶⁴ This drop in temperature would make a nanoPE wearer less inclined to turn on an air conditioner or electric fan."(이러한 체온 하락은 나노PE 착용자를 에어컨이나 선풍기를 덜 켜게 될 것이다.)에서 이 소재의 옷을 입으면 냉방기 사용을 덜하게 된다고 했으므로 (d)가 정답이다.

정답 Key Paraphrasing

본문에 쓰인 'make a nanoPE wearer less inclined to turn on an air conditioner or electric fan'과 유사한 표현은 'by decreasing the need for air-conditioning'이다.

난이도 ★★★ **Category** 어휘(과거분사: sandwiched)

65 In the context of the passage, <u>sandwiched</u> means _____.

(a) frozen
(b) separated
(c) inserted
(d) crowded

본문의 맥락에서, sandwiched는 _____를 의미한다.

(a) 냉동된
(b) 분리된
(c) 삽입된
(d) 붐비는

어휘 sandwiched 끼어 있는 frozen 냉동된 separated 분리된 inserted 삽입된 crowded 붐비는

정답 (c)

해설 본문 4단락 "a cotton mesh ⁶⁵ <u>sandwiched</u> between two sheets of treated polyethylene."(처리된 폴리에틸렌 두 장 사이에 끼어 있는 면 망사)에서 과거분사 sandwiched는 '중간에 끼어 있는'의 의미로 사용되었다. 보기 중 이 의미와 가장 가까운 (c)가 정답이다.

난이도 ★★★ **Category** 어휘(동사: refine)

66 In the context of the passage, <u>refining</u> means _____.

(a) civilizing
(b) improving
(c) repairing
(d) cleansing

본문의 맥락에서, refining은 _____를 의미한다.

(a) 문명화하기
(b) 개선하기
(c) 수리하기
(d) 세척하기

어휘 refine 정제하다, 개선하다 civilize 문명화하다 improve 개선하다 repair 수리하다 cleanse 세척하다

정답 (b)

해설 본문 마지막 단락에서 "The researchers are still working on ⁶⁶ <u>refining</u> the fabric, including adding more cloth-like characteristics and colors, and making the manufacturing process cost-effective."(연구원들은 천과 같은 특징과 색상을 더하는 것을 포함하고 제조 공정을 비용 효율적으로 만들면서 원단을 더 개선하는 일을 여전히 하고 있다.)에서 동명사로 쓰인 동사 refining은 '개선하기, 더 좋게 만들기'의 의미로 사용되었으므로 (b)가 정답이다.

TETRIS

Tetris is a video game created by Russian game designer and computer engineer Alexey Pajitnov. It is one of the most successful video games of all time.

[67] The idea for Tetris came to Pajitnov in 1984 while playing Pentominoes, his favorite puzzle game, which involves rearranging pieces of five equally-sized squares to fill a rectangular board. He imagined the pieces falling into a well and then piling up. He then developed an electronic game out of this idea during his spare time while working for the Soviet Academy of Sciences. The result was Tetris.

The name "Tetris" derives from tetra, the Greek word for "four," and tennis, Pajitnov's favorite sport. It requires players to rotate and move pieces consisting of four cubes in different combinations as they fall toward the bottom of the screen at increasing speeds. [68] The goal is to arrange the pieces to form a continuous horizontal line from one edge of the screen to the other. This clears the line, earns points, and moves the new falling pieces down the cleared-out space. [68] When the pieces are not arranged properly and fill up the screen, the game ends.

Pajitnov shared Tetris with his friends, and it spread quickly. The game was not patented yet two years later, despite being already distributed in the US and Europe. [69] Different foreign companies claimed the rights to Tetris, until the Soviet government gave Atari, a video game company, [72]exclusive rights to the arcade version, and to another video game company, Nintendo, the rights to the console and handheld versions. Tetris was eventually bundled with Nintendo's handheld system, the GameBoy, and sold millions of copies as a result.

[70] The game's simple concept and controls are huge factors in its success. It is easy enough to learn, yet so engaging as one has to quickly decide how to arrange the pieces. Despite the game's success, [71] it was only in 1996 after the Soviet Union was dissolved that Pajitnov received the rights to his creation and [73]founded The Tetris Company.

테트리스

〈테트리스(Tetris)〉는 러시아의 게임 디자이너이자 컴퓨터 엔지니어인 알렉세이 파지트노프가 만든 비디오 게임이다. 그것은 역대 가장 성공한 비디오 게임 중 하나이다.

[67]〈테트리스〉에 대한 아이디어는 1984년 가장 좋아하는 퍼즐 게임인 〈펜토미노스(Pentominos)〉를 하는 동안 파지트노프에게 떠올랐는데, 이것은 직사각형 판을 채우기 위해 같은 크기의 다섯 개의 정사각형 조각들을 재배열하는 것을 수반한다. 그는 그 조각들이 우물 속으로 떨어졌다가 쌓이는 것을 상상했다. 그 후 그는 소련 과학 아카데미에서 일하는 동안 여가시간에 이 아이디어로 전자 게임을 개발하였다. 그 결과가 테트리스였다.

〈테트리스〉라는 이름은 그리스어로 '4'를 뜻하는 테트라(tetra)와 파지트노프가 가장 좋아하는 스포츠인 테니스에서 유래한다. 화면의 바닥을 향해 증가하는 속도로 조각들이 떨어질 때, 그 게임은 선수들이 여러 조합으로 된, 네 개의 큐브 조각들을 회전시키거나 움직이도록 요구한다. [68]목표는 스크린의 한쪽 가장자리에서 다른 쪽 가장자리까지의 연속 수평선을 형성하도록 조각을 배열하는 것이다. 이렇게 하면 선이 지워지고 포인트가 적립되며 새로운 떨어지는 조각들이 비워진 공간으로 이동한다. [68]조각들이 제대로 배열되지 않고 화면을 가득 채우면 게임이 끝난다.

파지트노프는 테트리스를 그의 친구들에게 공유했고, 그것은 빠르게 퍼져나갔다. 이 게임은 이미 미국과 유럽에 배포되었음에도 불구하고 2년 후에도 아직 특허를 받지 못했다. [69]소련 정부가 비디오 게임 회사인 아타리(Atari) 사에게 아케이드 버전에 대한 [72]독점적인 권리를 그리고 다른 비디오 게임 회사인 닌텐도(Nintendo) 사에게 콘솔과 손에 드는 버전에 대한 권리를 주기 전까지 다른 여러 외국 회사들이 테트리스에 대한 권리를 주장하였다. 〈테트리스〉는 결국 닌텐도의 손에 드는 시스템인 게임보이(GameBoy)에 번들로 제공되었고, 결과적으로 수백만 본이 팔렸다.

[70]이 게임의 단순한 개념과 제어가 성공의 큰 요인이다. 그것은 배우기엔 충분히 쉽지만 어떻게 그 조각을 배열할 것인지 빨리 결정해야 하기 때문에 대단히 매력적이다. 이 게임의 성공에도 불구하고, [71]1996년 소련이 해체된 후에야 파지트노프는 그의 창작에 대한 권리를 받아서 테트리스 회사를 [73]설립했다.

Tetris has sold over 200 million copies around the world, and has been released on over 65 different platforms. It is one of the best-selling video games of all time.

〈테트리스〉는 전 세계에서 2억 본 이상이 팔렸고 65개 이상의 다른 플랫폼에서 출시되었다. 그것은 역대 가장 잘 팔리는 비디오 게임 중 하나이다.

어휘 involve 수반하다, 포함하다 rearrange 재배열하다 equally-sized 같은 크기의 square 정사각형 rectangular 직사각형의 pile up 쌓이다 require 요구하다 consist of ~로 구성되다 combination 결합, 조합 continuous 연속적인 horizontal line 수평선 edge 가장자리 cleared-out 정리된, 비워진 properly 알맞게 exclusive 독점적인, 배타적인 arcade version 아케이드 버전(오락실 버전) console 계기판 handheld 손에 드는 eventually 결국, 마침내 be bundled with 묶음으로 묶이다 as a result 결과적으로 concept 개념 control 제어 huge 거대한 factor 요인 engaging 매력적인 be dissolved 해체되다 be released 출시되다 found 설립하다

난이도 ★★★ **Category** **세부사항(How)**

67 How did Pajitnov come up with the concept for Tetris?

(a) He created a similar board game first.
(b) He played a computer game of tennis.
(c) He got a commission from the government.
(d) He took inspiration from a puzzle game.

어떻게 파지트노프가 〈테트리스〉의 컨셉을 생각해냈는가?

(a) 먼저 비슷한 보드게임을 만들었다.
(b) 테니스 컴퓨터 게임을 했다.
(c) 정부로부터 의뢰를 받았다.
(d) 한 퍼즐 게임에서 영감을 얻었다.

어휘 come up with 생각해내다 concept 개념 commission 의뢰 inspiration 영감

정답 (d)

해설 본문 2단락에서 "67 The idea for Tetris came to Pajitnov in 1984 while playing Pentominoes, his favorite puzzle game,"(테트리스에 대한 아이디어는 1984년 그가 가장 좋아하는 퍼즐 게임인 펜토미노스를 하는 동안 파지트노프에게 떠올랐다.)라고 하였다. 보기 중 이 내용과 일치하는 (d)가 정답이다.

정답 Key **Paraphrasing**
본문에 쓰인 'The idea for Tetris came to Pajitnov in 1984 while playing Pentominoes, his favorite puzzle game'와 유사한 표현은 'He took inspiration from a puzzle game.'이다.

난이도 ★★★ **Category** **주제(What)**

68 What is the goal of Tetris?

(a) to get the lowest number of penalty points
(b) to keep the pieces from stacking up too high
(c) to prevent the pieces from falling over
(d) to build a continuous line from top to bottom

〈테트리스〉의 목표는 무엇인가?

(a) 가장 낮은 수의 벌점 얻기
(b) 조각이 너무 높게 쌓이지 않도록 하기
(c) 조각이 넘어지는 것을 방지하기
(d) 위에서 아래로 연속선 만들기

어휘 goal 목표 lowest 가장 낮은 penalty point 벌점 keep A from B(= prevent A from B) A가 B하는 것을 막다 stack up 쌓아 올리다 continuous line 연속되는 선 from top to bottom 위에서 아래로

정답 (b)

해설 본문 3단락에서 "⁶⁸ The goal is to arrange the pieces to form a continuous horizontal line from one edge of the screen to the other."(목표는 스크린의 한쪽 가장자리에서 다른 쪽 가장자리까지의 연속 수평선을 형성하도록 조각을 배열하는 것이다.)와 "⁶⁸ When the pieces are not arranged properly and fill up the screen, the game ends."(조각들이 제대로 배열되지 않고 화면을 가득 채우면 게임이 끝난다.)라고 하였다. 테트리스 게임에서 조각을 잘 배열해서 화면을 가득 채우지 않도록 해야 게임을 이어 나갈 수 있으므로 (b)가 정답이다.

오답 분석 (d)에서 'continuous line'이란 어휘를 사용했는데 이는 본문에 나온 단어여서, 선택지 (d)를 매력적으로 느껴지게 만든다. 그러나 바로 뒤에 이어지는 'from top to bottom'이라는 표현은 상하로 뻗은 선을 의미하게 되어서, 좌우 수평선일 때 조각이 소거되는 테트리스의 원리와 다르므로 오답이 된다. 본문에 나온 익숙한 단어 한두 개만 보고 성급하게 정답을 판단하지 말고 동일 단어가 쓰인 선택지는 끝까지 읽으면서 오답인지 정답인지를 가려내야 한다.

난이도 ★★★ | Category 추론(Which)

69 Which probably contributed to the success of the game's 'GameBoy' version?

(a) the game's ownership by Nintendo
(b) the failure of Atari's arcade version
(c) the US manufacturing of the game
(d) the delay in the game's patenting

어느 것이 그 게임의 '게임보이' 버전의 성공에 기여했을까?

(a) 닌텐도 사에 의한 게임 소유권
(b) 아타리 사의 아케이드 버전의 실패
(c) 미국의 게임 제조
(d) 게임의 특허권 취득 지연

어휘 probably 아마도 contribute to ~에 기여하다 ownership 소유권 failure 실패 manufacture 제조하다 delay 지연 patent 특허, 특허를 획득하다

정답 (a)

해설 본문 4단락에서 "⁶⁹ Different foreign companies claimed the rights to Tetris, until the Soviet government gave Atari, a video game company, exclusive rights to the arcade version, and to another video game company, Nintendo, the rights to the console and handheld versions."(소련 정부가 비디오 게임 회사인 아타리 사에 아케이드 버전에 대한 독점권을, 그리고 다른 비디오 게임 회사인 닌텐도사에 콘솔과 손에 드는 버전에 대한 권리를 줄 때까지 다른 여러 외국 회사들이 테트리스에 대한 권리를 주장했다.)라고 하였다. 이 문장 바로 다음에 닌텐도 사의 GameBoy가 시장에서 성공했다는 내용이 따라오므로, 손에 드는 버전인 GameBoy의 성공은 닌텐도 사가 이에 대한 독점적 권리를 얻었기 때문인 것으로 추론된다. 따라서 (a)가 정답이다.

난이도 ★★★ | Category 세부사항(What)

70 What largely accounts for the popularity of Tetris?

(a) its variety of controls
(b) its unusual gameplay concept
(c) its being challenging to learn
(d) its lack of complexity

〈테트리스〉의 인기의 이유는 주로 무엇인가?

(a) 다양한 제어
(b) 특이한 게임 플레이 개념
(c) 배우기가 어려움
(d) 복잡성의 결여

어휘 largely 주로 account for ~의 이유가 되다, 설명하다 popularity 인기 variety 다양성 unusual 특이한 lack 부족, 결여 complexity 복잡성

정답 (d)

해설 본문 5단락에서 "⁷⁰ The game's simple concept and controls are huge factors in its success. It is easy enough to learn"(게임의 단순한 개념과 제어가 성공의 큰 요인이다. 그것은 배우기에 충분히 쉽다)라고 하였다. 이 게임의 단순한 개념과 제어로 배우기 쉽다는 점이 게임의 성공 요인이라고 말했으므로 게임의 단순성을 강조한 (d)가 정답이다.

정답 Key **Paraphrasing**
본문에 쓰인 'The game's simple concept and controls'와 유사한 표현은 'its lack of complexity'이다.

TEST 1

TEST 2

TEST 3

TEST 4

TEST 5

TEST 6

TEST 7

난이도 ★★★ | **Category** 세부사항(When)

71 When did Pajitnov finally own the rights to Tetris?

(a) when Nintendo sold it to him
(b) when he sued the government for it
(c) when the Soviet Union broke up
(d) when it became a best-selling game

파지트노프는 언제 마침내 〈테트리스〉에 대한 권리를 가졌는가?

(a) 닌텐도 사가 그에게 팔았을 때
(b) 그가 정부를 고소했을 때
(c) 소련이 해체되었을 때
(d) 그것이 잘 팔리는 게임이 되었을 때

어휘 own 소유하다 sue 고소하다 break up 해체되다

정답 (c)

해설 본문 5단락에서 "⁷¹ it was only in 1996 after the Soviet Union was dissolved that Pajitnov received the rights to his creation and founded The Tetris Company."(1996년 소련이 해체된 후에야 파지트노프는 그의 창작에 대한 권리를 획득하고 테트리스 회사를 설립했다.) 라고 하였다. 보기 중 이 내용과 일치하는 (c)가 정답이다.

정답 Key Paraphrasing

본문에 쓰인 'after the Soviet Union was dissolved' 와 유사한 표현은 'when the Soviet Union broke up'이다.

난이도 ★★★ | **Category** 어휘(형용사: exclusive)

72 In the context of the passage, exclusive means _____.

(a) sole
(b) original
(c) superior
(d) shared

본문의 맥락에서, exclusive는 _____ 을 의미한다.

(a) 단독의
(b) 원본의
(c) 우월한
(d) 공유된

어휘 exclusive 독점적인 sole 단독의 original 원본의 superior 우월한 shared 공유된

정답 (a)

해설 본문 4단락에서 "the Soviet government gave Atari, a video game company, ⁷² exclusive rights to the arcade version,"(소련 정부는 비디오 게임 회사인 아타리에게 아케이드 버전에 대한 독점권을 주었고)에서 형용사 exclusive의 의미는 '배타적인, 독점적인'의 의미로 사용되었다. 보기 중 이 의미와 가장 가까운 (a)가 정답이다.

난이도 ★★★ | **Category** 어휘(동사: found)

73 In the context of the passage, founded means _____.

(a) discovered
(b) provided
(c) formed
(d) bought

본문의 맥락에서, founded는 _____ 을 의미한다.

(a) 발견했다
(b) 제공했다
(c) 형성했다
(d) 구입했다

어휘 **found** 설립하다 **discover** 발견하다 **provide** 제공하다 **form** 형성하다

정답 (c)

해설 본문 5단락 "Pajitnov received the rights to his creation and [73] founded The Tetris Company."(파지트노프는 그의 창작에 대한 권리를 획득하고 테트리스 회사를 설립했다.)에서 동사 founded의 의미는 '설립했다'이다. 보기 중 이 의미와 가장 가까운 (c)가 정답이다.

PART 4 **74-80** 비즈니스 레터: 건물 관리에 대한 불만을 제기하고 개선을 요구하는 편지

Mr. Henry Morgan
Building Administrator
One Kennedy Place

Dear Mr. Morgan:

I have owned a residential unit at One Kennedy Place for almost 15 years. I have been satisfied with how the condominium is maintained until very recently. [74] Some important issues with the building have come up that management should [79] address promptly.

[75] For the past several weeks, the lobby has not been kept at its usual standard of cleanliness. The floor from the building's entrance up to the elevator hallway is always dirty. It's also a problem that the cleaners have recently begun mopping the lobby floor at eight o'clock on weekday mornings, when most residents are passing through the lobby on their way to work.

Also, I notice that [76] the employees of the travel agency on the building's ground floor have started taking their breaks on the front steps of the building. This should stop. Aside from creating [80] disruptive noise, most of them smoke cigarettes, forcing anyone who enters the building to inhale their fumes.

[77] Lastly, there are no longer enough parking spaces in front of the building because three of the seven parking spaces were suddenly allotted to the travel agency. This has left the building's residents with only four parking spaces for their visitors.

I hope you can resolve these problems quickly. [78] The other unit owners and I always pay our monthly dues on time, so it is only reasonable that we receive the same

헨리 모건 씨
빌딩 관리자
원케네디 플레이스

모건 씨에게:

저는 거의 15년 동안 원케네디 플레이스 (One Kennedy Place)의 아파트 한 채를 소유하고 있습니다. 저는 매우 최근까지 아파트가 관리되는 방법에 만족해 왔습니다. [74] 관리진이 즉시 [79] 다뤄야 할 건물과 관련된 몇 가지 중요한 문제들이 생겼습니다.

[75] 지난 몇 주 동안, 로비는 평상시의 청결 기준으로 유지되어 오지 않았습니다. 건물 입구에서 엘리베이터 복도까지의 바닥은 항상 더럽습니다. 주민들 대부분이 출근길에 로비를 통과하고 있는 평일 아침 8시부터 청소원들이 로비 바닥을 닦기 시작한 것도 하나의 문제입니다.

또한, [76] 건물 1층에 있는 여행사 직원들이 건물 앞 계단에서 휴식을 취하기 시작했다는 것을 알게 되었습니다. 이건 멈춰야 합니다. [80] 방해가 되는 소음을 내는 것 외에도, 그들 대부분은 담배를 피워, 건물 안으로 들어오는 모든 사람들이 어쩔 수 없이 연기를 들이마시게 됩니다.

[77] 마지막으로, 7개의 주차 공간 중 3개가 여행사에 갑자기 배정되었기 때문에 건물 앞에는 더 이상 충분한 주차 공간이 없습니다. 이로 인해 건물 주민들은 방문객을 위한 주차 공간을 4개밖에 갖지 못하고 있습니다.

저는 당신이 이 문제들을 빨리 해결할 수 있기를 바랍니다. [78] 다른 호실 주인들과 저는 항상 월 회비를 제때 납부합니다. 그래서 우리가 과거에 받았던 것과 같은 품질의 서비

quality of services that we did in the past. If not, I shall take my complaint to the homeowners' board. Thank you for your time and consideration.

Respectfully,

Elaine Barnes

Elaine Barnes
Unit 1602

TEST 1

TEST 2

TEST 3

TEST 4

TEST 5

TEST 6

TEST 7

스를 받는 것이 합리적입니다. 만약 그렇지 않다면, 저는 저의 불만을 주택 소유주 위원회에 제기할 것입니다. 당신의 시간과 배려에 감사 드립니다.

존경을 다하여,

일레인 반스
1602호

어휘 **residential unit** 주거 단위 **satisfied** 만족한 **condominium** 아파트 **maintain** 유지하다 **recently** 최근에 **address** 처리하다 **promptly** 신속하게 **cleanliness** 청결 **entrance** 입구 **hallway** 복도 **mop** 걸레질하다 **resident** 거주자 **aside from** ~이외에도 **disruptive** 방해하는 **force** 강요하다 **inhale** 들이 쉬다 **fume** 연기 **in front of** ~앞에 **be allotted to** ~에 배정되다, 할당되다 **travel agency** 여행사 **dues** 회비 **on time** 시간에 맞춰, 제때에 **reasonable** 합리적인 **complaint** 불만 **consideration** 고려, 배려 **respectfully** 존경하여

난이도 ★★★ **Category** **주제(Why)**

74 Why did Elaine Barnes write the building administrator a letter?

(a) to raise a question about safety
(b) to complain about the building
(c) to ask about a condominium unit
(d) to explain issues with her unit

일레인 반스가 왜 건물 관리인에게 편지를 썼는가?

(a) 안전에 관한 문제를 제기하려고
(b) 건물에 대해 불만을 제기하려고
(c) 아파트에 대해 문의하려고
(d) 그녀의 주거 공간의 문제를 설명하려고

어휘 **administrator** 관리인 **raise** 제기하다 **safety** 안전 **complain about** ~에 대해 불평하다 **explain** 설명하다

정답 (b)

해설 본문 1단락에서 "74 Some important issues with the building have come up that management should address promptly."(관리진이 즉시 다뤄야 할 그 건물과 관련된 몇 가지 중요한 문제들이 생겼습니다.)라고 하였다. 건물과 관련된 문제를 관리인에게 제기하면서 이후 여러 가지 불편한 점들을 나열하고 있으므로 (b)가 정답이다.

난이도 ★★★ **Category** **세부사항(What)**

75 What did Barnes say is now a problem with the building's lobby?

(a) It is not as clean as it used to be.
(b) The elevators are always dirty.
(c) It is too crowded on workday mornings.
(d) The cleaners are not working anymore.

반스가 건물 로비에 대해 무엇이 문제라고 말했는가?

(a) 예전처럼 깨끗하지 않다.
(b) 엘리베이터는 항상 더럽다.
(c) 평일 아침에는 사람이 너무 많다.
(d) 청소 도우미가 더 이상 일하지 않는다.

어휘 ▶ used to be (전에는) ~였었다   crowded 붐비는   workday 평일

정답 ▶ (a)

해설 ▶ 본문 2단락에서 "75 For the past several weeks, the lobby has not been kept at its usual standard of cleanliness."(지난 몇 주 동안, 로비는 평상시의 청결 기준으로 유지되어 오지 않았습니다.)라고 하였다. 보기 중 이 내용과 일치하는 (a)가 정답이다.

오답 분석 ▶ (b)에서 본문에 쓰인 'always dirty'란 어구만 보고서 성급하게 (b)를 정답으로 고르지 않도록 해야 한다. 본문에서는 입구에서 엘리베이 터 복도까지 바닥이 더럽다고 했는데 (b)에서는 엘리베이터가 더럽다고 했으므로 (b)는 오답이다. 이렇게 본문에서 쓰인 동일한 어구가 그대로 쓰인 선택지는 오답일 가능성이 있으니 유의해야 한다.

정답 Key ▶ **Paraphrasing**

본문에 쓰인 'the lobby has not been kept at its usual standard of cleanliness'와 유사한 표현은 'It is not as clean as it used to be.'이다.

난이도 ★★★   Category   추론(What)

76 What is Barnes probably requesting that management do about the building's front steps?

(a) prohibit people from lingering there
(b) ask non-smokers to avoid them
(c) provide a designated smoking area
(d) clean up the cigarette butts

반스는 아마도 건물 앞 계단에 대해 관리진 이 무엇을 하길 요청하고 있을까?

(a) 사람들이 거기에 머무르는 것을 금지하기
(b) 비흡연자에게 건물 앞 계단을 피하도록 요청하기
(c) 지정된 흡연 구역을 제공하기
(d) 담배꽁초를 청소하기

어휘 ▶ request 요청하다   management 관리진, 경영진   front step 앞 계단   prohibit A from B A가 B하는 것을 금지하다
linger 머무르다   designated 지정된   butt 꽁초

정답 ▶ (a)

해설 ▶ 본문 3단락에서 "76 the employees of the travel agency on the building's ground floor have started taking their breaks on the front steps of the building. This should stop."(건물 1층에 있는 여행사 직원들이 건물 앞 계단에서 휴식을 취하기 시작했습니다 이건 멈춰 야 합니다.)라고 하였다. 건물 앞 계단에서 여행사 직원들이 휴식을 취하는 것을 멈춰달라고 요청하였으므로 건물 앞 계단에 사람들이 머 물러 있는 것을 금지시켜 달라는 것으로 추론된다. 따라서 (a)가 정답이다.

난이도 ★★★   Category   세부사항(When)

77 When did the need for more parking spaces in front of One Kennedy Place arise?

(a) when the residents began having more visitors
(b) after the parking lot was turned into office spaces
(c) after a business was given more parking spaces
(d) when the travel agency started to have a lot of clients

언제 원케네디 플레이스 건물 앞에 더 많은 주차 공간에 대한 요구가 일어났는가?

(a) 거주자가 더 많은 방문객이 생기기 시작 했을 때
(b) 주차장이 사무 공간으로 바뀐 후
(c) 한 업체에게 더 많은 주차 공간이 주어진 후
(d) 여행사에 고객이 많아지기 시작했을 때

어휘 ▶ arise 일어나다   resident 거주자   be turned into ~로 바뀌다   client 고객

정답 ▶ (c)

해설 ▶ 본문 4단락에서 "⁷⁷ Lastly, there are no longer enough parking spaces in front of the building because three of the seven parking spaces were suddenly allotted to the travel agency."(마지막으로, 7개의 주차 공간 중 3개가 여행사에 갑자기 배정되었기 때문에 건물 앞에는 더 이상 충분한 주차 공간이 없습니다.)라고 하였다. 여행사, 즉 한 업체에게 더 많은 주차 공간이 할당되면서 주차 공간 부족 사태가 생겼으므로 (c)가 정답이다.

🔑 정답 Key **Paraphrasing**

본문에 쓰인 'because three of the seven parking spaces were suddenly allotted to the travel agency'와 유사한 표현은 'after a business was given more parking spaces'이다.

난이도 ★★★ | **Category** 세부사항(Why)

78 Why does Barnes feel that the unit owners can demand a high quality of service?

(a) because they have strong ties to the board
(b) because they are long-time residents
(c) because they have been paying their dues promptly
(d) because they are paying higher rent than the agency

반스는 왜 아파트의 주인들이 높은 품질의 서비스를 요구할 수 있다고 생각하는가?

(a) 이사회와 강한 연대가 있기 때문에
(b) 장기 거주자이기 때문에
(c) 회비를 신속히 납부해 오고 있으므로
(d) 여행사보다 높은 임대료를 지불하고 있으므로

어휘 ▶ demand 요구하다   quality 품질   strong tie 강한 연대   board 이사회   resident 거주자   dues 회비   promptly 신속하게 rent 임대료

정답 ▶ (c)

해설 ▶ 본문 마지막 단락에서 "⁷⁸ The other unit owners and I always pay our monthly dues on time, so it is only reasonable that we receive the same quality of services that we did in the past."(다른 호실 주인들과 저는 항상 월 회비를 제때 납부하기 때문에, 우리가 과거에 받았던 것과 같은 품질의 서비스를 받는 것이 합리적입니다.)라고 하였다. 보기 중 이 내용과 일치하는 (c)가 정답이다.

🔑 정답 Key **Paraphrasing**

본문에 쓰인 'The other unit owners and I always pay our monthly dues on time'과 유사한 표현은 'because they have been paying their dues promptly'이다.

난이도 ★★★ | **Category** 어휘(동사: address)

79 In the context of the passage, <u>address</u> means _____.

(a) label
(b) handle
(c) greet
(d) convey

본문의 문맥에서, address는 _____를 의미한다.

(a) 라벨을 붙이다
(b) 처리하다
(c) 인사하다
(d) 전달하다

address 다루다 **label** 라벨을 붙이다 **handle** 처리하다 **greet** 인사하다 **convey** 전달하다

(b)

본문 1단락 "Some important issues with the building have come up that management should [79] address promptly."(관리진이 즉시 다뤄야 할 건물에 관한 주요 문제들이 생겼습니다.)에서 동사 address는 '다루다, 처리하다'의 의미로 사용되었다. 보기 중 이 의미와 가장 가까운 (b)가 정답이다.

난이도 ★★★ Category 어휘(형용사: disruptive)

80 In the context of the passage, disruptive means _____.

(a) chaotic
(b) disorganized
(c) messy
(d) disturbing

본문의 맥락에서, disruptive는 _____를 의미한다.

(a) 혼란스러운
(b) 흐트러진
(c) 지저분한
(d) 방해하는

disruptive 지장을 주는 **chaotic** 혼란스러운, 무질서한 **disorganized** 체계적이지 못한 **messy** 지저분한 **disturbing** 방해하는

(d)

본문 "Aside from creating [80] disruptive noise, most of them smoke cigarettes, forcing anyone who enters the building to inhale their fumes."(방해하는 소음을 내는 것 외에도, 그들 대부분은 담배를 피워, 건물 안으로 들어오는 모든 사람들이 어쩔 수 없이 연기를 들이마시게 됩니다.)에서 형용사 disruptive의 의미는 '지장을 주는, 방해하는'이다. 보기 중 이 의미와 가장 가까운 (d)가 정답이다.

MEMO

GRAMMAR

1 (B)	2 (C)	3 (D)	4 (C)	5 (D)	6 (B)	7 (A)	8 (D)	9 (C)	10 (B)	11 (B)	12 (A)
13 (C)	14 (D)	15 (A)	16 (B)	17 (C)	18 (D)	19 (A)	20 (D)	21 (A)	22 (B)	23 (A)	24 (C)
25 (B)	26 (D)										

LISTENING

PART 1	27 (B)	28 (C)	29 (D)	30 (A)	31 (D)	32 (C)	33 (B)
PART 2	34 (D)	35 (B)	36 (C)	37 (B)	38 (A)	39 (D)	
PART 3	40 (C)	41 (A)	42 (D)	43 (A)	44 (B)	45 (C)	
PART 4	46 (A)	47 (D)	48 (B)	49 (A)	50 (C)	51 (C)	52 (D)

READING AND VOCABULARY

PART 1	53 (D)	54 (A)	55 (B)	56 (B)	57 (C)	58 (D)	59 (A)
PART 2	60 (A)	61 (C)	62 (D)	63 (C)	64 (A)	65 (D)	66 (B)
PART 3	67 (D)	68 (C)	69 (B)	70 (A)	71 (B)	72 (A)	73 (D)
PART 4	74 (B)	75 (A)	76 (D)	77 (C)	78 (A)	79 (C)	80 (B)

TEST
2

GRAMMAR
LISTENING
READING AND VOCABULARY

Category ❶ 시제 ❷ 가정법 ❸ 조동사 ❹ 준동사 ❺ 연결어 ❻ 관계사 ❼ 당위성/이성적 판단

난이도 ★★★ | **Category** ❺ **연결어**(접속사: so that)

1 The beachgoers at Blue Marina Beach Resort saw a young dolphin stranded helplessly on the sand. They helped the poor creature return to the sea _____ it wouldn't die of dehydration.

(a) in case
(b) so that
(c) unless
(d) because

블루 마리나 비치 리조트에서 해변 관광객들은 어린 돌고래 한 마리가 힘없이 모래 위에 오도 가도 못하는 것을 보았다. 그들은 이 불쌍한 동물이 탈수로 죽지 않도록 바다로 돌아갈 수 있게 도와주었다.

어휘 beachgoer 해변 관광객 strand 오도 가도 못하게 하다 helplessly 무기력하게, 힘없이 die of ~ 때문에 죽다 dehydration 탈수

정답 (b)

해설 보기에 접속사들이 나와 있으므로 이 문제는 연결어 문제임을 알 수 있다. 접속사 문제는 해석에 의해 앞뒤의 연결 관계를 파악해야 한다. 해변 관광객들이 돌고래가 모래 위에 갇혀 있는 것을 보고 바다로 돌아가도록 도왔는데 빈칸 뒤에는 '돌고래가 탈수로 죽지 않을 것이다'라고 했으므로 '~하기 위해'라는 목적의 의미를 가진 연결어 so that이 가장 적합하다. 정답은 (b)이다.

오답 분석 (a) in case: ~한 경우엔, ~한 경우를 대비하여
(c) unless: ~하지 않는다면
(d) because: ~하기 때문에

난이도 ★★☆ | **Category** ❶ **시제**(현재완료진행: since+과거 시제절)

2 Mr. Jackson has promised to help rebuild the houses of the typhoon victims on Fiji Island. He _____ assistance to disaster victims worldwide since he joined the Building Wishes Foundation in 1999.

(a) is giving
(b) gives
(c) has been giving
(d) will give

잭슨 씨는 피지 섬에 있는 태풍 피해자의 집 재건을 돕겠다고 약속했다. 1999년에 희망 건립 재단에 합류한 이후부터 지금까지 그는 전 세계의 재난 피해자들을 돕고 있다.

어휘 rebuild 재건하다 victim 희생자 give assistance to ~를 돕다 disaster 재난 foundation 재단

정답 (c)

해설 보기에서 동사 give가 다양한 시제로 사용되었으므로 시제 문제인 것을 알 수 있다. 뒤에 현재완료와 자주 사용되는 시간 표현인 'since+과거 시제절'이 있음을 확인하고 현재완료나 현재완료진행 시제를 정답으로 찾는다. 문맥상 1999년 재단에 합류한 이후부터 지금까지 계속 재난 피해자들을 돕고 있다는 의미가 가장 자연스러우므로 계속의 의미를 나타내는 현재완료진행 (c)가 정답이다.

참고 **현재완료진행**

- 형태: have/has been -ing
- 의미: (~해오고 있다) 과거에 시작된 행동이 현재까지 계속 진행되고 있음을 나타낸다.
- 자주 쓰이는 시간 부사어구: since+과거시점/과거 시제절(~한 이래로), for+시간 명사(~동안), lately

난이도 ★★★ | **Category** ❸ **조동사**(미래: will)

3 A credit card company announced the launch of a security application to protect customers who purchase things online. It's a mobile app that _____ use facial and fingerprint scans instead of passwords to access an account.

(a) could
(b) may
(c) should
(d) will

한 신용카드 회사가 온라인으로 물건을 구매하는 고객을 보호하기 위한 보안 애플리케이션 출시를 발표했다. 그것은 계정 접근을 위해 비밀번호 대신 얼굴과 지문 스캔을 사용하는 모바일 앱이다.

어휘 announce 발표하다 launch 출시, 개시 security 보안 protect 보호하다 purchase 구매하다 facial 얼굴의 fingerprint 지문 instead of ~대신에 access 접근하다 account 계정, 계좌

정답 (d)

해설 보기에 다양한 조동사가 나왔으므로 조동사 문제이다. 조동사 문제는 예문을 해석해서 적합한 조동사를 찾아야 한다. '새로 출시된 이 앱은 얼굴과 지문 스캔을 사용할 것이다.'의 의미이므로 미래에 대한 추측이 아니라 미래에 확실히 예정된 일이다. 미래에 대한 확실성 (certainty)을 나타내는 조동사 will이 가장 적합하므로 (d)가 정답이다.

오답 분석 (a) could는 확실성이 낮은 가능성을 나타내며, (b) may는 미래에 대한 약한 추측이나 허락을 나타내고 (c) should는 '~해야 한다'는 의무를 나타내고 있어서 문맥상 적합하지 않기 때문에 오답이다.

난이도 ★★☆ | **Category** ❷ **가정법**(가정법 과거: if절+과거 시제)

4 The song "In My Life" reminds Martin of Grandma Ellie. They used to sing it together during family gatherings. If only his grandmother were alive today, he _____ her with the popular Beatles song.

(a) would still have serenaded
(b) will still serenade
(c) would still serenade
(d) is still serenading

노래 'In My Life'는 마틴에게 엘리 할머니를 떠오르게 한다. 그들은 함께 가족 모임에서 이 노래를 부르곤 했다. 만약 그의 할머니가 오늘 살아 계셨다면 그는 아직도 그녀에게 이 인기 있는 비틀즈 노래를 불러 주었을 것이다.

어휘 remind A of B A에게 B를 생각나게 하다 used to+동사원형 ~하곤 했다 serenade 노래 불러주다 gathering 모임

정답 (c)

해설 보기에서 동사 serenade가 다양한 조동사와 같이 사용되었고 빈칸 앞쪽에 if절이 있으므로 가정법 문제이다. 앞에 나오는 조건절 시제가 과거이므로 가정법 과거이다. 빈칸에는 가정법 과거의 주절의 형태인 'would/should/could/might+동사원형'이 와야 한다. 보기중 이 조건을 만족시키는 (c)가 정답이다.

참고 | 가정법 과거

- 형태: If+주어+과거형 동사 ~, 주어+would/should/could/might+동사원형 ~.
- 현재 사실을 반대로 돌려서 가정해서 말할 때 사용된다.

난이도 ★★★ | Category | ❻ 관계사(관계대명사: 주격 which)

5 I am really happy that my mother is buying me a new laptop. My current laptop, _____, has a broken screen and many faded keys. It badly needs to be replaced.

    (a) that is already quite old
    (b) what is already quite old
    (c) who is already quite old
    (d) which is already quite old

> 엄마가 새 노트북을 사주신다니 정말 기쁘다. 내 현재 노트북은, 이미 꽤 오래된 데다가, 화면이 깨지고 색이 바랜 키들이 많다. 절실하게 그것을 교체할 필요가 있다.

어휘 current 최근의 faded 빛 바랜, 희미해진 badly 매우, 절실히 replace 대체하다

정답 (d)

해설 보기에 관계대명사가 이끄는 절이 나왔으므로 관계사 문제이다. 관계대명사 앞의 선행사를 확인하고 관계사가 이끄는 절에서 관계사 혹은 선행사가 어떤 역할을 하는지 확인한다. 빈칸 앞에 'my current laptop'이 선행사이고, 뒤에 따라오는 절에서 관계사는 주격으로 사용되었다. 또한 빈칸 앞에 콤마가 있으므로 관계대명사의 계속적 용법이다. 선행사가 사물이고 주격이면서 계속적 용법이 가능한 관계대명사는 which이므로 (d)가 정답이다.

오답 분석 (a)에서 관계대명사 that은 선행사로 사물을 받을 수 있으나 계속적 용법으로 사용할 수 없으므로 (a)는 오답이다.
(b)에서 관계대명사 what은 선행사를 포함하고 있는데 이 문장에서는 선행사 my current laptop이 나와 있어서 (b)는 오답이다.
(c)에서 관계대명사 who는 선행사가 사람이어야 하는데 이 문장에서는 선행사가 사물이므로 (c)는 오답이다.

참고 | 관계대명사의 선행사와 격

선행사	주격	소유격	목적격
사람	who	whose	whom (who)
사물, 동물	which	whose (of which)	which
사람, 사물, 동물	that	소유격 없음	that
선행사를 포함	what	소유격 없음	what

난이도 ★★★ **Category** **④ 준동사**(동명사: enjoy)

6 Tourists come to Wallberg Mountain in Germany during the winter to participate in winter sports such as skiing and snowboarding. Many of them also enjoy _____ down the mountain trails.

(a) to sled
(b) sledding
(c) to be sledding
(d) having sledded

관광객들은 겨울 동안에 스키와 스노보드와 같은 겨울 스포츠에 참가하기 위해 독일의 발베르크 산에 온다. 그들 중 많은 사람들은 또한 산악 트레일을 따라 썰매를 타는 것을 즐긴다.

어휘 participate in ~에 참가하다　sled 썰매 타다　mountain trail 산길, 산악 트레일

정답 (b)

해설 보기에 동사 sled가 to부정사와 동명사 형태로 사용되었으므로 준동사 문제이다. 빈칸 앞에 동명사를 목적어로 취하는 동사 enjoy가 있다. 보기에서 동명사는 단순동명사인 (b) sledding과 완료동명사인 (d) having sledded가 있는데 문맥상 현재에 ~하는 것을 즐기는 것을 뜻하기 때문에 단순동명사 sledding이 적합하다. 따라서 정답은 (b)이다.

오답분석 (d) having sledded는 완료 동명사로서 주절의 시제보다 더 앞선 과거를 나타내므로 빈칸에 (d)를 넣어서 해석하면 '썰매를 탔었던 것을 즐긴다'의 의미가 되어 문맥상 맞지 않아서 (d)는 오답이다. 지텔프 문법 파트에서 준동사 문제가 출제될 때 완료형 준동사나 진행형 준동사가 정답이 되는 경우는 극히 드물다.

참고 동명사만을 목적어로 취하는 동사

adore(흠모하다, 존경하다), advise(충고하다), admit(인정하다), allow(허락하다), practice(연습하다), feel like(~하고 싶다), enjoy(즐기다), keep(유지하다), consider(고려하다), discuss(토론하다), finish(끝내다) mention(언급하다), postpone(연기하다), recommend(추천하다), avoid(피하다), delay(미루다), dislike(싫어하다), insist(주장하다), mind(꺼리다), quit(그만두다), deny(부인하다), involve(포함하다), miss(놓치다), suggest(제안하다)

난이도 ★★★ **Category** **① 시제**(현재진행: 현재진행 부사구 at the moment)

7 Jason has been tirelessly practicing his audition piece for the musical *Beauty and the Beast*. He is dying to get the role of the Beast. At the moment, he _____ in front of the casting director.

(a) is singing
(b) sings
(c) will be singing
(d) sang

제이슨은 뮤지컬 〈미녀와 야수〉를 위한 오디션 곡을 지칠 줄 모르고 연습해 오고 있다. 그는 야수의 역할을 너무 하고 싶어한다. 현재, 그는 캐스팅 감독 앞에서 노래를 부르고 있다.

어휘 tirelessly 지칠 줄 모르고　practice 연습하다　audition piece 오디션 작품(곡)　be dying to+동사원형 몹시 ~하고 싶어하다　at the moment 지금, 현재　in front of ~앞에서　director 감독

정답 (a)

해설 보기에서 동사 sing이 다양한 시제 형태로 사용되었으므로 시제 문제이다. 빈칸 앞뒤에 시간 부사구나 부사절을 확인한다. 빈칸 앞에 현재진행 시제와 자주 사용되는 at the moment가 있으므로 현재진행 시제 (a)가 정답이다.

참고 **현재진행**

- 형태: am/are/is -ing
- 의미: (~하고 있다) 현재에 진행 중인 동작을 나타낸다.
- 자주 쓰이는 부사어구: at the moment, now, right now, at the weekend, at this time/week/month, currently, continually, constantly

---

난이도 ★★★ | **Category** ❷**가정법**(가정법 과거완료: if절+과거완료)

8 Stephanie injured her arm badly when she fell out of a maple tree. If she had listened to her mother's warning not to climb it, she _____ from an unstable branch.

(a) was not falling
(b) had not fallen
(c) would not fall
(d) would not have fallen

스테파니는 단풍나무에서 떨어져 팔을 심하게 다쳤다. 만약 그녀가 나무에 올라가지 말라는 어머니의 경고를 들었었다면, 그녀는 불안정한 나뭇가지에서 떨어지지 않았을 것이다.

어휘 injure 다치다, 부상을 입히다 **maple tree** 단풍나무 **warning** 경고 **climb** 올라가다 **unstable** 불안정한 **branch** 나뭇가지

정답 (d)

해설 보기에서 동사 fall이 다양한 시제와 조동사와 같이 사용되었으므로 시제 문제 아니면 가정법 문제이다. 빈칸 앞에 조건절이 있고, 조건절의 시제가 과거완료(had p.p)이므로 가정법 과거완료 문장이다. 가정법 과거완료의 주절의 형태는 '주어+would/should/could/might+have p.p.'이므로 (d)가 정답이다.

참고 **가정법 과거완료**

- 형태: If+주어+had p.p. ~, 주어+would/should/could/might+have p.p. ~.
- 과거에 있었던 일을 반대로 가정해서 말할 때 사용된다.

난이도 ★★★ | **Category** ❹ **준동사**(to부정사: decide)

9 Kelly's skin got irritated after using a scented lotion. Now, she has a rash covering parts of her body. Since discovering that she is allergic to the product, she has decided _____ using it.

(a) to be discontinuing
(b) having discontinued
(c) to discontinue
(d) discontinuing

켈리는 향기로운 로션을 사용하자 피부에 자극이 생겼다. 이제, 그녀 몸의 일부에서 발진이 생겼다. 그녀가 그 제품에 알레르기가 있다는 것을 알게 된 이후, 그녀는 그 로션 사용을 중단하기로 했다.

어휘 irritated 가려운, 따끔거리는 **scented** 향기로운, 향이 나는 **rash** 피부 발진 **allergic to** ~에 알레르기가 있는 **discontinue** 중단하다

정답 (c)

해설 보기에서 동사 discontinue가 to부정사와 동명사 형태로 나왔으므로 준동사 문제이다. 빈칸 앞에 to부정사를 목적어로 취하는 동사 decide가 있으므로 빈칸에 to부정사가 들어가야 한다. 보기에서 to부정사 형태는 (a) to be discontinuing과 (c) to discontinue이다. 그러나 지텔프 문법 파트에서 준동사가 목적어로 나올 때는 진행부정사가 정답이 되는 경우는 극히 드물다. 따라서 정답은 단순부정사인 (c)가 정답이다.

> **참고** **to부정사를 목적어로 취하는 동사**
>
> decide(결정하다), want(원하다), expect(기대하다), need(필요로 하다), wish(소망하다), hope(희망하다), desire(갈망하다), agree(동의하다), choose(선택하다), learn(배우다), plan(계획하다), promise(약속하다), refuse(거절하다), pretend(~인 체하다), aim(목표로 하다)

난이도 ★★★ **Category** ⑤ **연결어**(접속부사: therefore)

10 James was exhausted after a long day at the office. He had attended three meetings and finished a quarterly report. _____, he fell into a deep sleep almost as soon as he got home.

(a) Meanwhile
(b) Therefore
(c) Moreover
(d) Besides

제임스는 사무실에서 긴 하루를 보낸 후 지쳐버렸다. 그는 세 번의 회의에 참석했고 분기별 보고서도 완성했다. 따라서, 그는 집에 도착하자마자 깊은 잠에 빠졌다.

어휘 exhausted 지친 attend 참석하다 quarterly report 분기별 보고서 therefore 그러므로 fall into a sleep 잠에 빠져들다

 정답 (b)

 해설 보기에 다양한 접속부사가 나왔으므로 연결어 문제이다. 빈칸 앞뒤의 문장을 해석해서 두 문장의 의미와 보기에 있는 접속부사를 하나씩 대입해서 풀어야 한다. 앞 문장들은 '사무실에서 긴 하루를 보낸 후 지쳐버렸다.'와 '회의에 참석했고 보고서도 완성했다.'이고 빈칸 뒤의 문장은 '집에 도착하자마자 잠에 빠졌다.'이다. 빈칸의 앞뒤 연결은 원인과 결과 관계이므로 결과를 나타내는 접속부사 (b)가 정답이다.

오답 분석 (a) Meanwhile은 '~하는 한편'이란 뜻으로 동시 동작을 나타내는 접속부사이다.
(c) Moreover와 (d) Besides는 둘 다 '게다가'란 뜻으로 덧붙이거나 추가할 때 쓰는 접속부사이다.

> **참고** **연결어: 접속부사(구)**
>
> **1 비교, 대조**
> however(하지만), by contrast(대조적으로), even so(그렇기는 하지만), in contrast(대조적으로), nevertheless(그럼에도 불구하고), on the contrary(반대로), on the other hand(반면에)
>
> **2 결과**
> as a consequence(결과적으로), as a result(결과적으로), consequently(결과적으로), hence(따라서), in consequence(결과적으로), therefore(그러므로)
>
> **3 정보 추가**
> besides(게다가) , furthermore(더구나), in addition(게다가), moreover(게다가), what's more(게다가)
>
> **4 동시 상황**
> at that time(그때에), at the same time(동시에), meanwhile(그러는 동안)

TEST 1
TEST 2
TEST 3
TEST 4
TEST 5
TEST 6
TEST 7

11 The passengers of Dragon Airways thanked the pilots and crew for landing them safely in Bangkok, Thailand. A monsoon rain _____ for over an hour when the pilot announced their safe approach to Suvarnabhumi Airport.

드래곤 항공(Dragon Airways)의 승객들은 태국 방콕에 그들을 안전하게 착륙시킨 것에 대해 조종사와 승무원에게 감사했다. 조종사가 수완나품 공항에 안전하게 접근한다고 발표했을 때 한 시간 넘게 장맛비가 쏟아지고 있었다.

(a) poured
(b) had been pouring
(c) has been pouring
(d) will have poured

어휘 passenger 승객 crew 승무원 monsoon rain 장맛비 pour 쏟아지다, 퍼붓다 approach 접근

정답 (b)

해설 보기에서 동사 pour가 다양한 시제로 사용되었으므로 시제 문제이다. 빈칸 앞뒤에 시간 부사구나 부사절을 확인한다. 빈칸 뒤에 완료 시제와 자주 쓰이는 부사어구 'for over an hour'가 있으므로 완료 시제가 나와야 함을 알 수 있다. 또한 뒤에 과거 시제의 when절이 있으므로 기준 시점이 과거임을 알 수 있다. 과거 시점(착륙)을 기준으로 그 이전에 시작된 상태(비가 쏟아짐)가 그 시점(착륙)까지 계속되고 있음을 나타내므로 과거완료 시제나 과거완료진행 시제가 적합하다. 따라서 (b)가 정답이다.

참고 **과거완료진행**

• 형태: had been -ing
• 의미: (~해오고 있었다) 과거의 특정 시점 이전에 시작된 동작이 그때까지 계속 진행 중이었음을 나타낸다.
• 자주 쓰이는 시간 부사어구: when 과거 시제절, before 과거 시제절, until 과거 시제절

---

12 Caring for your teeth properly is important in achieving good grooming and overall health. You should thoroughly clean each section of your mouth. Moreover, you should practice _____ your teeth after every meal.

치아를 적절하게 관리하는 것은 깔끔한 몸단장과 전반적인 건강을 이루는 데 중요하다. 입안 구석구석 철저하게 닦아야 한다. 게다가 매 식사 후에 이를 닦는 것을 생활화해야 한다.

(a) brushing
(b) to brush
(c) having brushed
(d) to have brushed

어휘 care for 관리하다, 돌보다 properly 적절하게 achieve 성취하다, 이루다 grooming 차림새, 몸단장 overall 전반적인 thoroughly 철저하게 moreover 게다가 practice 실행하다, 생활화하다

정답 (a)

해설 보기에서 동사 brush가 to부정사와 동명사로 나왔으므로 준동사 문제이다. 빈칸 앞에 동명사를 목적어로 취하는 동사 practice가 있으므로 빈칸에 동명사가 적합하다. 보기 중 단순동명사 (a) brushing과 완료동명사 (c) having brushed가 있다. 의미상 칫솔질 하는 것이 현재의 동작이므로 단순동명사 (a)가 정답이다.

오답분석 완료동명사 (c)는 주절 시제보다 앞선 과거를 나타내는데 문맥상 적절하지 않아서 오답이다. 지텔프 문법에서 목적어로 준동사(to부정사, 동명사)가 선택지로 나올 때 완료형과 진행형은 정답이 되는 경우가 거의 없다는 점에 유의해야 한다.

난이도 ★★★ | **Category** | ❸ 가정법(가정법 과거: if절+과거 시제)

13 Patrick is considering rescheduling his meeting with a client because he has a bad case of the flu. If only he were feeling better, he _____ his proposal to his client as planned.

(a) would have presented
(b) is presenting
(c) would present
(d) will present

패트릭은 지독한 독감에 걸려서 고객과의 미팅 일정을 변경하는 것을 고려하고 있다. 만약 그가 몸이 더 나아졌다면, 그는 그의 고객에게 계획한 대로 제안서를 제시했을 것이다.

어휘 consider 고려하다 reschedule 일정을 변경하다 client 고객 flu 독감 present 제시하다, 발표하다 proposal 제안, 제안서 as planned 계획된 대로

정답 (c)

해설 보기에서 동사 present가 서법조동사(will, shall, can, may, would, should, could, might)와 사용되었다. 조동사 문제 아니면, 가정법 문제이다. 앞에 if조건절이 있고 시제는 과거(were)이기 때문에 가정법 과거라는 것을 알 수 있다. 가정법 과거의 주절에 'would/should/could/might+동사원형'이 와야 하므로 (c)가 정답이다.

난이도 ★★★ | **Category** | ❶ 시제(과거진행: when+과거 시제절)

14 Last night, I was surprised to find my seven-year-old son still awake at 10:30. I had worked late because our office was updating its financial records. Fortunately, my son _____ his homework when I got home.

(a) is finishing
(b) has been finishing up
(c) will finish up
(d) was finishing up

어젯밤, 나는 일곱 살 아들이 10시 30분에 아직도 깨어 있는 것을 발견하고 놀랐다. 우리 사무실이 재무 기록을 업데이트하고 있어서 나는 늦게까지 일했었다. 다행히도, 내가 집에 도착했을 때, 내 아들은 숙제를 끝마치고 있었다.

어휘 be surprised 놀라다 awake 깨어 있는 financial record 재무 기록 fortunately 다행히도

정답 (d)

해설 보기에서 동사 finish가 다양한 시제로 사용되었으므로 시제 문제이다. 빈칸 앞뒤에 시간 부사구나 부사절을 살펴본다. 빈칸 뒤에 있는 when절의 시제가 과거이므로 기준 시점이 과거임을 알 수 있다. 과거 시점(집에 도착)에 동작이 진행 중이었음을 나타내므로 과거진행 (d)가 정답이다.

오답분석 현재완료진행 시제 (b)는 명확하게 과거 시점을 나타내는 when절 'when I got home'과 함께 사용될 수 없으므로 오답이다. 현재완료나 현재완료진행은 현재를 기준 시점으로 하므로 명확하게 과거를 나타내는 부사나 부사어구인 'last+시간명사, yesterday, ago, 과거 시제가 쓰인 when절' 등과 함께 쓰일 수 없음에 유의해야 한다.

TEST 1 TEST 2 TEST 3 TEST 4 TEST 5 TEST 6 TEST 7

GRAMMAR 문법 : **093**

> **참고** **과거진행**
> - 형태: was/were -ing
> - 의미: (~하고 있었다) 과거의 특정 시점에 동작이 진행 중이었음을 나타낸다.
> - 자주 쓰이는 시간 부사어구: when 과거 시제절, while 과거 시제절

난이도 ★★★ | **Category** ❶ **조동사**(가능: can)

15 Silver Lot Software recently released a mobile program that searches for cheaper parking spaces in different cities. With this new application installed, users _____ reserve a parking space anywhere, whenever they want.

(a) can
(b) will
(c) should
(d) would

실버랏 소프트웨어 사가 최근에 여러 도시에서 더 저렴한 주차 공간을 찾는 모바일 프로그램을 출시했다. 이 새로운 응용 프로그램이 설치되면 사용자는 원할 때마다 어디서나 주차 공간을 예약할 수 있다.

어휘 recently 최근에 release 출시하다 install 설치하다 reserve 예약하다

정답 (a)

해설 보기에 다양한 조동사가 나왔으므로 조동사 문제이다. 빈칸 앞뒤 문장을 해석하면 '주차 공간을 찾는 프로그램을 출시하였고, 이 프로그램이 설치되면 사용자는 언제 어디서나 주차 공간을 예약할 수 있다.'가 가장 자연스러운 해석이다. '할 수 있다'는 능력의 의미와 확실성이 강한 조동사 can이 가장 적절하므로 (a)가 정답이다.

난이도 ★★★ | **Category** ❼ **당위성**(추천: recommend)

16 Napping is a good way to feel refreshed and energized. However, doctors recommend that a person only _____ a 20- to 30-minute nap to stay alert and perform well without feeling groggy.

(a) will take
(b) take
(c) has taken
(d) takes

낮잠은 상쾌함을 느끼고 기운을 차리는 좋은 방법이다. 하지만 의사들은 정신 바짝 차리는 상태를 유지하며 피곤함을 느끼지 않고 일을 잘 수행하기 위해 20분에서 30분 정도의 낮잠만 자는 것을 권장한다.

어휘 nap 낮잠 자다, 낮잠 refreshed 상쾌한 energized 기운 차리는 recommend 권하다 alert 정신을 바짝 차리는 perform 수행하다 groggy 피곤해 하는

정답 (b)

해설 보기에서 동사 take가 다양한 형태로 사용되었고 동사원형이 나온 것으로 보아 시제 문제 아니면 당위성 문제이다. 빈칸 앞에 주절 동사로 당위성을 나타내는 recommend가 있으므로 빈칸에 should가 생략된 동사원형 (b)가 정답이다.

참고 당위성 동사

- 당위성을 나타내는 문장: 주어＋당위성 동사＋that＋주어＋(should)＋동사원형
- 당위성 동사: recommend(추천하다), advise(조언하다), ask(요청하다), beg(간청하다), command(명령하다), demand(요구하다), direct(지시하다), insist(주장하다), instruct(지시하다), intend(의도하다), order(명령하다), prefer(선호하다), propose(제안하다), request(요청하다), require(요구하다), stipulate(규정하다), suggest(제안하다), urge(촉구하다), warn(경고하다)

난이도 ★★★ Category ❶ 시제(미래완료진행: 완료 부사구 for＋시간명사, 미래 시점 by the time)

17 Harry will soon be promoted to senior vice president of sales. He's happy that his years of hard work have paid off. By the time he receives his promotion, he _____ for the company for 12 years.

(a) works
(b) has been working
(c) will have been working
(d) will work

해리는 곧 영업부의 수석 부사장으로 승진할 것이다. 그는 몇 년 동안 열심히 일한 보람이 있어서 기쁘다. 그가 승진할 때쯤이면, 그는 그 회사에서 12년 동안 일하고 있을 것이다.

어휘 be promoted 승진하다 pay off 보람이 있다 by the time ～할 때쯤 receive 받다

정답 (c)

해설 보기에 동사 work가 다양한 시제로 나왔으므로 시제 문제이다. 빈칸 뒤에 완료 시제와 사용되는 시간 부사구 'for 12 years'가 있고, 빈칸 앞에 시간 부사절이 있다. 시간 부사절에서 현재 시제가 미래를 대신하므로 'By the time he receives his promotion'은 미래의 시점을 나타낸다. 기준 시점이 미래이고 완료 시제가 와야 하므로 미래완료(will have p.p.)나 미래완료진행 시제(will have been -ing)가 적합하다. 따라서 미래완료진행 (c)가 정답이다.

참고 미래완료진행

- 형태: will have been -ing
- 의미: 미래 이전에 시작된 행동이 미래의 특정 시점까지 계속 진행되고 있음을 나타낸다.
- 자주 쓰이는 시간 부사 표현: by the time/when + 현재 시제절 + (for + 시간명사), by/in + 미래 시점 + (for + 시간명사)

난이도 ★★☆ Category ❷ 가정법(가정법 과거완료: if절＋과거완료)

18 Lara had no choice but to change into another dress after she accidentally splattered coffee on herself. If she had been more careful, she _____ the coffee all over her favorite dress.

(a) had not spilled
(b) was not spilling
(c) would not spill
(d) would not have spilled

라라는 실수로 자신에게 커피를 엎지른 후 다른 옷으로 갈아입을 수밖에 없었다. 만약 그녀가 좀 더 조심했었다면, 그녀가 가장 좋아하는 옷에 커피를 쏟지 않았을 것이다.

어휘 have no choice but to부정사 ~하지 않을 수 없다 **accidentally** 우연히, 실수로 **splatter** 엎지르다 **spill** 쏟다, 엎지르다

정답 (d)

해설 보기에서 동사 spill이 다양한 형태로 나왔으므로 시제 문제 아니면 가정법 문제이다. 빈칸 앞에 시간 부사구나 부사절 혹은 조건절이 있는지 확인한다. 빈칸 앞에 조건절(if절)이 있고, 조건절의 시제는 과거완료(had p.p.)이므로 가정법 과거완료 문장이다. 가정법 과거완료의 주절의 형태는 'would/should/could/might+have p.p.'이므로 (d)가 정답이다.

난이도 ★★★ | **Category** ❹ 준동사(동명사: adore)

19 Although going on international tours is an expensive hobby, many people think it's worth spending the money to pursue their passion. They adore _____ abroad to see scenic spots and experience other cultures.

(a) traveling
(b) to travel
(c) having traveled
(d) to be traveling

비록 해외 여행을 가는 것은 값비싼 취미이지만, 많은 사람들은 열정을 추구하기 위해 돈을 쓰는 것이 가치가 있다고 생각한다. 그들은 경치 좋은 곳을 보고 다른 문화를 체험하기 위해 해외로 여행하는 것을 좋아한다.

어휘 worth -ing ~할 가치가 있는 **pursue** 추구하다 **passion** 열정 **adore** 좋아하다 **abroad** 해외로 **scenic spot** 경치 좋은 곳

정답 (a)

해설 보기에서 동사 travel이 to부정사와 동명사 형태로 사용되었으므로 준동사 문제이다. 빈칸 앞에 동명사를 목적어로 취하는 동사 adore가 있으므로 빈칸에는 동명사가 적합하다. 보기 중 단순동명사 (a) traveling과 완료동명사 (c) having traveled가 있는데 문맥상 주절의 동사와 같은 시제의 의미를 나타내기 때문에 단순동명사 (a)가 정답이다.

참고 **동명사를 목적어로 취하는 동사**

1 동명사만을 목적어로 취하는 동사
adore(흠모하다, 존경하다), advise(충고하다), admit(인정하다), allow(허락하다), practice(연습하다), feel like(~하고 싶다), enjoy(즐기다), keep(유지하다), consider(고려하다), discuss(토론하다), finish(끝내다), mention(언급하다), postpone(연기하다), recommend(추천하다), avoid(피하다), delay(미루다), dislike(싫어하다), insist(주장하다), mind(꺼리다), quit(그만두다), deny(부인하다), involve(포함하다), miss(놓치다), recall(기억해내다), suggest(제안하다)

2 부정적 의미의 동사들이 동명사를 목적어로 취하는 경우가 있다.
dislike(싫어하다), deny(부인하다), mind(꺼리다), avoid(피하다), discontinue(중단하다)

난이도 ★★★ | **Category** ❺ 관계사(관계대명사 주격: that)

20 Aunt Julie never uses chemicals when growing her vegetables because she wants her harvests to be purely organic. She only applies fertilizer _____ to make sure that her crops are safe and healthy to eat.

줄리 이모는 채소를 기를 때 화학 물질(비료)을 절대 사용하지 않는다. 왜냐하면 그녀는 수확물이 순전히 유기농이길 원하기 때문이다. 그녀는 작물이 먹기에 안전하고 건강하도록 확실히 하기 위해 자연에서 나오는 비료만 사용한다.

(a) which it comes from nature

(b) what comes from nature

(c) who comes from nature

(d) that comes from nature

어휘 chemical 화학물질 harvest 수확물 purely 순수하게 fertilizer 비료 make sure 확실히 하다 crop 작물

정답 (d)

해설 보기에 관계대명사가 이끄는 절이 나왔으므로 관계대명사 문제이다. 관계대명사 앞의 선행사를 확인하고 뒤에 관계사가 이끄는 절 안에서 관계사 혹은 선행사가 어떤 역할을 하는지 확인한다. 빈칸 앞에 사물인 fertilizer가 선행사이고, 뒤에 따라오는 절에서 관계사는 주격으로 사용되었다. 특히 앞에 only같이 한정이 강한 수식어가 있는 선행사는 관계대명사 that이 사용되므로 (d)가 정답이다.

오답 분석 (a)에서 which는 선행사가 사물일 때 사용될 수 있지만 여기서는 관계대명사 which 다음에 완벽한 문장이 와서 (a) 자체가 비문이다.
(b)에서 what은 선행사를 포함하는 관계사인데 앞에 선행사가 나왔으므로 (b)는 오답이다.
(c) 관계대명사 who는 선행사가 사람일 때 사용되는데 이 문장에서는 선행사가 사물이므로 (c)는 오답이다.

참고 **관계대명사 that의 용법**

· 선행사가 something, anything, none일 때 관계대명사 that을 쓴다.
· 한정이 강한 수식어(the only, the+최상급, the+서수, the same, the very)나 all, no, little, much 등이 선행사를 수식할 때 관계대명사 that이 사용된다.

난이도 ★★☆ **Category** ❷ **가정법**(가정법 과거: if절+과거 시제)

21 Grace's schedule has become hectic since her company started preparing to launch a new product. She barely sees her friends anymore. If she were to free up some time, she _____ them on their movie dates.

(a) would join

(b) is joining

(c) will join

(d) would have joined

그레이스는 회사가 신제품 출시를 준비하기 시작하면서 일정이 빡빡해졌다. 그녀는 이제 친구들을 거의 보지 못한다. 만약 그녀가 시간을 조금이라도 낼 수 있다면, 그녀는 그들과 영화 데이트에 합류할 것이다.

어휘 hectic 정신없이 바쁜 launch 출시하다 product 상품 barely 거의 ~않는 join 합류하다

정답 (a)

해설 보기에서 동사 join이 서법조동사와 같이 나왔으므로 가정법 문제이다. 빈칸 앞에 'if조건절+과거 시제(were)'가 있기 때문에 가정법 과거 문장임을 알 수 있다. 이 문장처럼 if절에 'were to'가 쓰인 경우는 일어날 가능성이 희박한 일을 나타내며 이때 가정법 과거의 주절은 'would+동사원형'이므로 (a)가 정답이다.

22 Jonathan cannot wait to see the house he's buying on Woodrow Street. His real estate agent has agreed to take him there tomorrow but warns him that workmen _____ the house's interior when they arrive.

(a) will paint
(b) will be painting
(c) are painting
(d) had been painting

조나단은 우드로 가에 그가 사게 될 집을 보고 싶어 견딜 수가 없다. 그의 부동산 중개인은 그를 내일 거기에 데려가는데 동의했지만 그들이 도착할 때, 일꾼들이 그 집의 내부를 페인트칠하고 있을 것이라고 주의를 주었다.

어휘 ▶ cannot wait to see 보고 싶어서 견딜 수 없다　real estate agent 부동산 중개인　agree to+동사원형 ~할 것을 동의하다 warn 주의를 주다, 경고하다

정답 ▶ (b)

해설 ▶ 보기에서 동사 paint가 다양한 시제로 나왔으므로 시제 문제이다. 빈칸 뒤에 시간부사절 'when they arrive'에서 현재 시제가 미래의 의미를 나타내므로 기준 시점이 미래임을 알 수 있다. 빈칸에 미래 시제 (a) will paint와 미래진행 시제 (b) will be painting이 있다. 빈칸 앞에 동사 warn과 빈칸에 들어갈 동사 paint의 의미 관계를 통해 '페인트칠이 진행되고 있을 것이라고 주의를 줬다'는 의미로 해석하는 것이 문맥상 자연스럽다. 미래에 한창 진행되고 있을 상황을 나타내므로 미래진행형인 (b)가 정답이다. 이런 종류의 문제는 기준 시점을 찾는 것 외에도 앞뒤 상황에 따라 의미를 유추할 수 있는 능력을 확인하는 문제이므로 난이도가 상당히 높다.

참고　미래진행

- 형태: will be -ing
- 의미: (~하고 있을 것이다) 미래의 특정 시간에 동작이 진행 중일 것임을 나타낸다.
- 자주 쓰이는 표현: 부사구 – when/if/until + 현재 시제절
　　　　　　　　　　부사절 – next week/month/year, next time, until then, in the future, tomorrow

23 Forgetting about the big football game, Marlon went to the supermarket and ended up stuck in traffic for three hours. His friends suggested that he _____ an eye on the home game schedule from now on.

(a) keep
(b) will keep
(c) kept
(d) is keeping

말론은 큰 미식축구 경기에 대해 잊은 채 슈퍼마켓에 가서 결국 세 시간 동안 교통 체증에 갇혀 있었다. 그의 친구들은 그에게 지금부터 홈 경기 일정을 주시하라고 제안했다.

어휘 ▶ end up 결국 ~하고 말다　stuck in traffic 교통 체증에 갇힌　keep an eye on ~을 주시하다, 지켜보다　from now on 지금부터

정답 ▶ (a)

해설 ▶ 보기에서 동사 keep이 다양한 시제와 동사원형으로 사용되었다. 특히, 보기에 동사원형이 있으면 반드시 당위성 문제인지 확인할 필요가 있다. 빈칸 앞에 당위성 동사 suggest가 있다. 따라서 빈칸에 should가 생략된 동사원형 (a)가 정답이다.

참고 **당위성 표현**

1 당위성을 나타내는 문장은 다음과 같은 두 가지 형태를 취한다.
- 주어＋당위성 동사＋that＋주어＋(should)＋동사원형
- It is＋이성적 판단 형용사＋that＋주어＋(should)＋동사원형

2 당위성 문제는 전형적으로 다음의 동사나 이성적 판단을 나타내는 형용사와 함께 나온다.
- 당위성 동사: advise(조언하다), ask(요청하다), beg(간청하다), command(명령하다), demand(요구하다), direct(지시하다), insist(주장하다), instruct(지시하다), intend(의도하다), order(명령하다), prefer(선호하다), propose(제안하다), recommend(추천하다), request(요청하다), require(요구하다), stipulate(규정하다), suggest(제안하다), urge(촉구하다), warn(경고하다)
- 이성적 판단의 형용사: necessary(필요한), essential(핵심적인) important(중요한), vital(중요한), critical(결정적인), obligatory(의무적인), compulsory(강제적인), mandatory(의무적인), advisable(조언할 만한), natural(당연한), right(옳은), just(정당한), fair(공정한), rational(이성적인)

난이도 ★★★ **Category** ❹ **준동사**(to부정사: want)

24 A study showed that sniffing rosemary, an aromatic herb, may increase a person's alertness and improve memory. If you want _____ sharp during a test or a presentation, try smelling rosemary oil beforehand.

(a) staying
(b) to be staying
(c) to stay
(d) having stayed

한 연구는 향긋한 약초인 로즈마리의 냄새를 맡으면 사람의 각성을 높이고 기억력을 향상시킬 수 있다는 것을 보여주었다. 만약 여러분이 시험이나 발표 중에 예리함을 유지하고 싶다면, 로즈마리 오일 냄새를 미리 맡아 보라.

어휘 **sniff** 냄새 맡다 **aromatic herb** 향긋한 약초 **increase** 증가시키다 **alertness** 각성 **improve** 향상시키다
beforehand 미리, 사전에

정답 (c)

해설 보기에서 to부정사와 동명사 형태가 나왔으므로 준동사 문제이다. 빈칸 앞에 to부정사를 목적어로 취하는 동사 want가 있으므로 to부정사를 빈칸의 정답으로 고르면 된다. 보기 중 to부정사의 형태로 나온 것이 (b) to be staying과 (c) to stay가 있다. 지텔프 문법 파트에서 목적어로 준동사(to부정사와 동명사)가 보기에 나올 때 진행형 준동사는 정답이 되는 경우가 극히 드물다. 따라서 단순부정사인 (c)가 정답이다.

난이도 ★★☆ **Category** ❷ **가정법**(가정법 과거완료: if절＋과거완료)

25 Sophie, my five-year-old niece, went to the dentist's office for a toothache after eating too much candy. If she hadn't eaten all those sweets, she _____ to visit the dentist to have her teeth checked.

(a) was not needing
(b) would not have needed
(c) had not needed
(d) would not need

다섯 살 난 조카딸 소피는 사탕을 너무 많이 먹고 치통으로 치과에 갔다. 만약 그녀가 그 모든 사탕을 먹지 않았더라면, 그녀는 치아 검진을 받기 위해 치과에 갈 필요가 없었을 것이다.

정답 (b)

해설 보기에 동사 need가 다양한 서법조동사와 같이 사용되었으므로 가정법 문제이다. 앞에 조건절(if)의 시제가 과거완료이기 때문에 가정법 과거완료 문장이다. 가정법 과거완료의 주절에는 'would/should/could/might+have p.p.'가 와야 하므로 (b)가 정답이다.

난이도 ★★★   Category   ❼ 당위성(충고: advise)

26 Professor Craig is so strict that many of his students drop out halfway through the semester. The dean advised that the professor _____ his students fairly, or his class will be canceled due to lack of enrollment.

(a) will treat
(b) treats
(c) is treating
(d) treat

크레이그 교수는 너무 엄격해서 많은 학생들이 학기 중간에 수업을 철회한다. 학장은 그 교수가 학생들을 공정하게 대해야 하며 그렇지 않으면 그의 수업은 등록 부족으로 인해 폐강될 수 있을 것이라고 조언했다.

어휘 strict 엄격한 drop out 중퇴하다, 철회하다 halfway 도중에 advise 충고하다 treat A fairly A를 공정하게 대하다 due to ~ 때문에 lack of enrollment 등록 부족

정답 (d)

해설 보기에 동사 treat가 다양한 시제로 사용되었고 특히 동사원형이 사용된 것을 보아 당위성 문제를 우선적으로 확인할 필요가 있다. 빈칸 앞에 당위성을 나타내는 동사 advise가 있다. 빈칸에 should가 생략되고 남은 동사원형 (d)가 정답이다.

오답분석 당위성 문제를 검토하지 않고, 빈칸 앞에 주어 'the professor'를 보고 3인칭 단수 현재로 보아 (b) treats나 (c) is treating을 답으로 고르면 안 된다. 최근 들어, 주절에 다양한 당위성 동사와 이성적 판단을 나타내는 형용사가 나오고 that절에서 should가 생략된 동사원형을 정답으로 하는 문제가 자주 출제되고 있다. 그러므로 당위성 동사와 형용사는 반드시 암기해 두어야 한다. (23번 참고)

TEST 1
TEST 2
TEST 3
TEST 4
TEST 5
TEST 6
TEST 7

Category　PART 1 개인적 대화　PART 2 발표　PART 3 협상적 대화　PART 4 절차 설명

PART 1　**27-33**　개인적 대화: 임박해서 항공권을 저렴하게 구하는 방법　https://han.gl/C0alk

M: Hi, Natalie! Are you ready for your trip to Coppola Island?

F: I'm afraid not, George. In fact, my husband and I don't have plane tickets yet.

M: But your vacation's in two weeks, isn't it?

F: Yes. I know it sounds silly, but [27] I got so busy with work that I forgot to book tickets. Now, I'm feeling really anxious.

M: Don't worry. I'm sure you'll be able to find flights for you and your husband. Besides, you're going to Coppola Island during the off-peak season.

F: Yes, you're right. [28] Few people go to the beach at this time of the year. In fact, we had planned the trip around this time so we could get cheaper flights. But I should have booked our flights at least two months in advance to get the best prices.

M: It's okay. [29] You can still find cheap airline tickets even though your vacation is only fourteen days away.

F: Really? How?

M: Trust me. I fly every month, remember? [30] You see, an airline needs to fill each of its airplanes with passengers. This is because flights are costly. They need to pay for the fuel, the crew onboard, and other air travel expenses, even if the plane is empty.

F: Well, of course—the more passengers there are on a flight, the more profitable it is for the airline.

M: I know it sounds obvious, but keep in mind that many airlines reduce the price of some tickets to ensure that a flight gets filled to capacity.

M: 안녕, 나탈리! 코폴라 섬으로 여행 갈 준비는 다 됐어?

F: 준비 안 됐어. 조지. 사실, 남편과 나는 아직 비행기 표가 없어.

M: 하지만 2주 후면 휴가잖아, 그렇지?

F: 그래. 바보같이 들리겠지만, [27]일이 너무 바빠서 티켓 예약하는 것을 잊어버렸어. 지금, 나는 정말 불안해.

M: 걱정하지 마. 너는 분명 너와 너의 남편을 위한 항공편을 찾을 수 있을 거야. 게다가, 넌 비수기 때 코폴라 섬에 가니까.

F: 그래, 맞아. [28]매년 이맘때면 해변에 가는 사람은 거의 없어. 사실, 우리는 더 싼 항공편을 얻기 위해 이 무렵에 여행을 계획했었지. 하지만 가장 좋은 가격을 구하기 위해서는 적어도 두 달 전에 미리 비행기를 예약했어야 했어.

M: 괜찮아. [29]휴가가 14일밖에 안 남았는데도 여전히 싼 항공권을 찾을 수 있어.

F: 정말? 어떻게?

M: 날 믿어. 내가 매달 비행기를 타는 거 기억나지? [30]알겠지만, 항공사는 각각의 비행기를 승객으로 채워야 해. 왜냐하면 비행은 비용이 많이 들기 때문이야. 그들은 비행기가 비어 있더라도 연료와 탑승 승무원, 다른 항공 여행 경비들을 지불해야 하거든.

F: 음, 물론이지. 비행기에 승객이 많을수록, 항공사에 더 이득이 되지.

M: 당연한 얘기인 건 알지만, 많은 항공사들이 항공편을 만원 상태로 만들기 위해 일부 항공권의 가격을 인하한다는 걸 명심해.

F: I see…

M: However, many planes don't fill up. And even when a flight is sold out, there are some passengers who cancel or change their flight at the last minute. ³¹ So, when the flight is only two weeks away, some airlines reduce their ticket prices considerably to attract more passengers. That's where your luck comes in.

F: Oh, I hadn't thought of that. So, you're saying I can have those last-minute seats at discounted prices.

M: You got it!

F: They'd rather have fewer dollars for each seat than have unsold seats on the airplane, right?

M: Exactly. It's a win-win situation for both the airline and the passenger.

F: Thanks for the tip, George. I thought I could only find cheap airline tickets by booking a lot earlier.

M: Well, now you know you can wait a little longer and still luck out and find a great deal.

F: So, you think I can get discounted tickets for my husband and me?

M: Well, at the worst, you and your husband might have to fly on two separate airlines. Would you mind?

F: Hmm. ³² Well, I'm sure William wouldn't mind a little break from me, ha-ha. Do you know how I can find out which airlines have unfilled seats?

M: Sure, Natalie. ³³ You can try a travel search engine like Frugal Flights or Sky Rover. Those sites will show you the different airlines that have flights to your destination and help you choose the best option.

F: Thanks, George! I'll hop on my computer now and see what I can find.

F: 그렇군.

M: 하지만, 많은 비행기들이 가득 차지 않아. 그리고 심지어 비행이 매진되었을 때도, 마지막 순간에 비행을 취소하거나 바꾸는 승객들이 있어. ³¹ 그래서, 비행이 2주밖에 남지 않았을 때, 일부 항공사들은 더 많은 승객들을 끌어들이기 위해 항공권 가격을 상당히 낮추지. 거기서 행운이 찾아오지.

F: 아, 그런 생각은 못 했어. 그러니까, 그 막바지 좌석을 할인된 가격에 살 수 있다는 말이군.

M: 맞아!

F: 비행기 좌석이 안 팔리는 것보다는 좌석당 적은 비용이라도 받는 게 낫겠지, 그렇지?

M: 그래. 항공사와 승객 모두에게 유리한 상황이지.

F: 팁 고마워, 조지. 나는 훨씬 더 일찍 예약해야만 저렴한 항공권을 찾을 수 있을 거라고 생각했어.

M: 음, 이제 너는 조금만 더 기다려도 여전히 운이 좋아서 저렴한 항공권을 찾을 수 있다는 걸 알 거야.

F: 그럼, 남편과 나를 위해 할인된 티켓을 살 수 있을까?

M: 음, 최악의 경우, 너와 네 남편은 두 개의 다른 항공사를 타게 될지도 몰라. 그래도 괜찮아?

F: ³² 음, 윌리엄은 나와 조금 떨어져 있어도 상관없을 거야, 하하. 너는 어떤 항공사에 미충원 좌석이 있는지 어떻게 알 수 있는지 알아?

M: 물론이지, 나탈리. ³³ 프루걸 플라이츠와 스카이로버 같은 여행 검색 엔진을 사용해 볼 수 있어. 이러한 사이트는 목적지로 가는 항공편이 있는 여러 항공사를 보여주며 최상의 옵션을 선택할 수 있도록 도와주지.

F: 고마워, 조지! 지금 컴퓨터를 켜서 무엇을 찾을 수 있는지 볼게.

어휘 **in fact** 사실은 **sound** ~하게 들리다 **anxious** 불안한 **in advance** 미리 **passenger** 승객 **empty** 텅빈 **profitable** 이득이 되는 **obvious** 명백한 **reduce** 줄이다 **ensure** 확실히 하다, 보장하다 **filled to capacity** (사람들로) 만원인 **fill up** 채우다 **considerably** 상당히 **attract** 끌어 들이다, 유인하다 **unsold** 팔리지 않은 **separate** 각각의, 분리된 **unfilled** 채워지지 않은 **destination** 목적지

27 What is Natalie worried about?

(a) that she does not have time for a vacation
(b) that she has not bought airplane tickets yet
(c) that she has not chosen the best destination
(d) that she has not booked a hotel room yet

나탈리는 무엇에 대해 걱정하는가?

(a) 휴가를 보낼 시간이 없다
(b) 아직 항공권을 구입하지 않았다
(c) 최적의 목적지를 선택하지 않았다
(d) 아직 호텔 방을 예약하지 않았다

어휘 worry about ~에 대해 걱정하다   destination 목적지   book 예약하다

정답 (b)

해설 대화에서 "²⁷ I got so busy with work that I forgot to book tickets. Now, I'm feeling really anxious."(일이 너무 바빠서 티켓 예약하는 걸 깜빡했어. 지금, 나는 정말 불안해.)라고 하였다. 보기 중 이 내용과 일치하는 (b)가 정답이다.

정답 Key Paraphrasing

대화에 쓰인 'that I forgot to book tickets'와 유사한 표현은 'that she has not bought airplane tickets yet'이다. 지텔프 리스닝 문제에서 대화에서 나온 단어를 그대로 반복해서 쓰지 않고 유사한 표현으로 바꿔서 쓰는 패러프레이징(paraphrasing)을 한 선택지가 정답이 되는 경우가 많다. 또한 대화에 쓰인 단어를 그대로 반복해서 사용한 선택지로 오답을 유도하는 사례가 많다는 점에 유의해야 한다.

28 Why did Natalie and her husband choose to travel to Coppola Island during the off-season?

(a) so they could avoid the crowds
(b) because it is the time when most people go there
(c) so they could find cheaper airfares
(d) because it is the only time, they are free

왜 나탈리와 그녀의 남편은 비수기 동안 코폴라 섬으로 여행을 선택했는가?

(a) 인파를 피할 수 있도록
(b) 대부분의 사람들이 거기에 가는 시기이기 때문
(c) 더 싼 항공료를 찾을 수 있도록
(d) 그들이 시간이 나는 유일한 시기이기 때문

어휘 off-season 비수기   avoid 피하다   crowd 인파, 군중   airfare 항공료

정답 (c)

해설 대화에서 "²⁸ Few people go to the beach at this time of the year. In fact, we had planned the trip around this time so we could get cheaper flights.(매년 이맘때면 해변에 가는 사람은 거의 없어. 사실, 우리는 더 싼 항공편을 얻을 수 있도록 이 무렵에 여행을 계획했었지.)라고 하였다. 보기 중 이 내용과 일치하는 (c)가 정답이다.

정답 Key Paraphrasing

대화에 쓰인 'so we could get cheaper flights'와 유사한 표현은 'so they could find cheaper airfares'이다.

29 According to George, what can Natalie still accomplish within fourteen days?

(a) making all of her travel arrangements
(b) finding a better travel destination
(c) canceling her airline reservations
(d) getting affordable plane tickets

조지에 따르면, 나탈리는 14일 이내에 무엇을 이룰 수 있을까?

(a) 모든 여행 준비
(b) 더 나은 여행지 찾기
(c) 항공사 예약 취소
(d) 저렴한 항공권 구입

어휘 accomplish 성취하다, 이루다　arrangement 준비　reservation 예약　affordable 저렴한

정답 (d)

해설 대화에서 "²⁹You can still find cheap airline tickets even though your vacation is only fourteen days away."(너는 휴가가 14일 밖에 안 남았는데도 여전히 싼 항공권을 찾을 수 있어.)라고 하였다. 보기 중 이 내용과 일치하는 (d)가 정답이다.

정답 Key Paraphrasing
대화에 쓰인 'You can still find cheap airline tickets'와 유사한 표현은 'getting affordable plane tickets'이다.

난이도 ★★★　Category　세부사항(How)

30 Based on the conversation, how do airlines offset the high cost of a flight?

(a) by making sure every seat on the airplane gets sold
(b) by training their crew well
(c) by having their airplanes fly frequently
(d) by increasing the price of their airfares

대화에 따르면, 항공사들은 높은 비행 비용을 어떻게 상쇄할까?

(a) 비행기의 모든 좌석을 판매함으로써
(b) 승무원을 잘 훈련시킴으로써
(c) 비행기가 자주 비행하도록 함으로써
(d) 항공 운임을 인상함으로써

어휘 offset 상쇄하다　flight 비행　make sure 확실히 하다　get sold 판매되다　crew 승무원　frequently 자주　increase 증가시키다

정답 (a)

해설 대화에서 "³⁰You see, an airline needs to fill each of its airplanes with passengers. This is because flights are costly."(알겠지만, 항공사는 각각의 비행기를 승객으로 채워야 해. 왜냐하면 비행은 비용이 많이 들기 때문이야.)라고 하였다. 항공사는 높은 비행 비용을 보충하기 위해 비행기를 승객으로 채워야 한다고 했으므로 이 내용과 일치하는 (a)가 정답이다.

정답 Key Paraphrasing
대화에 쓰인 'to fill each of its airplanes with passengers'와 의미상 통하는 표현은 'by making sure every seat on the airplane gets sold'이다.

난이도 ★★★　Category　세부사항(Why)

31 Why do airlines sometimes offer reduced ticket prices?

(a) to prevent passengers from changing their flight
(b) to keep from overfilling the plane

왜 항공사들은 가끔 할인된 항공 가격을 제공하는가?

(a) 승객의 항공편 변경을 방지하려고
(b) 비행기를 과도하게 채우지 않으려고

(c) to avoid last-minute flight cancellations

(d) to get more passengers onboard

(c) 막바지 항공편 취소를 막으려고

(d) 더 많은 승객을 태우려고

어휘 reduced 할인된, 감소된 prevent A from B A가 B하는 것을 막다 keep from ~ing ~을 하지 않으려고 하다 overfill 과도하게 채우다 cancellation 취소 onboard 탑승하여

정답 (d)

해설 대화에서 "³¹ So, when the flight is only two weeks away, some airlines reduce their ticket prices considerably <u>to attract more passengers</u>."(그래서, 비행이 2주밖에 남지 않았을 때, 일부 항공사들은 <u>더 많은 승객들을 끌어들이기 위해</u> 항공권 가격을 상당히 낮춘다.)라고 하였다. 보기 중 이 내용과 일치하는 (d)가 정답이다.

정답 Key Paraphrasing

대화에 쓰인 'to attract more passengers'와 유사한 표현은 'to get more passengers onboard'이다.

난이도 ★★★ | **Category** 추론(What)

32 What would Natalie's husband probably not mind doing?

(a) postponing the vacation until a later time

(b) getting expensive plane tickets

(c) having some quiet time by himself

(d) leaving his wife behind

나탈리의 남편은 무엇을 하는 것을 꺼리지 않을까?

(a) 휴가를 나중으로 연기하는 것

(b) 비싼 비행기표를 구하는 것

(c) 혼자만의 조용한 시간을 갖는 것

(d) 아내를 두고 떠나는 것

어휘 mind ~을 꺼리다 postpone 연기하다 leave A behind A를 남겨두고 떠나다

정답 (c)

해설 대화에서 "³² Well, I'm sure William wouldn't mind a little break from me, ha-ha."(윌리엄은 나와 잠시 떨어져 있어도 상관없을 거야, 하하.)라고 하였다. 나탈리와 그녀의 남편 윌리엄이 다른 비행기를 타게 되어 잠시 떨어져 있는 것을 남편이 꺼리지 않는다고 말했으므로 (c)가 정답이다.

난이도 ★★★ | **Category** 추론(How)

33 How could using a travel search engine help Natalie?

(a) It shows her the ratings of the different airlines.

(b) It helps her to locate open seats on flights.

(c) It teaches her how to save money while traveling.

(d) It assists her with selecting the best tour package.

여행 검색 엔진을 이용하는 것이 어떻게 나탈리를 도울 수 있을까?

(a) 여러 항공사의 등급을 보여준다.

(b) 항공편에서 빈 좌석을 찾는 데 도움을 준다.

(c) 여행하는 동안 돈을 절약하는 방법을 가르쳐 준다.

(d) 최상의 여행 상품을 선택하는 데 도움을 준다.

어휘 travel search engine 여행 검색 엔진   rating 가격, 등급   locate open seats 빈 좌석의 위치를 찾다   assist 도와주다

정답 (b)

해설 대화에서 "33 You can try a travel search engine like Frugal Flights or Sky Rover. Those sites will <u>show you the different airlines that have flights to your destination and help you choose the best option.</u>"(프루걸 플라이츠나 스카이로버와 같은 여행 검색 엔진을 사용해 볼 수 있어. 이러한 사이트에서는 <u>목적지로 가는 항공편이 있는 여러 항공사를 보여주며 최상의 옵션을 선택하도록 도와주지.</u>)라고 하였다. 보기 중 이 내용과 일치하는 (b)가 정답이다.

정답 Key Paraphrasing

대화에 쓰인 'Those sites will show you the different airlines that have flights to your destination and help you choose the best option.'와 유사한 표현은 'It helps her to locate open seats on flights.'이다.

PART 2 | **34-39** | 발표: 드레스 대여 서비스

https://han.gl/fXFQE

We all have special events to attend on occasion: corporate dinners, black-tie weddings, fancy birthday parties—all these events require you to dress up. You need a nice new dress, matching shoes, a handbag, and of course, some jewelry to complete your look for the occasion. 34 While it's fun to dress up every once in a while, it's also costly. An evening dress alone can cost hundreds of dollars!

But you need to look your best, so you buy that expensive dress, and you look great that night. 35 But if you're like many women, you might never wear that dress again simply because people have already seen you in it. And so, you just keep the dress at the back of your closet that's already filled with other dresses you're no longer using.

Why buy a dress that you'll only wear once when you can rent one instead? At Dress-up Nation, you'll find beautiful dresses for all occasions: cocktail dresses, tea dresses, and even evening gowns. And the best thing is you won't have to spend a fortune to wear the right one for a night. 36 Just rent any dress you like for only five to ten percent of its retail price. And you can also rent shoes, handbags, and jewelry! It's that simple. Rent an outfit, wear it, and then return it when you're done.

We offer a huge selection of dresses and matching accessories. At Dress-up Nation, you can choose

우리 모두는 가끔 참석해야 할 특별한 행사로 회식, 예복을 입는 결혼식, 화려한 생일 파티 등이 있습니다. 이 모든 행사들은 여러분이 옷을 차려 입는 것을 요구합니다. 이 행사를 위한 당신의 룩을 완성하기 위해, 당신은 멋진 새 드레스, 어울리는 신발, 핸드백, 그리고 물론 약간의 보석들이 필요합니다. 34 가끔 옷을 차려 입는 것은 재미있지만, 비용도 많이 듭니다. 이브닝 드레스 하나에만 수백 달러가 들 수 있습니다!

하지만 당신은 가장 멋지게 보여야 합니다. 그래서 당신은 그 비싼 드레스를 사고, 그날 밤 당신은 멋져 보입니다. 35 하지만 여러분이 많은 여성들과 같다면, 사람들이 이미 당신이 그 옷을 입고 있는 것을 봤기 때문에 다시는 그 드레스를 입지 않을 수도 있습니다. 그래서 당신은 더 이상 이용하지 않는 다른 옷들로 채워져 있는 옷장의 뒷편에 그 드레스를 보관하게 됩니다.

빌려 입을 수도 있는데, 왜 한 번밖에 입지 않는 드레스를 사나요? 드레스업네이션에서는 칵테일 드레스, 티 드레스, 심지어 이브닝 가운까지 모든 이벤트에 어울리는 아름다운 드레스를 찾을 수 있습니다. 그리고 가장 좋은 것은 하룻밤 동안 제대로 된 옷을 입기 위해 거금을 쓸 필요가 없다는 것입니다. 36 마음에 드는 옷을 소매가의 5~10%만 내시고 빌려 입으세요. 그리고 여러분은 신발, 핸드백과 보석도 빌릴 수 있습니다! 그렇게 아주 간단합니다. 옷을 빌려서 입고 끝나면 반납하세요.

저희는 다양한 구색의 드레스와 어울리는 액세서리를 제공합니다. 드레스업네이션에

from classic outfits and the latest chic creations, even signature clothes by famous designers. We carry several sizes of each dress to make sure that we always have something for every client.

Just go to our website and you can browse through collections of dresses and accessories in a variety of styles and price ranges. ³⁷ To make finding that perfect outfit even easier, you can filter your search by occasion, brand, and price. Every dress on our website comes with customer reviews. They are also photographed so you can see how the dresses look on real models.

Once you've found the dress you like, just click on it and it will be placed in your "Shopping Cart." Next, choose your preferred dress size. For long gowns, your choices are petite, regular, and tall. Then choose when you want the dress to be delivered, and how long you want to rent it. All prices you see include the dress rental, dry cleaning, delivery, and insurance for minor damage including spills.

You can expect the dress to arrive on the scheduled delivery day. Once you receive it, you'll find that the dress is clean and ready to wear. You'll have a few days to wear it and feel glamorous. ³⁸ However, if you're still enjoying the dress and want to keep it longer, just inform us, and you can have it for five more days for only twenty dollars.

We guarantee that the dress will fit you perfectly. ³⁹ But if for some reason the dress doesn't meet your expectations, contact us and you can either exchange your dress for another, or receive a full refund of the rental fee. Just put the dress in the original box and we'll pick it up from your doorstep. Visit our website now to find your perfect dress, and get ready to receive compliments!

서는 클래식한 의상과 최신의 세련된 창작품, 심지어 유명 디자이너들의 시그니처 의상 중에서 선택할 수 있습니다. 저희는 항상 모든 고객을 위해 제공할 수 있도록 각 옷의 여러 사이즈를 취급합니다.

저희 웹사이트를 방문하시면 다양한 스타일과 가격대의 드레스와 액세서리 컬렉션을 둘러보실 수 있습니다. ³⁷ 이 완벽한 의류를 더 쉽게 찾을 수 있도록 이벤트, 브랜드 및 가격별로 검색을 필터링할 수 있습니다. 저희 웹사이트의 모든 드레스는 고객 후기와 함께 제공됩니다. 그 드레스들은 또한 실제 모델들이 입었을 때, 드레스가 어떻게 보이는지를 볼 수 있도록 사진으로 찍혀져 있기도 합니다.

마음에 드는 드레스를 찾았으면 클릭하기만 하세요. 그러면 "쇼핑 카트"에 들어옵니다. 다음으로, 여러분이 선호하는 드레스 사이즈를 고르세요. 긴 가운의 경우, 선택 사항으로 작은 사이즈, 보통 사이즈, 큰 사이즈가 있습니다. 그런 다음 드레스가 언제 배송되길 원하는지와 얼마 동안 대여할지를 선택하십시오. 보이는 모든 가격에는 드레스 대여, 드라이클리닝, 배송 및 음식물 쏟음을 포함한 경미한 손상에 대한 보험이 포함됩니다.

드레스가 배송 예정일에 도착할 것으로 예상하시면 됩니다. 당신이 그것을 받으면, 당신은 그 드레스가 깨끗하고 입을 준비가 되었다는 것을 알게 될 것입니다. 며칠 정도 입으시고 화려함을 느끼실 거예요. ³⁸ 하지만, 만약 여러분이 여전히 그 드레스가 마음에 들고 더 오래 간직하고 싶다면, 저희에게 알려주십시오. 그러면 여러분은 단 20달러에 5일 더 그것을 가질 수 있습니다.

저희는 그 드레스가 당신에게 꼭 맞을 것을 보장합니다. ³⁹ 하지만 만약 어떤 이유로 그 드레스가 기대에 미치지 못한다면, 저희에게 연락하여 당신은 드레스를 다른 것으로 교환하거나 혹은 대여비를 전액 환불받을 수 있습니다. 드레스는 그냥 원래 박스에 넣어주시면 저희가 문앞에서 회수해 드릴게요. 지금 저희 웹사이트를 방문하여 여러분의 완벽한 드레스를 찾고, 찬사를 받을 준비를 하세요!

어휘 attend 참석하다 on occasion (=occasionally) 때때로, 가끔 corporate dinner 회식 black-tie wedding 예복을 입어야 할 결혼식 fancy 화려한 require A to+동사원형 A에게 ~하도록 요구하다 complete 완성하다 occasion 행사, 때 every once in a while 가끔 costly 비용이 드는 spend a fortune 돈을 쓰다 retail price 소매가격 rent an outfit 예복을 대여하다 a huge selection of 다양한 구색의 chic 세련된 carry 취급하다 make sure 확실히 하다, 보장하다 browse through 둘러보다 a variety of 다양한 petite 작은, 소형 사이즈의 insurance 보험 minor damage 경미한 손상 glamorous 화려한 full refund 전액 환불 rental fee 대여비 doorstep 집 문앞 compliment 찬사, 칭찬

34 According to the speaker, what is the problem with dressing up?

(a) It is not enjoyable.
(b) It is not necessary.
(c) It can be time-consuming.
(d) It can be expensive.

화자에 따르면, 옷을 차려 입는 것에 어떤 문제가 있는가?

(a) 즐겁지 않다.
(b) 필요하지 않다.
(c) 시간이 많이 걸릴 수 있다.
(d) 비쌀 수 있다.

어휘 dress up 차려 입다 time-consuming 시간이 많이 걸리는 expensive 비싼

정답 (d)

해설 담화 1단락에서 "³⁴ While it's fun to dress up every once in a while, it's also costly."(가끔 옷을 차려 입는 것은 재미있지만, 비용도 많이 듭니다.)라고 하였다. 보기 중 이 내용과 일치하는 (d)가 정답이다.

🔑 **정답 Key** **Paraphrasing**
담화에 쓰인 'it's also costly'와 유사한 표현은 'It can be expensive.'이다.

---

35 Why most likely do many women wear an expensive dress only once?

(a) because they do not want to damage the dress
(b) because they prefer to appear in something new each time
(c) because the dress has to be returned
(d) because the dress is hidden in the back of the closet

왜 많은 여성들이 비싼 드레스를 한 번만 입을 가능성이 큰가?

(a) 드레스를 손상시키지 않으려 하기 때문에
(b) 매번 새로운 것을 입고 나타나기를 선호해서
(c) 드레스를 반납해야 하기 때문에
(d) 드레스가 옷장 뒤에 숨겨져 있어서

어휘 damage 손상시키다 prefer to+동사원형 ~하는 것을 더 좋아하다 appear 나타나다 return 반납하다 hidden 숨겨진 closet 옷장

정답 (b)

해설 담화 2단락에서 "³⁵ But if you're like many women, you might never wear that dress again simply because people have already seen you in it."(하지만 여러분이 많은 여성들과 같다면, 사람들이 이미 당신이 그 옷을 입고 있는 것을 봤기 때문에 다시는 그 드레스를 입지 않을 수도 있습니다.)라고 하였다. 많은 여성들이 그 옷을 입은 것을 다른 사람이 보았기 때문에 같은 옷을 다시 입지 않는다고 했으므로 매번 다른 옷을 입은 모습을 보여주고 싶어한다는 것을 추론할 수 있다. 따라서 (b)가 정답이다.

---

36 What does Dress-up Nation do?

(a) It sells designer clothing.
(b) It makes formal clothes and jewelry.
(c) It rents out dresses and fashion accessories.
(d) It sells dresses at discounted prices.

드레스업네이션은 무엇을 하는가?

(a) 디자이너 의류를 판매한다.
(b) 정장과 보석을 만든다.
(c) 드레스 및 패션 액세서리를 대여한다.
(d) 드레스를 할인된 가격으로 판매한다.

어휘 formal 격식을 차린 jewelry 보석 rent out 대여하다 accessory 액세서리 at discounted prices 할인된 가격에

정답 (c)

해설 담화 3단락에서 "³⁶ Just rent any dress you like for only five to ten percent of its retail price. And you can also rent shoes, handbags, and jewelry!"(마음에 드는 드레스를 소매가의 5~10%만 내시고 빌려 입으세요. 그리고 여러분은 신발, 핸드백과 보석도 빌릴 수 있습니다)라고 하였다. 보기 중 이 내용과 일치하는 (c)가 정답이다.

🔑 **정답 Key** Paraphrasing
담화에 쓰인 'Just rent any dress you like for only five to ten percent of its retail price. And you can also rent shoes, handbags, and jewelry!'를 요약하여 유사하게 표현한 것이 'It rents out dresses and fashion accessories.'이다.

난이도 ★★★ Category 세부사항(How)

37 How can one find a dress more easily on the store's website?

(a) by reading all of the dress reviews
(b) by narrowing down the categories
(c) by browsing through the entire collection
(d) by seeing how a dress looks on a real model

어떻게 하면 상점 웹사이트에서 드레스를 더 쉽게 찾을 수 있을까?

(a) 드레스 사용 후기를 모두 읽어서
(b) 범주를 좁힘으로써
(c) 전체 컬렉션을 살펴봄으로써
(d) 드레스가 실제 모델에게 입혔을 때 어떻게 보이는지 보고

어휘 review 후기 narrow down (범위를) 좁히다 category 범주 browse 둘러보다 entire collection 전체 컬렉션

정답 (b)

해설 담화 5단락에서 "³⁷ To make finding that perfect outfit even easier, you can filter your search by occasion, brand, and price."(완벽한 의류를 더 쉽게 찾을 수 있도록 이벤트, 브랜드 및 가격별로 검색을 필터링할 수 있습니다.)라고 하였다. 보기 중 이 내용과 일치하는 (b)가 정답이다.

🔑 **정답 Key** Paraphrasing
담화에 쓰인 'you can filter your search by occasion, brand, and price'와 유사한 표현은 'by narrowing down the categories'이다.

난이도 ★★★ Category 세부사항(What)

38 What is the twenty-dollar payment for?

(a) extending the dress's rental period
(b) the dress's express delivery fee
(c) having to dry-clean the dress again
(d) the dress's extra insurance cost

20달러 지불은 무엇에 대한 비용인가?

(a) 드레스 대여 기간 연장
(b) 드레스의 속달 배송비
(c) 드레스를 다시 드라이클리닝해야 함
(d) 드레스의 추가 보험 비용

어휘 payment 지불 extend 연장하다 rental period 대여 기간 express delivery fee 속달 배송비 extra insurance cost 추가 보험 비용

정답 (a)

해설 담화 7단락에서 "³⁸ However, if you're still enjoying the dress and want to keep it longer, just inform us, and you can have it for five more days for only twenty dollars."(하지만, 만약 여러분이 여전히 그 드레스가 맘에 들고 좀 더 오래 입고 싶다면, 저희에게 알려주십시오. 여러분은 단 20달러에 5일 더 그 옷을 입을 수 있습니다.)라고 하였다. 보기 중 이 내용과 일치하는 (a)가 정답이다.

🔑 **정답 Key** Paraphrasing
담화에 쓰인 'you can have it for five more days'와 유사한 표현은 'extending the dress's rental period'이다.

39 What can customers do if they don't like the dress that's been delivered?

(a) ship the dress back to the store
(b) write a complaint on the store's website
(c) rent an additional dress
(d) exchange it for another dress

고객들은 배송된 드레스가 마음에 들지 않으면 무엇을 할 수 있는가?

(a) 그 드레스를 상점으로 배송
(b) 매장 웹사이트에 불만 사항 기재
(c) 추가적인 드레스 대여
(d) 다른 옷으로 교환

 어휘 ▶ customer 고객 complaint 불만 사항 additional 추가적인 exchange 교환하다

정답 ▶ (d)

해설 ▶ 담화 마지막 단락에서 "³⁹ But if for some reason the dress doesn't meet your expectations, contact us and you can either exchange your dress for another, or receive a full refund of the rental fee."(하지만 만약 어떤 이유로 그 드레스가 기대에 미치지 못한다면, 저희에게 연락하여 드레스를 다른 것으로 교환하거나 혹은 대여비를 전액 환불받을 수 있습니다.)라고 하였다. 보기 중 이 내용과 일치하는 (d)가 정답이다.

정답 Key **Paraphrasing**

담화에 쓰인 'you can either exchange your dress for another'와 유사한 표현은 'exchange it for another dress'이다.

 **PART 3 | 40-45 | 협상적 대화: 일반 샴푸와 유기농 샴푸의 장단점 비교**   https://han.gl/Bts3n

F: Hey, Jason! ⁴⁰ You won't believe this new Moroccan argan oil shampoo I've been using!

M: Your hair does look very shiny, Sara. So what's so special about this argan shampoo?

F: Well, to begin with, it's organic.

M: I'm clueless. How does organic shampoo differ from regular shampoo?

F: Organic shampoo has all-natural ingredients, while non-organic or regular shampoo contains artificial ingredients. I thought everyone knew that!

M: Ha-ha. Well, you know me—I'm in the office so much that I can get a bit out of touch with the rest of the world. Actually, I do need to pick up some shampoo soon. Do you think I should stick with regular or switch to organic?

F: I can help you decide. Let's start with non-organic or regular shampoo. One of its advantages is that you can buy it anywhere. ⁴¹ Also, regular shampoo is

F: 제이슨! ⁴⁰ 너는 내가 쓰고 있는 이 새로운 모로코 아르간 오일 샴푸를 믿을 수 없을 거야!

M: 네 머리는 정말 반짝반짝해 보여, 사라. 그래서 이 아르간 샴푸의 특별한 점은 뭐야?

F: 음, 우선, 이것은 유기농이야.

M: 나는 전혀 모르겠어. 유기농 샴푸는 일반 샴푸와 어떻게 달라?

F: 유기농 샴푸는 완전 천연 성분이 함유된 반면, 비유기농이나 일반 샴푸는 인공 성분이 함유돼 있어. 다들 알고 있다고 생각했는데!

M: 하하. 음. 나를 알잖아. 나는 사무실에 너무 많이 있어서 세상 물정을 모를 수가 있어. 사실, 나는 곧 샴푸를 사야 해. 너는 내가 일반 샴푸를 계속 써야 한다고 생각하니, 아니면 유기농으로 바꿔야 한다고 생각하니?

F: 네가 결정하도록 도와줄 순 있지. 비유기농 혹은 일반 샴푸부터 시작하자. 이것의 장점 중 하나는 어디에서나 살 수 있다는 점이야. ⁴¹ 또한, 일반 샴푸는 대부분의 재

cheaper because most of its ingredients are artificial and can be easily made in a factory.

M: So, regular shampoo is more available and affordable. Then what's all the rave about organic stuff?

F: [42] People are starting to prefer organic shampoo because it turns out regular shampoo contains many ingredients that can harm the body. The most common of them is *sodium lauryl sulfate* or SLS.

M: I've actually heard of that. It makes the suds when you're shampooing your hair, right?

F: Bingo. It creates the foam. However, tests have proven that SLS has many side effects such as hair loss and skin irritation. What's worse, it gets absorbed into the body and has been shown to leave deposits in the internal organs.

M: Ugh. I've read that whatever is applied onto our skin goes into our body in small amounts. Over time, these traces of chemicals that build up can be harmful.

F: Correct. Besides, regular shampoo removes the hair's natural oils. Now, to make up for the lost oil, the scalp produces more oil. As a result, your head becomes even greasier, and you'll have to shampoo more often!

M: Then why shampoo in the first place?

F: Why, indeed! [43] On the other hand, organic shampoo doesn't remove all the oil from your hair. Instead, it only removes the excess oil that makes your hair greasy.

M: Is that really true?

F: Well, it's true of the good ones. And a good organic shampoo will enrich the hair and scalp with natural oils, vitamins, and minerals. This results in shinier and healthier hair.

M: I guess another advantage of organic shampoo is that it won't harm our bodies and the environment since all its ingredients come from nature and are safe.

F: That's right. [44] However, organic shampoo doesn't contain SLS, so it doesn't always produce enough

TEST 1

TEST 2

TEST 3

TEST 4

TEST 5

TEST 6

TEST 7

료가 인공적이고 공장에서 쉽게 만들 수 있기 때문에 더 저렴해.

M: 그렇군. 일반 샴푸는 더 쉽게 살 수 있고 저렴하군. 그럼 다들 유기농 제품에 열광하는 이유는 뭐지?

F: [42]일반 샴푸에는 몸에 해로울 수 있는 성분이 많이 들어 있다고 판명되어서 사람들이 유기농 샴푸를 선호하기 시작했어. 유해 성분 중 가장 흔한 것은 라우릴 황산나트륨 즉 SLS야.

M: 사실 나도 그것에 대해 들어봤어. 그것은 머리를 감을 때 거품을 만들지, 맞지?

F: 빙고. 그것은 거품을 만들어. 하지만, 실험들은 SLS가 탈모와 피부 자극과 같은 많은 부작용을 가지고 있다는 것을 입증했어. 설상가상으로, 이것은 몸 속으로 흡수되어 내부 장기에 침전물을 남기는 것으로 밝혀졌다.

M: 으악. 피부에 바르는 것은 무엇이든 우리 몸에 소량씩 들어간다고 읽었어. 시간이 지나면서 쌓이는 화학물질의 이러한 흔적은 해로울 수 있지.

F: 맞아. 게다가, 일반 샴푸는 모발의 천연 기름을 제거해. 이제, 잃어버린 기름을 보충하기 위해, 두피는 더 많은 기름을 만들지. 결과적으로, 우리의 머리는 훨씬 더 기름지게 되고, 우리는 더 자주 샴푸를 해야 할 거야!

M: 그러면 왜 처음부터 샴푸를 쓰는 거야?

F: 그러게 말이야! [43]반면에, 유기농 샴푸는 머리카락의 모든 기름을 제거하지는 않아. 대신, 그것은 머리카락을 기름지게 만드는 과도한 기름을 제거해 줄 뿐이야.

M: 그게 정말 사실이야?

F: 음, 좋은 것들은 마찬가지야. 그리고 좋은 유기농 샴푸는 머리카락과 두피에 천연 오일, 비타민, 미네랄을 풍부하게 할 거야. 이것은 더 빛나고 건강한 머리카락이 되게 하지

M: 유기농 샴푸의 또 다른 장점은 모든 성분이 자연에서 추출되고 안전하기 때문에 우리 몸과 환경을 해치지 않을 거라는 점인 것 같아.

F: 맞아. [44]하지만 유기농 샴푸에는 SLS가 들어 있지 않아 거품이 늘 충분히 생기는

foam. People end up using more of the shampoo because they think it's not working.

M: I see. That means I'll use up all the organic shampoo quickly, and I'll have to buy it more often than regular shampoo.

F: Exactly. Another disadvantage of organic shampoo is that its smell doesn't last as long as that of regular shampoo. That "ultra clean" smell, by the way, is totally artificial, but people like it.

M: I guess organic shampoo is also more expensive because its ingredients are natural and costlier to produce.

F: Yes. [46] However, because it's all-natural, it makes it worth buying, in my opinion. Imagine what harm all those harsh chemicals do to our environment. With so many people shampooing around the world, the impact on the planet must be huge.

M: [45] You know, Sara, I think I'm ready for a change. And hopefully my hair will be as shiny as yours.

F: I think you're making the right choice, Jason.

것은 아니야. 사람들은 샴푸가 효과가 없다고 생각하기 때문에 샴푸를 더 많이 사용하게 되지.

M: 그렇군. 유기농 샴푸를 빨리 쓰게 되어 일반 샴푸보다 더 자주 사야 한다는 뜻이군.

F: 맞아. 유기농 샴푸의 또 다른 단점은 냄새가 일반 샴푸만큼 오래 지속되지 않는다는 거야. 그런데, 그 "초청결한" 냄새는 완전히 인공적인 것이지만, 사람들은 그것을 좋아해.

M: 유기농 샴푸는 재료도 자연적이고 생산 비용이 많이 들기 때문에 가격도 더 비싼 것 같아.

F: 그래. [46] 하지만, 내 생각에는 자연적이기 때문에 그것을 살 가치가 있게 만든다고 생각해. 이 모든 독한 화학물질들이 우리 환경에 어떤 해를 끼치는지 상상해 봐. 전 세계적으로 많은 사람들이 샴푸를 하고 있기 때문에, 지구에 미치는 영향은 매우 클 거야.

M: [45] 사라, 난 변화를 시도할 준비가 된 것 같아. 그러면 바라건대 내 머리카락도 네 것처럼 반짝거릴 거야.

F: 네가 옳은 선택을 하고 있다고 생각해, 제이슨.

어휘 to begin with 우선 organic 유기농인 clueless 단서가 없는, 전혀 모르는 differ from ~와 다르다 regular shampoo 일반 샴푸 all-natural ingredient 총천연 재료 artificial 인공적인 stick with ~을 고수하다, 고집하다 affordable 저렴한 rave 열광 prefer 선호하다 contain 함유하다 sodium lauryl sulfate 라우릴 황산 나트륨 suds 비누 거품 foam 거품 prove 증명하다, 입증하다 side effect 부작용 skin irritation 피부 자극 what's worse 설상가상으로 absorb 흡수하다 leave deposit 퇴적물을 남기다, 쌓다 be applied onto ~에 발라지다 trace of chemicals 화학물질의 흔적 make up for 보상하다 scalp 두피 produce 생산하다, 생성하다 as a result 결과적으로 greasy 기름진 excess 과도한 be true of ~도 마찬가지다, ~에도 해당되다 enrich 풍부하게 하다 result in (그 결과) ~가 되다 shiny 반짝이는 harsh 독한 impact 영향 huge 거대한, 지대한

난이도 ★★★ Category 주제(What)

40 What is Sara so excited to tell Jason about?

   (a) why she buys organic shampoo
   (b) the difference between organic and regular products
   (c) her experience with a new shampoo
   (d) the popularity of argan oil shampoo

사라가 제이슨에게 무슨 이야기를 하게 되어 그렇게 신나 하는가?

(a) 유기농 샴푸를 구입하는 이유
(b) 유기농 제품과 일반 제품의 차이
(c) 새 샴푸에 대한 그녀의 경험
(d) 아르간 오일 샴푸의 인기

어휘 organic 유기농의 product 상품 popularity 인기

정답 (c)

해설 대화에서 "⁴⁰ You won't believe this new Moroccan argan oil shampoo I've been using!"(내가 쓰고 있는 이 새로운 모로코 아르간 오일 샴푸는 믿을 수 없을 거야!)라고 하였다. 새 샴푸을 써보고 친구에게 믿을 수 없을 정도로 좋다고 이야기하고 있으므로 (c)가 정답이다.

난이도 ★★★   Category   세부사항(Why)

41 Why does regular shampoo cost less than organic shampoo?

(a) because it is easier to make
(b) because it is made with fewer ingredients
(c) because it is sold everywhere
(d) because it is less effective at cleaning hair

왜 일반 샴푸가 유기농 샴푸보다 더 저렴한가?

(a) 만들기 더 쉽기 때문에
(b) 더 적은 성분으로 제조되기 때문에
(c) 도처에서 판매되기 때문에
(d) 모발 청소에 덜 효과적이기 때문에

어휘 fewer 더 적은 ingredient 재료 less effective 덜 효과적인

정답 (a)

해설 대화에서 "⁴¹ Also, regular shampoo is cheaper because most of its ingredients are artificial and can be easily made in a factory."(또한, 일반 샴푸는 대부분의 재료가 인공적이고 공장에서 쉽게 만들 수 있기 때문에 더 저렴해.)라고 하였다. 보기 중 이 내용과 일치하는 (a)가 정답이다.

정답 Key Paraphrasing
대화에 쓰인 'because most of its ingredients are artificial and can be easily made in a factory'와 유사한 표현은 'because it is easier to make'이다.

난이도 ★★★   Category   세부사항(Why)

42 Based on the conversation, why are people switching to organic shampoo?

(a) because they just buy whatever is fashionable
(b) because the suds in regular shampoo irritate the eyes
(c) because organic shampoo is now more affordable
(d) because they are concerned about their health

대화에 따르면, 왜 사람들은 유기농 샴푸로 바꾸고 있는가?

(a) 유행하는 것은 무엇이든 사기 때문에
(b) 일반 샴푸의 거품이 눈을 자극하기 때문에
(c) 유기농 샴푸가 이제 더 저렴해졌기 때문에
(d) 자신의 건강을 염려하기 때문에

어휘 switch 바꾸다 suds 거품 irritate 자극하다 affordable 저렴한 be concerned about ~에 대해 염려하다

정답 (d)

해설 대화에서 "⁴² People are starting to prefer organic shampoo because it turns out regular shampoo contains many ingredients that can harm the body."(일반 샴푸에는 몸에 해로울 수 있는 성분이 많이 들어 있기 때문에 사람들은 유기농 샴푸를 선호하기 시작하고 있어.)라고 하였다. 보기 중 이 내용과 일치하는 (d)가 정답이다.

43 What makes using organic shampoo healthier for one's hair?

    (a) It takes out unwanted oils from the hair.
    (b) It reduces the need to wash as often.
    (c) It makes the scalp produce more oil.
    (d) It absorbs deep into one's skin.

유기농 샴푸를 사용하는 것이 머리카락을 더 건강하게 만드는 이유는 무엇인가?

(a) 머리카락에서 원치 않는 기름을 제거한다.
(b) 자주 씻어야 하는 필요성을 줄여준다.
(c) 두피가 더 많은 지방을 생성하게 한다.
(d) 피부 깊이 흡수된다.

어휘 ▶ **take out** 제거하다   **unwanted** 원치 않는   **reduce** 줄이다   **scalp** 두피   **produce** 만들다, 생성하다   **absorb** 흡수하다

정답 ▶ (a)

해설 ▶ 대화에서 "⁴³On the other hand, organic shampoo doesn't remove all the oil from your hair. Instead, it only removes the excess oil that makes your hair greasy."(반면에, 유기농 샴푸는 머리카락의 모든 기름을 제거하지는 않아. 대신, 그것은 머리카락을 기름지게 만드는 과도한 기름을 제거해 줄 뿐이야.)라고 하였다. 보기 중 이 내용과 일치하는 (a)가 정답이다.

🔑 **정답 Key** ▶ **Paraphrasing**
대화에 쓰인 'it only removes the excess oil that makes your hair greasy'와 유사한 표현은 'It takes out unwanted oils from the hair.'이다.

44 How does one make up for the lack of suds when using organic shampoo?

    (a) by finishing off with regular shampoo
    (b) by applying more shampoo
    (c) by massaging the hair more briskly
    (d) by shampooing more than once daily

유기농 샴푸를 사용할 때 어떻게 부족한 거품을 보충하는가?

(a) 일반 샴푸로 마무리해서
(b) 샴푸를 더 많이 발라서
(c) 모발을 더 활발하게 마사지하여
(d) 하루에 두 번 이상 샴푸하여

어휘 ▶ **make up for** 보충하다, 보상하다   **lack** 부족   **apply** 바르다, 도포하다   **massage** 마사지하다   **briskly** 활발하게

정답 ▶ (b)

해설 ▶ 대화에서 "⁴⁴However, organic shampoo doesn't contain SLS, so it doesn't always produce enough foam. People end up using more of the shampoo because they think it's not working."(하지만 유기농 샴푸에는 SLS가 들어 있지 않아 거품이 충분히 생기지 않지. 사람들은 샴푸가 효과가 없다고 생각하기 때문에 샴푸를 더 많이 사용하게 되지.)라고 하였다. 보기 중 이 내용과 일치하는 (b)가 정답이다.

🔑 **정답 Key** ▶ **Paraphrasing**
대화에 쓰인 'People end up using more of the shampoo' 와 유사한 표현은 'by applying more shampoo'이다.

45 What has Jason most likely decided to do at the end of the conversation?

    (a) buy some shampoo that foams easily
    (b) look for the most affordable product

제이슨이 대화의 마지막에 무엇을 하기로 결정했을까?

(a) 거품이 잘 생기는 샴푸 구매
(b) 가장 저렴한 제품 찾기

(c) get the product without harmful chemicals

(d) purchase shampoo that gets rid of more oils

(c) 유해 화학 물질 없는 제품 구하기

(d) 더 많은 기름을 제거하는 샴푸 구매

어휘 at the end of ~의 끝에　foam 거품이 생기다　look for 찾다　harmful 유해한　purchase 구매하다　get rid of 제거하다

정답 (c)

해설 대화에서 "⁴⁵You know, Sara, I think I'm ready for a change. And hopefully my hair will be as shiny as yours."(사라, 난 변화할 준비가 된 것 같아. 그리고 바라건대 내 머리카락도 네 것처럼 반짝거릴 거야.)라고 하였다. 대화의 내용으로 보아 제이슨은 지금까지 일반 샴푸를 써오고 있었고 이제 변화할 준비가 되었다고 했으니까 유기농 샴푸로 바꾸겠다고 결정한 것으로 추론된다. 따라서 (c)가 정답이다.

PART 4 | **46-52** | 절차 설명: 휴가 후 업무 복귀를 용이하게 하는 팁들

https://han.gl/woMMN

Good day, everyone. Welcome to *Career Hacks*. ⁴⁶Many people feel terrible when going back to work after a long vacation. In fact, a lot of people feel that they need to take "a vacation from their vacation" before heading back to the workplace! This simply means they need some time to adjust from "vacation mode" back to "work mode." ⁴⁶So, how do you make the transition back to work easier? I'll tell you how in seven simple steps.

First, start planning for your return before you leave. Yes, preparing to go back to work starts even before your vacation does. ⁴⁷For example, schedule a trip so that you'll return on a Saturday. That way, you can spend Sunday relaxing at home and preparing for your return to work. To allow yourself some time to adjust, don't schedule meetings and challenging work on your first week back.

⁴⁸Second, begin adjusting your sleep cycle as your vacation is nearing its end. At least two days before you return to work, try to go to bed and wake up at the usual times you do on a normal workday. This will help your body get back to its regular schedule before you return to the office.

Third, review your upcoming tasks ahead of time. ⁴⁹One day before your return, check your emails and review your calendar. If you had left an important project in progress, call your boss or co-worker to ask for updates. Know your schedule for the upcoming week, so you won't get surprised with new agendas or deadlines. Also, make a short list of what you need to do on your first day

안녕하세요, 여러분. 커리어 핵스(*Career Hacks*)에 오신 것을 환영합니다. ⁴⁶많은 사람들이 긴 휴가를 마치고 회사로 돌아갈 때 끔찍함을 느낍니다. 사실, 많은 사람들이 직장으로 돌아가기 전에 '휴가로부터의 휴가'를 취해야 한다고 생각해요! 이것은 단순히 그들이 '휴가 모드'에서 '작업 모드'로 다시 조정하기 위한 약간의 시간이 필요하다는 것을 의미합니다. ⁴⁶그러면, 어떻게 업무로의 복귀를 더 쉽게 할 수 있을까요? 7단계의 간단한 방법을 알려드리겠습니다.

먼저, 떠나기 전에 돌아올 계획을 세우세요. 네, 휴가가 시작되기 전에 복직 준비는 시작됩니다. ⁴⁷예를 들어 토요일에 돌아올 수 있도록 여행 일정을 잡으세요. 그렇게 하면, 일요일은 집에서 쉬면서 일터로 돌아갈 준비를 하면서 보낼 수 있습니다. 자신에게 적응할 시간을 주기 위해, 돌아온 첫 주에 미팅과 도전적인 작업을 예약하지 마세요.

⁴⁸둘째, 휴가가 끝나갈 때 수면 주기를 조절하기 시작하세요. 적어도 출근하기 이틀 전에, 근무일에 하듯 평소 시간에 잠자리에 들고 일어나도록 노력하세요. 이것은 사무실로 돌아오기 전에 여러분의 몸이 규칙적인 일정으로 돌아갈 수 있도록 도와줄 것입니다.

셋째, 곧 있을 업무를 미리 검토하세요. ⁴⁹돌아오기 하루 전에 이메일을 확인하고 일정을 검토하세요. 중요한 프로젝트 진행 중에 떠났다면 상사나 동료에게 전화해서 업데이트를 요청하세요. 새로운 의제나 마감일에 놀라지 않도록 다가오는 주 일정을 숙지하세요. 또한, 복귀 첫날 여러분이 해야 할 일을 간략하게 리스트를 만드세요. ⁴⁹이렇게

back at work. ⁴⁹ This will help you get focused and feel in control of the tasks ahead.

Fourth, ⁵⁰ show up early on your first day back at work. This will allow you to start working on your priority tasks without being distracted by your co-workers who might be asking about your vacation. Try to do things according to your own work habits. For example, if you're a morning person, do the most important tasks on your list first, and delay the smaller tasks for later in the day.

Fifth, spend some time talking with your co-workers. Some of them will really be interested in your vacation and might even ask you to show them pictures. It may also be helpful to have lunch with a co-worker to discuss the status of a project or simply catch up on what happened while you were away.

Sixth, set reasonable expectations for yourself. ⁵¹ On your first day back at work, avoid forcing yourself to do several tasks at the same time just to get everything done right away. It's not efficient, and you'll only stress yourself out. Instead, focus on one task at a time.

⁵² Lastly, plan to do something fun after work. To keep from feeling awful on your first day back, schedule an activity you enjoy doing. This will give you something to look forward to all day. It can be as simple as watching a favorite TV show or going out to dinner with a friend.

Remember: the first day back from a vacation is the hardest. As time goes by, you'll be back to your old work routine before you know it. So, get back into gear, work hard, and start earning your next vacation!

하면 집중하게 되고 앞으로의 작업을 통제할 수 있다고 느낄 수 있습니다.

넷째, ⁵⁰업무에 복귀한 첫날 일찍 출근하세요. 이것은 당신이 휴가에 대해 물어보는 동료들에 의해 산만해지지 않고 우선 순위의 과제들을 시작할 수 있게 해 줄 것입니다. 당신 자신의 업무 습관에 따라 일을 하도록 하세요. 예를 들어, 당신이 아침형 인간이라면, 목록에서 가장 중요한 작업들을 먼저 수행하고 작은 작업들은 그날의 나중 시간대로 미루세요.

다섯째, 동료들과 이야기하면서 시간을 보내세요. 그들 중 몇몇은 정말로 여러분의 휴가에 관심을 가질 것이고 심지어 그들이 사진을 보여달라고 요청할 수도 있습니다. 동료와 함께 점심을 먹으며 프로젝트 진행 상황에 대해 논의하거나 자리를 비운 사이에 일어난 일을 간단히 알아보는 것도 도움이 될 수 있습니다.

여섯째, 자신에 대한 합리적인 기대를 설정하세요. ⁵¹업무 복귀 첫 날에 모든 것을 바로 하기 위해 동시에 여러 가지 일을 억지로 하는 것은 피하세요. 효율적이지도 않고, 스트레스만 받을 거예요. 대신 한 번에 하나의 작업에 집중하세요.

⁵²마지막으로, 퇴근 후에 재미있는 일을 할 것을 계획하세요. 돌아온 첫날 끔찍하게 느끼는 것을 막기 위해, 여러분이 즐겨 하는 활동을 계획하세요. 이것은 당신에게 하루 종일 기대할 무언가를 줄 것입니다. 그것은 좋아하는 TV쇼를 보거나 친구와 저녁을 먹으러 가는 것처럼 간단할 수 있어요.

기억하세요: 휴가에서 돌아오는 첫 날이 가장 힘들다는 것을. 시간이 흐르면, 여러분은 그것을 알아차리기도 전에 어느새 예전 일상으로 돌아갈 것입니다. 그러니, 다시 준비해서, 열심히 일하고, 다음 휴가를 얻기 시작하세요!

어휘 feel terrible 끔찍하게 느끼다 head back to ~로 복귀하다 adjust 조정하다 transition 전환 ahead of time 미리, 사전에 in progress 진행 중인 agenda 의제 deadline 마감일 priority 우선 순위 without being distracted 산만해지지 않고 status of a project 프로젝트의 진행 상황 catch up 따라잡다 keep from -ing ~하는 것을 막다 as time goes by 시간이 지남에 따라 work routine 일하는 습관

난이도 ★ ★ ★ | Category | 주제(What)

46 What is the talk about?

    (a) how to get back to work after a long leave

이 담화는 무엇에 관한 것인가?

(a) 장기 휴가 후 업무에 복귀하는 방법

(b)　planning for a perfect vacation

(c)　how to be more productive at work

(d)　surviving the first day on the job

(b) 완벽한 휴가를 위해 계획하기
(c) 직장에서 생산성을 높이는 방법
(d) 직장에서의 첫날 생존하기

어휘 get back to work 업무에 복귀하다　long leave 장기 휴가　productive 생산적인　survive 생존하다

정답 (a)

해설 담화 1단락에서 "⁴⁶ Many people feel terrible when going back to work after a long vacation."(많은 사람들이 긴 휴가를 마치고 회사로 돌아갈 때 끔찍함을 느낍니다.)와 "⁴⁶ So, how do you make the transition back to work easier? I'll tell you how in seven simple steps."(그러면, 어떻게 하면 업무 복귀를 더 쉽게 할 수 있을까요? 7단계의 간단한 방법을 알려드리겠습니다.)라고 하였다. 이 내용과 일치하는 (a)가 정답이다.

🔑 **정답 Key** **Paraphrasing**
담화에 쓰인 'how do you make the transition back to work easier?'와 유사한 표현은 'how to get back to work after a long leave'이다.

난이도 ★★★　**Category**　**세부사항(Why)**

47 Based on the talk, why should one plan to return from a vacation on a Saturday?

(a)　to devote time for meeting friends back at home

(b)　to be able to sleep all of Sunday

(c)　to spend the day unpacking and cleaning

(d)　to set aside time to get ready for the work week

담화에 따르면, 왜 토요일에 휴가에서 돌아오려고 계획해야 하는가?

(a) 집에 돌아와서 친구를 만나는 데 시간을 내려고
(b) 일요일 내내 잘 수 있게 하려고
(c) 짐을 풀고 청소하는 데 하루를 보내려고
(d) 업무 주를 위해 준비하는 시간을 따로 확보하려고

어휘 return 돌아오다　devote 바치다　unpack 짐을 풀다　set aside 따로 확보하다　get ready for ~을 위한 준비가 되다

정답 (d)

해설 담화 2단락에서 "⁴⁷ For example, schedule a trip so that you'll return on a Saturday. That way, you can spend Sunday relaxing at home and preparing for your return to work."(예를 들어 토요일에 돌아올 수 있도록 여행 일정을 잡으세요. 그렇게 하면, 일요일은 집에서 쉬면서 일터로 돌아갈 준비를 하면서 보낼 수 있습니다.)라고 하였다. 보기 중 이 내용과 일치하는 (d)가 정답이다.

🔑 **정답 Key** **Paraphrasing**
담화에 쓰인 'preparing for your return to work.'와 유사한 표현은 'to set aside time to get ready for the work week'이다.

난이도 ★★★　**Category**　**세부사항(When)**

48 When should one start sleeping and waking up as on a normal workday?

(a)　on the first day back at work

(b)　when one's return to work is approaching

(c)　when one's sleep cycle goes back to normal

(d)　all throughout the vacation

언제부터 보통 근무일 때와 같이 자고 일어나기 시작해야 하는가?

(a) 업무 복귀 첫날
(b) 업무 복귀가 임박했을 때
(c) 수면 주기가 정상으로 돌아갈 때
(d) 휴가 내내

어휘 wake up 일어나다　normal 보통의　workday 근무일　approach 다가오다, 임박하다　sleep cycle 수면 주기

정답 (b)

담화 3단락에서 "⁴⁸ Second, begin adjusting your sleep cycle as your vacation is nearing its end. At least two days before you return to work, try to go to bed and wake up at the usual times you do on a normal workday."(둘째, 휴가가 끝나갈 때 수면 주기를 조절하기 시작하세요. 적어도 출근하기 이틀 전에, 근무일에 하듯 평소 시간에 잠자리에 들고 일어나도록 하세요.)라고 하였다. 보기 중 이 내용과 일치하는 (b)가 정답이다.

정답 Key Paraphrasing

담화에 쓰인 'At least two days before you return to work'와 유사한 표현은 'when one's return to work is approaching'이다.

난이도 ★★★ | Category 세부사항(How)

49 How can checking the calendar before returning to work make one feel in control of tasks?

(a) It reminds one about upcoming duties.
(b) It helps one start tasks before returning to work.
(c) It allows one to schedule more meetings.
(d) It keeps one busy while on a vacation.

업무 복귀 전에 일정을 점검하는 것은 어떻게 업무를 통제할 수 있다는 느낌을 줄 수 있는가?

(a) 곧 있을 임무에 대해 일깨워 준다.
(b) 업무 복귀 전에 업무를 시작하도록 도와준다.
(c) 더 많은 미팅을 예약할 수 있게 한다.
(d) 휴가 동안 사람을 바쁘게 한다.

어휘 check the calendar 일정을 확인하다 in control of tasks 업무에 대한 통제 remind 상기시키다 upcoming 곧 있을 task 업무, 과제

정답 (a)

해설 담화 4단락에서 "⁴⁹ One day before your return, check your emails and review your calendar."(돌아오기 하루 전에 이메일을 확인하고 일정을 검토하십시오.)와 "⁴⁹ This will help you get focused and feel in control of the tasks ahead."(이렇게 하면 집중하게 되고 앞으로의 작업을 제어할 수 있다고 느끼게 도와줄 것입니다.)라고 하였다. 업무 복귀 전에 미리 일정을 검토하면 돌아가서 곧 하게 될 업무를 떠올리게 되어 업무를 통제할 수 있다고 느끼므로 (a)가 정답이다.

정답 Key Paraphrasing

담화에 쓰인 'This will help you get focused and feel in control of the tasks ahead.'와 유사한 표현은 'It reminds one about upcoming duties.'이다.

난이도 ★★★ | Category 추론(How)

50 How does going to work early most likely help people work without distractions?

(a) They can train themselves to be morning people.
(b) Their coworkers will be too busy to talk.
(c) They can start working on tasks before others arrive.
(d) Their coworkers will still be on vacation.

일찍 출근하는 것이 방해받지 않고 일하는 데 어떻게 도움이 될까?

(a) 자신을 아침형 인간이 되도록 훈련할 수 있다.
(b) 그들의 동료들은 너무 바빠서 이야기를 할 수 없을 것이다.
(c) 다른 사람이 도착하기 전에 작업을 시작할 수 있다.
(d) 그들의 동료들은 여전히 휴가 중일 것이다.

어휘 without distraction 방해 없이 cowerker 동료 on vacation 휴가 중

정답 (c)

해설 담화 5단락에서 "⁵⁰ Show up early on your first day back at work. This will allow you to start working on your priority tasks without being distracted by your co-workers who might be asking about your vacation."(출근 첫날 일찍 출근하세요. 이것은 여러

분이 휴가에 대해 물어보는 동료들에 의해 산만해지지 않고 우선 순위의 과제들을 시작할 수 있게 해 줄 것입니다.)라고 하였다. 보기 중 이 내용과 일치하는 (c)가 정답이다.

🔑 **정답 Key** **Paraphrasing**

담화에 쓰인 'This will allow you to start working on your priority tasks without being distracted by your co-workers'와 유사한 표현은 'They can start working on tasks before others arrive.'이다

난이도 ★★☆ | **Category** **세부사항(What)**

51 What should one avoid doing on the first day back at work?

(a) talking about one's vacation
(b) focusing on a single task at a time
(c) trying to finish many tasks all at once
(d) planning another vacation

업무 복귀 첫날에는 무엇을 하는 것을 피해야 하는가?

(a) 휴가에 관해 이야기하기
(b) 한 번에 하나의 작업에 초점을 맞추기
(c) 여러 작업을 한꺼번에 완료하려고 하기
(d) 또 다른 휴가를 계획하기

어휘 avoid 피하다 focus on 집중하다 all at once 한꺼번에

정답 (c)

해설 담화 7단락에서 "⁵¹On your first day back at work, avoid forcing yourself to do several tasks at the same time just to get everything done right away.(첫 출근하는 날, 모든 것을 바로 하기 위해 동시에 여러 가지 일을 하도록 강요하는 것은 피하세요.)라고 하였다. 보기 중 이 내용과 일치하는 (c)가 정답이다.

🔑 **정답 Key** **Paraphrasing**

담화에 쓰인 'avoid forcing yourself to do several tasks at the same time'과 유사한 표현은 'trying to finish many tasks all at once'이다.

난이도 ★★★ | **Category** **세부사항(What)**

52 What is the importance of planning a fun activity after work?

(a) It keeps one's mind off work.
(b) It gives one the same feeling as being on vacation.
(c) It breaks up the daily routine.
(d) It gives one something fun to think about while working.

퇴근 후에 재미있는 활동을 계획하는 것의 중요성은 무엇인가?

(a) 일에 대한 생각을 잊게 해 준다.
(b) 휴가 때와 같은 느낌을 준다.
(c) 일상을 깨뜨린다.
(d) 일하는 동안 생각할 재미있는 것을 준다.

어휘 keep one's mind off ~에서 생각을 딴 데로 돌리다, ~을 잊어버리다 break up 망치다 daily routine 하루 일과

정답 (d)

해설 담화 8단락에서 "⁵²Lastly, plan to do something fun after work. To keep from feeling awful on your first day back, schedule an activity you enjoy doing. This will give you something to look forward to all day."(마지막으로, 퇴근 후에 재미있는 일을 할 것을 계획하세요. 돌아오는 첫날 끔찍함을 느끼지 않도록 하기 위해, 여러분이 즐겨 하는 활동을 계획하세요. 이것은 당신에게 하루 종일 기대할 무언가를 줄 것입니다.)라고 하였다. 보기 중 이 내용과 일치하는 (d)가 정답이다.

🔑 **정답 Key** **Paraphrasing**

담화에 쓰인 'This will give you something to look forward to all day'와 유사한 표현은 'It gives one something fun to think about while working.'이다.

READING AND VOCABULARY 53-80

Category   PART 1 인물 일대기   PART 2 잡지 기사   PART 3 지식 백과   PART 4 비즈니스 레터

PART 1   53-59   인물 일대기: 첨단 기술 사업 분야에 기여한 일론 머스크

ELON MUSK

[53] Elon Musk is a South African-born American engineer and entrepreneur known for founding high-technology companies including SpaceX and Tesla Motors. Also recognized for his environmental and charity work, Musk is one of the wealthiest people in the world.

Elon Reeve Musk was born on June 28, 1971 in Transvaal, South Africa. His father, Errol Musk, is a South African-born electromechanical engineer. His mother, Maye Haldeman, was a Canadian model. [54] Young Elon showed his inventive nature early in life. He acquired his first computer at age 10, and with an unusual talent for technology, designed a space game called *Blastar* at 12. Musk went to private schools in Pretoria, South Africa. He attended Queen's University in Canada, and transferred to the University of Pennsylvania where he received his bachelor's degrees in economics and physics.

Musk attended Stanford University for a Ph.D. in applied physics. However, he decided to join the Internet boom that was starting at the time. [55] He left school and soon launched the first in a [58] <u>chain</u> of successful business ventures. Zip2 was a company that provided city guide software for high-profile newspapers. In 1999, Compaq Computer Corporation acquired Zip2. That same year, Musk co-founded X.com, an online payments company that eventually became part of PayPal.

[56] Musk started SpaceX in 2002 to promote space travel for private individuals. Known as the first private company to launch a rocket into space, SpaceX also manufactures space launch vehicles and is now the world's largest maker of rocket motors. It was also in 2002 that Musk became a US citizen. He invested in

일론 머스크

[53] 일론 머스크는 남아프리카공화국 태생의 미국 엔지니어이자 기업가로서 스페이스엑스, 테슬라 모터스 등 첨단 기술 기업을 설립한 것으로 유명하다. 또한 환경과 자선 활동으로 인정받으면서, 머스크는 세계에서 가장 부유한 사람들 중 한 명이다.

일론 리브 머스크는 1971년 6월 28일 남아프리카 트란스발에서 태어났다. 그의 아버지 에롤 머스크는 남아프리카 태생의 전자기계 엔지니어이다. 그의 어머니인 메이 할데만은 캐나다의 모델이었다. [54] 어린 일론은 일찍 창의력을 보여주었다. 그는 10살에 첫 컴퓨터를 얻었고, 기술에 남다른 재능을 가지고 12살에 〈블라스타(Blastar)〉라는 우주 게임을 디자인했다. 머스크는 남아프리카의 프레토리아에 있는 사립학교를 다녔다. 그는 캐나다의 퀸스 대학에 다녔고, 펜실베니아 대학으로 편입하여 경제학 및 물리학 학사 학위를 받았다.

머스크는 응용물리학 박사 학위를 위해 스탠포드 대학에 다녔다. 하지만, 그는 그 당시에 시작되었던 인터넷 붐에 동참하기로 결정했다. [55] 그는 학교를 중퇴했고 곧 [58] 연속해서 성공한 비즈니스 벤처들의 첫 번째 회사를 설립했다. 집2(Zip2)는 유명 신문사에 도시 안내 소프트웨어를 제공한 회사였다. 1999년 컴팩 컴퓨터(Compaq Computer Corporation)는 집2를 인수하였다. 같은 해 머스크는 온라인 결제 회사인 X.com을 공동 설립하였으며, 이 회사는 결국 페이팔(PayPal)의 일부가 되었다.

[56] 머스크는 개인들을 위한 우주 여행을 촉진하기 위해 2002년에 스페이스엑스를 창립했다. 우주로 로켓을 발사한 최초의 민간 기업으로 알려진 스페이스엑스는 우주발사체도 제조하고 있으며 현재 세계 최대의 로켓 모터 제조 회사이다. 머스크가 미국 시민이 된 것도 2002년이다. 이후 테슬라 모터스에 투자했고, 이사회 의장으로 입사했다.

Tesla Motors afterward, and joined the company as its board chairman. Tesla Motors produces electric cars including the Roadster, a high-performance sports car, and the more affordable Model 3, a sedan that has become the company's best-selling model and one of the world's most popular electric vehicles.

Further business ventures include a research company for artificial intelligence and investment in a high-speed transportation system. [57] He is the chairman of the Musk Foundation, a charity group that provides emergency solar energy to disaster-hit areas. For his contributions in the fields of technology, energy, and business, Musk has received many [59] recognitions, including the Stephen Hawking Medal for Science Communication and a Gold Medal from the Royal Aeronautical Society.

테슬라 모터스는 고성능 스포츠카인 로드스터(Roadster)와 이 회사의 가장 잘 팔리는 모델이자 세계에서 가장 인기 있는 전기차 중 하나가 된 세단인 더 저렴한 Model 3를 포함한 전기차들을 생산한다.

추가적인 사업 벤처로는 인공지능을 위한 연구 회사와 고속 운송 시스템에 대한 투자를 포함한다. [57] 그는 재난 피해 지역에 비상 태양 에너지를 제공하는 자선 단체인 머스크 재단의 회장이다. 머스크는 기술, 에너지, 사업 분야에 기여한 공로로 스티븐 호킹 과학 커뮤니케이션 훈장과 왕립 항공 협회로부터 금상을 포함한 많은 [59] 표창을 받았다.

어휘 engineer 기술자, 엔지니어 entrepreneur 사업가, 기업가 recognized for ~로 인정받은 charity work 자선 활동 wealthiest 가장 부유한 electromechanical 전자기계의 inventive nature 창의력 unusual talent 남다른 재능 transfer to ~로 전학가다, 편입하다 bachelor's degree 학사 학위 economics 경제학 applied physics 응용 물리학 launch 개시하다, 발사하다 high-profile 세간의 이목을 끄는, 유명한 acquire 얻다, 습득하다 payments company 결제 회사 eventually 결국 promote 촉진하다 private 사적인 individual 개인 manufacture 제조하다 vehicle 차량 invest 투자하다 board chairman 이사회 의장 further 추가적인 emergency 비상 disaster-hit area 재난 피해 지역 contribution 공헌 recognition 인정, 표창 Aeronautical Society 항공 협회

난이도 ★★★ Category 주제(What)

53 What type of company is Elon Musk known for running?

(a) organizations that help the needy
(b) businesses that make earth-friendly structures
(c) non-profits that support new inventions
(d) enterprises that use advanced technologies

일론 머스크는 어떤 유형의 회사를 운영하는 것으로 알려져 있는가?

(a) 빈곤층을 돕는 단체
(b) 지구 친화적인 구조물을 만드는 기업
(c) 새로운 발명품을 지원하는 비영리 단체
(d) 첨단 기술을 사용하는 기업

어휘 be known for ~로 알려져 있다 organization 조직 the needy 빈곤층 earth-friendly 지구 친화적인 structure 구조물 non-profit 비영리 단체 invention 발명품 enterprise 기업 advanced technology 첨단 기술

정답 (d)

해설 본문 1단락에서 "[53] Elon Musk is a South African-born American engineer and entrepreneur known for founding high-technology companies including SpaceX and Tesla Motors."(일론 머스크는 남아프리카공화국 태생의 미국 엔지니어이자 기업가로서 스페이스X, 테슬라 모터스 등 첨단기술 기업을 설립한 것으로 유명하다.)라고 하였다. 보기 중 이 내용과 일치하는 (d)가 정답이다.

정답 Key Paraphrasing

본문에 쓰인 'entrepreneur known for founding high-technology companies'와 유사한 표현이 'enterprises that use advanced technologies'이다. 특히 enterpreneur와 enterprises는 같은 어원에서 파생된 명사이므로 유사도가 높다. 또, 'high-technology'와 'advanced technologies'도 의미상 유사한 표현이다. 이렇게 지텔프 리딩에서는 동일 어휘를 그대로 반복하지 않고 유사한 다른 어휘로 바꾸어 표현(parpphrasing)하여 선택지를 제시하는 경우가 많다.

54 How did Musk show his technological skills as a child?

(a) by creating a piece of entertainment
(b) by designing an online game
(c) by assembling his own personal computer
(d) by improving existing video games

머스크는 어렸을 때 어떻게 기술력을 보여주었는가?

(a) 오락물을 만들어서
(b) 온라인 게임을 설계하여
(c) 자신의 개인용 컴퓨터를 조립하여
(d) 기존 비디오 게임을 개선하여

어휘 entertainment 오락물   assemble 조립하다   improve 개선하다   existing 기존의, 존재하는

정답 (a)

해설 본문 2단락에서 "⁵⁴ Young Elon showed his inventive nature early in life. He acquired his first computer at age 10, and with an unusual talent for technology, designed a space game called *Blastar* at 12."(어렸을 때부터 일론은 일찍 창의력을 보여주었다. 그는 10살에 첫 컴퓨터를 구입했고, 기술에 남다른 재능을 가지고 12살에 블라스타라는 우주 게임을 디자인했다.)라고 하였다. 보기 중 이 내용과 일치하는 (a)가 정답이다.

오답 분석 본문에 'design a space game'이라는 표현을 보고서 (b) by designing an online game을 고르면 안 된다. 온라인 게임은 머스크가 12살 시절(1980년대)에는 아직 나오지 않았던 시기이므로 design이나 game 같은 동일 단어가 쓰였어도 (b)는 오답이다. 지텔프 리딩 파트 문제에서는 본문에서 나온 어휘를 그대로 쓰지 않고 유사한 표현으로 바꿔 쓴 것(paraphrasing 한 것)이 정답이 되고 동일 어휘를 반복해서 쓴 것은 오답이 되는 문제가 많이 출제되고 있다. 일단 동일한 어휘가 쓰인 선택지는 정답이 되기 힘들다고 생각해야 한다.

🔑 **정답 Key** **Paraphrasing**
본문에 쓰인 'designed a space game called Blastar'와 유사한 표현이 'by creating a piece of entertainment'이다.
'a space game'을 'entertainment'로 바꿔 쓴 것에 주목해야 한다.

55 Why most likely did Musk stop pursuing his studies?

(a) so he could join a web company
(b) so he could start his own business
(c) because he had a hard time entering a university
(d) because he lost interest in getting a college degree

머스크는 왜 학업을 그만두었을까?

(a) 웹 회사에 입사하기 위해
(b) 자신의 사업을 시작하기 위해
(c) 대학에 들어가는데 어려움을 겪었기 때문에
(d) 대학 학위 취득에 흥미를 잃었기 때문에

어휘 pursue 추구하다   join 합류하다, 입사하다   have a hard time -ing ~하느라 어려움을 겪다

정답 (b)

해설 본문 3단락에서 "He left school and soon launched the first in a chain of successful business ventures."(그는 학교를 중퇴했고 곧 연속해서 성공한 비즈니스 벤처들의 첫 번째 회사를 설립했다.)라고 하였다. 학교를 떠나자마자 바로 사업을 시작한 것으로 보아, 사업을 시작하기 위해 학업을 중단한 것으로 추론된다. 따라서 (b)가 정답이다.

🔑 **정답 Key** **Paraphrasing**
본문에 쓰인 'He left school and soon launched the first in a chain of successful business ventures.'와 의미상 유사한 표현은 'so, he could start his own business'이다.

난이도 ★★★　**Category**　세부사항(What)

56 According to the article, what is the goal of SpaceX?

(a) building the world's largest rocket engines
(b) allowing non-astronauts to visit space
(c) making space travel affordable to everyone
(d) producing the fastest electric cars

기사에 따르면 스페이스엑스의 목표는 무엇인가?

(a) 세계에서 가장 큰 로켓 엔진 제작하기
(b) 우주비행사가 아닌 사람들에게 우주 방문 허용하기
(c) 모든 사람이 저렴하게 우주 여행을 할 수 있도록 하기
(d) 가장 빠른 전기 자동차 생산하기

어휘 non-astronaut 우주비행사가 아닌 사람　affordable 저렴한

정답 (b)

해설 본문 4단락에서 "Musk started SpaceX in 2002 <u>to promote space travel for private individuals.</u>"(머스크는 <u>개인들을 위한 우주 여행을 촉진하기 위해</u> 2002년에 스페이스X를 시작했다.)라고 하였다. 보기 중 이 내용과 일치하는 (b)가 정답이다.

정답 Key Paraphrasing

본문에 쓰인 'to promote space travel for private individuals'와 유사한 표현은 'allowing non-astronauts to visit space'이다.

난이도 ★★★　**Category**　세부사항(How)

57 How does the Musk Foundation help victims of natural disasters?

(a) It sells them solar panels at no profit.
(b) It gives them jobs in one of Musk's companies.
(c) It provides them with a free source of power.
(d) It gives them emergency loans.

머스크 재단은 자연재해 피해자들을 어떻게 돕는가?

(a) 태양 전지판을 무수익으로 판매한다.
(b) 머스크의 회사 중 한 곳에서 일자리를 준다.
(c) 그들에게 무료 전기를 제공한다.
(d) 그들에게 긴급 대출을 해 준다.

어휘 foundation 재단　victim 피해자　natural disaster 자연재해　solar panel 태양 전지판　at no profit 수익 없이
provide A with B A에게 B를 제공하다　emergency loan 비상 대출

정답 (c)

해설 본문 5단락에서 "⁵⁷ He is the chairman of the Musk Foundation, <u>a charity group that provides emergency solar energy to disaster-hit areas.</u>"(그는 재난 피해 지역에 비상 태양 에너지를 제공하는 자선 단체인 머스크 재단의 회장이다.) 라고 하였다. 보기 중 이 내용과 일치하는 (c)가 정답이다.

정답 Key Paraphrasing

본문에 쓰인 'provides emergency solar energy to disaster-hit areas'와 유사한 표현은 'It provides them with a free source of power.'이다.

58 In the context of the passage, <u>chain</u> means _____.

(a) pattern
(b) link
(c) cycle
(d) series

본문의 맥락에서, chain은 _____ 를 의미한다.

(a) 패턴
(b) 연결
(c) 주기
(d) 연속

> **어휘** chain 일련, 연속 pattern 형태, 문양 link 연결 cycle 주기 series 연속

> **정답** (d)

> **해설** 본문 3단락 "He left school and soon launched the first in a 58 <u>chain</u> of successful business ventures."(그는 학교를 떠났고 곧 연속적인 성공적인 비즈니스 벤처들의 첫 번째 회사를 설립했다.)에서 명사 chain은 '연속'의 의미로 사용되었으므 (d)가 정답이다.

59 In the context of the passage, <u>recognitions</u> means _____.

(a) honors
(b) notifications
(c) acceptances
(d) realizations

본문의 맥락에서, recognitions는 _____ 를 의미한다.

(a) 표창
(b) 통지
(c) 인수
(d) 깨달음

> **어휘** recognition 인정, 인식 honor 영예, 표창 notification 통지 acceptance 인수 realization 깨달음

> **정답** (a)

> **해설** 본문 5단락 "Musk has received many 59 <u>recognitions</u>, including the Stephen Hawking Medal for Science Communication and a Gold Medal from the Royal Aeronautical Society,"(머스크는 기술, 에너지, 사업 분야에 기여한 공로로 스티븐 호킹 과학 커뮤니케이션 훈장과 왕립 항공 협회로부터 금상을 포함한 많은 표창을 받았다.)에서 recognitions는 '인식, 표창'의 의미로 사용되었으므로 보기 중 이 의미와 가장 가까운 (a)가 정답이다.

PART 2 | 60-66 잡지 기사: 네안데르탈인 멸종과 불 사용과의 상관관계

NEANDERTHALS PAID A HIGH PRICE FOR A COLD MEAL

[60] Recent archeological findings propose that one of the reasons Neanderthals became extinct may have been their failure to make full use of fire. Researchers suggest that Neanderthals, a subspecies of humans that died out around 40,000 years ago, may have known how to control fire. However, they may not have used

네안데르탈인은 차가운 식사에 비싼 값을 지불했다

[60] 최근의 고고학적 발견은 네안데르탈인이 멸종하게 된 이유 중 하나가 불을 충분히 이용하지 못했기 때문일지도 모른다는 것을 제시한다. 연구원들은 약 40,000년 전에 멸종한 인간의 아종인 네안데르탈인이 불을 어떻게 조절하는지 알고 있었을지도 모른다고 제안한다. 하지만, 그들은 생존을 보장할

it effectively enough to ensure their survival. Some experts believe that their methods of food preparation, particularly their reluctance or inability to use fire, may have been a key factor in their demise.

Early humans, who were closely related to Neanderthals, used fire for several reasons. One of these was to cook food. [61] Cooking gave our human ancestors more calories from a limited amount of food. Aside from improving taste and making food safer to eat, the heat in cooking also breaks down proteins into simpler units, making it easier for the body to use as energy. This gave our ancestors an [65] edge in the cold climate of Ice Age Western Europe, which supplied little food.

[62] Neanderthals needed more calories than humans due to their stocky physique and higher Body Mass Index (BMI). By not using fire to cook their food, they got fewer calories from the limited resources available to them. Mathematical models have shown how the use of fire affected the survival of early humans and Neanderthals. The models indicated that the more humans used fire for food, the more their population grew compared to that of Neanderthals. [63] This increase in the human population led to a greater [66] demand for food. As a result, they may have simply "outcompeted" the less populous Neanderthals, which could have led to the latter's extinction.

Not everybody agrees with the findings, however. The lack of information about Neanderthals makes it difficult to make definitive conclusions about their disappearance. It is still not clear how many calories Neanderthals actually needed to live, and scientists do not even agree on whether Neanderthals only ate plants or meat, or both. [64] Knowing their diet could determine the extent to which cooking with fire could have affected their survival.

만큼 충분히 효과적으로 그것을 사용하지 못했을지도 모른다. 일부 전문가들은 그들의 음식 준비 방법, 특히 불을 꺼리거나 사용하지 못하는 것이 그들의 종말에 중요한 요인이 되었을 것이라고 믿는다.

네안데르탈인과 가까운 종인 초기 인류는 몇 가지 이유로 불을 사용했다. 그중 하나는 음식을 익히는 것이었다. [61] 조리는 우리의 조상들에게 제한된 양의 음식으로부터 더 많은 칼로리를 주었다. 맛을 개선하고 음식을 먹기에 더 안전하게 만드는 것 외에도, 조리할 때 열기는 단백질을 더 간단한 단위로 분해하여 우리 몸이 에너지로 사용하기 쉽게 만든다. 이것은 우리의 조상들에게 음식을 거의 공급하지 않았던 빙하기 서유럽의 추운 기후에서 [65] 유리함을 주었다.

[62] 네안데르탈인은 육중한 체격과 높은 체질량 지수(BMI)로 인해 인간보다 더 많은 칼로리가 필요했다. 음식을 조리하는데 불을 사용하지 않음으로써, 그들은 이용할 수 있는 제한된 자원으로부터 더 적은 칼로리를 얻었다. 수학적 모델은 불의 사용이 초기 인간과 네안데르탈인의 생존에 어떻게 영향을 미쳤는지를 보여주었다. 이 모델들은 인간이 식용으로 불을 더 많이 사용할수록, 네안데르탈인에 비해 개체수가 더 증가했다는 것을 나타냈다. [63] 이러한 인구 증가는 식량에 대한 더 큰 [66] 수요로 이어졌다. 그 결과, 그들은 인구가 적은 네안데르탈인을 단순히 능가했을 수도 있고, 이것은 후자의 멸종을 초래할 수도 있었다.

그러나 모든 사람이 그 결과에 동의하는 것은 아니다. 네안데르탈인에 대한 정보가 부족하기 때문에 네안데르탈인의 멸종에 대해 확정적인 결론을 내리기가 어렵다. 네안데르탈인이 실제로 생존을 위해 얼마나 많은 칼로리가 필요했는지는 아직 밝혀지지 않았으며, 과학자들은 네안데르탈인이 식물만 먹었는지, 육류만 먹었는지, 아니면 둘 다 먹었는지에 대해서도 동의하지 않는다. [64] 그들의 식단을 아는 것은 불로 요리하는 것이 그들의 생존에 영향을 미쳤을 수도 있는 정도를 결정할 수 있다.

어휘 recent 최근의　archeological 고고학적　propose 제안하다, 제시하다　extinct 멸종된　failure 실패　subspecies 아종, 변종　effectively 효과적으로　ensure 확실히 하다, 보장하다　survival 생존　expert 전문가　method 방법　preparation 준비　particularly 특히　reluctance 꺼림　inability 무능, ～하지 못함　key factor 핵심 요인　demise 죽음, 종말　closely related to ～와 가까운 동족 관계의　population 인구　break down A into B A를 B로 분해하다　edge 가장자리, 유리함　stocky physique 육중한 체격　affect 영향을 미치다　indicate 나타내다　compared to ～와 비교되는　demand for ～에 대한 수요　outcompete ～보다 경쟁에서 우월하다　populous 인구가 많은　extinction 멸종　findings (조사, 연구의) 결과, 결론　lack 부족　definitive 확정적인　conclusion 결론　disappearance 사라짐　determine 결정하다　extent 정도

60 What may be one of the reasons for the disappearance of Neanderthals?

(a) their inability to employ fire properly
(b) their deaths at the hands of early humans
(c) their tendency to let fires rage out of control
(d) their ignorance to the existence of fire

네안데르탈인이 사라진 이유 중 하나는 무엇일까?

(a) 불을 적절히 사용하지 못함
(b) 초기 인류의 손에 죽음
(c) 화재를 통제할 수 없게 하는 경향
(d) 불의 존재에 대한 그들의 무지

어휘 disappearance 사라짐 inability 무능, ~하지 못함 employ 사용하다 properly 적절하게 tendency 경향 rage 맹위를 떨치다 ignorance 무지 existence 존재

정답 (a)

해설 본문 1단락에서 "⁶⁰ Recent archeological findings propose that <u>one of the reasons Neanderthals became extinct may have been their failure to make full use of fire</u>."(최근의 고고학적 발견은 네안데르탈인이 멸종하게 된 이유 중 하나가 불을 충분히 이용하지 못했기 때문일지도 모른다는 것을 제시한다.)라고 하였으므로 정답은 (a)이다.

🔑 정답 Key Paraphrasing

본문에 쓰인 'their failure to make full use of fire'와 유사한 표현은 'their inability to employ fire properly'이다. 특히 failure와 inability는 문맥상 동의어이고 make use of와 employ는 유사성이 높은 표현이다.

61 How did cooking food benefit the ancestors of modern men?

(a) by improving their appetite
(b) by adding nutrients into the food
(c) by helping them get more energy from food
(d) by letting them keep food longer

음식을 익히는 것이 현대인의 조상들에게 어떻게 도움이 되었는가?

(a) 식욕을 증진시킴으로써
(b) 식품에 영양소를 첨가하여서
(c) 식품으로부터 더 많은 에너지를 얻도록 도와서
(d) 식품을 더 오래 보관할 수 있게 함으로써

어휘 benefit 이득을 주다 ancestor 조상 improve 향상시키다, 증진시키다 appetite 식욕 add A into B A를 B 속에 추가하다 nutrient 영양소

정답 (c)

해설 본문 2단락에서 "Cooking gave our human ancestors more calories from a limited amount of food."(조리하는 것은 우리의 조상들에게 제한된 양의 음식으로부터 더 많은 칼로리를 주었다.)라고 하였다. 불을 사용하여 음식을 요리하는 것이 우리의 조상들에게 더 많은 칼로리를 주어서 인류의 조상들이 더 많은 에너지를 얻도록 도왔다고 할 수 있다. 따라서 정답은 (c)이다.

🔑 정답 Key Paraphrasing

본문에 쓰인 'gave our human ancestors <u>more calories</u> from a limited amount of food'와 유사한 표현은 'helping them get <u>more energy</u> from food'이다.

62 Based on the article, why did Neanderthals need more calories to survive?

본문에 근거하면, 왜 네안데르탈인은 살아남기 위해 더 많은 칼로리를 필요로 했는가?

(a) They moved around more often.

(b) They needed energy to collect resources.

(c) They lived in colder places than humans.

(d) They had a greater weight to height ratio.

TEST 1 TEST 2 TEST 3 TEST 4 TEST 5 TEST 6 TEST 7

(a) 더 자주 이동했다.

(b) 자원을 채집하기 위해서 더 많은 에너지가 필요했다.

(c) 인간보다 더 추운 곳에서 살았다.

(d) 키에 비해 몸무게가 많이 나갔다.

어휘 survive 살아남다 resource 자원 weight 몸무게 height 키 ratio 비율

정답 (d)

해설 본문 3단락에서 "⁶²Neanderthals needed more calories than humans due to their stocky physique and higher Body Mass Index (BMI)."(네안데르탈인은 육중한 체격과 높은 체질량 지수(BMI)로 인해 인간보다 더 많은 칼로리가 필요했다.)라고 하였다. 이 문제는 상당히 고도의 집중력을 요구하는 문제이다. stocky physique는 '키는 작지만, 다부진 체격'이라는 의미를 알아야 하고 'BMI 지수가 높다'는 것은 비만하다는 뜻임을 알아야 (d) They had a greater weight to height ratio.(키보다 몸무게가 더 나갔다)를 정답으로 고를 수 있다. 듣기와 읽기에서 핵심은 본문 내용을 그대로 반복하는(repeat) 것이 아니라 바꾸어 표현하기(paraphrasing)가 정답의 열쇠이다. 평상 시 본문과, 선택지와 질문의 paraphrasing 관계를 학습해야 한다.

정답 Key **Paraphrasing**

본문에 쓰인 'due to their stocky physique and higher Body Mass Index (BMI)'와 유사한 표현은 'They had a greater weight to height ratio.'이다.

난이도 ★★★ | Category 추론(What)

63 What could have driven the Neanderthals to extinction?

(a) They ate food that was not safely prepared.

(b) They were pushed into less populated areas.

(c) Early humans took away their food supply.

(d) Early humans killed them in competitions.

무엇이 네안데르탈인을 멸종시켰을까?

(a) 그들은 안전하게 조리되지 않은 음식을 먹었다.

(b) 그들은 인구가 적은 지역으로 밀려났다.

(c) 초기 인류가 식량 공급을 빼앗았다.

(d) 초기 인류가 경쟁에서 그들을 죽였다.

어휘 drive A to extinction A를 멸종시키다 less populated 인구가 적은 competition 경쟁

정답 (c)

해설 본문 3단락에서 "⁶³This increase in the human population led to a greater demand for food."(이러한 인구 증가는 식량에 대한 더 큰 수요로 이어졌다.)라고 하였다. 여기서도 네안데르탈인과 초기 인류는 식량을 두고 경쟁을 하였고, 초기 인류의 수가 늘어나면서 네안데르탈인의 식량은 줄어 들었을 것이라고 추론할 수 있다. 따라서 정답은 (c)이다.

난이도 ★★★ | Category 세부사항(Which)

64 Which factor could help determine if cooking really affected the Neanderthal's survival?

(a) the type of food they regularly ate

(b) the methods they used to cook food

(c) the type of food humans left for them

(d) the amount of plants they grew for food

요리가 네안데르탈인의 생존에 정말로 영향을 미쳤는지 판단하는 데 어떤 요소가 도움이 될 수 있을까?

(a) 정기적으로 먹는 식품의 유형

(b) 식품 조리에 사용했던 방법

(c) 인간이 그들에게 남긴 음식의 종류

(d) 그들이 식량을 위해 재배한 식물의 양

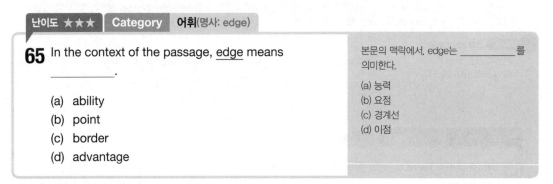

어휘 factor 요인 determine 결정하다 affect 영향을 미치다 survival 생존 regularly 정기적으로 method 방법 the amount of ~의 양

정답 (a)

해설 본문 4단락에서 "<u>Knowing their diet</u> could determine the extent to which cooking with fire could have affected their survival."(그들의 식단을 아는 것은 불로 요리하는 것이 그들의 생존에 영향을 미칠 수 있는 정도를 결정할 수 있다.)라고 하였다. 보기 중 이 내용과 일치하는 (a)가 정답이다.

정답 Key **Paraphrasing**
본문에 쓰인 'their diet'와 유사한 표현은 'the type of food they regularly ate'이다.

난이도 ★★★ | **Category** 어휘(명사: edge)

65 In the context of the passage, <u>edge</u> means _____.

(a) ability
(b) point
(c) border
(d) advantage

본문의 맥락에서, edge는 _____를 의미한다.
(a) 능력
(b) 요점
(c) 경계선
(d) 이점

어휘 edge 가장자리, 유리함 ability 능력 point 요점 border 경계선 advantage 이점

정답 (d)

해설 본문 2단락에서 "This gave our ancestors an ⁶⁵edge in the cold climate of Ice Age Western Europe, which supplied little food."(이것은 우리의 조상들에게 음식을 거의 공급하지 않았던 빙하기 서유럽의 추운 기후에서 <u>유리함</u>을 주었다.)라고 하였다. 문맥 상 명사 edge는 이점, 장점의 의미로 사용되었으므로 (d)가 정답이다.

난이도 ★★★ | **Category** 어휘(명사: demand)

66 In the context of the passage, <u>demand</u> means _____.

(a) search
(b) requirement
(c) surplus
(d) order

본문의 맥락에서, demand는 _____를 의미한다.
(a) 검색
(b) 요구
(c) 잉여
(d) 질서

어휘 demand 수요 search 검색 requirement 요구 surplus 잉여 order 질서

정답 (b)

해설 본문 3단락에서 "This increase in the human population led to a greater ⁶⁶demand for food."(이러한 인구 증가는 식량에 대한 더 큰 수요로 이어졌다.)라고 하였다. demand는 문맥에서 '수요, 요구'의 의미로 사용되었으므로 (b)가 정답이다.

HONEYBEE

The honeybee, *Apis mellifera*, is one of the most well-respected insects in the world. It plays an important role in ensuring the production of plant seeds through a process called pollination. [67] However, the honeybee is best known for producing one of people's favorite food items: honey.

Honeybees have hairy bodies that are [72] divided into three parts: the head, the thorax, and the abdomen. The head has two large eyes and a pair of antennae. [68] The thorax, which is the midsection of the insect's body, carries two pairs of wings and three pairs of legs. The abdomen is where wax and honey are made. Honeybees are light-brown to golden-yellow in color and grow to about 12 millimeters long.

Honeybees live in colonies of as many as 80,000 bees. [69] They build their homes, called hives, close to an abundant supply of flowers that produce their food, namely nectar and pollen. Hives are usually built inside hollow trees or rock openings. There are three types of honeybee: the queen, the workers, and the drones. The queen lays eggs and directs the other bees. The workers are female bees that do not lay eggs but instead search for food, make honey, and protect the hive. The drones are the male bees that mate with the queen.

Their form of communication is quite unique. When a worker bee discovers a food supply, she passes on the food's location to the other bees through special dances. A bee that is performing the "round dance," or flying in a fast, circular motion, is saying she has found a food source. [70] The "waggle dance," or the rapid side-to-side movement of the tail, [73] conveys the distance and direction of the food. The honeybee's body also gives off chemical signals to find mates for the queen, help worker bees return to the hive, and warn other bees when the colony is being attacked.

꿀벌

꿀벌 아피스멜리페라는 세계에서 가장 존중받는 곤충 중 하나이다. 그것은 수분 작용이라고 불리는 과정을 통해 식물 씨앗의 생산을 보장하는 중요한 역할을 한다. [67]하지만, 이 꿀벌은 사람들이 가장 좋아하는 음식 중 하나인 꿀을 생산하는 것으로 가장 잘 알려져 있다.

꿀벌은 머리, 흉부, 복부의 세 부분으로 [72]나누어진 털이 있는 몸을 가지고 있다. 머리는 두 개의 큰 눈과 한 쌍의 더듬이를 가지고 있다. [68]이 곤충의 몸의 중간 부분인 흉부에는 두 쌍의 날개와 세 쌍의 다리가 있다. 복부는 밀랍과 꿀이 만들어지는 곳이다. 꿀벌은 연한 갈색에서 금빛 노란색이며 길이는 약 12mm까지 자란다.

꿀벌은 8만 마리나 되는 꿀벌 군락에 살고 있다. [69]그것들은 벌집이라고 불리는 집을 자신들의 먹이인 꿀과 꽃가루를 생산하는 꽃들이 풍부하게 제공되는 곳 가까이에 짓는다. 벌집은 보통 속이 빈 나무나 바위 틈새 안에 지어진다. 꿀벌에는 세 가지 종류가 있다: 여왕벌, 일벌, 수벌이다. 여왕은 알을 낳고 다른 벌들에게 지시한다. 일벌은 알을 낳지 않고 대신 먹이를 찾고 꿀을 만들고 벌집을 보호하는 암벌이다. 수벌은 여왕과 짝짓기를 하는 수컷 벌이다.

그들의 의사소통 형태는 매우 독특하다. 일벌은 먹이를 발견하면, 특별한 춤을 통해 다른 벌들에게 먹이의 위치를 전달한다. '원형 춤'을 추는 벌, 즉 빠르고 둥근 동작으로 날고 있는 벌은 먹이 공급원을 찾았다고 말하고 있다. [70]꼬리의 빠른 좌우 운동인 '와글댄스'는 먹이의 거리와 방향을 [73]전달한다. 이 꿀벌의 몸은 또한 여왕벌의 짝을 찾고 일벌들이 벌집으로 돌아오는 것을 돕고 서식지가 공격을 받을 때 다른 벌들에게 경고하기 위해 화학 신호를 보낸다.

⁷¹ Honeybees are important in agriculture as they transfer pollen from the male to the female parts of a flower to produce seeds. Moreover, they help create a large beekeeping industry by providing important consumer products including honey, royal jelly, wax, and sealant.

⁷¹ 꿀벌은 씨앗을 생산하기 위해 꽃의 수술에서 암술로 꽃가루를 옮기기 때문에 농업에 중요하다. 게다가, 그것들은 꿀, 로얄젤리, 왁스, 실란트를 포함한 중요한 소비재를 제공함으로써 대규모 양봉 산업을 창출하는데 도움을 준다.

어휘 well-respected 존중받는 ensure 보장하다 production 생산 pollination 수분 hairy 털이 난 be divided into ~로 나누어지다 thorax 흉부 abdomen 복부 antennae 더듬이 midsection 중간 부분 wax 밀랍 colony 군락, 군집, 식민지 hive 벌집 abundant 풍부한 nectar 꿀 pollen 꽃가루 hollow 속이 빈 drone 수컷 벌 location 위치 waggle dance 흔드는 춤 convey 전달하다, 운반하다 distance 거리 give off 내보내다, 내뿜다 chemical signal 화학 신호 warn 경고하다 agriculture 농업 sealant 밀봉제, 방수제

난이도 ★★★ **Category** 주제(What)

67 What is the honeybee most popularly known for?

(a) taking honey from flowers
(b) transferring plant seeds
(c) stopping the spread of pollen
(d) making a sweet food item

꿀벌은 무엇으로 가장 많이 알려져 있는가?

(a) 꽃에서 꿀을 채취하기
(b) 식물의 씨앗 전달하기
(c) 꽃가루의 확산을 막기
(d) 단 음식 품목 만들기

어휘 popularly 일반적으로, 널리 transfer 옮기다, 전달하다 seed 씨앗 spread 확산 pollen 꽃가루

정답 (d)

해설 본문 1단락에서 "⁶⁷ However, the honeybee is best known for producing one of people's favorite food items: honey."(하지만, 이 꿀벌은 사람들이 가장 좋아하는 음식 중 하나인 꿀을 생산하는 것으로 가장 잘 알려져 있습니다.)라고 하였다. 여기서 honey를 풀어서 쓴 것이 'a sweet food item'이므로 꿀벌은 단 음식 품목인 꿀을 만드는 것으로 가장 잘 알려져 있다고 할 수 있다. 따라서 정답은 (d)이다.

정답 Key Paraphrasing
본문에 쓰인 'producing one of people's favorite food items: honey'와 유사한 표현은 'making a sweet food item'이다.

난이도 ★★★ **Category** 사실 관계(True or Not true)

68 Which is NOT true about the honeybee's physical appearance?

(a) It is generally light-colored.
(b) Its body is covered with hair.
(c) It has two pairs of legs.
(d) It is a winged insect.

꿀벌의 신체적 생김새에 대해 사실이 아닌 것은?

(a) 대체로 밝은 색이다.
(b) 몸체는 털로 덮여 있다.
(c) 두 쌍의 다리가 있다.
(d) 날개 달린 곤충이다.

어휘 appearance 외모, 생김새 generally 일반적으로 winged 날개 달린

정답 (c)

해설 본문 2단락에서 "68 The thorax, which is the midsection of the insect's body, carries two pairs of wings and three pairs of legs."(이 곤충의 몸의 중간 부분인 흉곽에는 두 쌍의 날개와 세 쌍의 다리가 있다.)라고 하였다. 꿀벌은 세 쌍의 다리가 있는데 선택지 (c)에서 두 쌍의 다리로 쓰여 있으므로 내용과 일치하지 않는 (c)가 정답이다.

난이도 ★★★ **Category** 세부사항(Why)

69 Why do honeybees only live where plenty of flowers are found nearby?

(a) because the queen bee lays her eggs on flowers
(b) because flowers provide them with food
(c) because it is easier to build a hive among flowers
(d) because flowers are their main food

꿀벌은 왜 근처에서 많은 꽃들이 발견되는 곳에만 살까?

(a) 여왕벌이 꽃에 알을 낳기 때문
(b) 꽃이 그들에게 먹이를 제공하기 때문
(c) 꽃 사이에 벌집을 짓는 것이 더 쉽기 때문
(d) 꽃이 그들의 주요 먹이이기 때문

어휘 plenty of 많은, 풍부한   nearby 근처에   lay eggs 알을 낳다   provide A with B A에게 B를 공급하다   hive 벌집

정답 (b)

해설 본문 3단락에서 "69 They build their homes, called hives, close to an abundant supply of flowers that produce their food, namely nectar and pollen."(그것들은 벌집이라고 불리는 집을 자신들의 먹이인 꿀과 꽃가루를 생산하는 꽃들이 풍부하게 제공되는 곳 가까이에 짓는다.)라고 하였다. 꿀벌의 먹이는 꽃 자체가 아니라 꽃이 만드는 꽃가루와 꿀이므로 (b)가 정답이다.

🔑 **정답 Key** **Paraphrasing**
본문에 쓰인 'flowers that produce their food'와 유사한 표현은 'because flowers provide them with food'이다.

난이도 ★★★ **Category** 세부사항(How)

70 How do honeybees tell the other bees where food is?

(a) by shaking their tails quickly
(b) by marking it with a circle
(c) by moving their antennae side-to-side
(d) by leaving a trail of scents back to the food

꿀벌들은 다른 벌들에게 먹이가 어디에 있는지를 어떻게 알리는가?

(a) 꼬리를 재빨리 흔들어서
(b) 그것을 원으로 표시하여
(c) 안테나를 좌우로 움직여서
(d) 먹이에까지 냄새 흔적을 남겨서

어휘 shake 흔들다   antennae 더듬이   side-to-side 좌우로   trail 흔적

정답 (a)

해설 본문 4단락에서 "70 The "waggle dance," or the rapid side-to-side movement of the tail, conveys the distance and direction of the food."(꼬리의 빠른 좌우 운동인 '와글댄스'는 먹이의 거리와 방향을 전달한다.)라고 하였다. 먹이의 거리와 방향을 알려주는 것은 먹이의 위치를 알려주는 것과 같다. 이를 알려주기 위해 꼬리를 좌우로 움직이는 동작을 하므로 (a)가 정답이다.

🔑 **정답 Key** **Paraphrasing**
본문에 쓰인 'The "waggle dance," or 'the rapid side-to-side movement of the tail'과 유사한 표현은 'by shaking their tails quickly'이다.

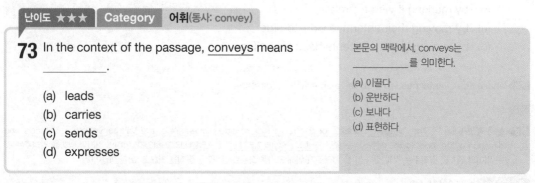

난이도 ★★☆ | **Category** | **추론(What)**

71 What is most likely the role of honeybees in agriculture?

(a) They move flowers from one garden to another.
(b) They help new plants grow.
(c) They provide flowers with food.
(d) They guard flowers from pests.

꿀벌이 농업에서 어떤 역할을 할 것 같은가?

(a) 한 정원에서 다른 정원으로 꽃을 옮긴다.
(b) 새로운 식물이 자라도록 돕는다.
(c) 꽃에게 음식을 제공한다.
(d) 해충으로부터 꽃을 지킨다.

어휘 agriculture 농업 guard 지키다 pests 해충

정답 (b)

해설 본문 마지막 단락에서 "[71] Honeybees are important in agriculture as they transfer pollen from the male to the female parts of a flower to produce seeds."(꿀벌은 씨앗을 생산하기 위해 꽃의 수컷에서 암컷으로 꽃가루를 옮기기 때문에 농업에 중요하다.)라고 하였다. 꿀벌이 수술의 꽃가루를 암술에 옮기는 수분을 행함으로써 씨앗을 생산하는데, 이것은 자손 번식을 의미하며 바로 새 식물이 자라게 하는 것이다. 따라서 정답은 (b)이다.

난이도 ★★★ | **Category** | **어휘(동사: divide)**

72 In the context of the passage, <u>divided</u> means _____.

(a) separated
(b) torn
(c) reduced
(d) dissolved

본문의 맥락에서, divided는 _____를 의미한다.

(a) 분리된
(b) 찢어진
(c) 감소된
(d) 용해된

어휘 divided 분리된 separated 분할된 torn 찢어진 reduced 감소된 dissolved 용해된

정답 (a)

해설 본문 1단락에서 "Honeybees have hairy bodies that are [72] divided into three parts."(꿀벌은 세 부분으로 나뉜 털이 많은 몸을 가지고 있다.)라고 하였다. divided는 '분리된'의 의미로 사용되었으므로 (a)가 정답이다.

난이도 ★★★ | **Category** | **어휘(동사: convey)**

73 In the context of the passage, <u>conveys</u> means _____.

(a) leads
(b) carries
(c) sends
(d) expresses

본문의 맥락에서, conveys는 _____를 의미한다.

(a) 이끌다
(b) 운반하다
(c) 보내다
(d) 표현하다

어휘 convey 전달하다 lead 이끌다 carry 나르다 send 보내다 express (의미를) 표현하다

정답 (d)

해설 ▶ 본문 4단락에서 "The "waggle dance," or the rapid side-to-side movement of the tail, [73]conveys the distance and direction of the food."(꼬리의 빠른 좌우운동인 '와글댄스'는 먹이의 거리와 방향을 전달한다.)라고 하였다. 이때 동사 conveys는 먹이와의 거리 및 방향을 '전달한다' 혹은 '표현한다'의 의미로 사용되었으므로 (d)가 정답이다.

PART 4 | **74-80** | 비즈니스 레터: 문의한 제품 안내와 구매를 권하는 편지

Mr. John Davis
Davis Construction Company
789 E. Apache
Tucson, AZ

Dear Mr. Davis:

[74]This letter is in response to your inquiry on January 8 about the availability of our drywall products. I am pleased to inform you that we do have 4- by 8-foot sheets of drywall in stock.

The wallboards, for your use as interior walls, can be shipped either from our warehouse in Oak Forest or from our store in Crestwood. Each sheet costs $38, and there is an extra fee of $19 for packing. [75]However, we will give you a discount if you order 20 sheets or more.

You wrote that you were interested in buying 15 sheets of our BasicBadge drywall. [76]We can deliver an order that size within two to three days. [77]Let me also mention that Golden Seas Freight, Inc., our reliable partner in shipping our clients' orders, is providing a 50% discount on freight charges this month. The regular cost for shipping 15 sheets of drywall is $200, but with the price markdown, you'll only pay $100. This will give you [79]sizeable savings.

Once you have thought about our offers, and perhaps made a final decision on the number of drywall sheets to order, kindly contact me in my office at 555-9999. [78]I have included a full-color brochure of our other products, including our latest range of soundproof and fire-resistant StandFast drywall, in case you have [80]further needs.

We are looking forward to doing business with you. Thank you very much for your query.

Sincerely yours,

존 데이비스
데이비스 건설사
동아파치 789번지
아리조나주 투싼

데이비스 씨께:

[74]이 편지는 1월 8일 당신이 건식벽 제품의 구입 가능 여부에 관해 문의하신 것에 대한 답변입니다. 4×8피트 사이즈의 건식벽 재고가 있음을 알려드립니다.

인테리어 벽 용도의 벽보드는 오크포레스트에 있는 저희 창고나 크레스트우드에 있는 저희 매장에서 배송 가능합니다. 한 장당 38달러이고, 포장비로 19달러의 추가 요금이 있습니다. [75]하지만 20장 이상 주문하시면 할인해 드리겠습니다.

당신은 베이직 배지 건식벽 15장 구매에 관심이 있다고 적으셨습니다. [76]이 정도 크기의 주문은 2~3일 이내에 배달이 가능합니다. [77]또한 고객의 주문을 배송하는 믿을 수 있는 파트너인 골든시즈 화물 사가 이번 달 운임에서 50% 할인을 제공한다는 점을 말씀 드립니다. 건식벽 15장의 배송비는 보통 200달러이지만, 가격 인하로 100달러만 지불하시면 됩니다. 이를 통해 당신은 [79]상당한 절약을 할 수 있습니다.

저희의 제안을 생각해 보시고, 주문하실 건식 벽지의 개수에 대해 최종 결정을 내리셨다면 555-9999로 제 사무실에 연락 주십시오. [78]저희 회사의 최신 방음 및 내화성 스탠드패스트 건식벽지를 포함한 다른 제품에 대한 컬러 안내 책자를 [80]추가적인 수요가 있을 경우에 대비하여, 동봉해 드렸습니다.

저희는 당신과 거래하기를 고대하고 있습니다. 문의해 주셔서 대단히 감사합니다.

진심으로 당신께,

Susan Parker
Customer Service Officer
Builders Depot

어휘 **in response to** ~에 답변하여 **inquiry** 문의 **availability** 이용 가능성, 구입 가능성 **drywall product** 건식벽 제품 **inform** 알려주다, 통보하다 **in stock** 재고가 있는 **warehouse** 창고 **deliver** 배송하다 **mention** 언급하다, 말하다 **reliable** 믿을 만한 **client** 고객 **freight charge** 화물 운임 **markdown** 가격 인하 **sizeable** 상당한, 꽤 큰 **saving** 절약 **offer** 제안, 제안하다, 제공하다 **soundproof** 방음의 **fire-resistant** 내화성의 **query** 문의

난이도 ★★★ **Category** 주제(Why)

74 Why did Susan Parker write a letter to John Davis?

(a) to inquire about construction materials
(b) to inform him that a product is available
(c) to tell him more about their company
(d) to advise where a product will be delivered from

왜 수잔 파커는 존 데이비스에게 편지를 썼 는가?

(a) 건설 자재에 대해 문의하려고
(b) 제품이 구입 가능하다는 것을 알려 주려고
(c) 그들의 회사에 대해 그에게 더 많은 것을 말하려고
(d) 제품이 어디에서 배송될 것인지를 조언 해 주려고

어휘 **inquire** 문의하다 **material** 자재 **available** 이용 가능한, 구입 가능한

정답 (b)

해설 본문 1단락에서 "⁷⁴ This letter is in response to your inquiry on January 8 about the availability of our drywall products. I am pleased to inform you that we do have 4- by 8-foot sheets of drywall in stock."(이 편지는 1월 8일 건식벽 제품의 구입 가능 여부에 대한 귀하의 문의에 대한 답변입니다. 4×8피트 사이즈의 건식벽 재고가 있음을 알려드립니다.)라고 하였다. 보기 중 이 내용과 일치하는 (b) 가 정답이다.

정답 Key **Paraphrasing**
본문에 쓰인 'to inform you that we do have 4- by 8-foot sheets of drywall in stock.'과 유사한 표현은 'to inform him that a product is available'이다.

난이도 ★★★ **Category** 세부사항(What)

75 What will Davis get if he orders more drywall sheets from Parker?

(a) a lower price for each sheet
(b) free wooden boards
(c) zero charges on packing
(d) free overnight shipping

데이비스가 파커로부터 건식벽을 더 주문하 면 무엇을 얻을 수 있을까?

(a) 장당 더 낮은 가격
(b) 무료 나무 판자
(c) 포장 비용 없음
(d) 무료 야간 배송

어휘 **drywall sheet** 건식 벽지 **charge on packing** 포장 비용 **over night shipping** 야간 배송

정답 (a)

해설 본문 2단락에서 "⁷⁵ However, we will give you a discount if you order 20 sheets or more."(하지만 20장 이상 주문하시면 할인해드리 겠습니다.)라고 하였다. 보기 중 이 내용과 일치하는 (a)가 정답이다.

정답 Key **Paraphrasing**
본문에 쓰인 'we will give you a discount'와 유사한 표현은 'a lower price for each sheet'이다.

난이도 ★★★ **Category** **세부사항(What)**

76 What did Parker assure Davis about his order?

(a) They will look for a company to ship the order.
(b) They do not allow shipping of smaller orders.
(c) They will deliver it only if he pays in full.
(d) They can deliver it in three days or less.

파커가 데이비스에게 주문에 대해 무엇을 보장했는가?

(a) 그들은 그 주문을 배송할 회사를 찾을 것이다.
(b) 소량 주문의 배송을 허용하지 않는다.
(c) 그가 전액 지불해야만 배달해 줄 것이다.
(d) 3일 이내에 배달할 수 있다.

어휘 assure 보장하다, 확신을 주다 look for 찾아 헤매다 ship 배송하다 pay in full 완불하다, 전액 지불하다

정답 (d)

해설 본문 3단락에서 "76 We can deliver an order that size within two to three days."(저희는 2일에서 3일 이내에 그 정도 크기의 주문을 배달할 수 있습니다.)라고 하였다. 보기 중 이 내용과 일치하는 (d)가 정답이다.

정답 Key Paraphrasing

본문에 쓰인 'We can deliver an order that size within two to three days.'와 유사한 표현은 'They can deliver it in three days or less.'이다.

난이도 ★★★ **Category** **세부사항(How)**

77 How could Davis be able to pay just half the shipping rate?

(a) by buying more than 15 sheets
(b) by paying for the shipment in advance
(c) by making the purchase within the month
(d) by selecting another shipping service

데이비스가 어떻게 배송비의 절반만 지불할 수 있을까?

(a) 15장 이상 구매하여
(b) 선적 비용을 미리 지불하여
(c) 당월 안에 구매하여
(d) 다른 배송 서비스를 선택하여

어휘 shipping rate 배송비 in advance 미리 purchase 구매 select 선택하다

정답 (c)

해설 본문 3단락에서 "77 Golden Seas Freight, Inc., our reliable partner in shipping our clients' orders, is providing a 50% discount on freight charges this month."(고객의 주문을 배송하는 믿을 수 있는 파트너인 골든시즈 화물 사는 이번 달에 운임을 50% 할인해 드립니다.)라고 하였다. 보기 중 이 내용과 일치하는 (c)가 정답이다.

난이도 ★★★ **Category** **추론(Why)**

78 Why most likely did Parker include a brochure with her letter?

(a) to encourage him to order more merchandise
(b) to ensure that his building is protected from fire
(c) to allow him to choose a different color drywall
(d) to persuade him to invest in the company

왜 파커는 편지와 함께 안내 책자를 넣었을까?

(a) 그에게 더 많은 상품을 주문하도록 권하려고
(b) 그의 건물이 화재로부터 보호되도록 하려고
(c) 다른 색의 건식벽을 선택할 수 있도록 하려고
(d) 그가 그 회사에 투자하도록 설득하려고

어휘 include 포함하다 brochure 상품 안내 책자 encourage 격려하다, 권하다 merchandise 상품 ensure 확신을 주다, 보장하다 be protected from ~로부터 보호받다 persuade 설득하다 invest 투자하다

정답 (a)

해설 본문 4단락에서 "⁷⁸ I have included a full-color brochure of our other products, including our latest range of soundproof and fire-resistant StandFast drywall, in case you have further needs."(추가로 필요한 경우에 대비하여, 우리의 최신 방음 및 내화성 스탠드패스트 건식벽 등 다른 제품에 대한 컬러 안내 책자를 동봉했습니다.)라고 하였다. 상대방이 주문을 위해 문의했던 제품 외에 다른 제품도 추가로 더 필요로 할까해서 다른 제품도 수록된 전체 상품 안내 책자를 보내는 것으로 보아 더 많은 상품을 주문하도록 권하는 의도로 보인다. 따라서 정답은 (a)이다.

난이도 ★★★ **Category** **어휘**(형용사: sizeable)

79 In the context of the passage, sizeable means _____.

(a) important
(b) heavy
(c) significant
(d) grand

본문의 맥락에서, sizeable은 _____를 의미한다.

(a) 중요한
(b) 무거운
(c) 상당한
(d) 웅장한

어휘 sizeable 상당한 heavy 무거운 significant 상당한, 의미심장한 grand 웅장한

정답 (c)

해설 본문 3단락 "This will give you ⁷⁹ sizeable savings."(이렇게 하면 상당한 비용을 절감할 수 있습니다.)에서 문맥상 sizeable은 savings를 수식하면서 '상당한, 꽤 큰'의 의미로 사용되었다. 보기 중 이 의미와 가장 가까운 (c)가 정답이다.

난이도 ★★★ **Category** **어휘**(형용사: further)

80 In the context of the passage, further means _____.

(a) increased
(b) additional
(c) excess
(d) enhanced

본문의 맥락에서, further는 _____를 의미한다.

(a) 증가된
(b) 추가적인
(c) 초과된
(d) 강화된

어휘 further 심화된, 추가적인 increased 증가된 additional 추가적인 excess 초과된 enhanced 강화된

정답 (b)

해설 본문 4단락 "I have included a full-color brochure of our other products, including our latest range of soundproof and fire-resistant StandFast drywall, in case you have ⁸⁰ further needs."(추가로 필요한 경우에 대비하여, 우리의 최신 방음 및 내화성 스탠드패스트 건식벽 등 다른 제품에 대한 컬러 안내 책자를 동봉했습니다.)에서 further는 far의 비교급으로 needs를 수식한다. further는 '추가적인'이라는 의미로 사용되었으므로 (b)가 정답이다.

MEMO

TEST 3 나의 점수 기록

GRAMMAR _____ / 26

LISTENING _____ / 26

READING AND VOCABULARY _____ / 28

총점 _____ / 80 ▶ _____ 점

*틀린 문제나 틀리기 쉬운 문제는 반드시 확인하고 다음 TEST로 넘어가세요.

[기출문제 점수 계산법]

• 각 영역 점수: 맞은 개수 ÷ 전체 문제 개수 x 100
• 총점: 각 영역 점수 합계 ÷ 3 (※ 소수점 이하 점수는 올림 처리)
예 문법 15개, 청취 10개, 독해 및 어휘 12개 맞었을 경우
   문법: 15 ÷ 26 x 100 = 58점
   청취: 10 ÷ 26 x 100 = 39점
   독해 및 어휘: 12 ÷ 28 x 100 = 43점
   총점: (58 + 39 + 43) ÷ 3 = 47점

GRAMMAR

1 (D)	2 (A)	3 (C)	4 (C)	5 (B)	6 (A)	7 (B)	8 (D)	9 (C)	10 (B)	11 (D)	12 (A)
13 (A)	14 (B)	15 (D)	16 (B)	17 (D)	18 (C)	19 (C)	20 (B)	21 (D)	22 (A)	23 (C)	24 (B)
25 (A)	26 (B)										

LISTENING

PART 1	27 (A)	28 (B)	29 (D)	30 (B)	31 (C)	32 (D)	33 (C)
PART 2	34 (D)	35 (B)	36 (A)	37 (C)	38 (D)	39 (B)	
PART 3	40 (D)	41 (A)	42 (B)	43 (C)	44 (A)	45 (B)	
PART 4	46 (D)	47 (C)	48 (B)	49 (A)	50 (C)	51 (D)	52 (A)

READING AND VOCABULARY

PART 1	53 (C)	54 (B)	55 (D)	56 (C)	57 (A)	58 (B)	59 (D)
PART 2	60 (A)	61 (D)	62 (C)	63 (B)	64 (D)	65 (A)	66 (B)
PART 3	67 (D)	68 (C)	69 (A)	70 (B)	71 (A)	72 (B)	73 (C)
PART 4	74 (B)	75 (C)	76 (A)	77 (A)	78 (D)	79 (C)	80 (D)

TEST
3

GRAMMAR

LISTENING

READING AND VOCABULARY

Category ❶ 시제 ❷ 가정법 ❸ 조동사 ❹ 준동사 ❺ 연결어 ❻ 관계사 ❼ 당위성/이성적 판단

난이도 ★★★ Category 조동사(미래: will)

1 Aunt Nona likes her pork very tender and juicy. To make sure that this batch will be to her liking, she _____ let it stew at a low heat for at least an hour.

(a) could
(b) can
(c) would
(d) will

노나 이모는 돼지고기가 아주 부드럽고 육즙이 많은 걸 좋아한다. 이 고기 덩어리가 그녀의 기호에 맞도록 확실히 하기 위해, 그녀는 적어도 한 시간 동안 약한 불에서 그것을 끓일 것이다.

어휘 tender 부드러운 make sure 확실히 하다 batch 덩어리 to one's liking ~의 기호에 맞게 stew 끓이다 at least 적어도

정답 (d)

해설 보기에서 다양한 조동사가 나왔으므로 조동사 문제이다. 조동사 문제는 해석을 해서 적절한 조동사를 찾아서 해결한다. 빈칸이 있는 문장은 '그녀는 약한 불에서 그것을 끓일 것이다.'라고 해석하는 것이 자연스럽다. 미래에 대한 확실성을 나타내는 조동사 will이 가장 적합하므로 (d)가 정답이다.

오답 분석 (a) could와 (c) would는 각각 can과 will의 과거형으로 쓰이거나 확실성이 낮은 가정절에 쓰이는 조동사인데 여기서는 현재가 주된 시제이고 사실에 기반을 두고 있는 예문의 성격상 적합하지 않아서 오답이다.
(b) can은 가능성이나 능력을 나타내는데 여기서는 문맥상 적합하지 않아서 오답이다.

난이도 ★★★ Category 가정법(가정법 과거완료: if절+과거완료)

2 Clarisse missed getting a copy of Elinor Barton's latest novel and bought the e-book version instead. A paperback enthusiast, she _____ the printed copy if she had known it was going to sell out so quickly.

(a) would have pre-ordered
(b) will be pre-ordering
(c) had pre-ordered
(d) would pre-order

클라리스는 엘리노 바톤의 최신 소설 한 부를 사는 것을 놓치고 대신 전자책 버전을 구입했다. 문고본 애호가인 그녀는 인쇄본이 그렇게 빨리 매진될 줄 알았더라면 미리 주문했을 것이다.

어휘 latest 최신의 instead 대신에 paperback 종이 표지의 책, 문고본 enthusiast 애호가 sell out 매진되다 pre-order 미리 주문하다

정답 (a)

해설 보기에서 동사 pre-order가 다양한 조동사와 같이 사용되었고 빈칸 뒤쪽에 if절이 있으므로 가정법 문제이다. if절의 시제가 과거완료이므로 빈칸에는 가정법 과거완료의 주절의 형태인 'would/should/could/might+have p.p.'가 와야 한다. 보기 중 이 조건을 만족 시키는 (a)가 정답이다.

참고 **가정법 과거완료**

- 형태: If+주어+had p.p. ~, 주어+would/should/could/might+have p.p. ~.
- 과거에 있었던 일을 반대로 가정해서 말할 때 사용된다.

난이도 ★★★ | **Category** 시제(미래진행: when+현재 시제절)

3 You can check-in at the hotel when you get there at 12 p.m., but there's no guarantee that your room will be ready. Most likely, the housekeeper _____ the room when you arrive.

(a) still cleans up
(b) has still cleaned up
(c) will still be cleaning up
(d) was still cleaning up

> 호텔에 낮 12시에 도착하면 체크인할 수 있지만, 방이 준비된다는 보장은 없다. 아마 당신이 도착했을 때 도우미는 여전히 방을 치우고 있을 것이다.

어휘 **guarantee** 보장 **ready** 준비된 **most likely** 가능성이 높게도, 아마도

정답 (c)

해설 보기에서 동사 'clean up'이 다양한 시제로 나왔으므로 시제 문제이다. 빈칸 뒤에 시간 부사절 when절에서 동사(arrive)가 현재 시제로 미래의 뜻을 나타내므로 기준 시점이 미래임을 알 수 있다. 미래 시점에 진행하고 있을 동작을 나타내므로 빈칸에 미래진행 시제가 적합하다. 따라서 (c)가 정답이다.

참고 **시간 부사절과 조건 부사절**

• 시간과 조건 부사절에서는 현재 시제가 미래 시제 대신 쓰여서 미래의 의미를 나타낸다.
  e.g. When Jonn <u>comes</u> here, I will start with him. (존이 여기에 올 때, 나는 그와 함께 출발할 것이다.)
  e.g. If you <u>buy</u> the cap, you will get another one for free. (네가 그 모자를 사면, 너는 공짜로 하나를 더 얻게 될 것이다.)
• 시간 부사절(when, before, until, as soon as 등이 이끄는 절)과 조건 부사절(if, unless가 이끄는 절)에서 미래 시제 대신 현재 시제를 써야 하며 이때 미래 시제를 쓰면 비문이 된다.
  e.g. As soon as Cindy <u>arrives</u> here, we will leave. (○) (신디가 여기 도착하자마자, 우리는 떠날 것이다.)
      As soon as Cindy <u>will arrive</u> here, we will leave. (X)
  e.g. If the bell <u>rings</u>, we will have lunch. (○) (종이 울리면, 우리는 점심을 먹을 것이다.)
      If the bell <u>will ring</u>, we will have lunch. (X)

4 Bradley is secretly buying his mother a silver bracelet, even though she swore she didn't want a birthday present. If she knew what he was doing right now, she _____ him for spending his hard-earned money.

(a) will scold
(b) would have scolded
(c) would scold
(d) has scolded

브래들리는 어머니가 생일 선물을 원하지 않는다고 맹세했음에도 불구하고 그녀를 위해 은팔찌를 몰래 사고 있다. 만약 그가 지금 무엇을 하고 있는지 안다면, 그녀는 힘들게 번 돈을 썼다고 그를 꾸짖을 것이다.

어휘 secretly 비밀리에 bracelet 팔찌 swear 맹세하다(과거형: swore) scold A for B A를 B한 이유로 꾸짖다 hard-earned 힘들게 번

정답 (c)

해설 보기에서 동사 scold가 다양한 조동사와 같이 사용되었고 빈칸 앞쪽에 if절이 있으므로 가정법 문제이다. 앞에 if조건절의 시제가 과거이므로 빈칸에는 가정법 과거의 주절의 형태인 'would/should/could/might＋동사원형'이 와야 한다. 따라서 (c)가 정답이다.

참고 **가정법 과거**

• 형태: If＋주어＋과거형 동사 ~, 주어＋would/should/could/might＋동사원형 ~.
• 현재 사실을 반대로 돌려서 가정해서 말할 때 사용한다.

---

5 Ralph heard mysterious scratching noises coming from his front porch late last night. He went outside very cautiously _____, only to learn that it was just his dog wanting to get inside the house.

(a) investigating
(b) to investigate
(c) to have investigated
(d) having investigated

랄프는 어젯밤 늦게 현관에서 이상한 긁는 소리가 나는 것을 들었다. 그는 조사하기 위해 매우 조심스럽게 밖으로 나갔지만, 그저 그의 개가 집 안으로 들어오고 싶어한다는 것을 알게 되었다.

어휘 mysterious 이상한, 신기한 scratching 긁는 porch 현관 cautiously 조심스럽게 investigate 조사하다

정답 (b)

해설 보기에서 동사 investigate가 to부정사와 동명사로 나왔으므로 준동사 문제이다. 빈칸 앞에 동사가 자동사 went이기 때문에 목적어가 필요 없으므로 부대상황을 나타내는 분사구문 아니면, to부정사의 부사적 용법일 가능성이 있다. 이 문장의 의미는 '그는 무슨 소리인지 조사하기 위해 밖으로 나갔다.'가 가장 자연스러우므로 to부정사의 부사적 용법 중 '목적'이 적절하다. 따라서 (b)가 정답이다.

참고 **to부정사의 부사적 용법**

1 목적: ~하기 위해서: **e.g.** Jack studied hard to pass the exam. (잭은 시험에 합격하기 위해 열심히 공부했다.)

2 감정의 원인: ~해서: **e.g.** His mother was very happy to hear the news. (그의 어머니는 그 소식을 듣고 매우 기뻐했다.)

③ **판단의 근거: ~하다니:** e.g. Linda is very smart to solve the problem. (린다가 그 문제를 풀다니 정말 똑똑하다.)

④ **결과: 결국 ~하다:** e.g. Her son grew up to be a movie actor. (그녀의 아들은 자라서 영화 배우가 되었다.)

난이도 ★★★ | **Category** | **연결어**(접속부사: in fact)

6 We can tell stars from planets in the night sky because stars twinkle and planets don't. The brightest "star" we see doesn't twinkle. _____, it is not really a star but is actually the planet Venus.

(a) In fact
(b) Otherwise
(c) Even so
(d) Moreover

별은 반짝이고 행성은 그렇지 않기 때문에 우리는 밤하늘에 별을 행성과 구별할 수 있다. 우리가 보는 가장 밝은 별은 반짝이지 않는다. 사실, 이것은 별이 아니라 실제로는 행성인 금성이다.

어휘 tell A from B A를 B와 구별하다 twinkle 반짝이다 planet 행성 Venus 금성

정답 (a)

해설 보기에 다양한 접속부사(구)가 나왔으므로 연결어 문제이다. 빈칸 앞뒤 문장을 해석하여 두 문장이 자연스럽게 연결되는 것을 확인해야 한다. 빈칸의 앞뒤 문장의 의미 관계가 서로 다르거나 새로운 정보를 보여주는 관계이므로 '사실, 사실상'의 의미로 쓰이는 연결어 in fact가 오는 것이 가장 자연스럽다. 따라서 (a)가 정답이다.

오답 분석 (b) Otherwise(그렇지 않다면, 다른 방식으로), (c) Even so(그렇기는 하지만), (d) Moreover(게다가)는 문맥상 어색하여 오답이다.

난이도 ★★★ | **Category** | **시제**(현재진행: 현재진행 부사 now)

7 Eunice isn't very happy with her current hobby, cross-stitching, because it limits her artistic expression. Looking for a more satisfying way to express her creativity, she _____ taking up painting instead.

(a) will now consider
(b) is now considering
(c) was now considering
(d) has now considered

유니스는 현재의 취미인 십자수 놓기가 별로 마음에 들지 않는다. 왜냐하면 그것이 그녀의 예술적 표현을 제한하기 때문이다. 자신의 창의성을 표현할 더 만족스러운 방법을 찾으면서, 그녀는 이제 그림을 그리는 것을 고려하고 있다.

어휘 current 최근의 cross-stitching 십자수 expression 표현 satisfying 만족스러운 creativity 창의성 consider 고려하다

정답 (b)

해설 보기에서 동사 consider가 다양한 시제로 나왔으므로 시제 문제이다. 빈칸 앞뒤에 시간 부사구나 부사절을 확인한다. 앞에 looking for가 분사구문으로 나왔고 단순 분사구문이기 때문에 주절 시제와 같다. 문맥상 미래나 과거, 완료와 같이 사용되는 특별한 부사구나 절이 없으면 현재가 기준 시제가 된다. 보기 중 현재 시제는 없고 현재진행 시제가 있으므로 (b)가 정답이다. 또한 선택지에 나와 있는 시간부사 now는 현재진행 시제와 자주 쓰이므로 정답이 (b)임을 확인할 수 있다.

8 When helping accident victims, don't lift or move them even if they aren't feeling any pain. Any movement can risk _____ a possible injury. Instead, make the victim comfortable while waiting for an ambulance.

(a) to worsen
(b) to be worsening
(c) having worsened
(d) worsening

사고 피해자들을 도울 때, 그들이 고통을 느끼지 않더라도 그들을 들어올리거나 옮기지 마세요. 어떤 움직임도 부상 가능성을 악화시킬 위험이 있습니다. 대신 구급차를 기다리는 동안 피해자를 편안하게 해 주세요.

어휘 accident 사고　victim 피해자　risk+명사/동명사 ~할 위험이 있다　worsen 악화시키다　injury 부상　comfortable 편안한

정답 (d)

해설 보기에서 동사 worsen이 to부정사와 동명사로 나왔으므로 준동사 문제이다. 빈칸 앞에 동명사를 목적어로 취하는 동사 risk가 나왔다. 보기 중 이 조건을 충족시키는 것은 완료동명사 (c)와 단순동명사 (d)이다. 문맥상 현재 본동사보다 한 시제 이전의 상황을 설명하는 것이 아니라 본동사와 같은 시제의 상황을 설명하기 때문에 완료동명사는 정답이 될 수 없고 단순동명사 (d)가 정답이다. 참고로 지텔프 시험에서는 준동사가 목적어로 사용될 때 완료동명사, 완료부정사, 진행부정사는 정답이 되는 경우가 극히 드물다.

참고 동명사만을 목적어로 취하는 동사

adore(흠모하다, 존경하다), advise(충고하다), admit(인정하다), allow(허락하다), practice(연습하다), feel like(~하고 싶다), enjoy(즐기다), keep(유지하다), consider(고려하다), discuss(토론하다), finish(끝내다), mention(언급하다), postpone(연기하다), recommend(추천하다), avoid(피하다), delay(연기하다), dislike(싫어하다), insist(주장하다), mind(꺼리다), quit(그만두다), deny(부인하다), involve(포함하다), miss(놓치다), suggest(제안하다), risk(~할 위험이 있다)

---

9 We are very strict with the way visitors interact with the animals exhibited in this zoo. For one, you _____ not touch the tarsiers because they are very sensitive creatures that easily get stressed.

(a) might
(b) could
(c) should
(d) would

우리는 방문객들이 이 동물원에 전시된 동물들과 교류하는 방식에 매우 엄격합니다. 우선, 그들은 스트레스를 받기 쉬운 매우 민감한 동물이기 때문에 여러분은 안경원숭이들을 만지지 말아야 합니다.

어휘 strict 엄격한　interact 상호작용하다, 교류하다　exhibited 전시된　tarsier 안경원숭이

정답 (c)

해설 보기에 다양한 조동사가 나왔으므로 조동사 문제이다. 문맥상 해석을 하여 적절한 조동사를 찾아야 한다. 문장의 의미는 '동물원 방문객들은 스트레스를 받기 쉬운 안경원숭이를 만지지 말아야 한다'가 가장 자연스럽게 연결이 된다. 문맥상 '~해야 한다'는 권유를 나타내는 조동사 should가 적절하므로 (c)가 정답이다.

난이도 ★★★ | **Category** 당위성(충고: advise)

10 Mr. O'Leary, a flower enthusiast, says that azaleas can bloom for up to eight weeks. To enjoy the blooms the longest time possible, he advises that hobbyists _____ the bell-shaped flowers in late spring.

(a) will plant
(b) plant
(c) are planting
(d) planted

꽃 애호가인 오리어리 씨는 진달래꽃이 8주까지 필 수 있다고 말한다. 꽃을 최대한 오래 즐기기 위해, 그는 취미 생활자들이 늦은 봄에 이 종 모양의 꽃을 심을 것을 조언한다.

어휘 enthusiast 애호가 azalea 진달래 bloom 꽃피다 advise 충고하다, 조언하다 bell-shaped 종 모양의

정답 (b)

해설 보기에 동사 plant가 다양한 시제로 나왔고, 보기에 동사원형 형태가 있으므로 시제 문제 아니면 당위성 문제이다. 빈칸 앞뒤에 시간 부사구나 부사절 또는 앞에 당위성 동사나 형용사가 있는지 확인한다. 빈칸 앞에 당위성 동사 advise가 있으므로 빈칸에 should가 생략된 동사원형이 쓰여야 하므로 (b)가 정답이다.

참고 **당위성 표현**

• 당위성을 나타내는 문장은 '주어＋당위성 동사＋that＋주어＋(should)＋동사원형'으로 나타낸다.
• 당위성 문제는 전형적으로 다음의 동사와 함께 나온다.
  advise(조언하다), ask(요청하다), beg(간청하다), command(명령하다), demand(요구하다), direct(지시하다), insist(주장하다), instruct(지시하다), intend(의도하다), order(명령하다), prefer(선호하다), propose(제안하다), recommend(추천하다), request(요청하다), require(요구하다), stipulate(규정하다), suggest(제안하다), urge(촉구하다), warn(경고하다)

난이도 ★★★ | **Category** 가정법(가정법 과거: if절＋과거 시제)

11 Michael is running a food truck that sells Angus beef burgers in Dewey Square. He isn't entirely satisfied with his business, though. If he were to get more capital, he _____ a dine-in hamburger restaurant.

(a) has opened
(b) will open
(c) would have opened
(d) would open

마이클은 듀이 광장에서 앵거스 비프 버거를 파는 푸드 트럭을 운영하고 있다. 하지만 그는 자신의 사업에 완전히 만족하지는 않는다. 만약 그가 더 많은 자본을 구하면, 그는 안에서 식사하는 햄버거 식당을 열텐데.

어휘 be satisfied with ～에 만족하다 entirely 완전히, 전적으로 capital 자본 dine-in 안에서 식사하는

정답 (d)

해설 보기에 동사 open이 다양한 조동사와 같이 나왔고, 빈칸 앞에 조건절이 있기 때문에 가정법 문제이다. if조건절 시제가 과거(were)이기 때문에 가정법 과거이다. if절에 were to가 쓰이면 일어날 가능성이 희박한 것을 가정하며 이때 빈칸에 가정법 과거의 주절 형태는 'would＋동사원형'이 와야 한다. 따라서 (d)가 정답이다.

12 Of all the music genres, Chantal loves the blues the most. "Sweet Home Chicago," _____ on the guitar when she was a child, is the first blues song she ever learned.

(a) which her father often played
(b) that her father often played
(c) what her father often played
(d) who her father often played

모든 음악 장르 중에서 챈탈은 블루스를 가장 좋아한다. 어릴 때 아버지가 기타로 자주 연주했던 곡 "Sweet Home Chicago"는 그녀가 배워 본 첫 블루스 곡이다.

어휘 music genre 음악 장르 blues song 블루스곡

정답 (a)

해설 보기에 다양한 관계대명사가 이끄는 절이 나왔으므로 관계사 문제이다. 빈칸 앞에 선행사를 확인하고 선행사가 관계사절에서 무슨 역할을 하는지 확인한다. 빈칸 앞에 있는 "Sweet Home Chicago"가 선행사이고, 뒤에 따라오는 절에서 관계사의 선행사혹은 관계사는 played의 목적어로 사용되었다. 또한 빈칸 앞에 콤마가 있으므로 관계대명사의 계속적 용법이다. 선행사가 사물이고 목적격으로 쓰이면서 계속적 용법이 가능한 관계대명사는 which이므로 (a)가 정답이다.

오답 분석 (b)에서 that은 계속적 용법으로 사용될 수 없어서 오답이다.
(c)에서 what은 선행사를 포함한 관계대명사인데 여기서는 앞에 선행사가 있어서 오답이다.
(d)에서 who는 사람을 선행사로 받아야 하는데 여기서는 선행사가 사물이기 때문에 오답이다.

참고 관계대명사의 선행사와 격

선행사	주격	소유격	목적격
사람	who	whose	whom (who)
사물, 동물	which	whose (of which)	which
사람, 사물, 동물	that	소유격 없음	that
선행사를 포함	what	소유격 없음	what

13 The usually fashionable young pop singer Ada has chosen her own gown for the red-carpet event: a baggy, unflattering orange dress. If her personal stylist were to see her now, he _____ of her outfit.

(a) would certainly disapprove
(b) will certainly disapprove
(c) certainly disapproves
(d) would certainly have disapproved

평소에 패션 감각이 뛰어난 젊은 팝 가수 아다는 레드 카펫 행사를 위해 자신의 가운을 직접 선택했다: 헐렁하고 어울리지 않는 오렌지색 드레스. 만약 그녀의 개인 스타일리스트가 지금 그녀를 본다면, 그는 확실히 그녀의 옷차림을 못마땅해 할 것이다.

어휘 fashionable 유행을 따르는 baggy 헐렁한 unflattering 어울리지 않는 certainly 확실히 disapprove of 못마땅해 하다 outfit 옷차림

정답 (a)

해설 보기에 동사 disapprove가 서법조동사와 같이 나왔고 빈칸 앞에 if절이 나왔으므로 가정법 문제이다. if절에 be동사의 과거형 were가 있는 것으로 보아 가정법 과거이므로 빈칸에는 가정법 과거의 주절 형태인 'would/should/could/might+동사원형'이 와야 한다. 따라서 (a)가 정답이다.

난이도 ★★★　**Category**　**시제**(현재완료진행: throughout+명사)

14 Some people claim that man-made global warming is only a myth spread by misguided scientists. They say that the Earth's climate _____ throughout its existence, and the current warming is a part of a natural cycle.

(a) had always changed
(b) has always been changing
(c) was always changing
(d) will always have changed

어떤 사람들은 인간이 만든 지구 온난화가 잘못 판단한 과학자들에 의해 퍼진 그릇된 통념일 뿐이라고 주장한다. 그들은 지구의 기후가 그것의 존재 기간 내내 항상 변화해 왔으며, 현재의 온난화는 자연적 주기의 한 부분이라고 말한다.

어휘 claim 주장하다　myth 신화, 그릇된 통념　misguided 잘못 판단한　climate 기후　existence 존재

정답 (b)

해설 보기에서 동사 change가 다양한 시제로 나왔으므로 시제 문제이다. 빈칸 앞뒤에 시간 부사구나 부사절을 확인한다. 빈칸 뒤에 완료 시제와 자주 사용되는 'throughout+명사'가 있다. 과거부터 현재까지 계속되고 있는 상황을 나타내므로 현재완료 시제나 현재완료진행 시제가 적절하다. 따라서 (b)가 정답이다.

참고　**현재완료진행**

• 형태: have/has been -ing
• 의미: (~해오고 있다) 과거에 시작한 행동이 현재까지 계속 진행되고 있음을 나타낸다.
• 자주 쓰이는 시간 부사어구: since+과거 시점/과거 시제절(~한 이래로), for+시간명사(~동안), lately(최근에), throughout+명사(~내내)

난이도 ★★☆　**Category**　**가정법**(가정법 과거완료: if절+과거완료)

15 Jeffrey ignored his leaky bathroom sink for several months and came home one day to find his apartment flooded. If he had fixed the leak earlier, his home _____ the serious water damage.

(a) would be spared
(b) had been spared
(c) is spared
(d) would have been spared

제프리는 몇 달 동안 물이 새는 욕실 세면대를 무시하고 어느 날 집에 와서 아파트가 침수된 것을 발견했다. 만약 그가 더 일찍 누수를 고쳤더라면, 그의 집은 심각한 물 피해를 면했을 것이다.

어휘 ignore 무시하다　leaky 새는　flooded 침수된　leak 누수　spare 면하게 하다　damage 피해

정답 (d)

난이도 ★★★ **Category** 준동사(동명사: enjoy)

16 Whenever Francine's sales team lags behind in performance, she assumes all responsibility for it. She doesn't mind _____ all the blame, because her team's failure only means she isn't leading them well enough.

(a) to take
(b) taking
(c) to be taking
(d) being taken

프란신의 영업 팀이 실적이 뒤처질 때마다 그녀는 모든 책임을 진다. 그녀의 팀의 실패는 그녀가 그들을 충분히 잘 이끌지 못한다는 것을 의미하기 때문에, 그녀는 모든 책임을 지는 것을 개의치 않는다.

어휘 lag behind 뒤처지다　performance 실적, 수행　assume ~을 떠맡다　responsibility 책임　mind 꺼려하다　take the blame 책임을 떠맡다　failure 실패

정답 (b)

해설 보기에 동사 take가 to부정사와 동명사 형태로 나왔으므로 준동사 문제이다. 빈칸 앞에 동사 mind는 동명사를 목적어로 취하는 동사이다. 보기 중 능동 형태의 동명사 (b) taking과 수동 형태의 동명사 (d) being taken이 있는데 바로 뒤에 목적어 'all the blame'이 있기 때문에 능동이므로 빈칸에 동명사 taking이 적합하다. 따라서 정답은 (b)이다.

난이도 ★★★ **Category** 당위성(촉구: urge)

17 Please tell your boss to return my call as soon as possible. I am urging that he _____ about the ongoing drop of your company's stock prices immediately.

(a) finds out
(b) is finding out
(c) has found out
(d) find out

당신의 상사에게 가능한 한 빨리 저에게 전화해 달라고 알려주세요. 저는 그가 당신 회사의 계속적인 주가 하락에 대해 즉시 알아내야 한다고 촉구합니다.

어휘 urge 촉구하다　find out about ~에 대해 알아내다　ongoing 계속적인　drop 하락　stock price 주가　immediately 즉시

정답 (d)

해설 보기에 동사 find out이 다양한 형태로 사용되었다. 특히 동사원형이 있는 것으로 보아 당위성 문제인지 먼저 확인한다. 빈칸 앞에 당위성 동사 urge가 있으므로 당위성 문제이다. 빈칸에 should가 생략되고 동사원형이 나와야 하므로 (d)가 정답이다.

난이도 ★★★ | **Category** 관계사(관계대명사: 목적격 whom)

18 Matt has always been drawn to talented and intelligent women. Therefore, it was no surprise to his family that the woman _____ had graduated at the top of her class from Harvard University.

(a) that he chose to marry her
(b) what he chose to marry
(c) whom he chose to marry
(d) which he chose to marry

매트는 항상 재능 있고 똑똑한 여성들에게 끌렸다. 그래서 그가 결혼하기로 선택한 여자가 하버드 대학을 수석으로 졸업한 것은 그의 가족에게 놀라운 일이 아니었다.

어휘 be drawn to ~에게 끌리다 intelligent 똑똑한 graduate from ~를 졸업하다

정답 (c)

해설 보기에서 다양한 관계대명사가 이끄는 절이 왔으므로 관계사 문제이다. 빈칸 앞에 선행사가 사람(the woman)이고, 관계사절에서 타동사 marry의 목적어가 빠져 있으므로 관계대명사가 목적어 역할을 해야 한다. 선행사가 사람이고 목적격인 관계대명사는 whom이므로 (c)가 정답이다.

오답 분석 (a)에서 관계대명사 that은 자신이 이끄는 절 안에서 주어 혹은 목적어 역할을 하는데 여기서는 that절 안에 주어와 목적어가 모두 있는 완벽한 문장이 나오므로 오답이다. 맨 뒤에 나오는 her를 삭제해야 정답이 된다.
(b)에서 what은 선행사를 포함하는 관계대명사인데 여기서는 선행사가 있으므로 오답이다.
(d)에서 which는 사물을 선행사로 취하는 관계대명사인데 여기서는 선행사가 사람이므로 오답이다.

난이도 ★★★ | **Category** 가정법(가정법 과거완료: if가 생략된 주어 조동사 도치 구문)

19 The Romans influenced many European cultures for hundreds of years. Had it not been for their rule, the so-called Romance-speaking countries, including Italy, France, and Spain, _____ completely different languages.

(a) had developed
(b) were developing
(c) would have developed
(d) would develop

로마인들은 수백 년 동안 많은 유럽 문화에 영향을 끼쳤다. 그들의 통치가 없었더라면, 이탈리아, 프랑스, 스페인을 포함한 소위 로맨스어를 사용하는 나라들은 완전히 다른 언어를 개발했을 것이다.

어휘 influence 영향을 끼치다 culture 문화 had it not been for ~이 없었다면 completely 완전히

정답 (c)

해설 보기에 동사 develop이 다양한 시제와 형태로 사용되었으므로 시제 문제 아니면 가정법 문제이다. 빈칸 앞에 조건절 'If+주어+had p.p.'에서 접속사 if가 생략되고 주어와 조동사가 도치된 구문 'had it p.p.'가 있기 때문에 가정법 문제이다. 조건절이 과거완료이므로 가정법 과거완료임을 알 수 있다. 빈칸에 가정법 과거완료의 주절의 형태인 'would/should/might+have p.p.'가 와야 하므로 (c)가 정답이다.

- 가정법 과거나 가정법 과거완료의 if절에서 if가 생략되면 주어와 동사가 도치된다.
  e.g. If it were not for the river, people in the village could not cultivate rice.
  → Were it not for the river, people in the village could not cultivate rice.
  (그 강이 없다면, 마을 사람들은 벼를 재배할 수 없을 것이다.)
  e.g. If he had been a famous artist, his artworks would have been well known.
  → Had he been a famous artist, his artworks would have been well known.
  (그가 유명한 화가였다면, 그의 예술작품이 잘 알려졌을 텐데.)

난이도 ★★★ **Category** **시제**(미래완료진행: 완료부사구 for+시간명사, 미래부사구 by+미래시점)

20 Mr. Delaney insisted on painting their house himself. However, his wife would rather have hired professional help—and for good reason. He _____ the house for two months by next week, but with unimpressive results.

(a) will paint
(b) will have been painting
(c) painted
(d) is painting

델라니 씨가 자기네 집에 직접 페인트칠을 해야 한다고 주장했다. 그러나 그의 아내는 타당한 이유로 차라리 전문적인 일손을 고용했을 것이다. 그는 다음 주까지 두 달 동안 집에 페인트칠을 하고 있을 것이지만, 인상적이지 않은 결과를 얻을 것이다.

어휘 **insist on** 고집하다, 주장하다   **rather** 차라리, 오히려   **for good reason** 타당한 이유로   **unimpressive** 인상적이지 않은

정답 (b)

해설 보기에 동사 paint가 다양한 시제로 나왔으므로 시제 문제이다. 빈칸 앞뒤에 시간 부사구나 부사절을 확인한다. 빈칸 뒤에 완료형과 함께 사용되는 'for two months'가 있고, 미래를 나타내는 부사구 'by next week'이 있으므로 빈칸에 미래완료진행 시제인 'will have been+-ing' 형태가 적합하다. 따라서 (b)가 정답이다.

- 형태: will have been -ing
- 의미: 미래 이전에 시작된 행동이 미래의 특정 시점까지 계속 진행되고 있을 것임을 나타낸다.
- 자주 쓰이는 시간 부사 표현: by the time/when + 현재 시제절 + (for + 시간명사), by/in + 미래 시점 + (for + 시간명사)

난이도 ★★ **Category** **연결어**(종속접속사: because)

21 Fans of the Kensington Eagles say that the Frankford Foxes won due to home-court advantage. _____ the basketball game was held at Frankford High School, the Foxes received more cheers and encouragement than the Eagles.

켄싱턴 이글스(the Kensington Eagles)의 팬들은 프랭크포드 폭스(the Frankford Foxes)가 홈 구장의 이점 때문에 우승했다고 말한다. 프랭크포드 고등학교에서 농구 경기가 열렸기 때문에, 폭스팀은 이글스팀보다 더 많은 환호와 격려를 받았다.

(a) Whether
(b) Although
(c) Until
(d) Because

어휘 due to ~ 때문에 home-court advantage 홈 구장의 이점 be held 개최되다 cheer 환호 encouragement 격려

정답 (d)

해설 보기에 다양한 접속사가 나왔으므로 연결어 문제이다. 보기에서 빈칸 앞뒤 문장의 의미를 자연스럽게 연결해 주는 접속사를 찾으면 된다. 해당 문장을 "프랭크포드 고등학교에서 농구 경기가 열렸기 때문에 프랭크포드 폭스팀은 캔싱턴 이글스팀보다 더 많은 환호와 격려를 받았다."라고 해석하는 것이 가장 자연스럽다. 문맥상 원인과 결과 관계이므로 (d)가 정답이다.

오답분석 (a) Whether(~인지 아닌지), (b) Although(비록 ~임에도 불구하고), (c) Until(~까지)는 문맥상 어색하여 오답이다.

난이도 ★★★　　Category　당위성(요구: request)

22 Travis couldn't agree to a job interview because he had promised to watch his son's baseball game on the same date. He called the HR head to request that his interview _____ to a later day.

(a) be moved
(b) will be moved
(c) has been moved
(d) is moved

트래비스는 같은 날짜에 아들의 야구 경기를 보기로 약속했기 때문에 구직 면접에 응할 수 없었다. 그는 인사부장에게 전화를 걸어 면접이 나중으로 옮겨져야 한다고 요청했다.

어휘 agree 동의하다 HR head(human resources head) 인사부장 request 요청하다

정답 (a)

해설 보기에 동사 move가 다양한 시제와 동사원형 형태로 나왔고 빈칸 앞에 당위성 동사 request가 있으므로 당위성 문제이다. 빈칸에 should가 생략된 동사원형이 와야 하므로 (a)가 정답이다.

난이도 ★★★　　Category　준동사(to부정사: 가목적어 it, 진목적어 to부정사)

23 Hillary is upset that she won't be Suzette's maid of honor at her wedding. She finds it hard _____ that despite their closeness all these years, she isn't Suzette's best friend after all!

(a) having believed
(b) to have believed
(c) to believe
(d) believing

힐러리는 결혼식에서 수제트의 결혼식 들러리가 되지 못해 화가 나 있다. 그녀는 지난 수년 동안 그들이 친했음에도 불구하고, 결국 자신이 수제트의 가장 친한 친구가 아니라는 것을 믿기 어렵다고 생각한다!

어휘 upset 화가 난 maid of honor 결혼식 들러리 despite ~에도 불구하고 after all 결국

정답 (c)

해설 보기에 동사 believe가 to부정사와 동명사로 나왔으므로 준동사 문제이다. 빈칸 앞의 동사를 살펴보아야 한다. 앞의 동사 find가 5형식 동사로 가목적어 it과 목적격보어 hard가 나왔으므로 빈칸에 진목적어가 와야 한다. 진목적어는 명사보다는 to부정사가 주로 사용되며 동일 시제의 상황이므로 완료부정사보다는 단순부정사가 적합하다. 따라서 (c)가 정답이다.

난이도 ★★★ | **Category** 시제(과거진행: when+과거 시제절)

24 The inventor Wilson Greatbatch discovered the pacemaker quite by accident. He _____ on a heartbeat recording machine when he installed the wrong transistor in the device. To his surprise, it made a heart-like beat when activated.

(a) worked
(b) was working
(c) has been working
(d) will have worked

발명가 윌슨 그레이트배치는 심박조율기를 아주 우연히 발견했다. 그는 장치에 잘못된 트랜지스터를 설치했을 때 심장박동 측정기를 조작하고 있었다. 놀랍게도, 그것이 활성화되었을 때 심장 같은 박동을 만들었다.

어휘 pacemaker 심박조율기 by accident 우연히 heartbeat 심장박동 install 설치하다 device 장치 to one's surprise 놀랍게도 activate 활성화하다

정답 (b)

해설 보기에 동사 work가 다양한 시제로 나왔으므로 시제 문제이다. 빈칸 앞뒤 시간 부사구나 시간 부사절을 확인한다. 빈칸 뒤에 시간 부사절 'when+과거 시제'가 있으므로 기준 시점이 과거임을 알 수 있다. 잘못된 트랜지스터를 설치했던 것은 과거의 일회성 동작이므로 과거 시제(installed)를 썼지만 심장박동 측정기를 사용했던 것은 과거의 일회성 동작이 아니라 연속 동작이므로 과거 시제보다 과거진행 시제가 더 적합하다.

참고 **과거진행**

- 형태: was/were -ing
- 의미: (~하고 있었다) 과거의 특정 시점에 동작이 진행 중이었음을 나타낸다.
- 자주 쓰이는 시간 표현: when/while + 과거 시제절, last + 시간명사, yesterday

난이도 ★★☆ | **Category** 시제(과거완료진행: for a year, before+과거 시제절)

25 Public service seems to take a back seat until Election Day approaches. We _____ about the potholes on our street for a year before the mayor finally acted on it—two months before the elections.

(a) had been complaining
(b) complain
(c) will have been complaining
(d) have complained

선거일이 다가올 때까지 공적 서비스는 뒷전으로 밀리는 것 같다. 우리는 1년 동안 거리의 구덩이에 대해 불평을 해왔는데 선거 2달 전에서야 마침내 시장이 조치를 취했다.

어휘 take a back seat 뒷전으로 밀리다   complain about ~에 대해 불평하다   pothole 구덩이   mayor 시장   act on 조치를 취하다   election 선거

정답 (a)

해설 보기에 동사 complain이 다양한 시제로 나왔으므로 시제 문제이다. 빈칸 뒤에 완료 시제와 같이 사용되는 시간 부사구 'for a year'가 있고, 뒤에 before가 이끄는 부사절의 시제가 과거이다. 과거를 기준으로 과거 이전에 시작된 행동이 과거에 계속되는 상황을 나타내므로 과거완료(had p.p.)나 과거완료진행(had been -ing)이 적절하다. 따라서 과거완료진행 시제인 (a)가 정답이다.

참고   과거완료진행

- 형태: had been -ing
- 의미: (~해오고 있었다) 과거의 특정 시점 이전에 시작된 동작이 그때까지 계속 진행 중이었음을 나타낸다.
- 자주 쓰이는 시간 부사 표현: (for + 시간명사) + when/before/until + 과거 시제절

난이도 ★★★   **Category**   준동사(동명사: finish)

26 I know I gave you little time to prepare last quarter's financial report. But have you finished _____ this month's income and expenses? We could at least present those figures at the meeting tomorrow.

(a) to have balanced
(b) balancing
(c) having balanced
(d) to balance

> 내가 당신에게 지난 분기의 재무 보고서를 준비할 시간을 거의 주지 않았다는 것을 알고 있습니다. 그런데 이번 달 수입과 지출의 정산을 마쳤나요? 우리는 내일 회의에서 적어도 그 수치들을 발표할 수 있을 것입니다.

어휘 financial report 재무 보고서   balance ~의 균형을 맞추다, 정산하다   income 수입   expense 지출   at least 적어도   present 발표하다   figure 수치

정답 (b)

해설 보기에 동사 balance가 to부정사와 동명사로 나왔으므로 준동사 문제이다. 빈칸 앞에 동명사를 목적어로 취하는 동사 finish가 있으므로 빈칸에 동명사가 적합하다. 보기 중 동명사는 단순동명사 (b) balancing과 완료동명사 (c) having balanced가 있다. 지텔프에서는 목적어로 완료준동사(to have+p.p./ having+p.p.)는 정답으로 거의 사용되지 않는다. 따라서 (b)가 정답이다.

Category   **PART 1** 개인적 대화   **PART 2** 발표   **PART 3** 협상적 대화   **PART 4** 절차 설명

| PART 1 | 27-33 | 개인적 대화: 수영을 배우는 것에 관한 대화 |

 https://han.gl/gofh1

M: Hello, Jessica. You're looking fit! What have you been doing lately?

F: Hello, Chandler. It must be my new hobby. [27] I'm now a member of the Brookdale Swim Club. I've been swimming every other day for about a month now.

M: Really? I didn't even know you could swim!

F: Oh, I wasn't a good swimmer until I joined the club. The first thing I did after joining was to take swimming lessons and become a better swimmer.

M: I see… Are you planning to enter swimming competitions? I hear the Brookdale swimming team is among the best in the city.

F: Oh, not me. Competitive swimmers start training at a very young age. [28] I only joined the club to start a new and healthy hobby.

M: That's a good idea. I love swimming. The sport is both really fun and a very relaxing form of exercise. It's a good way to relieve stress.

F: I agree. It's also a great way to lose weight. You burn at least five hundred calories an hour while swimming. The workout also keeps your heart and lungs healthy.

M: And swimming gives you a total body workout because you get to use all the muscles in your body. [29] Also, you don't really feel your body heat rising despite the physical activity because the water keeps you cool.

F: Yes. It's unlike jogging or working out in the gym, which can make you feel tired easily.

M: That's especially true when you're doing simple swimming strokes such as the breaststroke, the

---

M: 안녕, 제시카. 너 건강해 보여! 최근에 뭐 하고 지내고 있니?

F: 안녕, 챈들러. 그것은 나의 새로운 취미 때문인 게 분명해. [27] 나는 지금 브룩데일 수영 클럽의 회원이야. 한 달 동안 이틀에 한 번씩 수영을 하고 있어.

M: 그래? 난 네가 수영할 수 있다는 것을 알지도 못했어!

F: 아, 나는 클럽에 가입하기 전까지는 수영을 잘 못했어. 가입 후 가장 먼저 한 일은 수영 레슨을 받고 수영을 더 잘 하게 되는 것이었어.

M: 그렇구나…. 수영 대회에 나갈 계획이야? 브룩데일 수영팀이 이 도시에서 최고라고 들었어.

F: 아, 난 아니야. 경기에 나가는 수영선수들은 매우 어린 나이에 훈련을 시작하지. [28] 나는 새롭고 건강한 취미를 시작하기 위해서 클럽에 가입했을 뿐이야.

M: 좋은 생각이야. 나는 수영을 좋아해. 수영은 정말 재미있기도 하고 아주 편안한 형태의 운동이기도 하지. 이것은 스트레스를 푸는 좋은 방법이야.

F: 맞아. 그것은 또한 살을 빼는 좋은 방법이야. 수영하는 동안 한 시간에 적어도 500칼로리를 소모해. 이 운동은 또한 심장과 폐를 건강하게 해주지.

M: 그리고 수영은 몸에 있는 모든 근육을 사용하게 되니까, 전신 운동이 될 수 있어. [29] 또한, 우리는 물이 우리를 시원하게 유지시켜 주기 때문에 신체 활동에도 불구하고 몸의 열이 오르는 것을 별로 느끼지 못해.

F: 그래. 그것은 쉽게 피로감을 느끼게 하는 조깅이나 체육관에서 운동하는 것과는 달라.

M: 평영, 배영, 불가사리 뜨기와 같은 간단한 영법을 할 때는 특히 그래.

backstroke, and the starfish float.

F: [30] Oh, I just love the starfish float. All I do is float on my back with my arms and legs spread apart. It's so easy that I feel like I can float all around the pool for hours!

M: I agree. So, have you learned other swimming strokes yet?

F: Oh, yes. I've been taught the easy ones you mentioned. Right now, I'm practicing the freestyle. I also like it because it's quite easy to do, and it allows me to swim fast.

M: The freestyle does allow you to swim fast. You also get to see where you're going! With the starfish float, you just drift aimlessly on the water's surface, often with your eyes closed. With the backstroke, well… you swim backwards. In both cases, you don't see where you're heading.

F: [31] And bumping your head on the swimming pool wall can be painful—and embarrassing!

M: Ha-ha! That's true. Have you learned the more difficult strokes yet?

F: No. I've tried the butterfly stroke but only for short distances. It's one of the most difficult swimming styles.

M: I know. The stroke is not easy because you swing both your arms at the same time while pushing your chest forward and kicking. [32] But I've always wanted to be more skilled in the butterfly. I just never got around to practicing it.

F: Why don't you go with me to the club tomorrow, Chandler? I can get you a trial membership if you like.

M: [33] I'd really like to join the swimming club, Jessica. Thanks!

F: [30] 아, 나는 불가사리 뜨기 영법이 너무 좋아. 팔과 다리를 벌리고 위를 보고 누워 떠다니기만 하면 돼. 너무 쉬워서 수영장 주위를 몇 시간 동안 떠다닐 수 있을 것 같아!

M: 나도 동의해. 그러면, 너는 다른 수영 영법을 배운 적이 있어?

F: 아, 그래. 네가 말한 쉬운 것들을 배웠어. 지금 나는 자유형을 연습하고 있어. 나는 그것도 좋아해. 왜냐하면 그것은 하기에 참 쉽고 수영도 빨리 할 수 있게 해줘.

M: 자유형은 정말 수영을 빨리 할 수 있게 해주지. 또한 어디로 가고 있는지 볼 수 있지! 불가사리 뜨기 영법으로는, 종종 눈을 감고 정처 없이 수면 위를 떠다닐 뿐이야. 배영을 하면, 음…. 거꾸로 헤엄치지. 두 경우 모두 어디로 가고 있는지 볼 수 없어.

F: [31] 그리고 수영장 벽에 머리를 부딪히는 것은 아플 수도 있고, 창피할 수도 있어!

M: 하하! 그건 사실이야. 너는 더 어려운 영법을 배운 적 있니?

F: 아니. 접영을 해봤지만, 단거리만 해 봤어. 그것은 가장 어려운 수영 스타일 중 하나야.

M: 나도 알아. 가슴을 앞으로 밀고 발길질을 하면서 양팔을 동시에 휘두르기 때문에 그 영법은 쉽지 않지. [32] 하지만 나는 항상 접영에 더 능숙해지고 싶었어. 나는 단지 그것을 연습할 시간을 내지 않았어.

F: 내일 클럽에 같이 가지 않을래, 챈들러? 네가 원하면 체험권을 줄 수 있어.

M: [33] 나는 정말 그 수영 클럽에 가입하고 싶어, 제시카. 고마워!

어휘 fit (운동으로 몸이) 건강한, 탄탄한 lately 최근에 every other day 이틀에 한 번 swimming competition 수영대회 competitive 경쟁력 있는, (경기에서) 겨루는 relieve 완화시키다, 안도하게 하다 lung 폐 muscle 근육 despite ~에도 불구하고 breaststroke 평영 backstroke 배영 drift 떠다니다 aimlessly 목적 없이, 정처 없이 with one's eyes closed 눈을 감은 채 painful 아픈, 고통스러운 embarrassing 창피한 distance 거리 trial membership 체험권 get around to ~할 시간을 내다

27 What is the reason Jessica is looking so fit these days?

(a) She joined a sports club.
(b) She has sports-minded friends.
(c) She created a community club.
(d) She teaches a water sport.

제시카가 요즘 그렇게 건강해 보이는 이유는 무엇인가?

(a) 스포츠 클럽에 가입했다.
(b) 스포츠 마인드를 가진 친구들이 있다.
(c) 커뮤니티 클럽을 만들었다.
(d) 수상 스포츠를 가르친다.

어휘 fit (운동으로 몸이) 건강한, 탄탄한 join 가입하다 community club 지역공동체 클럽

정답 (a)

해설 대화에서 "²⁷I'm now a member of the Brookdale Swim Club. I've been swimming every other day for about a month now."(나는 지금 브룩데일 수영 클럽의 회원이야. 한 달 동안 이틀에 한 번씩 수영을 하고 있어.) 라고 하였다. 보기에서 이 내용과 일치하는 (a)가 정답이다.

정답 Key Paraphrasing
대화에 나온 'I'm now a member of the Brookdale Swim Club'과 유사한 표현은 'She joined a sports club.'이다.

28 Why is Jessica not planning to enter a swimming contest?

(a) because she does not have a good team to join
(b) because she prefers a more casual hobby
(c) because she has a serious health condition
(d) because she cannot afford swim lessons

제시카는 왜 수영 대회에 참가할 계획이 없는가?

(a) 합류할 좋은 팀이 없기 때문에
(b) 좀 더 일상적인 취미를 선호하기 때문에
(c) 심각한 건강 상태이기 때문에
(d) 수영 레슨을 받을 형편이 안 되기 때문에

어휘 contest 대회 prefer 선호하다 casual 일상적인 afford ~할 형편이 되다

정답 (b)

해설 대화에서 "²⁸I only joined the club to start a new and healthy hobby."(나는 새롭고 건강한 취미를 시작하기 위해서 클럽에 가입했을 뿐이야.)라고 하였다. 보기 중 이 내용과 일치하는 (b)가 정답이다.

정답 Key Paraphrasing
대화에 나온 'I only joined the club to start a new and healthy hobby.'와 유사한 표현은 'because she prefers a more casual hobby'이다.

29 How can the water prevent a swimmer from tiring quickly?

(a) by helping to relieve one's stress
(b) by engaging all of the muscles

어떻게 물은 수영하는 사람이 빨리 피곤해지는 것을 막을 수 있는가?

(a) 스트레스 해소를 도와서
(b) 모든 근육을 동원함으로써

(c) by making the lungs stronger

(d) by keeping one's body heat down

(c) 폐를 강하게 하여

(d) 몸의 열을 낮춤으로써

정답 (d)

해설 대화에서 "²⁹ Also, you don't really feel your body heat rising despite the physical activity <u>because the water keeps you cool.</u>"(또한, 물이 우리를 시원하게 해주기 때문에 신체 활동에도 불구하고 몸의 열이 오르는 것을 별로 느끼지 못해.)라고 하였다. 보기 중 이 내용과 일치하는 (d)가 정답이다.

🔑 정답 Key **Paraphrasing**

대화에서 'because the water keeps you cool.'과 유사한 표현은 'by keeping one's body heat down'이다.

난이도 ★★★ | Category | 세부사항(What)

30 What does Jessica love about the starfish float?

(a) that it combines other simple strokes

(b) that it requires very little energy

(c) that it gives her strength to swim for hours

(d) that it presents a nice challenge

제시카는 불가사리 뜨기 영법에 대해 무엇을 좋아하는가?

(a) 다른 단순한 영법을 결합한 것

(b) 에너지가 거의 필요하지 않음

(c) 몇 시간 동안 수영할 수 있는 힘을 주는 것

(d) 좋은 도전 과제를 제시함

정답 (b)

해설 본문에서 "³⁰ Oh, I just love the starfish float. All I do is float on my back with my arms and legs spread apart. It's so easy that I feel like I can float all around the pool for hours!'(아, 난 불가사리 뜨기 영법이 너무 좋아. 팔과 다리를 벌리고 등을 떠다니기만 하면 돼. 너무 쉬워서 수영장 주위를 몇 시간 동안 떠다닐 수 있을 것 같아!)라고 하였다. 보기 중 이 내용과 일치하는 (b)가 정답이다.

🔑 정답 Key **Paraphrasing**

대화에서 'It's so easy that I feel like I can float all around the pool for hours!'와 의미상 통하는 것은 'that it requires very little energy'이다.

난이도 ★★★ | Category | 세부사항(Which)

31 According to Jessica, which is one of the downsides of the backstroke?

(a) It requires one to swim with eyes closed.

(b) It is among the most difficult strokes.

(c) It could possibly lead to an injury.

(d) It causes one to drift aimlessly.

제시카에 따르면, 배영의 단점 중 하나는 무엇인가?

(a) 눈을 감고 수영해야 한다.

(b) 가장 어려운 영법 중 하나이다.

(c) 부상을 초래할 수 있다.

(d) 목적 없이 표류하게 한다.

정답 (c)

대화에서 "³¹And bumping your head on the swimming pool wall can be painful—and embarrassing!"(그리고 수영장 벽에 머리를 부딪치는 것은 아플 수도 있고, 창피할 수도 있어)라고 하였다. 배영을 하다가 수영장 벽에 머리를 부딪쳐 부상을 당할 수 있으므로 (c)가 정답이다.

정답 Key Paraphrasing

대화에 나온 'bumping your head on the swimming pool wall can be painful'과 유사한 표현이 'It could possibly lead to an injury.'이다.

난이도 ★★☆ | Category 세부사항(Why)

32 Why has Chandler not been able to improve his skill in the butterfly stroke?

    (a) because he never had an interest in it
    (b) because he has not found a good teacher
    (c) because he lacks any natural talent for it
    (d) because he has not put forth the effort

왜 챈들러는 접영에서 기술을 향상시키지 못했는가?

(a) 그것에 전혀 관심이 없었기 때문에
(b) 좋은 선생님을 찾지 못했기 때문에
(c) 타고난 재능이 부족하기 때문에
(d) 노력을 다하지 않았기 때문에

어휘 improve 향상시키다 lack 부족하다 put forth ~을 다하다 effort 노력

정답 (d)

해설 대화에서 "³²But I've always wanted to be more skilled in the butterfly. I just never got around to practicing it."(하지만 나는 항상 접영에 더 능숙해지고 싶었어. 나는 단지 그것을 연습할 시간을 내지 않았어.)라고 하였다. 접영을 연습할 시간을 내지 않았다는 것은 노력을 다하지 않았다는 것과 의미상 통하므로 (d)가 정답이다.

정답 Key Paraphrasing

대화에 나온 'I just never got around to practicing it'과 유사한 표현은 'because he has not put forth the effort'이다.

난이도 ★★☆ | Category 추론(What)

33 What will Chandler most likely do tomorrow?

    (a) go find a new swimming club to join
    (b) get a lifetime membership at the club
    (c) go check out the club with Jessica
    (d) participate in a swimming contest

챈들러는 내일 무엇을 할 것 같은가?

(a) 가입할 새로운 수영 클럽을 찾으러 감
(b) 그 클럽에 종신 회원으로 가입함
(c) 제시카와 함께 클럽을 알아보러 감
(d) 수영 대회에 참가함

어휘 lifetime membership 종신 회원 check out 알아보다 participate in 참가하다

정답 (c)

해설 대화에서 "³³I'd really like to join the swimming club, Jessica. Thanks!"(나는 정말 그 수영 클럽에 가입하고 싶어, 제시카. 고마워!)라고 하였다. 제시카가 다니는 수영 클럽에 가입하고 싶다고 했으므로 제시카와 함께 그 수영 클럽을 확인하러 갈 것으로 추론되므로 (c)가 정답이다.

오답분석 (a)에도 '수영 클럽에 가입한다'는 말이 나오긴 하지만 '새로운 수영 클럽을 찾을 것'이라는 표현 때문에 (a)는 오답이다. 새 수영 클럽이 아니라 제시카가 다니는 수영 클럽에 가입하고 싶다고 말했기 때문이다. 이렇게 지텔프 리스닝에서는 대화 내용에 나온 몇몇 단어들을 그대로 반복해서 쓴 선택지는 오답이 되는 경우가 많으니 유의해야 한다.

Hello, everybody. Landscaping is the art of improving the appearance of an outdoor area by adding natural elements such as trees, plants, and soil. Landscaping not only makes a home pleasant to look at but also increases the value of a property. You can combine your creativity with your knowledge of gardening and do landscaping as a hobby. [34] You can also take it one step further and turn this hobby into a business.

Lancelot Brown College of Art can give you the skills you'll need to make landscape design a source of income. I'm inviting you to enroll in our Landscape Design program and learn about landscaping both as an art form and as a business.

In our Landscape Design program, we'll teach you how to come up with landscaping ideas, turn those ideas into plans, and apply those plans to sites. Moreover, you will learn the concepts and practices you'll need to know to run a successful landscape design business.

Here are some of the highlights of our curriculum:

[35] The Research and Design class will teach you how to make a realistic project design based on studies of the site and the available budget. You will learn basic drawing techniques, apply them to illustrate your ideas, and create a first draft of your design. The class will also teach you how to choose a design theme and determine the planting areas based on that theme.

You will also get to know the plants used for landscaping. You'll learn how to choose the best flowers, trees, shrubs, and grass for a certain project, and even how to identify some new plants to add to your list.

[36] The Tools for Landscape Design class will introduce you to the different drawing instruments used in landscape design. Aside from the common drawing tools such as rulers, compasses, and T-squares, landscape design also has special drafting tools. These include plastic stencils that you can easily trace to add the standard shapes and symbols, such as plants and trees, onto your plans. You'll also learn how to use the different

안녕하세요, 여러분. 조경은 나무, 식물, 토양 등 자연적 요소를 가미하여 야외의 외관을 향상시키는 예술입니다. 조경은 보기에 쾌적한 집을 만들 뿐만 아니라 재산의 가치를 높입니다. 당신은 창의력과 정원 가꾸기에 대한 지식을 결합하고 취미로 조경을 할 수 있습니다. [34] 당신은 또한 한 걸음 더 나아가 이 취미를 사업으로 바꿀 수도 있습니다.

랜슬롯 브라운 예술대학(Lancelot Brown College of Art)은 조경 디자인을 수입원으로 만드는 데 필요한 기술을 당신에게 줄 수 있습니다. 저희 조경 디자인 프로그램에 등록해서 조경에 대해 예술적 형식과 사업적 측면에서 모두 배우도록 당신을 초대합니다.

저희 조경 디자인 프로그램에서는 조경 아이디어를 구상하고, 그 아이디어를 조경 설계도로 바꾸고, 그 설계도를 현장에 적용하는 방법을 가르쳐 드리겠습니다. 또한 성공적인 조경 설계 사업을 운영하기 위해 알아야 할 개념과 관례에 대해서도 배울 수 있습니다.

다음은 커리큘럼의 주요 내용입니다.

[35] 연구 디자인(Research and Design) 클래스는 현장 연구 및 사용 가능한 예산에 기초하여 현실적인 프로젝트를 설계하는 방법을 가르칩니다. 기본 드로잉 기술을 배우고, 아이디어를 시각화하기 위해 그 기술들을 적용하고, 디자인의 초안을 작성할 것입니다. 또한 이 클래스는 디자인 테마를 선택하고 해당 테마를 기반으로 조림지를 결정하는 방법에 대해 가르칩니다.

조경에 사용되는 식물도 알게 될 것입니다. 여러분은 특정 프로젝트에 가장 좋은 꽃, 나무, 관목, 풀을 선택하는 방법과 목록에 추가할 몇몇 새로운 식물을 식별하는 방법까지 배울 것입니다.

[36] 조경 디자인 도구(Tools for Landscape Design) 클래스는 조경 설계에 사용되는 다양한 드로잉 도구를 소개합니다. 눈금자, 컴파스, T자 등 일반적인 드로잉 도구 외에도 조경 디자인에는 특별한 제도 도구가 있습니다. 여기에는 당신의 설계도들에 식물과 나무와 같은 표준 모양과 기호를 추가하기 위해 쉽게 따라 그릴 수 있는 플라스틱 스텐실이 포함됩니다. 또한 다양한 유형의 선을 사용하여 전문적으로 보이는 초안을 만드는

types of lines to create a professional-looking draft. ³⁶ After learning these skills, your work will be visually attractive and easy to understand.

³⁷ The Plant Management class will teach you how to choose grasses, shrubs, flowering plants, and trees that are right for your particular location. **You'll also learn how to trim shrubs, trees, and grass, and how to make sure that plants and lawns get enough water. Moreover, you'll know the proper way of applying fertilizer.** ³⁸ For proper fertilizing, you will learn about the different types of soil and how to improve each of them based on soil tests.

Finally, the Landscaping as a Business class will teach you the processes to follow when starting a landscaping business. You will learn about the licenses, taxes, and other legal matters that concern the landscape business. ³⁹ You'll also learn how to compute the costs of landscaping projects and be familiar with the existing landscaping service rates. This will allow you to set attractive service fees without sacrificing quality, so you can be successful when bidding for jobs.

So enroll in our Landscape Design courses now. Become a professional landscape designer, and earn as much as your creativity and hard work will allow! For more information, please visit our website.

방법도 배울 수 있습니다. ³⁶ 이러한 기술을 배우고 나면, 여러분의 작품은 시각적으로 매력적이고 이해하기 쉬울 것입니다.

³⁷ 식물 관리(Plant Management) 클래스는 특정 위치에 적합한 풀, 관목, 꽃식물 및 나무를 선택하는 방법을 가르쳐 줍니다. 여러분은 또한 관목, 나무, 풀을 다듬는 방법과 식물과 잔디밭이 충분한 물을 얻게 하는 방법을 배울 것입니다. 게다가, 여러분은 비료를 사용하는 적절한 방법을 알게 될 것입니다. ³⁸ 적절한 비료 적용을 위해, 여러분은 다양한 종류의 토양에 대해 배울 것이며 토양 검사를 바탕으로 각각의 토양을 개선하는 방법에 대해 배울 것입니다.

마지막으로 조경 비즈니스(Landscaping as a Business) 클래스에서는 조경 사업을 시작할 때 따라야 할 절차를 가르칩니다. 여러분은 조경 사업과 관련된 면허, 세금 및 기타 법적 문제에 대해 배우게 됩니다. ³⁹ 또한 여러분은 조경 프로젝트의 비용을 계산하는 방법을 배울 것이며 기존 조경 서비스 요금에 익숙해질 것입니다. 이렇게 하면 품질을 희생하지 않고 매력적인 서비스 금액을 책정할 수 있어서 입찰 시 성공할 수 있습니다.

지금 바로 조경 디자인 과정에 등록하세요. 전문 조경 디자이너가 되어 여러분의 창의력과 노력이 허락하는 만큼 돈을 버세요. 더 많은 정보를 원하시면 저희 웹사이트를 방문해 주세요.

어휘 landscaping 조경 improve 향상시키다 appearance 외관, 외양 pleasant 쾌적한, 즐거운 property 재산 combine 결합하다 creativity 창의성 further 더 나아가 income 수입 enroll in ~에 등록하다 come up with 생각해 내다, 구상하다 site 현장 plan 도면, 설계도 moreover 게다가 concept 개념 practice 관행, 관례 curriculum 커리큘럼, 교육과정 available 이용가능한 budget 예산 apply 적용하다, 바르다, 도포하다 illustrate 시각화하다, 예증하다 draft 초안 determine 결정하다 planting area 조림지 shrub 관목 drawing instrument 그림 도구 aside from ~을 제외하고 include 포함하다 attractive 매력적인 trim 다듬다 fertilizer 비료 soil 토양 license 면허 legal 법적인 concern ~에 관련하다 compute 계산하다 sacrifice 희생하다 bid 입찰하다

난이도 ★★★ Category 주제(What)

34 What is the speaker mainly talking about?

(a) making full use of one's artistry
(b) raising the value of one's property
(c) improving the appearance of vacant lots
(d) turning a hobby into a source of income

화자는 주로 무엇에 대해 말하고 있는가?

(a) 예술성을 충분히 활용하기
(b) 재산 가치 상승시키기
(c) 공터의 외관 개선하기
(d) 취미를 수입원으로 전환하기

어휘 make use of 활용하다 artistry 예술성 property 재산 improve 개선하다 appearance 외관 vacant lot 공터 source of income 수입원

정답 (d)

해설 담화 1단락에서 "³⁴ You can also take it one step further and turn this hobby into a business."(한 걸음 더 나아가 이 취미를 사업으로 바꿀 수도 있습니다.)라고 하였다. 발표자는 조경을 취미로 배울 수도 있지만 사업으로도 할 수 있다고 말하면서 이를 위한 교육과정을 알려주고 있으므로 (d)가 정답이다.

정답 Key **Paraphrasing**

담화에 쓰인 'turn this hobby into a business'와 유사한 표현은 'turning a hobby into a source of income'이다.

난이도 ★ ★ ★   **Category**   **세부사항(What)**

35 What will students learn in the Research and Design class?

    (a) how to breed new plants
    (b) how to design a landscape project
    (c) how to choose the best site to landscape
    (d) how to determine a landscaping budget

학생들이 연구 디자인 수업에서 무엇을 배울까?

(a) 새 식물을 기르는 방법
(b) 조경 프로젝트 설계 방법
(c) 조경에 가장 적합한 장소 선택 방법
(d) 조경 예산 결정 방법

어휘 breed 기르다   landscape 조경   determine 결정하다   budget 예산

정답 (b)

해설 담화 4단락에서 "³⁵ The Research and Design class will teach you how to make a realistic project design based on studies of the site and the available budget."(연구 디자인 클래스는 현장 연구 및 사용 가능한 예산에 기초하여 현실적인 프로젝트를 설계하는 방법을 가르칩니다.)라고 하였다. 보기 중 이 내용과 일치하는 (b)가 정답이다.

정답 Key **Paraphrasing**

담화에 나온 'how to make a realistic project design'과 유사한 표현은 'how to design a landscape project'이다.

난이도 ★ ★ ★   **Category**   **세부사항(Why)**

36 Why should one learn more about the instruments used in landscape design?

    (a) to make drafts that look appealing
    (b) to create a new type of tool
    (c) to find one's unique drawing style
    (d) to avoid using only common tools

왜 조경 디자인에 사용되는 기구에 대해 더 배워야 하는가?

(a) 매력적으로 보이는 초안을 만들기 위해
(b) 새로운 유형의 도구를 만들기 위해
(c) 자신의 독특한 드로잉 스타일을 찾기 위해
(d) 일반적인 도구만 사용하는 것을 피하기 위해

어휘 instrument 기구   draft 초안   appealing 매력적인   unique 독특한   drawing 그리기   avoid 피하다
common tool 일반적인 도구

정답 (a)

해설 담화 6단락에서 "³⁶ The Tools for Landscape Design class will introduce you to the different drawing instruments used in landscape design."(조경 설계 도구 클래스는 조경 설계에 사용되는 다양한 드로잉 도구를 소개합니다.)라고 하였고 "³⁶ After learning these skills, your work will be visually attractive and easy to understand."(이러한 기술을 배우고 나면, 여러분의 작품은 시각적으로 매력적이고 이해하기 쉬울 것입니다.)라고 하였다. 조경 디자인에 사용되는 기구를 이용하는 것을 배우면 디자인 작품 초안을 매력적으로 만들 수 있으므로 (a)가 정답이다.

정답 Key **Paraphrasing**

담화에 쓰인 'your work will be visually attractive and easy to understand'와 유사한 표현은 'to make drafts that look appealing'이다. 특히, 'your work'는 'drafts'와 일치하고 'attractive'는 'appealing'과 의미상 유사하다.

37 What should one consider when choosing the right type of plants?

  (a) how often the flowers will bloom
  (b) the best schedule for watering the plants
  (c) where the plants will be located
  (d) the amount the plants need trimming

적합한 종류의 식물을 선택할 때 무엇을 고려해야 하는가?

(a) 꽃이 얼마나 자주 필 것인가
(b) 식물에 물을 주기 위한 최상의 일정
(c) 식물이 위치할 장소
(d) 식물이 손질을 필요로 하는 양

어휘 consider 고려하다   bloom 꽃피다   be located 위치하다   trim 다듬다

정답 (c)

해설 담화 7단락에서 "³⁷ The Plant Management class will teach you how to choose grasses, shrubs, flowering plants, and trees that are right for your particular location."(식물 관리 클래스는 특정 위치에 적합한 풀, 관목, 꽃식물 및 나무를 선택하는 방법을 가르쳐 줍니다.)라고 하였다. 특정 위치에 적합한 식물을 선택한다고 했으므로 식물이 놓여질 장소가 식물 종류의 선택에서 고려할 점임을 알 수 있다. 따라서 (c)가 정답이다.

정답 Key Paraphrasing

담화에 나온 'how to choose grasses, shrubs, flowering plants, and trees that are right for your particular location'에서 'location'과 유사한 표현은 'where the plants will be located'이다.

---

38 According to the speaker, how can students ensure that they are applying fertilizer to soil properly?

  (a) by using one fertilizer for all soil types
  (b) by testing soil before buying it
  (c) by purchasing new and improved fertilizers
  (d) by knowing the type of the soil

화자에 따르면, 학생들이 어떻게 비료를 흙에 적절하게 주는지 확인할 수 있을까?

(a) 모든 토양 유형에 대해 하나의 비료를 사용하여
(b) 구입 전에 토양을 시험해 봄으로써
(c) 새롭고 개선된 비료를 구입하여
(d) 토양의 유형을 알고 있음으로써

어휘 ensure 확인하다   apply 적용하다, 도포하다   fertilizer 비료   properly 적절하게   purchase 구매하다

정답 (d)

해설 담화 7단락에서 "³⁸ For proper fertilizing, you will learn about the different types of soil and how to improve each of them based on soil test."(적절한 비료를 주기 위해, 여러분은 다양한 종류의 토양에 대해 배울 것이며 토양 검사를 바탕으로 그것들을 개선하는 방법에 대해 배울 것입니다.)라고 하였다. 보기 중 이 내용과 일치하는 (d)가 정답이다.

정답 Key Paraphrasing

담화에 나온 'you will learn about the different types of soil'와 유사한 표현은 'by knowing the type of the soil'이다.

---

39 Based on the talk, why most likely should landscapers become familiar with existing landscape businesses?

강연에 따르면, 왜 조경업자들이 기존 조경업체들과 친숙해져야 할까?

(a) They can copy the services provided by others.

(b) They should offer the most competitive prices.

(c) They can compare the quality of their products.

(d) They should be aware of potential legal concerns.

(a) 다른 사람이 제공한 서비스를 모방할 수 있다.

(b) 가장 경쟁력 있는 가격을 제시해야 한다.

(c) 제품의 품질을 비교할 수 있다.

(d) 잠재적 법적 우려를 인지해야 한다.

어휘 ▶ landscaper 조경업자　become familiar with ~에 익숙해지다　existing 기존의　offer 제공하다　competitive 경쟁력 있는 compare 비교하다　be aware of ~을 인지하다　potential 잠재적인　legal concern 법적 우려

정답 ▶ (b)

해설 ▶ 본문에서 "³⁹ You'll also learn how to compute the costs of landscaping projects and be familiar with the existing landscaping service rates. This will allow you to set attractive service fees without sacrificing quality, so you can be successful when bidding for jobs."(여러분은 또한 조경 프로젝트의 비용을 계산하는 방법을 배워 기존 조경 서비스 요금에 익숙해질 것입니다. 이렇게 하면 품질을 희생하지 않고 매력적인 서비스 금액을 책정할 수 있어, 입찰 시 성공할 수 있습니다.)라고 하였다. 보기 중 이 내용과 일치하는 (b)가 정답이다.

정답 Key ▶ **Paraphrasing**

담화에 나온 'This will allow you to set <u>attractive service fees</u>'와 유사한 표현은 'They should offer <u>the most competitive prices</u>.'이다. 특히, 'attractive service fee'와 동일한 의미를 가진 표현이 'the most competitive prices'이다.

PART 3 **40-45** 협상적 대화: 혼자 공부하는 것과 그룹스터디의 장단점 비교

 https://han.gl/pnqi7

F: Hey, Thomas. ⁴⁰ Are you getting ready for next week's midterm exams?

M: Oh, hello, Joanna. Yes. ⁴⁰ My classes this semester, are tougher than usual, so I'm thinking about changing the way I study. How about you?

F: Well, I've made outlines for all five of my subjects, plus I finished reviewing for World History and Advanced Physics last weekend.

M: Wow, you've done a lot already! Maybe you can help me decide whether I should study alone this time or join a study group.

F: Sure! One of the reasons I prefer studying alone is that it lets me focus on the subject. I don't get distracted by conversations that aren't related to what we're studying.

M: Yeah, some people are easily upset by noisy conversations.

F: Well, I wouldn't say that I get upset. ⁴¹ But while I'm studying, I can lose focus when I hear other

F: 어이, 토마스. ⁴⁰다음 주에 있을 중간고사 준비는 하고 있니?

M: 오, 안녕, 조안나. 그래. ⁴⁰이번 학기에는 수업이 평소보다 어려워서 공부 방식을 바꿀까 생각 중이야. 너는 어때?

F: 음, 나는 다섯 과목 모두에 대한 개요를 작성했고, 지난 주말에 세계사와 고급 물리학에 대한 복습을 마쳤어.

M: 와, 벌써 많이 했구나! 너는 아마도 내가 이번에 혼자 공부해야 할지 스터디 그룹에 가입해야 할지 결정하는 데 도움을 줄 수 있을 거야.

F: 물론이지! 내가 혼자 공부하는 것을 선호하는 이유 중 하나는 그것이 내가 그 과목에 집중할 수 있게 해주기 때문이야. 나는 공부하고 있는 것과 관련이 없는 대화로 집중이 흐트러지지 않지.

M: 그래, 어떤 사람들은 시끄러운 대화로 인해 쉽게 화가 나지.

F: 음, 내가 화가 나는 건 아니야. ⁴¹하지만 공부하는 동안, 다른 사람들이 말하는 것을 들으면 집중력을 잃어버릴 수 있어. 또한

people talk. Also, during group study sessions, the conversations often shift from the subject matter to unrelated topics.

M: That does happen... [42] But one advantage of study groups for me is that I'm able to remember concepts better when I hear them being explained by group members. The longer I hear a subject being discussed, the more I tend to remember it.

F: Do you mean you need someone to explain the lessons to you?

M: Oh, no! I can study alone when preparing for short exams. But one problem with studying on my own for big exams is that I get bored really easily. I need to talk to someone after hours of silence.

F: [43] I see. Well, another thing I like about studying alone is I can study at my own pace. There are subjects that I find easy, and I can review for them quickly. With subjects that require more concentration, such as algebra, I like to take my time.

M: And you can't do that with a study group, right?

F: You're right. With a study group, I have to adjust my speed to everybody else's. So, I sometimes feel like I'm wasting my time when a subject that I find easy is discussed too slowly by the group.

M: And you have a hard time catching up when the group goes through a difficult subject too quickly?

F: That's right.

M: [44] Well, another thing I like about study groups is that they give me new ways to approach a topic. The members share personal notes and even helpful tips I may not discover on my own.

F: That's a good point. Personally, I find study guides very helpful when reviewing for an exam. I make them myself to help me through the study process.

M: That's a great skill to have. I'm not very good at making study guides myself. I think one of the downsides of working with a group is having to schedule time when everyone can meet.

그룹 스터디 시간 동안, 대화는 학습 주제에서 관련없는 화제로 전환되는 경우가 많아.

M: 그런 일이 생기긴 하지…. [42]하지만 나에게 스터디 그룹의 장점 중 하나는 그룹 구성원들이 개념을 설명하는 것을 들었을 때 개념을 더 잘 기억할 수 있다는 거야. 어떤 주제가 논의되는 것을 더 오래 들을수록, 나는 그것을 더 많이 기억하는 경향이 있어.

F: 수업 내용을 설명해 줄 사람이 필요하단 말이니?

M: 오, 아니! 나는 단기 시험을 준비할 때 혼자 공부할 수 있어. 하지만 큰 시험을 위해 혼자 공부하는 것의 한 가지 문제는 내가 정말 쉽게 지루함을 느낀다는 거야. 나는 몇 시간 말을 안 하고 나면 누군가와 얘기를 해야 해.

F: [43]알았어. 음, 혼자 공부하는 것에 대해 내가 좋아하는 또 다른 점은 내 속도대로 공부할 수 있다는 거야. 쉬운 과목이 있으면 나는 빠르게 복습할 수 있어. 대수학과 같이 집중력이 더 필요한 과목들은 천천히 하는 것을 좋아해.

M: 그리고 너는 스터디 그룹으로는 그렇게 할 수 없어, 그렇지?

F: 네 말이 맞아. 스터디 그룹과 함께라면, 나는 내 속도를 다른 모든 사람의 속도에 맞춰야 해. 그래서, 가끔 내가 쉽게 생각하는 주제가 그 그룹에 의해 너무 느리게 논의될 때 시간을 낭비하고 있다고 느껴.

M: 그리고 그 그룹이 너무 빨리 어려운 주제를 통과할 때 따라잡는 데 어려움을 겪고 있지?

F: 맞아.

M: [44]음, 내가 스터디 그룹에 대해 좋아하는 또 다른 점은, 스터디 그룹이 어떤 주제에 접근하는 새로운 방법을 제공한다는 거야. 회원들은 개인 노트와 심지어 나 혼자서는 발견하지 못할 수 있는 유용한 팁까지 공유해.

F: 좋은 지적이야. 개인적으로, 나는 시험을 위해 복습할 때 학습 안내서가 매우 도움이 된다고 생각해. 공부 과정에서 도움을 받고자 내가 직접 학습 안내서를 만들지.

M: 그건 대단한 기술이야. 나는 스스로 학습 가이드를 만드는 데 서툴러. 그룹과 함께 공부하는 것의 단점 중 하나는 모든 사람들이 만날 수 있는 시간을 정해야 하는 점이라고 생각해.

F: That's very true. It can be difficult for everyone to agree on a time when all members are available.

M: Right. Well, thanks for talking all of this through with me. I think I've come up with the best way to study for my exams.

F: That's great! So what are you thinking about?

M: [45] Well, Joanna, even if I end up spending too long on an easy subject, I still think that sharing ideas really helps me remember things better.

F: Good choice, Thomas. Good luck with your exams!

F: 정말 그렇네. 모든 구성원이 가능한 시간에 모든 사람이 동의하는 것은 어려울 수 있어.

M: 그래. 음, 이 모든 것을 나랑 이야기해 줘서 고마워. 시험공부를 할 수 있는 가장 좋은 방법을 생각해 낸 것 같아.

F: 잘됐네! 그래서 무엇을 생각하고 있는 거야?

M: [45]글쎄, 조안나, 비록 내가 쉬운 과목에 너무 오랜 시간을 소비하게 되더라도, 나는 여전히 생각을 공유하는 것이 내가 더 잘 기억하도록 돕는다고 생각해.

F: 좋은 선택이야. Thomas, 시험 잘 봐!

어휘 semester 학기 prefer 선호하다 get distracted 집중이 흐트러지다 be related to ~에 관련되다
shift from A to B A에서 B로 전환되다 concept 개념 tend to+동사원형 ~하는 경향이 있다 require 필요로 하다
concentration 집중 algebra 대수학 take one's time 천천히 하다 adjust A to B A를 B에 맞추다 catch up 따라잡다
approach 접근하다 share 공유하다 downside 단점 available 이용가능한 come up with 생각해 내다
end up -ing 결국 ~하게 되다

난이도 ★★★　**Category** 주제(What)

40 What are Thomas and Joanna discussing?

(a) how to get good exam scores
(b) how to organize a study group
(c) the tricks for staying focused on studying
(d) the methods for preparing for exams

토마스와 조안나는 무엇에 대해 논의하고 있는가?

(a) 좋은 시험 점수를 얻는 방법
(b) 스터디 그룹을 구성하는 방법
(c) 공부에 집중하기 위한 요령
(d) 시험 준비 방법

어휘 get scores 점수를 받다 organize 조직하다, 구성하다 method 방법

정답 (d)

해설 대화에서 "[40] Are you getting ready for next week's midterm exams?" (다음 주에 있을 중간고사 준비는 하고 있니?)와 "[40] My classes this semester, are tougher than usual, so I'm thinking about changing the way I study. How about you?"(이번 학기에는 수업이 평소보다 어려워서 공부하는 방법을 바꿀까 해. 너는 어때?)라고 하였다. 시험에 대비해서 공부하는 방법에 대한 대화이므로 (d)가 정답이다.

난이도 ★★★　**Category** 추론(How)

41 According to Joanna, how most likely do study group members end up getting distracted?

(a) They talk about things that are off-topic.
(b) They discuss too many topics at once.
(c) They get into too much detail.
(d) They invite their personal friends.

조안나에 따르면, 스터디 그룹 구성원들이 어떻게 산만해지게 될까?

(a) 주제 밖의 것들에 대해 이야기한다.
(b) 한꺼번에 너무 많은 주제를 토론한다.
(c) 너무 상세하게 말한다.
(d) 개인 친구들을 초대한다.

어휘 end up –ing 결국 ~하게 되다   **distracted** 산만해진   **off-topic** 주제 밖의   **at once** 한꺼번에

정답 (a)

해설 대화에서 "⁴¹But while I'm studying, I can lose focus when I hear other people talk. Also, during group study sessions, the conversations often shift from the subject matter to unrelated topics."(하지만 공부하는 동안, 다른 사람들이 말하는 것을 들으면 집중력을 잃어버릴 수 있어. 또한 그룹 스터디 시간 동안, 대화는 학습 주제에서 관련 없는 화제로 전환되는 경우가 많지.)라고 하였다. 보기 중 이 내용과 일치하는 (a)가 정답이다.

정답 Key **Paraphrasing**

대화에 나온 'the conversations often shift from the subject matter to unrelated topics'와 유사한 표현은 'They talk about things that are off-topic.'이다. 특히 'unrelated topics'와 의미상 동일한 어휘가 'things that are off-topic'이다.

난이도 ★★☆   **Category**   **세부사항(Which)**

42 Which activity helps Thomas remember a lesson better?

(a) studying the lesson on his own
(b) hearing others talk about the lesson
(c) having the lesson taught to him
(d) hearing himself talk about the lesson

어느 활동이 토마스가 수업을 더 잘 기억하도록 돕는가?

(a) 혼자서 수업을 공부하기
(b) 다른 사람이 수업에 대해 말하는 것 듣기
(c) 수업이 그에게 가르쳐지도록 하기
(d) 수업에 대해 자신이 말하는 것을 듣기

어휘 on one's own 혼자서   **teach** 가르치다 (teach-taught-taught)

정답 (b)

해설 본문에서 "⁴²But one advantage of study groups for me is that I'm able to remember concepts better when I hear them being explained by group members. The longer I hear a subject being discussed, the more I tend to remember it."(하지만 나에게 있어 스터디 그룹의 장점 중 하나는 그룹 구성원들이 개념을 설명하는 것을 들었을 때 개념을 더 잘 기억할 수 있다는 거야. 어떤 주제가 논의되는 것을 더 오래 들을수록, 나는 그것을 더 많이 기억하는 경향이 있어.)라고 하였다. 보기 중 이 내용과 일치하는 (b)이 정답이다.

정답 Key **Paraphrasing**

대화에 나온 'I hear a subject being discussed'와 의미상 통하는 표현은 'hearing others talk about the lesson'이다.

난이도 ★★★   **Category**   **세부사항(Why)**

43 Why does Joanna prefer to study at her own pace?

(a) so she can study all of the material quickly
(b) so she can study ahead of the others
(c) so she can base her study time on a lesson's difficulty
(d) so she can spend long hours on each lesson

왜 조안나는 자기 속도대로 공부하는 것을 선호하는가?

(a) 모든 자료를 신속하게 공부할 수 있도록
(b) 다른 사람들보다 먼저 공부할 수 있도록
(c) 학습 시간을 학습 난이도에 기초할 수 있도록
(d) 각 수업에 긴 시간을 쓸 수 있도록

어휘 prefer 선호하다   **material** 자료   **ahead of** ~보다 먼저   **difficulty** 난이도

정답 (c)

해설 본문에서 "⁴³I see. Well, another thing I like about studying alone is I can study at my own pace. There are subjects that I find easy, and I can review for them quickly. With subjects that require more concentration, such as algebra, I like to take my time."(그렇군. 내가 혼자 공부하는 것에 대해 좋아하는 또 다른 점은 내 페이스대로 공부할 수 있다는 거야. 쉬운 과목이 있으면 빠르게 복습할 수 있어. 대수학과 같이 집중력이 더 필요한 과목들은 천천히 하는 것을 좋아해.)라고 하였다. 보기 중 이 내용과 일치하는 (c)가 정답이다.

44 According to Thomas, what do study groups allow members to share?

(a) different methods of dealing with a subject
(b) time-saving tips about which topics to study first
(c) advice on how to make a study guide
(d) suggestions on how to manage their time

토마스에 따르면, 스터디 그룹들이 회원들에게 무엇을 공유하도록 허용하는가?

(a) 주제를 다루는 여러 방법들
(b) 어떤 주제를 먼저 공부해야 하는지에 대한 시간 절약 팁
(c) 학습 가이드 제작 방법에 대한 조언
(d) 시간 관리 방법에 대한 제안

어휘 ▶ allow 허용하다　time-saving 시간을 절약하는　deal with 다루다　manage 관리하다

정답 (a)

해설 본문에서 "⁴⁴ Well, another thing I like about study groups is that they give me new ways to approach a topic."(자, 내가 스터디 그룹에 대해 좋아하는 또 다른 점은 그들이 나에게 주제에 접근하는 새로운 방법을 준다는 거야.)라고 하였다. 보기 중 이 내용과 일치하는 (a)가 정답이다.

🔑 **정답 Key　Paraphrasing**

대화에 나온 'new ways to approach a topic'과 유사한 표현은 'different methods of dealing with a subject'이다.

45 What has Thomas probably decided to do after the conversation?

(a) make his own study guides
(b) discuss exam topics with other people
(c) share his notes with Joanna
(d) review test material at his own pace

토마스가 대화 후에 무엇을 하기로 결정했을까?

(a) 스스로 학습 가이드를 만든다
(b) 시험 주제를 다른 사람과 논의한다
(c) 조안나와 노트를 공유한다
(d) 자신의 속도에 따라 시험 자료를 검토한다

어휘 ▶ discuss 논의하다　share 공유하다　review 복습하다, 검토하다

정답 (b)

해설 본문에서 "⁴⁵ Well, Joanna, even if I end up spending too long on an easy subject, I still think that sharing ideas really helps me remember things better."(자, 조안나, 비록 내가 쉬운 과목에 너무 오랜 시간을 소비하게 되더라도, 나는 여전히 아이디어를 공유하는 것이 내가 더 잘 기억하도록 돕는다고 생각해.)라고 하였다. 쉬운 과목에 오랜 시간을 소비하는 것은 그룹스터디의 단점이고 아이디어를 공유하는 것은 장점이므로, 토마스는 그룹스터디를 하기로 한 것으로 추론된다. 따라서 (b)가 정답이다.

🔑 **정답 Key　Paraphrasing**

대화에 나온 'sharing ideas'와 유사한 표현은 'discuss exam topics with other people'이다.

Hello, graduates. I'm sure that all of you are eager to get your first job, start earning your own money, and establish a career. [47] Now, there will be plenty of job openings out there, and you may be tempted to take an attractive offer right away. However, taking a job just because it is high-paying doesn't guarantee a rewarding career.

[46] Let me give some tips on how to start your career the right way.

[48] First, choose a job that really interests you. Many companies try to attract new graduates by offering them great incentives, including bigger salaries, more bonuses and benefits, and even travel and educational opportunities. Don't make these incentives your basis for accepting a job you may not like. You likely won't excel in a job that doesn't interest you, so your chances of promotion will be limited.

Even if a job doesn't offer much money at the start, you'll be more willing to work hard at it and produce much better results if you enjoy it. Such dedication can then greatly increase your chances of promotion.

The second step is to take risks. Don't settle for doing the same routine every day. Early in your career, look for new ways of doing things that may be untried but offer promising results. Many employers appreciate workers who are willing to take calculated risks because it proves their willingness to try new ideas rather than stick with old but ineffective ways of doing things.

[49] Taking risks may result in failure, but it is fear of failure that prevents many people from taking those chances in the first place. Most successful companies start with their founders trying some untested ideas that eventually turn out well. So, don't be afraid to propose actions that involve risks but offer the potential for big rewards.

Third, get to know the people you work with on a personal level. Using social media and online messaging applications to get to know people is popular nowadays, but this is not ideal for the workplace. For

졸업생 여러분, 안녕하세요. 저는 여러분 모두가 첫 직장을 얻고, 자신의 돈을 벌기 시작하고, 경력을 쌓기를 열망하고 있다고 확신합니다. [47] 이제, 저기 밖에는 많은 일자리들이 있을 것이고, 여러분은 당장 매력적인 제안을 수락하고 싶을지도 모릅니다. 하지만, 단지 높은 급여를 받는다는 이유로 취직하는 것은 보람 있는 경력을 보장하지는 않습니다.

[46] 경력을 올바르게 시작하는 방법에 대한 몇 가지 팁을 알려드리겠습니다.

[48] 첫째, 당신이 정말로 관심 있어 하는 직업을 선택하세요. 많은 회사들은 더 많은 연봉, 더 많은 보너스와 혜택, 심지어 여행과 교육 기회까지 포함하여 좋은 인센티브를 제공함으로써 새로운 졸업생들을 끌어들이려고 노력합니다. 이런 인센티브를 당신이 좋아하지 않을 수도 있는 직업을 수락하는 기준으로 삼지 마세요. 당신은 관심 없는 일에 뛰어나지 못할 가능성이 높기 때문에 승진 기회는 제한적일 거예요.

비록 처음에는 많은 돈을 제공하지 않더라도, 여러분이 그 일을 즐긴다면 기꺼이 더 열심히 일하고 훨씬 더 좋은 결과를 얻을 수 있을 것입니다. 그런 헌신은 승진 가능성을 크게 높일 수 있습니다.

둘째 단계는 위험을 감수하는 것입니다. 매일 똑같은 일상에 안주하지 마세요. 당신의 경력 초기에, 시도되지 않을 수도 있지만 유망한 결과를 제공할 일들을 하는 새로운 방법들을 찾아보세요. 많은 고용주들은 계산된 위험을 기꺼이 감수하는 직원들을 인정합니다. 왜냐하면 그것은 그들이 오래되었지만 비효율적인 일을 하는 방법을 고수하기보다는 새로운 아이디어를 기꺼이 시도하려는 마음을 증명하기 때문입니다.

[49] 위험을 무릅쓰는 것은 실패로 귀결될 수도 있지만, 애초에 많은 사람들이 그러한 기회를 잡지 못하게 막는 것은 실패에 대한 두려움입니다. 대부분의 성공적인 회사들은 창업자들이 결국 좋은 결과를 낳은 검증되지 않은 아이디어들을 시도하면서 시작합니다. 따라서, 위험을 수반하지만 큰 보상을 받을 수 있는 잠재성을 제공하는 행동을 제안하는 것을 두려워하지 마세요.

셋째, 당신과 함께 일하는 사람들을 개인적인 차원에서 알아가세요. 요즘엔 사람들을 사귀기 위해 소셜미디어와 온라인 메시지

any organization to succeed, people have to work in teams. [50] Those teams should be composed of members who have developed a strong bond by communicating face-to-face rather than online. So, get to know your colleagues over lunch or during company outings. Treat them with respect and seek out ways to help them.

[51] Fourth, use your position today to advance your career. However low-level your current job is, it's still the best starting point for you to achieve your goals. Your first job will teach you the basics with which you can acquire more advanced skills. Work hard and, in time, you will master the skills that you need to succeed in the future.

[52] Last, seek the right mentors. If you're working in the right place, chances are you'll meet people whose careers you admire. These could be the mentors you need to direct your career down the right track. They can give you meaningful advice about the difficult decisions you have to make, and more importantly, about how you can attain success as they have. Ask them questions and seek their guidance. Learn from them and have fun in the process.

Those are just some of the steps in starting your career right. Follow them closely, and you'll be on your way to establishing the fulfilling career you desire.

앱을 사용하는 것이 인기 있지만, 이것은 직장에서는 이상적이지 않습니다. 어떤 조직이든 성공하기 위해서는 사람들이 팀을 이뤄 일해야 합니다. [50]그 팀들은 온라인보다는 직접 대면해서 소통함으로써 강한 유대감을 키워온 멤버들로 구성되어야 합니다. 그래서 점심시간이나 회사 나들이를 하면서 동료들과 친해지세요. 그들을 존중하며 대하고 그들을 도울 방법을 찾으세요.

[51]넷째, 오늘 당신의 지위를 이용하여 경력을 발전시키세요. 현재 직업이 아무리 낮더라도 그것은 여전히 당신이 목표를 달성하기 위한 최고의 출발점입니다. 당신의 첫 번째 직업은 당신에게 더 발전된 기술을 습득할 수 있는 기초를 가르쳐 줄 것입니다. 열심히 일하면, 머지 않아 여러분은 미래에 성공하기 위해 필요로 하는 기술을 숙달하게 될 것입니다.

[52]마지막으로, 올바른 멘토를 찾으세요. 만약 여러분이 맞는 직장에서 일하고 있다면, 여러분이 동경하는 직업을 가진 사람들을 만날 가능성이 큽니다. 이 사람들은 당신의 경력을 올바른 방향으로 이끌기 위해 당신이 필요로 하는 멘토들이 될 수 있습니다. 그들은 여러분에게 여러분이 내려야 하는 어려운 결정에 대해 의미 있는 조언을 해줄 수 있고, 그리고 더 중요하게는, 그들이 해왔던 것처럼 여러분이 어떻게 성공할 수 있는지에 대한 조언을 해줄 수 있습니다. 그들에게 질문하고 지도를 구하세요. 그들에게서 배우고 그 과정에서 재미를 느끼세요.

언급한 것들은 당신의 경력을 올바르게 시작하기 위한 몇 가지 단계일 뿐입니다. 그것들을 바짝 따르면 여러분이 원하는 성취감을 주는 경력을 확립하는 길을 가게 될 것입니다.

어휘 graduate 졸업자, 졸업하다 be eager to+동사원형 ~할 것을 열망하다 earn (돈을) 벌다 establish 구축하다, 설립하다 plenty of 풍부한 be tempted to+동사원형 ~하고 싶다, ~하고 싶은 유혹이 들다 take a job 취직하다 guarantee 보증하다, 보장하다 rewarding 보람 있는 attract 유인하다, 끌어들이다 basis 기준, 근거, 기초 accept 수락하다 promotion 승진 be willing to+동사원형 기꺼이 ~하다 appreciate 진가를 알아보다, 인정하다 dedication 헌신, 기여 increase 증가하다 take risks 위험을 감수하다 settle for ~에 안주하다 routine 일상, 일상적인 것 untried 시도되지 않은 promising 전망이 밝은 calculated 계산된 stick with (하던 일을) 계속하다 failure 실패 prevent A from B (동명사) A가 B하는 것을 막다 in the first place 애초에, 무엇보다도 potential 가능성, 잠재성 reward 보상, 보답하다 be composed of ~로 구성되다 bond 유대감 colleague 동료 current 현재의 achieve 성취하다 acquire 습득하다 advanced 발전된, 진보된 seek 구하다 admire 존경하다 attain 달성하다 guidance (경력자의) 지도, 안내 be on your way to ~ 을 향해 가다 fulfilling 성취감을 주는

46 What is the talk all about?

(a) preparing for a career change
(b) how to turn down a job offer
(c) choosing between job offers
(d) how to start one's career

이 담화는 무엇에 관한 것인가?

(a) 직업의 변화를 위해 준비하기
(b) 일자리 제안을 거절하는 방법
(c) 일자리 제안 중 선택하기
(d) 경력을 시작하는 방법

어휘 prepare for ~을 준비하다 turn down 거절하다 job offer 일자리 제안

정답 (d)

해설 담화 2단락에서 "⁴⁶ Let me give some tips on how to start your career the right way."(올바르게 경력을 시작하는 방법에 대한 몇 가지 팁을 알려드리겠습니다.)라고 하였다. 보기 중 이 내용과 일치하는 (d)가 정답이다.

정답 Key **Paraphrasing**
담화에 나온 'how to start your career the right way'와 유사한 표현은 'how to start one's career'이다.

---

47 According to the speaker, why may a new graduate be persuaded to accept a job right away?

(a) because it is the only job available
(b) because it fits the graduate's training
(c) because it offers a high salary
(d) because it promises a satisfying career

화자에 따르면, 왜 새로운 졸업생이 바로 직업을 받아들이도록 설득될까?

(a) 이용 가능한 유일한 직업이기 때문에
(b) 졸업자가 받은 교육과 맞기 때문에
(c) 높은 급여를 제공하기 때문에
(d) 만족스러운 경력을 약속하기 때문에

어휘 graduate 졸업자 persuade 설득하다 accept 수락하다 available 이용 가능한 training 교육, 훈련

정답 (c)

해설 담화 1단락에서 "⁴⁷ Now, there will be plenty of job openings out there, and you may be tempted to take an attractive offer right away. However, taking a job just because it is high-paying doesn't guarantee a rewarding career."(이제, 많은 일자리들이 있을 것이고, 여러분은 당장 매력적인 제안을 수락하고 싶을지도 모릅니다. 하지만, 단지 높은 급여를 받는다는 이유로 취직하는 것은 보람 있는 직업을 보장하지는 않습니다.)라고 하였다. 보기 중 이 내용과 일치하는 (c)가 정답이다.

정답 Key **Paraphrasing**
담화에 나온 'because it is high-paying'과 유사한 표현은 'because it offers a high salary'이다.

---

48 What type of job should a new graduate look for?

(a) one that is not too challenging
(b) one that can spark enthusiasm
(c) one that offers the most benefits
(d) one that guarantees promotions

새로운 졸업생은 어떤 유형의 직업을 찾아야 하는가?

(a) 너무 어렵지 않은 것
(b) 열정을 불러일으킬 수 있는 것
(c) 가장 많은 혜택을 제공하는 것
(d) 승진을 보장하는 것

어휘 look for 찾다 challenging 어려운 spark enthusiasm 열정을 불러일으키다 benefit 이득, 혜택 guarantee 보장하다

정답 (b)

해설 담화 3단락에서 "⁴⁸ First, choose a job that really interests you."(첫째, 당신이 정말로 관심 있어 하는 직업을 선택하세요.)라고 하였다. 보기 중 이 내용과 일치하는 (b)가 정답이다.

정답 Key **Paraphrasing**

담화에 나온 'a job that really interests you'와 유사한 표현은 'one that can spark enthusiasm'이다.

난이도 ★★★   **Category**   세부사항(Why)

49 Why are some people afraid of taking risks?

(a) because they worry about not succeeding
(b) because employers do not reward risk-taking
(c) because they fear being different from others
(d) because successful people never take risks

왜 어떤 사람들은 위험을 감수하기를 두려워하는가?

(a) 성공하지 못할까 봐 걱정하기 때문에
(b) 고용주가 위험 부담에 대해 보상하지 않기 때문에
(c) 다른 사람과 다를까 두려워하기 때문에
(d) 성공한 사람들은 결코 위험을 감수하지 않기 때문에

어휘 be afraid of ~을 두려워하다 take risks 위험을 감수하다 reward 보상하다

정답 (a)

해설 담화 6단락에서 "⁴⁹ Taking risks may result in failure, but it is fear of failure that prevents many people from taking those chances in the first place."(위험을 무릅쓰는 것은 실패로 귀결될 수도 있지만, 애초에 많은 사람들이 그러한 기회를 잡지 못하게 하는 것은 실패에 대한 두려움입니다.)라고 하였다. 보기 중 이 내용과 일치하는 (a)가 정답이다.

정답 Key **Paraphrasing**

담화에 나온 'fear of failure'와 유사한 표현은 'because they worry about not succeeding'이다.

난이도 ★★★   **Category**   세부사항(How)

50 How can one develop strong relationships with other team members?

(a) by choosing the right team to join
(b) by communicating with them online
(c) by keeping in touch with them in person
(d) by setting up a team webpage

어떻게 하면 다른 팀원들과 강한 관계를 형성할 수 있는가?

(a) 합류하기에 적합한 팀을 선택하여
(b) 온라인으로 그들과 소통하여
(c) 그들과 대면으로 교류하여
(d) 팀 웹 페이지를 만들어서

어휘 relationship 관계 keep in touch with ~와 연락하다, 교류하다 in person 직접, 대면하여

정답 (c)

해설 담화 7단락에서 "⁵⁰ Those teams should be composed of members who have developed a strong bond by communicating face-to-face rather than online."(이들 팀은 온라인보다는 직접 대면해서 소통하며 끈끈한 유대감을 키워온 멤버들로 구성되어야 합니다.)라고 하였다. 보기 중 이 내용과 일치하는 (c)가 정답이다.

정답 Key **Paraphrasing**

담화에 나온 'by communicating face-to-face'와 유사한 표현은 'by keeping in touch with them in person'이다.

Category 세부사항(What)

51 What is the best way to move forward in one's career?

(a) by aiming for the lowest level job available
(b) by doing work that is above one's level
(c) by waiting for a better job to come along
(d) by making the most of one's current position

경력에서 앞으로 나아가는 가장 좋은 방법은 무엇인가?

(a) 가능한 최저 수준의 일자리를 목표로 하여
(b) 자기 수준 이상의 일을 함으로써
(c) 더 좋은 일자리가 나오기를 기다려서
(d) 현재의 지위를 최대한 활용함으로써

어휘 move forward 앞으로 나아가다 aim for ~을 목표로 하다 make the most of ~을 최대한 활용하다

정답 (d)

해설 담화 8단락에서 "⁵¹ Fourth, use your position today to advance your career."(넷째, 오늘 당신의 직위를 이용하여 경력을 발전시키세요.)라고 하였다. 보기 중 이 내용과 일치하는 (d)가 정답이다.

🔑 **정답 Key** **Paraphrasing**
담화에 나온 'Use your position today to advance your career'와 유사한 표현은 'by making the most of one's current position'이다.

Category 추론(What)

52 Based on the talk, what is most likely the benefit of choosing mentors at work?

(a) They can serve as role models.
(b) They can assure one's success.
(c) They can make all of one's difficult decisions.
(d) They can make one's life easier.

담화에 따르면, 무엇이 직장에서 멘토를 선택함으로써 얻을 수 있는 이점일까?

(a) 그들은 역할 모델이 되어 줄 수 있다.
(b) 그들은 성공을 보장할 수 있다.
(c) 그들은 어려운 결정을 모두 내려줄 수 있다.
(d) 그들은 한 사람의 삶을 더 쉽게 만들 수 있다.

어휘 benefit 이점 at work 직장에서 assure 보장하다 make decisions 결정하다

정답 (a)

해설 담화 9단락에서 "⁵² Last, seek the right mentors. If you're working in the right place, chances are you'll meet people whose careers you admire. <u>These could be the mentors you need to direct your career down the right track.</u>"(마지막으로, 올바른 멘토를 찾으십시오. 만약 여러분이 맞는 직장에서 일하고 있다면, 여러분이 동경하는 직업을 가진 사람들을 만날 가능성이 있습니다. <u>이 사람들은 당신의 경력을 올바른 방향으로 이끌기 위해 필요한 멘토들이 될 수 있습니다.</u>)라고 하였다. 보기 중 이 내용과 일치하는 (a)가 정답이다.

🔑 **정답 Key** **Paraphrasing**
담화에 나온 'These could be the <u>mentors</u> you need to direct your career down the right track.'과 유사한 표현은 'They can serve as <u>role models</u>.'이다. 특히 'mentors'와 'role models'는 유사성이 높은 단어이다.

READING AND VOCABULARY

Category   PART 1 인물 일대기   PART 2 잡지 기사   PART 3 지식 백과   PART 4 비즈니스 레터

PART 1   **53-59**   인물 일대기: 자동차 산업을 선도한 월터 퍼시 크라이슬러

WALTER P. CHRYSLER

Walter P. Chrysler was an American industrialist, engineer, and car manufacturer. He was the founder of Chrysler Corporation, now a part of Fiat Chrysler Automobiles.

Walter Percy Chrysler was born on April 2, 1875 in Wamego, Kansas. [53] His father was a railroad engineer, and the young Chrysler initially followed the same path. At 17, he skipped college and entered a four-year machinist apprentice program instead. His excellent skills in machinery and plant management led to a successful career in the railway industry, starting at the American Locomotive Company where he eventually became works manager at age 35.

[54] Chrysler's fondness for cars showed when he bought his first car, a Locomobile, even before he could drive. He took the car apart, learned how it worked, and reassembled it. Chrysler was still with American Locomotive in 1912, when General Motors president Charles Nash asked him to manage a GM plant that made their upscale brand, Buick. [55] Being a car enthusiast, Chrysler readily accepted the job. He greatly increased the plant's production by introducing the assembly line process. This success got him [58] <u>promoted</u> to president of GM's Buick division.

Buick soon became the most popular car brand in the US, but despite this achievement, Chrysler left GM due to differences with its founder. He was then hired to head the failing automaker, Willys-Overland Company, and later, the Maxwell Motor Company. [56] Chrysler left Willys when its executives refused to make a new car he designed. He had more success at Maxwell, where he owned the majority of the stock that gave him corporate

월터 P. 크라이슬러

월터 P. 크라이슬러는 미국의 산업가, 엔지니어이자 자동차 제조업자였다. 그는 현재 피아트 크라이슬러 자동차의 일부인 크라이슬러 코퍼레이션의 창립자였다.

월터 퍼시 크라이슬러는 1875년 4월 2일 캔자스주 워메고에서 태어났다. [53] 그의 아버지는 철도 기술자였고, 젊은 크라이슬러도 처음에는 같은 길을 따랐다. 17세 때 그는 대학을 가지 않고 대신 4년제 기계공 견습생 프로그램에 들어갔다. 기계와 공장 관리에 대한 그의 뛰어난 기술은 철도 산업에서 성공적인 경력을 쌓게 했으며 아메리칸 기관차 회사(American Locomotive Company)에서 시작하여 그는 마침내 35세의 나이에 공장 주임이 되었다.

[54] 크라이슬러의 자동차에 대한 애정은 그가 운전하기도 전에 첫 번째 차인 로코모빌을 샀을 때 나타났다. 그는 차를 분해해서 어떻게 작동하는지 배우고 다시 조립했다. 크라이슬러는 1912년에 여전히 아메리칸 기관차 회사에 있었는데, 그때 제너럴 모터스(GM) 사장 찰스 내쉬가 고급 브랜드 뷰익(Buick)을 생산하는 GM 공장을 운영해 달라고 부탁했다. [55] 자동차 애호가였기 때문에 크라이슬러는 그 일을 선뜻 받아들였다. 그는 조립 라인 공정을 도입하여 공장의 생산을 크게 늘렸다. 이 성공으로 그는 GM의 뷰익 사업 부문 사장으로 [58] 승진했다.

뷰익은 곧 미국에서 가장 인기 있는 자동차 브랜드가 됐지만 크라이슬러는 이러한 성취에도 불구하고 설립자와의 이견으로 GM을 떠났다. 그 후 그는 실패한 자동차 회사인 윌리스–오버랜드사의 대표로 고용되었고 나중에 맥스웰 모터사의 대표가 되었다. [56] 크라이슬러는 경영진이 그가 디자인한 새 차를 만드는 것을 거부하자 윌리스사를 떠났다. 그는 주식의 대부분을 보유해서 기업 지배권을 가졌던 맥스웰사에서 더 많은 성공을 거두었다. 그는 훌륭한 디자인과 우수한 엔진, 저렴한 가격을 가

control. He helped the company regain financial
⁵⁹ <u>stability</u> with the Chrysler 6, his well-received new car
that had a great design, superior engine, and affordable
price.

진 그의 호평받은 신차인 'Chrysler 6'로 그
회사가 재정적인 ⁵⁹안정을 되찾도록 도왔다.

The Chrysler name was so successful that the Maxwell
Motor Company was restructured into the Chrysler
Corporation in 1925. ⁵⁷ Chrysler then bought the Dodge
Brothers car company as a division of Chrysler to
compete with Ford and Chevrolet's low-priced cars.
Chrysler Corporation became a major player in the
American car industry, joining General Motors and
Ford Motor Company as one of America's "Big Three"
automakers.

크라이슬러라는 이름은 매우 성공적이어서
맥스웰 모터사는 1925년에 크라이슬러 주
식회사로 개편되었다. ⁵⁷그 후 크라이슬러는
포드 및 쉐보레의 저가 자동차들과 경쟁하
기 위해 크라이슬러의 한 사업 부문으로 닷
지 브라더스 자동차 회사를 인수했다. 크라
이슬러사는 미국의 "빅3" 자동차 회사 중 하
나로 제너럴 모터스와 포드 자동차 회사와
함께하면서 미국 자동차 산업의 주요 업체
가 되었다.

Chrysler retired as president of his company in 1935,
but stayed on as chairman of the board until his death
in August 1940. The Chrysler Building, a skyscraper
he financed, is now an iconic part of the New York City
skyline.

크라이슬러는 1935년에 사장직에서 물러났
지만, 1940년 8월에 죽을 때까지 이사회 의
장을 유지했다. 그가 자금을 댄 초고층 빌딩
인 크라이슬러 빌딩은 현재 뉴욕시 스카이
라인의 상징적인 부분이다.

어휘 industrialist 산업가 manufacturer 제조업자 founder 설립자 initially 처음에 skip 건너뛰다, 그만두다 machinist 기계공
apprentice 견습생 machinery 기계류 plant management 공장 관리 eventually 결국 works manager 공장 주임
fondness for ~에 대한 애정 take A apart A를 분해하다 reassemble 재조립하다 upscale brand 고급 브랜드
car enthusiast 자동차 애호가 accept 수락하다, 받아들이다 production 생산 introduce 소개하다, 도입하다
assembly line 조립 라인 promote 승진시키다 division 부서, 부문 despite ~에도 불구하고 achievement 성취, 업적
due to ~ 때문에 executive 경영진 refuse 거절하다 regain 다시 얻다 financial stability 재정적 안정 superior 우수한
affordable 저렴한 be restructured into ~로 개편되다, 재구조화되다 compete with ~와 경쟁하다 retire as ~에서 물러나다
stay on ~을 유지하다, 계속하다 iconic 상징이 되는

난이도 ★★★ | **Category** **세부사항(How)**

53 How did Walter P. Chrysler's father influence him?

(a) by choosing his program of study
(b) by hiring him as an apprentice
(c) by inspiring his original career
(d) by introducing him to machines

월터 P. 크라이슬러의 아버지가 그에게 어떻
게 영향을 주었는가?

(a) 그의 연구 프로그램을 선택함으로써
(b) 그를 견습생으로 고용함으로써
(c) 그의 원래 직업을 가지도록 영감을 줌으
    로써
(d) 그에게 기계를 소개함으로써

어휘 influence 영향을 주다 apprentice 견습생 inspire 영감을 주다 original 원래의

정답 (c)

해설 본문 2단락에서 "⁵³ His father was a railroad engineer, and the young Chrysler initially followed the same path."(그의 아버지
는 철도 기술자였고, 젊은 크라이슬러도 처음에는 같은 길을 따랐다.)라고 하였다. 철도 기술자였던 아버지의 영향으로 같은 길을 걸었으므로 아
버지는 크라이슬러에게 원래 경력에 대해 영감을 준 것이다. 따라서 (c)가 정답이다.

54 When did Chrysler's love of cars become apparent?

(a) while he was still in college
(b) after buying his first car
(c) when he was learning to drive
(d) after working at a car plant

크라이슬러의 자동차에 대한 사랑은 언제 명백해졌는가?

(a) 아직 대학에 있을 때
(b) 첫 차를 산 후
(c) 운전을 배울 때
(d) 자동차 공장에서 일한 후

어휘 apparent 명백한 college 대학

정답 (b)

해설 본문 3단락에서 "54 Chrysler's fondness for cars showed <u>when he bought his first car, a Locomobile</u>, even before he could drive." (크라이슬러의 자동차에 대한 애정은 그가 운전하기도 전에 <u>첫 번째 차인 로코모바일을 샀을 때</u> 나타났다.)라고 하였다. 보기 중 이 내용과 일치하는 (b)가 정답이다.

🔑 **정답 Key** **Paraphrasing**

본문에 쓰인 'Chrysler's fondness for cars showed'와 유사한 표현은 질문에 나온 'Chrysler's love of cars became apparent'이고 'when he bought his first car'와 유사한 표현은 선택지에 나온 'after buying his first car'이다. 이렇게 지텔프 리딩 파트에서는 본문에 나온 단어를 그대로 쓰지 않고 유사한 표현으로 바꿔 쓰는 패러프레이징(paraphrasing)을 자주 사용한다.

난이도 ★★★ **Category** 세부사항(Why)

55 Why did Chrysler accept the job as manager of GM's Buick plant?

(a) because he was ready for a career change
(b) because he was looking for a promotion
(c) because the plant manager insisted
(d) because automobiles were his passion

크라이슬러는 왜 GM의 뷰익 공장의 매니저 자리를 수락했는가?

(a) 직업을 바꿀 준비가 되었기 때문에
(b) 승진을 노렸기 때문에
(c) 공장 관리자가 주장했기 때문에
(d) 자동차가 그의 열정이었기 때문에

어휘 accept 수락하다 promotion 승진 insist 주장하다 automobile 자동차 passion 열정

정답 (d)

해설 본문 3단락에서 "55 Being a car enthusiast, Chrysler readily accepted the job."(자동차 애호가였기 때문에 크라이슬러는 그 일을 선뜻 받아들였다.)라고 하였다. 보기 중 이 내용과 일치하는 (d)가 정답이다.

🔑 **정답 Key** **Paraphrasing**

본문에 쓰인 'Being a car enthusiast'와 유사한 표현이 'because automobiles were his passion'이다.

난이도 ★★★ **Category** 추론(What)

56 What most likely was the reason that Chrysler left the Willys-Overland Company?

(a) He did not like its executives.
(b) He disagreed with its founder.
(c) It rejected his idea for a new car.
(d) It was not a successful company.

크라이슬러가 윌리스–오버랜드 사를 떠난 이유는 무엇이었을까?

(a) 그는 경영진을 좋아하지 않았다.
(b) 그는 설립자와 의견이 맞지 않았다.
(c) 그 회사가 새 차에 대한 그의 생각을 거절했다.
(d) 그 회사는 성공하지 못했다.

정답 (c)

해설 본문 4단락에서 "56 Chrysler left Willys when its executives refused to make a new car he designed."(크라이슬러는 경영진이 그가 디자인한 새 차를 만드는 것을 거부하자 윌리스사를 떠났다.)라고 하였다. 윌리스사 경영진이 크라이슬러가 디자인한 차를 만드는 것을 거부한 것으로 보아, 그 회사가 그의 신차에 대한 아이디어를 거절한 것으로 추론된다. 따라서 (c)가 정답이다.

🔑 정답 Key **Paraphrasing**

본문에 쓰인 'its executives refused to make a new car he designed'와 유사한 표현은 'It rejected his idea for a new car.'이다.

난이도 ★★★ | Category 세부사항(How)

57 How was Chrysler able to make Chrysler Corporation a major car company?

(a) by merging with another automaker
(b) by forming the largest car company in America
(c) by making cheaper cars than the top rivals
(d) by bringing in workers from competitors

크라이슬러가 어떻게 크라이슬러 사를 주요 자동차 회사로 만들 수 있었는가?

(a) 다른 자동차 회사와 합병하여
(b) 미국에서 가장 큰 자동차 회사를 설립하여
(c) 최고 경쟁사보다 저렴한 자동차를 만들어서
(d) 경쟁업체에서 직원을 영입하여

어휘 corporation 기업 merge with ~와 합병하다 bring in 영입하다 competitor 경쟁자, 경쟁사

정답 (a)

해설 본문 5단락에서 "57 Chrysler then bought the Dodge Brothers car company as a division of Chrysler to compete with Ford and Chevrolet's low-priced cars."(그 후 크라이슬러는 포드 및 쉐보레의 저가 자동차들과 경쟁하기 위해 크라이슬러의 한 사업 부문으로 닷지 브라더스 자동차 회사를 인수했다.)라고 하였다. 보기 중 이 내용과 일치하는 (a)가 정답이다.

난이도 ★★★ | Category 어휘(과거분사: promoted)

58 In the context of the passage, promoted means _____.

(a) increased
(b) advanced
(c) inclined
(d) advertised

본문의 맥락에서, promoted는 _____를 의미한다.

(a) 증가된
(b) 진보된, 승진된
(c) 기울어진
(d) 광고된

어휘 promoted 승진된 increased 증가된 advanced 진보된 inclined 기울어진 advertised 광고된

정답 (b)

해설 본문 3단락 "This success got him 58 promoted to president of GM's Buick division."(이 성공으로 그는 GM의 뷰익 사업부 사장으로 승진했다.)에서 과거분사 promoted는 'get+목적어+목적격보어' 구문에서 목적격보어로 사용되어 '승진된'이란 뜻으로 사용되었다. 보기 중 이 의미와 가장 가까운 (b)가 정답이다.

59 In the context of the passage, stability means
_____.

(a) permanence
(b) loyalty
(c) assistance
(d) security

본문의 맥락에서, stability는
_____를 의미한다.

(a) 영속성
(b) 충성
(c) 도움
(d) 안전

어휘 stability 안정성 permanence 영속성 loyalty 충성 assistance 도움 security 안전, 보안

정답 (d)

해설 본문 4단락 "He helped the company regain financial ⁵⁹ stability with the Chrysler 6, his well-received new car that had a great design, superior engine, and affordable price."(그는 훌륭한 디자인과 우수한 엔진, 저렴한 가격을 가진 그의 호평받은 신차인 'Chrysler 6'로 그 회사가 재정적인 안정을 되찾도록 도왔다.)에서 stability는 명사로 '안정성'의 의미로 사용되었다. 보기 중 이 의미와 가장 가까운 (d) security가 정답이다.

PART 2 | 60-66 잡지 기사: 사진 찍기가 경험 몰입에 미치는 영향

TAKING PHOTOS MAKES PEOPLE ENJOY EXPERIENCES MORE

People might assume that taking pictures of experiences can ruin their ability to enjoy the moment. ⁶⁰ However, a new study suggests that capturing experiences on camera can actually make people happier. According to Kristin Diehl, the study's lead researcher and an associate professor at the University of Southern California, picture-taking can increase one's engagement in an otherwise ordinary experience and ⁶⁵ boost one's enjoyment.

The study, which was published in the *Journal of Personality* and *Social Psychology*, is the first wide-ranging research on how taking photos influences the enjoyment of events. It involved over 2,000 people who participated in nine experiments: three in real-life situations, and six in the lab. They went through everyday experiences such as taking a bus tour and eating in a food court, as well as more intense activities like going on a virtual safari. ⁶¹ The participants were instructed to either take pictures of their experiences

사진을 찍는 것은 사람들이 경험을 더 많이 즐길 수 있게 한다

사람들은 경험을 사진으로 찍는 것이 그 순간을 즐길 수 있는 것을 망칠 수 있다고 생각할지도 모른다. ⁶⁰하지만, 새로운 연구는 카메라로 경험을 포착하는 것이 실제로 사람들을 더 행복하게 할 수 있다는 것을 보여준다. 이 연구의 수석 연구원이자 서던 캘리포니아 대학의 부교수인 크리스틴 다일(Kristin Diehl)에 따르면, 사진을 찍는 것은 찍지 않았다면 평범했을 경험에 대한 참여도를 높이고 즐거움을 ⁶⁵증진시킬 수 있다고 한다.

'인성과 사회심리학 저널'에 게재된 이번 연구는 사진을 찍는 것이 사건의 즐거움에 어떤 영향을 미치는지에 대한 최초의 광범위한 연구이다. 그 연구는 2,000명이 넘는 사람들을 포함시켰는데 그들은 실제 상황에서 3개, 실험실에서 6개로, 이렇게 총 9개의 실험에 참여했다. 이들은 가상 사파리에 가는 등 더 격렬한 활동뿐만 아니라 버스 투어와 푸드코트에서 식사하는 등 일상적인 체험도 했다. ⁶¹참가자들은 자신의 경험을 사진으로 찍거나 혹은 찍지 말라고 지시받았다. 실

or not. Surveys given after the experiment showed that in almost all cases, those who took photos enjoyed the moments much more than the non-picture-takers.

While earlier reports argued that picture-taking can [66] sidetrack one's attention from enjoying a moment, the new research showed that photography, in fact, gets people more involved in the experience. [62] The extra attention to detail required by composing a photo makes them appreciate the experience even more. According to Diehl, it is the mental process involved when planning to take the picture rather than just the act of shooting that makes a person more engaged. As an example, the researchers cited an experiment in which the participants wore glasses that tracked their eye movements during a museum tour. [63] Those who took photos of the exhibits appreciated them better than those who did not.

The research likewise noted some downsides to taking photos. A camera that is difficult to use can prevent a person from enjoying an event. [64] Also, taking photos can make a bad experience even worse. In a lab experiment involving a virtual safari, participants who took pictures of a pride of lions attacking a water buffalo enjoyed the scene less than those who just watched the unpleasant scene.

험 후 실시된 설문 조사는 거의 모든 경우에 사진을 찍은 사람들이 사진을 찍지 않은 사람들보다 훨씬 더 그 순간을 즐겼다는 것을 보여주었다.

이전의 보도들은 사진 찍기가 순간을 즐기는 것으로부터 주의를 [66]산만하게 할 수 있다고 주장했지만. 새로운 연구는 사실, 사진 찍기가 사람들로 하여금 그 경험에 더 몰두하게 한다는 것을 보여주었다. [62]사진의 구도를 잡을 때 요구되는 디테일에 대한 추가적인 관심은 그들이 경험을 더욱 깊이 감상하게 만든다. 다일에 따르면, 사람을 더욱 몰두하게 만드는 것은 단순히 촬영하는 행위보다는 사진을 찍을 계획을 세울 때 수반되는 정신적 과정이다. 그 예로, 연구원들은 박물관 견학 중에 참가자들이 눈의 움직임을 추적하는 안경을 쓴 실험을 인용했다. [63]전시품 사진을 찍은 사람들이 그렇지 않은 사람들보다 전시품들을 더 잘 감상했다.

그 연구는 마찬가지로 사진을 찍는 것에 대한 몇 가지 단점도 언급했다. 사용하기 어려운 카메라는 사람이 이벤트를 즐기는 것을 막을 수 있다. [64]또한, 사진을 찍는 것은 나쁜 경험을 훨씬 더 나쁘게 만들 수 있다. 가상 사파리를 포함한 실험실에서의 실험에서 물소를 공격하는 사자 무리의 사진을 찍은 참가자들은 그 불쾌한 장면을 보기만 했던 참가자들보다 그 장면을 덜 즐겼다.

어휘 ▶ **assume** 생각하다. 가정하다 **take pictures of** ~의 사진을 찍다 **ruin** 망치다 **capture** 포착하다 **associate professor** 부교수 **engagement** 참여 **influence** 영향을 미치다 **experiment** 실험 **situation** 상황 **intense** 강렬한 **virtual** 가상의 **instruct** 지시하다 **survey** 설문 조사 **argue** 주장하다 **sidetrack** 곁길로 새게 하다. 산만하게 하다 **attention** 주의, 집중 **detail** 세부사항 **compose** (그림, 사진의) 구도를 잡다 **appreciate** 감사하다. 감상하다 **exhibit** 전시하다. 전시품 **likewise** 마찬가지로 **note** 주목하다. 언급하다 **prevent A from B(-ing)** A가 B하는 것을 막다 **participant** 참가자 **a pride of** (사자) 무리 **unpleasant** 불쾌한

난이도 ★★★ | Category | 주제(What)

60 What does the report say about taking photos of an experience?

(a) that it adds pleasure to the experience
(b) that it makes it hard to recall the experience
(c) that it is more fun than the experience itself
(d) that it makes the experience unique

보고서에는 경험을 사진으로 찍는 것에 대해 뭐라고 쓰여 있는가?

(a) 경험에 즐거움을 더한다는 것
(b) 경험을 회상하기 어렵게 만든다는 것
(c) 경험 자체보다 더 재미있다는 것
(d) 경험을 독특하게 만든다는 것

어휘 ▶ **add** 더하다 **pleasure** 즐거움 **recall** 회상하다 **unique** 독특한

정답 (a)

해설 본문 1단락에서 "⁶⁰ However, a new study suggests that capturing experiences on camera can actually make people happier."(하지만, 한 새로운 연구는 카메라로 경험을 포착하는 것이 실제로 사람들을 더 행복하게 할 수 있다는 것을 보여준다.)라고 하였다. 보기 중 이 내용과 일치하는 (a)가 정답이다.

정답 Key Paraphrasing

본문에 쓰인 'capturing experiences on camera can actually make people happier'와 유사한 표현은 'that it adds pleasure to the experience'이다.

난이도 ★★★ | **Category** 세부사항(How)

61 How were the people in the experiments grouped?

(a) into those who had good or poor memory
(b) as participants in either lab or virtual situations
(c) into those who love photos or do not
(d) as either picture-takers or non-picture-takers

실험 대상자들은 어떻게 분류되었는가?

(a) 기억력이 좋거나 나쁜 사람으로
(b) 실험실 또는 가상 상황의 참여자로
(c) 사진을 좋아하거나 좋아하지 않는 사람으로
(d) 사진을 찍는 사람과 안 찍는 사람으로

어휘 experiment 실험 participant 참가자 virtual 가상의 picture-taker 사진 찍는 사람

정답 (d)

해설 본문 2단락에서 "⁶¹ The participants were instructed to either take pictures of their experiences or not."(참가자들은 자신의 경험을 사진으로 찍거나 찍지 말라고 지시받았다.)라고 하였다. 본문 중 이 내용과 일치하는 (d)가 정답이다.

정답 Key Paraphrasing

본문에 쓰인 'The participants were instructed to either take pictures of their experiences or not'과 유사한 표현은 'as either picture-takers or non-picture-takers'이다.

난이도 ★★★ | **Category** 세부사항(What)

62 What makes an event more engaging when taking pictures?

(a) the art of taking the picture
(b) the ease of using the camera
(c) the act of preparing the shot
(d) the nature of the event

사진을 찍을 때 무엇이 이벤트를 더 흥미롭게 느껴지게 하는가?

(a) 사진 촬영 기술
(b) 카메라 사용 편의성
(c) 사진 찍을 준비를 하는 행위
(d) 이벤트의 본질

어휘 engaging 흥미를 느끼게 하는, 참여시키는 ease 용이성 nature 본성, 본질

정답 (c)

해설 본문 3단락에서 "⁶² The extra attention to detail required by composing a photo makes them appreciate the experience even more. According to Diehl, it is the mental process involved when planning to take the picture rather than just the act of shooting that makes a person more engaged."(사진의 구도를 잡을 때 요구되는 디테일에 대한 추가적인 관심은 그들이 경험을 더욱 깊이 감상하게 만든다. 다엘에 따르면, 사람을 더욱 몰두하게 만드는 것은 단순히 촬영하는 행위보다는 사진을 찍을 계획을 세울 때 수반되는 정신적 과정이다.)라고 하였다. 보기 중 이 내용과 일치하는 (c)가 정답이다.

정답 Key Paraphrasing

본문에 쓰인 'the mental process involved when planning to take the picture'와 의미상 통하는 것은 'the act of preparing the shot'이다.

63 Why did the picture-takers get more involved in the museum exhibits?

(a) Their eye trackers made them see the exhibits better.
(b) The exhibits became more interesting to them.
(c) They were naturally more observant.
(d) The museum they toured had better exhibits.

왜 사진을 찍은 사람들이 박물관 전시품에 더 많이 몰두했는가?

(a) 그들의 시선 추적기는 그들이 전시품을 더 잘 볼 수 있게 했다.
(b) 전시품이 그들에게 더 흥미로워졌다.
(c) 그들은 천성적으로 더 관찰력이 강했다.
(d) 그들이 둘러본 박물관은 더 좋은 전시품을 가지고 있었다.

어휘 get involved 몰두하다　exhibit 전시품　eye tracker 시선 추적기　naturally 천성적으로　observant 관찰력 있는　tour 견학하다

정답 (b)

해설 본문 3단락에서 "⁶³ Those who took photos of the exhibits appreciated them better than those who did not."(전시품 사진을 찍은 사람들이 그렇지 않은 사람들보다 전시품들을 더 잘 감상했다.)라고 하였다. 사람들이 전시품을 더 잘 감상하는 것은 전시품에 더 흥미를 느끼는 것과 같으므로 (b)가 정답이다.

정답 Key　Paraphrasing
본문에 쓰인 'Those who took photos of the exhibits appreciated them better'와 유사한 표현은 'The exhibits became more interesting to them.'이다.

---

64 Why most likely did the picture-takers enjoy the lion attack less?

(a) because they saw a less lifelike safari scene
(b) because they were forced to watch the scene
(c) because they could not focus on watching
(d) because they felt more involved with the scene

왜 사진을 찍은 사람들은 사자의 공격을 덜 즐겼을까?

(a) 덜 실제 같은 사파리 장면을 보았기 때문
(b) 부득이하게 그 장면을 보았기 때문
(c) 관람에 집중할 수 없었기 때문
(d) 그 장면에 더 몰두되어 느꼈기 때문

어휘 attack 공격하다　less lifelike 덜 실제적인　focus on 초점을 맞추다　involved with ~에 몰두하는

정답 (d)

해설 본문 4단락에서 "⁶⁴ Also, taking photos can make a bad experience even worse. In a lab experiment involving a virtual safari, participants who took pictures of a pride of lions attacking a water buffalo enjoyed the scene less than those who just watched the unpleasant scene."(또한, 사진을 찍는 것은 나쁜 경험을 훨씬 더 나쁘게 만들 수 있다. 가상 사파리를 수반한 실험실 실험에서 물소를 공격하는 사자 무리의 사진을 찍은 참가자들은 불쾌한 장면을 보기만 했던 참가자들보다 그 장면을 덜 즐겼다.)라고 하였다. 불쾌한 장면의 사진을 찍은 사람은 그냥 그 장면을 본 사람보다 더 몰입되기 때문에 더 불쾌하게 느끼게 되는 것으로 추론되므로 (d)가 정답이다.

---

65 In the context of the passage, boost means _____.

(a) improve

본문의 맥락에서, boost는 _____를 의미한다.

(a) 향상시키다

(b) affect

(c) carry

(d) create

(b) 영향을 주다

(c) 운반하다

(d) 생성하다

어휘 boost 증진시키다 improve 향상시키다 affect 영향을 미치다 carry 운반하다 create 생성하다

정답 (a)

해설 본문 1단락 "picture-taking can increase one's engagement in an otherwise ordinary experience and ⁶⁵ boost one's enjoyment."(사진을 찍는 것은 다른 방식으로는 평범했을 경험에 대한 참여도를 높이고 즐거움을 증진시킬 수 있다.)에서 동사 boost는 '증진시키다' 라는 뜻으로 의미상 가장 가까운 (a)가 정답이다.

난이도 ★★★ **Category** 어휘(동사: sidetrack)

66 In the context of the passage, sidetrack means
_____.

(a) lessen

(b) distract

(c) confuse

(d) direct

본문의 맥락에서, sidetrack은
_____를 의미한다.

(a) 감소시키다

(b) 산만하게 하다

(c) 혼동시키다

(d) 지시하다

어휘 sidetrack 곁길로 새게 하다. 산만하게 하다 lessen 감소시키다 distract 산만하게 하다 confuse 혼동시키다 direct 지시하다

정답 (b)

해설 본문 3단락 "picture-taking can ⁶⁶ sidetrack one's attention from enjoying a moment"(사진 찍는 것은 순간을 즐기는 것으로부터 주의 를 산만하게 할 수 있다)에서 동사 sidetrack은 '곁길로 새게 하다, 산만하게 하다'는 뜻으로 사용되어서 '주의를 산만하게 하다, 주의를 딴 데로 돌리다.'의 뜻으로 쓰이는 보기의 동사 distract와 의미가 일치한다. 따라서 (b)가 정답이다. (c) confuse는 '헷갈리게 하다, 혼동시 키다'의 뜻이므로 오답이다.

PART 3 | **67-73** | 지식 백과: 성 엘모의 불 생성 원인과 기록 속에서의 등장

ST. ELMO'S FIRE

⁶⁷ St. Elmo's fire is a weather event most commonly witnessed as a glowing bright-blue or violet flame on the edge of sharp or pointed objects. Observed in many parts of the world, St. Elmo's fire is most visible at night. It lasts for several minutes and sometimes looks like a dancing ball, a cluster of stars, or fireworks. Although described as "fire," the phenomenon is actually heatless and does not burn the objects it touches.

St. Elmo's fire usually appears during thunderstorms when there is a high electric charge difference between

성 엘모의 불

⁶⁷ 성 엘모의 불(St. Elmo's fire)은 날카롭거 나 뾰족한 물체의 가장자리에서 은은하게 빛나는 밝은 청색 또는 보라색 불꽃으로 가 장 흔하게 목격되는 기상 현상이다. 세계 여 러 곳에서 관찰되는, 성 엘모의 불은 밤에 가 장 잘 보인다. 그것은 몇 분 동안 지속되고 때때로 춤추는 공, 별들의 무리, 또는 불꽃놀 이처럼 보인다. 비록 "불"이라고 묘사되지만, 이 현상은 실제로 열이 없고 그것이 닿는 물 체를 태우지 않는다.

성 엘모의 불은 보통 지상과 구름 사이에 높 은 전하의 차이가 있는 뇌우 때 나타난다.

the ground and the clouds. It creates electrical energy that acts on the gases in the air and breaks their molecules apart, resulting in an ionized gas called "plasma." Different gases produce different colors as plasmas. [68]St. Elmo's fire is usually blue because the air is [72]rich in nitrogen and oxygen that glow blue when combined. The flame usually comes with a distinct hissing, crackling, or buzzing sound.

St. Elmo's fire commonly occurs on pointed objects such as lightning rods, church towers, or the masts of ships. It is sometimes confused with lightning that flashes in the sky during storms and ball lightning. [69]However, St. Elmo's fire is more similar to the neon lighting used in advertising. Neon also uses plasma to produce a soft glow.

The name "St. Elmo's fire" comes from St. Erasmus, also called St. Elmo, the patron saint of Mediterranean sailors. The early sailors sometimes saw the glow at night on the tops of their ships' masts, which appeared to be on fire but did not burn. [70]St. Elmo's fire usually appeared toward the end of a violent thunderstorm, so the sailors took it as a good sign that their saint was helping them get through the storm.

[71]St. Elmo's fire is [73]mentioned in several historical accounts as "stars" that formed on the points of the spears of Roman soldiers. It also appeared in the writing of notable figures including Julius Caesar, Christopher Columbus, and Charles Darwin.

그것은 공기 중 기체에 작용하여 그 분자를 분해하는 전기 에너지를 만들어내고, 그 결과 "플라즈마"라고 불리는 이온화된 가스를 만들어낸다. 다른 종류의 기체는 플라즈마의 형태로 다른 색깔을 발산한다. [68]성 엘모의 불은 보통 파란색인데 그 이유는 대기에는 서로 결합했을 때 푸른 빛을 내는 질소와 산소가 [72]풍부하기 때문이다. 불꽃은 보통 특유의 쉿쉿, 탁탁, 윙윙거리는 소리와 함께 온다.

성 엘모의 불은 흔히 피뢰침, 교회 탑, 배의 돛대와 같은 뾰족한 물체에서 일어난다. 그것은 가끔 폭풍 중 하늘에서 번쩍이는 번개와 구상 번개와 혼동되기도 한다. [69]하지만 성 엘모의 불은 광고에 쓰이는 네온 조명과 더 유사하다. 네온도 또한 부드러운 빛을 내기 위해 플라즈마를 사용한다.

'St. Elmo's fire'라는 이름은 St. Erasmus의 이름에서 유래했는데 그는 지중해 선원들의 수호신인 St. Elmo라고도 불린다. 초창기 선원들은 때때로 밤에 배의 돛대 꼭대기에서 빛나는 것을 보았는데, 그것은 불타고 있는 것처럼 보였지만 타지 않았다. [70]성 엘모의 불은 보통 격렬한 뇌우가 끝날 무렵에 나타났기 때문에 선원들은 그것을 그들의 성자가 폭풍을 헤쳐갈 수 있도록 자신들을 돕고 있다는 좋은 신호로 받아들였다.

[71]성 엘모의 불은 로마 병사들의 창끝에 형성된 '별들'이라고 여러 역사적 기록에 [73]언급되어 있다. 그것은 또한 줄리어스 시저, 크리스토퍼 콜럼버스, 찰스 다윈을 포함한 유명한 인물들의 글에도 등장했다.

어휘 weather event 기상 사건 witness 목격하다 glow 은은하게 빛나다 flame 불꽃 edge 가장자리 pointed object 뾰족한 물체 observe 관찰하다 last 지속되다 cluster 무리 describe 묘사하다 phenomenon 현상 thunderstorm 뇌우 electric charge 전하 molecule 분자 result in 결과적으로 ~가 되다 ionized 이온화된 rich in ~이 풍부한 nitrogen 질소 combine 결합한 distinct 구별되는, 특유의 hissing 쉿쉿거리는 crackling 쨍그랑거리는 buzzing 윙윙 울리는 occur 일어나다, 발생하다 lightning rod 피뢰침 mast 돛대 be confused with ~와 혼동되다 be similar to ~와 비슷하다 patron saint 수호 성인 mention 언급하다 historical account 역사적 기록 notable figure 유명한 인물

난이도 ★★★ | Category 주제(What)

67 What is St. Elmo's fire?

(a) a naturally occurring flame
(b) an early variety of firework

성 엘모의 불은 무엇인가?

(a) 자연적으로 발생하는 불꽃
(b) 초기 불꽃놀이의 한 종류

(c) an extreme weather condition

(d) a weather-related occurrence

(c) 극한의 기상 조건
(d) 날씨와 관련된 현상

어휘 occur 일어나다, 발생하다 flame 불꽃 variety 종류 extreme 극한의 occurrence 사건, 현상

정답 (d)

해설 본문 1단락에서 "⁶⁷St. Elmo's fire is a weather event most commonly witnessed as a glowing bright-blue or violet flame on the edge of sharp or pointed objects."(성 엘모의 불은 날카롭거나 뾰족한 물체의 가장자리에서 은은하게 빛나는 밝은 청색 또는 보라색 불꽃으로 가장 흔하게 목격되는 기상 현상이다.)라고 하였다. 보기 중 이 내용과 일치하는 (d)가 정답이다.

🔑 정답 Key Paraphrasing

본문에 쓰인 'a weather event'와 유사한 표현은 'a weather-related occurrence'이다.

난이도 ★★☆ **Category** 세부사항(Why)

68 Why does St. Elmo's fire produce a blue glow?

(a) because of its intense heat

(b) because it reflects the blue storm clouds

(c) because of its mixture of gases

(d) because it combines electric currents

왜 성 엘모의 불이 푸른 빛을 내는가?

(a) 그것의 강한 열기 때문에
(b) 푸른 폭풍 구름을 반사하기 때문에
(c) 기체들의 혼합 때문에
(d) 전류를 결합하기 때문에

어휘 glow 빛 intense 강렬한 reflect 반사하다, 반영하다 mixture 혼합, 혼합물 combine 결합하다 electric current 전류

정답 (c)

해설 본문 2단락에서 "⁶⁸St. Elmo's fire is usually blue because the air is ⁷²rich in nitrogen and oxygen that glow blue when combined." (성 엘모의 불은 보통 파란색인데 그 이유는 대기에는 서로 결합했을 때 푸른 빛을 내는 질소와 산소가 풍부하기 때문이다.)라고 하였다. 질소와 산소가 결합해서 푸른 빛을 내므로 (c)가 정답이다.

난이도 ★★★ **Category** 세부사항(How)

69 How are neon lighting and St. Elmo's fire similar?

(a) They use the same source of light.

(b) They both appear on pointed objects.

(c) They both occur during storms.

(d) They produce the same color of light.

네온 불빛과 성 엘모의 불은 어떻게 비슷한가?

(a) 그들은 같은 광원을 사용한다.
(b) 둘 다 뾰족한 물체 위에 나타난다.
(c) 둘 다 폭풍우 때 발생한다.
(d) 같은 빛깔을 낸다.

어휘 similar 비슷한 appear 나타나다 pointed object 뾰족한 물체 occur 발생하다

정답 (a)

해설 본문 3단락에서 "⁶⁹However, St. Elmo's fire is more similar to the neon lighting used in advertising. Neon also uses plasma to produce a soft glow."(하지만, 세인트 엘모의 불은 광고에 사용되는 네온 조명과 더 비슷하다. 네온도 또한 부드러운 빛을 내기 위해 플라즈마를 사용한다.)라고 하였다. 성 엘모의 불은 네온과 비슷하다고 했고 네온도 플라즈마를 사용해서 빛을 낸다고 했으므로 둘 다 플라즈마를 광원으로 사용한다. 따라서 (a)가 정답이다.

70 Based on the passage, what did the early sailors probably believe about St. Elmo's fire?

(a) that it signaled the start of violent storms
(b) that it was an assurance of their safety
(c) that it made their ships' masts stronger
(d) that it guided them to a land of prosperity

본문에 근거하면, 초기 선원들은 성 엘모의 불에 대해 무엇을 믿었을까?

(a) 격렬한 폭풍의 시작을 알린다는 것
(b) 그들의 안전을 보장한다는 것
(c) 배의 돛대를 더 튼튼하게 해준다는 것
(d) 그들을 번영의 땅으로 이끈다는 것

어휘 sailor 선원 signal 신호하다, 알려주다 violent 격렬한 assurance 보장 safety 안전 mast 돛대 prosperity 번영

정답 (b)

해설 본문에서 "⁷⁰ St. Elmo's fire usually appeared toward the end of a violent thunderstorm, so the sailors took it as a good sign that their saint was helping them get through the storm."(성 엘모의 불은 보통 격렬한 뇌우가 끝날 무렵에 나타났기 때문에 선원들은 그들의 성자가 폭풍을 헤쳐나갈 수 있도록 자신들을 돕고 있다는 좋은 신호로 받아들였다.)라고 하였다. 선원들이 폭풍을 헤쳐 나가도록 돕는 것은 그들의 안전을 보장해 주는 것으로 추론되므로 (b)가 정답이다.

정답 Key Paraphrasing
본문에 쓰인 'a good sign that their saint was helping them get through the storm'과 의미상 통하는 것은 'that it was an assurance of their safety'이다.

71 What do historical accounts suggest about St. Elmo's fire?

(a) It has been sighted throughout written history.
(b) The Romans discovered it first.
(c) It helped soldiers during wars.
(d) Notable figures portrayed it as dangerous.

역사 기록은 성 엘모의 불에 대해 무엇을 시사하는가?

(a) 그것은 기록된 역사 도처에서 목격된다.
(b) 로마인들이 그것을 처음으로 발견했다.
(c) 그것은 전쟁 중에 군인들을 도왔다.
(d) 유명 인물들이 그것을 위험하다고 묘사했다.

어휘 account 기록 suggest 시사하다 sight 목격하다 throughout 도처에, 기간 내내 discover 발견하다 notable figure 유명한 인물 portray 묘사하다

정답 (a)

해설 본문 5단락에서 "⁷¹ St. Elmo's fire is mentioned in several historical accounts as "stars" that formed on the points of the spears of Roman soldiers. It also appeared in the writing of notable figures including Julius Caesar, Christopher Columbus, and Charles Darwin."(성 엘모의 불은 로마 병사들의 창끝에 형성된 '별들'이라고 여러 역사적 기록에 언급되어 있다. 그것은 또한 줄리어스 시저, 크리스토퍼 콜럼버스, 찰스 다윈을 포함한 유명한 인물들의 글에도 등장했다.)라고 하였다. 성 엘모의 불은 여러 역사 기록에 언급되고 있고 유명 인물들의 글에도 등장하므로 성 엘모의 불은 기록된 역사의 도처에서 보여지고 있다. 따라서 (a)가 정답이다.

난이도 ★★★　**Category**　**어휘**(형용사: rich)

72 In the context of the passage, rich means
_____.

(a) luxurious
(b) plentiful
(c) gorgeous
(d) expensive

본문의 맥락에서, rich는 _____를
의미한다.

(a) 호화로운
(b) 풍부한
(c) 멋진
(d) 비싼

어휘 luxurious 호화로운　plentiful 풍부한　gorgeous 멋진　expensive 비싼

정답 (b)

해설 본문 2단락 "because the air is ⁷²rich in nitrogen and oxygen that glow blue when combined"(대기에는 서로 결합했을 때 푸른 빛을 내는 질소와 산소가 풍부하기 때문에)에서 형용사 rich는 전치사 in과 같이 '~에 있어서 풍부한'의 의미로 사용되었으므로 (b)가 정답이다.

난이도 ★★★　**Category**　**어휘**(동사: mention)

73 In the context of the passage, mentioned means
_____.

(a) reached
(b) created
(c) noted
(d) praised

본문의 맥락에서, mentioned는
_____를 의미한다.

(a) 도달한
(b) 만들어진
(c) 지적된, 언급된
(d) 칭송받는

어휘 mentioned 언급된　reached 도달한　created 만들어진　noted 언급된, 지적된　praised 칭송받는

정답 (c)

해설 본문 5단락 "St. Elmo's fire is ⁷³mentioned in several historical accounts as "stars" that formed on the points of the spears of Roman soldiers."(성 엘모의 불은 로마 병사들의 창끝에 형성된 "별들"이라고 여러 역사적 기록에 언급되어 있다.)에서 동사 mention의 과거분사인 mentioned는 '~이 언급되는, 지적되는'의 의미로 사용되었으므로 (c)가 정답이다.

PART 4　**74-80**　**비즈니스 레터: 회사 감사를 위한 기술전문가 일에 지원하기 위한 자기소개서**

Michael Reed
Human Resources Department
LEAD Certification Services

Dear Mr. Reed:

⁷⁴I would like to offer my services as an independent
technical expert (TE) for the audit of Lexicon Publications

마이클 리드
인사부
리드 인증 서비스사

리드 씨께:

⁷⁴저는 유타주 해리스빌에 있는 렉시콘 출판
사(Lexicon Publications) 감사를 위한 독
립 기술 전문가(TE)로서 서비스를 제공하

in Harrisville, Utah. I am currently working as editor-in-chief at Jonathan Mellen Press, a publishing firm based in North Ogden. [75] I have been with the company for almost 11 years. I started as an editorial assistant, became an assistant editor, and was elevated to editor-in-chief within a few years.

I understand that [76] LEAD Certification Services is an auditing firm that helps companies secure certifications from the International Organization for Standardization (ISO) to raise their reputation within their industries. You hold inspections to check if a client [79] observes the strict standards set by the ISO. The audit of Lexicon Publications, in particular, will include determining if its editorial and printing departments operate within ISO guidelines.

The expertise I have gained at Jonathan Mellen Press qualifies me as a technical expert for the said audit. As editor-in-chief, I am familiar with ISO's standards for quality management. In fact, we use the same system to ensure an efficient workflow in our editorial processes. [77] I also work closely with our printing department to make sure that our manuscripts become quality print products.

The expert input I could contribute during the audit should [80] complement that of the other TEs and auditors. This will result in a reliable overall audit. I would greatly appreciate having an interview with you. [78] I have enclosed my resume for your review, along with a list of references.

Sincerely,

Victoria Witham

Victoria Witham
Jonathan Mellen Press

고 싶습니다. 저는 현재 노스 오그든에 본사를 둔 출판사 조나단 멜런 출판사(Jonathan Mellen Press)에서 편집장으로 일하고 있습니다. [75] 저는 거의 11년 동안 그 회사에 근무해 왔습니다. 저는 편집 보조로 시작해서, 나중에 부편집자가 되었고, 몇 년 지나서 편집장으로 승진했습니다.

[76] 리드 인증 서비스(LEAD Certification Services) 사는 기업들이 국제 표준화 기구(ISO)의 인증을 안전하게 확보하여 업계 내 명성을 높일 수 있도록 지원하는 감사 회사라고 알고 있습니다. 귀사는 고객사가 ISO에 의해 설정된 엄격한 표준을 [79] 준수하는지 확인하기 위해 감사를 진행합니다. 특히 렉시콘 출판사의 감사에는 편집부와 인쇄부가 ISO 지침에 따라 운영되는지 여부를 결정하는 것을 포함합니다.

조나단 멜런 출판사에서 얻은 전문 지식은 저에게 해당 감사에 대한 기술 전문가로서 자격을 부여합니다. 편집장으로서 ISO의 품질 관리 표준을 잘 알고 있습니다. 사실, 저희는 편집 과정에서 효율적인 작업 흐름을 보장하기 위해 동일한 시스템을 사용합니다. [77] 저는 또한 저희 인쇄부서와 긴밀히 협력하여 저희 원고가 양질의 인쇄 제품이 되도록 합니다.

제가 감사 동안에 기여할 수 있는 전문가의 조언은 다른 기술 전문가들과 감사들의 의견을 [80] 보완할 수 있을 것입니다. 이는 신뢰할 수 있는 전반적인 감사가 될 것입니다. 당신과 인터뷰를 하게 되면 대단히 감사하겠습니다. [78] 귀하의 검토를 위해 제 이력서와 추천인 목록을 동봉했습니다.

진심으로

빅토리아 위담
조나단 멜런 프레스

어휘 offer 제공하다 independent 독립적인 technical expert 기술 전문가 audit 감사 currently 최근에 editor-in-chief 편집장 editorial assistant 편집 보조 assistant editor 부편집자 elevate 승진시키다 secure 안전하게 보장하다 certification 인증, 증명서 reputation 평판 industry 산업 observe 준수하다, 따르다 determine 결정하다 expertise 전문 지식 qualify 자격을 부여하다 ensure 확실히 하다 manuscript 원고 contribute 기여하다 complement 보충하다, 보완하다 reliable 믿을 만한 overall 전반적인 enclose 동봉하다 resume 이력서 reference 추천인, 참고

난이도 ★★★　**Category**　**주제**(What)

74 What role is Victoria Witham looking to fill at Michael Reed's firm?

(a) as an editor-in-chief
(b) as a publishing expert
(c) as an auditing assistant
(d) as a printing supervisor

빅토리아 위담은 마이클 리드의 회사에서 어떤 역할을 맡으려고 하는가?

(a) 편집장
(b) 출판 전문가
(c) 감사 보조
(d) 인쇄 감독자

어휘 be looking to+동사원형 ~하려고 하다　fill (직책을) 맡다　editor-in-chief 편집장　expert 전문가　auditing assistant 감사 보조
printing supervisor 인쇄 감독자

정답 (b)

해설 본문 1단락에서 "⁷⁴I would like to offer my services as an independent technical expert (TE) for the audit of Lexicon Publications in Harrisville, Utah."(저는 유타주 해리스빌의 렉시콘 출판사 감사를 위한 독립적인 기술 전문가(TE)로서 서비스를 제공하고 싶습니다.)라고 하였다. 빅토리아는 마이클의 회사가 렉시콘 출판사를 감사하는 일에 기술 전문가(TE)로 참여하고 싶다고 했으므로 (b)가 정답이다.

정답 Key Paraphrasing
본문에 쓰인 'as an independent technical expert (TE)'와 유사한 표현은 'as a publishing expert'이다.

난이도 ★★★　**Category**　**세부사항**(How)

75 How can Witham's career at Jonathan Mellen Press be described?

(a) Her promotion was sudden.
(b) She specializes in literary fiction.
(c) She rose through the ranks.
(d) She started in the auditing department.

위담의 조나단 멜런 출판사에서의 경력을 어떻게 설명할 수 있는가?

(a) 그녀의 승진은 갑작스러웠다.
(b) 문학 소설을 전문으로 한다.
(c) 직급들을 거쳐 승진했다
(d) 감사 부서에서 시작했다.

어휘 describe 묘사하다　promotion 승진　sudden 갑작스러운　specialize in ~을 전문으로 하다　literary fiction 문학 소설
auditing department 감사부서

정답 (c)

해설 본문 1단락에서 "⁷⁵I have been with the company for almost 11 years. I started as an editorial assistant, became an assistant editor, and was elevated to editor-in-chief within a few years."(저는 거의 11년 동안 그 회사에 근무해 왔습니다. 저는 편집 보조로 시작해서, 편집자가 되었고, 몇 년 안에 편집장으로 승진했습니다.)라고 하였다. 보기 중 이 의미와 가장 가까운 (c)가 정답이다.

정답 Key Paraphrasing
본문에 쓰인 'I started as an editorial assistant, became an assistant editor, and was elevated to editor-in-chief within a few years'를 간략하게 요약한 표현이 'She rose through the ranks.'이다.

76 Why most likely do companies hire LEAD Certification Services?

(a) to be certified as a company with high standards
(b) to receive advice on producing quality products
(c) to find out how to print ISO certificates
(d) to learn about the auditing business

기업들은 왜 리드(LEAD) 인증 서비스 사를 채택할까?

(a) 높은 표준을 가진 기업으로서 인증받기 위해
(b) 품질 좋은 제품 생산에 대한 조언을 받기 위해
(c) ISO 인증서를 인쇄하는 방법을 알아내기 위해
(d) 감사 비즈니스에 대해 알기 위해

어휘 certification 인증 standard 표준 quality product 품질 좋은 제품 find out 알아내다 ISO certificate ISO 인증서 auditing business 감사 회사

정답 (a)

해설 본문 2단락에서 "⁷⁶ LEAD Certification Services is an auditing firm that helps companies secure certifications from the International Organization for Standardization (ISO) to raise their reputation within their industries."(리드 인증 서비스사는 기업들이 국제 표준화 기구(ISO)의 인증을 확보하여 업계에서 명성을 높일 수 있도록 지원하는 감사 기업입니다.)라고 하였다. 기업들은 이 감사 회사로부터 ISO 인증을 안전하게 확보하도록 도움을 받는다고 했으므로 기업들이 높은 표준을 가진 회사라는 인증 즉, ISO 인증을 확보하기 위해 이 감사 회사를 택해서 감사를 받는 것으로 추론된다. 따라서 (a)가 정답이다.

77 How does Witham ensure that manuscripts are printed properly?

(a) by coordinating with the printing department
(b) by utilizing her own personalized system
(c) by overseeing the printing of the manuscripts
(d) by hiring a company specializing in printing

위담은 어떻게 원고가 적절하게 인쇄되었는지 확인하는가?

(a) 인쇄 부서와 협의하여
(b) 자신의 개인화된 시스템을 활용하여
(c) 원고 인쇄를 감독하여
(d) 인쇄 전문 회사를 고용하여

어휘 ensure 확실히 하다 manuscript 원고 properly 적절하게 coordinate with ~와 협의하다 utilize 이용하다 oversee 감독하다 hire 고용하다

정답 (a)

해설 본문 3단락에서 "⁷⁷ I also work closely with our printing department to make sure that our manuscripts become quality print products."(저는 또한 저희 인쇄부서와 긴밀히 협력하여 저희 원고가 양질의 인쇄 제품이 되도록 합니다.)라고 하였다. 보기 중 이 내용과 일치하는 (a)가 정답이다.

🔑 **정답 Key** **Paraphrasing**

본문에 쓰인 'I also work closely with our printing department'와 유사한 표현은 'by coordinating with the printing department.'이다.

78 How can Reed find out more about Witham's qualifications?

(a) He can discuss with other technical experts.
(b) He should ask her references for her resume.

리드는 어떻게 위담의 자격에 대해 더 알 수 있는가?

(a) 다른 기술 전문가들과 상의할 수 있다.
(b) 그녀의 추천인들에게 그녀의 이력서를 요청해야 한다.

(c) He can watch her contributions to the team.

(d) He should look at the attached documents.

(c) 그녀가 팀에 기여하는 것을 지켜볼 수 있다.

(d) 첨부된 문서를 검토해야 한다.

어휘 qualification 자격   discuss 상의하다   reference 추천인, 참고   resume 이력서   contribution 기여
attached document 첨부된 서류

정답 (d)

해설 본문 4단락에서 "[78] I have enclosed my resume for your review, along with a list of references."(귀하의 검토를 위해 제 이력서와 추천인 목록을 동봉했습니다.)라고 하였다. 보기 중 이 내용과 일치하는 (d)가 정답이다.

오답 분석 위담이 이미 리드에게 보내는 편지에 이력서와 추천인 목록을 동봉한다고 했으므로 (b)는 오답이다.

정답 Key Paraphrasing

본문에 쓰인 'I have enclosed my resume for your review, along with a list of references.'에서 'my resume'와 'a list of references'와 유사한 표현은 'the attached documents'이다.

난이도 ★★★ **Category** **어휘**(동사: observe)

79 In the context of the passage, observes means _____.

(a) watches
(b) notices
(c) follows
(d) celebrates

본문의 맥락에서, observes는 _____를 의미한다.

(a) 보다
(b) 주목하다
(c) 따르다
(d) 축하하다

어휘 observe 준수하다, 따르다   watch 보다   notice 주목하다   follow 따르다   celebrate 축하하다

정답 (c)

해설 본문 2단락 "if a client [79] observes the strict standards set by the ISO."(고객사가 ISO에 의해 설정된 엄격한 표준을 준수하는지)에서 동사 observes는 '관찰하다'의 의미가 아니라 뒤에 오는 목적어 'the strict stadards'를 '준수하다'의 의미로 사용되었다. 어휘 문제는 문장에서 타겟 단어의 기능과 앞뒤 문맥을 보아서 그 문맥에 맞는 적절한 의미를 찾아야 한다. 따라서 (c)가 정답이다.

난이도 ★★★ **Category** **어휘**(동사: complement)

80 In the context of the passage, complement means _____.

(a) surpass
(b) flatter
(c) befriend
(d) enhance

본문의 맥락에서, complement는 _____를 의미한다.

(a) 능가하다
(b) 아첨하다
(c) 친구가 되다
(d) 강화하다

어휘 complement 보완하다   surpass 능가하다   flatter 아첨하다   befriend 친구가 되다   enhance 강화하다

정답 (d)

해설 본문 4단락 "The expert input I could contribute during the audit should [80] complement that of the other TEs and auditors."(제가 감사 동안에 기여할 수 있는 전문가의 조언은 다른 기술 전문가들과 감사들의 의견을 보완할 수 있을 것입니다.)에서 동사 complement의 의미는 '보충하다, 강화하다'의 뜻으로 사용되었다. 보기 중 이 의미와 가장 가까운 (d)가 정답이다.

GRAMMAR

1 (C)	2 (A)	3 (D)	4 (A)	5 (B)	6 (C)	7 (B)	8 (D)	9 (A)	10 (C)	11 (C)	12 (D)
13 (B)	14 (A)	15 (D)	16 (C)	17 (A)	18 (B)	19 (D)	20 (A)	21 (C)	22 (D)	23 (B)	24 (A)
25 (C)	26 (D)										

LISTENING

PART 1	27 (C)	28 (B)	29 (A)	30 (D)	31 (B)	32 (D)	33 (C)
PART 2	34 (C)	35 (B)	36 (A)	37 (D)	38 (D)	39 (C)	
PART 3	40 (B)	41 (D)	42 (A)	43 (C)	44 (C)	45 (A)	
PART 4	46 (B)	47 (D)	48 (A)	49 (C)	50 (B)	51 (C)	52 (A)

READING AND VOCABULARY

PART 1	53 (A)	54 (D)	55 (A)	56 (B)	57 (C)	58 (D)	59 (B)
PART 2	60 (B)	61 (B)	62 (C)	63 (A)	64 (D)	65 (C)	66 (A)
PART 3	67 (D)	68 (C)	69 (B)	70 (C)	71 (D)	72 (B)	73 (A)
PART 4	74 (C)	75 (B)	76 (A)	77 (B)	78 (A)	79 (D)	80 (C)

TEST 4

GRAMMAR
LISTENING
READING AND VOCABULARY

Category ❶ 시제 ❷ 가정법 ❸ 조동사 ❹ 준동사 ❺ 연결어 ❻ 관계사 ❼ 당위성/이성적 판단

난이도 ★★★ Category ❹ **준동사**(동명사: advise)

1 A new weight loss magazine called *Veggies and Mindsets* was recently launched. The magazine advises _____ psychological factors that contribute to overeating as a way to change one's unhealthy habits.

(a) having analyzed
(b) to analyze
(c) analyzing
(d) to have analyzed

《베지앤마인드셋(Veggies and Mindsets)》이라는 새로운 체중 감량 잡지가 최근 창간되었다. 이 잡지는 건강하지 못한 습관을 바꾸는 한 방법으로, 과식의 원인이 되는 심리적 요인들을 분석하는 것을 권한다.

어휘 weight loss 체중 감량 recently 최근에 launch 출시하다, 창간하다 analyze 분석하다 psychological factor 심리적 요인 contribute to ~에 기여하다, ~의 원인이 되다 habit 습관

정답 (c)

해설 보기를 보면, analyze가 준동사(to부정사, 동명사) 형태로 사용되었으므로 준동사 문제이다. 빈칸 앞에 주어와 동사가 있기 때문에 뒤에는 목적어나 부가어가 와야 한다. 앞에 동사 advise는 동명사를 목적어로 취하는 동사이므로 보기 중 동명사인 (a)와 (c)에서 정답을 고른다. 주절의 동사인 advises가 현재 시제이고 동명사도 의미상 현재를 나타내므로 주절의 동사와 시제가 같은 경우로 단순동명사를 쓰는 것이 적합하다. 따라서 단순동명사 (c)가 정답이다.

오답 분석 준동사에서 완료동명사는 주절 시제보다 한 시제 앞선 내용을 나타낼 때 사용한다. (a)는 완료동명사로 주절의 현재 시제보다 하나 앞선 과거의 내용을 의미하므로 (a)를 빈칸에 넣어서 문장을 해석하면 "분석했음을 권한다"라는 어색한 뜻이 된다. 따라서 (a)는 오답이다.

참고 동명사를 목적어로 취하는 동사

advise(충고하다), admit(인정하다), allow(허락하다), practice(연습하다), feel like(~하고 싶다), enjoy(즐기다), keep(유지하다), consider(고려하다), discuss(토론하다), finish(끝내다) mention(언급하다), postpone(연기하다), recommend(추천하다), avoid(피하다), delay(미루다) dislike(싫어하다), insist(주장하다), mind(꺼리다), quit(그만두다), deny(부인하다), involve(포함하다), miss(놓치다), recall(생각해내다), suggest(제안하다)

난이도 ★★★ Category ❶ **시제**(과거완료진행: before+과거 시제절)

2 At last, Matthew got the go-ahead for his minimalist design of a client's residence in Manhattan. The client _____ all of his drafts before the last one was finally accepted.

마침내, 매튜는 맨해튼에 있는 고객 집의 미니멀리즘적 디자인을 승인받았다. 고객은 마지막 시안이 최종적으로 승인되기 전에 그의 초안들을 모두 거절했었다.

(a) had been rejecting
(b) was rejecting
(c) will reject
(d) has rejected

어휘 go-ahead for ~에 대한 승인　minimalist design 미니멀리즘적 디자인　residence 집　reject 거절하다　draft 초안, 시안
accept 승인하다, 받아들이다

정답 (a)

해설 보기에 동사 reject가 다양한 시제로 사용되었다. 시제 문제 아니면 가정법 문제이다. 빈칸 뒤에 부사절 before절이 과거 시제로 쓰여져
있고 before절 앞의 주절이 과거보다 앞서 있었던 상황을 설명하므로 빈칸에 과거완료 시제의 동사가 들어오는 것이 적절하다. 따라서
보기 중 과거완료와 관계있는 과거완료진행으로 쓰인 (a)가 정답이다.

오답분석 보통 보기 네 개 중 간단한 문법 포인트로 두 개 정도를 먼저 선택할 수 있다. 이 선택된 두 개를 변별하는 능력이 문법 고득점의 열쇠이
다. 이 문제도 before절 안의 시제가 과거이므로 그 앞에 나오는 주절의 시제는 과거나 과거완료로 압축된다. 여기서는 (a)와 (b)로 정답
이 압축된다. 이 문제에서는 과거보다 앞선 시점부터 과거까지 계속적으로 거절해 왔던 경우를 나타내므로 과거진행 시제보다는 과거
완료진행 시제가 더 적합하다. 따라서 과거진행 시제 (b)는 오답이다.

참고 **과거완료진행**

· 형태: had been -ing
· 의미: (~해오고 있었다) 과거의 특정 시점 이전에 시작된 동작이 그때까지 계속 진행 중이었음을 나타낸다.
· 자주 쓰이는 시간 부사 표현: (for + 시간명사) + when/before/until + 과거 시제절

난이도 ★★★　**Category**　**❸ 조동사**(가능: can)

3 Researchers found that the food being marketed to
children is not necessarily healthier than that sold to
adults. In fact, many breakfast cereals designed to
appeal to children _____ contain as much as
50 percent sugar.

(a) will
(b) shall
(c) would
(d) can

연구원들은 어린이들에게 판매되고 있는 음
식이 어른들에게 팔리는 음식보다 반드시
더 건강하지만은 않다는 것을 발견했다. 사
실, 어린이들의 관심을 끌기 위해 고안된 많
은 아침 시리얼은 50%나 되는 설탕을 포함
할 수 있다.

어휘 not necessarily 반드시 ~한 것은 아닌　adult 성인　in fact 사실상　designed 고안된　appeal to ~에게 관심을 끌다
contain 포함하다

정답 (d)

해설 보기에 다양한 조동사가 나왔으므로 조동사 문제이다. 조동사는 크게 순수 조동사 문제와 가정법 문제로 구별할 수 있다. 앞뒤에 조건절
이 없기 때문에 순수 조동사 문제로 볼 수 있다. 조동사 문제는 해석을 하면서 빈칸에 보기의 조동사를 하나씩 넣어보고 문맥상 가장 적
합한 것을 고른다. 문맥상 아이들이 좋아하는 시리얼에 50% 정도의 설탕이 있을 수 있다는 가능성을 나타내므로 (d)가 정답이다.

4　Mr. Robinson has been complaining of chest pains for weeks now. If I were him, I _____ to the doctor before things get any worse. He's getting older and should be taking better care of his health.

(a) would go
(b) will go
(c) would have gone
(d) am going

로빈슨 씨는 몇 주 동안 가슴 통증을 호소하고 있다. 내가 그 사람이라면 상황이 더 악화되기 전에 병원에 갈 것이다. 그는 나이가 들고 있고 건강을 더 잘 돌봐야 한다.

어휘 ▶ complain of 불평하다, 불편을 호소하다　chest pain 가슴 통증　get worse 악화되다　take care of ~을 돌보다

정답 ▶ (a)

해설 ▶ 보기에서 동사 go가 다양한 시제와 조동사와 함께 사용되었다. 시제 문제 아니면 가정법 문제이다. 빈칸 앞에 조건절이 있고, 시제가 과거(were)이기 때문에 가정법 과거이다. 가정법 과거의 주절엔 'would/should/could/might+동사원형'이 와야 하므로 (a)가 정답이다.

참고　**가정법**

가정법 문제는 빈칸 주변에 조건절이 있느냐가 정답의 힌트가 된다. 조건절이 과거 시제이면 가정법 과거, 조건절이 과거완료 시제이면 가정법 과거완료로 본다.

1 가정법 과거
형태: If+주어+과거형 동사 ~, 주어+would/should/could/might+동사원형 ~.
현재 사실을 반대로 돌려서 말할 때 사용한다.

2 가정법 과거완료
형태: If+주어+had p.p. ~, 주어+과거형 조동사(would/should/could/might)+have p.p. ~.
과거에 있었던 일을 반대로 말할 때 사용한다.

5　Government officials enjoy special privileges that ordinary citizens do not. Because of this, many people believe it necessary that government officials _____ to a higher standard of behavior.

(a) have been held
(b) be held
(c) will be held
(d) were held

공무원은 일반 시민이 누리지 않는 특권을 누린다. 이것 때문에, 많은 사람들은 정부 관리들이 더 높은 행동 기준을 지킬 필요가 있다고 믿는다.

어휘 ▶ privilege 특권　ordinary 일반적인, 보통의　necessary 필요한　standard 기준　hold A to B A에게 B를 지키게 하다　behavior 행동

정답 ▶ (b)

해설 ▶ 보기에서 동사 held가 다양한 시제와 조동사와 함께 사용되었으나 빈칸의 앞뒤에 시간 부사절이나 조건절이 없으므로 시제나 가정법 문제가 아님을 알 수 있다. 선택지를 다시 살펴보면, 동사원형(be held) 형태가 있으므로 당위성 문제이다. 당위성을 나타내는 동사

(reporting verbs)나 이성적 판단을 나타내는 형용사가 있는지 살펴본다. 빈칸 앞에 이성적 판단 형용사 necessary가 있어서 that절 안에 should가 생략된 동사원형이 쓰여야 하므로 정답은 (b)이다.

참고 | 당위성

1 당위성을 나타내는 문장은 다음과 같은 두 가지 형태를 취한다.
- 주어＋당위성 동사＋that＋주어＋(should)＋동사원형
- It is＋이성적 판단의 형용사＋that＋주어＋(should)＋동사원형

2 당위성 문제는 전형적으로 다음의 동사나 이성적 판단을 나타내는 형용사와 함께 나온다.
- 당위성 동사: advise(조언하다), ask(요청하다), beg(간청하다), command(명령하다), demand(요구하다), direct(지시하다), insist(주장하다), instruct(지시하다), intend(의도하다), order(명령하다), prefer(선호하다), propose(제안하다), recommend(추천하다), request(요청하다), require(요구하다), stipulate(규정하다), suggest(제안하다), urge(촉구하다), warn(경고하다)
- 이성적 판단 형용사: necessary(필요한), essential(핵심적인), important(중요한), vital(중요한), critical(결정적인), obligatory(의무적인), compulsory(강제적인), mandatory(의무적인), advisable(조언할 만한), natural(당연한), right(옳은), just(정당한), fair(공정한), rational(이성적인)

난이도 ★★★ | **Category** **❶ 시제**(미래진행: upcoming, starting＋미래 시점)

6 Fans have been missing the cast of *The Five Club* since the decade-long series ended ten years ago. To celebrate the show's upcoming 20th anniversary, the BDC network _____ reruns of the show starting January 31st.

(a) will have been airing
(b) airs
(c) will be airing
(d) has aired

팬들은 10년간 지속된 시리즈가 10년 전에 끝난 이후로 〈The Five Club〉의 출연진을 그리워하고 있었다. 이 프로그램의 다가오는 20주년을 기념하기 위해, BDC 방송국은 1월 31일부터 이 프로그램의 재방송을 할 예정이다.

어휘 miss 그리워하다 **decade** 10년 **celebrate** 기념하다 **upcoming** 다가오는 **air** 방송하다 **rerun** 재방송 **starting** ~부터 시작하여

정답 (c)

해설 보기에서 동사 air가 다양한 시제로 사용되었으므로 시제 문제이다. 빈칸 앞에 upcoming 즉, 미래를 나타내는 단어가 나왔기 때문에 기준 시점이 미래이다. 그리고 뒤에 January 31st라는 단순미래 시제와 어울리는 부사어가 나왔기 때문에 단순미래진행인 (c)가 정답이다.

오답 분석 (a) will have been airing은 미래완료진행시제이고 과거나 현재에 시작된 행동이 미래의 어느 시점까지 계속 진행되고 있을 때 쓴다. 본문에서는 미래인 1월 31일부터 재방송을 하고 있을 상황이며 지금이나 과거부터 재방송을 시작해서 미래 어느 시점까지 계속 방송이 진행됨을 나타내는 것이 아니므로 (a)는 오답이다.

참고 | 미래진행

- 형태: will be -ing
- 의미: (~하고 있을 것이다) 미래의 특정 시간에 동작이 진행 중일 것임을 나타낸다.
- 자주 쓰이는 표현: 부사구 – when/if/until + 현재 시제절
  부사절 – next week/month/year, next time, until then, in the future, tomorrow

비교
- 미래완료진행 시제: 과거 혹은 현재에 시작된 행동이 미래의 어느 시점까지 계속 진행됨을 나타낸다. (will have been -ing)
  e.g. By 5 o'clock this afternoon, he will have been writing the report for three hours.
  (오후 5시쯤엔 그가 보고서를 세 시간 동안 계속 쓰고 있을 것이다.)

7 Sarah failed her history exam because she accidentally left an entire page unanswered. She missed a total of 20 questions, as a result. If she had double-checked her exam papers, she _____ the test.

(a) would pass
(b) would have passed
(c) will be passing
(d) had passed

사라는 실수로 시험지 한 쪽 전체에 답을 적지 않아서 역사 시험에서 낙제했다. 그녀는 결과적으로 총 20개의 질문을 놓쳤다. 그녀가 시험지를 다시 확인했더라면 시험에 합격했을 것이다.

> **어휘** fail 낙제하다, 낙방하다 accidentally 사고로, 실수로, 우연히 an entire page 한 쪽 전체 unanswered 답을 적지 않은 as a result 결과적으로 double-check 재차 확인하다 pass 통과하다, 합격하다

> **정답** (b)

> **해설** 보기에서 동사 pass가 다양한 서법조동사와 같이 사용되었으므로 가정법 문제임을 알 수 있다. 조건절의 시제가 과거완료이기 때문에 가정법 과거완료로 볼 수 있다. 가정법 과거완료의 주절은 'would have p.p.'이므로 빈칸에 들어갈 정답은 (b)이다.

8 A building on Green Avenue caught fire last night. Fire officials are still investigating the cause of the accident. A tenant on the third floor, _____, says he heard an explosion before the alarms went off.

(a) which the fire started
(b) when the fire started
(c) that the fire started
(d) where the fire started

어젯밤 그린가에 있는 한 건물에 불이 났다. 소방 당국은 아직 사고 원인을 조사 중이다. 불이 시작된 3층의 한 세입자는 경보가 울리기 전에 폭발음이 들렸다고 말했다.

> **어휘** avenue (도시의) 거리, -가 catch fire 불이 나다 investigate 조사하다 cause 원인 accident 사고 tenant 세입자 explosion 폭발 go off (경보) 울리다

> **정답** (d)

> **해설** 보기에 관계대명사와 관계부사가 나왔으므로 관계사 문제이다. 빈칸 앞에 콤마가 있으므로 관계사의 계속적 용법이다. that은 계속적 용법에 쓰일 수 없으므로 정답에서 제외된다. 관계사 뒤에 나오는 절이 완벽한 문장이므로 관계대명사 which도 정답에서 제외된다. 선행사가 the third floor이므로 장소를 나타내는 관계부사 where가 적합하다. 따라서 정답은 (d)이다.

> **오답 분석** 괄호 앞에 콤마가 있다고 해서 기계적으로 which가 이끄는 (a) which the fire started를 선택하면 안 된다. 관계사 뒤에 오는 절이 완벽한 문장인지 아닌지 확인 후 관계부사를 선택할지 관계대명사를 선택할지를 결정해야 한다. 관계사가 이끄는 절이 완벽한 구조이면 관계부사가 와야 하므로 관계대명사 which가 쓰인 (a)는 오답이다.

난이도 ★★★　**Category**　**④ 준동사**(to부정사: expect)

9 Last month, ZYB Corporation announced that it would be splitting up into two new companies by December. The change is expected _____ $2.4 billion in savings for each of the companies over the next three years.

(a) to deliver
(b) delivering
(c) to be delivering
(d) having delivered

지난달, ZYB 사는 12월까지 두 개의 새로운 회사로 분리될 것이라고 발표했다. 이러한 변화는 향후 3년 동안 각 기업에 24억 달러의 절감 효과를 가져다줄 것으로 예상된다.

어휘 corporation 회사　announce 발표하다　slipt up into ~로 나뉘다. ~로 분리되다　deliver 가져다주다　saving 절약, 절감

정답 (a)

해설 보기에서 동사 deliver가 준동사 형태로 나왔으므로 준동사 문제이다. 빈칸을 포함하고 있는 문장은 'A expect B to부정사'의 수동 형태로 'B is expected to부정사'로 쓰인 것이다. 빈칸 앞에 to부정사를 목적격보어로 취하는 동사 expect가 있으므로 정답은 (a)이다.

참고　**to부정사**

① to부정사를 목적어로 취하는 동사
want(원하다), expect(기대하다), need(필요로 하다), wish(소망하다), hope(희망하다), desire(갈망하다), agree(동의하다), choose(선택하다), learn(배우다), plan(계획하다), promise(약속하다), refuse(거절하다), pretend(~인 체하다), aim(목표로 하다)

② to부정사를 목적격보어로 취하는 동사
allow(허락하다), encourage(격려하다), invite(초대하다), permit(허락하다), require(요구하다), ask(요구하다), convince(설득하다), expect(기대하다), persuade(설득하다), tell(말하다), warn(경고하다), cause(야기하다), enable(가능하게 하다), force(강요하다), order(명령하다), urge(촉구하다), advise(조언하다)

난이도 ★★★　**Category**　**① 시제**(미래완료진행: by the time+미래 시점, for+시간명사)

10 Rachel's friends are coming over for dinner, and she is now preparing three dishes by herself. By the time her guests arrive later, she _____ for over four hours straight.

(a) will cook
(b) has been cooking
(c) will have been cooking
(d) had cooked

레이첼의 친구들이 저녁을 먹으러 올 것이고, 레이첼은 지금 혼자서 세 가지 요리를 준비하고 있다. 나중에 손님들이 도착할 때쯤이면 그녀는 4시간 이상 연속으로 요리를 하고 있을 것이다.

어휘 come over 건너오다. 오다　prepare 준비하다　by oneself 혼자서　by the time ~할 때쯤　straight 연속으로

정답 (c)

해설 보기에서 동사 cook이 다양한 시제로 사용되었으므로 시제 문제이다. 앞에 미래 시간 부사절 'By the time her guests arrive later'가 있으므로 기준 시점이 미래이고, 뒤에 완료를 나타내는 'for over four hours straight'이 있으므로 미래 시점(친구 도착) 이전에 시작된 동작(요리)이 계속 진행 중일 것임을 나타낸다. 따라서 미래완료진행 (c)가 정답이다.

GRAMMAR 문법 : **197**

시제 문제는 시간 부사절이나 부사구를 잘 살펴서 단순 시제, 진행 시제, 완료 시제를 구별할 수 있어야 한다. for hours straight만 보고 (b) has been cooking(현재완료진행)을 고르지 않도록 한다. By the time절 안에 비록 현재 시제가 쓰였지만, 시간 부사절에서 현재 시제는 미래의 의미가 있음을 명심해야 한다.

참고   **미래완료진행**

- 형태: will have been -ing
- 의미: 미래 이전에 시작된 행동이 미래의 특정 시점까지 계속 진행되고 있음을 나타낸다.
- 자주 쓰이는 시간 부사 표현: by the time/when + 현재 시제절 + (for + 시간명사), by/in + 미래 시점 + (for + 시간명사)

난이도 ★★☆☆ | Category | ❹ 준동사(동명사: involve)

11 During the winter season, people can take simple safety measures to protect themselves against the cold. One of the easiest methods to keep warm during winter involves _____ several layers of loose clothing.

(a) to wear
(b) having worn
(c) wearing
(d) to be wearing

겨울 동안, 사람들은 추위로부터 자신을 보호하기 위해 간단한 안전 조치를 취할 수 있다. 겨울 동안 따뜻하게 유지하는 가장 쉬운 방법 중 하나는 헐렁한 옷을 여러 겹 입는 것이다.

어휘 take safety measures 안전 조치를 취하다 protect 보호하다 method 방법 involve ~와 관련되다, ~을 수반하다
several 몇몇의 layer 층, 겹 loose clothing 헐렁한 옷

정답 (c)

해설 보기에 동사 wear가 준동사 형태로 사용되었으므로 준동사 문제이다. 빈칸 앞뒤에 관련된 동사를 확인한다. 앞에 동명사를 목적어로 취하는 동사 involve가 있다. 정답은 (b) having worn과 (c) wearing으로 좁혀진다. 문맥 상 완료의 의미가 아닌 단순 의미이므로 정답은 (c)이다.

**오답
분석** 문맥상 빈칸에 들어갈 동명사는 주절의 시제인 현재 시제와 동일하므로 단순동명사 (c)가 적합하며, 주절의 시제보다 앞선 과거를 나타내는 완료동명사 (b)는 오답이다.

 참고   **동명사를 목적어로 취하는 동사**

1 동명사만을 목적어로 취하는 동사
advise(충고하다), admit(인정하다), allow(허락하다), practice(연습하다), feel like(~하고 싶다), enjoy(즐기다), keep(유지하다), consider(고려하다), discuss(토론하다), finish(끝내다) mention(언급하다), postpone(연기하다), recommend(추천하다), avoid(피하다), delay(미루다), dislike(싫어하다), insist(주장하다), mind(꺼리다), quit(그만두다), deny(부인하다), involve(포함하다), miss(놓치다), recall(생각해내다), suggest(제안하다)

2 부정적 의미의 동사들이 동명사를 목적어로 취하는 경우가 있다.
dislike(싫어하다), deny(부인하다), mind(꺼리다), avoid(피하다), discontinue(중단하다)

3 동명사와 부정사 모두 목적어로 취하는 동사
begin(시작하다), start(시작하다), continue(계속하다), cease(중단하다), dread(무서워하다), like(좋아하다), love(사랑하다), neglect(무시하다), prefer(선호하다)

난이도 ★★★ | **Category** ❹ **가정법**(가정법 과거완료: if절+과거완료)

12 My parents grew up in San Francisco, but they met in Chicago. I've always thought of it as an odd twist of fate. If they hadn't both gone to work in Chicago after college, I _____!

(a) had not been born
(b) would not be born
(c) will not be born
(d) would not have been born

부모님은 샌프란시스코에서 자랐지만 시카고에서 만났다. 나는 항상 그것을 이상한 운명의 반전이라고 생각해 왔다. 만약 그들이 둘 다 대학 졸업 후 시카고로 일하러 가지 않았다면, 나는 태어나지 않았을 거야!

어휘 grow up 자라다　think of A as B A를 B로 간주하다/여기다　odd 이상한, 엉뚱한　fate 운명

정답 (d)

해설 보기에서 be born이 다양한 시제와 서법조동사와 같이 사용되었으므로 시제 문제 아니면 가정법 문제이다. 앞에 if조건절이 있고, 시제가 과거완료(hadn't gone)이므로 가정법 과거완료라는 것을 알 수 있다. 가정법 과거완료의 주절은 'would+have+p.p.'를 써야 하므로 (d)가 정답이다.

참고　**가정법 과거완료**

• 형태: If+주어+had p.p.+~, 주어+would/should/could/might+have p.p.+~.
　e.g. If I had started earlier, I could have already arrived there. (내가 더 일찍 출발했다면, 나는 벌써 거기에 도착할 수 있었을 텐데.)
　e.g. If he had found a job, he would have made money instantly. (그가 취직을 했더라면, 그는 즉시 돈을 벌었을 것이다.)

난이도 ★★★ | **Category** ❺ **연결어**(접속부사: instead)

13 Principal Spencer leaves the district at the end of the school year, but St. Peter High School has decided not to hire a new principal. _____, Superintendent Kristy Thomas will be assuming the position.

(a) Likewise
(b) Instead
(c) Moreover
(d) Overall

스펜서 교장은 학년 말에 그 구역을 떠나지만 세인트 피터 고등학교는 새 교장을 채용하지 않기로 결정했다. 대신 크리스티 토마스 교육감이 그 자리를 맡게 될 것이다.

어휘 principal 교장　district 구역, 학군　instead 대신에　superintendent 교육감　assume (책임, 역할)을 맡다

정답 (b)

해설 보기에 여러 가지 연결어가 나왔으므로 연결어 문제이다. 앞뒤 문장을 해석하고, 앞뒤 문장의 의미 관계를 통해 가장 자연스러운 것을 찾아야 한다. 앞 문장에서 스펜서 교장은 학년 말에 그 구역을 떠나지만 고등학교는 새 교장을 채용하지 않기로 결정했고, 빈칸 뒤의 문장에서 다른 인물이 그 자리를 맡게 될 것이라고 하였으므로 대안 제시의 의미 관계이다. 보기 중 '대신에'라는 의미를 가진 연결어 (b)가 정답이다.

오답분석 (a) Likewise 마찬가지로　(c) Moreover 게다가　(d) Overall 전반적으로

참고 **연결어: 접속부사(구)**

- 비교, 대조를 나타내는 연결어
  however(그러나), by contrast(대조적으로), in contrast(대조적으로), on the contrary(반대로), on the other hand(다른 한편으로는, 반면에)
- 양보, 대안 제시를 나타내는 연결어
  all the same(그래도 여전히), nevertheless(그럼에도 불구하고), even so(그렇기는 하지만), anyway(어쨌든, 아무튼),
  in any case(어쨌든, 어쨌든지), alternatively(그 대신에), instead(대신에)

난이도 ★★★ | **Category** **① 시제**(현재진행: 현재진행 부사 now)

14 A wind farm was built in Rockford to provide
clean energy for 10,000 homes. The wind facility
_____ renewable energy, and is expected
to result in cleaner air and lower greenhouse gas
emissions.

(a) is now producing
(b) has now produced
(c) was now producing
(d) will now have produced

10,000가구에 깨끗한 에너지를 제공하기 위해 록포드에 풍력 발전소가 지어졌다. 이 풍력 시설은 현재 재생 가능한 에너지를 생산하고 있으며, 더 깨끗한 공기와 더 낮은 온실가스 배출을 가져올 것으로 기대된다.

어휘 wind farm 풍력 발전소　provide 제공하다　facility 시설　renewable 재생 가능한　result in (그 결과) ~하게 되다　emission 배출

정답 (a)

해설 보기에서 동사 produce가 다양한 시제로 사용되었으므로 시제 문제이다. 맨 앞 문장의 시제는 과거지만 등위접속사 and로 연결된 절의 시제는 현재이다. 이처럼 등위절의 관계에 있는 것은 병렬 구조로 되어 있기 때문에 앞이나 뒤의 절에서 힌트를 찾을 수 있다. and 뒤의 절이 현재 시제로 쓰였고, 빈칸이 들어갈 선택지에 현재진행 시제와 자주 사용되는 now가 쓰였으므로 현재진행 (a)가 정답이다.

오답 분석 보기에서 and로 연결되는 'is expected'가 현재 시제이므로 현재진행 (a)와 현재완료 (b) 모두 고려해볼 수 있으나, 선택지에 쓰인 부사 now는 현재진행 시제와 자주 쓰이지만, 현재완료 시제와는 함께 쓰이지 않아서 (b)는 오답이다.

난이도 ★★☆ | **Category** **⑦ 당위성**(추천: recommend)

15 The travel agency wasn't able to find us a good deal
for our trip during the Christmas holidays. The agent
recommended that we _____ our trip until
after the peak season ends.

(a) postponed
(b) are postponing
(c) will postpone
(d) postpone

여행사에서 크리스마스 연휴 동안 우리 여행을 위한 가격이 좋은 상품을 찾아주지 못했다. 여행사는 성수기가 끝날 때까지 여행을 연기하라고 권했다.

어휘 travel agency 여행사　good deal 싸고 좋은 상품　recommend 추천하다　postpone 연기하다

정답 (d)

참고 **당위성을 나타내는 표현에 쓰이는 동사**

• 당위성 동사: advise(조언하다), ask(요청하다), beg(간청하다) , command(명령하다), demand(요구하다), direct(지시하다), insist(주장하다), instruct(지시하다), intend(의도하다), order(명령하다), prefer(선호하다), propose(제안하다), recommend(추천하다), request(요청하다), require(요구하다), stipulate(규정하다), suggest(제안하다), urge(촉구하다), warn(경고하다)

난이도 ★★★ **Category** ❷ **가정법**(가정법 과거: if절+과거 시제)

16 Roy is hardworking, funny, and very smart. However, his thoughtless comments often offend his coworkers. Perhaps he _____ if he were to learn how to speak more tactfully.

(a) would have been more likable
(b) will be more likable
(c) would be more likable
(d) has been more likable

로이는 열심히 일하고, 재미있고, 매우 영리하다. 하지만, 그의 부주의한 발언은 자주 동료들을 불쾌하게 한다. 아마도 그가 더 재치 있게 말하는 법을 배운다면 더 호감이 갈 것이다.

어휘 hardworking 열심히 일하는 thoughtless comment 생각 없는 발언 offend 마음을 상하게 하다, 불쾌하게 하다 coworker 직장 동료 likable 좋아할 것 같은 tactfully 재치 있게

정답 (c)

해설 보기에서 형용사 likable이 서법조동사와 같이 사용되었으므로 가정법 문제이다. 뒤에 if조건절의 시제가 과거(were)이므로 가정법 과거임을 알 수 있다. if절에 were to가 쓰인 경우는 일어날 가능성이 희박한 경우를 나타내며, 이때 가정법 과거의 주절은 'would+동사원형'이 쓰이므로 정답은 (c)이다.

난이도 ★★★ **Category** ❸ **조동사**(의지: will)

17 The basketball star assured sneaker fans that his partnership with High-Flying Shoes won't end with his retirement. He has confirmed that his signature line _____ continue even after his professional playing days are over.

(a) will
(b) could
(c) may
(d) must

그 농구 스타는 하이플라잉 슈즈 사와의 파트너십이 은퇴와 함께 끝나지 않을 것이라고 운동화 팬들에게 장담했다. 그는 프로 선수 시절이 끝나더라도 그의 시그니처 라인이 계속 유지될 것임을 확신시켜 주었다.

어휘 assure 장담하다　retirement 은퇴　confirm 확실히 하다, 확인하다　continue 계속되다

정답 (a)

해설 보기에서 여러 서법조동사가 나왔으므로 조동사 문제이다. 이때는 문장을 해석해서 조동사가 어떤 뜻으로 쓰였는지 찾는 것이 중요하다. 여기서는 "has confirmed"와 "even after his ～"을 통해 조동사 용법 중 '～할 것'이라는 의지의 의미가 가장 적합하므로 (a)가 정답이다.

오답 분석 (b) could: 확실성이 낮은 가능성 (～할 가능성이 있다, ～일 수 있다)　(c) may: 허락 (～해도 된다)　(d) must: 의무 (～해야 한다)

난이도 ★★☆　**Category** ❹ 준동사(동명사: consider)

18 Tina spent much of her algebra class daydreaming and doodling in her notebook. She'd rather dissect a frog than learn algebra. She does not consider _____ polynomials to be very fun.

(a) to multiply
(b) multiplying
(c) to have multiplied
(d) having multiplied

티나는 대수학 수업의 많은 부분을 공상에 잠겨서 노트에 낙서를 하며 보냈다. 그녀는 대수학을 배우느니 차라리 개구리를 해부하는 편이 낫다. 그녀는 다항식을 곱하는 것이 그다지 재미있다고 생각하지 않는다.

어휘 spend A –ing ～하느라 A를 보내다　algebra 대수학　daydream 공상하다　doodle 낙서하다　dissect 해부하다　would rather A than B B하기 보다는 차라리 A하겠다　polynomial 다항식　multiply 곱하다

정답 (b)

해설 보기에서 동사 multiply가 준동사 형태로 사용되었으므로 준동사 문제이다. 빈칸 앞뒤에 준동사 형태를 결정하는 동사가 있는가를 확인한다. 빈칸 앞에 동명사를 목적어로 취하는 동사 consider가 있으므로 정답은 (b)이다.

오답 분석 동명사를 목적어로 취하는 동사인 consider를 보고서, 보기에서 (b) multiplying과 (d) having multiplied를 정답으로 고려할 수 있다. 이때, 의미를 통해 주절 시제보다 한 시제 앞선 과거에 일어난 일은 완료동사(having p.p.)를 쓰고, 주절 시제와 같은 시기에 일어나는 것은 단순동명사(동사원형+ing)를 쓴다. 문맥상 의미가 과거의 상태를 나타내는 것이 아니므로 완료동명사인 (d)는 오답이다.

난이도 ★★☆　**Category** ❶ 시제(현재완료진행: since+과거 시점)

19 Yosemite National Park is recognized for its giant sequoia trees, granite cliffs, and waterfalls. Tourists _____ the area since 1855, but it was not until 1890 that the US Congress made it into a park.

(a) are visiting
(b) visited
(c) will have been visiting
(d) have been visiting

요세미티 국립공원은 거대한 세쿼이아 나무, 화강암 절벽, 폭포 등으로 유명하다. 관광객들은 1855년부터 이곳을 찾고 있지만, 1890년이 되어서야 미국 의회가 그곳을 공원으로 만들었다.

be recognized for ~때문에 유명하다　granite cliff 화강암 절벽　Congress 국회, 의회　make A into B A를 B로 만들다

정답▶ (d)

해설▶ 보기에서 동사 visit가 다양한 시제로 사용되었으므로 시제 문제이다. 빈칸 앞뒤에 시간 부사절이나 부사구를 확인한다. 빈칸 뒤에 'since+과거 시점'이 나와 있는데 그 의미가 '~한 이래로'이므로 현재완료가 적합하다. 현재완료 계속의 의미이므로 현재완료진행 시제인 (d)가 정답이다.

참고　**현재완료진행**

- 형태: have/has been -ing
- 의미: (~해오고 있다) 과거에 시작한 행동이 현재까지 계속 진행되고 있음을 나타낸다.
- 자주 쓰이는 시간 부사어구: since+과거 시점/과거 시제절(~한 이래로), for+시간 명사(~동안), lately(최근에)

난이도 ★★☆　Category ❷ 가정법(가정법 과거: if절+과거 시제)

20 Although known for its discounts and low prices, P&F Store is losing customers to nearby grocery stores because of its rude salespeople. If only its staff were more courteous and helpful, customers _____ to shop there.

(a) would love
(b) would have loved
(c) will love
(d) love

P&F 스토어는 할인 혜택과 저렴한 가격으로 알려져 있지만 무례한 판매 직원들로 인해 근처 식료품점에 고객을 빼앗기고 있다. 직원들이 더 예의 바르고 도움이 된다면 고객들은 그곳에서 쇼핑하는 것을 좋아할 것이다.

어휘▶ customer 고객　nearby 근처의　rude 무례한　staff 직원들　courteous 예의 바른

정답▶ (a)

해설▶ 보기에서 동사 love가 서법조동사와 같이 사용되었고 빈칸 앞에 if절이 있으므로 가정법 문제이다. 앞에 if절에 과거동사(were)가 나왔으므로 가정법 과거이다. 가정법 과거의 주절은 'would/should/could/might+동사원형'이므로 정답은 (a)이다.

난이도 ★★★　Category ❹ 준동사(to부정사: attempt)

21 Cycle-ball is a sport that combines football and motorcycling. It is played by two players riding around a court and attempting _____ a ball into their opponents' goal, using the bikes' front wheels.

(a) shooting
(b) to have shot
(c) to shoot
(d) having shot

사이클볼(Cycle-ball)은 축구와 오토바이를 결합한 스포츠이다. 그것은 두 명의 선수가 코트를 돌아다니며 오토바이의 앞바퀴를 이용하여 상대편의 골문을 향해 공을 쏘려고 시도하는 것으로 경기가 행해진다.

정답 (c)

해설 보기에서 동사 shoot이 to부정사와 동명사 형태로 사용되었으므로 준동사 문제이다. 빈칸 앞뒤에 동사를 중심으로 살펴본다. 빈칸 앞에 to부정사를 목적어로 취하는 동사 attempt가 있다. 보기 중 이 조건을 만족시키는 것은 (b) to have shot과 (c) to shoot이다. 의미 상 본동사 시제 이전의 상황을 설명하는 것이 아니라 주절 시제와 같은 시제로 사용되었으므로 단순to부정사인 (c)가 정답이다.

참고 준동사를 목적어로 취할 때 유의할 동사들

try는 to부정사와 동명사 둘 다 목적어로 취할 수 있지만, 비슷한 의미의 attempt는 to부정사만을 목적어로 취한다. 또한 like와 continue도 목적어로 to부정사와 동명사를 모두 취할 수 있지만, dislike와 discontinue는 동명사만을 목적어로 취할 수 있다.

난이도 ★★★ **Category** ⑤ **연결어**(rather than)

22 Not all well-known television actors get rich. Some of them earn less by accepting limited contracts. _____ getting paid for a show's entire season, they are only paid for the scenes they appear in.

(a) Aside from
(b) Other than
(c) In spite of
(d) Rather than

> 잘 알려진 텔레비전 배우들 모두가 부자가 되는 것은 아니다. 그들 중 일부는 제한된 계약을 받아들임으로써 더 적은 수입을 얻는다. 그들은 한 시즌 내내 출연료를 받기보다는 출연 장면에 대해서만 출연료를 받는다.

어휘 **earn** (돈을) 벌다 **accept** 받아들이다 **contract** 계약 **get paid for** ~대해 급여를 받다 **entire season** 시즌 내내 **appear** 등장하다

정답 (d)

해설 보기에 다양한 연결어가 나왔으므로 연결어 문제이다. 이때는 문장을 해석하고 보기에 있는 연결어를 하나씩 대입하여 가장 자연스러운 것을 고른다. 빈칸 앞 문장은 '배우들 모두가 부자가 되는 것은 아니고 그들 중 일부는 더 적은 수입을 얻는다.'라고 했고 뒤의 문장은 '그들은 한 시즌 내내 출연료를 받기보다는 출연 장면에 대해서만 출연료를 받는다.'라고 했으므로 빈칸에 '~라기 보다는'이라는 비교 의미의 연결어가 적합하다. 따라서 (d)가 정답이다. 'A rather than B'(B라기 보다는 A) 구문에서 'Rather than B, A'의 구조로 변형된 구문이다.

오답분석 (a) Aside from ~ 외에도, ~을 제외하고   (b) Other than ~ 외에, ~이 아닌   (c) In spite of ~에도 불구하고

참고 연결어

① 결과를 나타내는 연결어
as a consequence(결과적으로), as a result(결과적으로), consequently(결과적으로),
so(그래서), hence(그래서), in consequence(그래서), therefore(그러므로), thus(따라서)

② 정보 추가를 나타내는 연결어
above all(무엇보다도), after all(결국), besides(게다가), furthermore(게다가), moreover(게다가), in addition(게다가),
what's more(게다가), likewise(마찬가지로), similarly(마찬가지로), as well(~도 역시), too(~도 역시), also(~도 역시)

③ 상관접속사
• both A and B (A와 B 둘 다)
• either A or B (A 혹은 B)
• A rather than B (B라기 보다는 A)
• not only A but also B (A뿐만 아니라 B도 역시)
• neither A nor B (A도 아니고 B도 아닌)
• no sooner A than B (A 하자마자 B 하다)

난이도 ★★★　**Category**　❶ **시제**(과거진행: when+과거 시제절)

23 My six-year-old nephew loves the building blocks set I gave him. The Police Station set includes a station, mini-figures of crooks and police officers, and motorcycles. He _____ with it when I visited this morning.

(a) will have played
(b) was playing
(c) is playing
(d) has played

6살 된 조카는 내가 준 빌딩 블록 세트를 아주 좋아한다. 경찰서 세트에는 경찰서, 사기꾼과 경찰관의 미니 피규어, 오토바이 등이 포함되어 있다. 내가 오늘 아침에 방문했을 때 그는 그것을 가지고 놀고 있었다.

어휘　nephew 조카　include 포함하다　crook 사기꾼

정답　(b)

해설　보기에 동사 play가 다양한 시제로 사용되었으므로 시제 문제이다. 앞뒤에 시간 부사절이나 부사구를 살펴보아야 한다. 빈칸 뒤에 시간 부사절 'when I visited this morning'을 통해 기준 시점이 과거임을 알 수 있다. 문맥상 과거 시점에 진행하고 있었던 동작을 나타내므로 과거진행 시제 (b)가 정답이다.

오답 분석　현재완료도 과거 의미가 있다고 해서 (d) has played를 선택하면 안 된다. when 과거 시제절은 과거 시점을 나타내는 시간 표현으로 명확한 과거를 나타내므로 주절에 과거 시제가 쓰이며 현재완료 시제와 함께 쓰일 수 없다. 따라서 현재완료 (d)는 오답이다.

참고　**과거진행**

- 형태: was/were -ing
- 의미: (~하고 있었다) 과거의 특정 시점에 동작이 진행 중이었음을 나타낸다.
- 자주 쓰이는 시간 표현: when/while + 과거 시제절, last + 시간명사, yesterday

난이도 ★★★　**Category**　❼ **당위성**(제안: suggest)

24 After a series of credit checks, Pacific West Bank learned about Mr. Frasier's outstanding loan balance with another bank. The bank refused his request for a loan and suggested that he _____ for financial support elsewhere.

(a) apply
(b) applies
(c) will apply
(d) applied

일련의 신용 조회 끝에 퍼시픽 웨스트 은행은 프래지어 씨가 다른 은행과의 대출 잔액을 연체하고 있다는 사실을 알게 되었다. 은행은 그의 대출 요청을 거절하고 다른 곳에서 금융 지원을 신청할 것을 제안했다.

어휘　outstanding 미지불된, 두드러진　loan balance 대출 잔액　refuse 거절하다　apply for 신청하다　financial support 금융 지원　elsewhere 다른 곳

정답　(a)

해설 보기에서 동사 apply가 다양한 시제와 동사원형으로 나왔으므로 시제 문제 아니면 당위성 문제이다. 빈칸 앞뒤에 시간 부사구나 부사절 아니면, 당위성 동사나 이성적 판단 형용사를 찾아 보아야 한다. 빈칸 앞 주절에 당위성 동사 suggest가 있으므로 that절에서 'should+동사원형' 또는 should가 생략된 동사원형이 와야 한다. 따라서 동사원형인 (a)가 정답이다.

오답분석 빈칸이 있는 주절의 동사(suggested) 시제가 과거이고, that절에서 빈칸이 있는 것만 보고 시제를 일치하여 과거 시제 (d) applied를 선택하거나, that절 안에서 3인칭 단수 주어 he만 보고 현재 시제인 (b) applies를 고르면 안 된다. 당위성 동사와 이성적 판단 형용사 그룹을 반드시 암기해야 한다. 실제 시험에서 이 어휘들이 돌아가면서 시험에 나오는 경향이 있다.(5번 참고)

난이도 ★★★ | **Category** ⑥ **관계사**(관계대명사: 목적격 whom)

25 You will definitely like my friend John. Just like you, he is fond of traveling to other countries and learning new languages. He's also the guy _____ last year.

(a) what I took an art class with
(b) which I took an art class with
(c) whom I took an art class with
(d) that took an art class with

너는 분명히 내 친구 존을 좋아하게 될 것이다. 너처럼, 그는 다른 나라를 여행하고 새로운 언어를 배우는 것을 좋아한다. 그는 내가 작년에 미술 수업을 같이 들었던 사람이다.

어휘 definitely 분명히, 틀림없이 be fond of ~을 좋아하다

정답 (c)

해설 보기에서 다양한 관계대명사가 나왔으므로 관계사 문제이다. 관계사 문제는 관계대명사와 관계부사가 있고, 앞에 선행사의 종류에 따라 관계대명사가 정해지고 뒤에 오는 문장에서 어떤 역할을 하는지에 따라 형태(주격, 목적격, 소유격)가 정해진다. 빈칸 바로 앞에 주로 선행사가 있고 선행사를 뒤 문장에 넣어서 어떤 역할을 하는지를 찾아야 한다. 이 문제에서 선행사 'the guy'가 사람이고 뒤에 'took an art class with'에 선행사가 전치사 with의 목적어 역할을 하므로 알맞은 관계사는 whom이다. 따라서 (c)가 정답이다.

오답분석 (a)에서 what은 선행사를 포함하는 관계대명사인데 여기서는 선행사가 있으므로 오답이다.
(b)에서 which는 사물 선행사를 취하는 관계대명사인데 여기서는 선행사가 사람이므로 오답이다.
(d)에서 that이 이끄는 절 안에 주어와 목적어(전치사 with의 목적어) 둘 다 없어서 (d)를 빈칸에 넣으면 비문이 된다.

참고 **관계대명사의 선행사와 격**

선행사	주격	소유격	목적격
사람	who	whose	whom (who)
사물, 동물	which	whose (of which)	which
사람, 사물, 동물	that	소유격 없음	that
선행사를 포함	what	소유격 없음	what

26 Knightley Corp. had been the leading communications technology firm until its sales began to decline 10 years ago. If the company had focused on innovation, it _____ its market share to other technology companies.

(a) would not lose
(b) was not losing
(c) had not lost
(d) would not have lost

나이틀리사는 10년 전 매출이 감소하기 시작할 때까지 선도적인 통신 기술 회사였다. 만약 그 회사가 혁신에 집중했다면, 그 회사는 다른 기술 기업에게 시장 점유를 잃지 않았을 것이다.

어휘 leading 선도적인 firm 회사 decline 감소하다 innovation 혁신 market share 시장 점유율

정답 (d)

해설 보기에서 동사 lose가 다양한 시제와 서법조동사와 같이 나왔으므로 시제 문제 아니면 가정법 문제이다. 빈칸 앞뒤에 시간 부사구나 부사절, 아니면 조건절을 찾아보아야 한다. 빈칸 앞에 if절이 있고, 시제가 과거완료이다. 가정법 과거완료이므로 주절은 'would have＋p.p'가 정답이다. 보기 중 이 조건을 만족시키는 (d)가 정답이다.

참고 **가정법이 쓰이는 목적과 어감**

1 **가정법의 목적:** 상대방에게 부정적인 표현 대신 긍정적으로 답변을 하기 위한 것이다. 즉, 예의를 지키기 위해 사용하는 완곡 화법이다.
e.g. If I had the book, I could lend it to you.
(내가 그 책을 가지고 있다면 너에게 빌려 줄 텐데) → (그 책이 없어서 못 빌려 주어서 유감이라는 의미를 함축하고 있다.)

2 **현재 사실과 반대(가정법 과거), 혹은 과거 사실과 반대(가정법 과거완료)되는 가정을 하여 안타까움과 아쉬움을 나타내기도 한다.**
e.g. If they had worked harder, they could have passed the exam.
(그들이 더 열심히 공부했다면, 그들은 그 시험에 합격할 수 있었을 텐데. → 아쉽다)
→ As they didn't work harder, they couldn't pass the exam.

Category | PART 1 개인적 대화 | PART 2 발표 | PART 3 협상적 대화 | PART 4 절차 설명

PART 1 | 27-33 | 개인적 대화: 반려견 입양

https://han.gl/NTg4T

M: Hi, Mindy.

F: Hello, Casper! I see you're reading a book. What's it about?

M: Oh, it's a book about dogs. I've been thinking of adopting one.

F: I see... What kind of dog do you want to adopt?

M: I haven't really decided yet. ²⁷ That's why I'm reading this book. I want to learn more about the different dog breeds.

F: Would you want a big dog or a small one?

M: I prefer a big dog. For one thing, a big dog can protect my house. ²⁸ It can also be a good workout companion since big dogs need to go outside and stretch their legs. It will get me out of the house more.

F: Those are some good points. With a small dog, you'll have to be extra careful not to trip over it. You'll hurt the poor creature—or yourself. But if it were me, I'd choose a small dog.

M: Really? Why?

F: I just happen to love small dogs. ²⁹ I can carry the dog wherever I go, and I can make small clothes for it to wear. It's also easier to care for them.

M: You know, it seems like more boys prefer big dogs, while girls prefer small ones.

F: Maybe, but I have a lot of girlfriends who love big dogs, too. Anyway, now that you've done some research about the different kinds of dogs, which ones are you interested in?

M: I'm leaning towards getting a German Shepherd.

M: 안녕, 민디.

F: 안녕, 캐스퍼! 책을 읽고 있군요. 무슨 내용이에요?

M: 오, 그건 개에 관한 책이에요. 저는 반려견 한 마리를 입양하려고 생각하고 있었어요.

F: 그렇군요…. 어떤 종류의 개를 입양하고 싶어요?

M: 아직 결정하지 못했어요. ²⁷ 그래서 이 책을 읽고 있어요. 저는 여러 개 품종에 대해 더 알고 싶어요.

F: 큰 개를 원해요, 작은 개를 원해요?

M: 큰 개가 더 좋아요. 우선, 큰 개는 우리 집을 보호할 수 있어요. ²⁸ 큰 개들이 밖으로 나가서 다리를 뻗어야 하기 때문에 그것은 또한 좋은 운동 동반자가 될 수 있죠. 그것은 저를 집 밖으로 더 많이 나가게 할 거예요.

F: 좋은 지적들이네요. 작은 개와 함께라면, 당신은 강아지에 걸려 넘어지지 않도록 각별히 조심해야 할 거예요. 당신은 그 불쌍한 동물을 다치게 하거나, 아니면 당신 자신을 다치게 할 거예요. 하지만 저라면 작은 개를 고를 거예요.

M: 정말이에요? 왜요?

F: 저는 그냥 작은 개들이 좋아요. ²⁹ 가는 곳마다 개를 데리고 다닐 수 있고, 강아지가 입을 수 있는 작은 옷을 만들 수 있어요. 또한 작은 개들은 돌보는 것이 더 쉬워요.

M: 남자들이 큰 개를 선호하지만 반면에 여자들은 작은 개를 선호하는 것 같아요.

F: 그럴지도 모르지만, 저는 큰 개들을 아주 좋아하는 많은 여자 친구들도 있어요. 그나저나, 이제 여러 종류의 개에 대해 조사를 좀 했으니, 어떤 종류의 개에 관심이 있나요?

M: 독일 셰퍼드 쪽으로 마음이 기울어요.

F: Wow! Now, that's one big dog. Aside from its size, what else is interesting about them?

M: Well, according to this book, German Shepherds are muscular and very strong. They are also alert, loyal, obedient, and fearless.

F: That's all true. Did you also know that the breed can be easily trained? ³⁰ They are very smart and learn voice commands and hand signals quickly.

M: Right. That's why they're often used in police work.

F: ³¹ Oh, did you also know that German Shepherds need regular exercise to keep them fit and healthy?

M: Yes, I read about that, too. Also, the breed needs very little grooming. You just need to brush its fur once a week.

F: That's very convenient. No wonder German Shepherds are among the most popular dog breeds worldwide. Aren't their most common colors black and brown with shades of gold?

M: That's right. ³² The thing I really like about the German Shepherd is it's a great watchdog. It has a powerful bark for alerting its owner whenever there is a stranger. I like dogs that are protective.

F: You're right. Dogs like that will do what it takes to protect their family from danger.

M: Then I think I will get a German Shepherd.

F: Sounds like a good choice, Casper. So, when do you plan to adopt one?

M: ³³ On Saturday, Mindy. Would you like to go with me to the animal shelter? I think it will be fun.

F: Sure! I'll be glad to. See you on Saturday!

F: 왜 자. 그건 정말 큰 개예요. 크기 외에도, 그것들에 대한 다른 흥미로운 점은 무엇인가요?

M: 음, 이 책에 따르면, 독일 셰퍼드는 근육질이고 매우 강하다고 해요. 그것들은 또한 민첩하고, 충성스럽고, 순종적이고, 겁이 없죠.

F: 그건 사실이에요. 당신은 그 품종이 쉽게 훈련될 수 있다는 것도 알고 있었나요? ³⁰그것들은 매우 영리하고 음성 명령과 손 신호를 빨리 배워요.

M: 맞아요. 그것이 그것들이 경찰 업무에 자주 사용되는 이유이죠.

F: ³¹오, 독일 셰퍼드들이 탄탄하고 건강하게 지내기 위해 규칙적인 운동이 필요하다는 것도 알고 있었나요?

M: 네, 저도 그것에 대해 읽었어요. 또한, 그 종은 털 손질이 거의 필요하지 않아요. 일주일에 한 번만 털을 빗어주면 돼요.

F: 아주 편리하군요. 독일 셰퍼드가 세계적으로 가장 인기 있는 개 품종인 것은 당연해요. 그것들의 가장 흔한 색은 검은색과 갈색에 금색 음영이 있지 않나요?

M: 맞아요. ³²제가 독일 셰퍼드에 대해 정말 좋아하는 것은 훌륭한 감시견이라는 점이죠. 그것은 낯선 사람이 있을 때마다 주인에게 경고하기 위해 강하게 짖어요. 저는 보호견을 좋아해요.

F: 맞아요. 그런 개들은 위험으로부터 가족을 보호하기 위해 필요한 것은 무엇이든 할 거예요.

M: 그래서 독일산 셰퍼드를 입양할까 생각해요.

F: 좋은 선택인 것 같군요, 캐스퍼. 그러면, 언제 (그것을) 입양할 계획이죠?

M: ³³토요일이요, 민디. 동물 보호소에 같이 갈래요? 재미있을 것 같아요.

F: 물론이죠! 기꺼이 그러죠. 토요일에 봐요!

어휘 ▶ adopt 입양하다 dog breed 개 품종 protect 보호하다 workout companion 운동 파트너 stretch 쭉 펴다 extra 추가의 trip over ~에 걸려 넘어지다 creature 생물. 동물 care for ~을 돌보다 prefer ~을 선호하다 now that ~하니까 lean towards ~에 (마음이) 기울다 aside from ~이외에 muscular 근육의 alert 경고하다. 민첩한 loyal 충성의 obedient 복종하는 fearless 두려움이 없는 voice command 말로 하는 명령 grooming 구루밍, 털 손질 convenient 편리한 common 일반적인 shade 음영 watchdog 감시견 protective 보호하는 what it takes 필요한 것은 무엇이든 animal shelter 동물 보호소

27 What is Casper reading?

(a) a book about the benefits of owning a pet
(b) a book about how to adopt pets
(c) a book about various kinds of dogs
(d) a book about how to train dogs

캐스퍼는 무엇을 읽고 있는가?

(a) 반려동물 소유의 장점에 관한 책
(b) 반려동물 입양 방법에 관한 책
(c) 다양한 종류의 개에 관한 책
(d) 개를 훈련시키는 방법에 관한 책

어휘 benefit 장점　own 소유하다　adopt 입양하다　various kinds of 다양한 종류의

정답 (c)

해설 대화에서 "27 That's why I'm reading this book. I want to learn more about the different dog breeds."(그래서 이 책을 읽고 있어요. 저는 여러 개 품종에 대해 더 알고 싶어요.)라고 하였다. 보기 중 이 내용과 일치하는 (c)가 정답이다.

정답 Key Paraphrasing
대화에 나온 'the different dog breeds'와 유사한 표현은 'various kinds of dogs'이다. 이렇게 지텔프 듣기 문제에서는 들었던 내용에서 똑같은 어구를 반복해서 쓰지 않고 유사한 표현으로 바꿔서 쓴 선택지가 정답이 되는 경우가 많다는 것에 유의해야 한다.

28 How would having a big dog help Casper when he goes outside?

(a) it will protect his neighborhood.
(b) It could motivate him to get some exercise.
(c) It will keep him from tripping.
(d) It could stop him from feeling lonely.

큰 개를 키우는 것이 캐스퍼가 밖에 나갈 때 어떻게 도움이 될까?

(a) 그의 이웃을 보호할 것이다.
(b) 운동을 하도록 동기를 부여할 수 있다.
(c) 그가 걸려 넘어지지 않도록 할 것이다.
(d) 그가 외로움을 느끼지 않게 할 수 있다.

어휘 protect 보호하다　neighborhood 이웃　motivate 동기를 부여하다　keep A from -ing A가 ~하는 것을 막다
trip 발을 헛디디다, 걸려 넘어지다

정답 (b)

해설 대화에서 "28 It can also be a good workout companion since big dogs need to go outside and stretch their legs. It will get me out of the house more."(큰 개들이 밖으로 나가서 다리를 뻗어야 하기 때문에 그것은 또한 좋은 운동 동반자가 될 수 있죠. 그것은 저를 집 밖으로 더 많이 나가게 할거예요.)라고 하였다. 큰 개가 좋은 운동 동반자이고 집 밖으로 더 많이 나가게 해준다고 말했으므로 정답은 (b)이다.

정답 Key Paraphrasing
대화에 나온 'It will get me out of the house more'와 유사한 표현은 'It could motivate him to get some exercise이다.

29 Why does Mindy like small dogs?

(a) because they are easy to take anywhere
(b) because she sees them everywhere
(c) because all of her friends prefer them
(d) because she likes buying clothes for them

민디는 왜 작은 개를 좋아하는가?

(a) 어디든 데리고 가기 쉽기 때문
(b) 작은 개들을 어디서나 보기 때문
(c) 그녀의 모든 친구들이 작은 개를 선호하기 때문
(d) 그녀가 그것들을 위해 옷을 사는 것을 좋아하기 때문

TEST 1

TEST 2

TEST 3

TEST 4

TEST 5

TEST 6

TEST 7

어휘 take anywhere 어디든 데리고 가다　prefer 선호하다

정답 (a)

해설 대화에서 "²⁹I can carry the dog wherever I go, and I can make small clothes for it to wear."(가는 곳마다 개를 데리고 다닐 수 있고, 강아지가 입을 수 있는 작은 옷을 만들 수 있어요.)라고 하였다. 보기 중 이 내용과 일치하는 (a)가 정답이다.

정답 Key **Paraphrasing**
대화 중 다음 부분 'I can carry the dog wherever I go'와 유사한 부분이 'they are easy to take anywhere'이다.

난이도 ★★☆　Category 세부사항(What)

30 What makes a German Shepherd easy to train?

(a) its readiness to face scary situations
(b) its total loyalty to its owner
(c) its great physical strength
(d) its high level of intelligence

무엇이 독일 셰퍼드를 훈련시키기 쉽게 만드는가?

(a) 무서운 상황에 직면할 준비가 됨
(b) 주인에 대한 전적인 충성
(c) 대단한 체력
(d) 높은 지능

어휘 readiness 준비가 됨　face 대처하다　scary situation 무서운 상황　loyalty 충성　physical strength 체력　intelligence 지능

정답 (d)

해설 대화에서 "³⁰They are very smart and learn voice commands and hand signals quickly."(그것들은 매우 똑똑하고 음성 명령과 손 신호를 빨리 배워요.)라고 하였다. 셰퍼드가 훈련되기 쉬운 견종이라는 것을 알고 있냐고 묻자 바로 셰퍼드가 매우 영리하다고 했으므로 셰퍼드가 영리해서 훈련시키기 쉽다고 풀이된다. 따라서 정답은 (d)이다.

정답 Key **Paraphrasing**
대화에 나온 'They are very smart and learn voice commands and hand signals quickly.'와 유사한 표현은 its high level of intelligence이다.

난이도 ★★☆　Category 추론(How)

31 Based on the conversation, how do pet owners probably keep their German Shepherds healthy?

(a) by grooming their coats frequently
(b) by doing physical activities with them regularly
(c) by taking them to get weekly fitness checks
(d) by feeding them the highest quality food brand

대화에 따르면, 반려동물 주인들은 어떻게 독일산 셰퍼드를 건강하게 유지할 수 있을까?

(a) 자주 그것들의 털을 손질함으로써
(b) 정기적으로 그것들과 신체 활동을 함으로써
(c) 데려가서 주간 검진을 받게 함으로써
(d) 최고 품질의 식품 브랜드를 먹임으로써

어휘 groom ~의 털을 손질하다　frequently 빈번하게　physical activity 신체 활동　regularly 규칙적으로　fitness (체형) 탄탄함　feed 먹이다

정답 (b)

해설 대화에서 "³¹Oh, did you also know that German Shepherds need regular exercise to keep them fit and healthy?"(오, 당신은 독일 셰퍼드들이 몸이 탄탄하고 건강하게 지내기 위해 규칙적인 운동이 필요하다는 것도 알고 있었나요?)라고 하였다. 셰퍼드의 건강 유지를 위해 규칙적인 운동이 필요하므로 정답은 (b)이다.

정답 Key **Paraphrasing**
대화에 나온 'German Shepherds need regular exercise'와 유사한 표현은 'by doing physical activities with them regularly'이다.

32 Why does Casper believe that a German Shepherd would make a good watchdog?

(a) because it can sense danger from afar
(b) because its color makes it hard to see at night
(c) because its size frightens bad people
(d) because it warns its owner of strangers

왜 캐스퍼는 독일산 셰퍼드가 훌륭한 감시견이 될 것이라고 믿는가?

(a) 멀리서 위험을 감지할 수 있기 때문에
(b) 그것의 색깔로 인해 밤에 보기 어렵기 때문에
(c) 그것의 크기가 나쁜 사람들을 두렵게 하기 때문에
(d) 주인에게 낯선 사람에 대해 경고하기 때문에

어휘 watchdog 감시견 sense danger 위험을 감지하다 from afar 멀리서부터 frighten 두렵게 하다 warn A of B A에게 B를 경고하다

정답 (d)

해설 대화에서 "³²The thing I really like about the German Shepherd is it's a great watchdog. It has a powerful bark for alerting its owner whenever there is a stranger."(내가 독일 셰퍼드에 대해 정말 좋아하는 것은 훌륭한 감시견이라는 거예요. 그것은 낯선 사람이 있을 때마다 주인에게 경고하기 위해 강하게 짖어요.)라고 하였다. 보기 중 이 내용과 일치하는 (d)가 정답이다.

정답 Key Paraphrasing
대화 중 다음 부분 'alerting its owner whenever there is a stranger'와 의미상 유사한 부분은 'it warns its owner of strangers'이다

33 What will Casper and Mindy most likely do on Saturday?

(a) go shopping at a pet store
(b) research about German Shepherds
(c) look at big dogs up for adoption
(d) go to look at some small dogs

캐스퍼와 민디는 토요일에 무엇을 할 것 같은가?

(a) 반려동물 가게에 쇼핑하러 간다
(b) 독일 셰퍼드에 대해 조사한다
(c) 입양을 위해 큰 개들을 살펴본다
(d) 작은 개들을 보러 간다

어휘 go shopping 쇼핑 가다 research about ~대해 연구(조사)하다 adoption 입양

정답 (c)

해설 대화에서 "M: On Saturday, Mindy. Would you like to go with me to the animal shelter? I think it will be fun. F: Sure! I'll be glad to. See you on Saturday!"(M: 토요일에, 민디. 동물 보호소에 같이 가지 않을래요? 재미있을 것 같아요. F: 물론이죠! 기꺼이 그러죠. 토요일에 봐요!)라고 하였다. 토요일에 동물 보호소에 큰 개(셰퍼드)를 보러 가기로 했으므로 보기 중 이 내용과 일치하는 (c)가 정답이다.

PART 2 | 34-39 | 발표: 전동 스쿠터 신제품 소개

https://han.gl/9cPyS

Hello, everyone! I am the marketing director of the Provo Motorcycle Company and today I've come here to tell you about our latest and most innovative product that will soon hit motorcycle shops nationwide.

안녕하세요, 여러분! 저는 프로보 모터사이클 사의 마케팅 이사이며, 오늘 저는 여러분께 곧 전국의 오토바이 매장에 출시될 최신의 가장 혁신적인 제품에 대해 알려드리려고 왔습니다.

34 Let me introduce to you the Provo One, an electric smart motor scooter that is powered by rechargeable batteries.

Now, before I discuss our new product, let me tell you about the people behind it. **35** Provo Motorcycle Company was started by two engineering students who knew exactly what they wanted to do while still in school. After graduation, they took a loan from a local bank, rented a small factory, hired three employees, and started designing and building their first motorcycle. That bike was the very popular DG Roadster. And the rest, as they say, is history.

Our latest project, the Provo One, is an exciting new product that we can't wait to introduce to you. Let me tell you about some of the great features of the Provo One.

36 This smart motor scooter can be paired with your smartphone via a Provo system or a Bluetooth connection. When connected, you'll be able to access road maps, enter a lock code, and monitor battery life. You can even change the color of your headlights and taillights directly through your smartphone.

The Provo One motor scooter has a sleek design. Its body is shaped so that the bike gets as little air resistance as possible when it runs. The shiny digital dashboard of the scooter itself adds beauty and style to the product.

The Provo One has two modes: "normal" and "super speed." It can run at thirty miles per hour in the super speed mode for up to two hours. Now that is power. **37** The motor scooter is also lightweight, making it very easy to ride by people of all sizes. Unlike heavy scooters and motorcycles which don't turn as quickly, you won't expend as much energy when handling the Provo One!

38 The scooter's electric batteries can only be charged at the charging station. The way it works is this: bring your almost empty batteries to one of our automated charging stations, insert them into the holding slots, and get two new fully charged batteries in their place. Getting fully charged batteries for your motor scooter is that quick and easy. You won't have to wait for a charge.

The Provo One will be available in three colors: silver,

34 충전식 배터리로 구동되는 전동 스마트 모터 스쿠터, Provo One을 소개하려고 합니다.

자, 이제 신제품에 대해 이야기하기 전에 이 제품을 있게 한 사람들에 대해 말씀드리겠습니다. **35** 프로보 모터사이클사는 학교를 다니는 동안 무엇을 하고 싶은지 정확히 알았던 두 명의 공대생에 의해 시작되었습니다. 졸업 후, 그들은 지역 은행에서 대출을 받아 작은 공장을 빌려 직원 세 명을 고용하고 첫 오토바이를 디자인하고 만들기 시작했습니다. 그 오토바이는 매우 인기 있는 DG Roadster였습니다. 그리고 나머지 부분은, 소위, 역사입니다.

우리의 최신 프로젝트인 Provo One은 여러분에게 빨리 소개하고 싶은 흥미진진한 신제품입니다. Provo One의 몇 가지 훌륭한 기능에 대해 말씀 드리겠습니다.

36 이 스마트 모터 스쿠터는 프로보 시스템이나 블루투스 연결을 통해 스마트폰으로 작동될 수 있습니다. 연결되면 도로 지도를 이용하고 잠금 코드를 입력하고 배터리 수명을 모니터링할 수 있습니다. 스마트폰을 통해 직접 전조등과 후미등의 색상을 바꿀 수도 있습니다.

Provo One 모터 스쿠터는 날렵한 디자인을 가지고 있습니다. 몸체는 오토바이가 달릴 때 공기 저항을 최대한 적게 받도록 만들어져 있습니다. 스쿠터 자체의 반짝이는 디지털 계기판은 제품에 아름다움과 스타일을 더해줍니다.

Provo One에는 두 가지 모드로 "보통"과 "초고속"이 있습니다. 그것은 최대 2시간까지 초고속 모드에서 시속 30마일로 달릴 수 있습니다. 그것은 정말 힘이 좋습니다. **37** 이 모터 스쿠터는 또한 가볍기 때문에 모든 체구의 사람들이 타는 것이 매우 쉽습니다. 무거운 스쿠터나 오토바이가 그렇게 빨리 돌지 않는 것과는 달리, 여러분은 Provo One을 몰 때 그렇게 많은 에너지를 소비하지 않을 것입니다!

38 스쿠터의 전기 배터리는 충전소에서만 충전할 수 있습니다. 작동 방식은 다음과 같습니다. 거의 바닥 난 배터리를 저희의 자동 충전소 중 한 곳으로 가져와 고정 슬롯에 끼우고 새로 충전된 배터리 두 개를 원래 배터리가 있던 자리에 장착하는 것입니다. 당신의 모터 스쿠터를 위해 완전히 충전된 배터리를 얻는 것은 그만큼 빠르고 쉽습니다. 당신은 충전을 기다릴 필요가 없을 것입니다.

Provo One은 실버, 블랙, 화이트 세 가지

black, and white. Each smart scooter comes with a set of two batteries and a helmet that matches the color of the scooter.

This new motor scooter will have an introductory price of $1,500 once it hits stores next month. However, we are offering a great deal to the early buyers of this great new product. [39] The first 100 buyers will get one year of free maintenance and theft insurance, and a year's worth of free battery-swapping at Provo's charging stations across the United States.

When you have a year's worth of free swapping, you don't have to pay anything for the entire year. After that, you will have to pay a certain amount to get new batteries from the charging station.

Please check out the Provo One when it rolls out at a motorcycle store near you. Thank you and enjoy the rest of your day.

색상으로 출시됩니다. 각 스마트 스쿠터는 배터리 2개와 스쿠터의 색깔에 맞는 헬멧이 세트로 함께 제공됩니다.

이 신형 모터 스쿠터는 다음 달 출시되면 1,500달러의 출시가를 가질 것입니다. 그러면 저희는 이 훌륭한 신제품의 초기 구매자들에게 좋은 구매 조건을 제공할 것입니다. [39] 선착순 100명의 구매자는 1년간 무료 유지보수와 도난보험, 그리고 미국 전역의 프로보 충전소에서 1년간 무료 배터리 교환 혜택을 받게 됩니다.

1년치 무료 교환권이 있으면, 당신은 1년 내내 아무 비용도 지불하지 않아도 됩니다. 그 이후에는 충전소에서 새 배터리를 받으려면 일정 금액을 지불해야 합니다.

가까운 오토바이 매장에서 출시되면, Provo One을 꼭 확인해 주세요. 감사합니다. 남은 하루 즐겁게 보내세요.

어휘 marketing director 마케팅 이사 latest 가장 최근의 innovative 혁신적인 rechargeable 충전 가능한 feature 특징, 기능 be paired with ~와 연결되다, ~로 작동되다 connection 연결 access 접근하다 taillight 후미등 sleek 날렵한 shape 형성하다, 만들다 resistance 저항 dashboard 계기판 expend 소모하다, 지출하다 insert 안으로 넣다 in their place 제자리에 available 사용 가능한, 준비된 come with ~이 함께 제공되다 hit stores 출시되다 offer 제공하다 maintenance 유지, 보수 theft insurance 도난 보험 battery-swapping 배터리 교환 charging station 충전소 worth of ~의 가치가 있는 a certain amount 일정한 금액 roll out 출시되다

난이도 ★★☆ | **Category** 주제(What)

34 What is the talk all about?

(a) an energy-efficient smart car
(b) the opening of a motorcycle company
(c) a new battery-powered vehicle
(d) the introduction of an electric bicycle

이 담화는 무엇에 관한 것인가?

(a) 에너지 효율적인 스마트 자동차
(b) 오토바이 회사의 개업
(c) 새로운 배터리 구동 차량
(d) 전기 자전거에 대한 소개

어휘 energy-effficient 에너지 효율적인 battery-powered vehicle 배터리 구동 차량

정답 (c)

해설 담화 2단락에서 "[34] Let me introduce to you the Provo One, an electric smart motor scooter that is powered by rechargeable batteries."(충전식 배터리로 구동되는 전동 스마트 모터 스쿠터 Provo One을 소개합니다.)라고 하였다. scooter는 넓게 보면 vehicle(차량)에 해당되므로 (c)가 정답이다.

오답 분석 이 담화에서 소개하고 있는 신제품은 배터리로 구동되는 전동 모터 스쿠터이며 전기 자전거가 아니므로 (d)는 오답이다.

정답 Key Paraphrasing
담화에 나온 'an electric smart motor scooter that is powered by rechargeable batteries'와 유사한 표현은 'a new battery-powered vehicle'이다.

난이도 ★★★　Category　세부사항(When)

35 When did the founders of the Provo Motorcycle Company first decide to start a business?

- (a) when they worked together at a bank
- (b) when they were still at their university
- (c) when they were hired at a design company
- (d) when they toured a motorcycle factory

프로보 모터사이클의 설립자들은 언제 처음 사업을 시작하기로 결정했는가?

(a) 은행에서 함께 일했을 때
(b) 아직 대학에 있을 때
(c) 설계 회사에 고용되었을 때
(d) 오토바이 공장을 견학했을 때

어휘 **founder** 설립자　**hire** 고용하다　**tour a factory** 공장을 견학하다

정답 (b)

해설 담화 3단락에서 "³⁵ Provo Motorcycle Company was started by two engineering students who knew exactly what they wanted to do while still in school."(프로보 모터사이클은 아직 학교에 다니는 동안 무엇을 하고 싶은지 정확히 알았던 두 명의 공대생에 의해 시작되었습니다.)라고 하였다. 보기 중 이 내용과 일치하는 (b)가 정답이다.

정답 Key **Paraphrasing**
담화에 나온 'while still in school'과 유사한 표현은 'when they were still at their university'이다.

난이도 ★★★　Category　세부사항(Why)

36 Why should riders connect the Provo One scooter to a smartphone?

- (a) to pull up a map for directions
- (b) to reduce the air resistance
- (c) to make an important call
- (d) to change the seat color

탑승자는 왜 Provo one 스쿠터를 스마트폰에 연결시켜야 하는가?

(a) 길찾기용 지도를 불러오려고
(b) 공기의 저항을 줄이려고
(c) 중요한 전화를 걸려고
(d) 좌석 색깔을 바꾸려고

어휘 **connect** 연결하다　**pull up** 꺼내다, (앱을) 불러오다　**for directions** 방향을 찾기 위하여, 길찾기용　**reduce** 줄이다　**resistance** 저항

정답 (a)

해설 담화 5단락에서 "³⁶ This smart motor scooter can be paired with your smartphone via a Provo system or a Bluetooth connection. When connected, you'll be able to access road maps, enter a lock code, and monitor battery life."(이 스마트 모터 스쿠터는 프로보 시스템 또는 블루투스 연결을 통해 스마트폰으로 작동될 수 있습니다. 연결되면 도로 지도를 사용하고 잠금 코드를 입력하고 배터리 수명을 모니터링할 수 있습니다.)라고 하였다. 스마트폰에 연결되면 도로 지도에 접근할 수 있다고 했으므로 보기 중 이 내용과 일치하는 (a)가 정답이다.

정답 Key **Paraphrasing**
담화에 나온 'to access road maps'와 유사한 표현은 'to pull up a map for directions'이다.

37 Based on the talk, what probably makes the Provo One easy to ride?

(a) It only has one mode.
(b) It does not require any energy.
(c) It comes in different sizes.
(d) It is not very heavy.

담화에 따르면, Provo one을 쉽게 탈 수 있는 이유는 무엇일까?

(a) 하나의 모드만 있다.
(b) 에너지가 필요하지 않다.
(c) 사이즈가 다양하다.
(d) 그다지 무겁지 않다.

어휘　require 요구하다　come in different sizes 여러 사이즈로 나오다

정답　(d)

해설　담화 7단락에서 "³⁷The motor scooter is also lightweight, making it very easy to ride by people of all sizes."(이 모터 스쿠터는 또한 가볍기 때문에 모든 체구의 사람들이 타는 것이 매우 쉽습니다.)라고 하였다. 체구가 크든 작든 누구나 이 스쿠터를 타는 것이 쉬운 이유는 이 스쿠터가 가볍기 때문이므로 정답은 (d)이다. 여기서 다양한 체구를 가진 사람들이 모두 이 스쿠터를 탈 수 있다는 말이므로 이 스쿠터의 사이즈가 다양하게 나와 있다는 뜻과는 거리가 멀기 때문에 (c)는 오답이다.

오답분석　이 문항에서 보듯이 문항의 선택지들은 강연에 쓰인 단어나 표현을 그대로 반복해서 쓰지 않고, 다른 어휘로 대체해서 쓰는(paraphrasing) 경향이 있다는 것을 유념해야 한다. 예를 들어, 강연에서는 lightweight가 쓰였지만 선택지 (d)에서는 이 단어를 그대로 쓰지 않고 같은 뜻을 가진 다른 표현인 'not very heavy'로 바꿔서 쓰고 있는데, 이러한 단어를 사용한 선택지가 정답이 될 확률이 높다. 반면에, 강연에서 쓰인 sizes라는 단어를 선택지 (c)에서 반복해서 쓰고 있는데 이렇게 동일 어휘의 반복은 오답을 매력적으로 보이게 만드는 기법일 가능성이 크므로 이에 속아서 오답을 고르지 않도록 주의해야 한다.

정답 Key　**Paraphrasing**
담화에 나온 'The motor scooter is also lightweight'와 유사한 표현은 'It is not very heavy.'이다.

---

38 How can riders have fully charged batteries for the motor scooter?

(a) by plugging the batteries into an electric outlet
(b) by running the scooter only at its normal speed
(c) by buying new batteries at a motorcycle store
(d) by exchanging batteries at a charging station

어떻게 라이더들이 모터 스쿠터를 위한 충전된 배터리를 얻을 수 있는가?

(a) 전기 콘센트에 배터리를 꽂아서
(b) 스쿠터를 정상 속도로만 주행하여
(c) 오토바이 가게에서 새 배터리를 구입하여
(d) 충전소에서 배터리를 교환하여

어휘　plug A into B A를 B에 꽂다　exchange 교환하다　charging station 충전소

정답　(d)

해설　담화 8단락에서 "³⁸The scooter's electric batteries can only be charged at the charging station. The way it works is this: bring your almost empty batteries to one of our automated charging stations, insert them into the holding slots, and get two new fully charged batteries in their place."(스쿠터의 전기 배터리는 충전소에서만 충전할 수 있습니다. 작동 방식은 다음과 같습니다. 거의 바닥난 배터리를 자동 충전소 중 한 곳으로 가져와 고정 슬롯에 끼우고 완전히 충전된 배터리 두 개를 원래 빈 배터리가 있던 자리에 장착하는 것입니다.)라고 하였다. 이 스쿠터 라이더들은 빈 배터리를 충전소에서 충전된 것과 교환함으로써 완전히 충전된 배터리를 가질 수 있으므로 정답은 (d)이다.

정답 Key　**Paraphrasing**
담화에 나온 'bring your almost empty batteries to one of our automated charging stations, insert them into the holding slots, and get two new fully charged batteries in their place'와 유사한 표현은 'by exchanging batteries at a charging station'이다.

39 What will the first 100 buyers of the motor scooter get?

(a) double the number of batteries
(b) a discounted scooter price
(c) an entire year of free services
(d) a discount at charging stations

선착순 100명의 모터 스쿠터 구매자는 무엇을 얻을 수 있을까?

(a) 배터리 수의 두 배
(b) 할인된 스쿠터 가격
(c) 1년 내내 무료 서비스
(d) 충전소에서의 할인

어휘 **double the number** 2배수 **discounted** 할인된 **entire** 전적인, 전체의

정답 (c)

해설 담화 10단락에서 "³⁹ The first 100 buyers will get <u>one year of free maintenance and theft insurance, and a year's worth of free battery-swapping</u> at Provo's charging stations across the United States."(선착순 100명의 구매자는 <u>1년간 무상 유지보수와 도난 보험, 그리고 미국 전역의 프로보 충전소에서 1년치의 무상 배터리 교환 혜택을 받게 됩니다</u>.)라고 하였다. 보기 중 이 내용과 일치하는 (c)가 정답이다.

정답 Key **Paraphrasing**
담화에 나온 'one year of free maintenance and theft insurance, and a year's worth of free battery-swapping'과 유사한 표현은 'an entire year of free services'이다.

PART 3 | **40-45** | 협상적 대화: 전통적 대학과 온라인 학위 프로그램의 장단점

https://han.gl/xJ2xz

F: Hello, Richard! You seem distracted. Is something bothering you?

M: ⁴⁰ Hi, Lily. Well, I'm about to enter college this year, and although I already know what subject I want to study, I'm still undecided about whether to enroll in a traditional four-year college or an online degree program.

F: I see... ⁴¹ Well, I have a cousin who got his degree from a traditional school, and another cousin who got her diploma online. We talked a lot about the positive and negative aspects of both.

M: That's great! Perhaps you can tell me the advantages and disadvantages of both forms of education. It would be easier for me to choose if I knew their pros and cons.

F: Sure! Let's see... In traditional classroom-based learning, students get to interact with fellow students and professors face-to-face. Because of that, the teacher can address questions or concerns right away.

F: 안녕, 리차드! 정신이 팔려 있는 것 같네. 무슨 걱정거리라도 있어?

M: ⁴⁰안녕, 릴리. 음, 올해 나는 대학에 입학할 예정이고, 공부하고 싶은 과목이 무엇인지 이미 알고 있지만, 전통적인 4년제 대학에 등록할지 아니면 온라인 학위 프로그램에 등록할지 아직도 결정하지 못했어.

F: 그렇군…. ⁴¹음, 나는 전통적인 학교에서 학위를 받은 사촌과 온라인으로 졸업장을 받은 다른 사촌이 있어. 우리는 두 가지 모두의 긍정적인 측면과 부정적인 측면에 대해 많은 이야기를 나누었어.

M: 잘됐네! 아마도 너는 나에게 두 형태의 교육의 장점과 단점을 말해 줄 수 있겠네. 내가 그것들의 장단점을 안다면 선택하기가 더 쉬울 거야.

F: 물론이지! 어디 보자…. 전통적인 교실 기반 학습에서, 학생들은 동료 학생 및 교수들과 대면하여 교류할 수 있어. 그렇기 때문에, 선생님은 질문이나 관심사를 바로 다룰 수 있지.

M: It would also be nice to form study groups with other students.

F: That's a good perk. In addition, universities often have great facilities for enriching learning, such as libraries and laboratories.

M: That's true. Now, how about the downsides of traditional education?

F: For one thing, going to a four-year university can be very expensive. College costs an average of $25,000 a year.

M: I guess it also requires more time in preparation and travel, since I'd need to be physically on campus to attend classes.

F: [42] You're right. Besides, at a traditional university, you have to take a variety of classes that aren't related to your fields, like language or history requirements. That's why it takes so much longer to get a degree.

M: You have a point. So, what are some of the benefits of online education?

F: One big advantage of online education is the savings. You only pay about one-third of the price of traditional education per year.

M: I see. And of course, having a more flexible schedule is another advantage of online education.

F: Exactly! Even when students have full-time jobs or families to take care of, they can still take classes through the Internet. Most online degree programs only require ten to twenty hours each week for certain courses.

M: I didn't know that.

F: [43] Also, online schools focus on teaching practical skills that you could use in a job right away. For example, many online courses teach you how to use programming languages instead of teaching about computer science as a whole.

M: That can be useful. So, what are the downsides of online education?

M: 다른 학생들과 함께 스터디 그룹을 만드는 것도 좋을 거야.

F: 좋은 특전이지. 게다가, 대학들은 종종 도서관이나 실험실과 같이 학습을 풍부하게 하기 위한 훌륭한 시설을 가지고 있어.

M: 그건 사실이야. 자, 전통 교육의 단점은 어떨까?

F: 우선, 4년제 대학에 가는 것은 매우 비쌀 수 있어. 대학 등록금은 1년에 평균 2만 5,000달러야.

M: 수업에 출석하려면 캠퍼스에 있어야 하기 때문에, 준비와 이동에 더 많은 시간이 필요할 것 같아.

F: 네 말이 맞아. [42] 게다가, 전통적인 대학에서는, 언어나 역사 필수 과목처럼, 너의 분야와 관련이 없는 다양한 수업을 들어야 해. 그래서 학위를 따는 데 훨씬 더 오랜 시간이 걸리는 거야.

M: 네 말도 일리가 있어. 그렇다면, 온라인 교육의 이점은 무엇일까?

F: 온라인 교육의 큰 장점 중 하나는 비용 절감이야. 매년 전통적인 교육 비용의 약 3분의 1만 지불해.

M: 그렇구나. 그리고 물론, 더 유연한 일정을 갖는 것도 온라인 교육의 또 다른 장점이지.

F: 바로 그거야! 심지어 학생들이 정규직이 있거나 돌봐야 할 가족이 있을 때에도, 여전히 인터넷을 통해 수업을 받을 수 있어. 대부분의 온라인 학위 프로그램은 특정 과정에 매주 10~20시간만 소요되거든.

M: 그건 몰랐어.

F: [43] 또한, 온라인 학교는 직장에서 즉시 사용할 수 있는 실용적인 기술을 가르치는 데 초점을 맞추고 있지. 예를 들어, 많은 온라인 과정들은 컴퓨터 과학 전반에 대해 가르치는 대신 프로그래밍 언어를 사용하는 방법을 가르쳐주지.

M: 그건 유용할 수 있어. 그렇다면, 온라인 교육의 단점은 무엇일까?

F: [44] Well, obviously, online education doesn't allow for face-to-face interaction. For people who want to meet and work with fellow students and teachers, this can be a problem.

M: Hmm. Now that I think of it, I often rely on friends and teachers to get me excited about schoolwork.

F: Well, in an online program, you must have strong self-discipline in order to finish assignments and pass tests. It could be hard to attend to your studies before other things when there are no classmates or teachers to remind you about school work.

M: Hmmm… I think I'm ready to make a choice now. Thanks for helping out, Lily.

F: My pleasure, Richard. So, what have you decided?

M: [45] Well, I think I have enough self-discipline to study on my own. Besides, I want to be able to work at an IT company while taking classes.

F: Sounds like a good plan.

F: [44] 글쎄, 분명히 온라인 교육은 대면 교류를 고려하지 않지. 동료 학생들과 선생님들을 만나 함께 공부하고 싶어하는 사람들에게 이것이 문제가 될 수 있어.

M: 흠. 그걸 생각해 보니까, 나는 자주 학교 공부에 대해 흥미를 느끼도록 친구들과 선생님들에게 의존해.

F: 음. 온라인 프로그램에서, 숙제를 끝내고 시험에 통과하기 위해서는 강한 자기 규율이 있어야 해. 너에게 학교 공부에 대해 상기시켜 줄 급우나 선생님이 없을 때 다른 것보다 먼저 공부에 집중하는 것은 어려울 수 있어.

M: 음…. 이제 선택할 준비가 된 것 같아. 도와줘서 고마워, 릴리.

F: 기꺼이 한 일인걸, 리차드. 그래서, 너는 무엇을 결정했니?

M: [45] 글쎄, 나는 혼자 공부하기에 충분한 자기 규율이 있다고 생각해. 게다가, 나는 수업을 들으면서 IT 회사에서 일할 수 있기를 원해.

F: 좋은 계획인 것 같아.

어휘 distracted 산만한, 주의를 빼앗긴 bother 귀찮게 하다, 괴롭게 하다 undecided 결정하지 못한 enroll 등록하다 diploma 학위, 증서 aspect 측면, 양상 pros and cons 찬반, 장단점 concerns 관심사, 중요한 것 perk 특전, 목에 힘을 주다, 거만하다 in addition 게다가 facility 시설, 설비 enrich 풍요롭게하다 laboratory 실험실 besides 게다가 downside 불리한 점 allow for 감안하다, 고려하다 require 요구하다 preparation 준비 requirement 필수사항, 요구사항 remind A about B A에게 B를 상기시키다 make a choice 선택하다 self-discipline 자기 규율

난이도 ★★★ **Category** 주제(What)

40 What is Richard trying to decide?

(a) what course to take in college
(b) which kind of school to attend
(c) how much tuition he can afford
(d) the fastest way to get a diploma

리차드는 무엇을 결정하려고 하는가?

(a) 대학에서 무슨 과목을 수강할 것인가
(b) 어떤 종류의 학교에 다닐 것인가
(c) 그가 감당할 수 있는 수업료가 얼마인가
(d) 졸업장을 받는 가장 빠른 방법

어휘 attend 출석하다 tuition 수업료 afford 감당할 형편이 되다 diploma 졸업장

정답 (b)

해설 대화에서 "[40] Hi, Lily. Well, I'm about to enter college this year, and although I already know what subject I want to study, I'm still undecided about whether to enroll in a traditional four-year college or an online degree program."(안녕, 릴리. 음, 올해 나는 대학에 입학할 예정이고, 공부하고 싶은 과목이 무엇인지 이미 알고 있지만, 전통적인 4년제 대학에 등록할지 아니면 온라인 학위 프로그램에 등록할지 아직도 결정하지 못했어.)라고 하였다. 보기 중 이 내용과 일치하는 (b)가 정답이다.

정답 Key **Paraphrasing**

대화에 나온 'whether to enroll in a traditional four-year college or an online degree program'과 의미상 통하는 것은 'which kind of school to attend'이다.

난이도 ★★★ **Category** 세부사항(How)

41 How did Lily learn about the two types of schooling?

(a) by researching them online
(b) by having experienced both herself
(c) by learning from Richard
(d) by talking with her relatives

릴리는 두 유형의 학교 교육에 대해 어떻게 알게 되었나?

(a) 온라인으로 조사하여
(b) 두 가지 모두를 몸소 경험함으로써
(c) 리차드에게서 배우면서
(d) 그녀의 친척들과 이야기함으로써

어휘 research 연구하다, 조사하다 experience A oneself 몸소 A를 경험하다 relative 친척

정답 (d)

해설 대화에서 "⁴¹ Well, I have a cousin who got his degree from a traditional school, and another cousin who got her diploma online. We talked a lot about the positive and negative aspects of both."(음, 나는 전통적인 학교에서 학위를 받은 사촌이 있고, 온라인으로 졸업장을 받은 다른 사촌이 있어. 우리는 두 가지 모두의 긍정적인 측면과 부정적인 측면에 대해 많은 이야기를 나누었어.)라고 하였다. 보기 중 이 내용과 일치하는 (d)가 정답이다.

정답 Key **Paraphrasing**

대화에 나온 'We talked a lot about the positive and negative aspects of both.'와 의미상 통하는 것은 'by talking with her relatives'이다.

난이도 ★★★ **Category** 세부사항(Why)

42 According to Lily, why would it take Richard longer to get a degree at a traditional school?

(a) because he has more course requirements
(b) because he needs to wait to save up for tuition
(c) because he has limited time to spend on campus
(d) because he should take advantage of the facilities

릴리에 따르면 리차드가 전통 학교에서 학위를 받는 데 왜 더 오래 걸릴까?

(a) 과정 필수 요건이 더 많기 때문에
(b) 등록금을 모으기 위해 기다려야 하기 때문에
(c) 캠퍼스에서 보낼 시간이 제한되어 있기 때문에
(d) 시설을 이용해야 하기 때문에

어휘 take longer 더 오래 걸리다 get a degree 학위를 받다 requirement 필수 요건 tuition 수업료, 등록금
take advantage of ~을 이용하다

정답 (a)

해설 대화에서 "You're right. Besides, at a traditional university, you have to take a variety of classes that aren't related to your fields, like language or history requirements. That's why it takes so much longer to get a degree."(네 말이 맞아. 게다가, 전통적인 대학에서는, 언어나 역사 필수 과목과 같이, 여러분의 분야와 관련이 없는 다양한 수업을 들어야 해. 그래서 학위를 따는 데 훨씬 더 오랜 시간이 걸리는 거야.)라고 하였다. 보기 중 이 내용과 일치하는 (a)가 정답이다.

정답 Key **Paraphrasing**

대화에 나온 'you have to take a variety of classes'와 의미상 통하는 것은 'he has more course requirements'이다.

난이도 ★★★   **Category**   세부사항(How)

43 How does an online school better prepare students for jobs?

(a) It allows for a more flexible schedule.
(b) It provides students more hours of class time.
(c) It trains students on job-related skills.
(d) It teaches students about the whole field.

온라인 학교가 어떻게 학생들을 취업에 더 잘 준비시키나?

(a) 보다 유연한 스케줄을 가능하게 한다.
(b) 학생들에게 더 많은 수업 시간을 제공한다.
(c) 학생들에게 직무 관련 기술을 교육한다.
(d) 학생들에게 그 분야의 전반에 대해 가르친다.

어휘 prepare 준비하다   allow for ~을 가능하게 하다   flexible 유연한, 융통성 있는   provide 제공하다   job-related 직업과 관련된

정답 (c)

해설 대화에서 "Also, online schools focus on teaching practical skills that you could use in a job right away.(또한, 온라인 학교는 직장에서 즉시 사용할 수 있는 실용적인 기술을 가르치는 것에 초점을 맞추고 있지.)라고 하였다. 보기 중 이 내용과 일치하는 (c)가 정답이다.

정답 Key Paraphrasing

대화에 나온 'Online schools focus on teaching practical skills that you could use in a job right away'와 유사한 표현은 'It trains students on job-related skills.'이다.

난이도 ★★★   **Category**   세부사항(When)

44 When would it be hard for online students to have self-discipline?

(a) when classmates cause distractions
(b) when they only have a few assignments
(c) when they are studying by themselves
(d) when teachers forget to give reminders

온라인 학생들은 언제 자기 규율을 가지기가 어려울까?

(a) 급우들이 주의를 산만하게 할 때
(b) 몇 개의 과제만 있을 때
(c) 혼자서 공부할 때
(d) 교사가 상기시키는 것을 잊었을 때

어휘 self-discipline 자기 규율   distraction 주의 산만   assignment 과제, 숙제   give reminders 상기시켜 주다

정답 (c)

해설 대화에서 "44 Well, obviously, online education doesn't allow for face-to-face interaction. For people who want to meet and work with fellow students and teachers, this can be a problem."(글쎄, 분명히 온라인 교육은 대면 교류를 고려하지 않지, 동료 학생들과 선생님들을 만나 함께 공부하고 싶어하는 사람들에게 이것은 문제가 될 수 있어.)라고 하였다. 온라인 수강생들은 대면 접촉을 하지 못하고 혼자서 공부해야 하므로 자기 규율을 가지기가 어려우므로 보기 중 이 내용과 일치하는 (c)가 정답이다.

45 Based on the conversation, what will Richard probably do?

     (a) take his courses through the web
     (b) get some tips on studying alone
     (c) enroll in a four-year university
     (d) ask his company for some advice

대화에 따르면 리차드는 무엇을 할 것 같은가?

(a) 웹을 통해 강의를 듣는다
(b) 혼자 공부하는 것에 대한 조언을 구한다
(c) 4년제 대학에 등록한다
(d) 그의 회사에 조언을 구한다

어휘 probably 아마도   take courses 강의를 듣다   enroll in ~에 등록하다

정답 (a)

해설 대화에서 "⁴⁵ Well, I think I have enough self-discipline to study on my own. Besides, I want to be able to work at an IT company while taking classes."(글쎄, 나는 혼자 공부하기에 충분한 자기 규율이 있다고 생각해. 게다가, 나는 수업을 들으면서 IT 회사에서 일할 수 있기를 원해.)라고 하였다. Richard는 자기 규율이 있어서 혼자 공부할 수 있고 회사에서 일하면서 수업을 듣고 싶어 하므로 온라인 과정을 선택할 것으로 추론된다. 따라서 정답은 (a)이다.

PART 4   **46-52**   절차 설명: 면접에 성공하는 방법에 대한 조언

https://han.gl/tPQWt

Good morning, graduating students of Southwest College. In a few days, you'll be leaving the comfort of your classrooms and joining the workforce. This means you'll start sending your resumes to prospective employers, hoping to get their attention and receive an invitation to a job interview. However, getting invited for an interview is only half the battle.

⁴⁶ A job interview can be a scary experience, and this is where I come in. I'm here to offer some helpful tips on how to have a successful job interview.

⁴⁷ The first thing that you should do when preparing for an interview is to evaluate yourself. You have to be very sure that your educational background, skills, and personality are well suited to the position and company you're applying to. Also, find out if you like the work practices and working conditions of the company. If you don't see a match after evaluating the company and the position, then don't waste your time and that of the company by going to the interview.

If you have decided after careful evaluation that you will fit into the company, you can move on to the next step. The second tip is to learn as much as you can about the company. ⁴⁸ Research about the company's structure,

안녕하세요, 사우스웨스트 대학 졸업생 여러분. 며칠 후면 여러분은 교실의 안락함을 떠나서 노동 인력에 합류하게 될 것입니다. 이것은 여러분이 관심을 끌고 취업 면접에 초대받기를 희망하면서 미래의 고용주들에게 이력서를 보내기 시작한다는 것을 의미합니다. 하지만, 면접에 초대되는 것은 그 싸움의 절반에 불과합니다.

⁴⁶ 취업 면접은 무서운 경험이 될 수 있는데, 이것이 제가 여기에 있는 목적입니다. 저는 취업 면접에 성공하는 방법에 대한 몇 가지 유용한 조언을 드리러 여기에 왔습니다.

⁴⁷ 면접을 준비할 때 가장 먼저 해야 할 일은 자신을 평가하는 것입니다. 당신은 당신의 학력, 기술과 성격이 지원하려는 직책과 회사에 잘 맞다는 것을 매우 확신해야 합니다. 또한, 회사의 업무 관행과 근무 조건이 마음에 드는지 알아보세요. 회사와 직책을 평가한 후 맞지 않으면 면접 보러 가서 당신의 시간과 회사의 시간을 낭비하지 마세요.

만약 세심한 평가를 거쳐 당신이 회사에 잘 맞다고 결정했다면, 다음 단계로 넘어갈 수 있습니다. 두 번째 팁은 회사에 대해 가능한 한 많이 배우는 것입니다. ⁴⁸ 회사의 구조, 회사

the executives who run it, their products or services, and their core values. Knowing the company well will show the interviewer that you're really interested in working there.

The third tip is to plan what to wear to the interview, based on what you've learned about the company's culture. [49] This is because your appearance is the first thing that the interviewer will notice. You're more likely to be hired when you're well-dressed than when you're seen as making very little effort.

Each company has a dress code. Some require employees to dress in suits and ties, while others are more casual. Dressing accordingly can make the interviewer think that you're already part of the company. Whatever you wear, make sure you look neat and well put together. Knowing you look your best for the interview also creates confidence.

The fourth tip is to arrive for your interview on time. Arriving late creates a bad first impression. [50] Moreover, feeling rushed and worrying that you'll be late will cause you unnecessary stress. If you live far from the interview's location, wake up early and leave your house well in advance. This will give you plenty of time to reach the place before the interview begins.

The fifth tip is to listen closely to the interviewer and answer the questions carefully. [51] In addition, try to engage the interviewer in a two-way conversation. Job interviews are not just about them asking you questions. You should ask questions, too, especially if something is not clear, or if you want to learn more about the position.

The sixth and final thing that you should do is to finish the interview in a formal manner. [52] When the interview is over, politely ask the interviewer if you should get in touch with them or wait for their call to learn the outcome of the interview. Most importantly, don't forget to thank the interviewer for considering you for the position.

Those are the steps to a successful job interview. Combined with the right amount of preparation and confidence, I'm sure these steps will make your interview great.

를 운영하는 경영진, 제품 또는 서비스 및 핵심 가치에 대해 조사하세요. 회사를 잘 알면 면접관에게 당신이 그곳에서 일하는 것에 정말 관심이 있다는 것을 보여줄 것입니다.

세 번째 팁은 회사 문화에 대해 배운 내용을 바탕으로 면접에 어떤 옷을 입을지 계획하는 것입니다. [49]면접관이 가장 먼저 알아챌 것은 당신의 외모이기 때문입니다. 당신은 (옷에) 거의 노력을 안 쓴 것으로 보일 때보다 옷을 잘 입었을 때 고용될 가능성이 더 높습니다.

각 회사에는 복장 규정이 있습니다. 어떤 회사들은 직원들에게 정장과 넥타이를 입으라고 요구하는 반면, 어떤 회사들은 격식을 덜 차립니다. 복장 규정에 맞게 옷을 입는 것은 면접관이 당신이 이미 회사의 일원이라는 생각을 하게 만들 수 있습니다. 어떤 옷을 입든지간에 단정하고 잘 차려입었는지 확인하세요. 면접을 위해 당신이 최선의 모습으로 보인다는 것을 아는 것은 또한 자신감을 만들어 냅니다.

네 번째 조언은 면접에 정시에 도착하는 것입니다. 늦게 도착하는 것은 나쁜 첫인상을 만듭니다. [50]게다가 서둘러야 함을 느끼고 늦을까 봐 걱정하는 것은 당신에게 불필요한 스트레스를 초래할 것입니다. 만약 당신이 면접 장소에서 멀리 살고 있다면, 일찍 일어나서 미리 집을 나서야 합니다. 이렇게 하면 당신은 면접이 시작되기 전에 면접 장소에 도착할 충분한 시간을 갖게 될 것입니다.

다섯 번째 팁은 면접관의 말을 주의 깊게 듣고 신중하게 질문에 답하는 것입니다. [51]게다가, 면접관을 양방향 대화에 참여시키도록 하세요. 취업 면접은 단지 면접관들이 당신에게 질문만 하는 것이 아닙니다. 여러분도 역시 질문을 해야 합니다. 특히 명확하지 않은 것이 있거나 그 직책에 대해 더 알고 싶은 것이 있다면 말이죠.

여섯 번째이자 마지막으로 해야 할 일은 격식을 갖춘 태도로 면접을 마치는 것입니다. [52]면접이 끝나면, 면접 결과를 알기 위해 당신이 연락을 취해야 하는지, 아니면 연락을 기다려야 하는지를 면접관에게 정중하게 물어보세요. 가장 중요한 것은 그 직책에 당신을 고려해 준 점에 대해 면접관에게 감사하는 것을 잊지 마세요.

이것이 성공적인 취업 면접을 위한 단계들입니다. 적절한 준비와 자신감이 결합되어 있다면, 이 단계들은 당신의 면접을 훌륭하게 만들어 줄 것이라고 확신합니다.

어휘 workforce 노동력 resume 이력서 prospective 예상되는 evaluate 평가하다 personality 성격, 인성 be well suited to ~에 잘 맞다 working condition 노동 조건 fit into ~에 어울리다 move on to the next step 다음 단계로 나아가다 structure 구조 executive 경영진 product 생산품 core value 핵심 가치 appearance 외모 notice 알아차리다 dress code 복장 규정 employee 직원 in suits and ties 양복과 넥타이를 착용하고 casual 간편한, 격식을 덜 차리는 dress accordingly 상황에 맞게 옷을 입다 put together 정리된 confidence 확신 moreover 게다가 in advance 미리 plenty of 많은 get in touch with 연락을 취하다 preparation 준비

난이도 ★★★ | **Category 주제(What)**

46 What is the talk all about?

(a) writing a resume for an interview
(b) succeeding in a job interview
(c) preparing for a video interview
(d) negotiating pay in an interview

이 강연은 무엇에 관한 것인가?

(a) 면접 이력서 작성하기
(b) 취업 면접 성공하기
(c) 비디오 인터뷰 준비하기
(d) 인터뷰에서의 임금 협상하기

어휘 resume 이력서 negotiate 협상하다 pay 임금

정답 (b)

해설 담화 2단락에서 "⁴⁶ A job interview can be a scary experience, and this is where I come in. I'm here to offer some helpful tips on how to have a successful job interview."(취업 면접은 무서운 경험이 될 수 있는데, 이것이 제가 여기에 있는 목적입니다. 저는 취업 면접에 성공하는 방법에 대한 몇 가지 유용한 조언을 드리러 왔습니다.) 라고 하였다. 취업 면접에 성공하는 방법을 조언하겠다고 말했으므로 정답은 (b)이다.

정답 Key Paraphrasing
담화에 나온 'have a successful job interview'와 유사한 표현은 'succeeding in a job interview'이다.

난이도 ★★★ | **Category 세부사항(Why)**

47 Why should candidates evaluate themselves before applying for a job?

(a) so they can get the proper education
(b) so they know how to express their personality
(c) so they have time to develop new skills
(d) so they can avoid unsuitable workplaces

지원자들은 왜 입사 지원 전에 스스로를 평가해야 하는가?

(a) 적절한 교육을 받을 수 있도록
(b) 자신의 개성을 표현하는 방법을 알도록
(c) 새로운 기술을 개발할 시간을 가지도록
(d) 부적합한 직장을 피할 수 있도록

어휘 evaluate 평가하다 apply for ~에 지원하다 proper 알맞은, 적절한 express one's personality 개성을 표현하다 unsuitable 부적합한 workplace 직장, 일터

정답 (d)

해설 담화 3단락에서 "⁴⁷ The first thing that you should do when preparing for an interview is to evaluate yourself. You have to be very sure that your educational background, skills, and personality are well suited to the position and company you're applying to."(면접을 준비할 때 가장 먼저 해야 할 일은 자신을 평가하는 것입니다. 당신은 당신의 학력, 기술과 성격이 지원하려는 직책과 회사에 잘 맞다는 것을 확신해야 합니다.)라고 하였다. 지원 전에 자신을 스스로 평가하고 직책이나 회사가 자신에게 잘 맞는지를 확인하여 잘 맞다는 확신이 있어야 한다고 했다. 이는 잘 맞는 직책이면 지원하고 맞지 않는 직책은 지원을 피한다는 의미도 포함되어 있으므로 정답은 (d)이다.

난이도 ★★★ **Category** 세부사항(Why)

48 According to the speaker, why should candidates research the company?

(a) to show their desire to join the company
(b) to be able to answer any tough questions
(c) to differentiate themselves from others
(d) to demonstrate their skills of memorization

강연자에 따르면, 지원자들이 왜 회사를 조사해야 하는가?

(a) 회사에 입사하고 싶은 열망을 보여주기 위해
(b) 어떤 어려운 질문에도 답변할 수 있기 위해
(c) 자신을 차별화시키기 위해
(d) 암기 기술을 입증하기 위해

어휘 **candidate** 지원자, 후보자 **desire** 열망 **tough** 어려운, 거친 **differentiate A from B** B로부터 A를 차별화하다
demonstrate 보여주다 **memorization** 암기

정답 (a)

해설 담화 4단락에서 "⁴⁸Research about the company's structure, the executives who run it, their products or services, and their core values. Knowing the company well will show the interviewer that you're really interested in working there."(회사의 구조, 회사를 운영하는 경영진, 제품 또는 서비스 및 핵심 가치에 대해 조사하세요. 회사를 잘 알면 면접관에게 당신이 그곳에서 일하는 것에 정말 관심이 있다는 것을 보여줄 것입니다.)라고 하였다. 회사에 대해 알아보고 연구하는 것은 그 회사에서 일하는 것에 대한 강한 관심을 보여주는 것이므로 (a)가 정답이다.

정답 Key **Paraphrasing**

담화에 나온 'show the interviewer that you're really interested in working there'과 유사한 표현은 'to show their desire to join the company'이다.

난이도 ★★★ **Category** 세부사항(What)

49 What is the first thing that interviewers notice about candidates?

(a) if the candidates have confidence
(b) how fashionable the candidates are
(c) how polished the candidates look
(d) if the candidates are in formal wear

면접관들이 지원자들에 대해 가장 먼저 알아차리는 것은 무엇인가?

(a) 후보자가 자신감을 가지고 있는지 여부
(b) 후보자가 얼마나 유행을 따르는가
(c) 후보자가 얼마나 세련되게 보이는가
(d) 후보자가 정장을 입었는지 여부

어휘 **notice** 알아차리다 **candidate** 지원자, 후보자 **confidence** 자신감 **fashionable** 유행을 따르는, 유행하는
polished 윤이 나는, 세련된 **in formal wear** 정장을 입은

정답 (c)

해설 담화 5단락에서 "⁴⁹This is because your appearance is the first thing that the interviewer will notice. You're more likely to be hired when you're well-dressed than when you're seen as making very little effort."(면접관이 가장 먼저 알아챌 것은 외모이기 때문입니다. 당신은 (옷에) 거의 노력을 안 쓴 것으로 보일 때보다 옷을 잘 입었을 때 고용될 가능성이 더 높습니다.)라고 하였다. 면접관이 처음으로 보게 되는 것은 외모이며 옷에 신경을 안 쓴 것처럼 보일 때보다는 옷을 잘 차려 입었을 때 고용될 가능성이 더 높다고 했으므로 (c)가 정답이다.

50 How will being late for an interview add to the candidates' stress?

(a) by causing the interviewer to feel rushed
(b) by making them nervous about being on time
(c) by causing them guilt for sleeping too late
(d) by making the interviewer dislike them

면접에 지각하는 것이 어떻게 지원자들의 스트레스를 가중시킬까?

(a) 면접관을 서두르게 하여
(b) 정시 도착에 관해 긴장하게 만들어서
(c) 늦게 잔 것에 대한 죄책감을 야기하여
(d) 면접관이 그들을 싫어하게 함으로써

어휘 add to ~를 추가하다 feel rushed 서둘러야 함을 느끼다 nervous 긴장된, 초조한 be on time 정시에 도착하다
cause A guilt for B A에게 B에 대해 죄책감을 야기시키다

정답 (b)

해설 담화 7단락에서 "⁵⁰ Moreover, feeling rushed and worrying that you'll be late will cause you unnecessary stress."(게다가, 서둘러야 함을 느끼고 늦을까 봐 걱정하는 것은 불필요한 스트레스를 유발할 것입니다.)라고 하였다. 보기 중 이 내용과 일치하는 (b)가 정답이다.

정답 Key Paraphrasing
담화에 나온 'feeling rushed and worrying that you'll be late will cause you unnecessary stress'와 유사한 표현은 'by making them nervous about being on time'이다.

51 How can candidates encourage a two-way conversation during an interview?

(a) They should get to know more about the interviewer.
(b) They can give the interviewer a list of questions.
(c) They should ask the interviewer relevant questions.
(d) They can ask the interviewer to repeat each question.

면접 중에 지원자들이 어떻게 양방향 대화를 장려할 수 있을까?

(a) 면접관에 대해 더 많이 알아야 한다.
(b) 면접관에게 질문 목록을 줄 수 있다.
(c) 면접관에게 관련 질문을 해야 한다.
(d) 면접관에게 각 질문을 반복하도록 요청할 수 있다.

어휘 encourage 장려하다 two-way conversation 양방향 대화 relevant 관련있는 repeat 반복하다

정답 (c)

해설 담화 8단락에서 "⁵¹ In addition, try to engage the interviewer in a two-way conversation. Job interviews are not just about them asking you questions. You should ask questions, too, especially if something is not clear, or if you want to learn more about the position."(게다가, 면접관을 쌍방향 대화에 참여시키도록 하세요. 취업 면접은 단순히 질문을 하는 것만이 아닙니다. 여러분도 질문을 해야 합니다. 특히 뭔가 명확하지 않거나 그 직책에 대해 더 알고 싶다면요.)라고 하였다. 보기 중 이 내용과 일치하는 (c)가 정답이다.

정답 Key Paraphrasing
담화에 나온 'You should ask questions, too, especially if something is not clear, or if you want to learn more about the position'과 유사한 표현은 'They should ask the interviewer relevant questions.'이다.

52 What should candidates ask when the interview is over?

(a) how to find out the interview results
(b) the amount of the annual salary
(c) whether they passed the interview or not
(d) the best way to get in touch

면접이 끝나면 지원자들은 무엇을 물어봐야 하는가?

(a) 면접 결과 확인 방법
(b) 연봉 액수
(c) 면접 합격 여부
(d) 연락하는 가장 좋은 방법

어휘 find out 알아내다 result 결과 the amount of ~의 양, 액수 annual salary 연봉 get in touch 연락을 취하다

정답 (a)

해설 담화 9단락에서 "[52] When the interview is over, politely ask the interviewer if you should get in touch with them or wait for their call to learn the outcome of the interview."(면접이 끝나면 면접관에게 연락을 취해야 하는지, 아니면 면접 결과를 알기 위해 연락을 기다려야 하는지 정중하게 물어보세요.)라고 하였습니다. 보기 중 이 내용과 일치하는 (a)가 정답이다.

정답 Key Paraphrasing

담화에 나온 'to learn the outcome of the interview'와 유사한 표현은 'to find out the interview results'이다. 특히 outcome과 results는 동의어이다.

PART 1 | 53-59 | 인물 일대기: 신생아 건강 체크법을 개발한 버지니아 아프가

VIRGINIA APGAR

Virginia Apgar was an American physician, anesthesiologist, and medical researcher. [53] She is best known for developing the "Apgar score," a method that assesses a newborn baby's physical condition and checks if the baby needs additional medical attention.

Virginia Apgar was born on June 7, 1909 in Westfield, New Jersey. Coming from a family who loved music, she played the violin as a child. However, it was her father's fondness for scientific investigation (he experimented with electricity and radio waves) that made her want to pursue a career in the field of medicine.

Apgar earned a degree in zoology from Mount Holyoke College. She then entered Columbia University's school of surgery where she graduated fourth in her class in 1933. [54] Early in her career, Apgar realized that she would have [58] limited opportunities as a surgeon because the field was dominated by male practitioners. In 1935, she moved to anesthesiology, a field that was not identified as a medical specialization at the time. She became the 50th physician in the US to receive a certificate in anesthesiology.

In 1938, Apgar became the first woman to [59] head a department at Columbia Presbyterian Medical Center when she was appointed as the director of the Department of Anesthesiology. She began studying the effects of anesthesia during childbirth, and realized that babies were given little medical attention after birth. She then developed the Apgar score in 1952. [55] The scoring system allowed doctors to measure how well a newborn endured the birthing process by observing five categories: appearance, pulse, reflexes, activity, and breathing. It is still used worldwide as a standard

버지니아 아프가

버지니아 아프가(Virginia Apgar)는 미국의 의사, 마취학자이자 의학 연구자였다. [53] 그녀는 갓 태어난 아기의 신체 상태를 평가하고 아기가 추가적인 의료 치료를 필요로 하는지를 확인하는 방법인 '아프가 점수'를 개발한 것으로 가장 잘 알려져 있다.

버지니아 아프가는 1909년 6월 7일 뉴저지주 웨스트필드에서 태어났다. 음악을 사랑하는 가정에서 자라서, 그녀는 어렸을 때 바이올린을 연주했다. 하지만, 그녀가 의학 분야에서 경력을 추구하고 싶게 만든 것은 그녀의 아버지의 과학적 탐구(그는 전기와 전파로 실험을 했다)에 대한 애정이었다.

아프가는 마운트 홀리요크 대학에서 동물학 학위를 받았다. 그녀는 그 후 컬럼비아 대학교 외과대학에 입학하여 1933년 그녀의 학년에서 4등으로 졸업하였다. [54] 경력 초기에, 아프가는 자신이 외과 의사로서 [58] 제한된 기회를 가질 것이라는 것을 깨달았다. 왜냐하면 그 분야는 남자 의사들에 의해 지배되었기 때문이다. 1935년, 그녀는 마취과로 옮겨갔는데, 이 분야는 당시에 의학 전문 분야로 인식되지 않았다. 그녀는 미국에서 마취과 자격증을 받은 50번째 의사가 되었다.

1938년, 아프가는 마취과장으로 임명되었을 때 컬럼비아 장로교 의료 센터의 한 부서를 [59] 이끄는 최초의 여성이 되었다. 그녀는 출산 중에 마취의 영향을 연구하기 시작했고, 아기들은 출생 후에 거의 의료 진찰을 받지 않는다는 것을 깨달았다. 그 후 그녀는 1952년에 아프가 점수를 개발하였다. [55] 채점 체계는 의사들이 외모, 맥박, 반사, 활동, 호흡 등 다섯 가지 범주를 관찰함으로써 신생아가 출산 과정을 얼마나 잘 견뎌냈는지를 측정할 수 있게 했다. 그것은 여전히 세계적으로 신생아들을 위한 표준 건강 점수 체

health scoring system for newborns. ⁵⁶ Apgar's other contribution in ensuring the newborn's health was her discovery of the negative effects on babies of *cyclopropane*, an anesthetic typically given to mothers during childbirth. She stopped using it on women in labor, and other doctors followed suit after she published her findings.

⁵⁷ In 1959, Apgar joined the March of Dimes Foundation where she performed research and gave lectures about birth defects. She also wrote her bestseller *Is My Baby All Right?* in 1972. Even after her death in 1974, Apgar left a lasting mark in the field of medicine, especially in neonatal care.

계로 사용되고 있다. ⁵⁶ 신생아의 건강을 보장함에 있어 아프가의 다른 공헌은 출산 중에 산모들에게 일반적으로 주어지는 마취제인 사이클로프로판의 아기들에 대한 부정적인 영향을 발견한 것이었다. 그녀는 그것을 산통이 있는 여성들에게 사용하는 것을 중단했고, 그녀가 연구 결과를 발표한 후 다른 의사들도 그 뒤를 따랐다.

⁵⁷ 1959년, 아프가는 다임스 재단에 들어가서 연구를 수행하고 선천성 결함에 대한 강의를 하였다. 그녀는 또한 1972년에 베스트셀러 '내 아기는 괜찮은가?'를 썼다. 1974년 사망 후에도, 아프가는 의학 분야, 특히 신생아 간호 분야에서 지속적인 발자취를 남겼다.

어휘 anesthesiologist 마취과 의사 medical researcher 의료 연구자 assess 평가하다 physical condition 신체 상태 additional 추가적인 attention 관심 fondness 좋아함 investigation 조사 experiment 실험 electricity 전기 radio wave 무선 전파 pursue 추구하다 career 경력 earn a degree 학위를 취득하다 zoology 동물학 surgery 외과(수술) opportunity 기회 surgeon 외과의사 dominate 지배하다. 우세하다 male practitioner 남성 의사 identify 식별하다 medical specialization 의료 전문과목 physician 내과의사 certificate 수료증 department 부서. 과 be appointed as ~로 임명되다 measure 평가하다. 측정하다 endure 견디다. 참다 observe 관찰하다 appearance 외모 pulse 맥박 reflex 반사 능력 breathing 호흡 standard health scoring system 표준 건강 점수 체계 contribution 공헌 ensure 보장하다 in labor 출산 중. 진통 중 follow suit (선례를) 따르다 perform 수행하다 birth defect 선천성 결함 neonatal care 신생아 간호

난이도 ★★★ **Category** **주제**(What)

53 What is Virginia Apgar best known for?

(a) developing a way to check a newborn's well-being
(b) being the first woman to pursue a medical career
(c) creating ways to check babies prior to birth
(d) founding the scientific field of anesthesiology

버지니아 아프가는 무엇으로 가장 잘 알려져 있나?

(a) 신생아의 건강 상태 확인 방법 개발
(b) 의학 분야의 경력을 추구한 첫 번째 여성
(c) 출생 전에 아기를 확인하는 방법 창안
(d) 마취학이라는 과학 분야 설립

어휘 be known for ~로 알려져 있다 pursue 추구하다 prior to ~ 전에 anesthesiology 마취학

정답 (a)

해설 본문 1단락에서 "⁵³ She is best known for <u>developing the "Apgar score," a method that assesses a newborn baby's physical condition and checks if the baby needs additional medical attention.</u>"(그녀는 갓 태어난 아기의 신체 상태를 평가하고 아기가 추가적인 의료 치료를 필요로 하는지를 확인하는 방법인 '아프가 점수'를 개발한 것으로 가장 잘 알려져 있다.)라고 하였다. 버지니아 아프가는 '아프가 점수' 체계를 개발한 것으로 가장 잘 알려져 있는데 이것은 신생아의 건강 상태를 확인할 수 있는 방법이므로 정답은 (a)이다.

본문에 쓰인 'a method that assesses a newborn baby's physical condition and checks if the baby needs additional medical attention'과 유사한 표현은 'a way to check a newborn's well-being'이다. 이렇게 지텔프 리딩 파트 문제에서는 본문에 쓰여진 표현을 선택지에서 그대로 쓰지 않고 비슷한 뜻의 다른 표현으로 패러프레이징하는 경우가 많으니 유의해야 한다.

난이도 ★★★ | **Category** **추론**(Why)

54 Based on the article, why most likely did Apgar change her medical specialty?

- (a) because she lost all interest in surgery
- (b) because she wanted to study a more popular field
- (c) because she felt snubbed by the male doctors
- (d) because she wanted a better chance at succeeding

기사에 근거하면, 왜 아프가는 의학 전공을 바꾸었을까?

(a) 수술에 대한 모든 관심을 잃었기 때문에
(b) 더 인기 있는 분야를 공부하고 싶었기 때문에
(c) 남자 의사들에 의해 무시당한다고 느꼈기 때문에
(d) 성공할 수 있는 더 나은 기회를 원했기 때문에

어휘 medical specialty 의학 전공 surgery 외과수술 snubbed 무시당하는 male 남성의

정답 (d)

해설 본문 3단락에서 "Early in her career, Apgar realized that she would have 58 limited opportunities as a surgeon because the field was dominated by male practitioners."(그녀의 경력 초기에, Apgar는 그 분야가 남자 의사들에 의해 지배되었기 때문에 외과의사로서 제한된 기회를 가질 것이라는 것을 깨달았다.)라고 하였다. 그녀가 전공 의학을 바꾼 이유는 외과 전공에서는 남자 의사들이 주류를 차지하고 있어서 성공할 기회가 적다고 판단하고, 전공을 바꿔서 더 나은 기회를 모색한 것으로 추론된다. 따라서 정답은 (d)이다.

난이도 ★★★ | **Category** **추론**(How)

55 How does the Apgar score probably help newborns?

- (a) by determining if they need extra medical care
- (b) by teaching mothers the proper care for babies
- (c) by guiding mothers through a safe delivery
- (d) by rating the doctors working with newborns

아프가 점수는 신생아들에게 어떻게 도움을 줄까?

(a) 신생아들이 추가적 치료가 필요한지 결정해 줌으로써
(b) 산모들에게 아기에 대한 적절한 보살핌을 가르침으로써
(c) 산모에게 안전한 분만을 안내함으로써
(d) 신생아를 대상으로 일하는 의사를 평가함으로써

어휘 score 점수 determine 결정하다 proper 적절한 delivery 분만 rate 평가하다 newborn 신생아

정답 (a)

해설 본문 4단락에서 "55 The scoring system allowed doctors to measure how well a newborn endured the birthing process by observing five categories: appearance, pulse, reflexes, activity, and breathing."(그 채점 체계는 의사들이 외모, 맥박, 반사, 활동, 호흡 등 다섯 가지 범주를 관찰함으로써 신생아가 출산 과정을 얼마나 잘 견뎌냈는지를 측정할 수 있게 했다.)라고 하였다. 아프가 점수는 의사들이 신생아의 건강 상태를 보여주는 5개 사항을 관찰함으로써 신생아들이 건강한지 혹은 더 치료받아야 할지를 평가하는 데 도움이 될 것으로 추론되므로 정답은 (a)이다.

난이도 ★★★ **Category** **세부사항(Why)**

56 Why did doctors stop using the anesthetic cyclopropane?

(a) It prolonged the pregnant mother's labor pains.
(b) It caused harm to babies during delivery.
(c) It was bad for the mother's health.
(d) It caused the baby to fail the Apgar test.

의사들은 왜 마취제 사이클로프판 사용을 중단했는가?

(a) 임산부의 산통을 연장시켰다.
(b) 분만 중 아기에게 해를 끼쳤다.
(c) 산모의 건강에 좋지 않았다.
(d) 아기가 아프가 테스트에 통과하지 못하게 만들었다.

어휘 prolong 연장시키다 pregnant 임신한 labor pain 산통 cause harm to ~에게 해를 끼치다 during delivery 분만 중에

정답 (b)

해설 본문 4단락에서 "56 Apgar's other contribution in ensuring the newborn's health was her discovery of the negative effects on babies of cyclopropane, an anesthetic typically given to mothers during childbirth."(신생아의 건강을 보장함에 있어 아프가의 또 다른 공헌은 출산 중에 산모들에게 일반적으로 주어지는 마취제인 사이클로프로판의 아기들에 대한 부정적인 영향을 발견한 것이었다.)라고 하였다. 의사들이 사이클로프로판 사용을 중단한 이유는 출산 과정에서 신생아에게 해를 끼칠 수 있기 때문이므로 정답은 (b)이다.

정답 Key Paraphrasing
본문에 쓰인 'the negative effects on babies of cyclopropane'과 유사한 표현은 'It caused harm to babies during delivery.'이다.

난이도 ★★★ **Category** **세부사항(In What way)**

57 In what way did Apgar help the March of Dimes Foundation?

(a) by writing a book for the group
(b) by donating the proceeds from her book to the group
(c) by sharing information on birth abnormalities
(d) by holding free medical consultations

아프가는 어떤 방법으로 다임스 재단을 도왔는가?

(a) 그룹을 위해 책을 씀으로써
(b) 자신의 책의 수익금을 그룹에 기부하여
(c) 신생아의 기형에 대한 정보를 공유하여
(d) 무료 의료 상담을 개최함으로써

어휘 donate 기부하다 proceeds 수익금 abnormality 기형 medical consultation 의료 상담

정답 (c)

해설 본문 5단락에서 "57 In 1959, Apgar joined the March of Dimes Foundation where she performed research and gave lectures about birth defects." (1959년, 아프가는 다임스 재단에 가입하여 연구를 수행하고 선천성 결함에 대한 강의를 하였다.)라고 하였다. 아프가는 이 재단에서 선천성 결함에 대한 연구와 강의를 했으므로 신생아들의 기형 문제에 대한 연구 정보를 공유함으로써 이 재단을 도왔다. 따라서 정답은 (c)이다.

정답 Key Paraphrasing
본문에 쓰인 'gave lectures about birth defects'와 유사한 표현은 'by sharing information on birth abnormalities'이다. 특히 'birth defects'와 'birth abnormalities'는 유사한 의미이다.

58 In the context of the passage, <u>limited</u> means _____.

(a) short
(b) reserved
(c) minor
(d) few

본문의 맥락에서, limited는 _____를 의미한다.

(a) 짧은
(b) 예약된
(c) 작은
(d) 소수의

어휘 limited 제한된　reserved 예약된　minor 작은, 사소한　few 소수의

정답 (d)

해설 본문 3단락 "Early in her career, Apgar realized that she would have ⁵⁸limited opportunities as a surgeon"(그녀의 경력 초기에, 아프가는 그녀가 외과 의사로서 제한된 기회를 가질 것이라는 것을 깨달았다.)에서 limited는 opportunities를 수식하는 형용사로 '제한된'이라는 뜻으로 사용되었으므로 맥락상 가장 가까운 정답은 (d)이다.

59 In the context of the passage, <u>head</u> means _____.

(a) take
(b) lead
(c) grow
(d) start

본문의 맥락에서, head는 _____를 의미한다.

(a) 가져가다
(b) 이끌다, 지도하다
(c) 성장하다
(d) 시작하다

어휘 head 우두머리가 되다, 이끌다　lead 지도하다　grow 기르다, 자라다

정답 (b)

해설 본문 4단락 "In 1938, Apgar became the first woman to ⁵⁹head a department at Columbia Presbyterian Medical Center when she was appointed as the director of the Department of Anesthesiology."(1938년, Apgar는 마취과장으로 임명되었을 때 컬럼비아 장로교 의료 센터의 한 부서를 이끈 최초의 여성이 되었다.)에서 동사 head는 뒤에 부서나 조직을 목적어로 취하면 이 부서의 수장으로서 부서를 '이끌다'는 뜻으로 사용되므로 정답은 (b)이다.

PART 2　**60-66**　**잡지 기사: 결심이나 목표를 성취하기 위한 방법**

ASKING QUESTIONS IS A BETTER WAY TO KEEP RESOLUTIONS

질문하는 것이 결심을 지키는 더 나은 방법이다

A new study suggests that a better way to keep a promise is to ask a question and then answer it.
⁶⁰Researchers from universities in the United States discovered that people are more likely to succeed in changing their behavior if they put their goals in the form of a question instead of a statement. For example, rather

한 새로운 연구는 약속을 지키는 더 좋은 방법이 질문을 한 다음 그 질문에 대답하는 것이라고 보여주었다. ⁶⁰미국의 대학 연구원들은 사람들이 선언 대신에 질문의 형태로 목표를 정하면 행동을 변화시키는데 성공할 가능성이 더 높다는 것을 발견했다. 예를 들어 "담배를 끊을거야."라고 스스로에게 말하

than telling oneself, "I will stop smoking," a person is more likely to keep the promise by asking, "Will I stop smoking?" and then answering, "Yes."

[61] In a study jointly published in the *Journal of Consumer Psychology*, researchers examined the results of 104 earlier studies completed over the course of 40 years. The studies were about the effects of using the question-and-answer method to accomplish a goal such as following a healthier diet or exercising more. The majority of the studies showed that questions, specifically those that could be answered by "yes" or "no" are more likely to [65] alter one's behavior than statements.

According to Eric Spangenberg, co-author of the study and a professor at the University of California, various types of questioning worked. In most of the studies, the participants were asked by other people about their goals, and they only had to answer them. In other cases, some participants worked together with a friend when setting a goal or resolution in order to make it a public statement. Committing to something publicly works because it compels people to show others that they are achievers.

[62] Spangenberg believes that questioning gives a person a sense of responsibility or guilt about not doing the positive action. This [66] encourages behavioral changes. [63] The researchers learned that questions answerable by "yes" or "no" tended to be more effective because they are clear and precise. However, one doesn't have to use yes-or-no questions to prompt a shift in attitude. The study also showed that questions regarding socially accepted behavior, such as volunteering or working out regularly, have the strongest effect. [64] Other research showed that making fewer promises, monitoring one's improvement through a diary, and being determined can also help in fulfilling goals.

기보다는 "담배를 끊을까?"라고 물은 뒤 "그렇다"고 대답함으로써 그 약속을 지킬 가능성이 더 높다.

[61] '소비자 심리학 저널'에 공동으로 발표된 연구에서, 연구원들은 40년에 걸쳐 완성된 104개의 선행 연구 결과를 조사했다. 그 연구는 더 건강한 식단을 따르거나 더 많은 운동을 하는 것과 같은 목표를 달성하기 위해 문답법을 사용하는 것의 효과에 관한 것이었다. 대다수의 연구들이 특히 "예" 또는 "아니요"로 대답할 수 있는 질문들이 선언보다 행동을 [65]바꿀 가능성이 더 높다는 것을 보여주었다.

그 연구의 공동 저자이자 캘리포니아 대학의 교수인 에릭 스팬젠버그에 따르면, 다양한 유형의 질문이 효과가 있었다고 한다. 대부분의 연구에서, 참가자들은 다른 사람들로부터 그들의 목표에 대한 질문을 받았고, 그들은 그들에게 대답만 하면 되었다. 다른 경우에, 몇몇 참가자들은 그것을 공개적인 선언으로 만들기 위해 목표나 결심을 정할 때 친구와 함께 노력했다. 공개적으로 어떤 것을 다짐하는 것은 사람들이 다른 사람들에게 그들이 성취한 사람이라는 것을 보여주도록 강요하기 때문에 효과가 있다.

[62] 스팬젠버그는 질문이 사람에게 긍정적인 행동을 하지 않는 것에 대한 책임감이나 죄책감을 준다고 믿는다. 이것이 행동 변화를 [66]장려한다. [63] 연구원들은 "예" 또는 "아니요"로 대답할 수 있는 질문들이 명확하고 정확하기 때문에 더 효과적인 경향이 있다는 것을 알게 되었다. 그러나 태도 변화를 촉진시키기 위해 예, 아니요 질문을 반드시 사용해야 하는 것은 아니다. 이 연구는 또한 자원 봉사나 규칙적으로 운동하는 것과 같이 사회적으로 용인되는 행동과 관련된 질문이 가장 강한 영향을 미친다는 것을 보여주었다. [64] 다른 연구들은 약속을 적게 하고, 일기를 통해 자신의 발전을 관찰하고, 결단력을 갖는 것도 목표를 달성하는 데 도움이 된다는 것을 보여주었다.

어휘 suggest 보여주다, 제시하다 keep a promise 약속을 지키다 discover 발견하다 be more likely to 더 ~할 것 같다 behavior 행동 goal 목표 instead of ~ 대신에 statement 진술, 선언 A rather than B B라기 보다는 A jointly 공동으로 publish 출판하다 complete 완료하다 accomplish 완수하다, 성취하다 majority of 다수의 alter 바꾸다, 영향을 주다 participant 참가자 work together 함께 노력하다 public statement 공개 성명 commit to ~에 전념하다, 다짐하다 compel 억지로 시키다 encourage 용기를 복돋우다 tend to ~하는 경향이 있다 precise 정밀한 prompt 촉발하다 volunteering 지발적인 work out 운동하다 monitor 추적 관찰하다 determined 결단력 있는, 결의에 찬 fulfill 달성하다

60 What is the study all about?

(a) strategies for setting practical resolutions
(b) a method for achieving one's goal
(c) how to ask more effective questions
(d) how to succeed in changing one's mindset

이 연구는 무엇에 관한 것인가?

(a) 실행적 결심을 정하기 위한 전략
(b) 목표 달성을 위한 방법
(c) 보다 효과적인 질문을 하는 방법
(d) 사고방식을 바꾸는 데 성공하는 방법

어휘 strategy 전략　practical resolution 실행적 결심　achieve one's goal 목표를 달성하다　mindset 사고방식

정답 (b)

해설 본문 1단락에서 "⁶⁰ Researchers from universities in the United States discovered that people are more likely to <u>succeed in changing their behavior if they put their goals in the form of a question</u> instead of a statement."(미국의 대학 연구원들은 사람들이 그들의 목표를 선언 대신에 질문의 형태로 놓는다면 그들의 행동을 바꾸는 데 성공할 가능성이 더 높다는 것을 발견했다.)라고 하였다. 연구에서 목표를 선언 대신에 질문의 형태로 말하면 목표 달성 확률이 높다는 것을 발견했고 이러한 발견을 뒷받침해 주는 예시와 근거 문장들이 뒤에 이어지므로 이 글은 목표 달성을 위한 방법에 관한 것이다. 따라서 정답은 (b)이다.

오답 분석 본문 중에 "when setting a goal or resolution"(목표나 결심을 정할 때)라는 구절이 있는데, setting resolution이라는 동일 어구가 그대로 나온 (a) strategies for setting practical resolutions(실행적 결심을 정하기 위한 전략)를 정답으로 오인할 수 있다. 이렇게 본문에 나온 동일한 어휘를 그대로 활용한 선택지는 오답일 확률이 높으므로 유의해야 한다.

61 How did the researchers gather data for the study?

(a) by sharing the data they had gathered separately
(b) by analyzing a collection of previous studies
(c) by researching the most easily fulfilled resolutions
(d) by holding interviews with 104 participants

연구원들은 어떻게 그 연구를 위한 자료를 모았는가?

(a) 별도로 수집한 데이터를 공유함으로써
(b) 이전 연구의 모음들을 분석함으로써
(c) 가장 쉽게 이행되는 결심들을 연구함으로써
(d) 104명의 참가자와 인터뷰를 개최함으로써

어휘 gather data 자료를 모으다　separately 별도로　analyze 분석하다　previous 이전의　fulfilled 이행된

정답 (b)

해설 본문 2단락에서 "⁶¹ In a study jointly published in the *Journal of Consumer Psychology*, researchers <u>examined the results of 104 earlier studies completed over the course of 40 years</u>."('소비자 심리학 저널'에 공동으로 발표된 연구에서, 연구원들은 <u>40년에 걸쳐 완성된 104개의 선행 연구 결과를 조사했다</u>.)라고 하였다. 즉, 연구원들은 이전의 연구 자료들을 조사하고 분석함으로써 자료를 수집한 것이므로 정답은 (b)이다.

정답 Key **Paraphrasing**

본문에 쓰인 'researchers examined the results of 104 earlier studies completed over the course of 40 years'와 유사한 표현은 'analyzing a collection of previous studies'이다. 특히 'examined the results'는 'analyzing a collection'과 비슷한 말이고 'earlier studies'는 'previous studies'와 비슷한 말임을 알 수 있다.

62 Which of the following makes people feel pressured to act on their resolutions?

- (a) keeping their resolutions to themselves
- (b) asking a friend about his or her resolutions
- (c) being questioned about their intentions
- (d) deciding to keep all of their resolutions

다음 중 어떤 것이 사람들이 결심에 따라 행동해야 한다는 압박감을 느끼게 하는가?

(a) 자신의 결심을 자신만 알고 있는 것
(b) 친구에게 자신의 결심에 대해 묻는 것
(c) 자신의 목적에 대해 질문받는 것
(d) 모든 결심을 지키기로 결정하는 것

어휘 feel pressured 압박감을 느끼다　act on one's resolution 결심에 따라 행동하다　keep ~ to oneself ~를 자신만 알다
intention 의도, 목적

정답 (c)

해설 본문 4단락에서 "⁶² Spangenberg believes that <u>questioning gives a person a sense of responsibility or guilt about not doing the positive action.</u>"(스팬젠버그는 질문이 사람에게 긍정적인 행동을 하지 않는 것에 대한 책임감이나 죄책감을 준다고 믿는다.)라고 하였다. 그들의 목표나 의도에 대한 질문을 받을 때, 사람들은 그 목표(의도)를 달성하기 위한 책임감이나 압박감을 받으므로 정답은 (c)이다.

63 Why most likely are yes-or-no questions more helpful in meeting goals?

- (a) They give one a sense of certainty.
- (b) They can relieve guilty feelings.
- (c) They can challenge one's attitude.
- (d) They help one understand the goal.

예/아니오 질문들이 왜 목표를 달성하는 데 더 도움이 될까?

(a) 사람에게 확신감을 준다.
(b) 죄책감을 완화할 수 있다.
(c) 자신의 태도에 도전할 수 있다.
(d) 목표를 이해하도록 도와준다.

어휘 meet one's goal 목표를 달성하다　sense of certainty 확신감　relieve 완화하다　guilty feeling 죄책감　attitude 태도

정답 (a)

해설 본문 4단락에서 "The researchers learned that <u>questions answerable by "yes" or "no" tended to be more effective because they are clear and precise.</u>"(연구원들은 "예" 또는 "아니요"로 대답할 수 있는 질문들이 명확하고 정확하기 때문에 더 효과적인 경향이 있다는 것을 배웠다.)라고 하였다. Yes/no 질문은 명확하고 정확해서 사람들에게 확신감을 주기 때문에 목표를 달성하는 데 더 효과적이고 도움을 준다고 추론할 수 있으므로 정답은 (a)이다.

정답 Key　Paraphrasing
본문에 쓰인 'they are clear and precise'와 유사한 표현은 'They give one a sense of certainty.'이다. 특히, 'clear and precise'와 'a sense of certainty'가 내용상 유사한 부분이다.

오답분석 목표에 대한 Yes/no 질문들은 명확성을 가지고 있기 때문에 확실하다는 느낌을 줄 수 있다. 그러나 이러한 질문 자체가 목표를 이해하도록 도와주지는 않으므로 (d) They help one understand the goal.은 오답이다.

TEST 1　TEST 2　TEST 3　TEST 4　TEST 5　TEST 6　TEST 7

64 What is NOT a way to achieve a resolution?

- (a) keeping track of one's progress
- (b) maintaining a strong power over one's will
- (c) avoiding setting too many resolutions
- (d) continuing to find fault with oneself

결심을 성취하기 위한 방법이 아닌 것은 무엇인가?

(a) 경과를 계속 파악하기
(b) 자신의 의지에 대한 강한 힘을 유지하기
(c) 너무 많은 결심들을 설정하지 않기
(d) 자신의 결함을 계속 찾기

어휘 achieve a resolution 결심을 성취하다　keep track of ~을 계속 파악하다　progress 경과　maintain 유지하다　avoid 피하다　continue 계속하다　find fault with 결점을 찾다, 흠 잡다

정답 (d)

해설 본문 4단락에서 "Other research showed that making fewer promises, monitoring one's improvement through a diary, and being determined can also help in fulfilling goals."(다른 연구들은 약속을 적게 하고, 일기를 통해 자신의 발전을 관찰하고, 결단력을 갖는 것도 목표를 달성하는 데 도움이 된다는 것을 보여주었다.)라고 하였다. 결심이나 목표를 성취하기 위해 '일기를 통해 자신의 발전을 관찰하는 것'은 (a) 경과를 계속 파악하는 것과 같다. 그리고 결단력을 가지는 것은 (b) 자신의 의지에 대한 강한 힘을 유지하는 것과 의미상 통한다. 또한 위 본문 문장에서 '약속을 적게 하는 것'은 (c) 너무 많은 결심을 정하지 않기와 의미가 같다. 따라서 본문의 내용과 일치하지 않는 (d)가 정답이다.

정답 Key　Paraphrasing

본문에 나온 'making fewer promises'는 (c) avoiding setting too many resolutions와 유사하고 'monitoring one's improvement through a diary'는 (a) keeping track of one's progress와 비슷하며 'being determined'는 (b) maintaining a strong power over one's will과 유사한 표현이다.

65 In the context of the passage, alter means _____.

- (a) regulate
- (b) develop
- (c) influence
- (d) convert

본문의 맥락에서, alter는 _____를 의미한다.

(a) 규제하다
(b) 발전하다
(c) 영향을 주다
(d) 변환하다

어휘 alter 바꾸다　regulate 규제하다　develop 발전시키다　influence 영향을 주다　convert 개조하다, 변환하다

정답 (c)

해설 본문 2단락 "The majority of the studies showed that questions, specifically those that could be answered by "yes" or "no," are more likely to ⁶⁵alter one's behavior than statements."(대부분의 연구들은, 특히 "예" 또는 "아니요"로 대답할 수 있는 질문들이 선언보다 행동을 바꿀 가능성이 더 높다는 것을 보여주었다.)에서 alter의 문맥상 의미는 '바꾸다, 고치다' 보다는 '소폭 바꾸다' 즉 '영향을 주다'가 더 적합한 의미이므로 정답은 (c)이다.

오답분석 convert는 '개조하다', '전환하다', '변환하다' 등의 뜻으로 쓰이므로 (d) convert를 답으로 오인하기 쉽다. 그러나 convert는 주로 'convert A into B'의 형태로 많이 쓰인다. 즉, convert는 목적어 A를 B인 상태로 바꾸다는 의미가 강하므로 뒤에 목적어 하나만 쓰인 위의 문장에서는 적절하지 않다. 그러므로 (d) convert는 오답이다.

66 In the context of the passage, underlined encourages means _____.

(a) motivates
(b) involves
(c) pressures
(d) praises

본문의 맥락에서, encourages는 _____를 의미한다.

(a) 동기를 부여하다
(b) 관련하다
(c) 압박하다
(d) 칭찬하다

어휘 encourage 장려하다　motivate 동기를 부여하다　involve 관련하다　pressure 압박하다　praise 칭찬하다

정답 (a)

해설 본문 4단락 "This [66] encourages behavioral changes."(이것이 행동 변화를 장려한다.)에서 동사 encourages의 의미는 '격려하다/동기를 부여하다'이다. 보기 중 이 의미와 가장 가까운 (a)가 정답이다.

PART 3 | 67-73 지식 백과: 바다의 유니콘, 일각돌고래

NARWHAL

The narwhal is a medium-sized whale that lives in the Arctic waters of Norway, Greenland, Russia, and Canada. [67] The whale is distinct from other whales because of a straight spiral tusk that extends from its face. This horn-like tusk gives the narwhal the nickname "unicorn of the sea."

Both male and female narwhals grow 4 to 5.5 meters in length. A full-grown animal can weigh between 800 and 1,600 kilograms. Feeding on squid, fish, and shrimp, narwhals can live up to 50 years. [68] Their color varies according to age; newborn narwhals are blue-gray, juveniles are blue-black, and adults, a mottled gray. Old narwhals are mostly white. Females start bearing calves at six to eight years old. Like other marine mammals, they give birth to one live young at a time and nurse it on milk. Narwhals usually live in groups of about five to ten members. Several small groups occasionally [72] congregate to form larger groups of up to 1,000 individuals.

The whale's unique feature, its tusk, is commonly found on males and can grow to more than three meters. [69] Despite its straight appearance and prominent position

일각돌고래

일각돌고래는 노르웨이, 그린란드, 러시아, 캐나다의 북극해에 사는 중간 크기의 고래이다. [67] 그 고래는 얼굴에서 뻗은 곧은 나선형 어금니 때문에 다른 고래들과 구별된다. 이 뿔처럼 생긴 어금니는 일각돌고래에게 "바다의 유니콘"이라는 별명을 붙여준다.

수컷과 암컷 모두 길이가 4에서 5.5미터까지 자란다. 다 자란 일각돌고래는 800에서 1,600 킬로그램의 무게가 나갈 수 있다. 오징어, 물고기, 새우를 먹이로 먹으면서, 일각돌고래는 50년까지 살 수 있다. [68] 그들의 색깔은 나이에 따라 다르다; 갓 태어난 일각돌고래는 청회색이고, 청소년기 일각돌고래는 남색이고, 성체는 얼룩덜룩한 회색이다. 늙은 일각돌고래는 대부분 흰색이다. 암컷은 6~8세 때부터 새끼를 낳기 시작한다. 다른 해양 포유동물들과 마찬가지로, 그들은 한 번에 한 마리의 새끼를 낳고 젖으로 새끼를 키운다. 일각돌고래는 보통 5마리에서 10마리 정도의 무리를 지어 산다. 몇몇 작은 그룹들은 때때로 [72] 모여서 최대 1,000마리로 구성된 더 큰 그룹을 형성하기도 한다.

그 고래의 독특한 특징인 어금니는 수컷에게서 흔히 발견되며 3미터 이상까지 자랄 수 있다. [69] 곧은 생김새와 머리에 두드러진 위

on the head, the tusk is not a horn but is actually an enlarged tooth that grows from the left side of its upper jaw. This tusk has millions of nerve endings that allow the narwhal to feel its way through the water and communicate with others. Males rubbing tusks together is now believed to be a way of exchanging information rather than a display of rivalry.

"[70] Narwhal" is [73] derived from the Old Norse word *nár*, meaning "corpse" and *hvalr*, meaning "whale," because the animals' grayish spotted color looks like that of a dead body. People in medieval Europe believed the whale's twisting tusk to be the horn of a mythical horse-like creature called the unicorn. These highly-prized horns were believed to possess powers.

[71] There are about 75,000 narwhals in existence today. While humans hunt them heavily, other predators, such as polar bears, killer whales, and sharks also contribute to the decrease in the animals' population.

치에도 불구하고, 어금니는 뿔이 아니라 실제로는 위턱 왼쪽에서 자라는 확대된 치아이다. 이 어금니에는 수백만 개의 신경 말단들이 있는데, 이 신경 말단들은 일각돌고래가 물속을 더듬고 다른 고래들과 소통할 수 있게 해준다. 수컷들이 어금니를 서로 문지르는 것은 이제는 경쟁심을 드러낸다기보다는 정보를 교환하는 방법으로 여겨지고 있다.

[70] "Narwhal"은 '시체'를 뜻하는 고대 노르 드어 nár와 '고래'를 뜻하는 hvalr에서 [73]유래했는데, 이는 이 동물의 회색 얼룩무늬가 마치 시체의 색처럼 보이기 때문이다. 중세 유럽 사람들은 이 고래의 뒤틀린 어금니가 유니콘이라고 불리는 신화 속의 말과 같은 생물의 뿔이라고 믿었다. 이 매우 귀한 뿔들은 힘을 가지고 있다고 믿어졌다.

[71] 오늘날 약 7만 5,000마리의 일각돌고래들이 생존해 있다. 인간이 그것들을 심하게 사냥하는 동안, 북극곰, 범고래, 상어와 같은 다른 포식 동물들도 역시 그 동물의 개체 수 감소에 기여하고 있다.

어휘 distinct 구별되는 straight 곧은 spiral 나선형의 tusk 어금니 extend from ~부터 뻗어 있다 weigh 무게가 나가다 feed on ~을 먹고 살다 squid 오징어 vary 다양하다 juvenile 청소년 mottled 얼룩덜룩한 start bearing 출산을 시작하다 calves (calf의 복수형) (코끼리, 고래, 물소) 새끼 marine mammal 해양 포유류 give birth to 새끼를 낳다 at a time 한 번에 nurse it on milk 젖을 먹여서 키우다 occasionally 가끔 congregate 모이다 individual 각각의 unique feature 독특한 특징 commonly 공통적으로 despite ~에도 불구하고 prominent 눈에 잘 띄는, 현저한 horn 뿔 enlarged 확대된 jaw 턱 nerve ending 신경 말단 communicate with ~와 소통하다 rub 문지르다, 비비다 display 전시하다 rivalry 경쟁 be derived from ~로부터 유래하다 grayish 회색이 도는 mythical 신화의 highly-prized 매우 귀하게 여겨지는 existence 실재, 존재 predator 포식자 decrease 감소

난이도 ★★☆ **Category** **주제(What)**

67 What makes the narwhal different from other whales?

(a) its unusually big size
(b) its ability to live in Arctic waters
(c) a curved horn on its head
(d) a bony attachment to its face

무엇이 일각돌고래를 다른 고래들과 구별되게 만드는가?

(a) 유별나게 큰 크기
(b) 북극해에 사는 능력
(c) 머리 위의 곡선 뿔
(d) 얼굴에 난 뼈 부착물

어휘 unusually 유별나게 curved 곡선의 bony 뼈로 된 attachment 부착물

정답 (d)

해설 ▶ 본문 1단락에서 "The whale is distinct from other whales because of a straight spiral tusk that extends from its face. This horn-like tusk gives the narwhal the nickname "unicorn of the sea."(고래는 얼굴에서 뻗은 곧은 나선형 어금니 때문에 다른 고래들과 구별된다. 뿔처럼 생긴 이 어금니는 일각돌고래에게 '바다의 유니콘'이라는 별명을 붙여준다.)라고 하였다. 일각돌고래가 다른 고래와 구분되는 특징은 '얼굴에서 뻗은 어금니'인데 이것은 뿔(horn)처럼 생겼지만 실제로는 어금니(tusk)이므로 (c) '곡선 뿔'은 정답이 될 수 없다. 보기 중 '얼굴에서 뻗은 어금니'와 가장 유사한 것은 (d) '얼굴에 난 뼈 부착물'이므로 정답은 (d)이다.

정답 Key **Paraphrasing**

본문에 쓰인 'a straight spiral tusk that extends from its face'와 의미상 유사한 표현은 'a bony attachment to its face'이다.

난이도 ★★☆ | Category 세부사항(How)

68 How can one determine how old a narwhal is?

  (a) by finding out its weight
  (b) by looking at its eye color
  (c) by analyzing its skin tone
  (d) by studying the food it selects

일각돌고래가 몇 살인지 어떻게 판단할 수 있는가?

(a) 무게를 알아냄으로써
(b) 눈 색깔을 봄으로써
(c) 피부 톤을 분석하여
(d) 선택하는 먹이를 연구하여

어휘 ▶ determine 결정하다 weight 무게 analyze 분석하다 select 선택하다

정답 ▶ (c)

해설 ▶ 본문 2단락에서 "Their color varies according to age; newborn narwhals are blue-gray, juveniles are blue-black, and adults, a mottled gray. Old narwhals are mostly white."(그들의 색깔은 나이에 따라 다르다; 갓 태어난 일각돌고래는 청회색이고, 청소년은 남색이고, 성체는 얼룩덜룩한 회색이다. 늙은 일각돌고래는 대부분 흰색이다.)라고 하였다. 일각돌고래의 연령대는 피부 색깔 즉, 피부 톤을 보고 판단할 수 있으므로 정답은 (c)이다.

난이도 ★★☆ | Category 추론(Why)

69 Why most likely is the growth on the narwhal's head called a tusk and not a horn?

  (a) because horns do not grow in a straight line
  (b) because the tusk is growing from the mouth
  (c) because horns do not have nerve endings
  (d) because tusks only grow on sea mammals

왜 일각돌고래 머리에서 자라는 것이 뿔이 아니라 어금니라고 불릴까?

(a) 뿔은 일직선으로 자라지 않기 때문에
(b) 어금니가 입에서 자라기 때문에
(c) 뿔에는 신경 말단들이 없기 때문에
(d) 어금니는 바다 포유류에서만 자라기 때문에

어휘 ▶ nerve ending 신경 말단 mammal 포유류

정답 ▶ (b)

해설 ▶ 본문 3단락에서 "Despite its straight appearance and prominent position on the head, the tusk is not a horn but is actually an enlarged tooth that grows from the left side of its upper jaw."(곧은 생김새와 머리에 두드러진 위치에 불구하고, 어금니는 뿔이 아니라 실제로는 위턱 왼쪽에서 자라는 확대된 치아이다.)라고 하였다. 일각돌고래의 머리에서 자라고 있는 것이 어금니인 이유는 위턱, 즉 입에서 자라고 있기 때문이므로 정답은 (b)이다.

정답 Key **Paraphrasing**

본문에 쓰인 'grows from the left side of its upper jaw'와 유사한 표현은 'growing from the mouth'이다.

70 How did the narwhal get its name?

(a) through the twisted shape of its tusk
(b) through the color its corpse turns to
(c) through the deathly appearance of its skin
(d) through its similarity to the unicorn

일각돌고래는 어떻게 이름을 얻었는가?

(a) 어금니의 뒤틀린 모양으로
(b) 사체가 변색하는 색깔로
(c) 시체 같은 피부 외관을 통해
(d) 유니콘과 유사성을 통해

어휘 twisted shape 뒤틀린 모양　corpse 시체　deathly 시체 같은　appearance 외관, 외모　similarity 유사성

정답 (c)

해설 본문 4단락에서 ""Narwhal" is derived from the Old Norse word nár, meaning "corpse" and hvalr, meaning "whale," because the animals' grayish spotted color looks like that of a dead body."('Narwhal'은 '시체'를 뜻하는 고대 노르드어 'nár'와 '고래'를 뜻하는 'hvalr'에서 유래한 것으로, 이 동물의 회색 얼룩무늬가 시체의 색처럼 보이기 때문이다.)라고 하였다. Narwhal이라는 이름이 생긴 것은 시체의 색깔과 비슷한 이 동물의 피부색 때문인데, 여기서 시체의 색깔과 비슷한 피부색은 시체와 비슷한 피부 외관과 의미상 통하므로 정답은 (c)이다.

정답 Key Paraphrasing

본문에 쓰인 'the animals' grayish spotted color looks like that of a dead body'와 유사한 표현은 'the deathly appearance of its skin'이다.

오답 분석 color와 corpse 두 단어가 쓰인 것을 보고 (b) through the color its corpse turns to를 답으로 고르면 안 된다. (b)는 '일각돌고래의 사체가 변색하는 색깔을 통해서'라는 의미로, '시체 색과 비슷한 이 고래의 피부색'을 통해서 이런 이름을 얻었다는 본문의 내용과 거리가 멀다. 이렇게 본문에 쓰인 단어(color, corpse)를 그대로 사용하는 선택지는 오답일 가능성이 높다는 점에 유의해야 한다. 정답지에 사용되는 단어들은 본문에 주어진 단어와 같은 뜻을 가진 다른 단어, 즉, 동의어나 유의어일 경우가 많다.

---

71 Based on the article, what is true regarding the threats to the narwhal population?

(a) They are safe from land mammals.
(b) Their numbers are at near-extinction levels.
(c) They are still being hunted out of superstition.
(d) Humans are their main threat.

기사에 근거하면, 일각돌고래의 개체수에 대한 위협과 관련하여 옳은 것은?

(a) 그것들은 육지 포유류로부터 안전하다.
(b) 그것들의 수는 거의 멸종 단계에 있다.
(c) 그것들은 여전히 미신 때문에 사냥 당하고 있다.
(d) 인간이 그것들의 주된 위협이다.

어휘 regarding ~에 관하여　threat 위협　land mammal 육지 포유류　near-extinction level 거의 멸종 단계
out of superstition 미신 때문에

정답 (d)

해설 본문 5단락에서 "There are about 75,000 narwhals in existence today. While humans hunt them heavily, other predators, such as polar bears, killer whales, and sharks also contribute to the decrease in the animals' population."(오늘날 약 7만 5,000마리의 일각돌고래가 존재한다. 인간이 그것들을 심하게 사냥하는 동안, 북극곰, 범고래, 상어와 같은 다른 포식동물들도 그 동물의 개체 수 감소에 기여한다.)라고 하였다. 일각돌고래의 개체수에 위협을 주는 것은 인간과 육지 포유류인 북극곰, 범고래나 상어 등 바다 포식동물 등이 있는데, 특히 인간이 심하게 사냥하므로 인간이 주된 위협이 되고 있다. 따라서 정답은 (d)이다.

정답 Key Paraphrasing

본문에 쓰인 'humans hunt them heavily'와 유사한 표현은 'Humans are their main threat.'이다.

난이도 ★★★　Category　어휘(동사: congregate)

72 In the context of the passage, congregate means
_____.

(a) rally
(b) gather
(c) mingle
(d) collect

본문의 맥락에서, congregate는
_____를 의미한다.

(a) 결집하다
(b) 모이다/집합하다
(c) 섞이다
(d) 수집하다

어휘 ▶ congregate (사람. 동물이) 모이다　rally (사람이) 결집하다. 집합하다　gather (사람. 동물이) 모이다　mingle 섞다. 섞이다
collect 수집하다

정답 ▶ (b)

해설 ▶ 본문 2단락 "Several small groups occasionally ⁷²congregate to form larger groups of up to 1,000 individuals."(몇몇 작은 그룹들은 때때로 모여서 최대 1,000마리로 구성된 더 큰 그룹을 형성하기도 한다.)에서 동사 congregate의 주어는 '일각돌고래이다. (a) rally는 주로 사람을 주어로 하며 정치적 목적으로 '집합하다'이다. 동물과 사람을 주어로 모두 사용할 수 있는 (b) gather가 정답이다. 어휘 문제는 의미뿐만 아니라 품사(동사:자동사/타동사, 형용사, 명사, 부사)와 문장에서의 쓰임새를 통해 정답을 유추할 수 있으므로 이러한 요인들을 확인해야 한다.

난이도 ★★★　Category　어휘(동사: derive)

73 In the context of the passage, derived means
_____.

(a) taken
(b) stolen
(c) received
(d) assumed

본문의 맥락에서, derived는 _____
를 의미한다.

(a) 파생된
(b) 도용된
(c) 수신된
(d) 가정된

어휘 ▶ be derived from ~로부터 유래되다　assumed 가정되는

정답 ▶ (a)

해설 ▶ 본문 4단락 "Narwhal" is ⁷³derived from the Old Norse word nár, meaning "corpse" and hvalr, meaning "whale," because the animals' grayish spotted color looks like that of a dead body."('Narwhal'은 '시체'를 뜻하는 고대 노르드어 'nár'와 '고래'를 뜻하는 'hvalr'에서 유래했는데, 이는 이 동물의 회색 얼룩무늬가 죽은 사람의 몸처럼 생겼기 때문이다.)에서 derived는 '유래된/파생된'의 의미이므로 '파생된'의 의미로 쓰이는 taken이 적합하다. 따라서 정답은 (a)이다.

READING AND VOCABULARY 독해와 어휘 ⋮ **241**

Mr. William Thomson
President
Imperial Construction Services
Albany, NY

Dear Mr. Thomson:

Thank you for your interest in our upcoming construction project. [74] I am pleased to inform you that we are impressed with your proposal and, after careful consideration, have decided to [79] award the contract to your company.

We admire the "design-build delivery system" that you offer your clients. We agree that the system could result in a smooth and efficient delivery of your services. [75] Bringing together both of our companies' design and construction experts at the beginning of the project could allow the team to agree on a projected cost early in the process.

[76] Under the design-build delivery system, you are offering to head the design team for the building and prepare the documents for construction. Moreover, you will also do the actual construction. **This will allow us to coordinate with only one contact: Imperial Construction Services.** [77] If put into practice, this single-contact arrangement can give us better results due to faster services, reduced risks, and great savings.

I am very interested in discussing the details of your proposal with you. [78] As we are [80] intent on finishing the building's construction on or before the deadline, I would like to invite you or your representative to meet with us as soon as possible. **Please call me at 417-555-8203 to set up the meeting.**

I am looking forward to hearing from you again. Thank you very much.

Sincerely,

Rosa Cooper

New Projects Department
Hall and Moore Bookstore

윌리엄 톰슨
회장
임페리얼 건설 서비스
뉴욕주 올버니시

톰슨 씨께:

곧 있을 우리의 건설 프로젝트에 관심을 가져주셔서 감사합니다. [74] 귀사의 제안에 깊은 인상을 받아서 심사숙고 끝에 계약을 귀사에 [79] 주기로 결정하였음을 알려드리게 되어 기쁩니다.

당사는 귀사가 고객에게 제공하는 "설계-시공 일괄 체계"를 높이 평가합니다. 우리는 이 시스템이 귀사의 서비스를 원활하고 효율적으로 제공하는 결과를 가져올 수 있다는 데 동의합니다. [75] 프로젝트 초기에 두 회사의 설계 및 건설 전문가를 모으면 그 팀은 공정 초기에 예상 비용에 대해 합의할 수 있을 것입니다.

[76] 설계-시공 일괄 체계 하에서, 당신이 건물의 설계 팀장을 맡고 건축을 위한 서류를 준비하겠다고 제안하고 있군요. 게다가, 귀사는 실제 공사도 하겠군요. 이렇게 하면 당사가 단일 연락처인 임페리얼 건설 서비스사와 조정할 수 있습니다. [77] 이 단일 연락 방식이 적용되면 우리에게 더 빠른 서비스, 감소된 리스크, 큰 절감 효과로 인해 더 나은 결과를 줄 수 있습니다.

귀사의 제안서에 대한 자세한 사항을 귀하와 상의하고 싶습니다. [78] 당사는 마감일 또는 마감일 전에 건물 공사를 마무리하는 데 [80] 집중하고 있기 때문에 귀하 또는 귀하의 대리인을 조속히 초대하여 만나 뵙고 싶습니다. 회의 일정을 잡기 위해 417-555-8203으로 전화 부탁 드립니다.

당신의 소식을 고대하고 있겠습니다. 대단히 감사합니다.

진심을 다하여

로자 쿠퍼
신사업부
홀앤무어 문고

난이도 ★★★ **Category** 주제(What)

74 What is the main purpose of Rosa Cooper's letter?

(a) to inquire about company rates
(b) to request a project proposal
(c) to inform about the approval of a proposal
(d) to announce a new construction project

로자 쿠퍼의 편지의 주된 목적은 무엇인가?

(a) 회사 요금을 문의하려고
(b) 프로젝트 제안을 요청하려고
(c) 제안의 승인에 대해 통보하려고
(d) 새로운 건설 프로젝트를 발표하려고

어휘 inquire about ~에 대해 문의하다 inform 통보하다 approval 승인 proposal 제안 announce 발표하다

정답 (c)

해설 본문 1단락에서 "I am pleased to inform you that we are impressed with your proposal and, after careful consideration, have decided to award the contract to your company."(귀사의 제안에 깊은 인상을 받아서 심사숙고 끝에 귀사에 계약을 주기로 결정했음을 알려드리게 되어 기쁩니다.)라고 하였다. 이 글의 목적은 '계약 체결의 결정을 통보'하는 것이므로 (c)가 정답이다.

정답 Key **Paraphrasing**

본문에 쓰인 'to inform you that we are impressed with your proposal and, after careful consideration, have decided to award the contract to your company'와 의미상 통하는 것은 'to inform about the approval of a proposal'이다.

난이도 ★★★ **Category** 세부사항(What)

75 What could be the result of gathering both companies' experts?

(a) a better building design
(b) an estimated project cost
(c) cheaper building materials
(d) better working relationships

두 회사의 전문가를 모은 회의의 결과는 무엇일까?

(a) 더 나은 건물 설계
(b) 추산된 사업 비용
(c) 더 저렴한 건축 재료
(d) 더 나은 작업 관계

어휘 result 결과 gathering 모임, 회의 expert 전문가 estimated 추산된 material 재료 relationship 관계

정답 (b)

해설 본문 2단락에서 "Bringing together both of our companies' design and construction experts at the beginning of the project could allow the team to agree on a projected cost early in the process."(프로젝트 초기에 두 회사의 설계 전문가들과 건설 전문가들을 모으면 그 팀은 공정 초기에 예상 비용에 대해 합의할 수 있을 것이다.)라고 하였다. 양사의 전문가들이 모인 목적은 예상 비용에 대해 견적을 내고 협의하기 위해서이므로 정답은 (b)이다.

정답 Key **Paraphrasing**

본문에 쓰인 'a projected cost early in the process'와 의미상 유사한 표현은 'an estimated project cost'이다.

76 What is one of the provisions under William Thomson's design-build delivery system?

(a) that his company will take charge of the design
(b) that Cooper must do the actual construction
(c) that a third party will oversee the construction
(d) that the necessary papers must be prepared early

윌리엄 톰슨의 설계-시공 일괄 체계 하에서 협정 조항 중 하나는 무엇인가?

(a) 그의 회사가 설계를 담당할 것
(b) 쿠퍼가 실제 공사를 수행해야 함
(c) 제3자가 공사를 감독할 것
(d) 필요한 서류가 일찍 준비되어야 함

어휘 provision (협정의) 조항, 규정　take charge of ~을 맡다　actual construction 실제 공사　third party 제3자　oversee 감독하다

정답 (a)

해설 본문 3단락에서 "Under the design-build delivery system, <u>you are offering to head the design team for the building</u> and prepare the documents for construction. Moreover, you will also do the actual construction."(설계-시공 일괄 체계 하에서, <u>당신은 건물의 설계 팀장을 맡아서</u> 건축을 위한 서류를 준비하겠다고 제안하고 있군요. 게다가, 실제 공사도 하게 될 것입니다.)라고 하였다. 이 내용에서 보면 윌리엄 토마스가 설계를 담당하게 될 것임을 알 수 있으므로 정답은 (a)이다.

정답 Key **Paraphrasing**
본문에 쓰인 'you are offering to head the design team for the building'과 유사한 표현은 'that his company will take charge of the design'이다.

77 How most likely would having multiple contacts affect Cooper's project?

(a) Her company would take on fewer risks.
(b) The process would be slowed down.
(c) Her company could save more money.
(d) The process could feel uncoordinated.

여러 연락처가 있는 경우 쿠퍼의 프로젝트에 어떤 영향을 미칠 수 있을까?

(a) 그녀의 회사는 더 적은 위험을 감수할 것이다.
(b) 진행 속도가 느려질 수 있다.
(c) 그녀의 회사는 더 많은 돈을 절약할 수 있다.
(d) 공정이 조정되지 않은 것처럼 느껴질 수 있다.

어휘 multiple contacts 다수의 연락처　affect 영향을 미치다　take on risks 위험을 떠안다　uncoordinated 조정되지 않은

정답 (b)

해설 본문 3단락에서 "If put into practice, <u>this single-contact arrangement</u> can give us better results due to <u>faster services, reduced risks, and great savings</u>."(이 <u>단일 연락 방식을 적용하면</u> <u>서비스 속도 향상, 위험 감소 및 비용 절감</u> 효과로 인해 더 나은 결과를 얻을 수 있습니다.)라고 하였다. 단일 연락 방식은 속도 향상, 위험 감소, 비용 절감의 효과가 있지만 다자간 연락 방식을 택하면 이 세 가지 효과를 취할 수 없을 것으로 추론되므로 정답은 (b)이다. 이렇게 본문에서의 내용을 상세히 이해해야 풀 수 있는 문제는 난이도 있는 문제가 된다. 즉, 본문에 나온 내용과 반대되는 상황을 질문으로 만들어 물어 볼 때 당황하지 말고 단일 방식 대 다자 방식을 비교하여 추론하여 문제를 풀어야 한다.

78 Why is Cooper asking Thomson for an immediate meeting?

(a) because she wants to get the project done in time
(b) because she has already fallen behind schedule
(c) because she needs some changes to the proposal
(d) because she wants to meet the people she will work with

왜 쿠퍼가 톰슨에게 즉각적인 미팅을 요청하는가?

(a) 프로젝트를 제때에 끝내고 싶어서
(b) 이미 예정보다 늦었기 때문에
(c) 제안에 대한 약간의 변경이 필요하기 때문에
(d) 함께 일할 사람들을 만나고 싶어서

어휘 immediate 즉각적인　get the project done 프로젝트를 마치다　fall behind 늦어지다

정답 (a)

해설 본문 4단락에서 "As <u>we are intent on finishing the building's construction on or before the deadline</u>, I would like to invite you or your representative to meet with us as soon as possible."(당사는 마감일 또는 마감일 전에 건물 공사를 마무리하는 데 집중하고 있기 때문에 귀하 또는 귀하의 대리인을 조속히 초대하여 만나 뵙고 싶습니다.)라고 하였다. 쿠퍼가 톰슨에게 즉각적인 미팅을 요청하는 이유는 마감일 내에 프로젝트를 끝내고 싶어서이므로 정답은 (a)이다.

정답 Key　Paraphrasing

본문에 쓰인 'we are intent on finishing the building's construction on or before the deadline'과 유사한 표현은 'because she wants to get the project done in time'이다.

79 In the context of the passage, <u>award</u> means _____.

(a) honor
(b) share
(c) donate
(d) give

본문의 맥락에서, award는 _____ 를 의미한다.

(a) 존경하다
(b) 공유하다
(c) 기부하다
(d) 주다

어휘 award 수여하다　honor 존경하다　share 공유하다　donate 기부하다

정답 (d)

해설 본문 1단락 "I am pleased to inform you that we are impressed with your proposal and, after careful consideration, have decided to ⁷⁹ <u>award</u> the contract to your company."(귀사의 제안에 깊은 인상을 받아서 심사숙고 끝에 계약을 귀사에 주기로 결정하였음을 알려드리게 되어 기쁩니다.)에서 award는 to부정사의 원형으로 사용되었고 '수여하다', '주다'의 의미를 가지므로, 보기 중 이 의미와 가장 가까운 (d)가 정답이다. '수여하다'라는 뜻을 가진 다른 동사에는 bestow, present, grant, confer 등이 있다.

80 In the context of the passage, <u>intent</u> means _____.

(a) clear
(b) engaged
(c) focused
(d) stuck

본문의 맥락에서, intent는 _____를 의미한다.

(a) 명확한
(b) 바쁜/참여 중인
(c) 집중하는
(d) 고착된/막힌

어휘 intent 열중하는   engaged 바쁜, 참여 중인   focused 집중된   stuck 고착된, 막힌

정답 (c)

해설 본문 4단락 "As we are ⁸⁰ <u>intent</u> on finishing the building's construction on or before the deadline, I would like to invite you or your representative to meet with us as soon as possible."(당사는 마감일 또는 마감일 전에 건물 공사를 마무리하는 데 <u>집중하고 있기</u> 때문에 귀하 또는 귀하의 대리인을 조속히 초대하여 만나 뵙고 싶습니다.)에서 intent는 be동사 뒤에서 형용사로 '몰두하는, 열중하는'의 의미로 사용되었다. 보기 중 '열중하는'의 의미와 가장 가까운 것은 '집중하는'이므로 정답은 (c)이다.

MEMO

TEST 5 나의 점수 기록

GRAMMAR _____ / 26

LISTENING _____ / 26

READING AND VOCABULARY _____ / 28

총점 _____ / 80 ▶ _____ 점

*틀린 문제나 틀리기 쉬운 문제는 반드시 확인하고 다음 TEST로 넘어가세요.

[기출문제 점수 계산법]
• 각 영역 점수: 맞은 개수 ÷ 전체 문제 개수 x 100
• 총점: 각 영역 점수 합계 ÷ 3 (※ 소수점 이하 점수는 올림 처리)
예 문법 15개, 청취 10개, 독해 및 어휘 12개 맞았을 경우
　문법: 15 ÷ 26 x 100 = 58점
　청취: 10 ÷ 26 x 100 = 39점
　독해 및 어휘: 12 ÷ 28 x 100 = 43점
　총점: (58 + 39 + 43) ÷ 3 = 47점

GRAMMAR

1 (D)	**2** (B)	**3** (A)	**4** (B)	**5** (C)	**6** (D)	**7** (C)	**8** (A)	**9** (D)	**10** (B)	**11** (B)	**12** (C)
13 (D)	**14** (A)	**15** (C)	**16** (C)	**17** (B)	**18** (D)	**19** (A)	**20** (D)	**21** (C)	**22** (D)	**23** (A)	**24** (B)
25 (A)	**26** (C)										

LISTENING

PART 1	**27** (B)	**28** (D)	**29** (A)	**30** (A)	**31** (D)	**32** (C)	**33** (B)
PART 2	**34** (A)	**35** (C)	**36** (D)	**37** (B)	**38** (C)	**39** (A)	
PART 3	**40** (B)	**41** (D)	**42** (C)	**43** (A)	**44** (B)	**45** (A)	
PART 4	**46** (D)	**47** (C)	**48** (A)	**49** (B)	**50** (C)	**51** (B)	**52** (D)

READING AND VOCABULARY

PART 1	**53** (A)	**54** (D)	**55** (C)	**56** (B)	**57** (C)	**58** (D)	**59** (A)
PART 2	**60** (C)	**61** (A)	**62** (B)	**63** (B)	**64** (D)	**65** (C)	**66** (D)
PART 3	**67** (A)	**68** (B)	**69** (C)	**70** (A)	**71** (D)	**72** (B)	**73** (C)
PART 4	**74** (B)	**75** (D)	**76** (B)	**77** (A)	**78** (A)	**79** (C)	**80** (D)

TEST

5

GRAMMAR
LISTENING
READING AND VOCABULARY

Category ❶ 시제 ❷ 가정법 ❸ 조동사 ❹ 준동사 ❺ 연결어 ❻ 관계사 ❼ 당위성/이성적 판단

난이도 ★★☆ | **Category** ❷ **가정법**(가정법 과거완료: if절＋과거완료)

1 Yesterday, I was late for my cousin's birthday party. She was already cutting the cake when I arrived. If I hadn't gone to the salon to have my nails done, I _____ to the party on time.

어제 사촌 생일 파티에 늦었다. 내가 도착했을 때 그녀는 이미 케이크를 자르고 있었다. 만약 내가 손톱 손질을 하러 미용실에 가지 않았다면, 나는 제시간에 파티에 갔을 것이다.

(a) would get
(b) will be getting
(c) had gotten
(d) would have gotten

어휘 ▶ be late for ～에 늦다 salon 미용실 have one's nails done 손톱 손질하다 on time 제시간에

정답 ▶ (d)

해설 ▶ 보기에 동사 get이 다양한 시제와 서법조동사와 같이 나왔으므로 시제 문제 아니면 가정법 문제이다. 빈칸 앞뒤에 부사구나 부사절이 있는지 아니면 조건절이 있는지 확인한다. 빈칸 앞에 조건절이 있고, 시제가 과거완료이므로 가정법 과거완료임을 알 수 있다. 가정법 과거완료의 주절에는 'would/should/could/might＋have p.p.'가 와야 하므로 (d)가 정답이다.

 참고 **가정법 과거완료**

• 형태: If＋주어＋had p.p. ～, 주어＋would/should/could/might＋have p.p. ～.
• 과거에 있었던 일을 반대로 가정해서 말할 때 사용된다.

난이도 ★★★ | **Category** ❻ **관계사**(관계대명사: 주격 who)

2 The newspaper finally found a copy editor from among the applicants that took the editing test this morning. Not surprisingly, the candidate _____ on the test was chosen.

그 신문사는 마침내 오늘 아침 편집 시험을 본 지원자들 중 교정 담당자를 찾아냈다. 당연히 시험에서 가장 높은 점수를 받은 후보가 선택되었다.

(a) which got the highest score
(b) who got the highest score
(c) whom got the highest score
(d) what got the highest score

어휘 ▶ copy editor 교정 담당자 applicant 지원자 not surprisingly 당연히 candidate 후보자, 지원자

정답 ▶ (b)

해설 ▶ 보기에 여러 관계대명사가 이끄는 절이 왔으므로 관계사 문제이다. 빈칸 앞에 선행사를 찾고, 관계사절에서 선행사가 무슨 역할을 하는 지를 찾는다. 선행사는 명사구 'the candidate'으로 선행사가 사람이고 관계사절 안에서 주어 역할을 하므로 주격 관계대명사 who가 이끄는 (b)가 정답이다.

오답 분석 ▶ (a)에서 관계대명사 which는 선행사가 사물일 때 사용되는데 여기서는 선행사가 사람이므로 오답이다.
(c)에서 관계대명사 whom은 선행사가 사람이고 목적격으로 사용되는데 여기서는 주어 역할을 하므로 오답이다.
(d)에서 관계대명사 what은 선행사를 포함하고 있는데 여기서는 선행사가 나와 있으므로 오답이다.

참고 **관계대명사의 선행사와 격**

선행사	주격	소유격	목적격
사람	who	whose	whom (who)
사물, 동물	which	whose (of which)	which
사람, 사물, 동물	that	소유격 없음	that
선행사 포함	what	소유격 없음	what

난이도 ★★★ **Category** ❼ 당위성(이성적 판단 형용사: vital)

3 Cakes Ahoy, the local bakery on Palmer Street, is facing stiff competition from global brands. It is vital that the company _____ rebranding their business to stay abreast of the market.

(a) consider
(b) is considering
(c) has considered
(d) considers

파머 스트리트에 있는 지역 제과점인 케익스 아호이(Cakes Ahoy)는 글로벌 브랜드와의 치열한 경쟁에 직면해 있다. 그 회사가 시장에 뒤처지지 않기 위해 그들 사업의 브랜드 이미지를 새롭게 하는 것을 고려하는 것은 매우 중요하다.

어휘 ▶ local bakery 지역 제과점 stiff 치열한, 가파른 competition 경쟁 vital 중요한 rebrand 브랜드 이미지를 새롭게 하다
stay abreast of ~에 뒤처지지 않다, 따라잡다

정답 ▶ (a)

해설 ▶ 보기에 동사 consider가 다양한 시제로 나왔고, 특히 동사원형도 나왔으므로 시제 문제 아니면 당위성 문제이다. 빈칸 앞에 이성적 판단을 나타내는 형용사 vital이 나왔으므로 당위성 문제이다. that절 안에 있는 빈칸에 should가 생략된 동사원형이 와야 하므로 (a)가 정답이다.

참고 **이성적 판단을 나타내는 형용사가 쓰인 당위성 문장**

• 형태: It is＋이성적 판단 형용사＋that＋주어＋(should)＋동사원형
• 당위성 문제는 전형적으로 이성적 판단을 나타내는 형용사와 함께 나온다.
necessary(필요한), essential(핵심적인), important(중요한), vital(중요한), critical(결정적인), obligatory(의무적인), compulsory(강제적인), mandatory(의무적인), advisable(조언할 만한), natural(당연한), right(옳은), just(정당한), fair(공정한), rational(이성적인)

4 Hannah got angry at George for saying that she looked like an old maid in her outfit. Not wanting to upset her further, George apologized immediately and said that he _____.

(a) just joked
(b) was just joking
(c) has just been joking
(d) is just joking

한나는 조지가 그녀가 입은 옷으로 노처녀처럼 보인다고 말해서 화가 났다. 그녀를 더 이상 화나게 하고 싶지 않아서 조지는 즉시 사과했고 그는 단지 농담하고 있었다고 말했다.

어휘 get angry at ～에게 화나다 old maid 노처녀 outfit 옷 further 더 이상, 더 깊이 apologize 사과하다 immediately 즉시 joke 농담하다

정답 (b)

해설 보기에 동사 joke가 다양한 시제로 나왔으므로 시제 문제이다. 빈칸 앞에 주절 동사 apologized와 said의 시제가 과거이므로 기준 시점은 과거이다. 문맥상 농담했던 것은 과거의 일회성 행동으로 끝나는 것이 아니라 조지가 농담해서 한나를 화나게 했고 화를 풀어주기 위해 사과하는 연속되는 행동이다. 따라서 일회성 행동을 나타내는 과거 시제보다 연속성과 지속성을 나타내는 과거진행 시제가 빈칸에 더 적합하므로 (b)가 정답이다.

참고 **과거진행**

- 형태: was/were -ing
- 의미: (～하고 있었다) 과거의 특정 시점에 동작이 진행 중이었음을 나타낸다.
- 자주 쓰이는 시간 표현: when/while + 과거 시제절, last + 시간명사, yesterday

5 I bought a new pair of earphones to use when running. I like that the earbuds don't fall out easily. I _____ also hear traffic through it, so it's safe for running in the city.

(a) may
(b) shall
(c) can
(d) could

나는 달릴 때 사용하기 위해 이어폰을 샀다. 나는 어어폰이 귀에서 쉽게 빠지지 않아서 좋다. 그것을 통해 교통 소리도 들을 수 있어서 시내에서 뛰어도 안전하다.

어휘 earbud (귀 안에 넣는) 이어폰 fall out 빠지다, 떨어지다 traffic 교통

정답 (c)

해설 보기에 다양한 조동사가 나왔으므로 조동사 문제이다. 빈칸 앞뒤 문장을 해석하여 문맥에 맞는 조동사를 선택해야 한다. 지텔프 문법에서 조동사 문제는 의미가 확실한 must(의무), should(당위성), can(능력/가능)이 자주 출제되는 경향이 있다. 빈칸 앞에는 새 이어폰을 샀다는 내용이고 빈칸 뒤에는 교통 소리도 들을 수 있어서 시내에서 뛰어도 안전하다는 내용이므로 문맥상 '～할 수 있다'는 뜻의 가능을 나타내는 조동사 can이 빈칸에 적합하다. 따라서 (c)가 정답이다.

난이도 ★★★   **Category**   ❹ 준동사(동명사: anticipate)

6   Barry is very excited about going to college, especially since he will be attending Harvard. He has daydreamed his whole life about going to the Ivy League university but never anticipated actually _____ admission.

(a) to have gained
(b) having gained
(c) to gain
(d) gaining

배리는 특히 하버드에 다닐 것이기 때문에 대학에 가는 것에 매우 들떠 있다. 그는 아이비리그 대학에 진학하는 것에 대해 평생 공상을 해왔지만 실제로 입학 허가를 받을 줄은 결코 예상하지 못했다.

어휘   attend 출석하다, 다니다   daydream 공상하다   anticipate 예상하다   gain admission 입학 허가를 받다

정답 (d)

해설   보기에 준동사(동명사, to부정사)가 나왔으므로 준동사 문제이다. 지텔프에서 준동사 문제는 우선 동명사인지 to부정사인지를 확인해야 한다. 준동사는 주로 동사의 목적어로 출제되는데 최근 들어 문장의 주어로서 준동사가 출제되는 경우도 있다. 지텔프 문법에서 준동사 문제 선택지에 완료동명사나 완료to부정사가 제시되어 있지만 정답이 되는 경우는 드물다. 빈칸 앞에 동사 anticipate는 '기대하다/예상하다'의 의미로 사용되었다. 미래 의미로 생각해서 to부정사를 고르지 않도록 유의한다. anticipate는 그동안의 경험이나 지식을 통해 '~을 예상하다'의 뜻으로 동명사를 목적어로 취하는 동사이므로 (d)가 정답이다.

참고   **미래적 상황인데 동명사를 목적어로 취하는 동사**

미래적인 상황인데 동명사를 취하는 동사에는 anticipate 외에도 avoid나 mind도 있다. '~을 피하다'와 '~을 꺼리다'의 의미로 과거에 안 좋은 경험이 있어서 그런 일을 좋아하지 않는다라는 의미로 동명사를 목적어로 취한다.

난이도 ★★★   **Category**   ❷ 가정법(가정법 과거: if절+과거 시제)

7   I think Grandpa hasn't gotten into the habit of taking his medicine yet. If he were mindful of it, Grandma _____ to remind him to take his medicine every time.

(a) will not have
(b) would not have had
(c) would not have
(d) does not have

할아버지는 아직 약을 먹는 습관이 몸에 배지 않은 것 같다. 만약 그가 그것을 염두에 둔다면, 할머니는 매번 그에게 약을 복용하라고 상기시킬 필요가 없을 것이다.

어휘   get into the habit of -ing ~하는 습관을 들이다   medicine 약   be mindful of ~을 염두에 두다   remind 상기시키다

정답 (c)

해설   보기에 동사 have가 서법조동사와 같이 사용되었으므로 가정법 문제이다. 가정법 문제는 빈칸 주변에 조건절이 있느냐가 정답의 힌트가 된다. 조건절이 과거 시제이면 가정법 과거, 조건절이 과거완료 시제이면 가정법 과거완료로 본다. 빈칸 앞에 if조건절이 있고 이 절의 시제가 과거 시제이므로 가정법 과거임을 알 수 있다. 가정법 과거의 주절은 'would/should/could/might+동사원형'이 와야 하므로 (c)가 정답이다.

가정법 과거

- 형태: If+주어+과거형 동사 ~, 주어+would/should/could/might+동사원형 ~.
- 현재 사실을 반대로 돌려서 가정해서 말할 때 사용된다.

난이도 ★★★ | **Category** | ❹ **준동사**(to부정사: 형용사적 용법)

8 Abby's online clothing store has gained a strong following only a month after its launch. It is so successful that Abby is looking for more clothes _____ in order to meet the demand from eager buyers.

(a) to sell
(b) having sold
(c) selling
(d) to have sold

애비의 온라인 의류 매장은 출시 한 달 만에 강력한 구매자층을 얻고 있다. 그것은 매우 성공적이어서 애비는 열성적인 구매자들의 수요를 충족시키기 위해 판매할 더 많은 옷을 찾고 있다.

어휘 following 추종자, 팬 launch 출시 successful 성공적인 look for ~을 찾다 meet the demand 수요를 충족시키다 eager 열성적인

정답 (a)

해설 보기에 준동사 구문이 나왔으므로 준동사 문제이다. 먼저 빈칸 앞에 동사가 준동사 중 어느 것을 목적어로 취하는지 확인한다. 문장의 본동사는 'is looking for'이고 준동사를 목적어로 취하는 동사가 아니다. 그 다음으로, 부사적 혹은 형용사적 용법인지, 또는 분사구문인지 확인한다. 뒤 문장의 의미는 '애비는 열성적인 구매자들의 수요를 충족시키기 위해 판매할 더 많은 옷을 찾고 있다.'가 적합하다. 따라서 to부정사의 형용사적 용법으로 more clothes을 수식하는 (a)가 정답이다.

to부정사의 용법

① 명사적 용법
문장에서 **주어, 목적어, 보어의 역할**을 하며 주로 '~하는 것, ~하기'로 해석된다.
- 주어 역할
  e.g. **To eat** with family members is great. (가족과 식사하는 것은 좋다.)
- 목적어 역할
  e.g. Jack and Amy want **to go** to the movies. (잭과 에이미는 영화 보러 가길 원한다.)
- 보어 역할
  e.g. Bill's dream is **to be** a movie director. (빌의 꿈은 영화 감독이 되는 것이다.)

② 형용사적 용법
to부정사가 형용사적 용법으로 쓰일 경우 '~할, ~해야 할'로 해석되며, **명사나 대명사를 수식**한다.
  e.g. I need <u>something **to drink**</u> because I am so thirsty. (나는 너무 목말라서 <u>마실 것</u>이 필요하다.)
  e.g. Cindy had no <u>**pen to write** with</u>, so she borrowed one from Tony. (신디는 <u>쓸 펜</u>이 없어서 토니에게 펜 하나를 빌렸다.)

③ 부사적 용법
to부정사가 부사적 용법으로 쓰일 경우 문장의 **동사나 형용사를 수식**하는 역할을 하며, <u>목적, 원인, 결과</u> 등을 의미한다.
- 목적: ~하기 위해서
  e.g. They came here **to help** people in need. (그들은 어려움에 처한 사람들을 돕기 위해 여기 왔다.)
- 원인: ~해서
  e.g. Jenny was very happy **to see** me again. (제니는 나를 다시 만나서 매우 기뻐했다.)
- 결과: ~하여 결국 …하다
  e.g. She grew up **to be** a well-known actress. (그녀는 자라서 유명한 배우가 되었다.)

난이도 ★★★　**Category**　❶ **시제**(미래완료진행: by the time+미래 시점, for+시간명사)

9 Sean is feeling sleepy and knows he should pull the car over for a nap soon. By the time he gets to the next rest area, he _____ for at least four hours.

- (a) had driven
- (b) will be driving
- (c) drives
- (d) will have been driving

숀은 졸려서 곧 차를 세워 낮잠을 자야 한다는 것을 알고 있다. 그가 다음 휴게소에 도착할 때면, 그는 적어도 4시간 동안 운전을 하고 있는 게 될 것이다.

어휘 sleepy 졸리는　pull the car over 차를 길 옆에 세우다　nap 낮잠　by the time ~할 때까지　get to ~에 도착하다
rest area 휴게소　at least 적어도

정답 (d)

해설 보기에 동사 drive가 다양한 시제로 나왔으므로 시제 문제이다. 빈칸 앞뒤에 시간 부사구나 부사절을 확인한다. 빈칸 앞에 완료를 나타내는 'by the time'이 있고, 뒤에 미래를 나타내는 'the next rest area'가 나왔고 빈칸이 들어 있는 주절에서는 완료형을 나타내는 시간 부사구 'for at least four hours'가 나왔으므로 미래완료나 미래완료진행 시제가 적합하다. 따라서 미래완료진행형인 (d)가 정답이다.

참고　**미래완료진행**

- 형태: will have been -ing
- 의미: 미래 이전에 시작된 행동이 미래의 특정 시점까지 계속 진행되고 있을 것임을 나타낸다.
- 자주 쓰이는 시간 부사 표현: by the time/when + 현재 시제절 + (for + 시간명사), by/in + 미래 시점 + (for + 시간명사)

난이도 ★★★　**Category**　❼ **당위성**(이성적 판단 형용사: important)

10 Any gardener knows that weeds compete with landscaping plants for sunlight and water. It is therefore important that the weeds _____ regularly to ensure that the plants get adequate nutrition.

- (a) were removed
- (b) be removed
- (c) have been removed
- (d) will be removed

정원사라면 누구나 잡초가 햇빛과 물을 얻기 위해 조경용 식물과 경쟁한다는 것을 알고 있다. 그러므로 식물들이 적절한 영양분을 섭취하는 것을 확실히 하기 위해 잡초가 정기적으로 제거되어야 하는 것이 중요하다.

어휘 gardener 정원사　weed 잡초　compete with ~와 경쟁하다　landscaping plant 조경용 식물　remove 제거하다
regularly 정기적으로　ensure 보장하다, 확실히 ~하다　adequate 알맞은　nutrition 영양분

정답 (b)

해설 보기에 동사 remove가 다양한 시제와 동사원형으로 나왔으므로 시제 문제 아니면 당위성 문제이다. 빈칸 앞에 이성적 판단 형용사인 important가 나왔으므로 당위성 문제이다. that절 안의 빈칸에 'should+동사원형'이 오거나 should가 생략되고 동사원형이 와야 한다. 따라서 동사원형으로 시작하는 (b)가 정답이다.

11 I can understand why you're not very happy about waiting tables, but you can find a better job when you finish school. _____, you should work hard on your studies.

(a) Besides
(b) Meanwhile
(c) In fact
(d) Likewise

나는 네가 왜 식당 서빙하는 일을 별로 좋아하지 않는지 이해할 수 있어. 하지만 네가 학교를 마치면 더 좋은 직장을 찾을 수 있지. 그러는 동안 너는 공부를 열심히 해야 한다.

어휘 wait tables (식당에서) 서빙하다   meanwhile 그러는 동안, 그 사이에, 한편   besides 게다가   in fact 사실은   likewise 마찬가지로

정답 (b)

해설 보기에 다양한 연결어가 나왔으므로 연결어 문제이다. 빈칸 앞뒤 문장을 해석하여 두 문장 간 의미 관계를 파악하고 보기에 나와 있는 연결어를 하나씩 대입하여 가장 적합한 연결어를 찾아야 한다. 문맥상 '지금 좋아하지 않는 일을 하고 있지만 졸업 후에는 더 좋은 직장을 가질 수 있으니, 그러는 동안 공부를 열심히 해야 한다'가 가장 자연스럽다. 따라서 정답은 (b)이다.

오답분석 (a) besides는 '게다가', (c) in fact는 '사실은', (d) likewise는 '마찬가지로'라는 뜻이므로 문맥상 어울리지 않아서 오답이다. 접속사 문제는 보기를 하나씩 대입해서 가장 자연스러운 것을 선택해야 한다. 다양한 접속사를 공부하고 다양한 예문을 통해 변별력을 키워야 한다.

참고 연결어(한 사건이 다른 사건과 동시에 일어나는 경우)

· at that time (그때에), at the same time (동시에), meanwhile (그러는 동안, 한편)
  e.g. They presented the best proposal; **at the same time** they were offered the new contract.
  (그들은 가장 좋은 제안을 제시하는 동시에 새 계약건을 제의받았다.)
  e.g. Cook the tomato sauce over medium heat until it thickens. **Meanwhile**, start boiling the water for the pasta.
  (중간 정도의 불로 토마토 소스를 걸쭉해질 때까지 조리해라. 그러는 동안 파스타면을 위한 물을 끓여라.)

12 Charles failed to close an important deal after submitting an incomplete business proposal. If he had listened more closely to his client's needs during their first meeting, he _____ a more convincing proposal.

(a) would prepare
(b) had prepared
(c) would have prepared
(d) was preparing

찰스는 완전하지 않은 사업 제안서를 제출한 후 중요한 거래를 성사시키지 못했다. 만약 그가 첫 회의에서 고객의 요구에 더 면밀히 귀를 기울였다면, 그는 좀 더 설득력 있는 제안서를 준비했을 것이다.

어휘 fail to+동사원형 ～하지 못하다   close a deal 거래를 성사시키다   submit 제출하다   incomplete 불완전한   proposal 제안서   prepare 준비하다   convincing 납득시키는, 설득력 있는

정답 (c)

해설 보기에 동사 prepare가 다양한 시제와 서법조동사와 같이 나왔으므로 시제 문제 아니면 가정법 문제이다. 빈칸 앞에 if조건절이 있고, 시제가 과거완료이므로 가정법 과거완료 문제임을 알 수 있다. 가정법 과거완료의 주절에는 'would/should/could/might+have p.p.' 가 와야 하므로 (c)가 정답이다.

참고 가정법 과거완료

• 형태: If+주어+had p.p. ~, 주어+would/should/could/might+have p.p. ~.

e.g. If I **had had** the book, I **could have given** it to you. (나에게 그 책이 있었다면, 그것을 너에게 줄 수 있었을 텐데.)

e.g. If he **had found** a job, he **would have made** money instantly. (그가 취직을 했더라면, 그는 즉시 돈을 벌었을 것이다.)

난이도 ★★★ **Category** ❹ 준동사(동명사: 형용사 worth)

13 Trier, a city in southwestern Germany, is as beautiful and charming as the more famous German cities. Moreover, it has cheaper restaurants and hotels. It's also worth _____ that Trier is the country's oldest city.

(a) to mention
(b) having mentioned
(c) to be mentioning
(d) mentioning

독일 남서부에 있는 도시 트리어는 더 유명한 독일의 도시들만큼 아름답고 매력적이다. 게다가, 그곳은 더 싼 식당과 호텔이 있다. 또한 트리어가 그 나라에서 가장 오래된 도시라는 것도 언급할 가치가 있다.

어휘 charming 매력적인 be worth+동명사 ~할 가치가 있다 mention 언급하다

정답 (d)

해설 보기에 동사 mention이 준동사 형태로 나왔으므로 준동사 문제이다. 빈칸 앞에 동사의 유형을 살펴본다. 빈칸 앞에 나온 형용사 worth는 be동사와 함께 쓰여서 동사처럼 동명사를 목적어로 취할 수 있다. 보기 중에 완료동명사 (b) having mentioned와 단순동명사 (d) mentioning이 있으나 의미상 본동사 이전의 상황을 설명하는 것이 아닌 본동사와 같은 현재의 상황을 설명하기 때문에 단순동명사 (d) 가 정답이다. 지텔프 문법 문제에서 완료동명사가 정답이 되는 경우는 극히 드물다는 것을 염두에 두어야 한다.

난이도 ★★★ **Category** ❶ 시제(미래진행: 미래시제 부사구 next week, as+현재 시제절)

14 My list of things to do during my out-of-town trip next week just keeps getting longer. I _____ them off one by one as I go from one activity or site to another.

(a) will be checking
(b) am checking
(c) have checked
(d) will have been checking

다음 주 시외 여행 동안 할 일의 목록이 계속 길어지고 있다. 나는 하나의 활동이나 장소에서 또 다른 곳으로 옮겨 다니면서 그것들을 하나씩 체크 표시를 하고 있을 것이다.

keep+동사 ~하는 것을 계속하다 **get longer** 더 길어지다 **check off** (처리했음을 나타내기 위해) 체크 표시하다

(a)

보기에 동사 check가 다양한 시제로 나왔으므로 시제 문제이다. 빈칸 앞뒤에 시간 부사구나 부사절을 확인한다. 빈칸 앞에 미래를 나타내는 시간부사구 'next week'이 있고, 빈칸 뒤에 when이나 while의 뜻을 가진 접속사 as가 이끄는 절이 현재 시제로 미래의 의미를 나타내므로 기준 시점이 미래임을 알 수 있다. 미래에 동작이 진행 중임을 나타내므로 미래진행 시제 (a)가 정답이다.

문맥상 의미가 완료 개념이 아닌 단순 개념의 미래가 사용되었으므로 미래완료진행인 (d) will have been checking은 오답이다.

📝 **참고** **미래진행**

- 형태: will be -ing
- 의미: (~하고 있을 것이다) 미래의 특정 시간에 동작이 진행 중일 것임을 나타낸다.
- 자주 쓰이는 표현: 부사구 – when/if/until + 현재 시제절
  　　　　　　　　　부사절 – next week/month/year, next time, until then, in the future, tomorrow

---

난이도 ★★★　Category　⑤ 연결어(rather than)

15 Sheila made herself a cup of coffee to help her stay awake while studying. However, the coffee did not seem to work. _____ becoming alert after drinking it, she felt even sleepier.

(a) While
(b) In addition to
(c) Rather than
(d) Aside from

쉴라는 공부하는 동안 깨어 있도록 하기 위해 커피 한 잔을 만들어 마셨다. 하지만 커피는 효과가 없는 것 같았다. 커피를 마신 후 정신이 차려지기 보다는 오히려 훨씬 더 졸리는 것을 느꼈다.

awake 깨어 있는 **rather than A, B** (= B rather than A) A라기 보다는 오히려 B하다 **alert** 정신이 차려지는 **even sleepier** 훨씬 더 졸리는

(c)

보기에 다양한 연결어가 나왔으므로 연결어 문제이다. 즉, 앞뒤 문장을 해석하고, 보기에 나온 연결어를 하나씩 대입해서 가장 자연스러운 연결어를 선택하면 된다. 빈칸 앞의 문장은 "쉴라는 깨어 있도록 하기 위해 커피 한 잔을 마셨지만 커피는 효과가 없는 것 같았다."와 뒤 문장은 "커피를 마시고 정신이 번쩍 들기보다는 오히려 더 졸렸다."이다. 보기 중 가장 적합한 연결어는 'Rather than'이므로 (c)가 정답이다.

(a) while: ~하는 반면, ~하는 동안 (동시동작, 연속동작)
(b) in addition to: ~에 덧붙여서 (부연, 첨가)
(d) aside from: ~을 제외하고

난이도 ★★☆　Category　④ 준동사(to부정사: wait)

16 My talented friend Naomi made a documentary about the local art scene, and it will premiere at the Hillsboro Film Festival next month. I can't wait _____ it so I can see Naomi's hard work.

나의 재능 있는 친구 나오미는 지역 예술계에 대한 다큐멘터리를 만들었고, 그것이 다음 달 힐스보로 영화제에서 처음으로 선보일 것이다. 나오미가 공들인 것을 볼 수 있도록 그것을 얼른 보고 싶어서 견딜 수가 없다.

(a) having watched
(b) watching
(c) to watch
(d) to be watching

어휘 ▶ documentary 다큐멘터리   local art scene 지역 예술계   premiere 초연되다, 개봉되다
can't wait to +동사원형 ~하고 싶어 견딜 수 없다

정답 ▶ (c)

해설 ▶ 보기에 동사 watch가 준동사 형태로 나왔으므로 준동사 문제이다. 빈칸 앞에 동사 유형을 확인한다. 빈칸 앞에 동사 wait는 can't 와 함께 나올 때 주로 to부정사를 목적어로 취한다. 보기 중 단순형 부정사 (c) to watch와 진행형 부정사 (d) to be watching이 있는데 지텔프 문법에서는 진행형 부정사는 정답으로 거의 나오지 않으므로 단순형 to부정사 (c)가 정답이다.

난이도 ★★☆   Category   ❷ 가정법(가정법 과거완료: if절+과거완료)

17 The Foxes lost to the Boomerangs in the playoffs following their star player Nelson Hale's injury. If Hale's knee had not been injured, I bet he _____ his team to their third straight victory this season.

(a) had led
(b) would have led
(c) will lead
(d) would lead

폭스 팀은 스타 선수 넬슨 해일의 부상 이후 플레이오프에서 부메랑 팀에게 졌다. 해일의 무릎이 다치지 않았다면, 장담하건대 그는 올 시즌 팀의 3연승을 이끌었을 것이다.

어휘 ▶ lose to ~에게 지다   playoff 플레이오프 경기   following ~ 후에, ~에 뒤이어   injury 부상   injure 부상을 입게 하다
bet ~라고 장담하다   third straight victory 3연승

정답 ▶ (b)

해설 ▶ 보기에서 동사 lead가 서법조동사와 같이 나왔으므로 가정법 문제이다. 빈칸 앞뒤에 조건절의 시제를 확인한다. 빈칸 앞에 조건절 if의 시제가 과거완료(had not been)이므로 가정법 과거완료임을 알 수 있다. 가정법 과거완료의 주절에는 'would/should/could/might+ have p.p.'가 와야 하므로 (b)가 정답이다.

참고   **조건절 vs. 가정법(과거, 과거완료)**

• if절에 현재형을 쓰고 주절에 조동사 현재형을 쓰면 if절은 가능성이 있는 '직설법 조건절'이 된다.
  e.g. If it snows, I will not go on a trip. (눈이 오면, 나는 여행을 가지 않을 것이다.)
      └ 현재형   └ 조동사 현재형   └ 현재나 미래에 눈이 올 가능성이 있음
          └ 조건절(직설법)
• if절에 과거형을 쓰고 주절에 조동사 과거형을 쓰면 현재나 미래에서 가능성이 없거나 희박한 일을 나타내며 가정법 과거가 된다.
  e.g. If it snowed , I would not go on a trip. (눈이 온다면, 나는 여행을 가지 않을 텐데.)
      └ 과거형   └ 조동사 과거형   └ 눈이 올 가능성이 희박함, 눈이 안 와서 여행을 감
          └ 가정법 과거(현재 사실 반대)

- if절에 had p.p.를 쓰고 주절에 'would/should/could/might + have p.p.'를 쓰면 과거에 있었던 일을 반대로 말하는 가정법 과거완료가 된다.

  e.g. If it had snowed, I would not have gone on a trip. (눈이 왔다면 나는 여행을 안 갔을 텐데.)
  └ 과거완료형   └ 조동사 과거형+have+p.p.   └ 눈이 안 와서 여행을 갔음
  └ 가정법 과거완료(과거 사실 반대)

난이도 ★★☆ | **Category** ❶ **시제**(과거완료진행: 완료 부사구 for+시간명사, before+과거 시제절)

18 BGC Group underwent major shifts after it was acquired by the Manhattan-based LCM Network. For one, they _____ from their radio station in Brooklyn for 30 years before they moved to Midtown Manhattan.

(a) have been broadcasting
(b) will have broadcasted
(c) are broadcasting
(d) had been broadcasting

BGC 그룹은 맨해튼에 기반을 둔 LCM 네트워크에 인수된 후 큰 변화를 겪었다. 우선, 미드타운 맨해튼으로 이주하기 전에 그들은 30년 동안 브루클린에 있는 그들의 라디오 방송국에서 방송을 해오고 있었다.

어휘 ▶ undergo 겪다 major shift 큰 변화 acquire 인수하다, 획득하다 broadcast 방송하다 radio station 라디오 방송국

정답 ▶ (d)

해설 ▶ 보기에 동사 broadcast가 다양한 시제로 나왔으므로 시제 문제이다. 빈칸 앞뒤에 시간 부사나 부사절을 확인한다. 빈칸 뒤에 완료 시제와 같이 사용되는 부사구 'for 30 years'와 기준 시점을 알려주는 부사절 'before they moved to Midtown Manhattan'에 과거 시제가 나왔다. 'before+과거 시제절'이 나왔으므로 빈칸을 포함하고 있는 주절에서는 과거 이전의 상황을 설명한다. 빈칸에 과거완료 시제나 과거완료진행 시제가 적절하다. 따라서 과거완료진행 (d)가 정답이다.

 참고 **과거완료진행**

- 형태: had been -ing
- 의미: (~해오고 있었다) 과거의 특정 시점 이전에 시작된 동작이 그때까지 계속 진행 중이었음을 나타낸다.
- 자주 쓰이는 시간 부사 표현: (for + 시간명사) + when/before/until + 과거 시제절

난이도 ★★☆ | **Category** ❹ **준동사**(동명사: consider)

19 Everyone was shocked when the boss started shouting at the sales team for poor performance. The staff understood why she was frustrated, but they did not consider _____ to be an appropriate response.

(a) yelling
(b) to be yelling
(c) to yell
(d) having yelled

상사가 실적 부진에 대해 영업팀에게 소리치기 시작하자 모두들 충격을 받았다. 직원들은 그녀가 왜 불만스러워 했는지 이해했지만, 그들은 고함치는 것을 적절한 반응으로 여기지 않았다.

shout at ~에게 소리치다   performance 실적   frustrated 불만스러운, 짜증이 난   consider 고려하다, 생각하다   yell 고함치다 appropriate 적절한   response 반응

정답 (a)

해설 보기에서 동사 yell이 준동사 형태로 나왔으므로 준동사 문제이다. 빈칸 앞에 동사가 동명사를 목적어로 취하는지 to부정사를 목적어로 취하는지 확인한다. 빈칸 앞에 동사 consider는 동명사를 목적어로 취하는 동사이다. 또한 본동사 이전에 상황을 설명하는 것이 아니기 때문에 완료명사 (d)는 정답이 될 수 없다. 따라서 단순동명사 (a)가 정답이다.

> **참고 동명사를 목적어로 취하는 동사**
>
> advise(충고하다), admit(인정하다), allow(허락하다), practice(연습하다), feel like(~하고 싶다), enjoy(즐기다), keep(유지하다), consider(고려하다), discuss(토론하다), finish(끝내다) mention(언급하다), postpone(연기하다), recommend(추천하다), avoid(피하다), delay(미루다) dislike(싫어하다), insist(주장하다), mind(꺼리다), quit(그만두다), deny(부인하다), involve(포함하다), miss(놓치다), recall(생각해내다), suggest(제안하다)

난이도 ★★★   Category   ⑥ 관계사(관계부사: where)

20 When I was a child, we lived in a house near Honda Beach. I visited the place again last week, and it wasn't the same. The beach, _____, is now a tourist destination filled with resorts.

(a) which we used to swim for free
(b) when we used to swim for free
(c) that we used to swim for free
(d) where we used to swim for free

내가 어렸을 때, 우리는 혼다 해변 근처의 집에서 살았다. 지난주에 그곳을 다시 방문했는데, 그곳은 똑같지 않았다. 우리가 공짜로 수영했었던 해변은 이제 리조트로 가득찬 관광지가 되었다.

어휘 used to+동사원형 (예전에는) ~했었다   for free 공짜로   tourist destination 관광지

정답 (d)

해설 보기에 여러 관계사가 이끄는 절이 나왔으므로 관계사 문제이다. 관계사의 선행사를 찾고 관계사절에서 선행사가 무슨 역할을 하는지와 관계사절에서 관계사를 제외하고 이 절이 완벽한 구조인지를 파악한다. 선행사는 명사 'the beach'이고, 보기에 나온 관계사가 이끄는 절들은 주어나 목적어 성분이 빠져 있지 않고 완벽한 문장이므로 빈칸에는 관계부사가 이끄는 절이 적절하다. 선행사 'the beach'가 장소를 나타내므로 관계부사 where가 이끄는 (d)가 정답이다.

> **참고 관계부사**
>
> • 관계부사는 접속사와 부사의 역할을 동시에 한다. 두 절의 연결 부분에서 두 절을 연결하는 접속사 기능을 하면서 동시에 자신이 이끄는 절 안에서 부사 기능을 수행한다.
> • 관계부사가 이끄는 절은 주어나 목적어 같은 필수 성분이 빠져 있지 않은 완벽한 구조가 온다.
> • 단, 방법을 나타내는 선행사 the way와 관계부사 how는 함께 오지 않고, 둘 중 하나는 반드시 생략됨에 유의한다.
>
> | | 선행사 | 관계부사 |
> |---|---|---|
> | 장소 | the place, the city, the house 등 | where |
> | 시간 | the time, the day, the period 등 | when |
> | 이유 | the reason | why |
> | 방법 | the way | how |

21 Shadow bands are wavy stripes of light that appear during a total solar eclipse, but they are most visible when in motion. If one were to photograph them, the shadow bands _____ in the still image.

(a) are probably not showing up
(b) would probably not have shown up
(c) would probably not show up
(d) will probably not show up

그림자 띠는 개기 일식 때 나타나는 물결 모양의 빛의 줄무늬이지만, 움직일 때 가장 잘 보인다. 만약 사진을 찍게 된다면, 그림자 띠는 정지된 영상에 나타나지 않을 것이다.

어휘 ▶ wavy 물결 모양의 stripe 줄 무늬 appear 나타나다 total solar eclipse 개기 일식 visible 보이는 in motion 움직임 속에서 photograph 사진 찍다 show up 나타나다 still image 정지된 이미지

정답 (c)

해설 ▶ 보기에 동사 'show up'이 다양한 시제와 서법조동사와 같이 나왔으므로 시제 문제 아니면 가정법 문제이다. 빈칸 앞에 if조건절이 있고, 시제가 과거이므로 가정법 과거임을 알 수 있다. 특히, if절에 were to가 쓰이는 경우는 일어날 가능성이 희박한 일을 나타내며, 이때 가정법 과거의 주절은 'would+동사원형'이 와야 하므로 (c)가 정답이다.

22 As part of the president's anti-corruption campaign, many government officials are being investigated for overspending and having luxurious lifestyles. The president believes it is necessary that the people _____ trust in the government.

(a) have maintained
(b) maintained
(c) will maintain
(d) maintain

대통령의 반부패 캠페인의 일환으로, 많은 공무원들이 과소비와 사치스러운 생활방식으로 조사받고 있다. 대통령은 국민이 정부에 대한 신뢰를 유지하는 것이 필요하다고 믿는다.

어휘 ▶ anti-corruption 반부패 investigate 조사하다 overspend 과소비하다 luxurious 사치스러운 necessary 필요한 maintain 유지하다 trust in ~에 대한 신뢰

정답 (d)

해설 ▶ 보기에 동사 maintain이 다양한 시제와 동사원형으로 나왔다. 시제 문제 아니면 당위성 문제이다. 빈칸 앞에 이성적 판단 형용사 necessary가 나왔으므로 당위성 문제이다. that절 안에 'should +동사원형', 혹은 should가 생략된 동사원형이 적합하다. 보기 중 이 조건을 충족시키는 (d)가 정답이다.

난이도 ★★★ **Category** ❶ **시제**(현재완료진행: since+과거 시제절)

23 Luke's professors are alarmed by his absences, and they worry that he might be forced to quit school soon. He _____ his classes since he got a part-time job at a fast-food chain.

(a) has not been attending
(b) did not attend
(c) would not attend
(d) had not been attending

루크의 교수들은 루크가 결석한 것에 대해 우려하며, 그가 어쩔 수 없이 곧 학교를 그만두게 될지도 모른다고 걱정한다. 그는 패스트푸드 체인점에서 아르바이트를 한 이후로 수업에 출석하지 않고 있다.

어휘 alarmed 우려하는 **absence** 결석 **worry** 걱정하다 **be forced to**+동사원형 어쩔 수 없이 ~하다 **quit** 그만두다 **attend** 출석하다

정답 (a)

해설 보기에 동사 attend가 다양한 시제로 나왔으므로 시제 문제이다. 빈칸 앞뒤에 시간 부사구나 부사절을 확인한다. 빈칸 뒤에 현재완료와 같이 나오는 부사절 'since 주어+과거 시제'가 나왔으므로 과거 특정 시점부터 현재까지 계속되고 있는 상황을 나타내므로 현재완료나 현재완료진행 시제가 적합하다. 따라서 (a)가 정답이다.

참고 **현재완료진행**

- 형태: have/has been -ing
- 의미: (~해오고 있는 중이다) 과거에 시작한 행동이 현재까지 계속 진행되고 있음을 나타낸다.
- 자주 쓰이는 시간 부사어구: since+과거 시점/과거 시제절(~한 이래로), for+시간 명사(~동안), lately(최근에)

난이도 ★★★ **Category** ❸ **조동사**(권유: should)

24 "Playborhood" is a movement that promotes the creation of more open spaces in the neighborhood for children to play in. Its supporters believe that children _____ go outside and play to develop their creativity.

(a) could
(b) should
(c) would
(d) shall

'플레이버후드'는 아이들이 놀 수 있도록 동네에 더 많은 열린 공간을 조성하는 것을 촉진하는 운동이다. 지지자들은 어린이들이 창의력을 기르기 위해 밖에 나가서 놀아야 한다고 믿는다.

어휘 promote 촉진하다 **creation** 조성 **neighborhood** 동네 **supporter** 지지자 **develop** 발전시키다 **creativity** 창의력

정답 (b)

해설 보기에 다양한 조동사가 나왔으므로 조동사 문제이다. 조동사 문제는 빈칸 앞뒤의 문장을 해석하여 가장 적합한 의미의 조동사를 찾으면 된다. 플레이버후드는 아이들이 놀 수 있도록 동네에 열린 공간을 조성하는 운동이며 이 운동의 지지자들은 어린이들이 창의력을 기르기 위해 '밖에 나가서 놀아야 한다'가 문맥상 가장 자연스럽다. 따라서 빈칸에 권유나 당위를 나타내는 조동사 should가 적절하므로 (b)가 정답이다.

오답 분석 (a) could는 '~할 가능성이 있다'라는 확실성이 약한 가능성을 의미하므로 오답이다.
(c) would는 '~하려고 할 것이다'라는 의지를 나타내므로 문맥상 어색해서 오답이다.
(d) shall은 '~할 것이다'라는 단순미래의 의미를 가지므로 문맥상 어색해서 오답이다.

25 Sara is contemplating a trip across town to pay a client a visit. He might be away on a trip, though. If I were her, I _____ the client first to check if he is in town.

(a) would call
(b) had called
(c) would have called
(d) will call

사라는 한 고객을 방문하기 위해 도시를 가로질러 잠깐 다녀오는 것을 고려하고 있다. 하지만 그는(그 고객은) 여행을 떠나 있을 수도 있다. 내가 그녀라면 먼저 그가 도시에 있는지 확인하기 위해 그 고객에게 전화를 걸 것이다.

어휘 contemplate 고려하다, 생각하다   trip 잠깐 가는 것   pay A a visit A를 방문하다   be away 멀리 있다

정답 (a)

해설 보기에 동사 call이 다양한 시제와 서법조동사와 함께 나왔으므로 시제 문제 아니면 가정법 문제이다. 빈칸 앞에 if조건절이 있고, 시제가 과거(were)이므로 가정법 과거임을 알 수 있다. 가정법 과거의 주절은 'would/should/could/might+동사원형'이 와야 하므로 (a)가 정답이다.

---

26 The popular womenswear brand Boundless Sky will be selling their clothes exclusively online starting next week. This is because more and more people _____ online nowadays.

(a) have shopped
(b) will be shopping
(c) are shopping
(d) had been shopping

인기 있는 여성 의류 브랜드인 바운드리스 스카이가 다음 주부터 온라인으로만 옷을 판매할 것이다. 이것은 요즘 점점 더 많은 사람들이 온라인 쇼핑을 하고 있기 때문이다.

어휘 popular 인기 있는   womenswear 여성 의류   clothes 옷   exclusively 독점적으로   nowadays 요즘

정답 (c)

해설 보기에 동사 shop이 다양한 시제로 나왔으므로 시제 문제이다. 빈칸 앞뒤에 시간 부사구나 부사절을 확인한다. 빈칸 뒤에 현재진행 시제와 자주 쓰이는 부사 nowadays가 나왔고, 빈칸이 들어 있는 종속절 앞에 있는 주절의 시제가 현재 시제이다. 따라서 빈칸에 현재진행 시제가 적합하므로 (c)가 정답이다.

참고 **현재진행**

- 형태: am/are/is -ing
- 의미: (~하고 있다) 현재에 진행 중인 동작을 나타낸다.
- 자주 쓰이는 부사어구: at the moment, now, right now, at the weekend, at this time/week/month, currently, nowadays, continually, constantly

LISTENING 27-52

TEST 1
TEST 2
TEST 3
TEST 4
TEST 5
TEST 6
TEST 7

Category PART 1 개인적 대화 PART 2 발표 PART 3 협상적 대화 PART 4 절차 설명

PART 1 **27-33** 개인적 대화: 생일파티에서 출장연회 서비스에 대한 불만과 해결책 https://han.gl/xpnPP

M: Hi, Monica. How was your birthday party? Too bad I missed it.

F: Hello, Daniel. That's okay. ²⁷ I'm sure you'd have been there if you didn't have to work. The party was good, but not everything went as planned.

M: Why, what went wrong?

F: ²⁸ The catering service was two hours late! So, the guests who arrived on time had to wait in the lobby until the caterer finished setting up the venue.

M: That's terrible! How long did the guests have to wait?

F: Thirty minutes! I was really sorry for making them wait.

M: Don't worry… I'm sure they completely forgot about that once they started eating. Ha-ha!

F: I really hope so, but we also had a problem with the food. ²⁹ Some of the dishes, like the chicken, had gone completely cold by the time they were served. It actually made me a little worried about the safety of the food.

M: That is concerning. Why don't you report the caterer to the local consumer protection agency?

F: I've been thinking about it. Another problem with the food is that they didn't prepare enough desserts. The desserts that the catering company made actually tasted really good, but unfortunately, they ran out before every guest had even gotten one.

M: Oh, no. I bet those guests must have felt pretty disappointed when that happened. Dessert is always my favorite part of the meal, ha-ha.

F: ³⁰ All of the guests at the party were kind about it, but I still felt a little embarrassed that I didn't have

M: 안녕, 모니카. 생일 파티는 어땠어? 내가 그것을 놓쳐서 아쉽네.

F: 안녕, 다니엘. 괜찮아. ²⁷ 네가 일하지 않아도 되었다면 틀림없이 거기에 왔을 거야. 파티는 좋았지만 모든 것이 계획대로 되지는 않았어.

M: 왜, 뭐가 잘못됐어?

F: ²⁸ 출장연회 서비스가 두 시간이나 늦었어! 그래서 제시간에 도착한 손님들은 서비스 업체가 행사장 설치를 마칠 때까지 로비에서 기다려야 했어.

M: 정말 심했다! 손님들은 얼마나 기다려야 했니?

F: 30분! 그들을 기다리게 해서 정말 미안했어.

M: 걱정하지 마…. 일단 식사를 시작했을 때는 그 사실을 까맣게 잊어버렸을 거야. 하하하!

F: 정말 그랬길 바라지만, 음식에도 문제가 있었어. ²⁹ 치킨과 같은 몇몇 음식들은 제공되었을 때쯤에는 완전히 식어버렸지. 그것은 사실 음식의 안전에 대해 약간 걱정하게 만들었어.

M: 그건 염려되는 일이네. 출장연회 업체를 지역 소비자 보호 기관에 신고하는 게 어때?

F: 그것에 대해 생각해 봤어. 음식의 또 다른 문제는 그들이 디저트를 충분히 준비하지 않았다는 거야. 그 업체가 만든 디저트는 사실 맛이 정말 좋았는데, 아쉽게도 모든 손님이 하나씩 받기도 전에 디저트가 다 떨어졌어.

M: 오, 안돼. 틀림없이 손님들이 그런 일이 일어났을 때 꽤 실망했겠네. 후식은 식사 중 항상 내가 가장 좋아하는 부분인데, 하하.

F: ³⁰ 파티에 온 모든 손님들은 그것에 대해 관대했지만, 나는 여전히 모든 사람들에게 줄 만큼 타르트와 컵케이크가 충분하지 않아서 조금 난처하게 느꼈어.

enough tarts and cupcakes for everyone.

M: I'm sure they understood that it wasn't your fault. Well, Monica, did you at least get to have some fun at your birthday party?

F: I did, Daniel. Despite all of the things that went wrong, it was still nice to spend time with friends and family. I got to see my cousin for the first time in a year!

M: [31] Great! And did everyone get together and sing "Happy Birthday"?

F: They did, and it was so touching that I almost teared up.

M: Well, I'm glad things turned out well in the end. So, are you still going to report the caterer?

F: Yes, I will. Even though the food tasted all right, her staff was still terribly late. What's worse, she was at another client's party and only her staff was there.

M: Really? It's very unprofessional of her to accept two bookings at once and then not be able to deliver. Did you pay her the full amount?

F: Yes. We paid her in full one week before the event! It's really unfair. What do you suggest I do?

M: [32] You can demand a partial refund.

F: That's a good suggestion. How do I go about it?

M: First, send her an email about the poor service. Then say you're asking for a partial refund. It's better to talk on email so everything's documented, Monica. [33] You can use the records later on if you need to bring the issue to the authorities.

F: Thanks for the tip, Daniel.

M: 나는 그들이 네 잘못이 아니라고 이해했으리라 확신해. 그런데, 모니카, 최소한 네 생일파티를 어느 정도 즐기긴 했니?

F: 그랬지, 다니엘. 모든 일이 잘못 진행되었어도, 친구들과 가족과 함께 시간을 보내는 것은 여전히 좋았어. 나는 1년 만에 처음으로 사촌을 만나게 되었어!

M: [31]좋아! 그리고 모두들 모여서 "생일 축하" 노래를 불렀니?

F: 그랬지, 정말 감동적이어서 눈물이 날 지경이었어.

M: 글쎄, 결국 일이 잘 풀려서 다행이야. 그래서, 넌 여전히 그 업체를 신고할 거야?

F: 응, 그럴려고. 음식 맛은 괜찮았지만 업체 직원들은 여전히 심하게 지각했어. 설상가상으로, 그녀는 다른 고객의 파티에 있었고 직원들만 그곳에 있었어.

M: 그래? 두 개의 예약을 한꺼번에 수락한 다음 제대로 제공하지 못하다니, 그녀는 전문가답지 못하군. 그녀에게 전액을 지불했니?

F: 응. 행사 일주일 전에 전액을 지불했어! 정말 불공평해. 내가 무엇을 하는 게 좋을까?

M: [32]너는 부분 환불을 요구할 수 있어.

F: 좋은 제안이야. 내가 그것을 어떻게 해야 하지?

M: 우선, 그녀에게 형편없는 서비스에 대한 이메일을 보내. 그리고 나서 부분 환불을 요청한다고 말해. 이메일로 얘기해서 모든 게 기록되는 게 더 좋아. 모니카. [33]이 문제를 당국에 제기해야 할 경우, 너는 그 기록을 나중에 계속 사용할 수 있어.

F: 조언해 줘서 고마워, 다니엘.

어휘 as planned 계획된 대로 go wrong 잘못되다 catering service 출장연회 서비스 on time 제시간에 set up 설치하다 venue (연회) 장소 completely 완전히 concerning 걱정되는 consumer protection agency 소비자 보호 기관 unfortunately 불행하게도 run out 다 떨어지다, 소진하다 disappointed 실망한 embarrassed 난처한 despite ~임에도 불구하고 turn out ~인 것으로 판명되다 in the end 결국 what's worse 설상가상으로 accept 받아들이다 booking 예약 at once 한꺼번에 pay full amount 전액을 지불하다 demand 요구하다 partial refund 부분 환불 go about it 시작하다, 착수하다 ask for 요구하다 document 기록하다 authorities 관계 당국

난이도 ★★★ **Category** 세부사항(Why)

27 Why was Daniel not at Monica's birthday party?

(a) because he had other plans
(b) because he was working
(c) because he was not invited
(d) because he got the date wrong

왜 다니엘은 모니카의 생일 파티에 있지 않았는가?

(a) 다른 계획이 있어서
(b) 일하고 있었기 때문에
(c) 초대받지 않았기 때문에
(d) 날짜를 잘못 알아서

어휘 invite 초대하다　get the date wrong 날짜를 잘못 알다

정답 (b)

해설 대화에서 "²⁷I'm sure you'd have been there if you didn't have to work."(네가 일하지 않아도 되었다면 틀림없이 거기에 왔을 거야.)라고 하였다. 다니엘이 일하느라 모니카의 생일에 불참했으므로 (b)가 정답이다.

난이도 ★★★ **Category** 세부사항(What)

28 What went wrong first at the party?

(a) The guests did not like the food.
(b) The venue was not large enough.
(c) The guests arrived too early.
(d) The caterer was delayed.

파티에서 가장 먼저 무엇이 잘못되었는가?

(a) 손님들이 그 음식을 좋아하지 않았다.
(b) 장소가 충분하게 크지 않았다.
(c) 손님들이 너무 일찍 도착했다.
(d) 출장연회 업체가 늦어졌다.

어휘 go wrong 잘못되다　caterer 출장연회 업체　be delayed 지연되다, 늦어지다

정답 (d)

해설 대화에서 "²⁸The catering service was two hours late!"(출장연회 서비스가 두 시간이나 늦었어!)라고 하였다. 보기 중 이 내용과 일치하는 (d)가 정답이다.

정답 Key **Paraphrasing**
대화에 나온 'The catering service was two hours late!'와 유사한 표현은 'The caterer was delayed.'이다.

난이도 ★★★ **Category** 세부사항(What)

29 What was the problem with the chicken served at the party?

(a) It was not warm enough.
(b) It did not taste very good.
(c) It looked unappetizing.
(d) It seemed partly cooked.

파티에서 제공되는 치킨에 문제가 무엇이었는가?

(a) 충분히 따뜻하지 않았다.
(b) 맛이 별로 좋지 않았다.
(c) 맛이 없어 보였다.
(d) 부분적으로만 익은 것 같았다.

어휘 warm enough 충분히 따뜻한　unappetizing 입맛 없게 하는, 맛없는　partly cooked 부분적으로 익은

정답 (a)

대화에서 "²⁹Some of the dishes, like the chicken, <u>had gone completely cold</u> by the time they were served."(치킨과 같은 몇몇 음식들은 그것들이 제공되었을 때 <u>완전히 식어버렸다</u>.)고 하였다. 보기 중 이 내용과 일치하는 (a)가 정답이다.

🔑 정답 Key Paraphrasing

대화에 나온 'Some of the dishes, like the chicken, had gone completely cold'와 유사한 표현은 'It was not warm enough.'이다.

난이도 ★★☆ | **Category** 세부사항(Why)

30 Why did Monica feel embarrassed?

- (a) because some guests did not get dessert
- (b) because some guests did not like the food
- (c) because she ordered too many tarts
- (d) because she had forgotten to buy a cake

모니카는 왜 난처하게 느꼈는가?

- (a) 일부 손님이 디저트를 제공받지 못해서
- (b) 일부 손님들이 음식을 좋아하지 않아서
- (c) 타르트를 너무 많이 주문했기 때문에
- (d) 케이크를 사는 것을 잊어버렸기 때문에

어휘 ▶ **embarrassed** 난처한, 당황하는 **dessert** 디저트 **order** 주문하다

정답 ▶ (a)

해설 ▶ 대화에서 "³⁰All of the guests at the party were kind about it, <u>but I still felt a little embarrassed that I didn't have enough tarts and cupcakes for everyone.</u>"(파티에 온 손님들은 모두 관대했지만, 그래도 <u>모두에게 줄 만큼 타르트와 컵케이크가 충분하지 않아서 조금 난처하게 느꼈어.</u>)라고 하였다. 디저트가 부족해서 모든 손님에게 디저트가 제공되지 못했으므로 (a)가 정답이다.

🔑 정답 Key Paraphrasing

대화에 나온 'I didn't have enough tarts and cupcakes for everyone.'와 유사한 표현은 'because some guests did not get dessert.'이다.

난이도 ★★★ | **Category** 추론(How)

31 How most likely did Monica's friends and family make her feel touched?

- (a) by showing up for a surprise visit
- (b) by singing her favorite song
- (c) by giving her the perfect gift
- (d) by making a caring gesture

모니카의 친구들과 가족들이 모니카를 어떻게 감동시켰을 것 같은가?

- (a) 깜짝 방문을 함으로써
- (b) 그녀가 좋아하는 노래를 불러서
- (c) 그녀에게 완벽한 선물을 줌으로써
- (d) 배려하는 모습을 보여줌으로써

어휘 ▶ **touched** 감동받은 **show up** 나타나다 **caring** 보살피는, 배려하는

정답 ▶ (d)

해설 ▶ 대화에서 M: ³¹Great! And did everyone get together and sing "Happy Birthday"? F: They did, and it was so touching that I almost teared up. (M: 좋아! 그리고 모두들 모여서 "Happy Birthday" 노래를 불렀니? F: 정말 감동적이어서 눈물이 날 지경이었어.)라고 하였다. 대화에서 모니카의 가족과 친구들이 구체적으로 어떻게 감동시켰는지는 명확하게 나와 있지 않다. 다만, 가족과 친구들이 생일 축하 노래를 불렀냐는 질문에 너무 감동받았다는 대답을 한 것으로 보아 생일 축하 노래를 부를 때, 그들의 애정 어린 태도나 눈빛 등에 감동받은 것으로 추론된다. 따라서 (d)가 정답이다.

오답분석 ▶ 생일 축하 노래를 부를 때, 모니카가 감동받은 것은 사실이지만, 상식적으로 생일 축하 노래인 "Happy Birthday"가 그녀가 가장 좋아하는 곡이어서 감동을 받은 것은 아니므로 (b)는 오답이다. 이 문제처럼 본문에 명시적으로 근거가 나타나지 않고 추론해서 풀어야 하는 문제는 고난도에 속한다. 이러한 추론 문제는 문맥과 상식을 통해서 추론해서 정답을 골라야 하며 문자 그대로의 피상적인 뜻에 연연해서 (b)와 같은 선택지를 고르면 안 된다.

난이도 ★★★ **Category** 주제(What)

32 What did Daniel advise Monica to do with the caterer?

(a) not pay for any of the service
(b) blog about the poor quality
(c) ask for part of her money back
(d) not hire her for another event

다니엘이 모니카에게 출장연회 업체에게 무 엇을 하라고 조언했는가?

(a) 서비스에 대해 지불하지 않는다
(b) 형편없는 서비스에 대한 블로그를 쓴다
(c) 돈의 일부를 돌려달라고 요청한다
(d) 다른 행사에 그녀를 고용하지 않는다

어휘 **advise** 조언하다 **caterer** 출장연회 업체 **blog about** ~에 대해 블로그를 쓰다 **ask for** 요청하다

정답 (c)

해설 대화에서 "³² You can demand a partial refund."(너는 부분 환불을 요구할 수 있다.)라고 하였다. 보기 중 이 내용과 일치하는 (c)가 정답 이다.

정답 Key **Paraphrasing**
대화에 나온 'You can demand a partial refund.'와 유사한 표현은 'ask for part of her money back'이다.

난이도 ★★★ **Category** 세부사항(Why)

33 Why did Daniel suggest communicating through email?

(a) so the matter will be resolved faster
(b) so Monica will have evidence of the problem
(c) so the complaint will be considered formal
(d) so Monica can send necessary documents

다니엘은 왜 이메일을 통해 의사소통하라고 제안했는가?

(a) 그 문제가 더 빨리 해결되도록
(b) 모니카가 문제의 증거를 갖도록
(c) 불만 사항이 공식적인 것으로 여겨지도록
(d) 모니카가 필요한 서류를 보낼 수 있도록

어휘 **suggest** 제안하다 **communicate** 의사소통하다 **be resolved** 해결되다 **evidence** 증거 **complaint** 불만 **consider** ~라고 여기다 **formal** 공식적인 **document** 문서, 서류

정답 (b)

해설 대화에서 "³³ You can use the records later on if you need to bring the issue to the authorities."(이 문제를 당국에 제기해야 하는 경우 너는 그 기록을 나중에도 계속 사용할 수 있다.)라고 하였다. 이 문제를 소비자보호 당국에 제기하게 될 경우 출장연회 업체와의 이메일을 주고받은 기록이 증거 자료로 사용될 수 있다고 했으므로 (b)가 정답이다.

정답 Key **Paraphrasing**
대화에 나온 'You can use the records later on'와 유사한 표현이 'so Monica will have evidence of the problem'이다.

Good afternoon, everyone. I'm the owner of Olga's Overruns store. I'm glad to have been given this opportunity to talk to you about my business. Olga's Overruns is an online store that sells overrun clothes. To those who have no idea what overrun clothes are, let me explain briefly.

Sometimes, a factory produces more of a product—in our case, clothes—than what stores can sell. This is called a "manufacturing overrun" or "manufacturing excess." 34 Since the stores have no room to sell the excess clothes, and since it costs money to store them in warehouses, the factory sells these surplus clothes to outlets or individual sellers at very low prices.

35 Name-brand overruns are made from the same high-quality fabrics that are used to make the name-brand clothing sold in retail stores. They were produced using the same high standards of manufacturing. These overruns have the same or nearly the same quality as the ones found in retail stores.

Some overruns can be slightly damaged, but the damage, such as a few loose threads, is barely noticeable. They're almost as good as the regularly priced products. The only difference is that you can get branded overrun clothes at a very low price, usually at a quarter of the original price! Buying name-brand overruns is the perfect way to get high-quality clothes without hurting your budget.

Olga's Overruns started 10 years ago selling a few mid-range brands on social media sites. Since then, our online store, which at first consisted of only two brands of casual wear, has kept growing. Our customers kept buying from us, and eventually requested more brands and designs.

Five years ago, we launched our own online shopping website to be able to display more items and keep up with our increasing number of customers. 36 Much of the success of Olga's Overruns lies in our commitment to providing only the best quality clothing. Unlike other sellers who claim to carry name-brand overruns, but

안녕하세요, 여러분. 저는 올가즈 오버런스 (Olga's Overruns) 상점의 주인입니다. 제 사업에 대해 여러분과 이야기할 수 있는 기회를 얻게 되어 기쁩니다. 올가즈 오버런스는 오버런 옷을 파는 온라인 상점입니다. 오버런 옷이 무엇인지 전혀 모르시는 분들을 위해 간략하게 설명드리겠습니다.

때로는 매장에서 판매할 수 있는 것보다 공장에서 더 많은 제품(우리의 경우는 옷)을 생산하는 경우도 있습니다. 이를 "제조 오버런" 또는 "제조 초과"라고 합니다. 34 매장들은 초과된 옷을 팔 공간이 없고, 창고에 보관하는데 돈이 들기 때문에, 공장은 이 잉여 옷을 매우 낮은 가격에 아울렛이나 개별 판매자에게 판매합니다.

35 유명 브랜드의 오버런은 소매점에서 판매되는 유명 브랜드의 의류를 만드는데 사용되는 것과 같은 고품질의 직물로 만들어집니다. 그것들은 동일한 높은 수준의 제조법을 사용하여 생산되었습니다. 이러한 오버런은 소매점에서 볼 수 있는 것과 같거나 거의 동일한 품질을 가지고 있습니다.

일부 오버런은 약간 손상되었을 수 있지만, 몇 개의 느슨한 실과 같은 손상은 거의 눈에 띄지 않습니다. 그것들은 거의 정가의 제품들만큼이나 좋습니다. 유일한 차이점은 브랜드 오버런 의류는 보통 원래 가격의 4분의 1 수준으로 매우 저렴한 가격에 구입할 수 있다는 것입니다! 유명 브랜드의 오버런을 사는 것은 예산을 낭비하지 않고 고급 옷을 살 수 있는 완벽한 방법입니다.

올가즈 오버런스는 10년 전에 소셜미디어 사이트에서 몇 개의 중간급 브랜드를 팔면서 시작했습니다. 그 이후로 처음에는 캐주얼 의류 2개 브랜드로만 구성되던 저희 온라인 매장이 계속 성장해 왔습니다. 저희 고객들은 계속해서 저희에게서 구매했고, 결국 더 많은 브랜드와 디자인을 요청했습니다.

5년 전, 저희는 더 많은 아이템을 진열하고 증가하는 고객들에 보조를 맞추기 위해 저희의 자체 온라인 쇼핑 웹사이트를 개설했습니다. 36 올가즈 오버런스의 성공은 최상의 옷만을 제공하겠다는 저희의 약속에 있습니다. 유명 브랜드 오버런을 취급한다고 주장하지만 품질이 낮은 가짜 제품을 대신 판매하는 다른 판매자와 달리, 저희 옷은 모두 진품입니다.

sell fake products with lower quality fabrics instead, our clothes are all authentic.

You'll notice that the tags on our items may look somewhat damaged. [37] However, they are either cut or marked intentionally, proving that they're genuine items that the factory has labeled unfit for retail sale. Olga's Overruns is an authorized reseller, so you can be sure that you're not breaking the law when you buy from us.

[38] People who can tell the difference between authentic apparel and low-quality knockoffs keep coming back to our online store for their wardrobe needs. They love that they can get name-brand apparel at a fraction of the original price. You can have that same experience, too. At Olga's Overruns, your hundred dollars can go a long way, and buy four pieces of clothing instead of one. That's a great bargain!

We're selling mid-range to high-end brands for both men and women. Visit our website and choose from over ten different world-class brands and hundreds of different clothing styles. We accept all major credit cards and ship to anywhere in the United States. [39] And you can enjoy free shipping when you buy more than fifty dollars' worth of goods.

Take it from me, Olga. Our clothes are the real deal. With Olga's Overruns, you'll never have to spend big on your clothes again

저희 물건의 태그가 다소 손상되었을 수 있다는 것을 알게 되실 겁니다. [37]하지만, 그것들은 의도적으로 절단되거나 표시된 것으로, 공장에서 소매 판매에는 부적합하다고 표시된 진짜 품목이라는 것을 증명합니다. 올가즈 오버런스는 공인된 재판매 업체이므로 여러분이 당사로부터 구입 시 법을 위반하지 않는다는 것을 확신하실 수 있습니다.

[38]진품 의복과 질이 낮은 가짜를 구별할 수 있는 사람들은 필요한 옷을 구매하기 위해 저희 온라인 상점으로 계속 돌아옵니다. 그들은 원가의 몇 분의 일 가격으로 유명 브랜드의 옷을 살 수 있다는 것을 좋아합니다. 당신도 같은 경험을 할 수 있어요. 올가즈 오버런스에서는 100달러면 많은 것을 살 수 있고, 한 벌이 아닌 네 벌의 옷을 살 수 있습니다. 정말 싸게 사는 거죠!

저희는 남성과 여성 모두를 위한 중급에서 고급 브랜드를 판매하고 있습니다. 저희 웹사이트를 방문하셔서 10개가 넘는 세계적인 브랜드와 수백 가지의 옷 스타일 중에서 고르세요. 저희는 모든 주요 신용카드를 받고 미국 어느 곳으로든 배송할 수 있습니다. [39]그리고 당신은 50달러어치 이상의 물건을 사면 무료 배송을 누릴 수 있습니다.

저 올가만 믿으세요. 저희 옷은 진짜배기입니다! 올가즈 오버런스로 당신은 다시는 옷에 돈을 많이 쓰지 않아도 될 것입니다.

어휘 ▶ opportunity 기회 overrun clothes 초과 생산 옷 explain 설명하다 briefly 간략하게 produce 생산하다 manufacturing 제조 excess 초과, 초과된 warehouse 창고 surplus clothes 잉여 의류 outlet 아울렛 매장 individual 개별적인 fabric 섬유 retail store 소매점 loose thread 느슨한 실 barely 거의 ~않는 noticeable 눈에 띄는 regularly priced 정가의 a quarter of 4분의 1 hurt 아프게 하다, 손상시키다 budget 예산 consist of ~로 구성되다 keep up with 보조를 맞추다, 따라잡다 lie in ~에 놓여 있다 commitment 약속, 책임 provide 제공하다, 공급하다 fake product 가짜 상품 authentic 진품인, 진정한 intentionally 의도적으로 genuine 진짜인, 진품의 unfit ~에 적합하지 않은 tell the difference 차이를 알다 apparel 의류 knockoff 가짜, 복제 의류 wardrobe 옷, 옷장 name-brand 유명 브랜드 fraction 일부분, 조각 go a long way 크게 도움이 되다 bargain 싸게 사는 물건 mid-range 중간 급 high-end brand 고급 브랜드 accept 받아들이다 free shipping 무료 배송 worth of ~어치의, ~에 상당하는 the real deal 진짜 물건, 굉장한 것 take it from me 내 말을 믿어도 된다

34 According to the speaker, what are overrun clothes?

(a) clothes that exceed store capacity
(b) clothes that have been in storage a long time
(c) clothes that are sold directly from the factory
(d) clothes that cannot be sold to customers

화자에 따르면 오버런 의류는 무엇인가?

(a) 보관 용량을 초과하는 의류
(b) 오래 보관되어 온 의류
(c) 공장에서 직접 판매되는 의류
(d) 고객에게 판매될 수 없는 의류

어휘 exceed 초과하다   store 저장고   capacity 용량   in storage 입고된, 창고에 보관된   customer 고객

정답 (a)

해설 담화 2단락에서 "³⁴Since the stores have no room to sell the excess clothes, and since it costs money to store them in warehouses, the factory sells these surplus clothes to outlets or individual sellers at very low prices." (매장들은 초과된 옷을 팔 공간이 없고, 창고에 보관하는 데 돈이 들기 때문에, 공장은 이 잉여 옷을 매우 낮은 가격에 아울렛이나 개별 판매자에게 판매합니다.)라고 하였다. 오버런 의류는 옷을 저장할 공간이 없을 정도로 초과 생산된 옷이므로 (a)가 정답이다.

---

35 Why do overruns often have the same quality as their retail store counterparts?

(a) They are close copies of the original.
(b) They are sold at the same prices.
(c) They use the same materials.
(d) They are older designs of the same items.

오버런 의류는 왜 소매점의 제품과 동일한 품질을 가지고 있는가?

(a) 원본에 가까운 복제품이다.
(b) 같은 가격으로 판매된다.
(c) 동일한 소재를 사용한다.
(d) 동일한 항목의 오래된 디자인이다.

어휘 quality 품질   retail store 소매점   one's counterpart ~의 대응물, ~의 상대   close copy of the original 원본에 가까운 복제품 material 소재, 재료

정답 (c)

해설 담화 3단락에서 "³⁵Name-brand overruns are made from the same high-quality fabrics that are used to make the name-brand clothing sold in retail stores." (유명 브랜드의 오버런 의류는 소매점에서 판매되는 유명 브랜드의 의류를 만드는 데 사용되는 것과 같은 고품질의 섬유로 만들어집니다.)라고 하였다. 보기 중 이 내용과 일치하는 (c)가 정답이다.

정답 Key Paraphrasing

담화에 나온 'Name-brand overruns are made from the same high-quality fabrics that are used to make the name-brand clothing sold in retail stores.'와 유사한 표현은 'They use the same materials.'이다.

---

36 What made Olga's Overruns a successful business?

(a) their partnership with social media sites
(b) the size of their inventory
(c) their innovative online shopping site
(d) the quality of their products

올가즈 오버런스(Olga's Overruns)가 성공적인 업체가 된 이유는 무엇인가?

(a) 소셜미디어 사이트와의 파트너십
(b) 재고의 크기
(c) 혁신적인 온라인 쇼핑 사이트
(d) 제품의 품질

어휘 inventory 재고 innovative 혁신적인

정답 (d)

해설 담화 6단락에서 "³⁶ Much of the success of Olga's Overruns lies in our commitment to providing only the best quality clothing."(올가즈 오버런스의 성공은 최상의 옷만을 제공하겠다는 저희의 약속에 있습니다.)라고 하였다. 보기 중 이 내용과 일치하는 (d)가 정답이다.

정답 Key Paraphrasing

담화에 나온 'the best quality clothing'과 유사한 표현은 'the quality of their products'이다.

난이도 ★★★ **Category** 세부사항(What)

37 According to the speaker, what does a damaged tag reveal about an overrun item?

(a) that it is a damaged product
(b) that it is not a fake article
(c) that it is being sold illegally
(d) that it is sold at regular price

화자에 따르면, 손상된 태그가 오버런 품목에 대해 무엇을 보여주는가?

(a) 손상된 제품임
(b) 위조품이 아님
(c) 불법적으로 판매되고 있음
(d) 정가로 판매됨

어휘 damaged 손상된 reveal 드러내 보여주다 fake article 위조품 illegally 불법적으로 regular price 정가

정답 (b)

해설 담화 7단락에서 "³⁷ However, they are either cut or marked intentionally, proving that they're genuine items that the factory has labeled unfit for retail sale."(하지만, 그것들은 의도적으로 절단되거나 표시된 것으로, 공장에서 소매 판매에는 부적합하다고 표시된 진품이라는 것을 증명합니다.)라고 하였다. 보기 중 이 내용과 일치하는 (b)가 정답이다.

정답 Key Paraphrasing

담화에 나온 'that they're genuine items'와 유사한 표현은 'that it is not a fake article'이다.

난이도 ★★★ **Category** 추론(Why)

38 Why do people who can spot fake merchandise probably keep buying from Olga's Overruns?

(a) because they like picking real items from fake ones
(b) because fake products are worth the low cost
(c) because they know the store sells real items
(d) because the store's clothes look like the originals

왜 가짜 상품을 알아챌 수 있는 사람들이 올가즈 오버런스에서 계속 구매를 할까?

(a) 모조품에서 정품을 골라내는 것을 좋아하기 때문에
(b) 모조품이 저가로 살 만한 가치가 있기 때문에
(c) 그 상점이 정품을 판매한다는 것을 알기 때문에
(d) 그 상점의 옷이 정품처럼 보이기 때문에

어휘 spot 알아채다, 발견하다 fake 가짜의 merchandise 상품 pick A from B A를 B로부터 골라내다 worth ~할 만한 가치가 있는 original 원본, 진품

정답 (c)

해설 담화 8단락에서 "³⁸ People who can tell the difference between authentic apparel and low-quality knockoffs keep coming back to our online store for their wardrobe needs."(정품 의류와 저품질의 모조품을 구별할 수 있는 사람들이 필요한 옷을 구매하기 위해 저희 온라인 상점으로 계속 돌아오고 있습니다.)라고 하였다. 정품과 가짜를 구별할 수 있는 사람들이 이 가게에서 옷을 계속 산다는 것은 이 사람들이 이 가게가 정품을 판다는 것을 알고 있다고 추론되므로 (c)가 정답이다. 지텔프 리스닝에서 추론 문제는 담화에서 직접적으로 해당 내용을 그대로 언급하지 않아서 문맥상 추론해서 해결해야 하므로 고난도에 속한다.

39 How can customers avoid paying the shipping cost for the clothes they order?

(a) by spending a certain amount
(b) by buying wholesale
(c) by paying using a credit card
(d) by having them shipped within the US

고객은 주문한 옷에 대한 배송비를 지불하는 것을 어떻게 피할 수 있는가?

(a) 일정한 금액을 지출하여
(b) 도매로 구입함으로써
(c) 신용카드를 사용하여 지불함으로써
(d) 미국 내에서 배송되도록 하여

어휘 customer 손님 avoid 피하다 shipping cost 배송비 spend (돈을) 쓰다 certain 어떤, 특정한 amount 액수, 금액 wholesale 도매

정답 (a)

해설 담화 9단락에서 "³⁹And you can enjoy free shipping when you buy more than fifty dollars' worth of goods."(그리고 50달러 어치 이상 구매 시 무료배송이 가능합니다.)라고 하였다. 보기 중 이 내용과 일치하는 (a)가 정답이다.

정답 Key Paraphrasing
담화에 나온 'when you buy more than fifty dollars' worth of goods'와 유사한 표현은 'by spending a certain amount'이다.

PART 3 40-45 협상적 대화: 근무 중 직원들의 소셜미디어 사용의 장단점   https://han.gl/aJR8B

F: Hi, Jim. It's good to see you. What brings you to my office?

M: Hello, Nicole. ⁴⁰Well, I'm thinking about banning social media sites in my office. Since you're an HR expert, I thought I'd ask your opinion first.

F: I'd be glad to help, but why do you want to ban social media in your office?

M: I'm concerned that my employees could get distracted by checking their social media and forget about their work. So, I should block those websites, right?

F: I see. It's true that almost all employees use social media while in the office, but blocking those sites won't prevent your employees from using them. They can always browse from their smartphones, anyway.

M: You're right. Still, I'm sure their productivity decreases when they use those sites at work.

F: I disagree. ⁴¹Studies say that employees who have access to social networking sites are actually more

F: 안녕, 짐. 만나서 반가워요. 제 사무실엔 무슨 일로 오셨나요?

M: 니콜, 안녕. 음. ⁴⁰제 사무실에서 소셜미디어 사이트를 막을까 생각 중이에요. 인사과 전문가시니까 먼저 의견을 여쭤봐야겠다고 생각했어요.

F: 기꺼이 도와드리고 싶지만, 왜 사무실에서 소셜미디어를 금지하려고 하세요?

M: 직원들이 소셜미디어를 확인하느라 정신이 팔려 일을 잊어버릴까 봐 걱정이에요. 그래서, 저는 그 웹사이트들을 차단해야겠죠, 그렇죠?

F: 알겠어요. 거의 모든 직원들이 사무실에서 소셜미디어를 사용하는 것은 사실이지만, 이러한 사이트를 차단한다고 해서 직원들이 소셜미디어를 사용하는 것을 막을 수는 없어요. 어차피 그들은 언제든지 스마트폰으로 볼 수가 있거든요.

M: 당신 말이 맞아요. 그래도 회사에서 그런 사이트를 이용하면 생산성이 분명 떨어질 거예요.

F: 저는 동의하지 않아요. ⁴¹소셜네트워크 사이트에 접속할 수 있는 직원이 회사가 허용하지 않는 직원보다 실제로 생산성이 높다는 연구 결과가 나왔어요.

productive than those whose companies don't allow them.

M: Really? How can they be more productive at work when they visit non-work-related websites?

F: Well, think about it: no one can really work for eight hours straight. When employees get tired, they can use social media to clear their heads. For example, after posting a status update or responding to messages, they return to their task feeling refreshed and more focused.

M: That makes sense. Are there other advantages to allowing social media at work?

F: Yes. Another benefit is that social media sites can be great tools for problem solving. Whenever employees need outside expertise, [42] they can ask their social network and get replies quickly because most people check their accounts regularly.

M: Yeah. I remember I once posted a work-related question on my social media page, and I received several responses right away. Some were even from people I worked with long ago. I wouldn't have thought of calling or sending each one of them an email!

F: That's why allowing employees access to those sites is helpful. Did you know that social media is a great recruitment tool as well? You can post a job description for free, and your job posting will be seen by many potential candidates.

M: You're right. Now, what are some disadvantages of allowing social media in the workplace?

F: If you do decide to let your workers access social media during the workday, that means you'll have to come up with some additional guidelines.

M: Guidelines? You mean rules for employees to follow when using social media at work?

F: Right. Employees should remain professional while at work, even when it comes to using their personal social media accounts. [43] But coming up with guidelines means more work for you.

M: 그래요? 그들이 업무와 관련이 없는 웹 사이트를 방문했을 때 직장에서 어떻게 더 생산적일 수 있을까요?

F: 글쎄요, 생각해 보세요. 아무도 8시간 동안 연속으로 일할 수 없어요. 직원들이 지쳤을 때, 그들은 머리를 맑게 하기 위해 소셜미디어를 사용할 수 있어요. 예를 들어 상태 업데이트를 게시하거나 메시지에 응답한 후 기분이 전환되고 집중도가 높아져서 작업으로 돌아갑니다.

M: 그건 말이 되네요. 직장에서 소셜미디어를 허용하면 다른 이점이 있나요?

F: 네. 또 다른 이점은 소셜미디어 사이트가 문제 해결을 위한 훌륭한 도구가 될 수 있다는 것입니다. 직원들이 외부 전문 지식이 필요할 때마다 [42] 소셜네트워크에 문의해 빠르게 답변을 받을 수 있는데 이는 대부분의 사람들이 정기적으로 계정을 확인하기 때문이죠.

M: 그래요. 제 소셜미디어 페이지에 업무 관련 질문을 올린 적이 있는데, 바로 몇 개의 답변을 받은 것으로 기억합니다. 몇몇은 심지어 제가 오래 전에 함께 일했던 사람들로부터 왔어요. 저는 그들 각자에게 전화를 하거나 이메일을 보낼 생각을 하지 못했을 거예요!

F: 그게 바로 직원들이 이러한 사이트에 접속하도록 허용하는 것이 도움이 되는 이유입니다. 소셜미디어도 훌륭한 채용 도구라는 것을 알고 있었나요? 당신은 직무에 대한 설명을 무료로 게시할 수 있고, 해당 일자리 공고는 많은 잠재 지원자에게 보여질 거예요.

M: 당신 말이 맞아요. 그럼, 직장에서 소셜미디어를 허용하면 어떤 단점이 있을까요?

F: 근무 중에 직원들이 소셜미디어에 접속할 수 있도록 한다면, 몇 가지 추가적인 지침을 생각해 내야 할 것입니다.

M: 지침이요? 직장에서 소셜미디어를 사용할 때 직원들이 지켜야 할 규칙을 말하는 건가요?

F: 맞아요. 직원들은 근무 중에는 심지어 개인 소셜미디어 계정을 사용하는 경우에도 직장인답게 행동해야 합니다. [43] 하지만 지침을 마련하는 것은 당신에게 더 많은 일을 의미해요.

M: Thanks for mentioning that. What are some other problems I should be aware of?

F: Another disadvantage is that it exposes your company to security risks. Some hackers use social media sites to enter company networks, and then launch viruses that damage files and programs, or steal confidential business information.

M: But I can install a firewall system to protect against those, right?

F: Yes, of course.

M: I guess there's also the risk of employees making offensive posts that may affect my company's reputation.

F: [44]You're right, Jim. That's why you should train your employees to use social media responsibly.

M: [45]Well, thanks for those tips, Nicole. Can you help me develop a social media policy for my company?

M: 그렇게 말해줘서 고마워요. 제가 알아야 할 다른 문제는 무엇인가요?

F: 또 다른 단점은 그것이 당신의 회사를 보안 위험에 노출시킨다는 것입니다. 일부 해커들은 소셜미디어 사이트를 이용해 회사 네트워크에 진입한 뒤 파일과 프로그램을 손상시키는 바이러스를 퍼뜨리거나 기밀 사업 정보를 빼내 갑니다.

M: 하지만 제가 방화벽 시스템을 설치해서 그것들로부터 보호할 수 있죠, 그렇죠?

F: 네, 물론이죠.

M: 제 생각에는 직원들이 제 회사 평판에 영향을 미칠 수 있는 불쾌한 게시물을 올릴 위험도 있는 것 같아요.

F: [44]맞아요, 짐. 그렇기 때문에 당신은 직원들이 소셜미디어를 책임감 있게 사용하도록 교육해야 합니다.

M: [45]음, 조언해 주셔서 고마워요, 니콜. 제가 우리 회사의 소셜 미디어 정책을 개발하는 것을 도와줄 수 있나요?

어휘 ban 금지시키다, 막다 HR expert 인사부 전문가 concerned 걱정하는 distracted 산만해진, 다른 데 정신이 팔린 prevent 막다, 못하게 하다 employee 직원 productivity 생산성 decrease 감소하다 have access to ~에 접근하다 clear (머리나 마음을) 맑게 하다, 정리하다 refreshed 기분이 전환된 make sense 일리가 있다 expertise 전문 지식 account 계정, 계좌 recruitment 채용 description 설명 potential 잠재적인 candidate 후보자 disadvantage 단점 come up with 생각해 내다 additional guideline 추가적인 지침 remain ~인 채로 남아 있다 professional 직업적인 when it comes to ~에 관하여 be aware of ~을 알다, 인지하다 expose 노출시키다 security risk 보안 위험 launch viruses 바이러스를 퍼뜨리다 damage 손상시키다 steal 훔치다 confidential 기밀의 firewall 방화벽 offensive post 불쾌하게 만드는 게시물 affect 영향을 미치다 reputation 평판 responsibly 책임감 있게 policy 방침, 방책

난이도 ★★☆☆☆   **Category**   **주제(What)**

40 What does Jim want his employees to stop doing at work?

(a) browsing the Internet
(b) using social networking sites
(c) accessing blocked websites
(d) using their smartphones

짐은 직원들이 직장에서 무엇을 중단하기를 원하는가?

(a) 인터넷 검색
(b) 소셜 네트워킹 사이트 사용
(c) 차단된 웹 사이트 접속
(d) 스마트폰 사용

어휘 employee 직원 browse 검색하다 access 접속하다, 접근하다 blocked 차단된

정답 (b)

해설 대화에서 "[40]Well, I'm thinking about banning social media sites in my office."(음, 제 사무실에서 소셜미디어 사이트를 금지할까 생각 중입니다.)라고 하였다. 짐은 직원들이 사무실에서 소셜미디어 사용을 중단할 것을 원하고 있으므로 (b)가 정답이다.

난이도 ★★★　**Category**　세부사항(What)

41 According to Nicole, what happens to employees who visit websites not related to work?

(a) They cannot focus on their job.
(b) They do not get tired easily.
(c) Their productivity lessens.
(d) They get more work done.

니콜에 따르면, 업무와 관련이 없는 웹사이트를 방문하는 직원들에게 무슨 일이 생기는가?

(a) 자신의 일에 집중할 수 없다.
(b) 쉽게 지치지 않는다.
(c) 생산성이 감소한다.
(d) 더 많은 일을 해낸다.

어휘 related to ~에 관련된　focus on 집중하다　productivity 생산성　lessen 감소하다

정답 (d)

해설 대화에서 "⁴¹ Studies say that employees who have access to social networking sites are actually more productive than those whose companies don't allow them."(소셜 네트워크 사이트에 접속할 수 있는 직원이 회사가 허용하지 않는 직원보다 생산성이 높다는 연구 결과가 나왔다.)라고 하였다. 니콜은 연구 결과를 근거로 대면서 소셜 네트워크 사이트에 접속하는 직원들이 더 생산성이 높다고 주장하고 있다. 생산성이 높다는 것은 더 많은 일을 해낸다는 의미이므로 (d)가 정답이다.

오답 분석 (a)는 소셜미디어에 접속하는 직원들에 대한 짐의 생각이므로 오답이다. (c)에서 productivity라는 단어만 보고 (c)를 정답으로 고르면 안 된다. 니콜이 이러한 직원들의 생산성에 대해 언급하긴 했지만 더 생산성이 높다고 했으므로 생산성을 감소시킨다고 적힌 (c)는 오답이다. 생산성이라는 단어에 연연할 것이 아니라 '생산성이 높다'는 것이 '더 많은 일을 해낸다'로 표현될 수 있음을 알아야 한다.

정답 Key Paraphrasing
대화에 나온 'employees who have access to social networking sites are actually more productive'와 유사한 표현은 'They get more work done.'이다.

난이도 ★★★　**Category**　세부사항(Why)

42 Why do people get quicker replies from social media posts than from email?

(a) because social media sites cannot be hacked
(b) because social media loads faster than email
(c) because people use social media more often
(d) because many people do not have email

왜 사람들은 이메일보다 소셜미디어 게시물에서 더 빨리 답장을 받는가?

(a) 소셜미디어 사이트가 해킹될 수 없기 때문에
(b) 소셜미디어가 이메일보다 더 빨리 로딩되기 때문에
(c) 사람들이 소셜미디어를 더 자주 사용하기 때문에
(d) 많은 사람들이 이메일을 가지고 있지 않기 때문에

어휘 reply 응답하다　be hacked 해킹당하다　often 자주

정답 (c)

해설 대화에서 "⁴² they can ask their social network and get replies quickly because most people check their accounts regularly."(그들이 소셜 네트워크에 문의해 빠르게 답변을 받을 수 있는데 이는 대부분의 사람들이 정기적으로 계정을 확인하기 때문이다.)라고 하였다. 보기 중 이 내용과 일치하는 (c)가 정답이다.

정답 Key Paraphrasing
대화에 나온 'because most people check their accounts regularly'와 유사한 표현은 'because people use social media more often'이다.

43 What would cause Jim to have to do more work?

    (a) having to draw up social media regulations
    (b) employees behaving unprofessionally
    (c) needing to check social media for recruiting
    (d) employees suggesting new work guidelines

짐이 더 많은 일을 해야 하는 원인은 무엇인가?

(a) 소셜 미디어 규정을 작성해야 함
(b) 직원이 비전문적으로 행동함
(c) 채용을 위한 소셜미디어 확인이 필요함
(d) 직원들이 새로운 업무 지침을 제안함

어휘 cause 야기하다, 초래하다 draw up 작성하다 behave 행동하다 unprofessionally 비전문적으로 recruit 모집하다, 채용하다 guideline 지침

정답 (a)

해설 대화에서 "But coming up with guidelines means more work for you."(하지만 지침을 마련하는 것은 당신에게 더 많은 일을 의미해요.)라고 하였다. 보기 중 이 내용과 일치하는 (a)가 정답이다.

정답 Key Paraphrasing
대화에 나온 'coming up with guidelines'와 유사한 표현은 'having to draw up social media regulations'이다.

---

44 How can Jim prevent workers from sharing careless messages on social media?

    (a) by setting up a firewall system
    (b) by educating them on proper use of social media
    (c) by asking them not to post anything while at work
    (d) by monitoring their online activities regularly

짐이 어떻게 직원들이 부주의한 메시지를 소셜미디어에 공유하는 것을 막을 수 있는가?

(a) 방화벽 시스템을 설정하여
(b) 소셜미디어의 적절한 사용에 대해 교육하여
(c) 근무 중 어떤 것도 게시하지 말 것을 요청하여
(d) 온라인 활동을 정기적으로 감시하여

어휘 prevent A from B A가 B하는 것을 막다 set up 설치하다 firewall 방화벽 educate 교육하다 proper 적절한 monitor 감시하다

정답 (b)

해설 대화에서 "⁴⁴ You're right, Jim. That's why you should train your employees to use social media responsibly."(당신 말이 맞아요, 짐. 그렇기 때문에 직원들이 소셜미디어를 책임감 있게 사용하도록 교육해야 합니다.)라고 하였다. 보기 중 이 내용과 일치하는 (b)가 정답이다.

정답 Key Paraphrasing
대화에 나온 'you should train your employees to use social media responsibly'와 유사한 표현은 'by educating them on proper use of social media'이다.

---

45 Based on the conversation, what did Jim likely decide to do with his employees?

    (a) allow them to keep using social media

대화에 따르면, 짐은 그의 직원들에게 무엇을 하기로 결정했을까?

(a) 소셜미디어를 계속 사용하도록 허용한다

(b) ban them from using certain kinds of sites

(c) discipline those who are caught using social media

(d) encourage them to use social media more

(b) 특정 종류의 사이트 사용을 금지한다

(c) 소셜미디어를 사용하다 적발된 사람을 징계한다

(d) 소셜미디어를 더 많이 사용하도록 권장한다

어휘 ▶ decide 결정하다 allow + 목적어 + to부정사 ~에게 – 하도록 허용하다 ban A from B A가 B하는 것을 막다 discipline 훈육하다, 징계하다 encourage 권장하다

정답 ▶ (a)

해설 ▶ 대화에서 "⁴⁵ Well, thanks for those tips, Nicole. Can you help me develop a social media policy for my company?"(조언해 주셔서 고마워요, 제가 회사의 소셜 미디어 정책을 개발하는 것을 도와줄 수 있나요?)라고 하였다. 대화의 마지막에 짐이 자기 회사의 소셜미디어 정책을 개발하겠다는 의지를 보였으므로 소셜미디어 사용을 금지하지 않고 계속 허용하겠다는 뜻으로 추론된다. 따라서 (a)가 정답이다.

PART 4 | 46-52 | 절차 설명: 발코니를 꾸미는 방법

https://han.gl/q5uES

Good morning, everyone. Welcome to *Home Hacks*. On tonight's show, I'll teach you how to style the small balcony of your apartment into a useful part of your home. In a city apartment, the balcony is usually the only outdoor place where you can enjoy some air. ⁴⁶ Yet, if it's too small, you may end up just using it for storage, or not using it at all. Follow these steps so you can transform your small balcony into a beautiful outdoor retreat.

⁴⁷ First, it's important to study your space. This is so you can put every square foot of the balcony to good use. Is your balcony long and thin or short and square? Does it have a roof, or is it open to the elements? Understanding your balcony space will help you know what kind of furniture and decor will work and what kind won't.

Second, know your priorities. When your balcony is small, you have to make some important decisions. For example, do you want a quiet place where you can just sit and enjoy the view? Or do you want a space for barbecuing and dining? ⁴⁸ Small balconies make it a challenge to have it all, so it's necessary to focus on what's most important to you.

Third, once you've decided what you want to do with your balcony, you can prepare the basic things needed

여러분, 좋은 아침입니다. 홈 해크스에 오신 것을 환영합니다. 오늘밤 쇼에서, 저는 여러분에게 어떻게 아파트의 작은 발코니를 집의 유용한 부분으로 스타일링하는지를 가르쳐 드릴게요. 도시 아파트에서는, 발코니가 보통 약간의 바깥 공기를 즐길 수 있는 유일한 야외 장소입니다. ⁴⁶ 그러나 공간이 너무 작으면 결국 창고용으로만 사용하거나 전혀 사용하지 않을 것입니다. 여러분의 작은 발코니를 아름다운 야외 휴양지로 바꿀 수 있도록 이 단계들을 따르세요.

⁴⁷ 첫째, 여러분의 공간을 연구하는 것이 중요합니다. 이것은 여러분이 발코니의 모든 면적을 잘 사용할 수 있도록 하기 위함입니다. 여러분의 발코니는 길고 좁나요? 혹은 짧고 네모난가요? 지붕이 있나요, 혹은 비바람에 노출되어 있나요? 발코니 공간을 이해하면 어떤 종류의 가구와 장식이 효과가 있는지, 어떤 종류는 효과가 없는지 알 수 있습니다.

둘째, 자신의 우선순위를 알아야 합니다. 발코니가 작을 때, 여러분은 몇 가지 중요한 결정을 내려야 합니다. 예를 들어, 여러분은 그냥 앉아서 경치를 즐길 수 있는 조용한 장소를 원하나요? 아니면 바비큐하고 식사할 수 있는 공간을 원하세요? ⁴⁸ 작은 발코니는 그 모든 것을 갖추는 것을 어렵게 만듭니다. 그래서 여러분에게 가장 중요한 것에 초점을 맞추는 것이 필요합니다.

셋째, 일단 발코니로 무엇을 하고 싶은지 결정하면 스타일링에 필요한 기본적인 것들을

TEST 1 TEST 2 TEST 3 TEST 4 **TEST 5** TEST 6 TEST 7

for styling. These include flooring and wall paint. [49] The best choices for flooring are those that will give your balcony the effect of being outside, such as a carpet with an artificial grass design. For the paint, choose a color that will go well with the flooring.

[50] Fourth, depending on the balcony's shape and intended use, choose furniture that you will actually use there. For example, if your balcony is short and square and you want to use it for relaxing, putting a long bench won't leave room for much else. Instead, consider placing a small sofa in one corner. You can add a small coffee table and a small chair for times when you want a friend to join you.

Fifth, imitate the outdoors and make the balcony more refreshing by including some plants. Look for plant pots in different sizes and colors and position them safely on the floor, making sure that plants are not too close to the railing. Otherwise, they may blow over during harsh weather.

[51] Sixth, install lighting to add warmth to the balcony. If you have electrical outlets on your balcony, you can use low-wattage bulbs for a warm glow. You can also use outdoor Christmas tree lights. If there is no electrical outlet, you can use candles to light up the space, but make sure to snuff them out after use.

[52] Lastly, add accessories and décor to make the space more beautiful. You can put different-colored pillows on the sofa to make it more pleasing to the eye. You could even throw in a bright-colored rug for a more personal touch. Remember that it can get wet and windy out there, so you probably don't want to decorate with your prized possessions!

There you have it: the things to do to style a small balcony. Follow these tips and before you know it, your balcony will be transformed into a little haven! Good night, everybody. I hope you enjoyed tonight's episode of Home Hacks.

준비할 수 있습니다. 여기에는 바닥재와 벽 페인트가 포함됩니다. [49] 바닥재로 가장 좋은 선택은 인조 잔디로 디자인된 카펫처럼 발코니가 바깥에 있는 듯한 효과를 주는 것들입니다. 페인트의 경우 바닥재와 잘 어울리는 색상을 선택합니다.

[50] 넷째, 발코니의 모양과 의도한 용도에 따라 실제로 거기에서 사용할 가구를 선택하세요. 예를 들어, 여러분의 발코니가 짧고 네모난 곳이고 휴식을 위해 그것을 사용하고 싶다면, 긴 벤치를 놓으면 다른 건 별로 둘 공간이 없습니다. 대신, 한 구석에 작은 소파를 놓는 것을 고려해 보세요. 함께할 친구를 원할 때 여러분은 작은 커피 테이블과 작은 의자를 추가할 수 있습니다.

다섯째, 식물을 넣어 야외를 흉내내고 발코니를 더욱 상쾌하게 만드세요. 다양한 크기와 색깔의 식물 화분을 찾아 바닥에 안전하게 놓으세요. 화분이 난간에 너무 가까이 있지 않도록 하세요. 그렇지 않으면, 그것들은 혹독한 날씨 동안 바람에 넘어질 수도 있습니다.

[51] 여섯째, 발코니에 온기를 더하기 위해 조명을 설치하세요. 발코니에 전기 콘센트가 있다면 따뜻한 빛을 내기 위해 낮은 와트의 전구를 사용할 수 있습니다. 여러분은 야외 크리스마스 트리 조명도 사용할 수 있습니다. 전기 콘센트가 없는 경우, 촛불을 사용하여 공간을 밝게 할 수 있지만, 사용 후에는 반드시 끄십시오.

[52] 마지막으로, 공간을 더 아름답게 만들기 위해 액세서리와 장식을 추가하세요. 소파에 다양한 색깔의 쿠션을 올려놓아 더욱 눈을 즐겁게 할 수 있습니다. 좀 더 개인적인 감성을 위해 밝은 색깔의 양탄자를 덤으로 깔 수도 있어요. 밖은 비에 젖고 바람이 불 수 있다는 것을 기억하세요. 그래서 여러분은 아마도 소중한 물건들로 장식하고 싶지 않을 거예요!

이제 다 아셨죠: 작은 발코니를 장식하기 위해 해야 할 일들이요. 이 조언들을 따르면 어느새 여러분의 발코니는 작은 안식처로 바뀔 것입니다! 안녕히 주무세요, 여러분. 오늘 밤 홈 해크스 에피소드를 즐겁게 보셨기를 바랍니다.

어휘 end up –ing 결국 ~하고 말다 transform 변형시키다 retreat 휴양지 square foot 평방 피트 (제곱 피트) put A to good use A를 잘 활용하다 furniture 가구 decor 장식 the elements 비바람 priority 우선 순위 flooring 바닥재 go well with ~와 잘 어울리다 depending on ~에 따라 intended use 의도된 사용, 용도 imitate 흉내내다, 모방하다 refreshing 상쾌한 plant pot 화분 railing 난간 otherwise 그렇지 않으면 blow over 바람에 넘어지다 install 설치하다 lighting 조명 warmth 따뜻함

electrical outlet 전기 콘센트 glow 빛, 반짝임 snuff out (불을) 끄다 pillow 베개, 쿠션 throw in ~을 덤으로 포함하다
prized 소중한 possession 소유물 before you know it 어느새, 순식간에 haven 안식처

Category 세부사항(What)

46 What do some people do with their balcony if it is too small?

(a) They decorate it to look natural.
(b) They use it for outdoor picnics.
(c) They make it appear bigger.
(d) They turn it into a storage area.

발코니가 너무 작으면 일부 사람들은 그것을 어떻게 하는가?

(a) 자연스러워 보이도록 장식한다.
(b) 야외 소풍을 위해 사용한다.
(c) 더 커 보이게 한다.
(d) 수납 공간으로 바꾼다.

어휘 decorate 장식하다 natural 자연스러운 appear ~하게 보이다 turn A into B A를 B로 바꾸다

정답 (d)

해설 담화 1단락에서 "⁴⁶ Yet, if it's too small, you may end up just using it for storage, or not using it at all."(그러나 그것이 너무 작으면 결국 수납용으로만 사용하거나 전혀 사용하지 않을 수 있습니다.)라고 하였다. 보기 중 이 내용과 일치하는 (d)가 정답이다.

정답 Key Paraphrasing
담화에 나온 'you may end up just using it for storage'와 유사한 표현은 'They turn it into a storage area.'이다.

Category 세부사항(What)

47 What is the first thing to do when styling a small balcony?

(a) choose the right furniture
(b) get the balcony's exact measurements
(c) understand the shape of the balcony
(d) build a roof over the balcony

작은 발코니를 스타일링 할 때 가장 먼저 해야 할 일은 무엇인가?

(a) 알맞은 가구를 고른다
(b) 발코니의 정확한 치수를 구한다
(c) 발코니의 모양을 이해한다
(d) 발코니에 지붕을 만든다

어휘 furniture 가구 exact 정확한 measurement 치수, 측정 roof 지붕

정답 (c)

해설 담화 2 단락에서 "⁴⁷ First, it's important to study your space. This is so you can put every square foot of the balcony to good use."(첫째, 여러분의 공간을 연구하는 것이 중요합니다. 이것은 당신이 발코니의 모든 면적을 잘 사용할 수 있도록 하기 위함입니다.)라고 하였다. 발코니 공간을 연구하는 것은 그 공간의 모양을 이해하는 것도 포함하므로 (c)가 정답이다.

정답 Key Paraphrasing
담화에 나온 'study your space'와 유사한 표현은 'understand the shape of the balcony'이다.

48 Why is it important to choose just one purpose for a small balcony?

- (a) because its size allows a limited use
- (b) because all balconies have only one purpose
- (c) because it is expensive to have several uses for it
- (d) because it can only fit small furniture

왜 작은 발코니를 위해 하나의 목적만을 선택하는 것이 중요한가?

- (a) 크기로 인해 제한된 사용만 가능해서
- (b) 모든 발코니는 하나의 목적만 가지고 있어서
- (c) 여러 용도를 가지는 것은 비용이 많이 들어서
- (d) 그것이 작은 가구에만 적합하기 때문에

어휘 purpose 목적　limited 제한된　expensive 비싼　fit 잘 맞다, 적합하다

정답 (a)

해설 담화 3단락에서 "⁴⁸Small balconies make it a challenge to have it all, so it's necessary to focus on what's most important to you."(작은 발코니는 모든 것을 갖추는 것을 어렵게 만듭니다. 그래서 여러분에게 가장 중요한 것에 초점을 맞추는 것이 필요합니다.)라고 하였다. 발코니가 작으면 모든 것을 갖추기 어려워서 제한된 사용만 가능하므로 (a)가 정답이다.

정답 Key Paraphrasing
담화에 나온 'Small balconies make it a challenge to have it all'과 유사한 표현은 'because its size allows a limited use'이다.

49 Why is an artificial grass carpet ideal for a balcony's flooring?

- (a) It goes well with any wall paint color.
- (b) It gives an illusion of being outdoors.
- (c) It is cheaper than real grass.
- (d) It makes the balcony look larger.

왜 인조 잔디 카펫이 발코니의 바닥재로 이상적인가?

- (a) 어떤 벽 페인트 색과도 잘 어울린다.
- (b) 마치 야외에 있는 것 같은 착각을 일으킨다.
- (c) 진짜 잔디보다 싸다.
- (d) 발코니를 더 크게 보이게 한다.

어휘 artificial 인조의, 인공적인　grass carpet 잔디 카펫　ideal 이상적인　go well with 잘 어울리다　illusion 착각, 환상

정답 (b)

해설 담화 4단락에서 "⁴⁹The best choices for flooring are those that will give your balcony the effect of being outside, such as a carpet with an artificial grass design."(바닥재로 가장 좋은 선택은 인조 잔디로 디자인된 카펫처럼 발코니가 바깥에 있는 듯한 효과를 주는 것들입니다)라고 하였다. 보기 중 이 내용과 일치하는 (b)가 정답이다.

정답 Key Paraphrasing
담화에 나온 'that will give your balcony the effect of being outside'와 유사한 표현은 'It gives an illusion of being outdoors.'이다.

50 According to the talk, what kind of furniture pieces must one put on the balcony?

- (a) those that are comfortable
- (b) those that are nice to look at
- (c) those that will be most useful
- (d) those that are long and narrow

담화에 따르면, 발코니에 어떤 종류의 가구들을 놓아야 하는가?

- (a) 안락한 것들
- (b) 보기 좋은 것들
- (c) 가장 유용한 것들
- (d) 길고 좁은 것들

어휘 ▶ furniture 가구   comfortable 편안한, 안락한   useful 유용한   narrow 좁은

정답 ▶ (c)

해설 ▶ 담화 5단락에서 "⁵⁰ Fourth, depending on the balcony's shape and intended use, <u>choose furniture that you will actually use there.</u>"(넷째, 발코니의 모양과 의도한 용도에 따라 <u>실제로 사용할 가구를 선택하세요.</u>)라고 하였다. 실제로 사용할 가구란 유용성이 높은 가구를 의미하므로 (c)가 정답이다.

🔑 정답 Key **Paraphrasing**

담화에 나온 'furniture that you will actually use there'와 유사한 표현은 'those that will be most useful'이다.

난이도 ★★☆   Category   세부사항(What)

51 What benefit does lighting bring to a balcony?

(a) It makes the balcony look more colorful.
(b) It makes the balcony look warmer.
(c) It gives comfort when the weather is cold.
(d) It adds a holiday feel to the balcony.

조명은 발코니에 무슨 이점을 가져다 주는가?

(a) 발코니를 더욱 화려하게 보이게 한다.
(b) 발코니가 더 따뜻해 보이게 한다.
(c) 날씨가 추울 때 편안함을 준다.
(d) 발코니에 휴일의 느낌을 더한다.

어휘 ▶ benefit 이득   lighting 조명   bring A to B A를 B에게 가져 오다   comfort 안락함   add 더하다

정답 ▶ (b)

해설 ▶ 담화 7단락에서 "⁵¹ Sixth, install lighting <u>to add warmth to the balcony.</u>"(여섯째, 발코니에 온기를 더하기 위해 조명을 설치하세요.)라고 하였다. 보기 중 이 내용과 일치하는 (b)가 정답이다.

🔑 정답 Key **Paraphrasing**

담화에 나온 'to add warmth to the balcony'와 유사한 표현은 'It makes the balcony look warmer.'이다.

난이도 ★★☆   Category   세부사항(How)

52 How can one give the balcony a more personal touch?

(a) by including some colorful artwork
(b) by putting photographs on the walls
(c) by featuring one's prized possessions
(d) by adding some eye-catching decor

어떻게 발코니에 좀 더 개인적인 느낌을 줄 수 있는가?

(a) 다채로운 예술 작품을 포함시켜서
(b) 벽에 사진을 붙임으로써
(c) 귀중품을 포함함으로써
(d) 눈길을 끄는 장식을 더하여

어휘 ▶ include 포함하다   feature 특별히 포함하다   prized 귀중한   possession 소유물   eye-catching 눈길을 끄는   decor 장식

정답 ▶ (d)

해설 ▶ 담화 8단락에서 "⁵² Lastly, <u>add accessories and decor</u> to make the space more beautiful. You can put different-colored pillows on the sofa to make it more pleasing to the eye. You could even throw in <u>a bright-colored rug for a more personal touch.</u>"(마지막으로, 공간을 더 아름답게 만들기 위해 액세서리와 장식을 추가하세요. 소파에 다양한 색깔의 쿠션을 올려놓아 더욱 눈을 즐겁게 할 수 있습니다. 좀 더 개인적인 느낌을 위해 밝은 색깔의 양탄자를 덤으로 깔 수도 있어요.)라고 하였다. 좀 더 개인적인 느낌을 살리기 위해 밝은 색 양탄자를 놓으라고 했는데 양탄자는 액세서리나 장식에 속하므로 (d)가 정답이다.

READING AND VOCABULARY · 53-80

PART 1 · **53-59** · 인물 일대기: 독일 철학자 프리드리히 니체의 생애

FRIEDRICH NIETZSCHE

Friedrich Nietzsche was a leading German philosopher known for his writings on religion and morality, and for developing the concept of the "super-man." Nietzsche's writings influenced many important thinkers of the 20th century. [53] He published numerous works during his career, many of which were criticized for their anti-Christian ideas and remain controversial to this day.

Friedrich Wilhelm Nietzsche was born on October 15, 1844 in Röcken bei Lützen, a small town in the former state of Prussia, now a part of Germany. His father was a Protestant preacher who died when Nietzsche was four years old. The family moved to Naumburg in 1850. He received a classical education at Schulpforta, Germany's top boarding school. [54] He then went to the University of Leipzig to study philology, literature, and history. There, he was strongly influenced by the writings of philosopher Arthur Schopenhauer.

At the age of 24, Nietzsche started working as a professor at the University of Basel in Switzerland. At 28, he published his first book, *The Birth of Tragedy*, a work that strayed from classical scholarship and demonstrated the sort of bold, poetic expression that would feature prominently in his later work. [55] The book was not well received by his colleagues, who felt that it lacked discipline and relied too much on speculation, and it diminished Nietzsche's status within his department.

[56] Nietzsche resigned from his job in 1879 due to various illnesses. This led to a long period of isolation that resulted in his most [58] fruitful period of writing. It was during this time that some of his most important works, *Thus Spoke Zarathustra*, *Good and Evil*, and *Twilight of the Idols* were published. In them, Nietzsche came up

프리드리히 니체

프리드리히 니체는 종교와 도덕에 관한 저술과 "초인"의 개념을 발전시킨 것으로 유명한 독일의 대표적인 철학자이다. 니체의 글은 20세기의 많은 중요한 사상가들에게 영향을 주었다. [53]그는 활동 기간 동안 수많은 작품을 발표했는데, 그중 많은 작품들은 반기독교적인 발상으로 비판을 받았고 오늘날까지도 논란이 되고 있다.

프리드리히 빌헬름 니체는 1844년 10월 15일에 지금은 독일 땅이지만 예전엔 프러시아 지역의 한 조그만 마을이었던 뢰켄베이 뤼첸에서 태어났다. 그의 아버지는 니체가 4살 때 죽은 개신교 목사였다. 그 가족은 1850년에 나움부르크로 이사했다. 그는 독일 최고의 기숙 학교인 슐프포르타에서 고전 교육을 받았다. [54]그 후 그는 문헌학, 문학, 역사를 공부하기 위해 라이프치히 대학에 갔다. 그곳에서 그는 철학자 아서 쇼펜하우어의 저술에 강한 영향을 받았다.

24세 때, 니체는 스위스의 바젤 대학에서 교수로 일하기 시작했다. 28세에, 그는 첫 번째 책인 "비극의 탄생"을 출간했는데, 이 작품은 고전적인 학문에서 벗어나 그의 이후 작품에서 두드러지게 나타날 일종의 대담하고 시적인 표현을 보여주었다. [55]그 책은 학문적 규율이 부족하고 추측에 지나치게 의존한다고 느낀 동료들에게 잘 받아들여지지 않았으며, 학과 내에서 니체의 위상을 약화시켰다.

[56]니체는 1879년에 여러 가지 질병으로 직장을 그만두었다. 이로 인해 오랜 기간 고립되어, 결과적으로 그의 가장 [58]결실이 많은 집필 기간이 되었다. 그의 가장 중요한 작품인 〈차라투스트라는 이렇게 말했다〉, 〈선과 악〉, 〈우상의 황혼〉 등이 출간된 것은 바로 이 시기였다. 그 속에서 니체는 자신의 가치

with the central themes of his philosophy, including the super-man, an individual who creates his own values.

Just as his work was gaining respect in Europe, Nietzsche was hospitalized for a mental breakdown in 1889. He spent the rest of his life under the care of his mother and sister. The nature of his mental illness is still unknown, although some claim that his own philosophy led to his madness. He later caught pneumonia and died in 1900.

Nietzsche's ideas inspired many intellectuals of the 20th century, including Carl Jung, Sigmund Freud, and Jean-Paul Sartre. [57] The Nazi Party used his work as an excuse for its criminal activities. This connection to Hitler's party has caused Nietzsche's work to leave [59] <u>unsavory</u> impressions on some readers.

를 창조하는 개인인 초인을 포함한 그의 철학의 중심 주제들을 생각해냈다.

그의 연구가 유럽에서 존중을 받고 있을 때, 니체는 1889년 신경쇠약으로 병원에 입원했다. 그는 어머니와 누이동생의 보살핌 아래 여생을 보냈다. 일부 사람들은 그의 철학이 그의 광기를 초래했다고 주장하지만, 그의 정신병의 본질은 여전히 알려지지 않았다. 그는 나중에 폐렴에 걸렸고 1900년에 죽었다.

니체의 사상은 칼 융, 지그문트 프로이트, 장 폴 사르트르를 포함한 20세기의 많은 지식인들에게 영감을 주었다. [57] 나치당은 그의 연구를 그들의 범죄 행위의 구실로 이용했다. 히틀러 정당과의 이러한 연관성은 니체의 작품이 일부 독자들에게 [59] 불미스러운 인상을 남기게 했다.

어휘 ▶ **leading** 선도적인, 대표적인 **philosopher** 철학자 **known for** ~로 알려진 **religion** 종교 **morality** 도덕성 **influence** 영향을 주다 **numerous** 많은 **remain** ~인 채 남아 있다 **controversial** 논란이 많은 **philology** 문헌학 **be criticized for** ~로 비난받다 **stray from** ~에서 빗나가다, ~에서 벗어나다 **demonstrate** 나타내다 **feature** 특징으로 나타나다 **prominently** 두드러지게, 현저하게 **lack** 부족하다 **discipline** 훈육, 규율 **rely on** 의존하다 **speculation** 추측, 짐작 **diminish** 약화시키다 **status** 지위, 위상 **resign from** ~에서 물러나다, 사직하다 **due to** ~때문에 **illness** 질병 **isolation** 고립 **result in** 결과적으로 ~되다, ~한 결과를 낳다 **fruitful** 결실이 많은, 알찬 **come up with** ~를 생각해 내다 **central theme** 중심 주제 **individual** 개인 **mental breakdown** 신경쇠약 **pneumonia** 폐렴 **inspire** 영감을 주다 **intellectual** 지식인 **excuse** 변명, 핑계, 구실 **criminal** 범죄적인 **unsavory** 불쾌한 **impression** 인상

난이도 ★★★ | **Category** 세부사항(What)

53 What made Friedrich Nietzsche's work so controversial?

(a) his perspective on a major religion
(b) his provocative anti-German sentiments
(c) his lessons in Christian morality
(d) his criticism of other philosophers

무엇이 프리드리히 니체의 작품을 그렇게 논란이 되게 만들었는가?

(a) 주요 종교에 대한 그의 견해
(b) 그의 도발적인 반독 정서
(c) 기독교 도덕에 대한 그의 가르침
(d) 다른 철학자에 대한 그의 비판

어휘 **controversial** 논란이 되는 **perspective** 견해 **major** 주요한 **religion** 종교 **provocative** 도발적인, 자극적인 **sentiment** 감정, 정서 **morality** 도덕 **criticism** 비판 **philosopher** 철학자

정답 (a)

해설 본문 1단락에서 "[53] He published numerous works during his career, <u>many of which were criticized for their anti-Christian ideas</u> and remain controversial to this day."(그는 활동 기간 동안 수많은 작품을 발표했는데, <u>그중 많은 작품들은 반기독교적인 사상으로 비판</u>을 받았고 오늘날까지도 논란이 되고 있다.) 라고 하였다. 니체의 작품들이 반기독교적 사상을 담고 있다고 하여 비판받았으므로 작품 속에 드러난 종교관이 그의 작품을 논란거리로 만들었다고 풀이된다. 따라서 (a)가 정답이다.

정답 Key **Paraphrasing**

본문에 쓰인 'anti-Christian ideas'와 유사한 표현은 'his perspective on a major religion'이다.

54 When did Nietzsche start showing an interest in philosophy?

(a) while reading classical literature
(b) when listening to his father's sermons
(c) while working in Switzerland
(d) when studying a writer's works in college

니체는 언제부터 철학에 관심을 보이기 시작했는가?

(a) 고전 문학을 읽는 동안
(b) 아버지의 설교를 들을 때
(c) 스위스에서 근무하고 있을 동안
(d) 대학에서 한 작가의 작품을 공부할 때

어휘 ▶ philosophy 철학　classical literature 고전 문학　sermon 설교

정답 ▶ (d)

해설 ▶ 본문 2단락에서 "⁵⁴ He then went to the University of Leipzig to study philology, literature, and history. There, he <u>was strongly influenced by the writings of philosopher Arthur Schopenhauer.</u>"(그 후 그는 문헌학, 문학, 역사를 공부하기 위해 라이프치히 대학에 갔다. 그곳에서 그는 철학자 아서 쇼펜하우어의 저술에 강한 영향을 받았다.)라고 하였다. 니체가 라이프치히 대학에서 공부할 때, 철학자 쇼펜하우어의 저술에 영향을 받았으므로 이때부터 철학에 관심을 보인 것으로 추정되므로 (d)가 정답이다.

55 What most likely was the reason that Nietzsche's colleagues did not approve of his first book?

(a) because it promoted poetry among his students
(b) because it criticized their lack of discipline
(c) because it went against academic tradition
(d) because it focused too much on the classics

니체의 동료들이 그의 첫 번째 책을 인정하지 않은 이유는 무엇이었을까?

(a) 그것이 그의 학생들에게 시를 장려해서
(b) 그것이 그들의 규율 부족을 비판했기 때문에
(c) 그것이 학문적 전통에 어긋났기 때문에
(d) 그것이 고전에 너무 치중해서

어휘 ▶ approve of ~을 승인하다　promote 장려하다, 홍보하다　poetry 시　criticize 비판하다　lack 부족　discipline 규율　academic 학문적　tradition 전통　classic 고전

정답 ▶ (c)

해설 ▶ 본문 3단락에서 "⁵⁵ The book was not well received by his colleagues, who felt that <u>it lacked discipline and relied too much on speculation</u>, and it diminished Nietzsche's status within his department."(그 책은 학문적 규율이 부족하고 추측에 지나치게 의존한다고 느낀 동료들에게 잘 받아들여지지 않았으며, 그의 부서 내에서 니체의 위상을 약화시켰다.)라고 하였다. 니체의 첫 책이 규율이 부족하고 추측에 의존했다는 평가를 받았는데 이는 당시의 학문적 흐름에서 벗어나 있다는 뜻으로 추론될 수 있으므로 (c)가 정답이다.

오답분석 ▶ (b)는 본문에 나오는 표현인 'lacked discipline'과 거의 동일한 'lack of discipline'이라는 표현을 사용하여 매력적인 오답 역할을 하고 있다. 유사한 어휘만 보고 (b)를 정답으로 속단하면 안 된다. 본문에서는 니체의 첫 작품이 규율이 부족하다는 평가를 동료로부터 받았다는 뜻이고 선택지 (b)에서는 니체의 첫 작품이 동료들의 규율 부족을 비판했다는 뜻이므로 완전히 다른 뜻을 나타낸다. 표면적으로 한두 개의 동일한 단어를 사용했다고 해서 정답이 되는 것이 아니라 의미가 서로 통해야 정답이 될 수 있다.

56 Why did Nietzsche quit his teaching post at Basel?

(a) He wanted to devote his time to writing.

니체는 왜 바젤 대학의 교직을 그만두었는가?

(a) 그는 글쓰기에 시간을 쏟고 싶었다.

(b) He experienced a decline in health.
(c) He was busy developing his philosophy.
(d) He was put into a mental hospital.

(b) 그는 건강 쇠약을 경험했다.
(c) 그는 자신의 철학을 발전시키느라 바빴다.
(d) 그는 정신병원에 입원했다.

어휘 ▶ quit 그만두다 devote A to B A를 B에 바치다 experience 경험하다 decline 쇠퇴, 쇠약 be busy -ing ~하느라 바쁘다
mental hospital 정신병원

정답 ▶ (b)

해설 ▶ 본문 4단락에서 "⁵⁶ Nietzsche resigned from his job in 1879 <u>due to various illnesses.</u>"(니체는 1879년에 여러 가지 질병으로 직장을 그만두었다.)라고 하였으므로 (b)가 정답이다.

🔑 정답 Key Paraphrasing

본문에 쓰인 'due to various illnesses'와 유사한 표현은 'He experienced a decline in health.'이다.

난이도 ★★★ Category 세부사항(What)

57 What can be said about Nietzsche's philosophical beliefs?

(a) They provided a clear description of madness.
(b) They never caught on with 20th century thinkers.
(c) They were used as a reason to commit crime.
(d) They inspired people to become superior beings.

니체의 철학적인 신념들에 대해 뭐라고 말할 수 있는가?

(a) 광기에 대한 명확한 설명을 제공했다.
(b) 20세기 사상가들에게 전혀 인기를 끌지 않았다.
(c) 범죄를 저지르는 핑계로 사용되었다.
(d) 사람들이 우월한 존재가 되도록 영감을 주었다.

어휘 ▶ philosophical belief 철학적 신념 provide 제공하다 description 묘사 catch on 인기를 끌다 thinker 사상가
commit crime 범죄를 저지르다 inspire 영감을 주다 superior being 우월한 존재

정답 ▶ (c)

해설 ▶ 본문 6단락에서 "⁵⁷ <u>The Nazi Party used his work as an excuse for its criminal activities.</u>"(나치당은 그의 연구를 범죄 행위의 구실로 이용했다.)라고 하였다. 니체의 사상이 나치당의 범죄적 행위에 대한 핑계나 구실로 이용되었으므로 (c)가 정답이다.

🔑 정답 Key Paraphrasing

본문에 쓰인 'The Nazi Party used his work as an excuse for its criminal activities.'와 유사한 표현은 'They were used as a reason to commit crime.'이다.

난이도 ★★★ Category 어휘(형용사: fruitful)

58 In the context of the passage, <u>fruitful</u> means _____.

(a) blooming
(b) important
(c) effective
(d) productive

본문의 맥락에서, fruitful은 _____를 의미한다.

(a) 피어나는
(b) 중요한
(c) 유효한
(d) 생산적인

fruitful 결실이 많은   **blooming** 꽃 피는   **effective** 효과적인, 유효한   **productive** 생산적인

(d)

본문 4단락에서 "that resulted in his most ⁵⁸ fruitful period of writing."(이로 인해 결과적으로 그의 저술의 가장 결실이 많았던 집필 기간이 되었다.)라고 하였다. 저술에서 결실이 많았다는 것은 저술 활동이 활발하여 작품이 많이 생산되었음을 의미하므로 문맥상 '생산적인'이 라는 뜻을 가진 (d)가 정답이다.

난이도 ★★★   **Category**   **어휘**(형용사: unsavory)

59 In the context of the passage, unsavory means _____.

    (a) unpleasant
    (b) bland
    (c) uninteresting
    (d) inedible

본문의 맥락에서, unsavory는 _____ 를 의미한다.

(a) 불쾌한
(b) 싱거운
(c) 흥미롭지 않은
(d) 먹을 수 없는

unsavory 불미스러운, 불쾌한   **unpleasant** 불쾌한   **bland** 싱거운   **uninteresting** 흥미롭지 않은   **inedible** 먹을 수 없는

(a)

본문 6단락에서 "This connection to Hitler's party has caused Nietzsche's work to leave ⁵⁹ unsavory impressions on some readers,"(히틀러 정당과의 이러한 연관성은 니체의 작품을 일부 독자들에게 불미스러운 인상을 남기게 했다.)라고 하였다. 문맥상 unsavory는 '불 미스러운, 불쾌한'이라는 뜻으로 쓰였으므로 이 의미와 가장 가까운 (a)가 정답이다.

PART 2 | 60-66   잡지 기사: 중국 백만장자들의 해외 이주 실태와 이유

CHINESE MILLIONAIRES ARE LEAVING CHINA

There are now about one million millionaires in mainland China. ⁶⁰ More and more of these millionaires are using their wealth to move themselves and their families abroad. They relocate to other countries using "investment visas," visas which allow foreigners to live in another country based on the investment they will be making there.

Many countries provide the said means of entry for wealthy people. In the United States, foreigners can get residency or "green cards" for themselves, their spouses, and children under 21 years old ⁶¹ if they invest one million US dollars (USD) to create a business that employs at least 10 workers. In Spain, Australia, and

중국 백만장자들이 중국을 떠나고 있다

현재 중국 본토에는 백만장자가 백만 명 정 도 있다. ⁶⁰ 점점 더 많은 백만장자들이 자신 과 가족들을 해외로 이주시키기 위해 그들 의 부를 사용하고 있다. 그들은 "투자 비자" 를 이용해 다른 나라로 이주하는데, 이 투자 비자는 외국인이 다른 나라에 투자하는 것 을 기반으로 다른 나라에 살도록 허락해 주 는 비자이다.

많은 나라들이 부유한 사람들을 위해 위에 서 언급한 입국 수단을 제공하고 있다. 미국 에서는 ⁶¹ 외국인이 최소 10명의 직원을 고용 하는 업체를 만들기 위해 100만 달러(미국 달 러)를 투자하면 자신과 배우자, 21세 이하 자 녀를 위한 거주권 즉, 영주권을 받을 수 있다.

the UK, one can apply for a permanent residency visa [61] by investing in finances or property in an amount that ranges from 662,000 to 4.65 million USD.

Since China first saw a [65] <u>hike</u> in its population of *nouveau rich*, or those who only recently acquired wealth, investor visa programs around the world have been dominated by rich Chinese citizens who want to move abroad. More than 80 percent of the total investor visas issued in the US in 2013 and 2014 were issued to Chinese immigrants. The UK government also plans to make entry easier for Chinese investors.

Still, not all countries receive Chinese millionaires. [62] Canada canceled its investment visa in early 2015 after receiving too many Chinese applicants. The visa previously gave residency to foreigners who would lend at least 726,720 USD interest-free to any Canadian province for five years. However, the Canadian government said the visa had become greatly undervalued as a cheap [66] <u>route</u> out of China and had also made locals angry as wealthy immigrants inflated property values.

[63] Many of the wealthy Chinese move not only for economic opportunities but for providing a better life for their families. [64] To Chinese parents, this means raising their kids in an environment that has safe food and clean air and water. Many also want their children to get a high-quality Western education. Furthermore, parents use the investor visa to get foreign citizenship for their yet-to-be-born children, making it easier for them to travel and attend university abroad later.

스페인, 호주, 영국에서는 66만 2,000달러에서 465만 달러 규모의 [61]금융이나 부동산에 투자하면 영주권 비자를 신청할 수 있다.

중국에서 신흥부자들, 즉 최근에 부를 얻은 사람들의 수가 처음 [65]증가한 이후로, 전 세계의 투자자 비자 프로그램은 해외로 이주를 원하는 부유한 중국 사람들에 의해 지배되어 왔다. 2013년과 2014년 미국에서 발급된 전체 투자자 비자의 80% 이상이 중국인 이민자에게 발급되었다. 영국 정부도 중국 투자자들의 입국을 더 용이하게 할 계획이다.

그러나 모든 나라가 중국의 백만장자를 받는 것은 아니다. [62]캐나다는 너무 많은 중국인 신청자를 받은 후, 2015년 초에 투자 비자를 취소했다. 이 비자는 이전에 5년간 캐나다 어느 지방이든 최소 72만 6,720달러를 무이자로 빌려 줄 외국인들에게 거주권을 주었다. 그러나 캐나다 정부는 이 비자가 중국을 떠나는 값싼 [66]방법으로 크게 저평가되고 있으며 부유한 이민자들이 부동산 가치를 부풀려 현지인들을 화나게 했다고 말했다.

[63]많은 부유한 중국인들은 경제적 기회뿐만 아니라 그들의 가족에게 더 나은 삶을 제공하기 위해 이주한다. [64]중국 부모들에게 이것은 안전한 음식과 깨끗한 공기와 물을 가진 환경에서 그들의 아이들을 기르는 것을 의미한다. 많은 사람들은 또한 자녀들이 수준 높은 서구식 교육을 받기를 원한다. 게다가, 부모들은 아직 태어나지 않은 자녀들의 외국인 시민권을 얻기 위해 투자자 비자를 이용하여 나중에 그들이 해외 여행을 하고 대학에 다니는 걸 더 쉽게 만든다.

어휘 millionaire 백만장자 mainland China 중국 본토 wealth 부. 부유함 abroad 해외로 relocate to ~로 이주하다
investment visa 투자 비자 said 위에서 언급한 means of entry 입국 수단 green card 영주권 apply for 지원하다
permanent residency visa 영주권 비자 finance 금융 property 재산. 부동산 amount 액수
range from A to B A에서 B에 이르는 범위에 있다 hike 증가 population 인구 nouveau rich 신흥 부자 recently 최근에
acquire 습득하다. 얻다 dominate 지배하다 be issued 발행되다 immigrant 이민자 entry 들어옴. 진입 investor 투자자
applicant 신청자 previously 전에는 province 지방 undervalued 저평가된 inflate 부풀리다 provide 제공하다
yet-to-be-born 아직 태어나지 않은

60 What are Chinese millionaires mainly using investment visas for?

(a) generating more wealth for their country
(b) investing in foreign governments
(c) moving their families out of China
(d) traveling to other countries

중국의 백만장자들은 주로 투자 비자를 무엇을 위해 사용하는가?

(a) 국가를 위해 더 많은 부를 창출하는 것
(b) 외국 정부에 투자하는 것
(c) 가족을 중국 밖으로 이주시키는 것
(d) 다른 나라로 여행하는 것

어휘 millionaire 백만장자 investment visa 투자 비자 generate 창출하다, 생성하다 wealth 부 foreign 외국의 government 정부

정답 (c)

해설 본문 1단락에서 "⁶⁰ More and more of these millionaires are using their wealth to move themselves and their families abroad. They relocate to other countries using "investment visas,"(점점 더 많은 백만장자들이 자신과 가족들을 해외로 이주시키기 위해 그들의 부를 사용하고 있다. 그들은 투자 비자를 이용하여 다른 나라로 이주한다.)라고 하였다. 보기 중 이 내용과 일치하는 (c)가 정답이다.

정답 Key Paraphrasing

본문에 쓰인 'to move themselves and their families abroad.'와 유사한 표현은 'moving their families out of China'이다.

61 Why most likely are governments allowing Chinese millionaires to live in their country?

(a) to bring money into the local economy
(b) to increase their own country's population
(c) to increase the workforce in their own country
(d) to help solve China's population problem

왜 정부들이 중국의 백만장자들을 자기 나라에서 살도록 허용하고 있을까?

(a) 지역 경제로 돈을 들여 오기 위해
(b) 자국의 인구를 증가시키기 위해
(c) 자국 내 노동 인구를 증가시키기 위해
(d) 중국의 인구 문제 해결을 돕기 위해

어휘 bring 가지고 오다 local economy 지역 경제 increase 증가시키다 population 인구 workforce 노동 인구

정답 (a)

해설 본문 2단락에서 "⁶¹ if they invest one million US dollars (USD) to create a business that employs at least 10 workers"(외국인이 최소 10명의 직원을 고용하는 업체를 만들기 위해 100만 달러(미국 달러)를 투자하면)와 "⁶¹ by investing in finances or property"(금융 또는 부동산에 투자함으로써)라고 하였다. 정부들이 그 지역에 사업체를 만들거나 금융이나 부동산 등에 투자하는 조건으로 외국인 즉, 중국 부자들에게 영주권을 허용해 주는 것으로 보아, 지역 경제에 자본을 들여 오려는 의도로 추론된다. 따라서 (a)가 정답이다.

62 What did the Canadian government do with its investment visa policy in 2015?

(a) It increased the cost of obtaining the visa.
(b) It stopped implementing the policy.

캐나다 정부는 2015년 투자 비자 정책으로 무엇을 했는가?

(a) 비자 취득 비용을 인상시켰다.
(b) 정책 시행을 중단하였다.

(c) It closed the policy to Chinese applicants.

(d) It opened the policy to more nationalities.

(c) 중국인 신청자들에 대한 정책을 종결했다.

(d) 그 정책을 더 많은 국적에 개방했다.

어휘 policy 정책 obtain 획득하다, 취득하다 implement 시행하다 applicant 신청자 nationality 국적

정답 (b)

해설 본문 4단락에서 "62 Canada canceled its investment visa in early 2015 after receiving too many Chinese applicants."(캐나다는 중국인 신청자를 너무 많이 받고 난 후, 2015년 초에 투자 비자를 취소했다.)라고 하였다. 2015년 초 전까지 캐나다가 너무 많은 중국인 투자 비자 신청자를 받았고 그 후로는 투자 비자 정책을 취소시켰다고 했으므로 2015년에 이 정책 시행을 중단하였다. 따라서 (b)가 정답이다.

🔑 정답 Key **Paraphrasing**

본문에 쓰인 'Canada canceled its investment visa'와 유사한 표현은 'It stopped implementing the policy.'이다.
특히 'canceled'와 'stopped implementing'은 같은 의미를 가지며, 'investment visa'와 'the policy'는 같은 것을 나타낸다.

난이도 ★★★ | Category 주제(Why)

63 According to the article, why do many of the rich Chinese move ?

(a) so they can follow their relatives abroad

(b) so they can improve the life of their families

(c) so they can expand their businesses

(d) so they can own properties abroad

기사에 따르면, 부유한 중국인들 중 많은 수가 왜 이주하는가?

(a) 해외로 친척을 따라갈 수 있도록

(b) 가족의 삶을 개선할 수 있도록

(c) 사업을 확장할 수 있도록

(d) 해외 부동산을 소유할 수 있도록

어휘 follow 따라가다 relative 친척 abroad 해외로 expand 확장하다 own 소유하다 property 부동산

정답 (b)

해설 본문 5단락에서 "63 Many of the wealthy Chinese move not only for economic opportunities but for providing a better life for their families."(많은 부유한 중국인들은 경제적 기회뿐만 아니라 그들의 가족에게 더 나은 삶을 제공하기 위해 이주한다.)라고 하였다. 보기 중 이 내용과 일치하는 (b)가 정답이다.

🔑 정답 Key **Paraphrasing**

본문에 쓰인 'for providing a better life for their families'와 유사한 표현은 'so they can improve the life of their families'이다.

난이도 ★★★ | Category 추론(What)

64 Based on the article, what is probably true about the way Chinese parents view China?

(a) It is not a good place to give birth.

(b) There are very few educational institutions.

(c) It does not have any investment opportunities.

(d) There are unfavorable conditions for children.

기사에 근거하면 중국 부모들이 중국을 바라보는 시각에 대해 옳은 것은 무엇일까?

(a) 그곳은 출산하기 좋은 곳이 아니다.

(b) 교육 기관이 거의 없다.

(c) 투자 기회가 없다.

(d) 자녀들에게 불리한 조건이 있다.

어휘 probably 아마도 educational institution 교육 기관 opportunity 기회 unfavorable 비우호적인, 불리한

정답 (d)

해설 본문 5단락에서 "⁶⁴To Chinese parents, this means raising their kids in an environment that has safe food and clean air and water. Many also want their children to get a high-quality Western education."(중국 부모들에게 이것은 안전한 음식과 깨끗한 공기와 물이 있는 환경에서 아이들을 기르는 것을 의미한다. 많은 사람들은 또한 자녀들이 수준 높은 서구식 교육을 받기를 원한다.)라고 하였다. 중국인 부모들이 아이들에게 더 나은 음식, 공기, 물과 교육을 제공하고 싶어서 외국으로 이주한다고 했으므로 중국인 부모들은 중국 본토에서 이러한 삶의 조건들이 자녀들을 키우기에 상대적으로 불리하다고 생각하는 것으로 추론된다. 따라서 (d)가 정답이다.

난이도 ★★★ **Category** **어휘**(명사: hike)

65 In the context of the passage, hike means _____.

(a) trip
(b) change
(c) rise
(d) gathering

본문의 맥락에서, hike는 _____를 의미한다.

(a) 여행
(b) 변화
(c) 상승
(d) 수집

어휘 hike 상승 trip 여행 change 변화 rise 상승 gathering 모임, 수집

정답 (c)

해설 본문 3단락에서 "Since China first saw a ⁶⁵hike in its population of *nouveau rich*, or those who only recently acquired wealth, investor visa programs around the world have been dominated by rich Chinese citizens who want to move abroad."(중국이 최근에 부를 얻은 신흥 부자들이 증가한 이후로, 전 세계 투자자 비자 프로그램은 해외 이주를 원하는 부유한 중국인에 의해 지배되어 왔다.)라고 하였다. 문맥상 명사 hike는 '상승'의 의미로 사용되었으므로 (c)가 정답이다

난이도 ★★★ **Category** **어휘**(명사: route)

66 In the context of the passage, route means _____.

(a) address
(b) trail
(c) map
(d) way

본문의 맥락에서, route는 _____를 의미한다.

(a) 주소
(b) 오솔길
(c) 지도
(d) 방법

어휘 route 경로, 방법 address 주소 trail 오솔길, 흔적 map 지도 way 방법

정답 (d)

해설 본문 4단락에서 "However, the Canadian government said the visa had become greatly undervalued as a cheap ⁶⁶route out of China and had also made locals angry as wealthy immigrants inflated property values."(그러나 캐나다 정부는 이 비자가 중국을 떠나는 값싼 방법으로서 크게 저평가되고 있으며 부유한 이민자들이 부동산 가치를 부풀려 현지인들을 화나게 했다고 말했다.)라고 하였다. 이때 명사 route는 '경로, 방법'의 의미로 사용되었다. 보기 중 이 의미와 가장 가까운 (d)가 정답이다.

JERKY

Jerky is meat that has been cut into long thin strips and then dried. It is a favorite food of travelers, campers, and outdoor enthusiasts because it is lightweight and does not need to be refrigerated. Jerky can be made from almost any meat, but it is usually made from beef, pork, or turkey. [67] The word "jerky" originated from the Quechua word *ch'arki*, which means "dried meat."

The Quechua-speaking Incas made jerky as early as the 1500s. However, the food only became popular during the Europeans' westward expansion in North America, when traders and explorers began to see it as an ideal source of nutrition during their travels. [68] During the Industrial Age in the late 18th century, American companies began mass-producing jerky. Today, jerky is a [72]ubiquitous food product. It is available in different brands and flavors, and can be bought globally from supermarkets, convenience stores, specialty shops, and even gas stations. It can also be made at home.

To make jerky, the meat is slightly frozen to make cutting easier. [69] The fat is then removed since it does not dry and spoils easily. The meat is sliced into thin strips and salted to [73]inhibit bacterial growth. It is then usually marinated with varying ingredients that can include oil, salt, spices, lemon juice, soy sauce, and wine. The meat strips are refrigerated for several hours. They are then drained on clean towels, and dried either in a dehydrator or an oven at low temperatures to avoid overcooking. [70] The jerky is ready when it is dry and darker in color and breaks gently when bent.

Jerky should be stored in airtight containers or resealable plastic bags. [71] Well-dried jerky will last for two to three months without refrigeration, while store-bought processed jerky can last for up to two years. Because it is made of lean meat, jerky is high in protein. And because it is lightweight, highly nutritious, ready-to-eat, and has a long shelf life, it is commonly served at military camps. Jerky has also been used by astronauts during space flights.

육포

육포는 길고 얇은 조각으로 잘라서 말린 고기이다. 무게가 가볍고 냉장 보관할 필요가 없어 여행객, 캠핑족, 야외활동 애호가들이 즐겨 찾는 음식이다. 육포는 거의 어떤 고기로도 만들 수 있지만, 보통 쇠고기, 돼지고기, 또는 칠면조로 만들어진다. [67]'jerky'라는 단어는 '말린 고기'를 의미하는 퀘추아어 단어 차르키(ch'arki)에서 유래되었다.

케추아어를 사용하는 잉카인들은 1500년대 초반부터 육포를 만들었다. 그러나 이 음식은 북아메리카에서 유럽인들이 서부 개척을 하던 시기가 되어서야 비로소 인기를 끌게 되었는데, 이때 무역상들과 탐험가들은 이 음식을 그들의 여행 동안 이상적인 영양 공급원으로 보기 시작했다. [68]18세기 후반 산업 시대에 미국 회사들은 육포를 대량 생산하기 시작했다. 오늘날 육포는 [72]어디에나 있는 식품이다. 다양한 브랜드와 맛으로 출시되며, 전 세계적으로 슈퍼마켓, 편의점, 특산품 전문점, 심지어 주유소에서도 구입할 수 있다. 그것은 집에서도 만들 수 있다.

육포를 만들기 위해 고기를 약간 얼려서 자르기 쉽도록 한다. [69]지방은 마르지 않고 쉽게 상하기 때문에 제거된다. 고기는 얇게 썰어 박테리아 성장을 [73]억제하기 위해 소금에 절여진다. 그리고 나서 그것은 보통 기름, 소금, 향신료, 레몬 주스, 간장과 와인을 포함할 수 있는 다양한 재료들로 재워진다. 고기 조각은 몇 시간 동안 냉장 보관된다. 그런 다음 그것들은 깨끗한 수건으로 물을 빼고, 너무 오래 익히는 것을 피하기 위해 건조기나 오븐에서 낮은 온도로 말린다. [70]육포는 건조하고 색이 진하며 구부러뜨릴 때 살짝 부러지면 준비된 것이다.

육포는 밀폐 용기나 다시 밀봉 가능한 비닐 봉지에 보관해야 한다. [71]잘 말린 육포는 냉장 보관하지 않고 2~3개월 지속되는 반면, 가게에서 산 가공 육포는 최대 2년까지 지속할 수 있다. 육포는 살코기로 만들어졌기 때문에 단백질이 풍부하다. 그리고 그것은 가볍고, 영양이 풍부하고, 조리하지 않고 먹을 수 있고, 유통기한이 길기 때문에, 그것은 보통 군대에서 제공된다. 육포는 우주 비행 동안 우주 비행사들에 의해서도 이용되어 왔다.

jerky 육포 strip 조각 enthusiast 애호가 refrigerate 냉장 보관하다 originate from ~로부터 유래되다 expansion 확장
trader 무역상 explorer 탐험가 ideal 이상적인 nutrition 영양 ubiquitous 어디에나 있는 available 이용 가능한, 구입 가능한
flavor 맛, 풍미 convenience store 편의점 specialty 특산품 remove 제거하다 spoil 상하다 inhibit 억제하다
bacterial growth 박테리아의 성장 be marinated with ~로 재워지다 varying 다양한 ingredient 재료 spice 향신료
be drained 물이 빠지다, 배수되다 dehydrator 탈수기, 건조기 temperature 온도 avoid 피하다 overcook 너무 오래 익히다
gently 부드럽게 be stored 보관되다 airtight container 밀폐 용기 resealable 다시 밀봉 가능한 processed 가공된
last 오래 가다, 지속되다 lean meat 살코기 lightweight 무게가 가벼운 highly nutritious 영양이 풍부한 shelf life 유통 기한
astronaut 우주 비행사 flight 비행

난이도 ★★★ **Category** 주제(What)

67 What was likely the origin of the word "jerky"?

(a) the process used to make it
(b) the place where it was first made
(c) the kind of meat used to make it
(d) the characteristic texture

"jerky"라는 단어의 기원은 무엇이었을까?

(a) 그것을 만들기 위해 사용되는 과정
(b) 그것이 처음 만들어진 장소
(c) 그것을 만드는 데 사용되는 고기 종류
(d) 특징적인 질감

origin 기원 jerky 육포 process 과정 characteristic 특징적인 texture 질감

(a)

본문 1단락에 "⁶⁷The word "jerky" originated from the Quechua word ch'arki, which means "dried meat."(jerky라는 단어는 "말린 고기"를 의미하는 퀘추아어 단어 차르키에서 유래되었다.)라고 하였다. 즉, jerky는 '말린 고기'의 의미로 육포를 만드는 과정이나 방법에서 그단어의 기원을 찾을 수 있는 것으로 추론되므로 (a)가 정답이다.

난이도 ★★☆ **Category** 세부사항(When)

68 When did jerky start to be produced in large amounts?

(a) when America was explored
(b) during the Industrial Revolution
(c) during westward expansion in Europe
(d) when people learned to make it at home

육포는 언제부터 대량으로 생산되기 시작했는가?

(a) 미국이 탐험되었을 때
(b) 산업 혁명 동안
(c) 유럽에서 서쪽으로 확장하는 동안
(d) 사람들이 집에서 만드는 법을 배웠을 때

produce 생산하다 in large amounts 대량으로 explore 탐험하다 Industrial Revolution 산업 혁명 expansion 확장

(b)

본문 2단락에서 "⁶⁸During the Industrial Age in the late 18th century, American companies began mass-producing jerky."(18세기 후반 산업 시대에 미국 회사들은 육포를 대량 생산하기 시작했다.)라고 하였으므로 (b)가 정답이다.

정답 Key Paraphrasing
본문에 쓰인 'During the Industrial Age in the late 18th century'와 유사한 표현은 'during the Industrial Revolution'이다.

난이도 ★★☆ | **Category** 세부사항(Why)

69 Why is the fat removed from the jerky?

(a) to make it more flavorful
(b) to make it more nutritious
(c) to prevent it from spoiling
(d) to prepare it for easier slicing

왜 육포에서 지방이 제거되었는가?

(a) 좀 더 풍미 있게 하기 위해
(b) 영양을 높이기 위해
(c) 상하는 것을 막기 위해
(d) 더 쉽게 잘라지도록 준비하기 위해

어휘 fat 지방 be removed from ~로부터 제거되다 flavorful 풍미가 있는, 맛있는 nutritious 영양가 있는 prevent A from B A가 B하는 것을 막다 spoil 상하다

정답 (c)

해설 본문 3단락에서 "69 The fat is then removed since it does not dry and spoils easily."(지방은 마르지 않고 쉽게 상하기 때문에 제거된다.)라고 하였다. 지방은 쉽게 상하기 때문에 제거된다고 했으므로 지방을 제거하는 이유는 상하는 것을 방지하기 위해서이다. 따라서 (c)가 정답이다.

난이도 ★★☆ | **Category** 세부사항(How)

70 How can one confirm that jerky is ready for eating?

(a) by checking that it is no longer moist
(b) by breaking it into small pieces
(c) by feeling if it is hot to the touch
(d) by seeing that the color remains bright

육포가 먹을 준비가 되었음을 어떻게 확인할 수 있는가?

(a) 더 이상 촉촉하지 않은지 확인하여
(b) 잘게 부수어 봄으로써
(c) 만졌을 때 뜨거운지 느껴 봄으로써
(d) 색이 밝은 상태로 남아 있는지 확인하여

어휘 confirm 확인하다 be ready for ~할 준비가 되다 no longer 더 이상 ~않은 moist 촉촉한 to the touch 만져서 ~한 remain ~인 상태로 남아 있다

정답 (a)

해설 본문 3단락에서 "70 The jerky is ready when it is dry and darker in color and breaks gently when bent."(육포는 건조하고 색이 진하며 구부러뜨릴 때 살짝 부러지면 준비된 것이다.)라고 하였다. 육포가 완전히 말라서 수분이 없을 때 먹을 준비가 된다고 했으므로 (a)가 정답이다.

정답 Key Paraphrasing
본문에 쓰인 'it is dry'와 유사한 표현은 'it is no longer moist'이다.

난이도 ★★★ | **Category** 추론(Why)

71 Why most likely would store-bought jerky be ideal for soldiers?

(a) It is the most nutritious dried food.
(b) It is easy to prepare anywhere.
(c) It can be traded for other food items.
(d) It can be kept for long periods.

왜 가게에서 산 육포가 병사들에게 이상적일까?

(a) 가장 영양가가 높은 건조 식품이다.
(b) 어디에서나 준비하기가 쉽다.
(c) 다른 식품과 교환될 수 있다.
(d) 장기간 보관될 수 있다.

정답 (d)

해설 본문 4단락에서 "[71] Well-dried jerky will last for two to three months without refrigeration, while <u>store-bought processed jerky can last for up to two years.</u>"(잘 말린 육포는 냉장 보관하지 않고 2~3개월 지속되는 반면, 가게에서 산 가공 육포는 최대 2년까지 지속할 수 있다.)라고 하였다. 가게에서 산 육포의 장기간 보관 가능한 특성 때문에 병사들의 식량으로 적합할 것으로 추론되므로 (d)가 정답이다.

정답 Key **Paraphrasing**
본문에 쓰인 'store-bought processed jerky can last for up to two years'와 유사한 표현은 'It can be kept for long periods.'이다.

난이도 ★★★   Category   **어휘**(형용사: ubiquitous)

72 In the context of the passage, <u>ubiquitous</u> means
_____.

(a) favorite
(b) widespread
(c) strange
(d) invasive

본문의 맥락에서, ubiquitous는 _____ 를 의미한다.

(a) 좋아하는
(b) 널리 퍼져 있는
(c) 이상한
(d) 급속히 퍼지는

어휘 ubiquitous 어디에나 있는   favorite 좋아하는   widespread 널리 퍼져 있는   strange 이상한   invasive 급속히 퍼지는, 침습하는

정답 (b)

해설 본문 2단락 "Today, jerky is a [72]<u>ubiquitous</u> food product." (오늘날 육포는 <u>어디서나 볼 수 있는</u> 식품이다.)에서 형용사 ubiquitous는 '어디서나 볼 수 있는'의 의미로 사용되었다. 보기 중 이 의미와 가장 가까운 (b)가 정답이다.

난이도 ★★★   Category   **어휘**(동사: inhibit)

73 In the context of the passage, <u>inhibit</u> means
_____.

(a) frighten
(b) forbid
(c) prevent
(d) simulate

본문의 맥락에서, inhibit은 _____ 를 의미한다.

(a) 겁을 주다
(b) 금지하다
(c) 막다
(d) 가장하다

어휘 inhibit 억제하다, 막다   frighten 겁을 주다   forbid 금지하다   prevent 막다   simulate 가장하다, 모의 실험하다

정답 (c)

해설 본문 3단락 "The meat is sliced into thin strips and salted to [73]<u>inhibit</u> bacterial growth."(그 고기는 얇게 썰어 박테리아의 성장을 <u>억제하기 위해</u> 소금에 절여진다.)에서 inhibit은 '억제하다, 막다'의 의미로 사용되었다. 보기 중 이 의미와 가장 가까운 (c)가 정답이다.

Rachelle Hudson
234 Palm Street
Beach Park District, FL

Dear Ms. Hudson:

A pleasant day to you!

Our records show that you have been a customer of Skin Holiday products since we opened our shop last year. [74] To thank you for your [79] business, we are inviting you to an invitation-only after-hours party to be held next Friday, August 14.

[75] We are inviting only our preferred customers to shop at Skin Holiday after the normal store hours on Friday. As our way of saying thanks, we have prepared exciting things for you. [76] Free cocktails and dinner will be served. In addition, our famous local band, the Beachcombers, will be setting up in a corner of the store to entertain us during the event.

You'll surely enjoy the after-hours shopping experience, as all items in stock will be marked down 40-70 percent. You will also be among the first customers to see our newest perfume collection, which we will launch to the public next month.

We will be giving away bottles of shower gel and body lotion, along with other small gifts. [77] And to make the event even more unforgettable, a photo booth, which our guests can use for free, will be set up at the store.

[78] Please accept the enclosed $25 gift certificate that you can use when you purchase $100 or more from our store.

We are looking forward to seeing you at Skin Holiday for our [80] exclusive party on Friday night. Please bring this invitation with you and present it at the door.

Sincerely,

L. Woods

Lewis Woods
Store Manager

레이첼 허드슨
팜 스트리트 234번지
폴로리다주 비치 파크 구

허드슨 씨께:

즐거운 하루 되세요!

저희 기록에 의하면, 저희가 작년에 매장을 개점했을 때부터 당신은 스킨 홀리데이 제품의 고객이십니다. [74]당신의 [79] 거래에 감사하기 위해 8월 14일, 다음 주 금요일에 열리는 초대고객 전용 영업시간 이후 파티에 초대합니다.

[75]금요일 정상 매장 시간 이후 스킨 홀리데이에서 저희의 우수 고객들만 쇼핑할 수 있도록 초대하고 있습니다. 감사를 표하는 방법으로, 여러분을 위해 신나는 것들을 준비했습니다. [76]무료 칵테일과 저녁 식사가 제공됩니다. 게다가, 우리의 유명한 지역 밴드인 비치코머스(Beachcombers)가 행사 동안 매장 한쪽 코너에 자리잡고 우리에게 공연을 해줄 예정입니다.

모든 재고 품목이 40~70% 할인된 가격이 표시될 것이기 때문에, 여러분은 틀림없이 영업 시간 이후 쇼핑 경험을 즐길 수 있을 거예요. 또한 당신은 다음 달에 대중에게 출시될 최신 향수 컬렉션을 처음 보는 고객 중 한 분이 되실 것입니다.

저희는 다른 작은 선물들과 함께 샤워젤과 바디로션들을 나눠 드릴 것입니다. [77]그리고 이 행사를 더욱 기억에 남게 하기 위해 매장에는 손님들이 무료로 이용할 수 있는 포토 부스가 마련될 예정입니다.

[78]저희 매장에서 100달러 이상 구매 시 사용할 수 있는 25달러 상품권을 동봉하여 드리니 받아 주시기 바랍니다.

금요일 밤에 저희의 초대고객 [80]전용 파티가 열리는 스킨 홀리데이에서 당신을 뵙기를 고대합니다. 이 초대장을 가지고 오셔서 문 앞에서 제시해 주세요.

진심으로,

L. 우즈
루이스 우즈
스토어 매니저

어휘 **business** 사업, 거래 **invitation-only** 초대 전용 **after-hours party** 영업시간 이후 파티 **be held** 열리다. 개최되다 **preferred customer** 우수 고객 **prepare** 준비하다 **in addition** 게다가 **set up** 설치하다. 마련하다 **entertain** 즐겁게 해주다 **item in stock** 재고 품목 **launch to the public** 일반에 출시하다 **along with** ~와 함께 **unforgettable** 잊지 못할, 기억에 남는 **accept** 받아주다 **enclosed** 동봉된 **gift certificate** 상품권 **purchase** 구매하다 **exclusive party** 단독 파티 **present** 제시하다

난이도 ★★★ **Category** 주제(Why)

74 Why did Lewis Woods write to Rachelle Hudson?

(a) to announce a special loyalty program
(b) to ask her to come to an event
(c) to thank her for shopping at Skin Holiday
(d) to invite her to his store's anniversary party

루이스 우즈가 왜 레이첼 허드슨에게 편지를 썼는가?

(a) 특별 로열티 프로그램을 발표하려고
(b) 그녀에게 행사에 와달라고 부탁하려고
(c) 스킨 홀리데이에서 쇼핑한 것에 대해 그녀에게 감사하려고
(d) 상점의 기념일 파티에 그녀를 초대하려고

어휘 **announce** 발표하다 **anniversary** 기념일 **invite** 초대하다

정답 (b)

해설 본문 1단락에서 "74 To thank you for your business, <u>we are inviting you to an invitation-only after-hours party</u> to be held next Friday, August 14."(당신의 성원에 감사 드리기 위해, 8월 14일, 다음 주 금요일에 열리는 <u>초대고객 전용 영업시간 이후 파티에 당신을 초대합니다</u>.)라고 하였다. 여기서 편지의 목적이 영업시간 이후 파티에 참석하도록 알리는 것이므로 (b)가 정답이다.

오답 분석 (d)에서 파티에 초대한다는 표현만 보고 성급하게 (d)를 정답으로 골라서는 안된다. 이 편지에서 파티에 고객을 초대하고는 있지만, 그 파티가 매장 영업시간 이후 우수고객 판촉 파티이며 매장 기념일 파티가 아니므로 (d)는 오답이다. 지텔프 리딩에서는 본문에 나온 동일 단어 한두 개를 활용하여 오답이면서도 매력적으로 보이는 선택지를 포함하는 문제들이 많이 출제된다. 이런 선택지는 오답일 확률이 높고 오히려 동일 어휘를 반복하지 않고 패러프레이징한 선택지가 정답이 되는 경우가 대부분이니 유의해야 한다.

정답 Key **Paraphrasing**
본문에 쓰인 'we are inviting you to an invitation-only after-hours party'와 유사한 표현은 'to ask her to come to an event'이다.

난이도 ★★★ **Category** 세부사항(Who)

75 According to Woods, who can visit the shop after normal store hours on Friday?

(a) those who bought tickets for the special event
(b) those who have brought in new customers to the store
(c) those who are too busy to visit during normal hours
(d) those who are frequent shoppers at the store

우즈의 말에 따르면, 금요일 정상 영업시간 이후 누가 그 매장을 방문할 수 있는가?

(a) 특별 행사 입장권을 구입한 사람
(b) 신규 고객을 매장에 데려온 사람
(c) 정상 시간에 방문하기에 너무 바쁜 사람
(d) 그 매장에서 자주 쇼핑하는 사람

어휘 **too busy to visit** 너무 바빠서 방문할 수 없는 **normal hour** 정상 영업시간 **frequent shopper** 자주 오는 쇼핑객

정답 (d)

해설 본문 2단락에서 "⁷⁵ We are inviting only our preferred customers to shop at Skin Holiday after the normal store hours on Friday."(금요일 정상 매장 시간 이후 스킨 홀리데이에서 우수 고객만 쇼핑할 수 있도록 초대하고 있습니다.)라고 하였다. 초대 대상은 매장에서 선호하는 우수 고객인데 이는 자주 쇼핑하러 오는 고객을 의미하므로 (d)가 정답이다.

정답 Key Paraphrasing

본문에 쓰인 'our preferred customers'와 유사한 표현은 'those who are frequent shoppers at the store'이다.

난이도 ★★★   **Category** 사실 관계(True or Not True)

76 What will guests NOT be able to do at the party?

(a) consume complimentary mixed drinks
(b) be entertained by a comedy troupe
(c) listen to the work of a musical group
(d) enjoy food at no additional cost

파티에서 손님들은 무엇을 할 수 없을까?

(a) 무료 칵테일을 마신다
(b) 희극단이 제공하는 공연을 즐긴다
(c) 음악 그룹의 연주를 듣는다
(d) 추가 비용 없이 음식을 즐긴다

어휘 consume 먹다, 마시다   complimentary 무료의   mixed drink 혼합 음료, 칵테일   be entertained 오락을 즐기다
comedy troupe 희극단   additional 추가적인

정답 (b)

해설 본문 3단락에서 "⁷⁶ Free cocktails and dinner will be served. In addition, our famous local band, the Beachcombers, will be setting up in a corner of the store to entertain us during the event."(무료 칵테일과 저녁 식사가 제공됩니다. 게다가, 우리의 유명한 지역 밴드인 비치코머스가 행사 기간 동안 우리를 즐겁게 해주기 위해 가게 한 코너에 자리잡을 예정입니다.)라고 하였다. 본문에서는 지역 음악 밴드가 공연한다고 하였고 희극단이 공연하는 것이 아니므로 (b)가 정답이다.

정답 Key Paraphrasing

본문에 쓰인 'Free cocktails and dinner will be served'와 유사한 표현은 (a) consume complimentary mixed drinks와 (d) enjoy food at no additional cost이다. 또 본문에 쓰인 'our famous local band, the Beachcombers, will be setting up in a corner of the store'와 유사한 표현은 (c) listen to the work of a musical group이다.

난이도 ★★☆   **Category** 세부사항(What)

77 What can the guests do at the party to make it more memorable?

(a) They can have their pictures taken.
(b) They can try on the latest Skin Holiday perfume.
(c) They can claim their gifts at the booth.
(d) They can make their own soap and lotion.

파티에서 더 기억에 남도록 손님들은 무엇을 할 수 있는가?

(a) 그들의 사진이 찍히도록 할 수 있다.
(b) 최신 스킨 홀리데이 향수를 뿌려 볼 수 있다.
(c) 부스에서 그들의 선물을 받아갈 수 있다.
(d) 비누와 로션을 직접 만들 수 있다.

어휘 memorable 기억에 남는   try on perfume 향수를 뿌려 보다   claim (자신의 것임을 밝히고) ~을 찾아가다

정답 (a)

해설 본문 4단락에서 "⁷⁷ And to make the event even more unforgettable, a photo booth, which our guests can use for free, will be set up at the store."(그리고 이 행사를 더욱 기억에 남게 하기 위해 매장에는 손님들이 무료로 이용할 수 있는 포토 부스가 마련될 예정입니다.)라고 하였다. 보기 중 이 내용과 일치하는 (a)가 정답이다.

78 Based on the letter, why most likely did Woods include a gift certificate in the letter?

(a) so that Hudson will spend more money at the store
(b) so that Hudson can buy items at any store
(c) so that Hudson can use it as a gift for someone else
(d) so that Hudson will stay at the party longer

편지에 따르면, 우즈가 왜 편지에 상품권을 동봉했을까?

(a) 허드슨이 그 상점에서 더 많은 돈을 쓸 수 있도록
(b) 허드슨이 어느 가게에서나 물건을 살 수 있도록
(c) 허드슨이 다른 사람을 위한 선물로 사용할 수 있도록
(d) 허드슨이 파티에 더 오래 머물 수 있도록

어휘 include 포함하다, 동봉하다   gift certificate 상품권

정답 (a)

해설 본문 5단락에서 "78 Please accept the enclosed $25 gift certificate that you can use when you purchase $100 or more from our store."(저희 매장에서 100달러 이상 구매 시 사용할 수 있는 25달러 상품권을 동봉하여 드리니 받아주시기 바랍니다.)라고 하였다. 100달러 이상 구매하면 25달러 상품권을 사용하여 할인을 받도록 하는 방식은 전형적인 판촉 기법으로서 고객이 더 많은 구매를 하도록 유도하려는 의도로 보이므로 (a)가 정답이다.

79 In the context of the passage, <u>business</u> means _____.

(a) assistance
(b) matter
(c) support
(d) competition

본문의 맥락에서, business는 _____을 의미한다.

(a) 도움
(b) 상황
(c) 성원
(d) 경쟁

어휘 business 거래, 성원   assistance 원조, 도움   matter 문제, 상황   support 후원, 성원   competition 경쟁

정답 (c)

해설 본문 1단락에서 "74 To thank you for your 79 business, we are inviting you to an invitation-only after-hours party to be held next Friday, August 14."(당신의 거래에 감사 드리기 위해, 저희는 당신을 다음 주 금요일인 8월 14일에 열리는 초대고객 전용 영업시간 이후 파티에 초대합니다.)라고 하였다. 이때 명사 business의 의미는 '그 동안의 거래/성원'이라는 의미로 사용되었다. 보기 중 이 의미와 문맥상 가장 가까운 (c)가 정답이다.

80 In the context of the passage, <u>exclusive</u> means _____.

(a) licensed
(b) stylish
(c) secretive
(d) private

본문의 맥락에서, exclusive는 _____ 을 의미한다.

(a) 허가받은
(b) 유행을 따른
(c) 비밀스러운
(d) 전용의

어휘 ▶ **exclusive** 독점적인, 전용의 **licensed** 허가받은 **stylish** 유행을 따르는 **secretive** 비밀스러운 **private** 사적인, 전용의

정답 ▶ (d)

해설 ▶ 본문 6단락 "We are looking forward to seeing you at Skin Holiday for our [80] <u>exclusive</u> party on Friday night."(금요일 밤 저희 초대고객 전용 파티로 스킨 홀리데이에서 뵙기를 고대하고 있습니다.)에서 형용사 exclusive의 의미는 '독점적인, 전용의'라는 의미로 사용되었다. 보기 중 이 의미와 가장 가까운 (d)가 정답이다.

TEST 6 나의 점수 기록

GRAMMAR _____ / 26

LISTENING _____ / 26

READING AND VOCABULARY _____ / 28

총점 _____ / 80 ▶ _____ 점

*틀린 문제나 틀리기 쉬운 문제는 반드시 확인하고 다음 TEST로 넘어가세요.

[기출문제 점수 계산법]

• 각 영역 점수: 맞은 개수 ÷ 전체 문제 개수 x 100
• 총점: 각 영역 점수 합계 ÷ 3 (※ 소수점 이하 점수는 올림 처리)
예 문법 15개, 청취 10개, 독해 및 어휘 12개 맞혔을 경우
   문법: 15 ÷ 26 x 100 = 58점
   청취: 10 ÷ 26 x 100 = 39점
   독해 및 어휘: 12 ÷ 28 x 100 = 43점
   총점: (58 + 39 + 43) ÷ 3 = 47점

GRAMMAR

1 (B)	2 (D)	3 (A)	4 (A)	5 (C)	6 (B)	7 (B)	8 (C)	9 (D)	10 (A)	11 (D)	12 (C)
13 (A)	14 (B)	15 (D)	16 (C)	17 (C)	18 (B)	19 (C)	20 (D)	21 (A)	22 (B)	23 (A)	24 (B)
25 (C)	26 (D)										

LISTENING

PART 1	27 (B)	28 (C)	29 (D)	30 (A)	31 (B)	32 (C)	33 (D)
PART 2	34 (D)	35 (A)	36 (C)	37 (B)	38 (D)	39 (C)	
PART 3	40 (B)	41 (C)	42 (A)	43 (D)	44 (B)	45 (D)	
PART 4	46 (C)	47 (B)	48 (A)	49 (B)	50 (C)	51 (D)	52 (C)

READING AND VOCABULARY

PART 1	53 (C)	54 (B)	55 (A)	56 (B)	57 (D)	58 (A)	59 (C)
PART 2	60 (D)	61 (B)	62 (C)	63 (D)	64 (A)	65 (C)	66 (B)
PART 3	67 (A)	68 (D)	69 (C)	70 (C)	71 (B)	72 (D)	73 (A)
PART 4	74 (B)	75 (D)	76 (A)	77 (D)	78 (C)	79 (B)	80 (A)

TEST
6

GRAMMAR

LISTENING

READING AND VOCABULARY

Category ❶ 시제 ❷ 가정법 ❸ 조동사 ❹ 준동사 ❺ 연결어 ❻ 관계사 ❼ 당위성/이성적 판단

난이도 ★★★ Category ❹ 준동사(to부정사: 부사적 용법)

1 The quarterly audit of Marcus Industries showed a big difference between its reported gross income and the actual cash on hand. The company owner, Travis Marcus, launched an investigation _____ where the missing money went.

(a) having determined
(b) to determine
(c) to be determining
(d) determining

마커스 산업(Marcus Industries)에 대한 분기별 감사에서 보고된 총 수입과 실제 수중의 현금 사이에 큰 차이를 보였다. 회사 소유주인 트래비스 마커스는 사라진 돈이 어디로 갔는지 알아내기 위해 조사에 착수했다.

어휘 ▶ **quarterly** 분기의, 분기별 **gross income** 총 수입 **actual cash** 실제 현금 **launch** 개시하다, 착수하다 **investigation** 조사 **determine** 결정하다, 알아내다 **missing** 사라진, 없어진

정답 ▶ (b)

해설 ▶ 보기에 동사 determine이 여러 준동사 형태로 나왔으므로 준동사 문제이다. 빈칸 앞에 동사가 있는 문장은 완벽한 문장이므로 빈칸에 들어갈 준동사는 명사를 수식하는 형용사적 용법 아니면 동사를 수식하는 부사적 용법 중에 하나임을 알 수 있다. 이때는 해석을 해서 이 두 가지 용법 중 어떤 용법이 자연스러운지 확인한다. 문맥상 '사라진 돈이 어디로 갔는지 확인하기 위해서'가 가장 적합하므로 부사적 용법(목적)으로 쓰인 단순to부정사 (b)가 정답이다.

 참고 **to부정사의 부사적 용법**

to부정사가 부사적으로 쓰일 경우 문장의 동사나 형용사를 수식하는 역할을 하며, 목적, 원인, 결과, 판단의 근거 등을 의미한다.
• 목적: ~하기 위해서
  e.g. They came here <u>to help</u> people in need. (그들은 어려움에 처한 사람들을 돕기 위해 여기에 왔다.)
• 원인: ~해서
  e.g. Jenny was very happy <u>to see</u> me again. (제니는 나를 다시 만나서 매우 기뻐했다.)
• 결과: ~하여 결국 …하다
  e.g. She grew up <u>to be</u> a well-known actress. (그녀는 자라서 유명한 여배우가 되었다.)
• 판단의 근거: ~하다니
  e.g. Ted is very smart <u>to solve</u> the difficult math problem. (테드는 그 어려운 수학 문제를 풀다니 정말 똑똑하다.)

난이도 ★★★☆ Category ❼ 당위성(주장: insist)

2 Cousin Matilda will be in Kendal City next month for a one-day conference. I haven't seen her in years, so I called to insist that she _____ her night with us while she's in town.

사촌 마틸다는 다음 달에 일일 학술 대회를 위해 켄달 시에 올 것이다. 몇 년 동안 그녀를 본 적이 없어서, 나는 그녀가 도시에 있는 동안 우리와 함께 밤을 보내야 한다고 주장하려고 전화했다.

(a) spends

(b) will spend

(c) is spending

(d) spend

어휘 cousin 사촌 conference (대규모) 회의, 학술 대회 insist 주장하다, 고집하다 spend 시간을 보내다

정답 (d)

해설 보기에 동사 spend가 다양한 시제와 동사원형으로 나왔으므로 시제 문제 아니면 당위성 문제이다. 빈칸 앞에 당위성 동사 insist가 나왔으므로 당위성 문제임을 알 수 있다. that절에서 should가 생략된 동사원형이 빈칸에 들어가는 것이 적절하므로 동사원형 (d)가 정답이다.

참고 당위성을 나타내는 문장

• 형태: 주어＋당위성 동사＋that＋주어＋(should)＋동사원형
• 당위성 문제는 전형적으로 다음의 동사와 함께 나온다.
insist(주장하다), recommend(추천하다), request(요청하다), require(요구하다), advise(조언하다), ask(요청하다), beg(간청하다), command(명령하다), stress(강조하다), demand(요구하다), direct(지시하다), insist(주장하다), instruct(지시하다), intend(의도하다), order(명령하다), prefer(선호하다), propose(제안하다), stipulate(규정하다), suggest(제안하다), urge(촉구하다), warn(경고하다)

난이도 ★★★   **Category**   ❷ **가정법**(가정법 과거완료: if절＋과거완료)

3 David signed up for the only anthropology class that still had slots available. However, the professor was so demanding that he failed. If David had known, he _____ until next semester to take the course.

(a) would have waited

(b) will wait

(c) would wait

(d) had waited

데이비드는 인류학 수업 중 아직까지 수강할 자리가 있는 유일한 강좌에 등록했다. 하지만 그 교수가 너무 까다로워서 그는 낙제했다. 데이비드가 알았더라면, 그는 그 과정을 듣기 위해 다음 학기까지 기다렸을 것이다.

어휘 sign up for 등록하다 anthropology 인류학 slot 자리 available 이용 가능한 semester 학기

정답 (a)

해설 보기에 동사 wait가 다양한 시제 형태와 서법조동사와 같이 나왔다. 시제 문제 아니면 가정법 문제이다. 빈칸 앞에 if조건절이 나왔고, 조건절의 시제가 과거완료이므로 가정법 과거완료임을 알 수 있다. 가정법 과거완료의 주절에는 'would/should/could/might＋have p.p.'가 와야 하므로 (a)가 정답이다.

참고 가정법 과거완료

• 형태: If＋주어＋had p.p. ～, 주어＋would/should/could/might＋have p.p. ～.
e.g. If I had known Cindy's address, I could have told you her address. (내가 신디의 주소를 알았더라면 너에게 그녀의 주소를 알려줄 수 있었을 텐데.)

난이도 ★★★ **Category** **❶ 시제**(과거진행: when+과거 시제절)

4 Michael should really buy a new bicycle. Yesterday, he almost had an accident on the way home when the handlebars on his 10-year-old bike broke. Soon after, he _____ his house when the brakes failed!

(a) was approaching
(b) had been approaching
(c) has approached
(d) approached

마이클은 정말 새 자전거를 사야 한다. 어제, 그는 집에 오는 길에 10년 된 자전거의 핸들바가 고장 나서 하마터면 사고가 날 뻔했다. 얼마 지나지 않아, 브레이크가 고장 났을 때, 그는 집으로 다가가고 있었다!

어휘 accident 사고 on the way home 집에 오는 길에 soon after 곧, 얼마 안되어 approach 접근하다, 다가가다 brake 브레이크

정답 (a)

해설 보기에 동사 approach가 다양한 시제로 나왔으므로 시제 문제이다. 빈칸 앞뒤에 시간 부사구나 부사절을 확인한다. 빈칸 뒤에 시간 부사절 'when+과거 시제절'이 나왔으므로 기준 시점이 과거이다. 문맥상 빈칸에는 집에 다가가는 동작이 과거의 일회성 동작이 아니라 과거에 계속 진행되는 동작이므로 과거 시제보다 과거진행 시제가 더 적합하다. 따라서 정답은 (a)이다.

참고 **과거진행**

- 형태: was/were -ing
- 의미: (~하고 있었다) 과거의 특정 시점에 동작이 진행 중이었음을 나타낸다.
- 표현: when/while + 과거 시제절, last + 시간명사, yesterday

난이도 ★★☆ **Category** **❹ 준동사**(동명사: suggest)

5 Our marketing supervisor wanted to send the newly hired salespeople into the field immediately to increase sales. Knowing they weren't ready, the VP for sales suggested _____ the new recruits on basic salesmanship first.

(a) having trained
(b) to be training
(c) training
(d) to train

마케팅 관리자는 신규 채용된 영업 사원들을 즉시 현장으로 보내 판매를 늘리기를 원했다. 영업 부사장은 신입 사원들이 준비가 안 된 것을 알고서, 먼저 기본 영업 기술에 관해 신입 사원들을 훈련시킬 것을 제안했다.

어휘 supervisor 관리자, 담당관 newly hired 새로 채용된 salespeople 영업사원 field 현장 immediately 즉시 increase 증가시키다 sale 판매 VP(vice president) 부사장 recruit 신입 사원 salesmanship 영업 기술

정답 (c)

해설 보기에 동사 train이 다양한 준동사 형태로 나왔으므로 준동사 문제이다. 빈칸 앞에 당위성 동사 suggest가 나왔지만, 이 문제에서는 that절이 아닌 준동사구가 나왔으므로 당위성 문제로 접근하지 않는다. 동사 suggest는 동명사를 목적어로 취하므로 빈칸에 완료동명사 (a)와 단순동명사 (c)로 정답이 압축된다. 문맥상 동명사의 시제가 주절 동사의 시제와 일치하므로 단순동명사 (c)가 정답이다. 지텔프 문법에서 완료형 준동사나 진행형 준동사가 정답이 되는 경우는 드물다는 것에 유의해야 한다.

참고 동명사를 목적어로 취하는 동사

advise(충고하다), admit(인정하다), allow(허락하다), practice(연습하다), feel like(~하고 싶다), enjoy(즐기다), keep(유지하다), consider(고려하다), discuss(토론하다), finish(끝내다), mention(언급하다), postpone(연기하다), recommend(추천하다), avoid(피하다), delay(미루다) dislike(싫어하다), insist(주장하다), mind(꺼리다), quit(그만두다), deny(부인하다), involve(포함하다), miss(놓치다), recall(기억해내다), suggest(제안하다)

난이도 ★★★ **Category** ❶ **시제**(과거완료진행: 완료 부사구 for+시간명사, before+과거 시제절)

6 The Shelton Condominiums association has received many complaints about safety issues lately due to poor maintenance. Among other things, the elevators _____ for three months before management decided to fix them.

(a) will malfunction
(b) had been malfunctioning
(c) malfunctioned
(d) have been malfunctioning

셸턴 콘도 협회는 최근에 관리 소홀로 인한 안전 문제에 관한 불평들을 많이 받아왔다. 무엇보다, 관리진이 수리를 결정하기 전에 엘리베이터가 3개월 동안 제대로 작동되지 않고 있었다.

어휘 association 협회 receive 받다 complaint 불평 safety issue 안전 문제 lately 최근에 due to ~ 때문에 maintenance 관리 among other things 무엇보다도 malfunction 제대로 기능하지 않다 management 관리진

정답 (b)

해설 보기에 동사 malfunction이 다양한 시제로 나왔으므로 시제 문제이다. 빈칸 앞뒤에 시간 부사구나 부사절을 확인한다. 빈칸 뒤에 완료형과 같이 사용되는 부사구 'for three months'가 있고, 시간 부사절 before절이 있는데 그 절의 시제가 과거이다. 기준 시점을 과거로 하여 그 이전의 상황이 그 과거 시점까지 계속 진행 중임을 나타내므로 과거완료진행 시제가 적절하다. 따라서 (b)가 정답이다.

참고 과거완료진행

• 형태: had been -ing
• 의미: (~해오고 있었다) 과거의 특정 시점 이전에 시작된 동작이 그때까지 계속 진행 중이었음을 나타낸다.
• 자주 쓰이는 시간 부사 표현: (for + 시간명사) + wahen/before/until + 과거 시제절

난이도 ★★★ **Category** ❸ **조동사**(가능: can)

7 People who suffer from diabetes don't have to avoid eating sweet treats altogether. There are many types of fruit, such as kiwis and peaches, that diabetics _____ eat without risking increased blood sugar levels.

(a) must
(b) can
(c) will
(d) should

당뇨병을 앓고 있는 사람들은 단 음식을 완전히 피해야 하는 것은 아니다. 키위와 복숭아 같은 많은 종류의 과일들이 있는데, 당뇨병 환자들이 혈당 수치 증가의 위험을 감수하지 않고 먹을 수 있다.

어휘 **suffer from** (고생을) 겪다 **diabetes** 당뇨병 **avoid** 피하다 **diabetic** 당뇨병 환자 **treat** 별미 음식 **altogether** 완전히, 전적으로
risk ~의 위험을 무릅쓰다, ~을 감수하다

정답 (b)

해설 보기에 다양한 조동사가 나왔으므로 조동사 문제이다. 조동사 문제는 문장 해석을 통해 알맞은 의미의 조동사를 골라야 한다. 당뇨병을 앓고 있는 사람들은 단 음식을 완전히 피하지 않아도 된다는 내용이 있고, 뒤 문장은 "키위와 복숭아 같은 많은 종류의 과일은 혈당 수치를 증가시키지 않고 먹을 수 있다."가 가장 자연스러운 해석이다. 보기 중 '~할 수 있다'는 뜻의 가능을 나타내는 조동사 (b)가 정답이다.

오답
분석
(a) must: ~해야 한다 (강한 의무)
(c) will: ~할 것이다 (의지, 미래)
(d) should: ~해야 한다 (의무, 당연)

난이도 ★★★ | Category ❹ 준동사(동명사: avoid)

8 On our way to school, we pass by a house where a bad-tempered old man lives. We always avoid _____ too close to that house for fear of being yelled at by the cranky man.

(a) to get
(b) having gotten
(c) getting
(d) to be getting

우리는 학교 가는 길에 성질이 고약한 노인이 사는 집을 지나간다. 우리는 항상 그 괴팍한 남자에게 호통을 당할까 두려워서 그 집에 너무 가까이 가는 것을 피한다.

어휘 **on one's way to school** 학교 가는 길에 **pass by** 옆을 지나서 가다 **bad-tempered** 성질이 고약한 **avoid** 피하다
get close 가까이 다가가다 **for fear of -ing** ~할까 두려워서 **yell at** 소리 지르다 **cranky** 괴팍한

정답 (c)

해설 보기에 동사 get이 준동사 형태로 나왔으므로 준동사 문제이다. 빈칸 앞에 나온 동사 avoid는 동명사를 목적어로 취하므로 보기 중 완료동명사 (b)와 단순동명사 (c)로 정답이 압축된다. 동명사의 시제가 주절 시제와 일치하므로 단순동명사 (c)가 정답이다.

난이도 ★★★ | Category ❶ 시제(현재진행: 현재진행 부사 now)

9 Mrs. Whitfield is so mad at her poodle for ruining the geraniums in her garden. She _____ her flower bed of the ruined plants now. Tomorrow, she'll plant new seeds again.

(a) clears
(b) has been clearing
(c) cleared
(d) is clearing

휘트필드 아주머니는 자신의 정원에 있는 제라늄을 망가뜨린 푸들에 대해 매우 화가 났다. 그녀는 지금 화단에서 망가진 식물을 치우고 있다. 내일, 그녀는 다시 새로운 씨앗을 심을 것이다.

어휘 **ruin** 망가뜨리다 **geranium** 제라늄 **flower bed** 화단 **clear A of B** A에게서 B를 치우다 **plant** 심다 **seed** 씨앗

정답 (d)

해설 보기에 동사 clear가 다양한 시제로 나왔으므로 시제 문제이다. 빈칸 앞뒤에 시간 부사구나 부사절을 확인한다. 빈칸 뒤에 현재진행 시제와 자주 사용되는 부사 now가 있다. 문맥상 현재 진행 중인 동작을 나타내므로 현재진행 (d)가 정답이다.

오답분석 (a)는 현재 시제인데, 첫 문장도 현재 시제이므로 (a)를 정답으로 오인할 수 있지만, 영어에서 현재 시제는 습관이나 반복되는 상황을 나타내므로 (a)는 오답이다. 문맥상 푸들이 망가뜨린 꽃들을 휘트필드 부인이 지금 치우고 있는 현재 진행 중인 동작이므로 현재진행 시제가 적합하고 습관적 상황을 나타내는 현재 시제는 적합하지 않다.

참고 **현재진행**

- 형태: am/are/is -ing
- 의미: (~하고 있다) 현재에 진행 중인 동작을 나타낸다.
- 자주 쓰이는 부사어구: at the moment, now, right now, at the weekend, at this time/week/month, currently, nowadays, continually, constantly

---

난이도 ★★☆ **Category** ❷ **가정법**(가정법 과거: if절＋과거 시제)

10 For centuries, we have been relying mostly on harmful fossil fuels for energy. If hydrogen were to be fully developed as a fuel, we _____ a limitless source of clean energy in water.

- (a) would have
- (b) would have had
- (c) are having
- (d) will have

> 수세기 동안, 우리는 에너지를 위해 해로운 화석 연료에 주로 의존해 왔다. 수소가 연료로 완전히 개발된다면, 우리는 물 속에서 무한한 청정 에너지원을 갖게 될 것이다.

어휘 rely on ~에 의존하다 harmful 해로운 fossil fuel 화석 연료 hydrogen 수소 limitless 한계가 없는, 무한한

정답 (a)

 해설 보기에 동사 have가 다양한 시제와 서법조동사와 같이 나왔으므로 시제 문제 아니면 가정법 문제이다. 빈칸 앞에 if절이 있고, 이 절의 시제가 과거 시제이므로 가정법 과거임을 알 수 있다. if절에 were to가 쓰이면 가능성이 희박한 일을 나타내며, 이때 가정법 과거의 주절은 'would＋동사원형'이 와야 하므로 (a)가 정답이다. (a)에서 동사 have는 완료조동사로 사용된 것이 아니라 일반동사 '가지다'의 의미로 사용된 것이다.

참고 **조건절 vs. 가정법(과거, 과거완료)**

- if절에 현재형을 쓰고 주절에 조동사 현재형을 쓰면 if절은 가능성이 있는 '직설법 조건절'이 된다.
  e.g. If it snows, I will not go on a trip. (눈이 오면, 나는 여행을 가지 않을 것이다.)
    └ 현재형 └ 조동사 현재형   └ 현재나 미래에 눈이 올 가능성이 있음
      └ 조건절(직설법)
- if절에 과거형을 쓰고 주절에 조동사 과거형을 쓰면 현재나 미래에서 가능성이 없거나 희박한 일을 나타내며 가정법 과거가 된다.
  e.g. If it snowed , I would not go on a trip. (눈이 온다면, 나는 여행을 가지 않을 텐데.)
    └ 과거형 └ 조동사 과거형   └ 눈이 올 가능성이 희박함, 눈이 안 와서 여행을 감
      └ 가정법 과거(현재 사실 반대)
- if절에 had p.p.를 쓰고 주절에 'would/should/could/might + have p.p.'를 쓰면 과거에 있었던 일을 반대로 말하는 가정법 과거완료가 된다.
  e.g. If it had snowed, I would not have gone on a trip. (눈이 왔다면 나는 여행을 안 갔을 텐데.)
    └ 과거완료형   └ 조동사 과거형＋have＋p.p. └ 눈이 안 와서 여행을 감
      └ 가정법 과거완료(과거 사실 반대)

난이도 ★★★ | **Category** ⑥ 관계사(관계대명사: 주격 that)

11 The Zyklones are a punk rock band that's enjoying great success in Europe and Asia. However, the achievement _____ true international renown is making it in the US music scene.

(a) who will bring the band
(b) what will bring the band
(c) which it will bring the band
(d) that will bring the band

지클론스(Zyklones)는 유럽과 아시아에서 큰 성공을 거두고 있는 펑크록 밴드이다. 하지만 이 밴드에게 진정한 국제적인 명성을 가져다 줄 성과는 미국 음악계에서 성공하는 것이다.

어휘 achievement 성취, 성과 international 국제적인 renown 명성 make it 성공하다, 해내다

정답 (d)

해설 보기에 관계대명사가 이끄는 절이 나왔으므로 관계사 문제이다. 빈칸 앞에서 선행사를 찾고, 관계사절에서 선행사가 무슨 역할을 하는지 확인한다. 선행사는 명사구 'the achievement'이고, 관계사절에서 이 선행사는 주격으로 사용되었다. 선행사가 추상명사(사물)이고 주어 역할을 하므로 (d)가 정답이다.

오답분석 (a)에서 who는 사람을 선행사로 하는 관계대명사인데 여기서는 선행사가 사물이므로 (a)는 오답이다.
(b)에서 what은 선행사를 포함하는 관계대명사인데 여기서는 선행사가 있으므로 (b)는 오답이다.
(c)에서 which는 관계사절에서 주어나 목적어 역할을 하는 관계대명사인데 여기서는 관계사절이 완벽한 구조여서 (c)는 오답이다.

난이도 ★★★ | **Category** ② 가정법(가정법 과거: if절+과거 시제)

12 Camille is so disappointed that she will miss the premiere of the seventh *Journey through the Galaxy* movie. If she were not working the night shift, she _____ to the screening at five o'clock this evening.

(a) could have gone
(b) can go
(c) could go
(d) had gone

카밀은 일곱 번째 〈Journey through the Galaxy〉 영화의 시사회를 놓치게 되어 매우 실망하고 있다. 만약 그녀가 야간 근무를 하지 않는다면, 그녀는 오늘 저녁 5시 상영에 갈 수 있을 것이다.

어휘 disappointed 실망한 premiere 초연, 시사회 screening 상영 night shift 야간 근무

정답 (c)

해설 보기에 동사 go가 다양한 시제와 서법조동사와 같이 나왔다. 시제 문제 아니면 가정법 문제이다. 빈칸 앞에 if조건절이 있고 이 절의 시제가 과거 시제이므로 가정법 과거임을 알 수 있다. 가정법 과거의 주절은 'would/should/could/might+동사원형'이 와야 하므로 (c)가 정답이다.

참고 **가정법 과거**

• 형태: If+주어+과거형 동사 ~, 주어+would/should/could/might+동사원형 ~.
• 현재 사실을 반대로 돌려서 가정해서 말할 때 사용된다.

난이도 ★★★　**Category**　❶ **시제**(미래진행: 미래진행 부사구 until then)

13 Vera and I have things to discuss about tomorrow's Halloween party, but I need to go buy the decorations and party favors now. She is dropping by at 4 p.m., but until then, I _____ at Marcy's Party Supplies.

(a) will be shopping
(b) have shopped
(c) will shop
(d) had been shopping

베라와 나는 내일 할로윈 파티에 대해 의논할 게 있는데, 나는 지금 장식과 파티 용품을 사러 가야 한다. 그녀는 오후 4시에 들르지만, 그때까지 나는 마시(Marcy)의 파티용품점에서 쇼핑하고 있을 것이다.

어휘 discuss 의논하다　decoration 장식　party favor 파티 용품　drop by 들르다　until then 그때까지　supply 용품

정답 (a)

해설 보기에 동사 shop이 다양한 시제 형태로 나왔으므로 시제 문제이다. 빈칸 앞뒤에 시간 부사구나 부사절을 확인한다. 빈칸 앞에 미래진행 시제와 자주 쓰이는 부사 'until then'이 있고, 빈칸 앞 주절에서 본동사는 이동 동사(drop by: 방문하다/들르다)가 미래 시제 대용으로 현재진행으로 쓰였다. 베라가 합류하는 시점인 미래 시점까지 쇼핑을 하고 있을 것이라는 의미이므로 미래진행 (a)가 정답이다.

참고　**미래진행**

• 형태: will be -ing
• 의미: (~하고 있을 것이다) 미래의 특정 시간에 동작이 진행 중일 것임을 나타낸다.
• 자주 쓰이는 표현: 부사구 – when/if/until + 현재 시제절
　　　　　　　　　　부사절 – next week/month/year, next time, until then, in the future, tomorrow

난이도 ★★☆　**Category**　❸ **조동사**(단순 미래: will)

14 I suggest you hurry up painting the fence and stop talking to the neighbor. It _____ be noon soon, and the hot midday sun tends to make outdoor work unbearable.

(a) could
(b) will
(c) might
(d) must

울타리에 페인트 칠을 서둘러서 하고 이웃과 그만 얘기하세요. 곧 정오가 될 것이고, 뜨거운 한낮의 태양은 야외에서 일을 하는 것을 견디기 어렵게 만드는 경향이 있습니다.

어휘 hurry up 서두르다　fence 울타리　neighbor 이웃　noon 정오　midday 한낮　tend to ~하는 경향이 있다
unbearable 참을 수 없는

정답 (b)

해설 보기에 다양한 조동사가 나왔으므로 조동사 문제이다. 조동사 문제는 해석을 통해 적합한 의미의 조동사를 골라야 한다. 빈칸 앞절에서 울타리에 페인트 칠을 서둘러야 한다고 했고 뒤에 오는 절에서는 곧 정오가 될 것이고, 한낮에는 야외에서 일하기가 힘들다고 했다. 곧 낮이 되는 것은 추측이나 가능성이 아니라 이미 정해져 있는 미래이므로 빈칸에 가장 자연스러운 조동사는 단순미래를 나타내는 will이다. 따라서 정답은 (b)이다.

난이도 ★★☆ | Category | ❹ 준동사(동명사: consider)

15 Any country that wants to have nuclear weapons shouldn't be concerned with developing the arms alone; they should also have test sites. Countries must consider _____ a weapon's range and effectiveness to be high priorities.

(a) having tested
(b) to be testing
(c) to test
(d) testing

핵무기를 보유하고자 하는 어떤 나라든 무기 개발에만 신경 써야 할 것이 아니라, 실험 장소도 마련해야 한다. 국가들은 무기의 범위와 유효성을 시험하는 것을 최우선순위로 여겨야 한다.

어휘 ▶ nuclear weapon 핵무기 be concerned with ~에 관심이 있다, ~에 신경 쓰다 arms 무기 alone 단지 ~(에)만 consider ~라고 여기다 weapon's range 무기의 범위 effectiveness 유효성 priority 우선순위

정답 ▶ (d)

해설 ▶ 보기에 동사 test가 준동사 형태로 나왔으므로 준동사 문제이다. 빈칸 앞에 동사 consider는 동명사를 목적어로 취하는 동사이므로 보기 중 완료동명사 (a)나 단순동명사 (d) 중에서 정답을 골라야 한다. 지텔프의 특징 중 하나가 준동사가 주어나 목적어로 사용될 때 완료준동사나 진행준동사는 정답이 되는 경우가 드물다는 사실을 알면 쉽게 정답을 고를 수 있다. 따라서 단순동명사 (d)가 정답이다.

난이도 ★★★ | Category | ❷ 가정법(가정법 과거: if절+과거 시제)

16 Although humans kill them by the millions, mosquitoes are still one of the planet's most successful insects in terms of numbers. If they didn't reproduce so well, we _____ of mosquitoes more easily.

(a) will get rid
(b) would have gotten rid
(c) would get rid
(d) are getting rid

비록 인간이 수백만 마리씩 죽이지만, 모기는 여전히 지구상에서 수적인 측면에서 가장 성공적인 곤충 중 하나이다. 만약 그것들이 그렇게 잘 번식하지 못한다면, 우리는 모기를 더 쉽게 제거할 것이다.

어휘 ▶ mosquito 모기 insect 곤충 in terms of ~의 측면에서 reproduce 번식하다 get rid of 제거하다

정답 ▶ (c)

해설 ▶ 보기에 동사구 'get rid'가 다양한 시제와 서법조동사와 같이 나왔으므로 시제 문제 아니면 가정법 문제이다. 빈칸 앞에 if조건절이 있고 이 절의 시제가 과거 시제이므로 가정법 과거임을 알 수 있다. 가정법 과거의 주절은 'would/should/could/might+동사원형'이 와야 하므로 (c)가 정답이다.

난이도 ★★★ | Category ① 시제(미래완료진행: 완료부사구 for+시간명사, 미래완료부사절 by the time+현재시제절)

17 Ray is watching a meteor shower on the rooftop of his apartment building. The shower will last for hours, and by the time it ends at 3 a.m., he _____ up there for six hours.

(a) will be sitting
(b) has sat
(c) will have been sitting
(d) sits

레이는 아파트 옥상에서 유성우를 보고 있다. 유성우는 몇 시간 동안 지속될 것이고, 새벽 3시에 끝날 때쯤 그는 여섯 시간 동안 거기에 앉아 있을 것이다.

어휘 meteor shower 유성우 rooftop 옥상 last 지속되다 by the time ~할 때쯤

정답 (c)

해설 보기에 동사 sit가 다양한 시제로 나왔으므로 시제 문제이다. 빈칸 앞뒤에 시간 부사구나 부사절을 확인한다. 빈칸 앞에 미래시제 대용 시간 부사절 'by the time it ends at 3 a.m.'이 나왔고, 뒤에 완료 시제와 같이 나오는 시간 부사구 'for six hours'가 있다. 미래 특정 시점까지 동작이 계속 진행되는 상황을 나타내므로 미래완료진행 (c)가 정답이다.

 참고 **미래완료진행**

1 **형태**: will have been -ing
2 **의미**: 이전부터 진행되던 일이 미래의 어느 시점까지 계속 진행되고 있을 것임을 나타낸다.
• 미래완료진행형은 주로 시간의 길이를 포함하여 얼마나 오래 또는 자주 일어날 일인가에 초점을 둔다.
  e.g. We moved here in 2001. By next December we will have been living here for twenty years.
  (우리는 2001년에 여기에 이사 왔다. 다음 12월쯤 우리는 20년 동안 여기에서 살고 있을 것이다.)
• 미래완료진행형은 시간의 순서를 나타내기 위해 'by the time 주어+동사(현재 시제)'와 함께 쓰인다.
  e.g. By the time you arrive, I will have been reading for an hour. (네가 도착할 때쯤, 나는 한 시간 동안 독서를 하고 있을 것이다.)

난이도 ★★★ | Category ⑤ 연결어(종속접속사: although)

18 My company suffered another huge quarterly loss and just announced a major decrease in our year-end bonuses. _____ we were saddened by the news, it was still a better option than losing our jobs.

(a) Because
(b) Although
(c) Unless
(d) Whenever

우리 회사는 또 한 번의 큰 분기 손실을 입었고 얼마 전에 연말 보너스가 크게 줄었다고 발표했다. 비록 우리는 이 소식에 슬펐지만, 그것은 여전히 직장을 잃는 것보다 더 나은 선택이었다.

어휘 suffer (어려움을) 겪다 quarterly loss 분기 손실 announce 발표하다 major decrease 큰 감소 year-end bonus 연말 보너스 sadden 슬프게 하다 option 선택사항

정답 (b)

보기에 다양한 연결어가 나왔으므로 연결어 문제이다. 빈칸 앞뒤 절을 해석하여 이 두 절을 자연스럽게 연결하는 연결어를 골라야 한다. 빈칸 앞의 문장에서 회사는 분기 손실을 입었고 연말 보너스가 줄었다고 했고 빈칸 뒤의 문장에서 비록 소식을 듣고 슬펐지만, 그것은 직장을 잃는 것보다 더 낫다고 했다. 빈칸에 들어갈 접속사가 연결할 두 절의 관계는 양보의 관계이다. 따라서 양보의 접속사 (b)가 정답이다.

(a) Because: ~ 때문에
(c) Unless: ~하지 않는다면
(d) Whenever: ~할 때마다

난이도 ★★☆ | **Category ② 가정법**(가정법 과거완료: if절+과거완료)

19 Not many people bought Aston Electronics' new smartphone because its features were too limited, so the model has been discontinued. If Aston engineers had designed the device using the existing 5G technology, more people _____ it.

(a) had bought
(b) would buy
(c) would have bought
(d) were buying

많은 사람들이 기능이 너무 제한적이었기 때문에 애스턴 일렉트로닉스의 새 스마트폰을 사지 않아서 그 모델은 단종되었다. 만약 애스턴 기술자들이 기존의 5G 기술을 사용하여 이 장치를 설계했다면 더 많은 사람들이 그것을 구입했을 것이다.

어휘 feature 기능, 특징 limited 제한된 be discontinued 단종되다 engineer 기술자 device 장치 existing 기존의 technology 기술

정답 (c)

해설 보기에 동사 buy가 다양한 시제와 서법조동사와 같이 나왔다. 시제 문제 아니면 가정법 문제이다. 빈칸 앞에 if절이 있고, 이때 시제가 과거완료(had designed)이므로 가정법 과거완료임을 알 수 있다. 가정법 과거완료의 주절은 'would/should/could/might+have+p.p.'가 와야 하므로 (c)가 정답이다.

난이도 ★★★ | **Category ④ 준동사**(to부정사: hesitate)

20 As this is your first day of work, I know that most of you have concerns. Don't hesitate _____ me any questions. It'll show that you're really interested in this firm you've just joined.

(a) to have asked
(b) asking
(c) having asked
(d) to ask

오늘이 첫 출근이기 때문에, 여러분 대부분이 걱정을 하고 있다는 것을 알고 있어요. 주저 말고 저에게 질문하세요. 그것은 여러분이 방금 입사한 이 회사에 정말로 관심이 있다는 것을 보여줄 거예요.

어휘 concern 걱정 hesitate to+동사원형 ~하기를 주저하다, 망설이다 firm 회사

정답 (d)

해설 보기에 동사 ask가 준동사 형태로 나왔으므로 준동사 문제이다. 빈칸 앞에 동사 hesitate는 to부정사를 목적어로 취하는 대표적인 동사이다. 보기에서 이 조건을 충족시키는 것은 (a) to have asked와 (d) to ask이다. 지텔프 문법에서는 준동사가 주어나 목적어로 사용될 때 진행준동사와 완료준동사는 정답이 될 가능성이 희박하다. 따라서 단순to부정사인 (d)가 정답이다.

참고 **to부정사를 목적어로 취하는 동사**

• to부정사는 일어나지 않은 사건을 나타낼 때 사용되므로 주로 미래적 의미를 가진 동사와 함께 사용된다.
decide(결정하다), hesitate(주저하다), want(원하다), expect(기대하다), need(필요로 하다), wish(소망하다), hope(희망하다), desire(열망하다), agree(동의하다), choose(선택하다), learn(배우다), plan(계획하다), promise(약속하다), refuse(거절하다), pretend(~인 체하다), aim(목표로 하다)

TEST 1
TEST 2
TEST 3
TEST 4
TEST 5
TEST 6
TEST 7

난이도 ★★★ **Category** **⑥ 관계사**(관계대명사: 목적격 which)

21 Colette is proud to be bilingual. She speaks English as her first language. At the same time, French, _____ from her father, comes naturally to her as a second language.

(a) which she learned as a child
(b) that she learned as a child
(c) what she learned as a child
(d) who she learned as a child

콜레트는 2개 국어를 할 수 있다는 것을 자랑스럽게 여긴다. 그녀는 모국어로 영어를 말한다. 그와 동시에 어릴 때 아버지에게서 배운 프랑스어도 제2외국어로서 그녀에게 자연스럽게 생각난다.

어휘 proud 자랑스러워 하는 bilingual 2개 국어를 할 줄 아는 at the same time 동시에 naturally 자연스럽게

정답 (a)

해설 보기에 다양한 관계사절이 나왔으므로 관계사 문제이다. 빈칸 앞에서 선행사를 찾고, 관계사절에서 선행사가 무슨 역할을 하는지 확인한다. 빈칸 앞에 선행사는 명사 French이고 관계사절에서 동사 learned의 목적어로 사용되었다. 목적격이고 사물을 선행사로 취하므로 관계대명사 which와 that이 정답이 될 수 있다. 그러나 빈칸 앞에 콤마가 있으므로 계속적 용법으로 사용되고 있어서 관계대명사 that은 적절하지 않다. 계속적 용법으로 사용될 수 있는 which가 이끄는 (a)가 정답이다.

참고 **관계대명사 용법**

1 관계대명사의 선행사
① 선행사가 사람인 경우 (who, that)
  e.g. I have a sister who works in France.
  e.g. I have a sister that works in France. (나는 프랑스에서 일하는 여자 형제가 있다.)
② 선행사가 사물인 경우 (which, that)
  e.g. Paris is a city which fascinates people.
  e.g. Paris is a city that fascinates people. (파리는 사람들을 매혹하는 도시이다.)

2 제한적 용법 vs. 계속적 용법
① 제한적 용법
  ⇨ 앞 문장에서 말하는 대상을 확인할 경우, 즉 다시 언급할 때 사용함
  e.g. I have two cars. The car which is in the garage is wrecked. (이 경우, which 대신 that도 가능)
  (나는 두 대의 차가 있다. 차고에 있는 차는 망가졌다.)
② 계속적 용법
  ⇨ 선행사에 대해 정보를 추가할 경우 사용함
  ⇨ 선행사를 콤마(,)로 분리시킨 계속적 용법에서 that은 쓰이지 않음
  e.g. I only have one car. The car, which is in the garage, is wrecked. (○)
  (나는 차 한 대만 가지고 있다. 그 차는, 차고에 있는데, 망가진 상태이다.)
  I only have one car. The car, that is in the garage, is wrecked. (X)

22 Due to heavy traffic, it takes Chester three hours to reach the office in his new car. His boss recommends that Chester _____ taking the subway to shorten his travel time.

(a) resumes
(b) resume
(c) will resume
(d) has resumed

차가 너무 막혀서, 체스터는 새 차로 사무실에 도착하는데 3시간이 걸린다. 그의 상사는 체스터가 이동 시간을 단축하기 위해 지하철을 다시 탈 것을 권유한다.

어휘 due to ~때문에 heavy traffic 교통 체증 recommend 권유하다, 추천하다 resume 재개하다 shorten 줄이다 travel time 이동 시간

정답 (b)

해설 보기에 동사 resume이 다양한 시제와 동사원형과 같이 나왔으므로 시제 문제 아니면 당위성 문제이다. 빈칸 앞에 당위성을 나타내는 동사 recommend가 있으므로 당위성 문제이다. that절 안에 있는 빈칸에 should가 생략된 동사원형이 적절하므로 (b)가 정답이다.

23 Delecta Foods brought down a product's cost by using cheap ingredients. Soon, customers were complaining about the poor quality of the product. If Delecta _____ its usual high standards, the company wouldn't have suffered such embarrassment.

(a) had maintained
(b) would maintain
(c) maintains
(d) were to maintain

델렉타 푸드(Delecta Foods) 사는 저렴한 재료를 사용하여 제품 가격을 낮췄다. 곧, 고객들은 그 제품의 낮은 품질에 대해 불평하고 있었다. 델렉타 사가 평소처럼 높은 기준을 유지했다면, 그 회사는 그런 난처한 상황을 겪지 않았을 것이다.

어휘 bring down (가격을) 내리다 ingredient 재료 complain about ~에 대해 불평하다 maintain 유지하다 suffer 겪다 embarrassment 난처한 상황

정답 (a)

해설 보기에 동사 maintain이 다양한 시제와 서법조동사와 같이 나왔고 빈칸 앞에 if조건절에 있으므로 가정법 문제이다. 보통 조건절의 시제를 주고 그 시제에 의해 과거면 가정법 과거, 과거완료이면 가정법 과거완료의 주절의 형태를 묻는 문제가 대부분인데, 이 문제에서는 if절의 시제를 물어보는 문제이다. 즉, 주절을 보고 조건절의 시제를 고르게 만드는 문제이다. 이때 주절에 'would+have p.p. (wouldn't have suffered)'가 있으므로 가정법 과거완료임을 알 수 있다. 가정법 과거완료는 조건절이 과거완료 시제가 되어야 하므로 (a)가 정답이다.

24 Many students prefer the ease of using search engines over going to the library to do research. However, Laura still prefers the library _____ she likes the smell of ink on new books.

(a) even though
(b) because
(c) anytime
(d) so that

많은 학생들은 자료 조사를 위해 도서관에 가는 것보다 검색 엔진을 사용하는 것의 용이함을 선호한다. 하지만, 로라는 새 책의 잉크 냄새를 좋아하기 때문에 여전히 도서관을 선호한다.

어휘 ▶ prefer 선호하다 ease 용이함, 쉬움 search engine 검색 엔진 do research 연구하다, 조사하다

정답 ▶ (b)

해설 ▶ 보기에 다양한 연결어가 나왔으므로 연결어 문제이다. 빈칸 앞뒤의 문장을 해석하여 두 문장의 의미 관계를 자연스럽게 연결하는 연결어를 골라야 한다. 빈칸 앞의 절에서 로라는 도서관을 선호한다고 했고 빈칸 뒤의 절에서는 새 책의 잉크 냄새를 좋아한다고 했으므로 문맥상 '책의 잉크 냄새를 좋아하기 때문에 도서관을 선호한다'는 의미로 해석된다. 따라서 빈칸에 들어갈 연결어로 이유를 나타내는 접속사 (b)가 정답이다.

오답 분석 (a) even though: ~임에도 불구하고 (양보)
(c) anytime: 언제든지
(d) so that: ~하도록, ~하기 위해 (목적)

25 Our office receives no clients and seldom has visitors. That's why management doesn't require that we _____ to work in formal office attire and instead encourages us to wear comfortable clothes.

(a) will report
(b) are reporting
(c) report
(d) reported

우리 사무실은 손님을 받지 않고 방문객도 거의 없다. 그렇기 때문에 경영진은 정장 차림으로 출근할 것을 요구하지 않고 대신에 편한 복장을 하도록 권장하고 있다.

어휘 ▶ seldom 거의 ~않는 management 경영진 require 요구하다 report to work 출근하다 formal office attire 정장 차림 encourage 권장하다 comfortable 편안한

정답 ▶ (c)

해설 ▶ 보기에 동사 report가 다양한 시제와 동사원형의 형태로 나왔고 빈칸 앞에 당위성 동사 require가 있으므로 당위성 문제이다. that절 속 빈칸에는 should가 생략된 동사원형이 적절하다. 따라서 (c)가 정답이다.

26 Mr. Abbot is confident that he'll make a successful presentation at the board meeting tomorrow. He _____ his speech for three weeks now, and his slideshow presentation is very impressive.

(a) practiced
(b) is practicing
(c) had practiced
(d) has been practicing

애벗 씨는 내일 이사회에서 성공적인 발표를 할 것이라고 자신하고 있다. 그는 3주째 연설을 연습해 오고 있는데, 그의 슬라이드쇼 발표는 매우 인상적이다.

어휘 confident 자신감 있는 presentation 발표 board meeting 이사회 practice 연습하다 impressive 인상적인

정답 (d)

해설 보기에 동사 practice가 다양한 시제로 나왔으므로 시제 문제이다. 빈칸 앞뒤에 시간 부사구나 부사절을 확인한다. 빈칸 뒤에 완료 시제 부사구 'for three weeks'와 현재진행 시제와 자주 쓰이는 부사 now가 나왔다. 과거부터 현재까지 계속 진행 중인 상황을 나타내므로 현재완료진행 (d)가 정답이다.

참고 **현재완료진행**

• 형태: have/has been –ing
• 의미: (~해오고 있다) 과거에 시작한 행동이 현재까지 계속 진행되고 있음을 나타낸다.
• 자주 쓰이는 시간 부사어구: since+과거 시점/과거 시제절(~한 이래로), for+시간명사(~동안), lately(최근에)

Category　PART 1 개인적 대화　PART 2 발표　PART 3 협상적 대화　PART 4 절차 설명

PART 1　**27-33**　개인적 대화: 커피숍 영업 활성화 방안

https://han.gl/JVwzO

M: Hi, Jane. Is everything all right? You look troubled.

F: It's about my coffee shop, Paul. ²⁸ I'm considering closing it down.

M: Why? What's the problem?

F: ²⁷ As you can see, it's pretty empty. It's been operating for six months now, but I haven't earned much profit.

M: I'm sorry to hear that. It must be a difficult situation for you.

F: Yeah, it really is tough… and expensive. That's why I'm thinking about closing it down.

M: I understand. But don't you think it's a little too soon to be closing down your shop? It's only been open for a short time. Maybe you can do something to increase your sales. What do you think your shop is missing?

F: Hmmm… you're right. Maybe adding an extra service will attract more customers.

M: ²⁹ How about Wi-Fi? If there's free Internet in your coffee shop, customers can continue their work, write blogs, and check their social media accounts. But of course, they have to order something first before they can get the password and use the Wi-Fi.

F: That's a good suggestion. Providing free Internet will surely bring in more customers to the shop.

M: ³⁰ I also suggest that you add more tables, chairs, and couches so you can accommodate more customers. There's lots of room in here, after all.

F: ³⁰ Yeah, I guess I could do that. But I was hoping to buy more furniture after business picked up.

M: 안녕, 제인. 어떻게 지내? 너 걱정 있어 보이네.

F: 내 커피숍에 관한 거야, 폴. ²⁸ 문을 닫을까 생각 중이야.

M: 왜? 뭐가 문제야?

F: ²⁷ 알다시피, 자리가 많이 비어 있어. 6개월째 운영 중인데 수익을 별로 얻지 못하고 있어.

M: 그 소리를 들으니 안타깝네. 너에게 힘든 상황임에 틀림없군.

F: 그래, 정말 힘들고 비용이 많이 들어. 그래서 사업을 접을까 생각 중이야.

M: 이해해. 하지만 가게를 닫기에는 너무 이르다고 생각하지 않니? 오픈한 지 얼마 안 됐어. 매출을 올리기 위해 뭔가 할 수 있을 거야. 너의 가게가 무엇이 부족하다고 생각해?

F: 음… 네 말이 맞아. 추가 서비스를 제공하는 것이 더 많은 고객을 끌어 모을 수도 있을 것 같아.

M: ²⁹ 와이파이는 어때? 너의 커피숍에 무료 인터넷이 있다면 고객은 업무를 계속하고 블로그를 작성하고 소셜미디어 계정을 확인할 수 있어. 하지만 물론, 그들은 비밀번호를 얻고 와이파이를 사용하기 전에 먼저 무언가를 주문해야 해.

F: 그거 좋은 제안이야. 무료 인터넷을 제공하는 것은 분명 더 많은 고객을 가게로 불러들일 수 있을 것 같아.

M: ³⁰ 또 네가 더 많은 고객을 수용할 수 있도록 테이블, 의자, 소파를 더 추가해 봐. 어쨌든 가게 안에 공간이 많잖아.

F: ³¹ 그래, 그럴 수 있을 것 같아. 하지만 사업이 살아나면 가구를 더 사고 싶었어.

M: Well, I have a friend who owns a furniture shop. I can help you get a discount.

F: Thanks, Paul. That would be a great help.

M: Don't mention it, Jane.

F: [31] I'm going to add some cakes and pastries to the menu. Do you think that will help?

M: I do. Those sweets are perfect partners for your coffee. I also recommend that you add other drinks to your menu. That way, your customers can have more choices.

F: You know, when the shop first opened I offered all sorts of drinks. Bubble tea, fruit smoothies, milkshakes—you name it! But the problem was that people didn't seem to like them as much as my signature coffee. I don't mean to brag, but a few of my customers say that I make the best cappuccino in town. Here, I just made you one. On the house!

M: Wow, this is incredible. I didn't know you made such a great cappuccino. You should draw more attention to it. Advertise!

F: [32] You're right. However, to make all your suggested improvements happen, I'll need additional money. I guess I'll have to use some of my savings.

M: If you don't want to get it from your savings, you can get a business loan from a bank. But of course, you'll have to submit certain requirements to get their approval.

F: Hmmm. [33] Applying for a loan will take some time, and I don't want to wait too long to start making changes. Besides, I can save up again once the coffee shop's sales improve. Thanks for the advice, Paul!

M: You're welcome, Jane, and good luck! I hope everything works out for you.

M: 음, 가구점을 운영하는 친구가 있어. 네가 할인받도록 도와줄 수 있어.

F: 고마워, 폴. 그거 큰 도움이 될 것 같아.

M: 별것 아냐, 제인.

F: [31] 케이크와 페이스트리를 메뉴에 추가할 거야. 그게 도움이 될 거라고 생각해?

M: 나는 그럴 거라고 생각해. 그런 단것들은 너의 커피에 완벽한 파트너지. 메뉴에 다른 음료도 추가하길 추천해. 그래야 고객이 더 많이 선택할 수 있어.

F: 가게가 처음 문을 열었을 때, 온갖 종류의 음료를 제공했어. 버블티, 과일 스무디, 밀크셰이크, 뭐든 말해 봐! 하지만 문제는 사람들이 내 시그니처 커피만큼 그 음료를 좋아하는 것 같지 않다는 것이었어. 자랑하려는 건 아니지만, 내 고객 중 몇몇은 내가 이 동네에서 최고의 카푸치노를 만든다고 해. 자, 방금 너를 위해 하나 만들었어. 공짜야!

M: 와, 정말 대단하다. 이렇게 맛있는 카푸치노를 만드는 줄 몰랐어. 이것에다 더 많은 관심을 끌어야 할 것 같아. 광고해!

F: [32] 네 말이 맞아. 하지만, 네가 제안한 모든 개선 사항을 실현하기 위해서, 나는 추가 자금이 필요해. 저축한 돈을 좀 쓰려고 그래.

M: 저축한 돈을 쓰고 싶지 않다면, 은행에서 사업 대출을 받을 수 있어. 물론 승인을 받으려면 너는 특정한 필요 서류를 제출해야 돼.

F: 흠. [33] 대출을 신청하려면 시간이 좀 걸릴 것이고, 변화를 시작하기까지 너무 오래 기다리고 싶지 않아. 게다가 커피숍 매출이 좋아지면 다시 저축할 수 있어. 충고 고마워, 폴!

M: 고맙긴 뭘, 제인. 행운을 빌어! 모든 일이 잘 되길 바라.

어휘 troubled 어려움에 처한 empty 비어 있는 operate 운영되다 earn 돈을 벌다 profit 이득 situation 상황
tough 힘든, 거친 increase 증가시키다 add 추가하다 attract 끌어 들이다 provide 제공하다 accommodate 수용하다
after all 어쨌든, 결국 pick up (사업이) 나아지다, 개선되다 get a discount 할인받다 recommend 추천하다 brag 자랑하다
on the house 무료로 제공되는 incredible 믿을 수 없는, 굉장한 draw attention 관심을 끌다 advertise 광고하다
savings 저축한 돈, 예금 business loan 사업 대출 submit 제출하다 requirement 요구 사항, 필요 서류 approval 승인, 동의
apply for 신청하다 besides 게다가 work out 잘 되다

난이도 ★★★　**Category**　주제(Why)

27 Why is Jane worried?

(a) because her coffee does not taste good
(b) because her business is not doing well
(c) because coffee is getting more expensive
(d) because her profits do not cover the bills

제인은 왜 걱정하는가?

(a) 그녀의 커피가 맛이 없기 때문에
(b) 그녀의 사업이 잘 되지 않기 때문에
(c) 커피가 점점 비싸지고 있어서
(d) 그녀의 수익이 비용을 충당할 수 없어서

어휘 worried 걱정하는　do well 잘 되다　profit 이득　bill 고지서, 청구서

정답 (b)

해설 대화에서 "²⁷ As you can see, it's pretty empty. It's been operating for six months now, but I haven't earned much profit."(알다시피, 자리가 꽤 비어 있어. 6개월째 운영 중인데 그다지 큰 수익을 올리지 못했어.)라고 하였다. 제인이 커피숍에 손님이 별로 없고 영업 이익이 많지 않다고 했으므로 (b)가 정답이다.

정답 Key Paraphrasing
대화에 나온 'I haven't earned much profit'과 의미상 통하는 것은 'because her business is not doing well'이다.

난이도 ★★★　**Category**　세부사항(What)

28 What is Jane thinking about doing with her business?

(a) putting in longer hours at the shop
(b) reducing the business's overhead expenses
(c) shutting down her coffee shop
(d) letting someone else operate the business

제인은 자신의 사업에 대해 무엇을 하려고 생각 중인가?

(a) 매장에 더 긴 시간 투입
(b) 사업의 일반 경비 절감
(c) 커피숍 폐쇄
(d) 다른 사람이 사업을 운영하게 함

어휘 reduce 줄이다　overhead expense 일반 경비, 간접비　shut down 폐쇄하다. 문을 닫다　operate 운영하다

정답 (c)

해설 대화에서 "²⁸ I'm considering closing it down."(문을 닫을까 생각 중이야.)라고 하였으므로 (c)가 정답이다.

정답 Key Paraphrasing
대화에 나온 'closing it down'과 유사한 표현은 'shutting down her coffee shop'이다.

난이도 ★★★　**Category**　세부사항(What)

29 What is Paul suggesting that Jane do to attract more customers to her coffee shop?

(a) that she give away free coffee
(b) that she let customers stay for as long as they want
(c) that she provide wireless charging stations
(d) that she give customers free Internet access

폴은 제인이 커피숍에 더 많은 손님을 끌도록 무엇을 하라고 제안하는가?

(a) 무료로 커피를 나눠주기
(b) 고객이 원하는 만큼 머물 수 있게 하기
(c) 무선 충전소를 제공하기
(d) 고객에게 무료 인터넷 접속을 제공하기

어휘 attract 끌다 customer 고객 stay 머물다 provide 제공하다 wireless 무선의 charging station 충전소
Internet access 인터넷 접속

정답 (d)

해설 대화에서 "²⁹ How about Wi-Fi? If there's free Internet in your coffee shop, customers can continue their work, write blogs, and check their social media accounts"(와이파이는 어때? 커피숍에 무료 인터넷이 있는 경우 고객은 업무를 계속하고 블로그를 작성하고 소셜 미디어 계정을 확인할 수 있어.)라고 하였다. 보기 중 이 내용과 일치하는 (d)가 정답이다.

정답 Key **Paraphrasing**

대화에 나온 'If there's free Internet in your coffee shop'와 유사한 표현은 'that she give customers free Internet access'이다.

난이도 ★★★ | Category 세부사항(What)

30 What will Jane do to make room for more customers?

(a) put more furniture in the shop
(b) rent a larger space nearby
(c) replace the tables with smaller ones
(d) place the chairs farther apart

제인은 더 많은 고객을 위한 공간을 확보하기 위해 무엇을 할 예정인가?

(a) 가구를 더 들여놓는다
(b) 근처에 더 큰 공간을 빌린다
(c) 테이블을 작은 테이블로 교체한다
(d) 의자를 더 멀리 떨어뜨려 놓는다

어휘 make room 공간을 만들다 furniture 가구 nearby 근처에 replace 교체하다 farther apart 더 멀리 떼어놓아

정답 (a)

해설 대화에서 "M: ³⁰ I also suggest that you add more tables, chairs, and couches so you can accommodate more customers."(또한 더 많은 고객을 수용할 수 있도록 테이블, 의자, 소파 등을 추가할 것을 추천해.)와 "F: Yeah, I guess I could do that.(그래, 그럴 수 있을 것 같아.)"라고 하였으므로 (a)가 정답이다.

정답 Key **Paraphrasing**

대화에 나온 'you add more tables, chairs, and couches'와 유사한 표현은 'put more furniture in the shop'이다.

난이도 ★★★ | Category 세부사항(How)

31 How will Jane improve the coffee shop's menu?

(a) by adding coffees imported from different countries
(b) by serving pastries and other sweets
(c) by offering several new coffee drinks
(d) by selling milkshakes and smoothies

제인은 커피숍의 메뉴를 어떻게 개선할 것인가?

(a) 여러 국가에서 수입된 커피를 첨가하여
(b) 페이스트리 및 기타 단것을 제공하여
(c) 몇 가지 새로운 커피 음료를 제공하여
(d) 밀크셰이크 및 스무디를 판매하여

어휘 imported 수입된 pastry 페이스트리 offer 제공하다

정답 (b)

해설 대화에서 "³¹ I'm going to add some cakes and pastries to the menu."(나는 케이크와 페이스트리를 메뉴에 추가할 거야.)라고 하였으므로 (b)가 정답이다.

정답 Key **Paraphrasing**

대화에 나온 'I'm going to add some cakes and pastries to the menu'와 유사한 표현은 'by serving pastries and other sweets'이다.

난이도 ★★★   **Category**   세부사항(What)

32 What does Jane need to make her plans work?

(a) a way to save more money
(b) an even better cappuccino
(c) an additional source of funding
(d) more manpower for improvements

제인은 자신의 계획을 실행하기 위해 무엇이 필요한가?

(a) 더 많은 돈 절약 방법
(b) 훨씬 더 좋은 카푸치노
(c) 추가 자금원
(d) 개선을 위한 인력 증가

어휘 **save** 저축하다, 절약하다 **even better** 훨씬 더 좋은 **additional** 추가적인 **manpower** 인력 **improvement** 개선

정답 (c)

해설 대화에서 "F: ³² You're right. However, to make all your suggested improvements happen, I'll need additional money. I guess I'll have to use some of my savings."(네 말이 맞아. 하지만, 네가 제안한 모든 개선 사항을 실현하기 위해서는, 나는 추가 자금이 필요해. 저축한 돈을 좀 써야겠어.)라고 하였다. 추가적인 자금이 필요해서 저축한 돈을 쓰겠다고 했으므로 (c)가 정답이다.

난이도 ★★★   **Category**   추론(How)

33 How will Jane probably support the improvements in her shop?

(a) She will apply for a loan from the bank.
(b) She will ask Paul to be her business partner.
(c) She will borrow money from her friends.
(d) She will use her personal savings.

제인은 자신의 가게 개선을 어떻게 지원할 것 같은가?

(a) 은행에 대출을 신청할 것이다.
(b) 폴에게 사업 파트너가 되어달라고 요청할 것이다.
(c) 친구들에게 돈을 빌릴 것이다.
(d) 개인 예금을 사용할 것이다.

어휘 **support** 지원하다 **apply for** 신청하다 **loan** 대출 **borrow** 빌리다 **personal savings** 개인 예금

정답 (d)

해설 대화에서 "³³ Applying for a loan will take some time, and I don't want to wait too long to start making changes. Besides, I can save up again once the coffee shop's sales improve."(대출을 신청하려면 시간이 좀 걸릴 것이고, 변화를 시작하기까지 너무 오래 기다리고 싶지 않아. 게다가 커피숍 매출이 좋아지면 다시 저축할 수 있어.)라고 하였다. 커피숍 개선을 위해 대출을 받는 것은 시간이 걸려서 오래 기다리기 싫다고 했고 저축은 커피숍 매출이 좋아지면 다시 모을 수 있다고 했으므로 제인이 우선 자신의 예금을 사용할 것임을 추론할 수 있다. 따라서 (d)가 정답이다.

https://han.gl/RaGpY

Are you looking for a fun and worthwhile thing to do this summer? Why don't you brush up on your English? Come and join the 2nd Annual Golden Minds English Camp! [34] The English Camp is a two-week program of English language instruction for kids, teenagers, and adults offered by the Golden Minds School of English.

At the camp, students are taught and encouraged to speak the English language. We offer fun-filled educational activities that suit different age groups and meet the learning needs of the students. Last year's camp was a great success. We guarantee that the second year of the Golden Minds English Camp will provide twice the learning and fun!

The school's founders believe that the most important experience we can give our students is a kind of learning which is not limited to the four walls of the classroom. The Golden Minds School of English maintains this philosophy by using creative ways to engage our students. That's why at the English Camp students are given plenty of opportunity to interact with people from other countries. This way, they get to practice their English skills in fun and exciting environments.

Our camp teachers have many years of experience teaching international students. The Golden Minds School of English is also certified by the National Department of Education as an institution for teaching the English language. [35] For the last four years, we have received the Customer's Choice Award as the Best English Language School in North America. This shows our outstanding performance and customer service in the field of English language instruction.

Let me give you an overview of the four courses we are offering at camp this year. First, we have the basic Let's Communicate course. [36] This course aims to help students to be able to speak and write in English. This will help them address different academic and social situations. They'll read about current events, listen for details, and then talk about their ideas and feelings in group discussions.

이번 여름에 할 재미있고 가치 있는 일을 찾고 있나요? 영어 공부를 다시 하시는 게 어때요? 오셔서 제2회 골든 마인즈 영어 캠프에 참가하세요! [34] 이 영어캠프는 골든 마인즈 영어학교(the Golden Minds School of English)에 의해 제공되는 어린이, 청소년, 어른들을 위한 2주 간의 영어 교육 프로그램입니다.

캠프에서 학생들은 영어를 말하는 것을 배우고 격려받습니다. 저희는 다양한 연령대에 적합하고 학생들의 학습 욕구를 충족시키는 즐거움으로 가득찬 교육 활동을 제공합니다. 작년 캠프는 큰 성공을 거두었습니다. 저희는 골든 마인즈 영어 캠프의 두 번째 연차가 두 배의 배움과 즐거움을 제공할 것을 보장합니다!

이 학교의 설립자들은 저희가 학생들에게 제공할 수 있는 가장 중요한 경험은 교실의 네 개의 벽에만 국한되지 않는 일종의 배움이라고 믿습니다. 골든 마인즈 영어학교는 학생들을 참여시키는 창의적인 방법들을 사용하여 이 철학을 지킵니다. 이것이 바로 영어캠프에서 학생들이 다른 나라 사람들과 상호작용할 수 있는 많은 기회를 제공받는 이유입니다. 이렇게 하면, 그들은 재미있고 신나는 환경에서 영어 기술을 연습하게 됩니다.

저희의 캠프 선생님들은 국제 학생들을 가르친 다년간의 경험을 가지고 있습니다. 골든마인즈 영어학교는 또한 교육부에서 영어를 가르치는 기관으로 인증받았습니다. [35] 지난 4년 동안 저희는 북미 최고의 영어 학교로 고객 선택상을 수상했습니다. 이것은 영어교육 분야에서의 저희의 뛰어난 성과와 고객서비스를 보여줍니다.

올해 캠프에서 제공하는 4가지 코스에 대한 개요를 알려드리겠습니다. 첫째, 기본 과정인 렛츠 커뮤니케이트(Let's Communicate) 코스가 있습니다. [36] 이 코스는 학생들이 영어로 말하고 쓸 수 있도록 돕는 것을 목표로 합니다. 이것은 그들이 여러 학문적, 사회적 상황을 다루는 데 도움을 줄 것입니다. 그들은 시사에 대해 읽고, 세부사항을 듣고, 자신의 생각과 느낌에 대해 그룹 토론에서 이야기할 것입니다.

Second, we are offering the Let's Chat course. [37] In this class, students will engage in activities where they can practice the English skills used in everyday situations. The exercises help students practice common activities such as introducing people, ordering food in a restaurant, and asking for directions. The class setup is more informal, so students can feel comfortable and confident in expressing their ideas.

Third, we also offer the course Job Interview Simulations. [38] This class aims to help students successfully answer both the usual and the more challenging interview questions. It offers a lively, hands-on approach in improving one's interview skills. Students will also learn the proper way to prepare and handle the interview process.

Lastly, we have added a new course to the English Camp this year, which is Write Your Resume. This class teaches students how to write personal information and work experiences into an organized and concise resume.

After each course, the students will participate in a culminating program where they can show their skills with the English language.

[39] If you are interested in enrolling in any one of our programs, log on to our website and just fill in the online reservation form. You may also visit our office in Mulberry Tower to reserve a slot for your chosen course. So, see you at the English Camp!

둘째, 렛츠 챗(Let's Chat) 코스를 제공합니다. [37] 이 수업에서 학생들은 일상적인 상황에서 사용되는 영어 기술을 연습할 수 있는 활동에 참여할 것입니다. 이 연습은 학생들이 사람들을 소개하고, 식당에서 음식을 주문하고, 길을 물어보는 것과 같은 일반적인 활동을 연습하도록 도와줍니다. 수업 설정이 형식을 덜 차리기 때문에 학생들은 자신의 생각을 표현함에 있어 편안하고 자신감 있게 느낄 수 있습니다.

셋째, 저희는 또한 취업 면접 시뮬레이션(Job Interview Simulations) 코스를 제공합니다. [38] 이 수업은 학생들이 일상적인 면접 질문과 더 어려운 면접 질문에 모두 성공적으로 대답할 수 있도록 돕는 것을 목표로 합니다. 그것은 면접 능력을 향상시키는 데 있어서 활기차고 실제적인 접근을 제공합니다. 학생들은 또한 면접을 준비하고 다루는 적절한 방법을 배울 것입니다.

마지막으로 올해 영어캠프에 새로운 과정을 추가했는데 그것이 바로 '이력서 작성(Write Your Resume)' 코스입니다. 이 수업은 학생들에게 개인 정보와 업무 경험을 체계적이고 간결한 이력서에 쓰는 방법을 가르칩니다.

각 과정 후, 학생들은 영어로 실력을 보여줄 수 있는 최종 프로그램에 참여할 것입니다.

[39] 저희 프로그램에 등록하고 싶다면, 저희 웹사이트에 로그인해서 온라인 예약 양식을 작성해 주세요. 또한 선택한 코스를 위한 자리를 예약하기 위해 멀베리 타워에 있는 저희 사무실을 방문하실 수도 있습니다. 자, 영어 캠프에서 만나요!

어휘 worthwhile 가치 있는 brush up 복습하다. 다시 연마하다 instruction 수업 offer 제공하다 fun-filled 즐거움으로 가득찬 educational activity 교육 활동 suit 적합하다. 알맞다 meet the learning needs 학습욕구를 충족시키다 provide 제공하다 twice 두 배 maintain 지키다. 유지하다 creative 창의적인 engage 참여시키다 plenty of 풍부한 opportunity 기회 interact 상호작용하다 practice 연습하다 environment 환경 be certified by ~에 의해 인증받다 institution 기관 outstanding performance 뛰어난 성과 overview 개요 aim to+동사원형 ~하는 것을 목표로 하다 address 처리하다. 다루다 academic 학문적인 social situation 사회적 상황 current 최근의 asking for directions 길 묻기 informal 형식을 덜 차리는 comfortable 편안한 confident 자신감 있는 lively 활기찬 hands-on approach 실제적인 접근 proper 알맞은 organized 체계적인, 조직화된 concise 간결한 resume 이력서 culminating 최종의, 궁극의 be interested in ~하고 싶다 enroll 등록하다 reserve a slot 한 자리를 예약하다

34 What is the talk mainly about?

(a) the importance of the English language
(b) fun activities to do during summer
(c) an English language school
(d) an educational summer camp

이 담화는 주로 무엇에 대한 것인가?

(a) 영어의 중요성
(b) 여름에 할 재미있는 활동
(c) 영어 학교
(d) 교육적인 여름 캠프

 어휘 mainly 주로   activity 활동   educational 교육적인, 교육의

정답 (d)

해설 담화 1단락에서 "³⁴ The English Camp is a two-week program of English language instruction for kids, teenagers, and adults offered by the Golden Minds School of English."(이 영어캠프는 골든 마인즈 영어학교가 제공하는 어린이, 청소년, 어른들을 위한 2주간의 영어 교육 프로그램입니다.)라고 하였다. 보기 중 이 내용과 일치하는 (d)가 정답이다.

정답 Key Paraphrasing

담화에 나온 'The English Camp is a two-week program of English language instruction'과 유사한 표현은 'an educational summer camp'이다.

35 What proves that the school does a good job of teaching English language skills?

(a) It has received major awards within its region.
(b) It employs the largest number of teachers.
(c) It has a good philosophy about learning.
(d) It attracts students from all over the world.

무엇이 그 학교가 영어 기술을 잘 가르친다는 것을 증명해 주는가?

(a) 지역 내에서 주요 상을 받아 왔다.
(b) 가장 많은 수의 교사를 고용한다.
(c) 학습에 대한 좋은 철학을 가지고 있다.
(d) 전 세계의 학생들을 끌어들인다.

어휘 receive 받다   award 상   region 지역, 지방   employ 고용하다   philosophy 철학   attract 끌어들이다

정답 (a)

해설 담화 4단락에서 "³⁵ For the last four years, <u>we have received the Customer's Choice Award as the Best English Language School in North America</u>. This shows our outstanding performance and customer service in the field of English language instruction."(지난 4년 동안 저희는 북미 최고의 영어 학교로 고객 선택상을 수상했습니다. 이것은 영어교육 분야에서 뛰어난 성과와 고객서비스를 보여줍니다.)라고 하였다. 이 학교가 4년간 영어교육기관으로서 상을 받아 왔다는 것은 뛰어난 성과를 보여주는 것이라고 했으므로 (a)가 정답이다.

정답 Key Paraphrasing

담화에 나온 'we have received the Customer's Choice Award as the Best English Language School in North America'와 유사한 표현은 'It has received major awards within its region.'이다.

36 What do the students learn in the Let's Communicate program?

(a) how to read novels written in English

학생들은 렛츠 커뮤니케이트(Let's Communicate) 프로그램에서 무엇을 배우는가?

(a) 영어로 쓰여진 소설을 읽는 방법

(b) how to solve their social problems

(c) how to express themselves in English

(d) how to deliver a report on current events

(b) 사회적 문제를 해결하는 방법

(c) 영어로 자신의 의사를 표현하는 방법

(d) 시사에 대한 보고서 전달 방법

어휘 communicate 의사소통하다 novel 소설 social problem 사회적 문제 express 표현하다 current event 시사

정답 (c)

해설 담화 5단락에서 "³⁶ This course aims to help students to be able to speak and write in English."(이 과정은 학생들이 영어로 말하고 쓸 수 있도록 돕는 것을 목표로 합니다.)라고 하였으므로 (c)가 정답이다.

정답 Key Paraphrasing

담화에 나온 'to be able to speak and write in English.'와 유사한 표현은 'how to express themselves in English'이다.

난이도 ★★★ **Category** **세부사항(How)**

37 How is the Let's Chat program different from the other courses?

(a) The class is strict and formal.

(b) The activities are more fit for daily use.

(c) The students practice their skills in the real world.

(d) The class lasts longer than the others.

렛츠 챗(Let's Chat) 프로그램은 다른 과정과 어떻게 다른가?

(a) 그 수업은 엄격하고 형식적이다.
(b) 활동들이 일상 용도에 더 적합하다.
(c) 학생들은 실제 세상에서 기술을 연습한다.
(d) 수업이 다른 수업보다 오래 지속된다.

어휘 be different from ~와 다르다 strict 엄격한 formal 형식적인 fit 알맞은 last 지속되다

정답 (b)

해설 담화 6단락에서 "³⁷ In this class, students will engage in activities where they can practice the English skills used in everyday situations."(이 수업에서 학생들은 일상적인 상황에서 사용되는 영어 기술을 연습할 수 있는 활동에 참여할 것입니다.)라고 하였다. 보기 중 이 내용과 일치하는 (b)가 정답이다.

정답 Key Paraphrasing

담화에 나온 'activities where they can practice the English skills used in everyday situations'와 유사한 표현은 'The activities are more fit for daily use.'이다.

난이도 ★★★ **Category** **추론(How)**

38 How can Golden Minds probably help students who are looking for work?

(a) by showing them where to submit a resume

(b) by helping them network with companies

(c) by referring them for English-speaking jobs

(d) by helping them succeed in job interviews

골든 마인즈는 일자리를 찾는 학생들을 어떻게 도울 수 있을까?

(a) 그들에게 이력서 제출 장소를 알려 주어
(b) 그들이 기업과 네트워크를 형성하도록 도와서
(c) 그들에게 영어를 써야 하는 일자리를 알아보도록 하여
(d) 그들이 취업 면접에서 성공하도록 도와서

어휘 look for 찾다 submit 제출하다 resume 이력서 refer A for B A에게 B를 알아보게 하다 succeed in ~에서 성공하다

정답 (d)

해설 담화 7단락에서 "³⁸This class aims to help students successfully answer both the usual and the more challenging interview questions."(이 수업은 학생들이 일반적인 면접 질문과 더 어려운 면접 질문에 모두 성공적으로 답할 수 있도록 돕는 것을 목표로 합니다.)라고 하였다. 이 과정이 학생들의 취업 면접 질문에 답하도록 도와준다고 했으므로 학생들이 취업 면접을 잘 보도록 도와주는 것으로 추론된다. 따라서 (d)가 정답이다.

정답 Key **Paraphrasing**

담화에 나온 'to help students successfully answer both the usual and the more challenging interview questions.'와 유사한 표현은 'by helping them succeed in job interviews'이다.

난이도 ★★★ | **Category** **세부사항(What)**

39 What should one do to reserve a slot in the camp?

(a) sign up for a membership
(b) call the program's office
(c) complete the online form
(d) pay the enrollment fee

캠프에 자리를 예약하려면 무엇을 해야 하는가?

(a) 회원 가입을 한다
(b) 프로그램 사무실로 전화한다
(c) 온라인 양식을 작성한다
(d) 등록비를 지불하다

어휘 **reserve a slot** 한 자리를 예약하다 **sign up for** 등록하다 **complete the form** 서류 양식을 작성하다 **enrollment fee** 등록비

정답 (c)

해설 담화 마지막 단락에서 "³⁹If you are interested in enrolling in any one of our programs, log on to our website and just fill in the online reservation form."(저희 프로그램에 등록하고 싶다면 저희 웹사이트에 로그인해서 온라인 예약 양식을 작성하면 됩니다.)라고 하였다. 보기 중 이 내용과 일치하는 (c)가 정답이다.

정답 Key **Paraphrasing**

담화에 나온 'fill in the online reservation form.'과 유사한 표현은 'complete the online form'이다.

PART 3 | **40-45** **협상적 대화: 웹 세미나와 대면 세미나의 장단점**

https://han.gl/y3ldh

M: What are you reading, Lily?

F: Oh, hi, Sam. ⁴⁰I'm searching through some websites for a seminar to attend.

M: What kind of seminar?

F: I want to learn about new tools to use for gathering information. It would be useful for my job as a researcher.

M: That's interesting. Did you find any?

F: Oh, a bunch. But I'm still undecided whether to just watch a web-based seminar or actually attend one in person. I found a really interesting-sounding web seminar from a school in London, but there's also a good in-person seminar that will be held locally at a hotel.

M: 뭘 읽고 있니, 릴리?

F: 오, 안녕, 샘. ⁴⁰세미나 참석을 위해 웹사이트를 좀 둘러보고 있어.

M: 무슨 종류의 세미나?

F: 정보 수집에 사용할 새로운 도구에 대해 알고 싶어. 그것은 연구원이라는 내 직업에 유용할 것 같아.

M: 그거 흥미로운데. 뭐 좀 찾았어?

F: 오, 많이 찾았지. 하지만 나는 웹 세미나를 볼 것인지 아니면 실제로 직접 참석할 것인지 아직 결정하지 못했어. 런던의 한 학교에서 정말 흥미롭게 들리는 웹 세미나를 찾았지만, 현지 호텔에서 열리는 좋은 대면 세미나도 있어.

M: I see. Why don't we discuss the pros and cons of each kind of seminar? It might help you decide.

F: You're right. Let's see… [41] Well, the web seminar, or webinar, is quite affordable as the three-day seminar only costs 50 dollars. But the in-person seminar at the hotel costs 150 dollars for the same number of days.

M: Hmmm… if you ask me, a hundred-dollar difference is quite big. You can buy a lot of things with that much money.

F: I was thinking that, too. I also realized that attending the webinar is more convenient. All I have to do is register for the site and listen to the lecture from my computer. I won't have to leave the office or travel anywhere.

M: Right. I also heard that with a webinar, the lecture is usually recorded, so you can watch and listen to it again whenever you like.

F: I see. But if I participate in a webinar, I won't be able to see the presenter. I'll just hear a voice-over while viewing the presentation slides on my computer screen. I won't be seeing gestures and facial expressions. So it becomes too impersonal.

M: [42] I agree. Plus, with a webinar, there will be no interaction with the other participants, unlike in a traditional seminar where you usually discuss ideas further during small group activities.

F: You're right. Another problem is the schedule of the webinar. Because the presenter would be in London, the time zones are different. I would have to wake up at 4 a.m. to see some of the live presentations.

M: That's not good at all. So, what if you choose the seminar at the hotel in town?

F: [43] Well, it takes place during my usual nine-to-five schedule, so I'd be able to get away from the office for a while. I sometimes need a change of environment.

M: 그렇군. 각 세미나의 장단점에 대해 의논해 보는 게 어때? 결정하는 데 도움이 될 거야.

F: 네 말이 맞아. 어디 보자… [41] 글쎄, 웹 세미나, 즉 웨비나는 3일 간의 세미나 비용이 50달러밖에 들지 않기 때문에 상당히 저렴해. 하지만 호텔에서 열리는 대면 세미나는 같은 3일간 150달러나 비용이 들어.

M: 음, 네가 내 생각을 묻는다면, 100달러 차이는 꽤 큰 것 같아. 너는 그렇게 큰 돈으로 많은 것을 살 수 있잖아.

F: 나도 그렇게 생각하고 있었어. 나도 웨비나 참석이 더 편하다는 것을 깨달았어. 내가 해야 할 일은 사이트에 등록하고 컴퓨터로 강의를 듣기만 하면 돼. 사무실을 떠나거나 어디든 이동할 필요가 없을 거야.

M: 그래. 웹 세미나는 보통 녹화가 되니까 보고 싶을 때 다시 들을 수 있다고 들었어.

F: 그렇구나. 하지만 웹 세미나에 참가하면 발표자를 볼 수 없을 거야. 컴퓨터 화면에 있는 발표 슬라이드를 보는 동안에는 발표자의 음성만 듣게 돼. 제스처나 얼굴 표정은 볼 수 없어. 그래서 그것이 너무 인간미가 없게 돼.

M: [42] 나도 동의해. 또한, 소규모 그룹 활동에서 아이디어를 더 많이 논의하는 전통적인 세미나와는 달리 웹 세미나에서는 다른 참가자들과의 상호 작용은 없을 거야.

F: 네 말이 맞아. 또 다른 문제는 웨비나 일정이야. 발표자가 런던에 있을 것이기 때문에 시간대가 달라. 실시간 발표를 보려면 새벽 4시에 일어나야 할 것 같아.

M: 그건 전혀 좋지 않아. 그렇다면, 만약 네가 도시 안에 있는 호텔에서 하는 세미나를 선택한다면 어떨까?

F: [43] 음, 그것은 나의 평소 9시부터 5시까지의 근무 일정에 세미나가 열리니까 잠시 자리를 비울 수 있을 것 같아. 나는 가끔 환경의 변화가 필요해.

M: Yeah. You'll also get to meet new people with similar interests and expand your network. However, aside from the in-person seminar being more expensive, another downside is that you have to drive to the venue. This means spending on gas.

F: Oh, I'm not really worried about that—it's a local hotel, after all. But I'm thinking about the three days I'll be away from work. [44] My paperwork will definitely pile up while I'm gone. I'll also have to reschedule some of my appointments if I'm going to attend the in-person seminar.

M: So what's your decision, Lily?

F: [45] Well, Sam, I think the best option is to meet the speakers and other participants. Besides, a local opportunity like this is rare. I can always catch up with work when I return. I'll call my assistant and see what she can do with my appointments.

M: 그래. 또한 관심사가 비슷한 새로운 사람들을 만나고 네트워크를 확장할 수 있어. 하지만, 대면 세미나가 더 비싸다는 것 외에도, 또 다른 단점은 행사장까지 차를 몰고 가야 한다는 거야. 이것은 연료비를 쓴다는 것을 의미하지.

F: 아, 그건 정말 걱정 안 해. 결국 거기는 지역 호텔이니까. 하지만 나는 3일 동안 휴가를 낼 생각이야. [44]내가 없는 동안 내 서류 업무는 틀림없이 쌓일 거야. 또한 대면 세미나에 참석하려면 몇 가지 약속 일정을 변경해야 할 거야.

M: 그래서 어쩔 건데, 릴리?

F: [45]음, 샘, 가장 좋은 선택은 강연자와 다른 참가자들을 만나는 거라고 생각해. 게다가, 내 지역에서 이것과 같은 기회는 드물어. 나는 돌아오면 항상 일을 따라잡을 수 있어. 조수한테 전화해서 내 약속을 어떻게 할 수 있는지 알아봐야겠어.

어휘 search 검색하다 attend 참석하다, 출석하다 gather 모으다 useful 유용한 researcher 연구원 a bunch 많이 undecided 결정하지 못한 whether A or B A할지 B할지 in-person seminar 대면 세미나 pros and cons 찬반, 장단점 affordable 저렴한 convenient 편리한 participate in ~에 참여하다 presenter 발표자 voice-over 음성 설명, 나레이션 facial expression 표정 impersonal 인간미 없는 interaction 상호 작용, 교류 take place 열리다, 발생하다 expand 확장하다 aside from ~은 제외하고 downside 단점 venue 행사장, 개최지 definitely 분명히 pile up 높이 쌓이다 reschedule 일정을 다시 정하다 appointment 약속 rare 드문, 희귀한 catch up with ~을 따라잡다

난이도 ★★★ | **Category** 주제(What)

40 What is Lily doing with her computer?

(a) applying for a job as a researcher
(b) browsing the Internet for a seminar
(c) purchasing tools for information gathering
(d) watching a seminar on the web

릴리는 컴퓨터로 무엇을 하고 있는가?

(a) 연구직에 지원
(b) 세미나를 위해 인터넷 검색
(c) 정보 수집을 위한 도구 구매
(d) 웹 세미나 시청

어휘 apply for ~에 지원하다 browse 검색하다 purchase 구매하다 gathering 수집, 모으기

정답 (b)

해설 대화에서 "[40] I'm searching through some websites for a seminar to attend."(세미나 참석을 위해 웹사이트를 좀 둘러보고 있어.)라고 하였으므로 (b)가 정답이다.

정답 Key Paraphrasing
대화에 나온 'I'm searching through some websites for a seminar to attend.'와 유사한 표현은 'browsing the Internet for a seminar'이다.

난이도 ★★★ | **Category** | 세부사항(Which)

41 Which is an advantage of the webinar?

(a) It provides more in-depth material.
(b) It offers a hundred-dollar rebate.
(c) It has a cheaper registration fee.
(d) It has a one-click sign-up process.

웨비나의 장점은 어떤 것인가?

(a) 보다 심층적인 자료를 제공한다.
(b) 100달러 할인을 제공한다.
(c) 등록비가 더 저렴하다.
(d) 원클릭 가입 과정을 가진다.

어휘 webinar 웹 세미나 provide 제공하다 in-depth material 심도 있는 자료 rebate 할인, 환불 registration fee 등록비
sign-up process 가입 과정

정답 (c)

해설 대화에서 "⁴¹ Well, the web seminar, or webinar, is quite affordable as the three day seminar only costs 50 dollars."(글쎄, 웹 세미나, 즉 웨비나는 3일 간의 세미나 비용이 50달러밖에 들지 않기 때문에 상당히 저렴해.)라고 하였으므로 (c)가 정답이다.

정답 Key Paraphrasing

대화에 나온 'the web seminar, or webinar, is quite affordable'과 유사한 표현은 'It has a cheaper registration fee.'이다.

난이도 ★★★ | **Category** | 세부사항(What)

42 According to Sam, what will Lily miss out on if she chooses the webinar?

(a) the chance to work with other participants
(b) the option of listening to recordings again
(c) the ability to see the presentation slides
(d) the chance to ask follow-up questions

샘에 따르면, 릴리가 웹 세미나를 선택한다면 무엇을 놓칠까?

(a) 다른 참가자와 함께 공부할 기회
(b) 녹음을 다시 들을 수 있는 기회
(c) 발표 슬라이드 볼 수 있음
(d) 후속 질문을 할 기회

어휘 miss out on 놓치다 participant 참가자 follow-up question 후속 질문

정답 (a)

해설 대화에서 "⁴² I agree. Plus, with a webinar, there will be no interaction with the other participants, unlike in a traditional seminar where you usually discuss ideas further during small group activities."(동감이야. 또한, 소규모 그룹 활동에서 아이디어를 더 심도 있게 논의하는 전통적인 세미나와는 달리 웹 세미나에서는 다른 참가자들과의 상호 작용은 없을 거야.) 라고 하였다. 웹 세미나를 선택하면 다른 참가자와 토론하거나 상호 작용할 기회가 없으므로 (a)가 정답이다.

정답 Key Paraphrasing

대화에 나온 'interaction with the other participants'와 'discuss ideas further during small group activities'를 요약해서 나타낸 유사한 표현은 'the chance to work with other participants'이다.

43 Why will the in-person seminar work better with Lily's schedule?

    (a) because she can just stay in her office
    (b) because it takes place before she goes to work
    (c) because she can choose a convenient time
    (d) because it is on a daytime schedule

대면 세미나가 왜 릴리의 일정에 더 잘 맞는가?

(a) 그냥 그녀의 사무실에 있어도 되므로
(b) 그녀가 출근하기 전에 세미나가 진행되므로
(c) 편리한 시간을 선택할 수 있기 때문에
(d) 세미나가 낮시간 일정에 있기 때문에

어휘 in-person seminar 대면 세미나   work better 더 잘 맞다   take place 발생하다, 진행하다   convenient 편리한

정답 (d)

해설 대화에서 "⁴³ Well, it takes place during my usual nine-to-five schedule, so I'd be able to get away from the office for a while. I sometimes need a change of environment."(음, 나의 평소 9시부터 5시까지 일정에 세미나가 진행되어서, 잠시 자리를 비울 수 있을 것 같아. 나는 가끔 환경의 변화가 필요해.)라고 하였다. 보기 중 이 내용과 일치하는 (d)가 정답이다.

정답 Key Paraphrasing

대화에 나온 'it takes place during my usual nine-to-five schedule'과 유사한 표현은 'because it is on a daytime schedule'이다.

44 How will attending the three-day in-person seminar affect Lily's work?

    (a) She will not have enough free time.
    (b) Her office work will have to be delayed.
    (c) She will not be able to expand her network.
    (d) Her meetings cannot be rescheduled.

3일 간의 대면 세미나에 참석하는 것이 릴리의 일에 어떻게 영향을 미칠까?

(a) 충분한 자유 시간을 갖지 못할 것이다.
(b) 사무실 업무는 미뤄져야 할 것이다.
(c) 자신의 네트워크를 확장할 수 없을 것이다.
(d) 회의 일정을 변경할 수 없다.

어휘 attend 참석하다   affect 영향을 미치다   delay 연기하다   expand 확장하다   reschedule 일정을 다시 정하다

정답 (b)

해설 대화에서 "⁴⁴ My paperwork will definitely pile up while I'm gone. I'll also have to reschedule some of my appointments if I'm going to attend the in-person seminar."(내가 없는 동안 내 서류 업무는 틀림없이 쌓일 거야. 또한 대면 세미나에 참석하려면 몇 가지 약속 일정을 변경해야 할 거야.)라고 하였으므로 (b)가 정답이다.

정답 Key Paraphrasing

대화에 나온 'My paperwork will definitely pile up while I'm gone.'과 유사한 표현은 'Her office work will have to be delayed.'이다.

45 What has Lily probably decided to do?

    (a) attend some talks virtually
    (b) hire another personal assistant
    (c) reserve a hotel room in London
    (d) watch the speakers on location

릴리는 무엇을 하기로 결정했을까?

(a) 가상 회담에 참석한다
(b) 다른 개인 조수를 고용한다
(c) 런던에 호텔을 예약하다
(d) 현장에서 강연자를 본다

어휘 ▶ **decide to**+동사원형 ~할 것을 결정하다 **virtually** 가상으로 **assistant** 조수 **reserve** 예약하다 **on location** 현지에서, 현장에서

정답 ▶ (d)

해설 ▶ 대화에서 "⁴⁵Well, Sam, I think the best option is to meet the speakers and other participants."(음, 샘, 가장 좋은 선택은 강연자와 다른 참가자들을 만나는 거라고 생각해.)라고 하였으므로 (d)가 정답이다.

🔑 정답 Key **Paraphrasing**
  대화에 나온 'to meet the speakers'와 유사한 표현은 'watch the speakers on location'이다.

PART 4 | **46-52** | 절차 설명: 좋은 사진을 찍기 위한 팁

https://han.gl/AGUDB

Good day, everyone. Thank you for attending our photography seminar. Many of you here may think that you can only take good pictures with an expensive camera. Well, you don't really need to spend big to get high-quality photos. In fact, learning the techniques used to take photos can be more important than the equipment you use. Once you learn these techniques, you'll be able to take good pictures with any camera. Here are some easy tips for how to take better photographs.

The first step is to understand your camera completely. Carefully read the camera's manual. You can start shooting while you're doing this, but ⁴⁶it's important to learn the function of each button and menu item. Then, study the basic operations such as using the flash, zooming in and out, and pressing the shutter button. If you don't have a printed manual, simply search the Internet for instructions.

Second, test your camera. Set up the device using its automatic mode. If your photos come out poorly, start experimenting with the camera's manual functions. ⁴⁷And always set the camera at the highest resolution possible. The highest setting gives the best quality pictures. The difference won't always be visible on your camera's display screen, but you'll see it on your computer screen.

Third, look for opportunities to take pictures. ⁴⁸Take your camera with you wherever you go. With your camera always at hand, you have more chances of taking pictures. And the more often you take photos, the more quickly you'll become a good photographer.

The fourth step is to compose your shots thoughtfully.

안녕하세요, 여러분. 사진 세미나에 참석해 주셔서 감사합니다. 여기 계신 많은 분들은 비싼 카메라로만 좋은 사진을 찍을 수 있다고 생각할지도 몰라요. 고품질의 사진을 얻기 위해 많은 돈을 들일 필요는 없습니다. 사실, 사진을 찍기 위해 사용되는 기술을 배우는 것이 당신이 사용하는 장비보다 더 중요할 수 있습니다. 이 기술을 배우면 어떤 카메라로도 좋은 사진을 찍을 수 있습니다. 다음은 더 좋은 사진을 찍기 위한 몇 가지 쉬운 팁입니다.

첫 번째 단계는 당신의 카메라를 완전히 이해하는 것입니다. 카메라 설명서를 주의 깊게 읽으세요. 이것을 하면서 사진 촬영을 시작할 수 있지만, ⁴⁶각 버튼과 메뉴 항목의 기능을 익히는 것이 중요합니다. 그런 다음 플래시 사용, 확대/축소, 셔터 버튼 누름과 같은 기본 작동을 학습하세요. 인쇄된 설명서가 없다면 인터넷에서 설명서를 검색하기만하면 됩니다.

둘째, 카메라를 시험해 보세요. 자동 모드를 사용하여 장치를 설정하세요. 사진이 제대로 나오지 않으면 카메라의 수동 기능을 실험하기 시작하세요. ⁴⁷그리고 카메라는 항상 가능하면 가장 높은 해상도로 설정하세요. 해상도 설정이 가장 높으면 최고 품질의 사진이 됩니다. 카메라 디스플레이 화면에 차이가 항상 보이는 것은 아니지만 여러분은 컴퓨터 화면에서 그 차이를 보게 될 것입니다.

셋째, 사진을 찍을 기회를 찾아보세요. ⁴⁸어디를 가든지 카메라를 가지고 가세요. 카메라를 항상 가까이에 두면 여러분은 사진을 찍을 더 많은 기회를 가집니다. 또한 사진을 자주 찍을수록 더 빨리 사진을 잘 찍는 사람이 될 수 있습니다.

네 번째 단계는 신중하게 샷을 구성하는 것입니다. 카메라를 들기도 전에 이미 어떤 대상을 염두에 두고 있는 경우가 많습니다. 그

Often, even before you hold up your camera, you already have a subject in mind. Make sure the subject stands out. Study the area around your subject. Get rid of distracting backgrounds and clutter. [49] You can move closer to your subject for a fuller shot. You can also try different angles to add variety and make your picture more interesting.

Fifth, always try to take pictures in bright light. This is because photos will turn out dark and grainy if taken when there's not enough light. When shooting in sunlight, take the picture when the sun is shining on your subject. [50] When indoors, shoot near windows or turn on extra lights.

In case of a low-light situation, use the camera's flash. However, do not use it when you don't have to because this may expose your subject to too much light. Another problem with using a flash is that it can cause people's eyes to shine red in the bright lights.

[51] Sixth, avoid blurry or unfocused photos. To avoid blurring, hold the camera body with one hand and place the other hand under the lens. This will ensure that the lens does not move while you take the shot. Keep your hands still for several seconds after pressing the shutter because the camera is still processing the shot. If your hands are naturally shaky, you can use a tripod.

[52] Lastly, study your photos. Go through your pictures and choose what you think are the best shots. Before deleting your bad photos, ask yourself why they don't look good. [52] This will help you learn which mistakes to avoid making the next time you shoot.

There you have it: the steps in taking great pictures. Keep on practicing, and soon, you'll be taking pictures you can be proud of!

대상을 두드러지도록 하세요. 당신의 피사체 주변을 연구하세요. 산만한 배경과 어질러진 물건을 치우세요. [49]피사체에 더 가까이 이동하여 더 자세히 촬영할 수 있습니다. 여러분은 또한 다양성을 더하고 사진을 더 흥미롭게 만들기 위해 여러 각도들을 시도할 수 있습니다.

다섯째, 항상 밝은 빛에서 사진을 찍도록 하세요. 빛이 충분하지 않을 때 사진을 찍으면 사진이 어둡고 선명하지 못하게 되기 때문입니다. 햇빛을 받으며 사진을 찍을 때는, 햇빛이 피사체에 비칠 때 사진을 찍으세요. [50]실내에서는 창문 가까이서 사진을 찍거나 여분의 전등을 켜세요.

조도가 낮은 경우에는 카메라의 플래시를 사용하세요. 하지만, 그럴 필요가 없을 때는 사용하지 마세요. 왜냐하면 이것은 피사체를 너무 많은 빛에 노출시킬 수 있기 때문이죠. 플래시를 사용하는 것의 또 다른 문제는 플래시가 밝은 불빛에서 사람들의 눈을 붉게 빛나게 할 수 있다는 것입니다.

[51]여섯째, 흐리거나 초점이 맞지 않는 사진을 피하세요. 흐려지지 않도록 카메라 본체를 한 손으로 잡고 다른 손을 렌즈 아래에 놓습니다. 이렇게 하면 사진을 찍는 동안 렌즈가 움직이지 않습니다. 셔터를 누른 후 몇 초 동안 카메라가 촬영을 계속 진행 중이므로 손을 움직이지 마세요. 여러분의 손이 원래 떨린다면 삼각대를 쓸 수 있습니다.

[52]마지막으로, 당신의 사진들을 연구하세요. 사진을 살펴보고 당신이 생각하기에 가장 좋은 사진을 고르세요. 잘 안나온 사진을 삭제하기 전에, 왜 사진이 좋아 보이지 않는지 스스로에게 물어보세요. [52]이것은 여러분이 다음 번에 사진을 찍을 때 어떤 실수를 피해야 하는지 알도록 도와줄 것입니다.

멋진 사진을 찍기 위한 단계가 여기 있습니다. 연습을 계속하면, 여러분은 곧 여러분이 자랑스러워할 수 있는 사진을 찍고 있을 것입니다!

어휘 photography seminar 사진 세미나 spend big 큰 비용을 쓰다 in fact 사실상 equipment 장비 completely 완전히 function 기능 basic operation 기본적인 작동 such as ~와 같은 instruction 사용 설명서 set up 설정하다 automatic mode 자동 모드 experiment 실험하다 manual function 수동 기능 resolution 해상도 visible 보이는 at hand 가까이에 photographer 사진 찍는 사람 compose 구성하다 thoughtfully 신중하게, 사려 깊게 hold up (손에) 들다 have A in mind A를 염두에 두다 subject 피사체, 대상 stand out 두드러지다 get rid of ~을 제거하다 distracting 산만하게 하는 background 배경 clutter 잡동사니, 어수선함 variety 다양성 turn out ~하게 되다 grainy 거친, 선명하지 못한 turn on 켜다 extra light 여분의 조명 in case of ~의 경우에 avoid 피하다 blurry 흐린 unfocused 초점이 맞지 않는 ensure 확실히 하다 keep A still A를 정지된 상태로 유지하다 shaky 흔들리는 tripod 삼각 거치대 delete 지우다 keep on -ing 계속해서 ~하다 be proud of ~을 자랑스러워하다

난이도 ★★★   **Category**   세부사항(What)

46 What should be the first thing one does with a camera?

(a) practice taking high-quality pictures
(b) search the Internet for different filters
(c) learn how to use its different functions
(d) print a copy of the camera's manual

카메라로 가장 먼저 해야 할 일은 무엇인가?

(a) 고품질 사진 촬영을 연습한다
(b) 인터넷에서 여러 필터를 검색한다
(c) 다양한 기능 사용법을 배운다
(d) 카메라 사용 설명서의 사본을 인쇄한다

어휘 practice 연습하다   function 기능   manual 사용 설명서

정답 (c)

해설 담화 2단락에서 "⁴⁶it's important to learn the function of each button and menu item"(각 버튼과 메뉴 항목의 기능을 익히는 것이 중요합니다.)라고 하였다. 보기 중 이 내용과 일치하는 (c)가 정답이다.

정답 Key Paraphrasing
담화에 나온 'learn the function of each button and menu item'과 유사한 표현은 'learn how to use its different functions'이다.

난이도 ★★★   **Category**   세부사항(Why)

47 Why should one set a camera at a high resolution?

(a) It makes shooting easier.
(b) It produces better-looking photos.
(c) It enables one to take photos more quickly.
(d) It is best for experimental photography.

왜 카메라를 고해상도로 설정해야 하는가?

(a) 찍는 것이 쉬워진다.
(b) 더 보기 좋은 사진을 만들어 낸다.
(c) 사진을 더 빨리 찍을 수 있게 해준다.
(d) 실험적 사진 촬영에 가장 적합하다.

어휘 high resolution 고해상도   experimental 실험적인   photography 사진 촬영

정답 (b)

해설 담화 3단락에서 "⁴⁷And always set the camera at the highest resolution possible. The highest setting gives the best quality pictures."(그리고 카메라는 항상 가능한 한 높은 해상도로 설정하세요. 해상도 설정이 가장 높으면 최고 품질의 사진이 됩니다.)라고 하였다. 보기 중 이 내용과 일치하는 (b)가 정답이다.

정답 Key Paraphrasing
담화에 나온 'The highest setting gives the best quality pictures.'와 유사한 표현은 'It produces better-looking photos.'이다.

난이도 ★★★   **Category**   추론(Why)

48 Why is it recommended to always bring a camera?

(a) so one can always practice taking pictures
(b) so one has a chance to capture shocking moments
(c) so one can get used to the feel of a camera
(d) so one has an opportunity to become professional

왜 항상 카메라를 휴대하는 것이 권장되는가?

(a) 언제든 사진 찍는 연습을 할 수 있도록
(b) 충격적인 순간을 포착할 기회를 갖도록
(c) 카메라의 감촉에 익숙해질 수 있도록
(d) 전문가가 될 기회를 갖도록

정답 (a)

해설 ▶ 담화 4단락에서 "⁴⁸ Take your camera with you wherever you go. With your camera always at hand, you <u>have more chances of taking pictures</u>."(어디를 가든지 카메라를 가지고 다니세요. 카메라를 항상 가까이 두면 <u>사진을 찍을 기회가 많아집니다</u>.)라고 하였다. 보기 중 이 내용과 일치하는 (a)가 정답이다.

🔑 **정답 Key** **Paraphrasing**
담화에 나온 'you have more chances of taking pictures.'와 유사한 표현은 'so one can always practice taking pictures'이다.

난이도 ★★★ | **Category** **세부사항(How)**

49 How can one get a fuller shot of the subject when taking a picture?

(a) by taking pictures from one angle only
(b) by getting nearer to the subject
(c) by putting more emphasis on the background
(d) by choosing an interesting subject

사진을 찍을 때 어떻게 피사체의 더 자세한 사진을 찍을 수 있을까?

(a) 한 각도에서만 사진을 찍어서
(b) 피사체에 더 가까워짐으로써
(c) 배경을 더 강조함으로써
(d) 흥미로운 피사체를 선택하여서

어휘 ▶ get a shot of ~의 사진을 찍다 subject 피사체 emphasis 강조 background 배경

정답 (b)

해설 ▶ 담화 5단락에서 "⁴⁹ You can move closer to your subject for a fuller shot."(피사체에 더 가까이 이동하여 더 자세히 촬영할 수 있습니다.)라고 하였다. 보기 중 이 내용과 일치하는 (b)가 정답이다.

🔑 **정답 Key** **Paraphrasing**
담화에 나온 'You can move closer to your subject for a fuller shot.'와 유사한 표현은 'by getting nearer to the subject'이다.

난이도 ★★★ | **Category** **세부사항(how)**

50 According to the speaker, how can one get enough light when shooting indoors?

(a) by allowing more time for exposure
(b) by always using the camera's flash
(c) by placing the subject near a window
(d) by buying some extra lamps

강연자에 따르면, 실내에서 촬영할 때 어떻게 충분한 빛을 얻을 수 있는가?

(a) 노출에 더 많은 시간을 허용하여
(b) 항상 카메라의 플래시를 사용하여
(c) 피사체를 창가 근처에 배치하여
(d) 여분의 램프들을 추가로 구입하여

어휘 ▶ indoors 실내에서 exposure 노출 place 배치하다 extra lamp 여분의 램프

정답 (c)

해설 ▶ 담화 6단락에서 "⁵⁰ <u>When indoors, shoot near windows</u> or turn on extra lights."(실내에서 창문 가까이서 찍거나 여분의 조명을 켜세요.)라고 하였으므로 (c)가 정답이다.

🔑 **정답 Key** **Paraphrasing**
담화에 나온 'shoot near windows'와 유사한 표현은 'by placing the subject near a window'이다.

난이도 ★★★　**Category**　세부사항(What)

51 What should photographers do to avoid blurry pictures?

(a) They should press the shutter button twice.
(b) They must ask the subject not to move.
(c) They should attach a different kind of lens.
(d) They must keep their hands steady while shooting.

흐릿한 사진을 피하기 위해 사진 찍는 사람은 무엇을 해야 하는가?

(a) 셔터 버튼을 두 번 눌러야 한다.
(b) 피사체에게 움직이지 말라고 요구해야 한다.
(c) 다른 종류의 렌즈를 부착해야 한다.
(d) 사진을 찍는 중에 손이 고정되도록 해야 한다.

어휘 avoid 피하다 blurry 흐릿한 attach 부착하다 keep hands steady 손이 고정되도록 유지하다

정답 (d)

해설 담화 8단락에서 "⁵¹ Sixth, avoid blurry or unfocused photos. To avoid blurring, hold the camera body with one hand and place the other hand under the lens."(여섯 번째, 흐리거나 초점이 맞지 않는 사진을 피하세요. 흐려지지 않도록 카메라 본체를 한 손으로 잡고 다른 손으로 렌즈 아래에 놓습니다.)라고 하였다. 보기 중 이 내용과 일치하는 (d)가 정답이다.

정답 Key **Paraphrasing**
담화에 나온 'hold the camera body with one hand and place the other hand under the lens.'와 의미상 통하는 것은 'They must keep their hands steady while shooting.'이다.

난이도 ★★★　**Category**　추론(Why)

52 Why most likely did the speaker advise the audience to study the photos they have taken?

(a) so they can keep their files in order
(b) so they can avoid unpleasant subjects next time
(c) so they can improve their work
(d) so they can delete any duplicate photos

화자는 왜 청중에게 그들이 찍은 사진을 연구하라고 조언했을까?

(a) 파일을 순서대로 보관할 수 있도록
(b) 다음에 불쾌한 대상을 피할 수 있도록
(c) 작업을 개선할 수 있도록
(d) 중복된 사진을 삭제할 수 있도록

어휘 advise 조언하다 audience 청중 in order 순서대로 unpleasant 불쾌한 improve 개선하다 delete 지우다 duplicate 중복된, 똑같은

정답 (c)

해설 담화 9단락에서 "⁵² Lastly, study your photos."(마지막으로, 당신의 사진을 연구하세요.)와 "⁵² This will help you learn which mistakes to avoid making the next time you shoot."(이것은 여러분이 다음 번에 찍을 때 어떤 실수를 피해야 하는지 알도록 도와줄 것입니다.)라고 하였다. 이미 찍은 사진들을 보고 연구하면 다음 사진 찍을 때 실수를 피할 수 있도록 도움이 된다고 했으므로 이러한 사진 연구가 필요한 이유는 사진 작업 개선을 위한 것이라고 추론할 수 있다. 따라서 (c)가 정답이다.

정답 Key **Paraphrasing**
담화에 나온 'This will help you learn which mistakes to avoid making the next time you shoot.'와 유사한 표현은 'so they can improve their work'이다.

PART 1   **53-59**   인물 일대기: 체로키어의 문자를 창조한 세코야

SEQUOYAH

[53]Sequoyah was a Native American metalworker, scholar, and linguist best known for inventing the written form of the Cherokee language. His writing system helped the Cherokee people learn how to read and write—one of the rare instances in history when a member of a pre-literate people was able to create an effective writing system.

Sequoyah was born around 1770 in eastern Tennessee at about the time when Europeans were first settling in that part of North America. He never knew his father, who was probably a white trader named Nathaniel Gist, and grew up with his Cherokee mother, Wuh-teh. Although he did not attend school, he was naturally intelligent and became a successful metalworker.

[54]As a metalworker, Sequoyah often did business with white people and [55]noticed that they communicated across great distances by "drawing symbols on leaves." He believed that the "talking" paper made whites successful, because they could send and receive knowledge more efficiently. Convinced that such a practice would help the Cherokee people maintain their independence, Sequoyah decided to develop a way of writing down the Cherokee language.

He started by creating a symbol for each Cherokee word but soon realized there were too many words for this system to be useful. He resorted to drawing a symbol for each syllable in the language instead. Sequoyah had been working on the symbols for 12 years when he finally completed the "syllabary" that consisted of 86 symbols.

At first, the Cherokees doubted that his invention would work. He showed the Cherokee leaders its usefulness

세코야

[53]세코야(Sequoyah)는 체로키어의 문자 형태를 발명한 것으로 가장 잘 알려진 북미 원주민 금속 세공인, 학자, 그리고 언어학자였다. 그의 문자 표기 시스템은 체로키인들이 읽고 쓰는 법을 배우는데 도움을 주었는데, 이것은 문자 사용 이전의 사람들 중 한 구성원이 효과적인 문자 체계를 창조할 수 있었던 역사 속에서 드문 사례들 중 하나이다.

세코야는 유럽인들이 북미의 지역에 처음 정착하고 있었던 시기에 대략 1770년경쯤 테네시 동부에서 태어났다. 그는 아마도 나다니엘 지스트라는 이름의 백인 무역상이었을 자신의 아버지를 전혀 알지 못했고 체로키족 어머니 우테와 함께 자랐다. 비록 그는 학교에 다니지는 않았지만, 타고난 지능이 있었고 성공적인 금속 세공사가 되었다.

[54]금속 세공사로서 세코야는 종종 백인과 거래를 했는데, [55]백인들이 잎 위에 상징을 그림으로써 먼 거리를 넘나들며 소통한다는 것을 알아차렸다. 그는 백인들이 지식을 더 효율적으로 주고받을 수 있기 때문에 말하는 종이가 백인들을 성공하도록 만든다고 믿었다. 그러한 관행이 체로키인들의 독립을 유지하는데 도움이 될 것이라고 확신하고, 세코야는 체로키어를 쓰는 방법을 개발하기로 결심했다.

그는 각각의 체로키 단어에 대한 기호를 만드는 것으로 시작했지만 곧 단어들이 너무 많아서 이 체계가 유용한 것이 될 수 없다는 것을 깨달았다. 부득이하게 그는 대신 언어의 각 음절에 대한 기호를 그렸다. 세코야는 마침내 86개의 기호로 구성된 음절 문자 체계를 완성했을 때 12년 동안 이 기호들을 연구해 오고 있었다.

처음에, 체로키 부족은 그의 발명이 효과가 있을지 의심했다. 그는 체로키 지도자들에게

with the help of his daughter who had learned the system. The leaders sent her out of earshot and [58] dictated words for Sequoyah to write. Then they gave the written message to the girl, who read it back word for word.

[56] Soon, Sequoyah's writing system was being taught in Cherokee schools. The Cherokees quickly learned it because it was simple. [57] Sequoyah later took his writing system to the Cherokees in Arkansas, and then moved to Oklahoma. He died in 1843 in San Fernando, Mexico while looking for a group of Cherokees who had moved there.

His invention allowed the Cherokees to print books and newspapers in their own language and to [59] preserve their history and culture. Today, a statue of Sequoyah stands in the US Capitol. His former house in Oklahoma was also made a historic landmark.

그 체계를 배운 딸의 도움으로 그 유용성을 보여주었다. 지도자들은 그녀를 목소리가 들리지 않게 멀리 보냈고 세코야가 받아 쓰도록 단어들을 [58]말해 주었다. 그리고 나서 그들은 그 소녀에게 적혀진 메시지를 주었고, 그녀는 그것을 한 단어 한 단어 다시 읽었다.

[56]얼마 후, 세코야의 문자 체계는 체로키 학교에서 교육되었다. 체로키 부족은 그것이 간단했기 때문에 그것을 빨리 배웠다. [57]세코야는 나중에 그의 문자 체계를 아칸소 체로키 부족에게 가져갔고 그리고 나서 오클라호마로 이주했다. 그는 1843년 멕시코 산 페르난도에서 거기로 이주했었던 체로키족들을 찾다가 사망했다.

그의 발명은 체로키족들이 책과 신문을 그들 자신의 언어로 인쇄하고 역사와 문화를 [59]보존할 수 있게 해주었다. 오늘날, 세코야의 동상이 미국 국회 의사당에 서 있다. 오클라호마에 있는 그의 예전 집 또한 역사적인 랜드마크가 되었다.

어휘 metalworker 금속 세공사　scholar 학자　linguist 언어학자　best known for ~로 가장 잘 알려진　invent 발명하다　rare instance 드문 사례　pre-literate 문자 이전의　be born 태어나다　settle in 정착하다　probably 아마도　trader 무역상　grow up 자라다　attend 출석하다　intelligent 총명한　do business with ~와 거래하다　across great distances 먼 거리를 넘나들며　knowledge 지식　efficiently 효율적으로　convince 확신시키다, 납득시키다　practice 관행　maintain 유지하다　independence 독립　useful 유용한　resort to (부득이하게) ~에 의존하다, 기대다　syllable 음절　instead 대신에　syllabary 음절 문자 체계　consist of ~로 구성되다　doubt 의심하다　invention 발명, 발명품　usefulness 유용성　out of earshot 목소리가 들리지 않을 만큼 멀리　dictate 받아쓰게 하다, 말하다　preserve 보존하다　statue 동상　Capitol 국회 의사당

난이도 ★★★　**Category**　주제(What)

53 What did Sequoyah do for the Cherokee people?

(a) He united them into one nation.
(b) He streamlined their alphabet.
(c) He invented their system of writing.
(d) He defended them from the Europeans.

세코야는 체로키족을 위해 무엇을 했는가?

(a) 그는 그들을 하나의 국가로 통합했다.
(b) 그는 그들의 알파벳을 간소화했다.
(c) 그는 그들의 쓰기 체계를 발명했다.
(d) 그는 유럽인들로부터 그들을 방어했다.

어휘 unite 통합하다　streamline 간소화하다　invent 발명하다　defend 방어하다

정답 (c)

해설 본문 1단락에서 "[53] Sequoyah was a Native American metalworker, scholar, and linguist best known for inventing the written form of the Cherokee language." (세코야는 체로키어의 문자 형태를 발명한 것으로 가장 잘 알려진 북미 원주민 금속 세공인, 학자, 언어학자였다.)라고 하였으므로 (c)가 정답이다.

정답 Key Paraphrasing
본문에 쓰인 'inventing the written form of the Cherokee language'와 유사한 표현은 'He invented their system of writing.'이다.

54 How did Sequoyah become acquainted with Europeans?

(a) through his father's business
(b) through working with them
(c) through his metalworking classes
(d) through growing up with them

세코야는 어떻게 유럽인들과 알게 되었는가?

(a) 아버지의 사업을 통해
(b) 그들과 함께 일하면서
(c) 그의 금속 세공 수업을 통해
(d) 그들과 함께 자라면서

어휘 be acquainted with ～와 알고 지내다, 친분이 있다   grow up 자라다

정답 (b)

해설 본문 3단락에서 "⁵⁴As a metalworker, Sequoyah often did business with white people"(금속 세공인으로서, 세코야는 종종 백인과 거래했다.)라고 하였다. 금속 세공 일을 통해 백인과 거래하면서 백인을 알게 되었으므로 (b)가 정답이다.

55 What prompted Sequoyah to create his symbols?

(a) seeing white people use a written language
(b) the need to improve the existing writing system
(c) having difficulty with the Cherokee syllabary
(d) the desire to communicate with white people

무엇이 세코야를 자신의 상징 기호를 만들도록 촉진시켰는가?

(a) 백인이 문자를 사용하는 것을 봄
(b) 기존 쓰기 체계를 개선할 필요성
(c) 체로키어 음절 문자 체계의 어려움
(d) 백인과 의사소통하려는 욕구

어휘 prompt 촉진시키다, 고취하다   create 창조하다   improve 개선하다   existing 기존의   syllabary 음절 문자 체계   desire 욕구

정답 (a)

해설 본문 3단락에서 "⁵⁵noticed that they communicated across great distances by "drawing symbols on leaves." He believed that the "talking" paper made whites successful, because they could send and receive knowledge more efficiently." (그들이 "잎 위에 상징들을 그림으로써 먼 거리에 걸쳐 의사소통을 한다는 것을 알아챘다. 그는 백인들이 지식을 더 효율적으로 주고받을 수 있기 때문에 말하는 종이가 백인들을 성공으로 이끈다고 믿었다.)라고 하였다. 백인들이 문자로 의사소통하는 것을 보고 그 효용성을 알게 되어 자신의 문자를 창조하게 되었으므로 (a)가 정답이다.

정답 Key Paraphrasing

본문에 쓰인 'noticed that they communicated across great distances by 'drawing symbols on leaves'와 유사한 표현은 'seeing white people use a written language'이다. 특히 'drawing symbols on leaves'와 'a written language'는 같은 것을 의미한다.

56 Based on the article, what most likely happened after Sequoyah's meeting with the Cherokee leaders?

(a) The leaders asked him to simplify his invention.

이 기사에 따르면, 세코야가 체로키 지도자들과 회담한 후 무슨 일이 일어났을까?

(a) 지도자들은 그의 발명을 단순화해 달라고 요청했다.

(b) The leaders approved the use of his writing system.

(c) The leaders started learning to write immediately.

(d) The leaders rejected his invention.

(b) 지도자들은 그의 문자 체계 사용을 승인했다.

(c) 지도자들은 즉시 글 쓰는 법을 배우기 시작했다.

(d) 지도자들은 그의 발명을 거부했다.

어휘 simplify 단순화하다 approve 승인하다 immediately 즉시 reject 거부하다

정답 (b)

해설 본문 6단락에서 "⁵⁶ Soon, Sequoyah's writing system was being taught in Cherokee schools. The Cherokees quickly learned it because it was simple."(얼마 후, 세코야의 문자 체계는 체로키 학교에서 가르쳐지고 있었다. 체로키 부족은 그것이 간단했기 때문에 그것을 빨리 배웠다.)라고 하였다. 체로키 학교에서도 세코야의 문자 체계가 가르쳐지게 된 것으로 보아 지도자들이 이 문자 체계를 공식적으로 인정한 것으로 추론되므로 (b)가 정답이다.

난이도 ★★☆ **Category** 세부사항(Why)

57 Why did Sequoyah move to Arkansas?

(a) to lead the tribe to a safer place

(b) to teach white people the Cherokee language

(c) to find the Cherokees who moved there

(d) to teach his people how to read and write

세코야는 왜 아칸소로 이동했는가?

(a) 부족을 안전한 곳으로 인도하려고

(b) 백인들에게 체로키어를 가르치려고

(c) 거기로 이주한 체로키 부족을 찾으려고

(d) 그의 민족에게 읽고 쓰는 법을 가르치려고

어휘 lead 이끌다 tribe 부족 safer 더 안전한

정답 (d)

해설 본문 6단락에서 "⁵⁷ Sequoyah later took his writing system to the Cherokees in Arkansas, and then moved to Oklahoma." (세코야는 나중에 그의 문자 체계를 아칸소 체로키 부족에게 가져갔고 다시 오클라호마로 이사했다.)라고 하였다. 보기 중 이 내용과 일치하는 (d)가 정답이다.

정답 Key **Paraphrasing**
본문에 쓰인 'Sequoyah later took his writing system to the Cherokees in Arkansas'와 유사한 표현은 'to teach his people how to read and write'이다.

난이도 ★★★ **Category** 어휘(동사: dictate)

58 In the context of the passage, dictated means _____.

(a) spoke

(b) overpowered

(c) drew

(d) commanded

본문의 맥락에서, dictated는 _____를 의미한다.

(a) 말했다

(b) 압도했다

(c) 그렸다

(d) 명령했다

어휘 dictate 받아 적게 하다, 말하다 overpower 압도하다 draw 그리다 command 명령하다

정답 (a)

해설 본문 5단락 "The leaders sent her out of earshot and [58] dictated words for Sequoyah to write."(지도자들은 그녀를 목소리가 들리지 않게 멀리 보냈고 세코야가 받아 쓰도록 단어들을 말해 주었다.)에서 동사 'dictated'는 '말했다'의 의미로 사용되었다. 보기 중 이 의미와 가장 가까운 (a) spoke가 정답이다.

---

59 In the context of the passage, <u>preserve</u> means
_____.

(a) store
(b) cure
(c) protect
(d) process

본문의 맥락에서, preserve는
_____를 의미한다.

(a) 저장하다
(b) 치료하다
(c) 보호하다
(d) 처리하다

어휘 preserve 보존하다　store 저장하다　cure 치료하다　protect 보호하다　process 처리하다

정답 (c)

해설 본문 7단락 "His invention allowed the Cherokees to print books and newspapers in their own language and to [59] preserve their history and culture."(그의 발명은 체로키족들이 책과 신문을 그들 자신의 언어로 인쇄하고 역사와 문화를 보존할 수 있게 해주었다.)에서 preserve는 '보호하다, 지키다'의 의미로 사용되었다. 보기 중 이 의미와 가장 가까운 (c)가 정답이다.

PART 2 | 60-66 | 잡지 기사: 밀레니얼 세대의 근무 환경에 대한 선호

THE WORKPLACE PREFERENCES OF MILLENNIALS

According to a global survey, millennials—the generation of people born between the 1980s and early 2000s—have special preferences with regard to their work environments. Unlike older workers who place less emphasis on workplace decor and amenities, millennials consider the workplace itself a key factor when deciding to take a job.

[61] The study, which was performed by Johnson Controls, was designed to help employers successfully recruit and retain millennial workers, now the largest portion of the workforce. Specifically, the researchers wanted to know what physical factors of the workplace millennials value most. To do this, they surveyed 5,000 millennial workers in Asia, Europe, and America.

[60] The researchers found that millennials prefer workplaces that have a modern and aesthetically pleasing design. They also want their offices to be

밀레니얼 세대의 작업장 선호

전 세계 설문 조사에 따르면 1980년대와 2000년대 초반에 태어난 사람들의 세대인 밀레니얼 세대는 업무 환경과 관련하여 특별한 선호를 가지고 있다. 직장 인테리어 장식과 편의시설을 덜 강조하는 고령 근로자들과 달리 밀레니얼 세대는 작업장 자체를 취업을 결정할 때 핵심 요소로 여긴다.

[61] 존슨 컨트롤스(Johnson Controls)에 의해 수행된 이 연구는 고용주들이 현재 노동력의 가장 큰 부분인 밀레니얼 세대의 근로자들을 성공적으로 채용하고 보유할 수 있도록 돕기 위해 설계되었다. 특히, 연구원들은 밀레니얼 세대들이 직장의 어떤 물리적 요소를 가장 중요시하는지 알고 싶어 했다. 이를 위해, 그들은 아시아, 유럽과 미국내 5천 명의 밀레니얼 세대 근로자들을 조사했다.

[60] 연구원들은 밀레니얼 세대가 현대적이고 심미적으로 즐겁게 하는 디자인을 가진 직장을 선호한다는 것을 알게 되었다. 그들은 또

environmentally friendly and technologically up-to-date. To millennials, technological amenities in the workplace are a necessity, and not just a [65] luxury. They are well versed in the use of various devices and online platforms and believe that such knowledge is important for them to be effective in their jobs.

Millennials also want offices that allow them more flexibility. They enjoy being able to personalize the decor of their workspaces and also having areas where they can collaborate and socialize with their colleagues. [62] Moreover, they prefer working in pedestrian-friendly urban locations that are close to shopping areas and entertainment facilities, with easy access to public transportation.

As a response to the expectations of millennials for their workplaces, companies that want to be competitive have invested in millennial-friendly offices. [63] More and more firms are now creating more open spaces, break rooms, and employee lounges to encourage workers to collaborate.

[64] Many companies are now also providing open seating areas that offer freedom of movement and encourage workers to find the space that will help them perform at their best. While companies that cater to the preferences of millennials are becoming competitive, those that [66] disregard them are considered out-of-date and may even be turning potential talent away.

한 사무실이 환경 친화적이고 기술적으로 최첨단이기를 원한다. 밀레니얼 세대에게 직장 내 기술적 편의 시설은 단지 [65]사치가 아닌 필수이다. 이들은 다양한 기기와 온라인 플랫폼 사용에 정통하며 이러한 지식이 업무에 효과적이기 위해 중요하다고 믿고 있다.

밀레니얼 세대들은 또한 그들이 더 유연하게 행동할 수 있는 사무실을 원한다. 이들은 작업 공간의 장식을 개인화할 수 있고 동료와 협업하고 친목을 도모할 수 있는 영역을 갖추는 것을 좋아한다. [62]게다가, 그들은 쇼핑센터나 유흥 시설과 가까운 보행자 친화적인 도시 지역에서 일하고 대중교통을 쉽게 이용할 수 있는 곳에서 일하는 것을 선호한다.

직장에 대한 밀레니얼 세대의 기대에 부응하여 경쟁력을 갖추기를 원하는 기업들은 밀레니얼 세대들에게 친화적인 공간에 투자했다. [63]점점 더 많은 기업들이 근로자들의 협업을 장려하기 위해 열린 공간, 휴게실 및 직원 휴게실을 만들고 있다.

[64]많은 회사들은 또한 이동의 자유를 제공하고 근로자들이 최상으로 업무를 수행할 수 있도록 돕는 공간을 찾도록 장려하는 열린 좌석 공간을 제공하고 있다. 밀레니얼 세대의 선호에 부응하는 기업들은 경쟁력을 갖추게 되는 반면, 이것들을 [66]무시하는 기업들은 구식으로 여겨지고 심지어 잠재적인 인재들을 돌려보내고 있는 것일 수도 있다.

TEST 1　TEST 2　TEST 3　TEST 4　TEST 5　TEST 6　TEST 7

어휘 global survey 세계적인 조사　preference 선호　with regard to ~에 관련하여　work environment 작업 환경 unlike ~와는 달리　place emphasis on ~을 강조하다　amenity 편의 시설　consider A B A를 B로 여기다/간주하다 key factor 주요 요인　perform 수행하다　recruit 채용하다, 모집하다　retain 보유하다　millennial 밀레니얼 세대　portion 부분 workforce 노동력　physical 물리적　value 가치있게 생각하다, 중요시하다　modern 현대적인　aesthetically pleasing 심미적으로 즐겁게 하는　environmentally friendly 환경 친화적인　up-to-date 최첨단인　necessity 필수품　luxury 사치, 호화로움 be well versed in ~에 정통하다　allow A B A가 B 할 수 있게 하다　flexibility 유연성　personalize 개인화하다 collaborate 협업하다　socialize with ~와 친목을 도모하다　colleague 동료　pedestrian-friendly 보행자 친화적인 urban location 도시적 장소　access to ~에 대한 접근성　public transportation 대중 교통　as a response to ~에 대응하여, ~에 부응하여　expectation 기대　competitive 경쟁력 있는　encourage 장려하다, 격려하다　perform at their best 최상의 수행을 보이다　cater to ~의 구미에 맞추다, ~에 부응하다　disregard 무시하다　out-of-date 구식인　turn A away A를 물리치다, 돌려보내다　potential talent 잠재적인 인재

60 What did researchers find about the preferences of millennial workers?

(a) that they place less emphasis on their work environment
(b) that they require special treatment from their employers
(c) that they consider amenities the top priority
(d) that they care about the space they work in

연구원들은 밀레니얼 세대 근로자의 선호에 대해 무엇을 발견했는가?

(a) 작업 환경에 덜 중점을 둠
(b) 고용주로부터 특별 대우를 요구함
(c) 편의 시설을 최우선으로 생각함
(d) 자신이 일하는 공간에 대해 관심이 있음

어휘 preference 선호 emphasis 강조 require 요구하다 treatment 대우, 대접 amenity 편의 시설 top priority 최우선 순위 care about ~대해 신경 쓰다, 관심 갖다

정답 (d)

해설 본문 3단락에서 "⁶⁰ The researchers found that millennials prefer workplaces that have a modern and aesthetically pleasing design."(연구원들은 밀레니얼 세대가 현대적이고 미적으로 즐겁게 해주는 디자인을 가진 일터를 선호한다는 것을 발견했다.)라고 하였다. 보기에서 이 내용과 일치하는 (d)가 정답이다.

정답 Key Paraphrasing

본문에 쓰인 'millennials prefer workplaces that have a modern and aesthetically pleasing design'과 의미상 통하는 것은 'that they care about the space they work in'이다.

---

61 Why should companies probably listen to millennials when designing their office?

(a) because employers see millennials as the most valuable workers
(b) because millennials make up a significant number of workers
(c) because employers have been unable to retain millennial workers
(d) because millennials have the most up-to-date design ideas

왜 기업들이 사무실을 설계할 때 밀레니얼 세대에게 귀를 기울여야 할까?

(a) 고용주가 밀레니얼 세대를 가장 가치 있는 근로자로 보기 때문에
(b) 밀레니얼 세대가 상당한 수의 근로자를 구성하기 때문에
(c) 고용주가 밀레니얼 세대 노동자를 보유할 수 없었기 때문에
(d) 밀레니얼 세대가 최신 설계 아이디어를 가지고 있기 때문에

어휘 valuable 가치 있는, 소중한 make up 구성하다 significant 상당한 retain 보유하다 up-to-date 최신의

정답 (b)

해설 본문 2단락에서 "⁶¹ The study, which was performed by Johnson Controls, was designed to help employers successfully recruit and retain millennial workers, now the largest portion of the workforce."(존슨 컨트롤스에 의해 수행된 이 연구는 고용주들이 현재 노동력의 가장 큰 부분인 밀레니얼 세대 근로자들을 성공적으로 채용하고 보유할 수 있도록 돕기 위해 고안되었다.)라고 하였다. 현재 노동력의 가장 큰 부분을 밀레니얼 세대 근로자가 차지하고 있기 때문에 고용주들이 이들을 유치하기 위해 노력하고 있고 이들의 의견에 귀 기울이고 있다고 추론된다. 따라서 (b)가 정답이다.

정답 Key Paraphrasing

본문에 쓰인 'millennial workers, now the largest portion of the workforce'와 유사한 표현이 'because millennials make up a significant number of workers'이다.

62 According to the article, why would millennials rather work in a city environment?

(a) They can socialize with workers from other companies.
(b) They have more flexible working options.
(c) They enjoy proximity to different conveniences.
(d) They have more access to public parks.

기사에 따르면, 밀레니얼 세대는 왜 도시 환경에서 일하는 것을 선호하는가?

(a) 타사의 근로자와 교제할 수 있다.
(b) 보다 유연한 작업 옵션을 가지고 있다.
(c) 다양한 편의 시설을 가까이서 누린다.
(d) 공원에 더 가까이 접근할 수 있다.

어휘 would rather 더 좋아하다   socialize with 사귀다, 교류하다   flexible 유연한   proximity 가까움, 근접   convenience 편의 시설   access 접근

정답 (c)

해설 본문 4단락에서 "⁶²Moreover, they prefer working in pedestrian-friendly urban locations that are close to shopping areas and entertainment facilities, with easy access to public transportation."(게다가, 그들은 쇼핑센터나 유흥 시설과 가까운 보행자 친화적인 도시 지역에서 일하고 대중교통을 쉽게 이용할 수 있는 곳에서 일하는 것을 선호한다.)라고 하였다. 이들이 도시 환경을 선호하는 것은 도시 환경이 쇼핑이나 유흥 시설, 대중교통 등을 가까이서 편리하게 제공하기 때문이므로 (c)가 정답이다.

정답 Key Paraphrasing

본문에 쓰인 'they prefer working in pedestrian-friendly urban locations that are close to shopping areas and entertainment facilities'와 유사한 표현은 'They enjoy proximity to different conveniences.'이다.

63 What is the expected effect of making office layouts more open?

(a) workers becoming more competitive
(b) millennials investing in more companies
(c) workers improving their social skills
(d) millennials having more motivation to work together

사무실 배치를 보다 개방적으로 만드는 것의 예상되는 효과는 무엇인가?

(a) 근로자가 더 경쟁력있게 됨
(b) 밀레니얼 세대가 더 많은 기업에 투자함
(c) 근로자가 사회성을 향상시킴
(d) 밀레니얼 세대가 함께 일할 더 많은 동기를 가짐

어휘 expected effect 예상되는 효과   layout 배치   competitive 경쟁력 있는   invest 투자하다

정답 (d)

해설 본문 5단락에서 "⁶³More and more firms are now creating more open spaces, break rooms, and employee lounges to encourage workers to collaborate." (점점 더 많은 기업들이 근로자들의 협업을 장려하기 위해 열린 공간, 휴게실 및 직원 휴게실을 만들고 있다.) 라고 하였다. 근로자의 협업을 장려하기 위해 개방적 공간을 만든다고 했다. 따라서 개방적 공간 배치는 함께 협업할 동기를 부여해 줄 수 있으므로 (d)가 정답이다.

정답 Key Paraphrasing

본문에 쓰인 'to encourage workers to collaborate'과 유사한 표현은 'millennials having more motivation to work together'이다. 특히 'collaborate'와 'work together'는 같은 의미를 나타낸다.

64 How could the study probably assist employers in recruiting millennial workers?

(a) by encouraging them to design their office accordingly
(b) by helping them come up with an attractive salary package
(c) by allowing them to hire only those who perform best
(d) by helping them identify who has potential

이 연구가 어떻게 밀레니얼 세대 근로자 채용에 있어 고용주들을 도울 수 있을까?

(a) 사무실을 요구에 맞춰 설계하도록 권장하여
(b) 매력적인 급여 패키지를 생각해 내도록 도와서
(c) 최고 성과를 거둔 사람만 고용하도록 허용함으로써
(d) 잠재력이 있는 사람을 식별하도록 도움으로써

어휘 recruit 채용하다　encourage 장려하다　accordingly 그에 맞춰　come up with 생각해 내다　attractive 매력적인 perform 수행하다　identify 식별하다　potential 잠재력 있는

정답 (a)

해설 본문 6단락에서 "⁶⁴ Many companies are now also providing open seating areas that offer freedom of movement and encourage workers to find the space that will help them perform at their best."(많은 회사들은 또한 이동의 자유를 제공하고 근로자들이 최상으로 업무를 수행할 수 있도록 돕는 공간을 찾도록 장려하는 열린 좌석 공간을 제공하고 있다.)라고 하였다. 밀레니얼 세대들의 작업 공간에 대한 선호에 대해 연구해서, 고용주가 이들의 요구에 맞춘 사무실을 설계하여 밀레니얼 세대 근로자가 선호하는 직장으로 만들어 유능한 인재를 채용하겠다는 취지로 추론된다. 따라서 (a)가 정답이다.

---

65 In the context of the passage, <u>luxury</u> means _____.

(a) leisure
(b) delight
(c) privilege
(d) fortune

본문의 맥락에서, luxury는 _____를 의미한다.

(a) 여가
(b) 기쁨
(c) 특권
(d) 행운

어휘 luxury 사치　leisure 레저, 여가활동　delight 즐거움　privilege 특권　fortune 운, 재산

정답 (c)

해설 본문 3단락 "To millennials, technological amenities in the workplace are a necessity, and not just a ⁶⁵luxury."(밀레니얼 세대에게 직장 내 기술적 편의 시설은 단지 사치가 아닌 필수이다.)에서 명사 luxury는 '사치, 호화로움'의 의미로 사용되었다. 보기 중 '특혜, 특권'이라는 의미의 privilege가 문맥상 가장 가까우므로 (c)가 정답이다.

---

66 In the context of the passage, <u>disregard</u> means _____.

(a) refuse

본문의 맥락에서, disregard는 _____를 의미한다.

(a) 거절하다

(b) ignore
(c) disobey
(d) forget

(b) 무시하다
(c) 불복종하다
(d) 잊다

어휘 disregard 무시하다 refuse 거절하다 ignore 무시하다, 소홀히 하다 disobey 불복하다 forget 잊다

정답 (b)

해설 본문 6단락 "While companies that cater to the preferences of millennials are becoming competitive, those that [66]disregard them are considered out-of-date and may even be turning potential talent away."(밀레니얼 세대의 선호에 부응하는 기업들은 경쟁력을 갖추게 되는 반면, 이것들을 무시하는 기업들은 시대에 뒤떨어진 것으로 여겨져 잠재적인 인재들을 돌려보내고 있을지도 모른다.)에서 동사 disregard는 '무시하다'의 의미로 사용되었다. 보기 중 이 의미와 가장 가까운 (b)가 정답이다.

PART 3 | **67-73** | 지식 백과: 사람들에게 친숙한 카시오페이아 별자리

CASSIOPEIA

Cassiopeia is a constellation, or a group of stars, found in the northern hemisphere between the constellations Cepheus and Perseus. It is the 25th largest of the 88 constellations known today. Cassiopeia's stars resemble the shape of either a W or an M, depending on the time of the year and the observer's location. [67] Due to its simple shape and the brightness of its stars, it is one of the most recognizable constellations in the night sky.

The constellation was first recorded in the second century by the Greek astronomer Ptolemy. [68] It was named after the beautiful wife of King Cepheus in Greek mythology. Queen Cassiopeia, full of pride because of her beauty, boasted that she was more beautiful than the sea nymphs. This [72]enraged the sea goddesses. As punishment, the arrogant queen was tied to a chair and placed in the heavens. She is said to be spinning around the northern sky endlessly, half of the time hanging upside down.

[69] There are a total of 53 known stars in Cassiopeia, but its unique shape is formed by its five brightest stars. The brightest, Alpha Cassiopeiae, is 60 times brighter than the sun. It is also 40 times larger and weighs over five times as much. Cassiopeia is at the center of a group of

카시오페이아

카시오페이아는 케페우스 별자리와 페르세우스 별자리 사이에 있는 북반구에서 발견되는 별자리 또는 별 무리이다. 이것은 오늘날 알려진 88개의 별자리 중 25번째로 큰 별자리이다. 카시오페이아의 별은 일 년 중 시간과 관측자의 위치에 따라 W 또는 M의 모양을 닮았다. [67]단순한 모양과 별들의 밝기 때문에, 그것은 밤하늘에서 가장 알아보기 쉬운 별자리들 중 하나이다.

이 별자리는 그리스 천문학자인 프톨레마이오스에 의해 2세기에 처음 기록되었다. [68]그것은 그리스 신화에서 케페우스 왕의 아름다운 아내의 이름을 따서 지어졌다. 카시오페이아 여왕은 자신의 아름다움 때문에 자부심에 차서 그녀가 바다의 요정들보다 더 아름답다고 자랑했다. 이것이 바다의 여신들을 [72]격분하게 했다. 벌로, 이 오만한 여왕은 의자에 묶여 하늘에 놓여졌다. 그녀는 절반의 시간을 거꾸로 매달린 채 끝없이 북쪽 하늘을 돌고 있다고 한다.

[69]카시오페이아에는 총 53개의 알려진 별들이 있지만, 카시오페이아의 독특한 모양은 5개의 가장 밝은 별들에 의해 형성된다. 가장 밝은 카시오페이아자리 알파는 태양보다 60배 더 밝다. 그것은 또한 40배 더 크고 그만큼 무게가 5배 이상 나간다. 카시오페이아는

TEST 1 TEST 2 TEST 3 TEST 4 TEST 5 **TEST 6** TEST 7

READING AND VOCABULARY 독해와 어휘 : **347**

constellations that are named for figures associated with the legend of Perseus, including the queen's husband Cepheus, her daughter Andromeda, and the winged horse Pegasus.

[70] Unlike constellations which can only be seen during one [73] <u>particular</u> season, Cassiopeia is visible for the entire year in the northern hemisphere and during the spring in the southern hemisphere. It can be seen at night looking like a W in spring and summer, and like an M during winter and autumn.

[71] Because Cassiopeia is one of the easiest constellations to find, it is often mentioned in popular culture. The familiar constellation has been referenced in such diverse forms of media as adventure novels, science fiction television shows, and romantic comedy films.

여왕의 남편 케페우스, 그녀의 딸 안드로메다, 날개 달린 말 페가수스를 포함한 페르세우스의 전설과 관련된 인물들의 이름을 딴 별자리의 중심에 있다.

[70] [73]특정한 계절에 한해서만 볼 수 있는 별자리와는 달리, 카시오페이아는 북반구에서는 1년 내내 볼 수 있고 남반구에서는 여름 동안 볼 수 있다. 봄과 여름에는 W자, 가을과 겨울에는 M자처럼 보이면서 밤에 볼 수 있다.

[71]카시오페이아는 가장 찾기 쉬운 별자리 중 하나이기 때문에, 대중 문화에서 자주 언급된다. 그 친숙한 별자리는 모험 소설, 공상과학 텔레비전 쇼, 로맨틱 코미디 영화와 같은 다양한 형태의 미디어에서 언급되어 왔다.

어휘 constellation 별자리 northern hemisphere 북반구 resemble 닮다 depending on ~에 따라 observer 관찰자 due to ~ 때문에 recognizable 알아볼 수 있는 astronomer 천문학자 be named after ~의 이름을 따서 지어지다 full of pride 자부심에 차서 boast 뽐내다, 자랑하다 nymph 요정 enrage 격분하게 하다 goddess 여신 punishment 벌 arrogant 오만한 heaven 하늘 spin 돌다 endlessly 끝없이 hang 매달리다 upside down 거꾸로 unique 독특한 weigh 무게가 나가다 figure 인물 associated with ~와 관련된 legend 전설 unlike ~와는 달리 particular 특정한 visible 보일 수 있는 mention 언급하다 popular culture 대중 문화 familiar 친근한 reference 참조하다, 언급하다 diverse 다양한 adventure novel 모험 소설 science fiction 공상 과학

난이도 ★★☆ **Category** **주제(Why)**

67 Why can most people easily identify the constellation Cassiopeia?

(a) because its shape is easy to remember
(b) because it has the brightest stars
(c) because its formation is the largest in the sky
(d) because it has a fixed appearance

왜 대부분의 사람들이 카시오페이아 별자리를 쉽게 식별할 수 있는가?

(a) 모양이 기억하기 쉽기 때문에
(b) 별이 가장 밝기 때문에
(c) 형태가 하늘에서 가장 크기 때문에
(d) 고정된 외관을 가지기 때문에

어휘 identify 식별하다 constellation 별자리 formation 형성, 형태 appearance 외관

정답 (a)

해설 본문 1단락에서 "[67]<u>Due to its simple shape</u> and the brightness of its stars, it is one of the most recognizable constellations in the night sky." (단순한 모양과 별들의 밝기 때문에, 그것은 밤하늘에서 가장 알아보기 쉬운 별자리들 중 하나이다.)라고 하였다. 보기 중 이 내용과 일치하는 (a)가 정답이다.

정답 Key Paraphrasing
본문에 쓰인 'due to its simple shape'와 유사한 표현은 'because its shape is easy to remember'이다.

난이도 ★★★ | **Category** 세부사항(Where)

68 Where did the name "Cassiopeia" come from?

(a) from the name of a real-life queen
(b) from a Greek astronomer's name
(c) from a group of jealous goddesses
(d) from a mythological woman

"카시오페이아"라는 이름은 어디에서 유래되었는가?

(a) 실제 여왕의 이름으로부터
(b) 그리스 천문학자의 이름으로부터
(c) 질투심 많은 한 무리의 여신들로부터
(d) 신화적 여성으로부터

어휘 real-life 실제의 astronomer 천문학자 jealous 질투하는 mythological 신화의

정답 (d)

해설 본문 2단락에서 "68 It was named after the beautiful wife of King Cepheus in Greek mythology."(그것은 그리스 신화에서 케페우스 왕의 아름다운 아내의 이름을 따서 지어졌다.)라고 하였다. 보기 중 이 내용과 일치하는 (d)가 정답이다.

🔑 **정답 Key** Paraphrasing
본문에 쓰인 'It was named after the beautiful wife of King Cepheus in Greek mythology.'와 유사한 표현은 'from a mythological woman'이다.

난이도 ★★★ | **Category** 세부사항(How)

69 How is Cassiopeia's distinct appearance shaped?

(a) by the size of its largest stars
(b) by a continuous rotation
(c) by the formation of its brightest stars
(d) by a union with nearby constellations

카시오페이아의 구별되는 외관은 어떻게 형태가 만들어지는가?

(a) 가장 큰 별 크기에 의해
(b) 연속 회전에 의해
(c) 가장 밝은 별들의 형성에 의해
(d) 인근 별자리와의 결합에 의해

어휘 distinct 구별되는 appearance 외관 shape 형태를 만들다 continuous 연속적인, 계속적인 rotation 회전 union 결합, 연합 nearby 근처의

정답 (c)

해설 본문 3단락에서 "69 There are a total of 53 known stars in Cassiopeia, but its unique shape is formed by its five brightest stars."(카시오페이아에는 총 53개의 별이 있지만, 카시오페이아의 독특한 모양은 5개의 가장 밝은 별들에 의해 형성된다.)라고 하였다. 보기 중 이 내용과 일치하는 (c)가 정답이다.

🔑 **정답 Key** Paraphrasing
본문에 쓰인 'Its unique shape is formed by its five brightest stars'와 유사한 표현은 'by the formation of its brightest stars'이다.

난이도 ★★★ | **Category** 세부사항(What)

70 What makes Cassiopeia different from other constellations?

(a) It can be seen by the naked eye.
(b) It disappears from view during spring.
(c) It can be seen all year round.
(d) It is only visible in the north.

카시오페이아가 다른 별자리와 다른 점은 무엇인가?

(a) 육안으로 볼 수 있다.
(b) 봄철에는 시야에서 사라진다.
(c) 연중 내내 볼 수 있다.
(d) 북쪽에서만 볼 수 있다.

정답 (c)

해설 본문 4단락에서 "⁷⁰ Unlike constellations which can only be seen during one particular season, <u>Cassiopeia is visible for the entire year in the northern hemisphere</u> and during the spring in the southern hemisphere."(특정 계절에만 볼 수 있는 별자리와는 달리 카시오페이아는 북반구에서 1년 내내 볼 수 있고 남반구에서는 봄 동안 볼 수 있다.)라고 하였다. 보기 중 이 내용과 일치하는 (c)가 정답이다.

정답 Key **Paraphrasing**
본문에 쓰인 'Cassiopeia is visible for the entire year'와 유사한 표현은 'It can be seen all year round.'이다.

난이도 ★★★ **Category** 추론(What)

71 What is most likely the reason Cassiopeia is often mentioned in the movies?

(a) because it is the most beautiful constellation
(b) because it is well known to many people
(c) because it has a name that is easy to pronounce
(d) because it has a romantic story behind it

영화에서 카시오페이아가 자주 언급되는 이유는 무엇일까?

(a) 가장 아름다운 별자리이기 때문에
(b) 많은 사람들에게 알려져 있기 때문에
(c) 발음하기 쉬운 이름을 가지고 있기 때문에
(d) 그 뒤에 로맨틱한 이야기가 있기 때문에

어휘 mention 언급하다 be well known to ~에게 잘 알려져 있다 pronounce 발음하다

정답 (b)

해설 본문 5단락에서 "⁷¹ Because Cassiopeia is <u>one of the easiest constellations to find</u>, it is often mentioned in popular culture."(카시오페이아는 가장 찾기 쉬운 별자리 중 하나이기 때문에, 대중 문화에서 자주 언급된다.)라고 하였다. 카시오페이아 별자리가 사람들이 찾기 쉬운 별자리라는 점에서 이 별자리가 사람들에게 많이 알려져 있다고 추론될 수 있다. 따라서 (b)가 정답이다.

난이도 ★★★ **Category** 어휘(동사: enrage)

72 In the context of the passage, <u>enraged</u> means _____.

(a) energized
(b) depressed
(c) confused
(d) angered

본문의 맥락에서, enraged는 _____를 의미한다.

(a) 활기를 불어넣었다
(b) 우울하게 했다
(c) 혼란스럽게 했다
(d) 화나게 했다

어휘 enrage 격분하게 하다 energize 충전하다 depress 우울하게 하다 confuse 혼란스럽게 하다 anger 화나게 하다

정답 (d)

해설 본문 2단락 "This ⁷² <u>enraged</u> the sea goddesses."(이것이 바다의 여신들을 격분하게 했다.)에서 동사 enrage는 '격분하게 하다, 분노하게 하다'의 의미로 사용되었다. 보기 중 이 의미와 가장 가까운 (d)가 정답이다.

	TEST 1
	TEST 2
	TEST 3
	TEST 4
	TEST 5
	TEST 6
	TEST 7

73 In the context of the passage, <u>particular</u> means _____.

(a) specific
(b) precise
(c) regular
(d) selective

본문의 맥락에서, particular는 _____를 의미한다.

(a) 특정한
(b) 정밀한
(c) 정규적인
(d) 선택적인

어휘 particular 특정한 specific 특정한, 구체적인 precise 정밀한 regular 정기적인 selective 선택적인

정답 (a)

해설 본문 4단락 "Unlike constellations which can only be seen during one ⁷³ particular season"(특정 계절에만 볼 수 있는 별자리와는 달리)에서 형용사 particular는 '특정한'의 의미로 사용되었다. 보기 중 이 의미와 가장 가까운 (a)가 정답이다.

PART 4 | **74-80** | 비즈니스 레터: 면접 결과 통보와 채용을 촉구하는 편지

George Turner
15th floor, Columbus Circle
28 West 44th Street
Manhattan, NY

Dear Mr. Turner:

⁷⁴ I am writing this letter in reference to my application for the position of associate editor with the *MoneyBiz Times*. I was informed during my interview on December 2 that the recruitment process would take about two weeks. Since I haven't heard from you, I would like to take this opportunity to restate my eagerness to work with your company.

⁷⁵ After learning more about what you expect from an associate editor during our meeting, I am convinced that I am an ideal candidate for the position. I have proven editing skills, a talent for effectively coordinating with stakeholders, and the ability to manage multiple projects at the same time. I believe you also need someone with genuine enthusiasm for the subjects that you publish.

조지 터너
콜럼버스 서클 15층
웨스트 44번길 28
뉴욕주 맨해튼

터너 씨에게:

⁷⁴ 저는 《머니비즈 타임즈(MoneyBiz Times)》의 부편집장 자리에 대한 저의 지원과 관련하여 이 편지를 씁니다. 저는 12월 2일 면접 때 채용 절차가 2주 정도 걸린다고 들었습니다. 제가 당신으로부터 연락을 받지 못했기 때문에 이번 기회에 귀사와 함께 일하고 싶은 열망을 다시 한번 말씀드리고 싶습니다.

⁷⁵ 우리의 만남(면접)에서 부편집장에게 기대하는 바를 자세히 알고 나니, 제가 그 자리에 이상적인 지원자라는 확신이 들었습니다. 저는 입증된 편집 기술, 이해관계자와의 효율적인 조정 능력, 그리고 동시에 여러 프로젝트를 관리할 수 있는 능력을 갖추고 있습니다. 저는 또한 당신이 출판하는 주제에 대해 진정한 열정을 가진 사람을 필요로 한다고 믿습니다.

[76] I am confident that we share the same interest in global affairs and business news. [77] Moreover, my four years of experience as an editor with the Financial Daily has prepared me to excel in this type of news writing. I am hopeful that my perfect score on the editing exam you gave, along with my master's degree in journalism and bachelor's degree in economics, might be viewed as evidence that I am [79] suited for the job.

[78] As I mentioned during the interview, my past employers and colleagues can vouch for my [80] dedication to producing work of the highest quality. I look forward to hearing from you soon. Again, thank you so much for considering me for the position.

Sincerely,

Judith Rand

Judith Rand

[76] 저는 우리가 세계 정세와 비즈니스 뉴스에 대해 같은 관심을 가지고 있다고 확신합니다. [77] 게다가 《파이낸셜 데일리》지의 편집자로서 4년간 일한 경험은 제가 이런 유형의 뉴스 쓰기에 탁월하도록 준비시켜 주었습니다. 저는 당신이 주신 편집 시험에서 만점을 받았다는 것이, 언론학 석사학위와 경제학 학사학위와 함께 제가 그 일에 [79] 적합하다는 증거로 보여질 수 있기를 희망합니다.

[78] 면접에서 말씀드렸듯이, 저의 과거 고용주들과 동료들은 최고 품질의 작업을 만들기 위한 저의 [80] 헌신을 보증할 수 있습니다. 빠른 답변 기다리겠습니다. 저를 그 자리에 생각해 주셔서 다시 한번 감사드립니다.

진심으로,

주디스 랜드

어휘 in reference to ~와 관련하여　application 지원　associate editor 부편집장　recruitment process 채용 과정　opportunity 기회　restate 다시 말하다　eagerness 열망　convince 확신시키다　ideal 이상적인　candidate 후보, 지원자　proven 입증된, 검증된　coordinate with ~와 조정하다　stakeholder 이해관계자　manage 관리하다　multiple 여러 개의　at the same time 동시에　genuine 진정한, 진짜의　enthusiasm 열정　confident 자신감 있는　excel in ~에서 탁월하다　journalism 언론학　master's degree 석사 학위　bachelor's degree 학사 학위　economics 경제학　be viewed as ~로서 보이다　evidence 증거　be suited for ~에 적합하다　past employer 이전 고용주　colleague 동료　vouch 보증하다　dedication 헌신　sincerely 진심으로

난이도 ★★★　　Category　　주제(Why)

74 Why did Judith Rand write to George Turner?

(a) to provide information about her recent achievements

(b) to follow up on the result of her interview

(c) to find out if she will be invited to interview

(d) to submit her application for an editing position

주디스 랜드는 왜 조지 터너에게 편지를 썼는가?

(a) 그녀의 최근 성과에 대한 정보를 제공하려고

(b) 면접 결과에 대한 후속 조치를 취하려고

(c) 면접 초대 여부를 파악하려고

(d) 그녀의 편집직 지원서를 제출하려고

어휘 provide 제공하다　recent 최근의　achievement 성과, 성취　follow up 후속 조치하다　submit 제출하다　application 지원서

정답 (b)

해설 본문 1단락에서 "[74] I am writing this letter in reference to my application for the position of associate editor with the MoneyBiz Times. I was informed during my interview on December 2 that the recruitment process would take about two weeks."(저는 머니비즈 타임즈의 부편집장 자리에 대한 저의 지원과 관련하여 이 편지를 씁니다. 12월 2일 면접 때 채용 절차가 2주 정도 걸린다고 들었습니다.)라고 하였다. 자신이 치렀던 면접 결과에 대한 통보를 기다리며 쓴 편지이므로 (b)가 정답이다.

난이도 ★★★ **Category** 추론(How)

75 How did Rand most likely learn more details about the qualifications for the job?

(a) She saw *MoneyBiz Times'* advertisement for the job.
(b) She called the HR department to ask about the job.
(c) She talked to one of the ideal candidates for the position.
(d) She was told about them during the interview

랜드는 직무 자격에 대해 어떻게 더 자세히 알게 되었을까?

(a) 《머니비즈 타임즈》의 그 일자리에 대한 광고를 보았다.
(b) 인사과에 전화해서 일자리에 대해 물어보았다.
(c) 그 자리에 이상적인 지원자 한 명과 이야기를 나누었다.
(d) 면접 중에 직무 자격에 대해 들었다.

어휘 ▶ detail 세부사항 qualification 자격 요건 advertisement 광고 HR department 인사과 candidate 지원자

정답 ▶ (d)

해설 ▶ 본문 2단락에서 "⁷⁵After learning more about what you expect from an associate editor during our meeting, I am convinced that I am an ideal candidate for the position."(우리의 면접에서 당신이 부편집장에게 기대하는 바를 자세히 알고 나니, 제가 그 자리에 이상적인 후보라는 확신이 들었습니다.)라고 하였다. 새로 채용될 부편집장에게 회사가 기대하는 것은 결국 그 직무를 맡을 사람의 자격 요건이나 능력 등에 대한 것으로 추론된다. 따라서 랜드는 면접에서 직무에 대한 자격 요건을 들어서 그 자격 요건에 대해 자세히 알게 된 것이므로 (d)가 정답이다.

정답 Key Paraphrasing

본문에 쓰인 'After learning more about what you expect from an associate editor during our meeting'과 유사한 표현은 'She was told about them during the interview'이다. 특히, 'what you expect from an associate editor'는 them, 즉 'details about the qualifications for the job'과 같은 것을 나타내고 'our meeting'은 'the interview'와 일치한다.

난이도 ★★★ **Category** 추론(What)

76 According to the letter, what do Rand and Turner probably have in common?

(a) being passionate about similar topics
(b) the ability to manage multiple editors
(c) being knowledgeable about global problems
(d) the enthusiasm for talking to stakeholders

편지에 따르면 랜드와 터너의 공통점은 무엇일까?

(a) 유사한 주제에 대해 열정적임
(b) 여러 편집자들을 관리하는 능력
(c) 글로벌 문제에 대한 지식 보유
(d) 이해관계자와의 대화에 대한 열의

어휘 ▶ in common 공통으로 passionate 열정적인 multiple 다수의, 복수의 knowledgeable 지식을 가진 enthusiasm 열정 stakeholder 이해 관계자

정답 ▶ (a)

해설 ▶ 본문 3단락에서 "⁷⁶I am confident that we share the same interest in global affairs and business news."(저는 우리가 세계 정세와 비즈니스 뉴스에 대해 같은 관심을 가지고 있다고 확신합니다.)라고 하였다. 이러한 표현으로 보아, 랜드와 터너가 유사한 주제에 대해 관심을 가지고 있는 것으로 추론되므로 (a)가 정답이다.

정답 Key Paraphrasing

본문에 쓰인 'we share the same interest in global affairs and business news'와 유사한 표현은 'being passionate about similar topics'이다.

77 Which best shows Rand's interest in what the *MoneyBiz Times* does?

(a) her bachelor's degree in journalism
(b) her outstanding news writing
(c) her master's degree in economics
(d) her prior work in the industry

《머니비즈 타임즈》 사가 하는 일에 대한 랜드의 관심을 가장 잘 보여주는 것은 무엇인가?

(a) 언론학 학사 학위
(b) 그녀의 뛰어난 뉴스 글쓰기
(c) 경제학 석사 학위
(d) 업계에서 그녀의 이전의 작업

> 어휘 ▶ **bachelor's degree** 학사 학위   **journalism** 언론학   **outstanding** 뛰어난   **master's degree** 석사 학위   **economics** 경제학   **prior** 이전의   **industry** 산업

> 정답 ▶ (d)

> 해설 ▶ 본문 3단락에서 "⁷⁷ Moreover, my four years of experience as an editor with the Financial Daily has prepared me to excel in this type of news writing."(게다가 파이낸셜 데일리지의 편집장으로서 4년간 일한 경험으로 인해 저는 이런 종류의 뉴스 쓰기에 탁월하도록 준비해 왔습니다.)와 "along with my master's degree in journalism and bachelor's degree in economics"(저의 언론학 석사와 경제학 학사 학위와 함께)라고 하였다. 경제 신문 편집이라는 동종 업계에서 일한 경험이 랜드가 머니비즈 타임즈 사에 가장 어필하고 싶은 점이므로 (d)가 정답이다.

> 오답 분석 ▶ (a)와 (c)에서 학위를 잘못 기재했고 (b)에서는 그냥 뉴스 글쓰기가 탁월하다고만 적혀 있어서 어느 분야 뉴스 글쓰기인지가 불명확하므로 오답이다.

> 🔑 정답 Key ▶ **Paraphrasing**
> 본문에 쓰인 'my four years of experience as an editor with the Financial Daily'와 유사한 표현은 'her prior work in the industry'이다.

---

78 What can Turner request from Rand's former workmates at *Financial Daily*?

(a) legal proof that what she said is true
(b) information about her personal matters
(c) a recommendation based on her past performance
(d) a list of all the articles that she edited

터너는 《파이낸셜 데일리》의 예전 직장 동료들에게 무엇을 요청할 수 있는가?

(a) 그녀가 말한 것이 사실이라는 법적 증거
(b) 그녀의 개인적인 문제에 대한 정보
(c) 그녀의 과거 성과에 근거한 추천서
(d) 그녀가 편집한 모든 기사의 목록

> 어휘 ▶ **request** 요청하다   **former** 이전의, 과거의   **workmate** 직장 동료   **legal** 법적인   **proof** 증거   **personal matter** 개인사   **recommendation** 추천서   **performance** 성과, 업무 실적

> 정답 ▶ (c)

> 해설 ▶ 본문 4단락에서 "⁷⁸ As I mentioned during the interview, my past employers and colleagues can vouch for my dedication to producing work of the highest quality."(면접에서 말씀드렸듯이, 저의 과거 고용주들과 동료들은 최고 품질의 일을 만들기 위한 저의 헌신을 보증할 수 있습니다.)라고 하였다. 이전에 함께 일했던 사람들이 랜드의 업무 공헌에 대해 보증하고 추천해 줄 수 있다고 했으므로 (c)가 정답이다.

> 🔑 정답 Key ▶ **Paraphrasing**
> 본문에 쓰인 'my past employers and colleagues can vouch for my dedication to producing work'와 유사한 표현은 'a recommendation based on her past performance'이다.

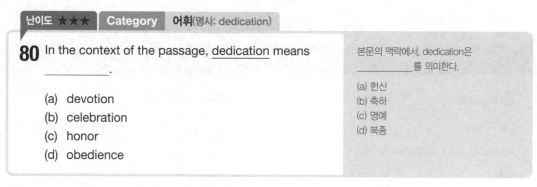

난이도 ★★★　**Category**　**어휘**(형용사: suited)

79 In the context of the passage, <u>suited</u> means _____.

(a) applicable
(b) right
(c) comparable
(d) decent

본문의 맥락에서, suited는 _____를 의미한다.

(a) 적용되는
(b) 딱 맞는
(c) 필적하는
(d) 품위 있는

어휘 suited 적합한, 딱 맞는　applicable 해당되는, 적용되는　right 딱 맞는　comparable 필적하는　decent 품위 있는, 온당한

정답 (b)

해설 본문 3단락 "I am ⁷⁹ <u>suited</u> for the job."(저는 그 직책에 잘 <u>맞습니다</u>.)에서 형용사 suited의 의미는 '적합한, 딱 맞는'의 의미로 사용되었다. 보기 중 이 의미와 가장 가까운 (b)가 정답이다.

난이도 ★★★　**Category**　**어휘**(명사: dedication)

80 In the context of the passage, <u>dedication</u> means _____.

(a) devotion
(b) celebration
(c) honor
(d) obedience

본문의 맥락에서, dedication은 _____를 의미한다.

(a) 헌신
(b) 축하
(c) 명예
(d) 복종

어휘 dedication 헌신　devotion 헌신　celebration 축하　honor 명예　obedience 복종

정답 (a)

해설 본문 4단락 "my past employers and colleagues can vouch for my ⁸⁰ <u>dedication</u> to producing work of the highest quality."(저의 과거 고용주들과 동료들은 최고 품질의 작업을 만들기 위한 저의 <u>헌신</u>을 보증할 수 있습니다.)에서 명사 dedication은 '헌신'의 의미로 사용되었다. 보기 중 이 의미와 가장 가까운 (a)가 정답이다.

TEST 7 나의 점수 기록

GRAMMAR _____ / 26

LISTENING _____ / 26

READING AND VOCABULARY _____ / 28

총점 _____ / 80 ▶ _____ 점

*틀린 문제나 틀리기 쉬운 문제는 반드시 확인하고 다음 TEST로 넘어가세요.

[기출문제 점수 계산법]
- 각 영역 점수: 맞은 개수 ÷ 전체 문제 개수 x 100
- 총점: 각 영역 점수 합계 ÷ 3 (※ 소수점 이하 점수는 올림 처리)

예 문법 15개, 청취 10개, 독해 및 어휘 12개 맞혔을 경우
  문법: 15 ÷ 26 x 100 = 58점
  청취: 10 ÷ 26 x 100 = 39점
  독해 및 어휘: 12 ÷ 28 x 100 = 43점
  총점: (58 + 39 + 43) ÷ 3 = 47점

GRAMMAR

1 (B)	2 (D)	3 (C)	4 (C)	5 (A)	6 (B)	7 (A)	8 (D)	9 (A)	10 (B)	11 (C)	12 (D)
13 (C)	14 (A)	15 (D)	16 (B)	17 (D)	18 (B)	19 (D)	20 (B)	21 (A)	22 (B)	23 (C)	24 (A)
25 (C)	26 (A)										

LISTENING

PART 1	27 (B)	28 (C)	29 (D)	30 (A)	31 (B)	32 (C)	33 (D)
PART 2	34 (D)	35 (A)	36 (D)	37 (B)	38 (D)	39 (C)	
PART 3	40 (B)	41 (C)	42 (A)	43 (D)	44 (B)	45 (D)	
PART 4	46 (C)	47 (B)	48 (A)	49 (D)	50 (B)	51 (D)	52 (C)

READING AND VOCABULARY

PART 1	53 (B)	54 (A)	55 (D)	56 (B)	57 (C)	58 (D)	59 (A)
PART 2	60 (C)	61 (D)	62 (C)	63 (A)	64 (B)	65 (D)	66 (B)
PART 3	67 (D)	68 (B)	69 (A)	70 (C)	71 (B)	72 (D)	73 (C)
PART 4	74 (B)	75 (B)	76 (A)	77 (C)	78 (B)	79 (A)	80 (C)

TEST

7

GRAMMAR

LISTENING

READING AND VOCABULARY

Category ❶ 시제 ❷ 가정법 ❸ 조동사 ❹ 준동사 ❺ 연결어 ❻ 관계사 ❼ 당위성/이성적 판단

난이도 ★★★ **Category** ❸ 조동사(의지: will)

1 Mr. Kruger won't go to work tomorrow because he has to fulfill an important commitment. It's his son's fifth birthday, and Mr. Kruger has promised that he _____ take the boy to OceanWorld.

(a) may
(b) will
(c) can
(d) should

크루거 씨는 중요한 약속을 이행해야 하기 때문에 내일 출근하지 않을 것이다. 아들의 다섯 번째 생일인데 크루거 씨는 아이를 오션월드에 데려가겠다고 약속했다.

어휘 fulfill 이행하다 commitment 약속 take A to B A를 B에 데려가다

정답 (b)

해설 보기에 다양한 조동사가 나왔으므로 조동사 문제이다. 앞뒤 문장을 해석해서 문맥에 맞는 조동사를 찾아야 한다. 앞에서 중요한 약속 때문에 내일 출근하지 않을 것이며 아들의 다섯 번째 생일이라고 했으므로 문맥상 아들을 오션월드에 데려가겠다고 약속했다는 내용이 와야 한다. 빈칸 앞의 동사 promise는 미래에 무언가를 하겠다고 약속하는 것이므로 빈칸에는 의지를 나타내는 조동사 will이 적합하다. 따라서 (b)가 정답이다.

오답 분석 (a) may: ～할지 모른다 (약한 추측), ～해도 된다 (허락)
(c) can: ～할 수 있다 (능력, 가능성)
(d) should: ～해야 한다 (당위, 의무)

난이도 ★★★ **Category** ❻ 관계사(관계대명사: 주격 that)

2 Many cell phone models have different features that appeal to different customers. These include sleek designs, wide screens, and special applications. The feature _____ in a cell phone is a high-resolution camera.

(a) what Abby is looking for
(b) which Abby is looking for it
(c) who Abby is looking for
(d) that Abby is looking for

많은 휴대폰 모델들은 다양한 고객에게 어필하는 다양한 기능을 갖추고 있다. 여기에는 날렵한 디자인, 넓은 화면 및 특별한 응용 프로그램이 포함된다. 애비가 휴대폰에서 찾고 있는 기능은 고해상도 카메라이다.

어휘 feature 특징, 특징적 기능 appeal to ～에 어필하다 customer 고객 include 포함하다 sleek 날렵한 application 응용 프로그램 high-resolution 고해상도

정답 (d)

해설 보기에 관계사절이 이끄는 문장이 나왔으므로 관계사 문제이다. 빈칸 앞에 선행사를 찾고, 그 선행사가 관계사절에서 어떤 역할을 하는지 찾아야 한다. 선행사는 명사 'The feature'이고, 관계사절에서 동사구 'is looking for'의 목적어 역할을 한다. 즉, 선행사가 사물이고 목적격인 관계대명사가 와야 하므로 (d)가 정답이다.

오답분석 (a)에서 what은 선행사를 포함하는 관계대명사인데 여기서는 선행사가 있으므로 (a)는 오답이다.
(b)에서 which는 사물 선행사를 취하고 주격이나 목적격으로 쓰이는 관계대명사이지만, 이 관계사절에서는 주어(Abby)와 목적어(it)가 모두 나와 있는 완벽한 구조여서 관계대명사 which의 역할이 없으므로 (b)는 오답이다.
(c)에서 who는 선행사로 사람을 취하는 관계대명사인데 여기서는 선행사(the feature)가 사물이므로 (c)는 오답이다.

참고 **관계대명사의 선행사와 격**

선행사	주격	소유격	목적격
사람	who	whose	whom (who)
사물, 동물	which	whose (of which)	which
사람,사물,동물	that	소유격 없음	that
선행사를 포함	what	소유격 없음	what

난이도 ★★★   **Category**   ❼ 당위성(요구: require)

3   Clarisse performed so poorly on the final exam in anatomy that she might've failed the class. Fortunately, her professor only requires that she _____ a written report for extra credit to make up the lost points.

(a) submits
(b) will submit
(c) submit
(d) has submitted

클라리스는 해부학 기말시험 성적이 너무 안 좋아서 수업에 낙제했을지도 모른다. 다행히도, 그녀의 교수는 그녀가 실점을 만회하기 위해 추가 점수를 위한 서면 보고서만 제출하도록 요구한다.

어휘 **perform** 수행하다, 성적을 내다   **anatomy** 해부학   **fail** 낙제하다   **fortunately** 다행히도   **require** 요구하다   **submit** 제출하다
extra credit 추가 점수   **make up** 보완하다, 만회하다

정답 (c)

 해설 보기에 동사 submit이 다양한 시제와 동사원형으로 나왔고 빈칸 앞에 당위성 동사 require가 나왔으므로 당위성 문제이다. that절에서 should가 생략된 동사원형이 빈칸에 적절하므로 (c)가 정답이다.

참고 **당위성을 나타내는 문장**

• 형태: 주어＋당위성 동사＋that＋주어＋(should)＋동사원형
• 당위성 문제는 전형적으로 다음의 동사와 함께 나온다.
insist(주장하다), recommend(추천하다), request(요청하다), require(요구하다), advise(조언하다), ask(요청하다), beg(간청하다), command(명령하다), stress(강조하다), demand(요구하다), direct(지시하다), insist(주장하다), instruct(지시하다), intend(의도하다), order(명령하다), prefer(선호하다), propose(제안하다), stipulate(규정하다), suggest(제안하다), urge(촉구하다), warn(경고하다)

4 It won't be long until Pamela's dream vacation finally becomes a reality. She _____ for the past two years for a month-long vacation in Zurich. This summer, she will be flying first class to the Swiss capital.

(a) will save
(b) saved
(c) has been saving
(d) is saving

파멜라가 꿈꾸던 휴가가 마침내 실현될 날이 머지않을 것이다. 그녀는 취리히에서 한 달 간의 휴가를 보내기 위해 지난 2년 동안 저축을 해왔다. 올 여름, 그녀는 스위스 수도로 일등석 비행기를 타고 갈 것이다.

어휘 vacation 휴가　reality 현실　fly to 비행기로 ~에 가다　capital 수도

정답 (c)

해설 보기에 동사 save가 다양한 시제로 나왔으므로 시제 문제이다. 빈칸 앞뒤에 시간 부사구나 부사절을 확인한다. 빈칸 뒤에 완료 시제에 자주 쓰이는 시간 부사구 'for the past two years'가 나왔고 과거부터 지금까지 계속되는 상황을 나타내므로 현재완료진행 시제 (c)가 정답이다.

참고　**현재완료진행**

· 형태: have/has been -ing
· 의미: (~해 오고 있다) 과거에 시작한 행동이 현재까지 계속 진행되고 있음을 나타낸다.
· 자주 쓰이는 시간 부사어구: since+과거 시점/과거 시제절(~한 이래로), for+시간 명사(~동안), lately(최근에)

---

5 In her rush to get to the office, Lisa left an important folder on the kitchen table this morning. Now, she has _____ back home to fetch it, with the risk of arriving late for work.

(a) to drive
(b) having driven
(c) to be driving
(d) driving

리사는 급히 사무실로 가느라, 오늘 아침 부엌 식탁에 중요한 폴더를 놓고 갔다. 이제, 그녀는 직장에 늦게 도착할 위험을 무릅쓰고, 그것을 가지러 차를 몰고 집에 돌아가야 한다.

어휘 in one's rush 급하게, 서둘러　folder 폴더　fetch 가지러 오다　with the risk of ~의 위험을 무릅쓰고

정답 (a)

해설 보기에 동사 drive가 준동사 형태로 나왔으므로 준동사 문제로 생각하기 쉽지만 빈칸 앞의 동사 has는 준동사 유형 동사가 아니므로 앞뒤 문장을 해석하여 빈칸에 알맞은 용법을 찾아야 한다. 문맥상 급히 사무실로 가느라 부엌 식탁에 중요한 폴더를 놓고 갔고 그것을 가지러 집에 돌아가야 한다는 뜻이므로, '~해야 한다'의 준조동사구 'has to'가 적절하다. 따라서 (a)가 정답이다.

참고 의무(~해야 한다)의 뜻을 가지는 조동사

1 have to: 가장 일상적인 표현, 다른 선택의 여지가 없다는 느낌이 강조됨

e.g. You <u>have to</u> do exercise regularly for your health.
(너는 건강을 위해 규칙적으로 운동을 해야 한다.)

2 have got to: 회화나 비공식적인 쓰기 표현에서 강한 느낌을 나타낼 때 사용됨

e.g. She <u>has got to</u> speak more slowly to make her understood.
(그녀의 말이 이해되도록 그녀는 좀 더 천천히 말해야 한다.)

3 must: 강한 의무를 나타냄

e.g. You really <u>must</u> discuss a promotion with your employer.
(너는 정말로 고용주와 승진에 대해 논의해야 한다.)

4 don't have to vs. must not

• don't have to: ~할 필요가 없다 (= need not)

e.g. You <u>don't have to</u> wash the dishes. (= You need not wash the dishes.)
(네가 꼭 설거지를 해야 하는 것은 아니다. = 너는 설거지 할 필요는 없다.)

• must not: ~해서는 안 된다

e.g. You <u>must not</u> park here. It's not allowed.
(너는 여기에 주차하면 안 된다. 그것은 허용되지 않는다.)

난이도 ★★★ | **Category** ❸ 조동사(가능: can)

6 The customers of Café Versátil are always satisfied with the wide variety of choices on the restaurant's menu. Aside from the usual Spanish cuisine, they _____ also order dishes from other parts of Europe.

(a) should
(b) can
(c) will
(d) would

카페 베르사틸의 손님들은 항상 다양한 메뉴 선택에 만족하고 있다. 일반적인 스페인 요리 외에도, 그들은 유럽의 다른 지역 요리도 주문할 수 있다.

어휘 be satisfied with ~에 만족하다 wide variety of 다양한 aside from ~외에도 cuisine 요리

정답 (b)

해설 보기에 다양한 조동사가 나왔으므로 조동사 문제이다. 빈칸 앞뒤의 문장을 해석하여 문맥에 맞는 조동사를 찾아야 한다. 앞에서 이 카페의 손님들은 다양한 메뉴 선택에 만족한다고 했고 빈칸 바로 앞에 '일반적인 스페인 요리 외에도'라는 표현이 있으므로 빈칸을 포함한 절은 '그들은 유럽의 다른 지역 음식도 <u>주문할 수 있다</u>.'가 문맥상 적절한 해석이다. 따라서 빈칸에 '~할 수 있다'의 가능을 나타내는 조동사 (b)가 정답이다.

오답 분석 (a) should: 해야 한다 (당위, 의무)
(c) will: ~할 것이다 (의지)
(d) would: ~하곤 했다 (과거의 습관), ~하려고 했다 (과거의 의지, 주장)

참고 **가능을 나타내는 조동사**

1 **can과 be able to**

⇨ 현재의 가능에 대해 말할 때 사용된다. 특히 'be able to'는 실행되었다는 측면을 강조함

• He <u>can</u> speak many languages.

• He<u>'s able to</u> speak many languages.

(그는 많은 언어를 말할 수 있다.)

2 **could 또는 was/were able to**

⇨ 과거의 가능에 대해 말할 때 사용한다. 과거의 특별한 사실이나 사건에 대해 말할 때는 'was/were able to'만 사용한다.

• Edward <u>could</u> play tennis when he was ten.

(에드워드는 열 살 때, 테니스를 칠 수 있었다.)

• We <u>were able to</u> win the debate competition last semester.

(우리는 지난 학기에 토론 대회에서 우승할 수 있었다.) ← 과거의 특별한 사건이나 사실

난이도 ★★★ **Category** **④ 준동사**(동명사: mind)

7 Yvonne is known among her friends as the best person to discuss problems with. She doesn't mind _____ to her friends talk in detail about their concerns, and she always tries to offer fair advice.

(a) listening
(b) to listen
(c) having listened
(d) to have listened

이본느는 친구들 사이에서 문제를 가장 잘 의논할 수 있는 사람으로 알려져 있다. 그녀는 친구들이 그들의 걱정에 대해 자세히 이야기하는 것을 들어 주는 것을 꺼리지 않고, 항상 공정한 조언을 하려고 노력한다.

어휘 **discuss** 의논하다 **mind+동명사** ~하는 것을 꺼리다 **in detail** 구체적으로 **concern** 걱정, 고민 **offer** 제공하다 **fair** 공정한

정답 (a)

해설 보기에 동사 listen이 준동사 형태로 나왔으므로 준동사 문제이다. 빈칸 앞의 동사가 어떤 유형의 준동사를 취하는지 확인한다. 빈칸 앞에 동사 mind는 동명사를 목적어로 취하는 동사이므로 (a)가 정답이다.

오답
분석 (c)에서 완료동명사 'having p.p.'는 주절의 시제보다 앞서는 일을 나타낼 때 사용되는데, 여기서는 주절의 시제가 현재(doesn't mind)이고 동명사의 시제도 현재의 일이므로 완료동명사를 사용하는 것이 적절하지 않아서 오답이다. 지텔프 문법 문제에서 준동사가 주어나 목적어로 사용될 때, 완료형 준동사나 진행형 준동사는 정답이 되지 않는 경향이 있으니 유의해야 한다.

참고 **동명사를 목적어로 취하는 동사**

advise(충고하다), admit(인정하다), allow(허락하다), practice(연습하다), feel like(~하고 싶다), enjoy(즐기다), keep(유지하다), consider(고려하다), discuss(토론하다), finish(끝내다), mention(언급하다), postpone(연기하다), recommend(추천하다), avoid(피하다), delay(미루다), dislike(싫어하다), insist(주장하다), mind(꺼리다), quit(그만두다), deny(부인하다), involve(포함하다), miss(놓치다), recall(기억해내다), suggest(제안하다)

난이도 ★★★ | **Category** ❷ **가정법**(가정법 과거완료: if절＋과거완료)

8 Our company president felt responsible for approving the release of a poorly-designed product that failed in the market. If she had invested more in R&D, the product _____ a better chance of succeeding.

(a) will have had
(b) has had
(c) would have
(d) would have had

우리 회사 사장은 시장에서 실패한 형편없는 디자인 제품의 출시를 승인한 데 대해 책임을 통감했다. 그녀가 연구 개발에 더 많이 투자했다면, 그 제품이 성공할 가능성이 더 높았을 것이다.

어휘 responsible for ~에 대해 책임이 있는 approve 승인하다 release 출시 poorly-designed 형편없는 디자인의
invest in ~에 투자하다 R&D (Research and Development) 연구 개발

정답 (d)

해설 보기에 동사 have가 다양한 조동사와 시제로 나왔으므로 시제 문제 혹은 가정법 문제이다. 빈칸 앞에 if조건절이 있고, 시제가 과거완료이므로 가정법 과거완료이다. 가정법 과거완료의 주절은 'would/should/could/might + have p.p.'가 와야 하므로 (d)가 정답이다.

참고 **가정법 과거완료**

• 형태: If＋주어＋had p.p. ~, 주어＋would/should/could/might＋have p.p. ~.
• 과거에 있었던 일을 반대로 가정해서 말할 때 사용된다.

난이도 ★★★ | **Category** ❼ **당위성**(추천: recommend)

9 Suspension medicines contain liquids and solids that don't mix together well. That's why it is recommended that they _____ first before use. Otherwise, the solid ingredients will settle at the bottom of the bottle.

(a) be shaken
(b) have been shaken
(c) are shaken
(d) will be shaken

현탁제는 같이 잘 섞이지 않는 액체와 고체를 포함하고 있다. 그렇기 때문에 사용 전에 먼저 흔드는 것이 권장된다. 그렇지 않으면, 고체 성분이 병 바닥에 가라앉을 것이다.

어휘 suspension medicine 현탁제 contain 포함하다 liquid 액체 solid 고체, 고형물 recommend 추천하다, 권장하다
otherwise 그렇지 않으면 ingredient 재료 settle 가라앉다

정답 (a)

해설 보기에 동사 shake가 다양한 시제로 나오고 동사원형 형태가 있으므로 시제 문제 아니면 당위성 문제이다. 빈칸 앞뒤에 시간 부사구나 부사절 아니면 당위성 동사나 이성적 판단 형용사가 있는지 확인한다. 빈칸 앞에 대표적인 당위성 동사 recommend가 있으므로 당위성 문제이다. that절에서 should가 생략된 동사원형이 빈칸에 적절하므로 (a)가 정답이다.

10 The president of the Lakeville Heights homeowners association was proven to have misused its funds. Some members of the association _____ for the guilty officer to be replaced.

- (a) now petition
- (b) are now petitioning
- (c) had now petitioned
- (d) were now petitioning

레이크빌 하이츠 주택 소유자 협회 회장이 자금을 유용했다는 사실이 입증되었다. 협회의 일부 회원들은 유죄 판결을 받은 간부가 교체되어야 한다고 지금 청원하고 있다.

어휘 ▶ association 협회 prove 입증하다 misuse 유용하다 petition 청원하다 guilty 유죄의, 유죄 판결을 받은 officer 간부 be replaced 교체되다

정답 ▶ (b)

해설 ▶ 보기에 동사 petition이 다양한 시제로 사용되었으므로 시제 문제이다. 빈칸 앞뒤에 시간 부사 표현을 확인한다. 보기에 현재진행 시제와 자주 사용되는 부사 now가 있다. 이 문제처럼 지텔프 문법의 시제 문제에서는 시간 부사어구가 힌트로 제시되는 경우가 많으니 어떤 시간 부사어구가 쓰였는지 꼭 살펴야 한다. 여기서는 현재 진행되는 상황을 나타내므로 현재진행 시제 (b)가 정답이다.

오답 분석 ▶ (a)에서 현재 시제는 습관이나 반복되는 동작을 나타내므로 '늘 청원한다'는 의미가 되어 문맥상 적절하지 않아서 오답이다.
(c)에서 now는 과거완료 시제와 함께 사용되지 않으므로 오답이다.
(d)에서 now는 과거 시제와 사용되지 않으므로 오답이다

참고 현재진행 시제와 자주 사용되는 부사어구

• 현재진행 시제와 자주 사용되는 부사나 부사어구에는 at the moment, currently, now, presently, temporarily가 있다.

---

11 Dan is having difficulty choosing the color of his new car. Beige and white, _____ for California's sunny climate, would be his practical choices. However, he really finds dark-blue and black cars elegant.

- (a) what are the ideal colors
- (b) that are the ideal colors
- (c) which are the ideal colors
- (d) who are the ideal colors

댄은 새 차의 색상을 고르는 데 어려움을 겪고 있다. 캘리포니아의 화창한 기후에 이상적인 색깔인 베이지와 흰색이 그의 실용적인 선택일 것이다. 하지만, 그는 짙은 파란색과 검은색 차가 우아하다고 생각한다.

어휘 ▶ have difficulty –ing ~하느라 어려움을 겪다 climate 기후 practical 실용적인 choice 선택 elegant 우아한

정답 ▶ (c)

해설 ▶ 보기에 다양한 관계사가 이끄는 절이 나왔으므로 관계사 문제이다. 빈칸 앞에 선행사를 찾고, 그 선행사가 관계사절에서 무슨 역할을 하는지 확인한다. 선행사는 명사구 'Beige and white'이고, 관계사절에서 주어 역할을 하며, 빈칸 앞에 콤마(,)가 있어서 관계대명사의 계속적 용법이다. 사물 선행사와 계속적 용법의 주격 관계대명사는 which이므로 (c)가 정답이다.

난이도 ★★★ **Category** **② 가정법**(가정법 과거: if절+과거 시제)

12 Due to a small budget, Greenest Earth, Inc., is considering selling its new patent for cleaning up oil spills. If the company were to get enough money to develop the technology, it _____ millions in profits.

(a) has made
(b) would have made
(c) will make
(d) would make

적은 예산으로 인해 그리니스트 어스 (Greenest Earth, Inc.) 사는 기름 유출을 제거하기 위한 새로운 특허 판매를 고려하고 있다. 만약 그 회사가 이 기술을 개발할 충분한 자금을 확보한다면, 수백만 달러의 이익을 얻을 수 있을 것이다.

어휘 due to ~ 때문에 budget 예산 considering -ing ~하는 것을 고려하다 patent 특허 clean up (오염 등을) 제거하다. 정화하다 oil spill 기름 유출 profit 이익

정답 (d)

해설 보기에 동사 make가 다양한 시제와 조동사와 같이 나왔으므로 시제 문제 아니면 가정법 문제이다. 빈칸 앞에 if조건절이 있고, 과거 시제이므로 가정법 과거이다. if절에 were to가 쓰이면 가정법 과거의 주절은 'would+동사원형'이 와야 하므로 (d)가 정답이다.

참고 **가정법 과거**
• 형태: If+주어+과거형 동사 ~, 주어+would/should/could/might+동사원형 ~.
• 현재 사실을 반대로 돌려서 가정해서 말할 때 사용된다.

난이도 ★★★ **Category** **② 가정법**(가정법 과거완료: if절+과거완료)

13 Last night, an under-the-weather James broke his high school baseball team's record for most runs by a single player. If he had sat out the game, he _____ the record that had stood for nearly 10 years.

(a) would not break
(b) had not broken
(c) would not have broken
(d) will not have broken

어젯밤, 몸 상태가 안 좋았던 제임스가 자신의 고등학교 야구팀 단일 선수 최다 득점 기록을 깼다. 만약 그가 경기에 결장했다면, 그는 거의 10년 동안 지속되었던 기록을 깨지 못했을 것이다.

어휘 under-the-weather 몸 상태가 안 좋은 break record for ~의 기록을 깨다 most runs 최다 득점 sit out the game 경기에 결장하다

정답 (c)

해설 보기에 동사 break가 다양한 시제와 조동사와 같이 나왔으므로 시제 문제 아니면 가정법 문제이다. 빈칸 앞에 if절이 있고, 과거완료 시제이므로 가정법 과거완료이다. 가정법 과거완료의 주절에는 'would/should/could/might+have p.p.'가 와야 하므로 (c)가 정답이다.

14 The residents of West Palm Beach had no reason to worry about another massive flood, after all. It _____ continuously for a week until the sun finally came out last Thursday.

　(a) had been raining
　(b) was raining
　(c) has rained
　(d) will rain

마침내 웨스트 팜 비치 주민들은 또 다른 대규모 홍수를 걱정할 이유가 없었다. 지난 목요일에 결국 해가 비칠 때까지 일주일 동안 비가 계속 내리고 있었다.

어휘 resident 주민　worry about ~에 대해 걱정하다　massive flood 대규모 홍수　after all 마침내, 결국　continuously 계속, 끊임없이

정답 (a)

해설 보기에 동사 rain이 다양한 시제로 나왔으므로 시제 문제이다. 빈칸 앞뒤에 시간 부사구나 부사절을 확인한다. 빈칸 뒤에 완료 시제 부사구 'for a week'과 진행 시제 부사 continuously가 나왔고, 기준 시점은 "until the sun finally came out last Thursday"에서 알 수 있듯이 해가 나온 과거이다. 과거 이전부터 시작된 상황이 과거의 특정 시점까지 계속 진행되고 있었던 상황을 나타내므로 과거완료진행 시제 (a)가 정답이다.

참고　**과거완료진행의 쓰임**

- 형태: had been -ing
- 의미: (~해오고 있었다) 과거의 특정 시점 이전에 시작된 동작이 그때까지 계속 진행 중이었음을 나타낸다.
- 자주 쓰이는 시간 부사 표현: (for + 시간명사) + when/before/until + 과거 시제절
- 과거완료진행은 다른 과거의 일과 관련되어 쓰이는데, 더 일찍 일어난 일은 과거완료진행으로 나타내고 그 다음 일어난 사건은 단순 과거로 나타낸다.
  e.g. He had been studying for a year when he took the entrance exam.
  (그는 입학 시험을 치를 때, 1년 동안 계속 공부해 오고 있었다.)
  (First he studied. Then he took the exam.)
- 과거완료진행은 과거의 증거에 관한 결과로 쓰이기도 한다.
  e.g. The driveway was icy. It had been snowing. (도로가 결빙되었다. 눈이 오고 있었다.)

15 Many people prune their trees every year to keep branches from growing out of control. Arborists advise _____ limbs and branches in the springtime while they are actively growing rather than during the fall.

　(a) to trim
　(b) to have trimmed
　(c) having trimmed
　(d) trimming

많은 사람들은 나뭇가지가 걷잡을 수 없이 자라지 않도록 매년 나무를 가지치기한다. 식목가들은 봄철에 그것들이 가을보다는 활발하게 자라는 동안 큰 가지와 가지들을 다듬는 것을 조언한다.

어휘 prune 가지치기하다　keep A from B A가 B하는 것을 막다　out of control 조절할 수 없이　arborist 식목가　advise 조언하다　trim 다듬다　limb 큰 가지　branch 가지

정답 (d)

해설 보기에 동사 trim이 준동사 형태로 나왔으므로 준동사 문제이다. 빈칸 앞에 동사의 유형을 확인한다. 빈칸 앞 동사 advise는 동명사를 목적어로 취하는 동사이므로 (d)가 정답이다.

난이도 ★★★　**Category**　❹ **준동사**(to부정사: 명사적 용법)

16 Writers often get overconfident that their newly-finished work is error-free. However, it is the little typos, such as misplaced commas, that often go unnoticed. It is better _____ a manuscript as many times as possible.

(a) proofreading
(b) to proofread
(c) having proofread
(d) to be proofreading

작가들은 종종 자신의 새로 완성된 작품에 오류가 없다고 과신한다. 그러나 자주 눈에 띄지 않고 넘어간 것은 잘못 배치된 쉼표와 같은 그런 작은 오자들이다. 가능한 한 여러 번 원고를 교정하는 것이 좋다.

어휘 overconfident 과신하는　error-free 오류가 없는　typo 오자　misplaced 잘못 배치된　go unnoticed 눈에 띄지 않고 넘어가다　proofread 교정하다　manuscript 원고

정답 (b)

해설 보기에 동사 proofread가 준동사 형태로 나왔으므로 준동사 문제이다. 빈칸 앞 동사 유형을 확인한다. 빈칸 앞 동사는 is이고 주어가 가주어 it이므로 진주어가 필요하다. 진주어로는 보통 to부정사가 쓰이며, 주절 시제와 동일한 시제를 나타내므로 단순to부정사가 적합하다. 따라서 (b)가 정답이다.

참고 **to부정사의 명사적 용법**

문장에서 주어, 목적어, 보어의 역할을 하며 주로 '~하는 것, ~하기'로 해석된다.

• 주어 역할
　e.g. **To eat** with family members is great. = It is great <u>to eat</u> with family members.
　　　(가족 구성원들과 식사하는 것은 좋다.)
• 목적어 역할
　e.g. Jack and Amy want **to go** to the movies. (잭과 에이미는 영화를 보러 가길 원한다.)
• 보어 역할
　e.g. Bill's dream is **to be** a movie director. (빌의 꿈은 영화 감독이 되는 것이다.)

난이도 ★★★　**Category**　❷ **가정법**(가정법 과거: if절+과거 시제)

17 Why won't you take the offer to head our office in London? Are you worried about leaving your family? If I were you, I _____ the job now, and then have my family follow later.

(a) would have accepted
(b) will accept
(c) have accepted
(d) would accept

런던에 있는 저희 사무실을 이끌어 달라는 제안을 왜 받아들이지 않으세요? 가족을 떠나는 게 걱정되세요? 제가 당신이라면 지금 그 일자리를 수락하고 나중에 가족들이 따라오게 할 거예요.

take the offer 제안을 받아들이다 **head** (조직을) 이끌다, 책임지다 **accept** 받아들이다, 수락하다

정답 (d)

해설 보기에 동사 accept가 다양한 시제와 조동사와 같이 나왔으므로 시제 문제 아니면 가정법 문제이다. 빈칸 앞에 if절이 있고, 과거 시제이므로 가정법 과거임을 알 수 있다. 가정법 과거의 주절은 'would/should/could/might + 동사원형'이 와야 하므로 (d)가 정답이다.

난이도 ★★★ **Category** ❶ **시제**(미래진행: 조건 부사절 if+현재 시제절)

18 It's too bad you can only visit us on Saturday. We already have a nature trip planned for this weekend. If you want to join us, we _____ in a cabin at the Golden Sun Park.

(a) stay
(b) will be staying
(c) will have been staying
(d) have stayed

당신이 토요일에만 방문하실 수 있다니 아쉽네요. 저희는 이번 주말에 이미 자연 여행이 계획되어 있어요. 저희와 함께 하고 싶으시다면 저희는 골든 썬 공원에 있는 오두막에 머물고 있을 거예요.

어휘 **already** 이미 **nature trip** 자연 여행 **stay** 머물다 **cabin** 오두막

정답 (b)

해설 보기에 동사 stay가 다양한 시제와 조동사와 같이 나왔으므로 시제 문제 아니면 가정법 문제이다. 빈칸 앞에 if절이 있지만 현재 시제이므로 가정법 문제가 아니라 시제 문제이다. 조건이나 시간 부사절에서는 현재 시제가 쓰여 미래의 의미를 나타내므로 주절은 미래나 미래진행 시제가 적합하다. 따라서 (b)가 정답이다.

참고 **미래진행**

- 형태: will be -ing
- 의미: (~하고 있을 것이다) 미래의 특정 시간에 동작이 진행 중일 것임을 나타낸다.
- 자주 쓰이는 표현: 부사구 – when/if/until + 현재 시제절
  부사절 – next week/month/year, next time, until then, in the future, tomorrow
- 시간이나 조건의 부사절이 있는 문장에서는 미래나 미래진행 시제를 쓸 수 없고, 현재형이나 현재진행으로 써야 한다.
  e.g. I'll be doing the dishes <u>while</u> you <u>are watching</u> TV. (O)
  I'll be doing the dishes <u>while</u> you <u>will be watching</u> TV. (X)
  (네가 TV를 보는 동안 나는 설거지를 하고 있을 것이다.)

난이도 ★★★ **Category** ❺ **연결어**(접속사: while)

19 We have to work in two groups to finish the film assigned to us on time. One group will work on the storyline and equipment, _____ the other group will scout for talent and locations.

(a) unless
(b) hence
(c) after
(d) while

우리는 주어진 영화를 제시간에 끝내려면 두 그룹으로 나눠야 한다. 다른 그룹이 연기자와 장소를 섭외하러 다니는 동안, 한 그룹은 줄거리와 장비를 다룰 것이다.

어휘 assigned 배당된, 할당된 on time 제 시간에 equipment 장비 scout for ~을 섭외하러 다니다 talent 재능 있는 사람, 연기자 location 장소

정답 (d)

해설 보기에 다양한 연결어가 나왔으므로 연결어 문제이다. 빈칸 앞뒤의 문장을 해석하여 두 관계를 연결하는 알맞은 연결어를 찾아야 한다. 앞에서 두 그룹으로 나누어 한 그룹은 줄거리와 장비를 다룰 것이라고 했으므로 빈칸 뒤의 문장은 "다른 그룹이 연기자와 장소를 찾으러 다닐 동안"으로 연결되는 것이 자연스럽다. '~하는 한편, ~하는 동안'의 의미로 연결하는 접속사 while이 적합하므로 (d)가 정답이다.

오답 분석 (a) unless: ~하지 않는다면
(b) hence: 그러므로
(c) after: ~한 후에

난이도 ★★☆ | **Category** ❷ **가정법**(가정법 과거완료: if절+과거완료)

20 Pierce was eager to close a million-dollar deal, but he came down with the flu and missed yesterday's appointment. If he hadn't looked so awful and sick, he _____ with the client to close the deal.

(a) would meet
(b) would have met
(c) is meeting
(d) had met

피어스는 백만 달러짜리 거래를 성사시키고 싶어 했지만 독감에 걸려 어제 약속을 놓쳤다. 만약 그가 그렇게 끔찍하고 아파 보이지 않았다면, 그는 거래를 성사시키기 위해 고객을 만났을 것이다.

어휘 be eager to+동사원형 ~하고 싶어하다 close a deal 거래를 성사시키다 come down with the flu 독감에 걸리다 appointment 약속 awful 끔찍한

정답 (b)

해설 보기에 동사 meet이 다양한 시제와 조동사와 같이 나왔으므로 시제 문제 아니면 가정법 문제이다. 빈칸 앞에 if조건절이 있고, 과거완료 시제이므로 가정법 과거완료임을 알 수 있다. 가정법 과거완료의 주절에는 'would/should/could/might + have p.p.'가 와야 하므로 (b)가 정답이다.

난이도 ★★★ | **Category** ❹ **준동사**(동명사: involve)

21 Some fads that become popular worldwide can be fun but dangerous. For example, planking, which involves _____ face-down on high, narrow spaces, sometimes leads to accidents—and even death.

(a) lying
(b) to lie
(c) having lain
(d) to have lain

전 세계적으로 인기를 끌고 있는 몇몇 유행들은 재미있을 수 있지만 위험할 수 있다. 예를 들어, 플랭크(planking)는 높고 좁은 공간에 엎드려 있는 것을 포함하는데, 때때로 사고와 심지어 사망으로 이어지기도 한다.

fad 유행 involve 포함하다 lie face-down 엎드리다 narrow 좁은 lead to accidents 사고로 이어지다

정답 (a)

해설 보기에 동사 lie가 준동사 형태로 나왔으므로 준동사 문제이다. 빈칸 앞에 동사가 어떤 유형의 목적어를 취하는 동사인지 확인한다. 빈칸 앞 동사 involve는 동명사를 목적어로 취하는 동사이므로 (a)가 정답이다.

난이도 ★★★   Category   ❶ 시제(미래완료진행: 미래 부사구 by+미래 시점, 완료 부사구 for+시간명사)

22 Marlon has been studying so intensely for his final exam in physics that he has barely had time for anything else. By this time tomorrow, he _____ Conceptual Physics for five days straight!

(a) will be reading
(b) will have been reading
(c) will read
(d) has been reading

말론은 물리학 기말고사를 위해 매우 열심히 공부하느라 그 밖의 다른 것을 할 시간이 거의 없었다. 내일 이맘때쯤, 그는 5일 동안 연속으로 개념 물리학을 읽고 있을 것이다!

어휘 intensely 강렬하게, 열심히 physics 물리학 barely 거의 ~않다 conceptual physics 개념 물리학 straight 연속으로

정답 (b)

해설 보기에 동사 read가 다양한 시제로 나왔으므로 시제 문제이다. 빈칸 앞뒤에 시간 부사구나 부사절을 확인한다. 빈칸 앞에 미래 시제 부사구 'by the time tomorrow'가 있고, 빈칸 뒤에 완료 시제 부사구 'for five days'가 나왔으므로 미래완료진행 시제가 적합하다. 따라서 (b)가 정답이다.

참고   **미래완료진행**

- 형태: will have been -ing
- 의미: 미래 이전에 시작된 행동이 미래의 특정 시점까지 계속 진행되고 있음을 나타낸다.
- 자주 쓰이는 시간 부사 표현: by the time/when + 현재 시제절 + (for + 시간명사), by/in + 미래 시점 + (for + 시간명사)
- 주로 시간의 길이를 포함하여 얼마나 오래 또는 자주 일어날 일인가에 초점을 둘 때 쓰인다.
  e.g. By next month, we will have been residing here for five years.
  (다음 달쯤, 우리는 여기서 5년간 살고 있을 것이다.)

난이도 ★★★   Category   ❷ 가정법(가정법 과거: if절+과거 시제)

23 Brigitte and Tanya don't have enough time to exercise lately because of their hectic work schedule. If their office on 8th Avenue weren't so far away from their apartment, they _____ to work every day.

(a) would have walked
(b) will walk
(c) would walk
(d) have walked

브리지트와 타냐는 바쁜 업무 일정 때문에 요즘 운동할 시간이 충분하지 않다. 8번가에 있는 그들의 사무실이 그들의 아파트에서 그렇게 멀지 않다면, 그들은 매일 걸어서 출근할 것이다.

어휘 lately 최근에　hectic (정신없이) 바쁜　work schedule 업무 일정　avenue 거리

정답 (c)

해설 보기에 동사 walk가 다양한 시제와 조동사와 같이 나왔으므로 시제 문제 아니면 가정법 문제이다. 빈칸 앞에 if조건절이 있고, 과거 시제이므로 가정법 과거임을 알 수 있다. 가정법 과거의 주절은 'would/should/could/might+동사원형'이 와야 하므로 (c)가 정답이다.

난이도 ★★★　**Category**　**❼ 당위성**(주장: insist)

24 The archeologists didn't expect to uncover any relics at the neglected Mayan site. After discovering remarkable jade artwork and jewelry, however, the lead archeologist is now insisting that they _____ the old site more thoroughly.

(a) search
(b) are searching
(c) will search
(d) searched

고고학자들은 방치된 마야 유적지에서 어떤 유물도 발견할 것이라고 기대하지 않았다. 하지만 주목할 만한 옥 예술품과 보석을 발견한 후, 수석 고고학자는 이제 그들이 그 옛 유적지를 더 철저히 수색해야 한다고 주장하고 있다.

어휘 archeologist 고고학자　uncover 발견하다　relic 유물　neglected 방치된, 소홀히 된　Mayan site 마야 유적지　remarkable 주목할 만한　jade artwork 옥 예술품　jewelry 보석　insist 주장하다　search 수색하다　thoroughly 철저하게

정답 (a)

해설 보기에 동사 search가 다양한 시제와 동사원형으로 나왔다. 시제 문제 아니면 당위성 문제이다. 빈칸 앞에 당위성의 대표 동사인 insist(주장하다)가 나왔으므로 당위성 문제이다. that절 안에서 should가 생략된 동사원형이 빈칸에 적합하므로 (a)가 정답이다.

난이도 ★★★　**Category**　**❶ 시제**(과거진행: 시간 부사절 when+과거 시제절)

25 Greg was worried about the seeming lack of enthusiasm during his board presentation. Disappointed, he _____ his talk when the CEO jumped out of his seat and congratulated him on a job well done.

(a) had been ending
(b) ended
(c) was ending
(d) had ended

그렉은 이사회 발표에서 열정이 부족해 보이는 것에 대해 걱정했다. CEO가 자리에서 벌떡 일어나 잘 해낸 것에 대해 그를 축하했을 때 그는 실망한 채 연설을 끝내고 있었다.

어휘 be worried about ~에 대해 걱정하다　enthusiasm 열정　board presentation 이사회 발표　disappointed 실망한　congratulate A on B B에 대해 A를 축하하다

정답 (c)

해설 보기에 동사 end가 다양한 시제로 나왔으므로 시제 문제이다. 빈칸 앞뒤에 시간 부사구나 부사절을 확인한다. 빈칸 뒤에 과거진행 시제에 자주 나오는 부사절인 'when 과거 시제절'이 나왔고 문맥상 CEO가 일어나 축하했을 때 그렉은 연설을 마무리하고 있었다는 해석이 자연스럽다. 따라서 빈칸에 과거진행 시제가 적합하므로 (c)가 정답이다.

오답분석 (b) 과거 시제는 과거의 일회성 행동만 나타내는데, 여기서는 연설을 마치자 곧바로 CEO가 칭찬과 축하를 보내는 행동으로 연속된다. 과거의 행동이 일회성으로 끝나는 것이 아니라 연속성과 지속성을 나타낼 때, 과거 시제는 적합하지 않으므로 (b)는 오답이다.

• 형태: was/were -ing
• 의미: (~하고 있었다) 과거의 특정 시점에 동작이 진행 중이었음을 나타낸다.
• 자주 쓰이는 시간 표현: when/while + 과거 시제절, last + 시간명사, yesterday

난이도 ★★★　　**Category**　　⑤ **연결어**(접속부사구: because of)

26 During the Carboniferous period, the air had 50 percent more growth-promoting oxygen than it does today. _____ this oxygen surplus, insects grew to gigantic sizes, such as bird-sized dragonflies and three-meter-long millipedes.

(a) Because of
(b) In spite of
(c) In case of
(d) Instead of

석탄기 동안, 공기는 오늘날보다 50퍼센트 더 많은 성장을 촉진하는 산소를 가지고 있었다. 산소 잉여량 때문에 곤충들은 새 크기의 잠자리와 3미터 길이의 노래기와 같이 거대한 크기로 자랐다.

어휘 Carboniferous period 석탄기　growth-promoting 성장을 촉진시키는　oxygen 산소　surplus 잉여분　gigantic 거대한
bird-sized 새 크기의　dragonfly 잠자리　three-meter-long 3미터 길이의　millipede 노래기

정답 (a)

해설 보기에 다양한 연결어가 나왔으므로 연결어 문제이다. 빈칸 앞뒤의 문장을 해석하여 빈칸 앞뒤 문장을 자연스럽게 이어주는 연결어를 찾아야 한다. 앞에서 "석탄기 동안, 공기는 오늘날보다 50퍼센트 더 많은 산소를 가지고 있었다"라고 했고 빈칸 뒤 문장은 "산소 잉여량 때문에 곤충들은 거대한 크기로 자랐다."로 해석되므로 빈칸에 들어갈 연결어는 원인을 나타내는 (a)이다.

오답 분석 (b) In spite of: ~에도 불구하고
(c) In case of: ~인 경우에
(d) Instead of: ~ 대신에

PART 1 27-33 개인적 대화: 새 레스토랑의 분위기와 음식 및 서비스

https://han.gl/qlTQ9

M: Hi, Rachel. Have you heard about the new restaurant that just opened across the street from Maple Savings Bank?

F: Hey, John. Do you mean the Buena Cibo Restaurant? I've heard a lot of good things from people who have eaten there. I think that the restaurant serves Spanish and Italian food.

M: You're right. I tried it out just last week.

F: Really? And did you enjoy it?

M: [27] All I can say is that I was very satisfied with both the food and the service.

F: Sounds like you're really impressed, huh? Can you tell me more about it?

M: Sure. Buena Cibo has a delightful ambience. [28] I was expecting that the restaurant would be dimly lit and arranged with traditional Spanish furniture. But I was surprised to find out that it has a very contemporary design.

F: That's cool!

M: Yeah. The place is well lit and the furniture is modern. It's very simple and comfortable. The walls are painted with bright colors and decorated with modern art.

F: That sounds great. But how about the food? What can you tell me about the menu?

M: The food is quite good. I tried their seafood paella. It's a rice dish with both fish and shellfish. It's really delicious. [29] It's the tastiest paella I've ever had. I suggest that you try it when you go there.

F: I will certainly do that. So, did you have anything else?

M: 안녕, 레이첼. 너는 메이플 저축은행 맞은편에 새로 생긴 레스토랑에 대해 들어본 적 있어?

F: 안녕, 존. 부에나시보 식당 말이야? 그곳에서 식사를 한 사람들로부터 좋은 말을 많이 들었어. 내 생각에 그 식당은 스페인 음식과 이탈리아 음식을 제공하는 것 같아.

M: 네 말이 맞아. 나는 바로 지난주에 한번 가봤어.

F: 그래? 그리고 너는 그것을 즐겼어?

M: [27] 내가 말할 수 있는 건 음식과 서비스에 모두 만족했다는 거야.

F: 정말 감명받았나 보네. 그렇지? 그곳에 대해 더 말해줄 수 있어?

M: 물론이지. 부에나시보는 즐거운 분위기를 가지고 있어. [28] 나는 그 식당이 어둡게 조명되고 전통적인 스페인 가구들로 배치되어 있을 것이라고 예상하고 있었지. 하지만 나는 그곳이 매우 현대적인 디자인을 가지고 있다는 것을 알고서 놀랐어.

F: 멋지다!

M: 그래. 그곳은 조명이 잘 되어 있고 가구도 현대적이야. 그곳은 매우 단순하고 편안해. 벽은 밝은 색으로 칠해져 있고 현대 예술품으로 장식되어 있어.

F: 근사하게 들리네. 그런데 음식은 어때? 메뉴에 대해 무엇을 말해 줄 수 있니?

M: 음식이 꽤 맛있어. 나는 그곳의 해산물 파에야를 먹어 보았어. 생선과 조개류를 곁들인 쌀 요리야. 정말 맛있어. [29] 그것은 내가 먹어본 것 중 가장 맛있는 파에야야. 네가 거기 가면 그것을 먹어 보기를 추천해.

F: 꼭 그렇게 할게. 그래서 너는 그 밖의 다른 것도 먹었어?

M: I've also tried their famous Four Seasons pizza. [30] The toppings on the pizza represent the different seasons in Italy. It has forest ham for winter, artichokes for spring, olives for summer, and mushrooms for autumn. It's delicious! I'd say it's one of their "must trys."

F: Oh, that sounds good. Now I really want to go and eat at Buena Cibo!

M: They also serve fresh fruit juices and some of the best wines from Spain and Italy. Next time I dine there, I'd like to try their classic lasagna and a glass of Italian red wine.

F: Maybe I should go with you so I can try their food, too.

M: That's a good idea.

F: But I wonder if I can afford to eat there...

M: Don't worry. [31] The price is just right. It's not too expensive considering the quality of the food.

F: Good. I wouldn't want to go there if it's too costly. By the way, how was the service?

M: The waiters were polite and accommodating. [32] They were very prompt in attending to the customers' requests. I liked that I didn't have to wait more than 10 minutes for my order. Because of that, I gave them a big tip.

F: How generous! You've totally convinced me that I should eat at Buena Cibo. I'm looking forward to it.

M: [33] We could go there on Saturday at lunchtime. The restaurant and its parking area are usually full on weekend evenings.

F: Isn't that too early?

M: Nope. The restaurant opens at 10 a.m. and closes at 12 midnight.

F: Great! I'll save the date. See you on Saturday, John!

M: See you, Rachel!

M: 그곳의 유명한 포시즌스 피자도 먹어봤어. [30] 피자에 얹은 토핑은 이탈리아의 다양한 계절을 나타내고 있어. 겨울에는 포레스트햄, 봄에는 아티초크, 여름에는 올리브, 가을에는 버섯이 있지. 그건 맛있어! 나는 그것이 그곳에서 "꼭 먹어야 되는 음식들" 중 하나라고 말할 수 있어.

F: 오, 그거 좋은 생각이야. 이제 나는 정말 부에나시보에 가서 먹고 싶어!

M: 그곳은 또한 신선한 과일 주스와 스페인과 이탈리아의 최고 와인 몇 가지를 제공해. 다음에 그곳에서 식사할 때, 나는 클래식 라자냐와 이탈리아 레드와인 한 잔을 마셔보고 싶어.

F: 아마 나도 그곳의 음식을 먹어볼 수 있도록 너와 함께 가야겠네.

M: 좋은 생각이야.

F: 하지만 내가 거기서 먹을 형편이 될 지 궁금해...

M: 걱정하지 마. [31] 가격이 적당해. 음식의 질을 고려하면 그리 비싸지 않아.

F: 좋아. 너무 비싸면 거기에 가고 싶지 않을 거야. 그런데 서비스는 어땠어?

M: 종업원들은 예의 바르고 친절했어. [32] 그들은 고객의 요구에 매우 신속하게 응대했어. 나는 10분 이상 기다리지 않아도 된다는 점이 좋았어. 그것 때문에, 나는 그들에게 많은 팁을 주었지.

F: 정말 후하네! 너는 부에나시보에서 먹어야 한다고 날 완전히 설득했어. 그곳이 기대되네.

M: [33] 우리는 토요일 점심 시간에 그곳에 갈 수 있어. 그 식당과 주차장은 보통 주말 저녁에 만원이야.

F: 너무 이른 거 아니야?

M: 아니. 그 식당은 오전 10시에 문을 열고 밤 12시에 닫아.

F: 좋아! 날짜를 저장할게. 토요일에 보자, 존!

M: 또 봐, 레이첼!

어휘 ▶ **be satisfied with** ~에 만족하다　**be impressed** 감명받다　**delightful** 즐거운　**ambience** 분위기　**be dimly lit** 어둡게 조명되다　**be arranged with** ~로 배치되다　**contemporary** 현대적인　**comfortable** 편안한　**be decorated with** ~로 장식되다　**modern art** 현대 미술　**paella** 파에야(스페인 쌀 요리)　**represent** 대표하다, 나타내다　**artichoke** 아티초크(국화과의 식용 식물)　**mushroom** 버섯　**must try** 꼭 먹어봐야 하는 것　**lasagna** 라쟈냐(이태리 요리)　**afford to+동사원형** ~할 형편이 되다　**considering** ~을 고려하면　**costly** 비용이 많이 드는, 비싼　**by the way** 그건 그렇고　**polite** 예의 바른　**accommodating** 친절한　**prompt** 신속한　**attend to** 처리하다, 응대하다, 시중 들다　**customers' request** 고객의 요청　**generous** 관대한, 후한　**totally** 완전히　**convince** 납득시키다, 설득하다　**look forward to** ~을 손꼽아 기다리다, 기대하다

난이도 ★★★　**Category**　주제(How)

27 How did John describe his experience at Buena Cibo Restaurant?

(a) He was unhappy with the service.
(b) He was very pleased with it.
(c) He was only satisfied by the food.
(d) He was excited by the ambience.

존은 부에나시보 레스토랑에서의 경험을 어떻게 설명했는가?

(a) 그는 서비스에 만족하지 못했다.
(b) 그는 그것에 매우 만족했다.
(c) 그는 오직 음식에만 만족했다.
(d) 그는 분위기에 신나했다.

어휘 ▶ **describe** 설명하다, 묘사하다　**be pleased with** ~에 대해 만족하다　**be satisfied by** ~에 만족하다　**ambience** 분위기

정답 ▶ (b)

해설 ▶ 대화에서 "²⁷ All I can say is that I was very satisfied with both the food and the service."(내가 말할 수 있는 것은 음식과 서비스 둘 다에 매우 만족했다는 거야.)라고 하였다. 보기 중 이 내용과 일치하는 (b)가 정답이다.

🔑 정답 Key **Paraphrasing**
대화에 나온 'I was very satisfied with both the food and the service'와 유사한 표현은 'He was very pleased with it.'이다.

난이도 ★★★　**Category**　세부사항(What)

28 What did John expect to see in the restaurant's interior?

(a) lighting from traditional Spanish candles
(b) modern art paintings hung on the walls
(c) authentic Spanish-style furnishings
(d) murals painted with bright colors

존은 레스토랑의 인테리어에서 무엇을 볼 것으로 예상했는가?

(a) 스페인 전통 촛불의 조명
(b) 벽에 걸린 현대 미술 그림
(c) 정통 스페인 스타일 가구
(d) 밝은 색상으로 그려진 벽화

어휘 ▶ **expect** 예상하다　**traditional** 전통적인　**candle** 양초　**authentic** 정통의, 진짜의　**furnishing** 가구　**mural** 벽화

정답 ▶ (c)

해설 ▶ 대화에서 "²⁸ I was expecting that the restaurant would be dimly lit and arranged with traditional Spanish furniture."(나는 그 식당이 어둡게 조명되고 전통적인 스페인 가구들로 배치되어 있을 것이라고 예상했었어.)라고 하였다. 보기 중 이 내용과 일치하는 (c)가 정답이다.

🔑 정답 Key **Paraphrasing**
대화에 나온 'arranged with traditional Spanish furniture'와 유사한 표현은 'authentic Spanish-style furnishings'이다.

29 What did John think about the seafood paella?

(a) that he would not recommend it
(b) that it had a very unusual flavor
(c) that he did not like the shellfish
(d) that it is the best paella he has eaten

존은 해산물 파에야에 대해 무엇을 생각했는가?

(a) 그것을 추천하지 않을 거라는 것
(b) 그것이 매우 특이한 맛을 가졌다는 것
(c) 그가 조개류를 좋아하지 않는다는 것
(d) 그것이 그가 먹어 본 최고의 파에야라는 것

어휘 paella 파에야(스페인 요리)　recommend 추천하다　unusual 특이한　flavor 맛, 풍미　shellfish 조개류

정답 (d)

해설 대화에서 "²⁹It's the tastiest paella I've ever had."(그것은 내가 먹어 본 것 중 가장 맛있는 파에야야.)라고 하였으므로 (d)가 정답이다.

정답 Key Paraphrasing
대화에 나온 'It's the tastiest paella I've ever had'와 유사한 표현은 'that it is the best paella he has eaten'이다.

---

30 How did the Four Seasons pizza get its name?

(a) from the pizza's themed toppings
(b) from the type of dough used
(c) from the ingredients available all year
(d) from the amount of time the pizza is cooked

포 시즌스 피자는 어떻게 이름을 얻었는가?

(a) 피자의 테마가 된 토핑으로부터
(b) 사용된 반죽의 유형으로부터
(c) 연중 사용 가능한 성분으로부터
(d) 피자가 조리되는 시간의 양으로부터

어휘 themed 테마가 된　topping (피자에) 올리는 재료　dough 반죽　ingredient 재료　available 사용 가능한　amount 양

정답 (a)

해설 대화에서 "³⁰The toppings on the pizza represent the different seasons in Italy."(피자에 얹은 토핑은 이탈리아의 다양한 계절을 나타내지.)라고 하였다. 피자의 토핑으로 계절을 대표하는 재료를 올리는 데에서 '포 시즌스'라는 이름이 붙은 것으로 보이므로 (a)가 정답이다.

정답 Key Paraphrasing
대화에 나온 'The toppings on the pizza represent the different seasons in Italy.'와 유사한 표현은 'from the pizza's themed toppings'이다.

---

31 What did Rachel learn about the food's prices?

(a) The food is not worth its cost.
(b) The food is fairly priced.
(c) The food is quite expensive.
(d) The food is low-priced.

레이첼은 음식 가격에 대해 무엇을 알게 되었는가?

(a) 그 음식은 그 비용을 쓸 가치가 없다.
(b) 그 음식의 가격이 적당하다.
(c) 그 음식이 상당히 비싸다.
(d) 그 음식이 저렴하다.

어휘 ▶ **be worth** ~할 가치가 있다 **fairly priced** 적당한 가격인 **expensive** 비싼 **low-priced** 저렴한

정답 ▶ (b)

해설 ▶ 대화에서 "³¹ The price is just right. It's not too expensive considering the quality of the food."(가격이 적당해. 음식의 질을 고려하면 그리 비싸지 않아.)라고 하였으므로 (b)가 정답이다.

🔑 정답 Key **Paraphrasing**

대화에 나온 'The price is just right.'과 유사한 표현은 'The food is fairly priced.'이다.

난이도 ★★★ Category **세부사항(Why)**

32 Why did John give the waiters a generous tip?

(a) because they were cheerful
(b) because he liked the food
(c) because they served his food quickly
(d) because he was served before the other customers

존은 왜 종업원들에게 팁을 후하게 주었는가?

(a) 그들이 쾌활했기 때문에
(b) 그가 음식을 좋아했기 때문에
(c) 그들이 음식을 신속하게 제공했기 때문에
(d) 그가 다른 고객들보다 먼저 음식을 제공 받았기 때문에

어휘 ▶ **generous** 후한 **cheerful** 명랑한, 쾌활한

정답 ▶ (c)

해설 ▶ 대화에서 "³² They were very prompt in attending to the customers' requests. I liked that I didn't have to wait more than 10 minutes for my order. Because of that, I gave them a big tip."(그들은 고객의 요구에 매우 신속하게 응대했어. 나는 10분 이상 기다리지 않아도 된다는 점이 좋았어. 그것 때문에, 나는 그들에게 많은 팁을 주었지.)라고 하였다. 보기 중 이 내용과 일치하는 (c)가 정답이다.

🔑 정답 Key **Paraphrasing**

대화에 나온 'They were very prompt in attending to the customers' requests.'와 유사한 표현은 'because they served his food quickly'이다.

난이도 ★★★ Category **추론(Why)**

33 Why most likely does John suggest going to Buena Cibo on a weekend afternoon?

(a) to bypass heavy weekend traffic
(b) to secure the best table
(c) to get there right when it opens
(d) to avoid the busiest time

왜 존은 주말 오후에 부에나시보에 가자고 제안할까?

(a) 주말 교통 체증을 피하기 위해서
(b) 최상의 테이블을 확보하기 위해서
(c) 열었을 때 바로 가기 위해서
(d) 가장 바쁜 시간을 피하기 위해서

어휘 ▶ **suggest** 제안하다 **bypass** 우회하다, 피하다 **secure** 안정적으로 확보하다 **avoid** 피하다

정답 ▶ (d)

해설 ▶ 대화에서 "³³ We could go there on Saturday at lunchtime. The restaurant and its parking area are usually full on weekend evenings."(우리는 토요일에 점심 시간에 그곳에 갈 수 있어. 그 식당과 주차장은 보통 주말 저녁에 만원이야.)라고 하였다. 주말 저녁엔 식당이 붐빈다고 했으므로 붐비는 시간을 피하기 위해 토요일 점심 때 그곳에 가자고 제안하는 것으로 추론된다. 따라서 (d)가 정답이다.

Do you want to learn how to dance? Or do you already have the moves but want to improve your skills? If your answer to either of those questions is yes, [34] join us at Step-Up Dance Studio, a dance school aimed at enhancing your dancing talent.

Step-Up Dance is one of the most modern and creative dance schools in the country. We are known for preparing young talents to become professional dancers. Famous dancers Shelly Connor and John Knight are among Step-Up's proud graduates. They are evidence that we are true to our goal of helping our students become great dancers.

Step-Up Dance Studio accepts students aged four and above. We offer different dance programs: Classical Ballet, Modern Dance, and Street Dance. We have three practice rooms for lessons and rehearsals.

The rooms are very spacious, and each can accommodate up to 25 students. All rooms are fully air-conditioned and equipped with mirrored walls, ballet bars, sound systems, and pianos. [35] One feature that distinguishes Step-Up Dance Studio from other dance schools is our employment of full-time pianists who assist our instructors by playing live during classes and rehearsals.

The students enjoy the use of our facilities, which include a lounge area and large dressing rooms. Male and female students have separate dressing rooms and shower areas. We also have a snack bar where one can grab a bite before or after lessons, and during breaks. Moreover, our school has CCTV cameras located around the campus. We also have security personnel who constantly check the school grounds.

With regard to our dance courses, Step-Up follows a progressive dance program. For example, beginners learn the basic movements first and then move on gradually to the more difficult forms of dance. Their skills are measured through practical exams in the form of class performances.

당신은 춤추는 법을 배우고 싶나요? 혹은 이미 이러한 행동을 취했지만 기술 향상을 원하세요? 만약 그 질문 중 어느 것이든 그렇다고 대답한다면, [34]춤 실력을 향상시키는 것을 목표로 하는 댄스 학교인 스텝업 댄스 스튜디오(Step-Up Dance Studio)와 함께 하세요.

스텝업 댄스는 우리 나라에서 가장 현대적이고 창의적인 댄스 학교 중 하나입니다. 저희는 젊은 인재들이 전문 댄서가 될 수 있도록 준비시켜 주는 것으로 유명합니다. 유명한 댄서 쉘리 코너(Shelly Connor)와 존 나이트(John Knight)는 스텝업의 자랑스러운 졸업생들입니다. 그들은 저희가 학생들이 훌륭한 댄서가 되도록 돕는 저희의 목표에 충실하다는 증거입니다.

스텝업 댄스 스튜디오는 4세 이상의 학생들을 받습니다. 저희는 다양한 댄스 프로그램을 제공합니다: 클래식 발레, 현대 무용, 스트리트 댄스. 저희는 수업과 리허설을 위한 세 개의 연습실을 가지고 있습니다.

이 연습실들은 매우 넓고 각각 25명까지 학생들을 수용할 수 있습니다. 모든 방은 에어컨이 완비되어 있고 거울 벽, 발레 바, 음향 시스템, 피아노가 설치되어 있습니다. [35]스텝업 댄스 스튜디오가 다른 댄스 스쿨과 구별되는 한 가지 특징은 수업과 리허설 동안 라이브 연주를 통해 강사를 돕는 정규직 피아니스트를 고용했다는 것입니다.

학생들은 휴게실과 큰 탈의실을 포함한 저희 시설을 즐겨 사용합니다. 남학생과 여학생은 탈의실과 샤워장이 따로 있습니다. 저희는 또한 수업 전후와 쉬는 시간에 간단히 식사를 할 수 있는 스낵바도 있습니다. 게다가 저희 학교에는 캠퍼스 주변에 CCTV 카메라가 있습니다. 저희는 또한 학교 운동장을 지속적으로 확인하는 보안 요원들이 있습니다.

저희 댄스 강좌와 관련해서 스텝업은 점진적인 댄스 프로그램을 따르고 있습니다. 예를 들어, 초보자들은 먼저 기본 동작을 배우고 점점 더 어려운 형태의 춤으로 넘어갑니다. 그들의 기술은 수업 수행의 형태로 실기시험을 통해 측정됩니다.

As I've mentioned earlier, we're offering three dance programs. First is Classical Ballet. [36] We're proud to be the only local school that has the approval of the International Ballet Organization. This makes us a premier ballet school. Aside from classical ballet, we also have Free Movement and Theatrical Ballet classes. "Free movement" means students can include other dance styles, while "theatrical ballet" prepares students for leading roles in ballet performances.

Second, we offer the Modern Dance program. In this class, our highly-trained instructors teach students about the dance elements and how to create amazing visual images in performances. [37] This class only accepts students with previous dance training because of the highly difficult movements covered in the class.

Last is the Street Dance program. [38] Street dance is the most popular dance style among young people today because it is a combination of hip hop, break dancing, and modern jazz. This form of dance requires both discipline and personal style. The high-energy dance program is offered in three levels: beginner, intermediate, and advanced.

Interested applicants may come to our studio at 20 North Parker Street. Kindly fill out the registration form. Also, bring a photocopy of any type of ID. For dance courses that require previous training, you can submit a photocopy of your certificate of participation in past lessons.

[39] The first 50 students who enroll this month will get a 25 percent discount on enrollment fees. Moreover, those who register before the end of September will get a customized Step-Up notebook.

We hope you decide to come dance with us!

앞서 말씀드린 것처럼 저희는 세 가지 댄스 프로그램을 제공하고 있습니다. 첫번째는 클래식 발레입니다. [36] 저희는 국제 발레 기구의 승인을 받은 유일한 지역 학교라는 점에서 자부심이 있습니다. 이것은 저희를 최고의 발레 학교로 만듭니다. 고전 발레 외에도, 저희는 자유 운동과 연극 발레 수업도 있습니다. "자유 운동(Free Movement)"은 학생들이 다른 춤 스타일을 포함할 수 있다는 것을 의미하고, "연극 발레(Theatrical Ballet)"는 학생들이 발레 공연에서 주도적인 역할을 할 수 있도록 준비시킵니다.

둘째, 저희는 현대 무용 프로그램을 제공합니다. 이 수업에서, 저희의 고도로 훈련된 강사들은 학생들에게 춤의 요소와 공연에서 놀라운 시각적 이미지를 만드는 방법에 대해 가르칩니다. [37] 이 수업은 수업에서 다루는 매우 어려운 동작 때문에 이전에 무용 훈련을 받은 학생들만 받습니다.

마지막은 스트리트 댄스 프로그램입니다. [38] 스트리트 댄스는 힙합, 브레이크 댄스, 모던 재즈의 조합이기 때문에 오늘날 젊은 층에서 가장 인기 있는 춤 스타일입니다. 이런 형태의 춤은 훈련과 개인 스타일 모두를 필요로 합니다. 이 높은 에너지 댄스 프로그램은 초급, 중급, 고급의 세 가지 레벨로 제공됩니다.

관심 있는 지원자들은 노스 파커 스트리트 20번지에 있는 저희 스튜디오로 오시면 됩니다. 등록 양식을 작성해 주세요. 그리고 어떤 종류의 신분증이라도 사본 한 장을 가지고 오세요. 사전 훈련이 필요한 댄스 강좌의 경우, 과거 강습 참여 증명서 사본을 제출할 수 있습니다.

[39] 이번 달에 처음 등록하는 50명의 학생들은 등록금을 25퍼센트 할인받을 것입니다. 또한 9월 말 이전에 등록하는 학생들에게는 맞춤형 스텝업 노트가 제공됩니다.

오셔서 저희와 함께 춤추기로 결정하시길 바랍니다!

어휘 improve 향상시키다 aim at ~을 목표로 하다 enhance 강화시키다, 향상시키다 be known for ~로 알려지다, ~로 유명하다 talent 재능, 인재 professional 전문적인, 직업적인 be true to ~에 충실하다 spacious 넓은 accommodate 수용하다 up to ~까지 fully air-conditioned 에어컨이 완비된 be equipped with ~을 (장비로) 갖추다 feature 특징 distinguish A from B A를 B로부터 구별하다 assist 도와주다 instructor 강사 play live 라이브로 연주하다 rehearsal 리허설, 총연습 facility 시설 separate 분리된 dressing room 탈의실, 분장실 grab a bite 간단히 식사하다 during breaks 휴식 시간 동안 moreover 게다가 security personnel 보안 요원 constantly 끊임없이 with regard to ~와 관련하여 move on to ~로 넘어가다, ~로 옮겨가다 gradually 점차적으로 measure 측정하다 practical exam 실기 시험 mention 언급하다 approval 승인 aside from ~외에도 classical 고전적인 include 포함하다 theatrical 연극적인 leading 주도적인 ballet performance 발레 공연 offer 제공하다 element 요소 amazing 놀라운

visual image 시각 이미지   accept 받아들이다   previous 이전의   require 요구하다   discipline 훈련
interested 관심 있는   applicant 지원자   fill out 서류를 작성하다   registration form 등록 서류 양식   submit 제출하다
photocopy 사본   certificate of participation 참여 증명서   enroll 등록하다   register 등록하다   customized 맞춤형의

난이도 ★★★   **Category**   **주제(What)**

34 What does Step-Up Dance Studio aim to do?

(a) produce the most famous graduates
(b) be the world's best dance school
(c) develop a new style of dance
(d) train students to become skilled dancers

스텝업 댄스 스튜디오는 무엇을 하는 것을 목표로 하는가?

(a) 가장 유명한 졸업생을 배출한다
(b) 세계 최고의 무용학교가 된다
(c) 새로운 스타일의 춤을 개발한다
(d) 학생들을 실력 있는 댄서가 되도록 훈련 시킨다

어휘 aim to+동사원형 ~하는 것을 목표로 하다   famous 유명한   graduate 졸업생   skilled 실력 있는

정답 (d)

해설 담화 1단락에서 "³⁴ join us at Step-Up Dance Studio, a dance school <u>aimed at enhancing your dancing talent</u>,"(춤 실력을 향상 시키는 것을 목표로 하는 댄스 학교인 스텝업 댄스 스튜디오에 참여하세요.)라고 하였다. 이 댄스 학교의 목표는 춤 실력을 향상시켜 주는 것이라 고 했으므로 학생들을 실력 있는 댄서로 훈련시키는 것이 목표이다. 따라서 (d)가 정답이다.

정답 Key   Paraphrasing
담화에 나온 'enhancing your dancing talent'와 유사한 표현은 'train students to become skilled dancers'이다.

난이도 ★★★   **Category**   **세부사항(How)**

35 How does Step-Up differentiate itself from other dance studios?

(a) by providing live musical accompaniment
(b) by managing students in large classes
(c) by making the school more secure
(d) by serving snacks during breaktime

스텝업은 다른 댄스 스튜디오와 어떻게 차 별화되는가?

(a) 라이브 음악 반주를 제공하여
(b) 대규모 학급 학생들을 관리함으로써
(c) 학교 안전을 강화함으로써
(d) 휴식 시간 동안 간식을 제공하여

어휘 differentiate A from B A를 B로부터 차별화시키다   musical accompaniment 음악 반주   secure 안전한

정답 (a)

해설 담화 4단락에서 "³⁵ One feature that distinguishes Step-Up Dance Studio from other dance schools is <u>our employment of full-time pianists who assist our instructors by playing live during classes and rehearsals</u>,"(스텝업 댄스 스튜디오가 다른 댄스 스 쿨과 구별되는 한 가지 특징은 수업과 리허설 동안 라이브 연주를 통해 강사를 돕는 정규직 피아니스트를 고용했다는 것입니다.)라고 하였다. 이 댄스 학 교의 차별화된 강점은 정규직 피아니스트를 고용해서 수업이나 리허설에서 라이브 반주를 제공한다는 것이므로 (a)가 정답이다.

정답 Key   Paraphrasing
담화에 나온 'by playing live during classes and rehearsals'와 유사한 표현은 'by providing live musical accompaniment' 이다.

36 According to the talk, what makes Step-Up a premier ballet school?

(a) It has experienced ballet instructors.
(b) Its students learn ballet progressively.
(c) Its tuition fee is very high.
(d) It has been approved by a famous ballet club.

강연에 따르면, 스텝업이 최고의 발레 학교인 이유는 무엇인가?

(a) 경험이 풍부한 발레 강사들을 보유하고 있다.
(b) 학생들이 발레를 점진적으로 배운다.
(c) 등록금이 매우 비싸다.
(d) 유명 발레 클럽에 의해 승인받았다.

어휘 premier 최고의 instructor 강사 progressively 점진적으로 tuition fee 등록금 approve 승인하다

정답 (d)

해설 담화 7단락에서 "³⁶ We're proud to be the only local school that has the approval of the International Ballet Organization. This makes us a premier ballet school."(저희는 국제 발레 기구의 승인을 받은 유일한 지역 학교라는 점에서 자부심이 있습니다. 이 점이 저희를 최고의 발레 학교로 만듭니다.)라고 하였으므로 (d)가 정답이다.

정답 Key Paraphrasing

담화에 나온 'the only local school that has the approval of the International Ballet Organization'과 유사한 표현은 'It has been approved by a famous ballet club.'이다.

---

37 Why most likely are only trained students accepted into the modern dance course?

(a) Beginners struggle to understand modern dance.
(b) Beginners will not be able to keep up with the moves.
(c) The instructors cannot teach basic dance.
(d) The class needs more mature dancers.

왜 훈련받은 학생들만 현대 무용 코스에 들어갈 가능성이 높은가?

(a) 초보자들은 현대 무용을 이해하기 위해 애쓴다.
(b) 초보자들은 동작들을 따라잡을 수 없다.
(c) 강사들이 기초 무용을 가르칠 수 없다.
(d) 그 수업은 더 숙련된 댄서들을 필요로 한다.

어휘 trained 훈련된 accept 받아들이다 struggle 애쓰다, 분투하다 keep up with 따라잡다 mature 성숙한, 숙련된

정답 (b)

해설 담화 8단락에서 "³⁷ This class only accepts students with previous dance training because of the highly difficult movements covered in the class."(이 수업은 수업에서 다루는 매우 어려운 동작 때문에 이전에 무용 훈련을 받은 학생들만 받습니다.)라고 하였다. 현대 무용 코스는 수업에서 매우 어려운 동작을 다루기 때문에 이전에 무용 훈련을 받은 적이 있는 학생만 받아주는 것으로 보아 초보 학생들은 고난도 동작을 따라잡기 힘들다는 것을 추론할 수 있다. 따라서 (b)가 정답이다.

난이도 ★★★ **Category** 세부사항(Why)

38 Why is street dance a favorite of young people?

  (a) because it does not need much discipline

  (b) because it does not take much effort to perform

  (c) because it focuses on a single dance

  (d) because it is a mix of several modern dances

스트리트 댄스는 왜 젊은 사람들이 가장 좋아하는가?

(a) 많은 규율이 필요하지 않기 때문에
(b) 수행에 많은 노력이 필요하지 않기 때문에
(c) 춤 하나에 집중하기 때문에
(d) 여러 현대 무용의 혼합이기 때문에

어휘 discipline 훈련, 규율 take effort 노력을 들게 하다 perform 수행하다 modern dance 현대 무용

정답 (d)

해설 담화 9단락에서 "³⁸Street dance is the most popular dance style among young people today <u>because it is a combination of hip hop, break dancing, and modern jazz,</u>"(스트리트 댄스는 힙합, 브레이크 댄스, 모던 재즈의 조합이기 때문에 오늘날 젊은이들 사이에서 가장 인기 있는 춤 스타일이다.)라고 하였다. 보기 중 이 내용과 일치하는 (d)가 정답이다.

정답 Key Paraphrasing

담화에 나온 'because it is a combination of hip hop, break dancing, and modern jazz'와 유사한 표현은 'because it is a mix of several modern dances'이다.

난이도 ★★★ **Category** 세부사항(What)

39 What will the students get if they enroll early?

  (a) a Step-Up identification card

  (b) a certificate of registration

  (c) a discount on the class fee

  (d) an extra dance course for free

학생들은 일찍 등록하면 무엇을 받을 수 있는가?

(a) 스텝업 신분증
(b) 등록 증명서
(c) 수업료 할인
(d) 무료 추가 댄스 과정

어휘 enroll 등록하다 identification card 신분증 certificate 증명서 registration 등록 discount 할인 class fee 수업료 for free 무료로

정답 (c)

해설 담화 마지막 단락에서 "³⁹The first 50 students who enroll this month will <u>get a 25 percent discount on enrollment fees.</u>"(이번 달에 처음 등록하는 50명의 학생들은 등록금을 25퍼센트 할인받을 것입니다.)라고 하였으므로 (c)가 정답이다.

정답 Key Paraphrasing

담화에 나온 'a 25 percent discount on enrollment fees'와 유사한 표현은 'a discount on the class fee'이다.

PART 3 | **40-45** | 협상적 대화: 수업에서 태블릿과 교과서 사용의 장단점   https://han.gl/4Bj1S

M: Hi Jenny. Are you going to attend the parents' meeting at school tomorrow?

F: Yes, Mark. What about you?

M: 안녕 제니. 내일 학교에서 열리는 학부모 회의에 참석할 거예요?

F: 네, 마크. 당신은요?

M: [40] I have to attend because my wife is in California visiting her sick aunt. She'll be back next week. She's usually the one who participates in this kind of activity.

F: I'm sure you won't feel left out because there are always other dads at PTA meetings.

M: Thanks; that's a relief. By the way, do you know the meeting's agenda?

F: I heard that we're going to discuss the tuition fee increase and the possible use of tablets instead of textbooks in classes.

M: The second agenda is quite interesting. When we were younger, we didn't have that kind of technology in class. All we had were books.

F: Right. I remember spending so much time in the library when I was a kid.

M: Me, too. What do you think will be some advantages of our children using tablets instead of books in class?

F: [41] Well, the first advantage is they won't have to bring their heavy books to school. A tablet can hold lots of textbooks, homework, and other files. Imagine, if one tablet has a storage capacity of 64 gigabytes, it can store thousands of files in its memory.

M: That means using tablets will save physical space because there'll be no need to make room for books and other classroom materials.

F: Exactly. Another advantage is that using tablets will prepare our children for jobs that require the use of technology.

M: I agree. Our children will definitely have to use computers and other forms of digital technology when they become professionals someday.

F: But using tablets in the classroom also has its disadvantages.

M: I know. For me, one disadvantage is the cost. Tablets are more expensive than printed textbooks. We need to buy the tablet and the software for the electronic

M: [40] 아내가 아픈 이모님 댁을 방문하느라 캘리포니아에 있기 때문에 제가 참석해야 해요. 그녀는 다음 주에 돌아올 거예요. 그녀가 보통 이런 종류의 활동에 참여하는 사람이죠.

F: 학부모회(PTA) 모임에는 항상 다른 아빠들이 있기 때문에 분명 당신이 소외감을 느끼지 않을 거예요.

M: 고마워요. 다행이네요. 그나저나, 회의 안건을 아세요?

F: 수업료 인상과 수업에 교과서 대신 태블릿 사용에 대해 논의할 것이라고 들었어요.

M: 두 번째 의제는 꽤 흥미롭네요. 우리가 어렸을 때는 수업에서 그런 기술이 없었어요. 우리가 가졌던 것은 책뿐이었죠.

F: 그래요. 제가 어렸을 때 도서관에서 아주 많은 시간을 보냈던 기억이 나요.

M: 저도요. 우리 아이들이 수업 중에 책 대신 태블릿을 사용하는 것의 장점은 무엇이라고 생각해요?

F: [41] 음. 첫 번째 장점은 그들이 무거운 책을 학교에 가져오지 않아도 된다는 거죠. 태블릿은 많은 교과서, 숙제와 다른 파일들을 담을 수 있어요. 상상해 보세요. 하나의 태블릿이 64GB의 저장 용량을 가지고 있다면 수천 개의 파일을 메모리에 저장할 수 있어요.

M: 그 말은 태블릿을 사용하면 책이나 다른 교재들을 놓을 공간을 마련할 필요가 없기 때문에 물리적인 공간을 절약할 수 있다는 것을 의미하죠.

F: 바로 그거예요. 또 다른 장점은 태블릿을 사용하는 것이 기술 사용을 필요로 하는 직업을 위해 우리 아이들을 준비시킬 것이라는 거죠.

M: 저도 동의해요. 우리 아이들은 언젠가 전문가가 되면 분명 컴퓨터와 다른 형태의 디지털 기술을 사용해야 할 거예요.

F: 하지만 교실에서 태블릿을 사용하는 것에는 단점도 있어요.

M: 알아요. 제 경우 한 가지 단점은 비용이에요. 태블릿은 인쇄된 교과서보다 더 비싸요. 우리는 태블릿과 전자 교과서용 소프트웨어도 사야 해요.

textbooks as well.

F: That's true. And tablets run on batteries which need to be charged regularly. [42]So using them in the classroom will increase the school's electricity use. The school might even increase the tuition fees to pay for the higher electric bills!

M: Ha-ha! You have a point. I also think tablets can become a distraction in class. Students might be more interested in the apps, games, or non-school related websites than listening to their teachers.

F: I agree. On the other hand, if they use printed textbooks, they'll be more focused on the lesson.

M: Also, textbooks don't get stolen or hacked like tablets do.

F: Exactly. [43]I've also read a study that said students remember more when they read from a printed text. But the downside of traditional textbooks is that students will have to carry them to school. They can be really heavy and even cause back problems.

M: [44]Another thing is that textbooks are not as fun as tablets, which include educational games and apps that encourage students to get involved with the material.

F: Also, textbooks cannot be updated quickly with new information. We always have to buy the revised edition if we want the latest version.

M: So, what do you think our stand should be on this, Jenny?

F: [45]Well, Mark, I think paying the extra money might be worth it to save space and make things more convenient for our children.

M: I have the same thoughts.

F: 맞아요. 그리고 태블릿은 정기적으로 충전이 필요한 배터리로 작동해요. [42]그래서 교실에서 그것들을 사용하는 것은 학교의 전기 사용을 증가시킬 거예요. 학교는 더 높아진 전기료를 내기 위해 등록금을 인상할지도 몰라요!

M: 하하! 당신 말이 맞아요. 저는 또 태블릿이 수업에서 방해가 될 수 있다고 생각해요. 학생들은 선생님들의 말씀을 듣는 것보다 앱, 게임이나 학교와 관련이 없는 웹사이트에 더 관심을 가질 수 있죠.

F: 저도 동의해요. 반면에, 만약 그들이 인쇄된 교과서를 사용한다면, 수업에 더 집중할 거예요.

M: 또한 교과서는 태블릿처럼 도난당하거나 해킹당하지 않아요.

F: 맞아요. [43]저는 또한 학생들이 인쇄된 지문을 읽을 때 더 많이 기억한다는 연구 결과를 읽었어요. 하지만 전통적인 교과서의 단점은 학생들이 그것들을 학교에 가지고 다녀야 한다는 거죠. 그것들은 정말 무거울 수 있고 심지어 허리에 문제를 일으킬 수도 있어요.

M: [44]또 다른 것은 교과서가 태블릿만큼 재미있지 않다는 점인데요, 태블릿은 교육용 게임과 학생들이 학습 자료에 몰두하도록 장려하는 앱들을 포함하고 있어요.

F: 또한 교과서는 새로운 정보로 빠르게 업데이트될 수 없어요. 우리가 최신 버전을 원한다면 항상 개정판을 사야 해요.

M: 그래서, 이 문제에 대해 우리 입장이 무엇이어야 한다고 생각하세요, 제니?

F: [45]음, 마크, 저는 추가적인 돈을 내는 것이 공간을 절약하고 우리 아이들을 더 편리하게 하기 위해 그만한 가치가 있다고 생각해요.

M: 저도 같은 생각이에요.

어휘 attend 참석하다 PTA meeting 학부모회 회의 feel left out 소외감을 느끼다 relief 안도, 다행 by the way 그건 그렇고 agenda 안건 discuss 토론하다, 의논하다 tuition fee 수업료 instead of ~대신에 textbook 교과서 library 도서관 storage capacity 저장 용량 make room for ~을 위한 공간을 만들다 exactly 정확하게, 맞아 definitely 분명히 disadvantage 단점, 불리한 점 electronic 전자의 run on batteries 배터리로 작동하다 charge 충전하다 regularly 정기적으로 electric bill 전기요금 distraction 방해하는 것 on the other hand 반면에, 한편으로는 get stolen 도난당하다 hacked 해킹당하는 downside 단점 traditional 전통적인 cause 야기시키다, 초래하다 back problem 허리 문제 revised edition 개정판 worth A A를 할 만한 가치가 있는

난이도 ★★★ **Category** 세부사항(Why)

40 Why is Mark going to attend the school meeting?

마크는 왜 학교 회의에 참석할 것인가?

(a) because his wife does not like the meetings
(b) because his wife cannot attend it herself
(c) because the meeting is for fathers only
(d) because he likes participating in school meetings

(a) 그의 아내가 회의를 좋아하지 않기 때문에
(b) 그의 아내가 직접 참석할 수 없어서
(c) 아버지만을 위한 회의이기 때문에
(d) 그가 학교 회의에 참여하는 것을 좋아해서

어휘 attend 참석하다 participate in ~에 참여하다

정답 (b)

해설 대화에서 "⁴⁰ I have to attend because my wife is in California visiting her sick aunt."(아내가 아픈 이모를 방문하느라 캘리포니아에 있기 때문에 제가 참석해야 해요.)라고 하였다. 보기 중 이 내용과 일치하는 (b)가 정답이다.

정답 Key Paraphrasing

대화에 나온 'because my wife is in California visiting her sick aunt'와 의미상 통하는 표현은 'because his wife cannot attend it'이다.

난이도 ★★★ **Category** 세부사항(What)

41 What is one benefit to students of using tablet computers?

태블릿 컴퓨터를 사용함으로써 학생들이 얻을 수 있는 이점은 무엇인가?

(a) They will spend less time on homework.
(b) They can message with classmates while studying.
(c) They will not have to carry books to school.
(d) They will not have to listen to the teacher.

(a) 그들은 숙제에 더 적은 시간을 쓸 것이다.
(b) 그들은 공부하는 동안 반 친구들과 메시지를 보낼 수 있다.
(c) 그들은 책을 학교에 가지고 다닐 필요가 없을 것이다.
(d) 그들은 선생님의 말씀을 듣지 않아도 될 것이다.

어휘 benefit 이득, 이점 carry 휴대하다, 가지고 다니다 message 메시지를 보내다

정답 (c)

해설 본 담화에서 "⁴¹ Well, the first advantage is they won't have to bring their heavy books to school."(자, 첫 번째 장점은 그들이 무거운 책을 학교에 가져오지 않아도 될 거라는 거예요.)라고 하였으므로 (c)가 정답이다.

정답 Key Paraphrasing

대화에 나온 'they won't have to bring their heavy books to school'과 유사한 표현은 'They will not have to carry books to school.'이다.

42 Why would the school raise its tuition fees if students used tablet computers?

(a) to offset the increase in the electric bill
(b) to help the school buy computer programs
(c) to pay for the students' new tablets
(d) to help the school develop software

학생들이 태블릿 컴퓨터를 사용한다면 왜 학교가 등록금을 올릴까?

(a) 전기 요금의 증가를 상쇄하기 위해
(b) 학교가 컴퓨터 프로그램을 구매하는 것을 도우려고
(c) 학생의 새 태블릿에 대한 비용을 지불하기 위해
(d) 학교가 소프트웨어를 개발하는 것을 도우려고

어휘 ▶ **raise** 올리다, 인상하다   **offset** 상쇄하다   **electric bill** 전기 요금

정답 ▶ (a)

해설 ▶ 대화에서 "⁴² So using them in the classroom will increase the school's electricity use. <u>The school might even increase the tuition fees to pay for the higher electric bills!</u>"(그래서 교실에서 그것들을 사용하는 것은 학교의 전기 사용을 증가시킬 거예요. 학교는 더 높아진 전기료를 내기 위해 등록금을 인상할지도 몰라요!)라고 하였다. 보기 중 이 내용과 일치하는 (a)가 정답이다.

43 According to Jenny, what is the positive effect of traditional textbooks on learning?

(a) Textbooks come with games to inspire learning.
(b) Children like reading printed texts.
(c) Textbooks contain more information.
(d) Children remember more of the information.

제니에 따르면, 전통적인 교과서가 학습에 미치는 긍정적인 영향은 무엇인가?

(a) 교과서는 학습을 고취하기 위한 게임이 딸려 있다.
(b) 어린이들은 인쇄된 지문을 읽는 것을 좋아한다.
(c) 교과서는 더 많은 정보를 담고 있다.
(d) 아이들이 더 많은 정보를 기억한다.

어휘 ▶ **positive effect** 긍정적인 영향   **inspire** 영감을 주다, 고취시키다   **printed text** 인쇄된 지문

정답 ▶ (d)

해설 ▶ 대화에서 "⁴³ I've also read a study that said <u>students remember more when they read from a printed text.</u>"(저는 또한 학생들이 인쇄된 지문을 읽을 때 더 많이 기억한다는 연구 결과를 읽었어요.)라고 하였다. 여기서 인쇄된 지문은 전통적인 종이 교과서를 의미하며, 학생들이 전통적인 교과서를 읽을 때 더 많은 것을 기억한다고 했으므로 (d)가 정답이다.

정답 Key **Paraphrasing**
대화에 나온 'students remember more when they read from a printed text'와 유사한 표현은 'Children remember more of the information.'이다.

44 Why most likely are traditional textbooks not as enjoyable to children?

(a) because the pages do not have any pictures
(b) because students cannot interact much with the material
(c) because the content quickly becomes outdated
(d) because reading them can cause back trouble

왜 전통적인 교과서가 아이들에게 그다지 즐거운 것이 아닐까?

(a) 페이지에 그림이 없기 때문에
(b) 학생들이 자료와 상호작용을 많이 할 수 없어서
(c) 그 내용이 빠르게 구식이 되기 때문에
(d) 그것들을 읽을 때 요통을 일으킬 수 있어서

어휘 enjoyable 즐거운　interact with ～와 상호작용하다　content 내용　outdated 구식인　cause 초래하다, 일으키다
back trouble 요통

정답 (b)

해설 대화에서 "⁴⁴ Another thing is that textbooks are not as fun as tablets, which include educational games and apps that encourage students to get involved with the material."(또 다른 것은 교과서가 태블릿만큼 재미있지 않다는 점인데요. 태블릿에는 교육용 게임과 학생들이 학습 자료에 몰두하도록 장려하는 앱이 포함되어 있어요.)라고 하였다. 교과서가 재미있게 느껴지지 않는다고 말하고 바로 태블릿에서는 게임이나 참여를 장려하는 앱이 있다고 했으므로 교과서는 학생 참여를 유도하는 상호작용적인 측면이 부족한 것으로 추론된다. 따라서 (b)가 정답이다.

난이도 ★★★　**Category**　**추론(What)**

45 What will Jenny and Mark probably suggest at the meeting?

(a) to use the option that is not as expensive
(b) to encourage students to have more fun in class
(c) to think of ways to arrange classroom space
(d) to use the option that will not cause back pain

제니와 마크는 회의에서 무엇을 제안할까?

(a) 그렇게 비싸지 않은 선택사항을 사용하기
(b) 학생들이 수업에서 더 재미있도록 격려하기
(c) 교실 공간을 배치하는 방법을 생각하기
(d) 요통을 유발하지 않는 선택사항을 사용하기

어휘 option 선택사항　expensive 비싼　encourage 격려하다　arrange 배치하다

정답 (d)

해설 대화에서 "F: ⁴⁵ Well, Mark, I think paying the extra money might be worth it to save space and make things more convenient for our children."(음, 마크, 저는 추가 금액을 내는 것이 공간을 절약하고 우리 아이들을 더 편리하게 하기 위해 가치가 있다고 생각해요.)와 "M: I have the same thoughts."(저도 같은 생각이에요.)라고 하였다. 여기서 두 화자는 추가 금액을 내서 공간을 절약하고 더 편리하게 하는 쪽으로 의견을 모았는데, 이러한 선택은 태블릿을 사용하는 것이며, 이는 아이들이 무거운 책가방을 학교에 들고 다니지 않아도 되어서 요통을 발생시키지 않는 선택이므로 (d)가 정답이다.

PART 4　**46-52**　**절차 설명: 직장 내 갈등 해결 방법**

https://han.gl/yRSkf

Welcome to Linton School of Management. ⁴⁶ In today's workshop, I'll discuss the steps to follow in resolving conflict in the workplace. Disagreements at work are common and cannot be avoided. Employees will disagree for many reasons. The most common reasons for conflict between employees are personality differences, contrasting opinions, and competition.

Contrary to what people often think, not all conflicts are bad. In fact, how you handle conflict can determine whether it'll bring positive or negative results. ⁴⁷ When managed well, conflict will result in better ideas and

린튼 경영대학원에 오신 것을 환영합니다. ⁴⁶오늘 워크숍에서는 직장 내 갈등을 해결할 때 따라야 할 단계에 대해 논의하겠습니다. 직장에서의 의견 불일치는 흔하며 피할 수 없습니다. 직원들은 여러 가지 이유로 의견이 다를 것입니다. 직원들 간의 갈등의 가장 흔한 이유는 성격 차이, 상반되는 의견과 경쟁입니다.

사람들이 흔히 생각하는 것과는 달리, 모든 갈등이 나쁜 것은 아닙니다. 사실, 갈등을 어떻게 다루느냐가 그것이 긍정적인 결과를 가져올지 아니면 부정적인 결과를 가져올지를 결정할 수 있습니다. ⁴⁷갈등이 잘 관리될 때, 갈등은 회사를 위한 더 나은 아이디어와

decisions for the company. This is because employees often have very different backgrounds and experiences. Combining these healthy differences with open communication produces more creative ideas and solutions.

On the other hand, conflict becomes harmful if not dealt with properly and quickly. So, before it gets worse, it's important that management take action. Here are the steps to settle conflicts between employees.

[48] First, talk about the issue after both employees have calmed down. Employees can't think clearly if their emotions are running high. Furthermore, it's difficult to have a meaningful discussion if one or both are angry. As the go-between or mediator, set a meeting to help them resolve their issues when everyone is calm. Consider the noise levels and amount of privacy when choosing a place to talk.

Second, develop and use "active listening" skills. When talking to the quarrelling employees, don't give your opinion right away. [49] A good mediator listens and waits until he or she has heard all the information. Ask follow-up questions to make sure that you comprehend their position. Once you understand how they feel, then you can move on to the next point.

Third, always focus on the issues, not the personalities. Separate the people from the problem. For example, you get along well with Co-worker A because of similar interests, while you're not so friendly with Co-worker B because you don't like his personality. When resolving a conflict, set aside your own feelings about both of them. Instead, concentrate on what each has to say. It may well be that Co-worker B has a valid opinion although you may not like him.

Fourth, find some common goal that they can agree on. Do both employees want to finish their shifts on time so they can leave the workplace without delay? Ask them what their concerns are, what they're going to do about those concerns, and how their actions affect each other. Once they realize they have shared goals, they'll be more willing to cooperate in finding a solution.

결정들을 낳게 될 것입니다. 이것은 직원들이 종종 매우 다른 배경과 경험을 가지고 있기 때문입니다. 이러한 건강한 차이점을 열린 소통과 결합하면 보다 창의적인 아이디어와 해결책을 만들어낼 수 있습니다.

반면에, 갈등은 적절하고 신속하게 처리되지 않으면 해로워집니다. 따라서 상황이 악화되기 전에 경영진이 조치를 취하는 것이 중요합니다. 다음은 직원들 간의 갈등을 해결하기 위한 단계입니다.

[48] 첫째, 두 직원 모두 진정된 후에 이 문제에 대해 이야기하세요. 직원들은 그들의 감정이 고조되고 있다면 명확하게 생각할 수 없습니다. 게다가, 둘 중 한 명이나 둘 다 화가 났을 때 의미 있는 토론을 하는 것은 어렵습니다. 중재자 또는 조정자로서, 모두가 차분할 때 문제를 해결하는 데 도움이 될 수 있도록 회의를 준비하세요. 이야기할 장소를 선택할 때 소음 수준과 프라이버시의 양을 고려하세요.

둘째, "능동적 듣기" 기술을 개발하고 사용하세요. 다투는 직원들과 이야기할 때, 곧바로 여러분의 의견을 말하지 마세요. [49] 훌륭한 중재자는 모든 정보를 들을 때까지 경청하고 기다립니다. 당신이 그들의 입장을 이해했는지 확인하기 위해 후속 질문들을 물어보세요. 일단 그들이 어떻게 느끼는지 알게 되면, 그리고 나서 당신은 다음 요점으로 넘어갈 수 있습니다.

셋째, 성격이 아니라 항상 문제에 집중하세요. 사람들을 그 문제에서 분리시키세요. 예를 들어, 여러분이 직장 동료 A와 비슷한 관심사로 잘 지내는 반면, 직장 동료 B는 성격이 맘에 안 들어서 그렇게 친하지 않다고 칩시다. 갈등을 해결할 때, 둘 다에 대한 여러분의 감정을 버리세요. 대신, 각자 해야 할 말에 집중하세요. 당신이 동료 B를 좋아하지 않더라도 동료 B가 타당한 의견을 가지고 있을 수 있습니다.

넷째, 그들이 동의할 수 있는 몇 가지 공통된 목표를 찾으세요. 두 직원 모두 늦지 않게 퇴근할 수 있도록 제시간에 근무를 마치고 싶어 합니까? 그들에게 관심사가 무엇인지와 그들이 이러한 우려에 대해 어떻게 할 것인지, 그들의 행동이 서로에게 어떤 영향을 미치는지 물어보세요. 일단 그들이 목표를 공유해 왔다는 것을 깨닫고 나면, 그들은 해결책을 찾는데 더 기꺼이 협력할 것입니다.

Fifth, find that solution together. [50] Help them think of a way to satisfy their common goals. Discuss all options carefully and connect these to the issue you're trying to solve. Once everyone agrees to the solution, check if it's possible to put it into action.

[51] Lastly, once a course of action has been agreed upon, encourage the employees to accept responsibility for making the agreement successful. If you're the supervisor, you can monitor their progress and explain the possible outcomes of their failure to change.

Remember, conflict can give us the chance to better appreciate another's point of view, understand one's interests, and make relationships stronger. [52] Look at conflict as an opportunity to grow. If you think about it in a positive way, it'll help you arrive at a more productive working environment.

다섯째, 함께 그 해결책을 찾으세요. [50] 그들이 공통의 목표를 충족시킬 방법을 생각하도록 도와주세요. 모든 선택사항에 대해 신중하게 토론하고 이것들을 당신이 해결하려는 문제와 연결하세요. 모든 사람이 그 해결책에 동의하면 실행에 옮길 수 있는지 확인하세요.

[51] 마지막으로, 행동 방침이 합의되면, 직원들이 합의의 성공에 대한 책임을 지도록 격려하세요. 만약 여러분이 관리자라면, 여러분은 진행 상황을 모니터링하고 그들이 변화하지 못했을 때 발생할 수 있는 결과를 설명할 수 있습니다.

기억하세요. 갈등은 우리에게 다른 사람의 관점을 더 잘 이해하고, 누군가의 관심사를 이해하며, 관계를 더 강하게 만들 기회를 줄 수 있습니다. [52] 갈등을 성장의 기회로 보세요. 여러분이 그것에 대해 긍정적으로 생각하면, 그것은 여러분이 보다 생산적인 작업 환경에 도달할 수 있도록 도울 것입니다.

어휘 resolve 해결하다 conflict 갈등 disagreement 의견 불일치 common 흔한, 공통의 avoid 피하다 for many reasons 많은 이유로 employee 직원 personality difference 성격 차이 contrasting 상반되는, 반대되는 competition 경쟁 contrary to ~와는 반대로, ~와는 달리 handle 다루다, 처리하다 determine 결정하다 result in ~을 결과로 낳다 experience 경험 combine A with B A를 B와 결합하다 creative 창의적인 solution 해결책 on the other hand 반면에 harmful 해로운 properly 적절하게 management 경영진 take action 조치를 취하다 settle 해결하다 calm down 진정하다 emotion 감정 run high 고조되다 furthermore 게다가 meaningful 의미 있는 discussion 의논, 토론 go-between 중재자 mediator 조정자, 중재자 quarrelling 다투는, 싸우는 comprehend 이해하다 separate A from B A를 B로부터 분리하다 get along well with ~와 사이좋게 지내다 co-worker 직장 동료 set aside 제쳐 두다, 버리다 concentrate on ~에 집중하다 it may well be that (충분히) ~일 수도 있다 valid 타당한 common goal 공통 목표 finish one's shift 근무를 마치다 leave the workplace 퇴근하다 without delay 지연 없이, 늦지 않게 concern 관심사, 우려 affect 영향을 미치다 satisfy 충족시키다 put A into action A를 실행하다 course of action 행동 방침 encourage 격려하다, 장려하다 responsibility 책임감 agreement 동의, 합의 supervisor 관리자 monitor 감시하다 progress 진척, 진행 상황 outcome 결과 failure 실패 appreciate 알아주다 point of view 관점 interests 관심사 relationship 관계 opportunity 기회 in a positive way 긍정적인 방식으로, 긍정적으로 productive 생산적인 working environment 근무 환경

난이도 ★★★ | **Category** 주제(What)

46 What is the purpose of the talk?

(a) to explain the different traits of employees
(b) to discuss how to be a good manager
(c) to give tips on how to resolve disagreements at work
(d) to present the different types of conflict at work

강연의 목적은 무엇인가?

(a) 직원들의 다양한 특성들을 설명하려고
(b) 좋은 관리자가 되는 방법을 논의하려고
(c) 직장 내 의견 불일치 해결법에 대한 팁을 주려고
(d) 직장 내 갈등의 다양한 유형들을 제시하려고

어휘 explain 설명하다 trait 특성 resolve 해결하다 disagreement 의견 불일치 conflict 갈등 present 제시하다

정답 (c)

해설 담화 1단락에서 "⁴⁶In today's workshop, I'll discuss <u>the steps to follow in resolving conflict in the workplace.</u>"(오늘 워크숍에서는 직장 내 갈등을 해결할 때 따라야 할 단계에 대해 논의하겠습니다.)라고 하였다. 강연의 목적은 직장 내 갈등 해결법을 알려주는 것이므로 (c)가 정답이다.

정답 Key **Paraphrasing**
담화에 나온 'the steps to follow in resolving conflict in the workplace.'와 유사한 표현은 'tips on how to resolve disagreements at work'이다. 특히, 'conflict in the workplace'와 'disagreements at work'는 같은 의미를 나타낸다.

난이도 ★★★ | **Category** 세부사항(in what way)

47 In what way can conflict benefit a company?

(a) It allows management to see who has the best ideas.
(b) It can create new ideas for the company.
(c) It can test how well a manager responds to conflicts.
(d) It builds friendships between co-workers.

어떤 방식으로 갈등이 회사에 이로울 수 있는가?

(a) 경영진이 누가 가장 좋은 아이디어를 가지고 있는지 알게 한다.
(b) 회사를 위한 새로운 아이디어를 창출할 수 있다.
(c) 관리자가 갈등에 얼마나 잘 대응하는지 시험할 수 있다.
(d) 갈등은 직장 동료들 간의 우정을 쌓는다.

어휘 in what way 어떤 방식으로 conflict 갈등 benefit 이롭게 하다 respond to ~에 대응하다 co-worker 직장 동료

정답 (b)

해설 담화 2단락에서 "⁴⁷When managed well, conflict will result in better ideas and decisions for the company."(갈등이 잘 관리될 때, 갈등은 회사를 위한 더 나은 아이디어와 결정들을 낳게 될 것입니다.)라고 하였으므로 (b)가 정답이다.

정답 Key **Paraphrasing**
담화에 나온 'conflict will result in better ideas and decisions for the company'와 유사한 표현은 'It can create new ideas for the company.'이다.

난이도 ★★★ | **Category** 세부사항(When)

48 When is the right time to hold a meeting with employees who are in conflict?

(a) when they have become more relaxed
(b) while they are still emotional
(c) while the argument is going on
(d) when a professional mediator is available

분쟁 중인 직원과의 미팅을 열기에 적합한 때는 언제인가?

(a) 그들이 더 편안해졌을 때
(b) 그들이 여전히 감정적일 때
(c) 언쟁이 진행되는 동안
(d) 전문 중재자가 있을 때

어휘 hold a meeting 미팅을 열다 in conflict 분쟁 중인 relaxed 긴장이 풀린, 편해진 emotional 감정적인 argument 말다툼, 언쟁 mediator 중재자 available 이용 가능한

정답 (a)

해설 담화 4단락에서 "⁴⁸First, talk about the issue <u>after both employees have calmed down.</u> Employees can't think clearly if their emotions are running high."(우선, <u>두 직원 모두 진정된 후에</u> 이 문제에 대해 이야기하세요. 직원들은 그들의 감정이 고조되고 있을 때엔 명확하게 생각할 수 없어요.)라고 하였으므로 (a)가 정답이다.

정답 Key **Paraphrasing**
담화에 나온 'after both employees have calmed down'과 유사한 표현은 'when they have become more relaxed'이다.

난이도 ★★★　**Category**　세부사항(why)

49 According to the talk, why should mediators wait before giving their opinions?

(a) because they should not get involved in quarrels
(b) because they must hear everyone's follow-up questions
(c) because they have not developed listening skills yet
(d) because they need to hear everyone's perspective

강연에 따르면, 중재자들은 왜 자신의 의견을 말하기 전에 기다려야 하는가?

(a) 언쟁에 관여해서는 안 되기 때문에
(b) 모든 사람의 후속 질문을 들어야 하기 때문에
(c) 아직 청취 능력을 개발하지 못했기 때문에
(d) 모든 사람의 관점을 들어야 하기 때문에

어휘 get involved in ~에 관여하다　quarrel 언쟁, 말다툼　follow-up question 후속 질문　perspective 관점, 시각

정답 (d)

해설 담화 5단락에서 "⁴⁹ A good mediator listens and waits until he or she has heard all the information. Ask follow-up questions to make sure that you comprehend their position. Once you understand how they feel, then you can move on to the next point."(훌륭한 중재자는 모든 정보를 들을 때까지 경청하고 기다립니다. 후속 질문을 통해 그들의 입장을 이해했는지 확인하세요. 일단 그들이 어떻게 느끼는지 알게 되면, 다음 요점으로 넘어갈 수 있습니다.)라고 하였다. 여기서 중재자가 분쟁 중인 직원들의 말을 먼저 경청하는 이유는 그들의 입장(their position)과 어떻게 느끼는지(how they feel)에 대해 알기 위해서이므로 (d)가 정답이다.

난이도 ★★★　**Category**　세부사항(How)

50 How can having a common goal help people solve a conflict?

(a) by making them focus on the issue
(b) by inspiring them to solve the problem together
(c) by helping them like each other
(d) by allowing them to share more interests

공통의 목표를 갖는 것이 어떻게 사람들이 갈등을 해결하도록 도울 수 있는가?

(a) 문제에 초점을 맞추도록 함으로써
(b) 그들이 함께 문제를 해결하도록 격려하여
(c) 그들이 서로를 좋아하도록 도움으로써
(d) 더 많은 이해관계를 공유하도록 허용하여

어휘 common goal 공통 목표　inspire A to+동사원형 A를 ~하도록 격려하다, 영감을 주다　share 공유하다　interest 이해관계

정답 (b)

해설 담화 8단락에서 "⁵⁰ Fifth, find that solution together. Help them think of a way to satisfy their common goals."(다섯째, 함께 그 해결책을 찾아내세요. 그들이 공통의 목표를 충족시킬 방법을 생각하도록 도와 주세요.)라고 하였다. 그들이 함께 해결책을 찾아내고, 공통 목표를 충족시킬 방법을 찾게 하라고 했으므로 (b)가 정답이다.

🔑 정답 Key Paraphrasing

담화에 나온 'find that solution together'와 유사한 표현은 'by inspiring them to solve the problem together'이다. 특히 'find that solution'과 유사한 표현은 'solve the problem'이다.

51 What does the last step in resolving conflict involve?

(a) forcing both sides to cooperate
(b) telling the two employees what to do
(c) finding other possible solutions
(d) acting on the solution agreed upon

갈등 해결을 위한 마지막 단계는 무엇과 관련있는가?

(a) 양측이 협력하도록 강요하기
(b) 두 직원에게 무엇을 해야 하는지 지시하기
(c) 기타 가능한 해결책 찾기
(d) 합의된 해결책대로 실천하기

어휘 force A to+동사원형 A가 ~하도록 강요하다   cooperate 협력하다   act on the solution 해결책대로 이행하다

정답 (d)

해설 담화 9단락에서 "51 Lastly, once a course of action has been agreed upon, encourage the employees to accept responsibility for making the agreement successful." (마지막으로, 행동 방침이 합의되면, 직원들이 합의를 성공적으로 만들기 위한 책임을 지도록 격려하세요.)라고 하였다. 행동 방침이 합의되면 직원들이 합의한 대로 이행할 책임을 지게 하라고 했으므로 갈등 해결의 마지막 단계는 합의 사항의 이행이다. 따라서 (d)가 정답이다.

정답 Key Paraphrasing

담화에 나온 'encourage the employees to accept responsibility for making the agreement successful'과 유사한 표현은 'acting on the solution agreed upon'이다. 여기에서 '직원들에게 합의를 성공적으로 만드는데 책임을 지게 한다'는 말은 '합의한 대로 이행되도록 한다'는 것을 뜻한다.

52 What is the speaker likely suggesting that managers do with workplace conflicts?

(a) encourage conflicts among workers
(b) ignore conflicts when they happen
(c) use conflicts to find areas of improvement
(d) learn to prevent all future conflicts

화자는 관리자들이 직장 내 갈등에 대해 무엇을 하라고 제안할 것 같은가?

(a) 근로자 간 갈등을 조장한다.
(b) 충돌이 발생했을 때 무시한다.
(c) 개선 사항을 파악하기 위해 갈등을 활용한다.
(d) 미래의 모든 갈등을 방지하는 법을 배운다.

어휘 encourage 조장하다   ignore 무시하다, 소홀히 하다   prevent 방지하다

정답 (c)

해설 담화 마지막 단락에서 "52 Look at conflict as an opportunity to grow. If you think about it in a positive way, it'll help you arrive at a more productive working environment."(갈등을 성장의 기회로 보세요. 긍정적으로 생각하면, 보다 생산적인 작업 환경에 도달할 수 있습니다.)라고 하였으므로 (c)가 정답이다.

정답 Key Paraphrasing

담화에 나온 'Look at conflict as an opportunity to grow.'와 유사한 표현은 'use conflicts to find areas of improvement'이다.

Category PART 1 인물 일대기   PART 2 잡지 기사   PART 3 지식 백과   PART 4 비즈니스 레터

PART 1 **53-59** 시리즈물 역사: TV 애니메이션의 위상을 제고한 조니 브라보 시리즈

JOHNNY BRAVO

Johnny Bravo is the main character of the American animated television series of the same name. Created by Van Partible for Cartoon Network, Johnny Bravo is a good-looking but dumb and overconfident man whose efforts at impressing women are always unsuccessful. He is recognized for his voluminous blond hair, muscular body, and voice that sounds like Elvis Presley. Bravo is also remembered for his catchphrases that include "Hey there, pretty momma!" and "Hoohah!" [53] *Johnny Bravo* was part of a wave of cartoons released in the 1990s that ushered in a "golden age" of animated television series.

[54] Johnny Bravo was created in 1993 by Van Partible for his thesis project at Loyola Marymount University. The animated film was originally about an Elvis impersonator and had the title *Mess O' Blues*. Partible's professor showed the animation to his friend at Hanna-Barbera Studios. [55] After talks with the company, Partible revised the film into a seven-minute short. He changed the character's style, hired Jeff Bennett to do the voice-over, and renamed the film *Johnny Bravo*. The new Johnny Bravo short aired on Cartoon Network's *World Premiere Toons* in March 1995. It received positive reviews from the audience and quickly became popular. As a result, it was made into a 30-minute series, which premiered in July 1997.

In the series, Johnny Bravo wears a tight black T-shirt, blue jeans, and black sunglasses. He is always flirting with women and trying to get them to go on dates, but his attempts to impress the women often backfire because of his vanity and—at times—sexist behavior. [56] He is obsessed with his appearance and shows off by

조니 브라보

조니 브라보(Johnny Bravo)는 동명의 미국 애니메이션 텔레비전 시리즈 주인공이다. 카툰 네트워크(Cartoon Network)를 위해 반 파티블(Van Partible)에 의해 만들어졌는데, 조니 브라보는 잘생겼지만 멍청하고 여성들에게 깊은 인상을 주려는 노력은 항상 성공하지 못하는 지나치게 자신만만한 남자이다. 그는 풍성한 금발, 근육질 몸매, 엘비스 프레슬리 같은 목소리로 잘 알려져 있다. 브라보는 또한 자신의 유명 문구인 "어이, 예쁜 아가씨!"와 "후아!"로 기억된다. [53] 〈조니 브라보〉는 애니메이션 텔레비전 시리즈의 황금기를 이끈 1990년대에 개봉된 만화의 물결의 일부였다.

[54] 〈조니 브라보〉는 1993년 로욜라 메리마운트 대학에서 논문 과제를 위해 반 파티블에 의해 만들어졌다. 이 애니메이션 영화는 원래 엘비스를 흉내내는 사람에 관한 것으로 제목이 '메스 오 블루스'였다. 파티블의 교수는 한나바버라 스튜디오에서 그의 친구에게 그 애니메이션을 보여주었다. [55] 이 회사(스튜디오)와의 대화 후, 파티블은 이 영화를 7분짜리 단편으로 수정했다. 그는 캐릭터의 스타일을 바꾸고, 성우를 맡기기 위해 제프 베넷을 고용하였고, 영화 이름을 '조니 브라보'로 바꾸었다. 새로운 조니 브라보는 1995년 3월 카툰 네트워크의 '월드 프리미어 툰스'에서 방송되었다. 그것은 관객들로부터 긍정적인 평가를 받았고 빠르게 인기를 얻었다. 그 결과, 이것은 30분짜리 시리즈로 만들어졌고, 1997년 7월에 초연되었다.

시리즈에서, 조니 브라보는 꽉 끼는 검은색 티셔츠, 청바지와 검은색 선글라스를 착용한다. 그는 항상 여자들에게 추파를 던지고 그들이 데이트를 하게 하려고 하지만, 그의 허영심과 때때로 성차별적인 행동 때문에 여자들에게 깊은 인상을 심어주려는 시도는 종종 역효과를 불러온다. [56] 그는 외모에 집착해 머리를 빗거나 근육에 힘을 주면서 뽐낸

combing his hair or flexing his muscles. His self-centered personality and pride in his looks always ⁵⁸ offend the women, and most episodes end with them taking revenge on Bravo in a funny way.

The *Johnny Bravo* series lasted for four seasons with a total of 67 episodes and was last ⁵⁹ aired in August 2004. It received many nominations, but never won an award. ⁵⁷ However, it helped start the career of several animators who continued creating award-winning cartoon series including *Family Guy* and *The Fairly Odd Parents*. Due in part to *Johnny Bravo* and other cartoons of its era, animated series are now held in high regard by critics and are enjoyed by children and adults alike.

다. 그의 자기 중심적인 성격과 외모에 대한 자부심은 항상 여성들의 ⁵⁸ 기분을 상하게 하며 대부분의 에피소드는 그들이 재미있는 방식으로 브라보에게 복수하는 것으로 끝난다.

〈조니 브라보〉 시리즈는 총 67개의 에피소드로 네 시즌 동안 지속되었고 2004년 8월에 마지막으로 ⁵⁹ 방송되었다. 그것은 여러 번 후보로 지명받았지만 상을 받지는 못했다. ⁵⁷ 하지만, 그것은 〈패밀리 가이(Family Guy)〉와 〈티미의 못말리는 수호천사(The Fairly Odd Parents)〉를 포함한 수상 경력이 있는 만화 시리즈를 계속해서 만든 몇몇 애니메이터들의 경력을 시작하는 데 도움을 주었다. 어느 정도는 〈조니 브라보〉와 그 시대의 다른 만화들 덕분에, 애니메이션 시리즈는 현재 비평가들에 의해 높이 평가되고 있고 어린이들과 어른들 모두가 즐기고 있다.

어휘 main character 주인공 good-looking 잘생긴 dumb 바보스러운 overconfident 지나치게 자신만만한 effort 노력 impress ~에게 깊은 인상을 주다 be recognized for ~로 알려지다 voluminous 풍성한 blond hair 금발 muscular 근육질의 catchphrase 캐치프레이즈, 유명 문구 include 포함하다 release 출시하다 usher 이끌다, 안내하다 impersonator 흉내내는 사람 revise 고치다, 바꾸다 do the voice-over 성우를 맡다 air 방송하다 positive 긍정적인 audience 청중 as a result 결과적으로 premiere 초연하다, 개봉하다 flirt with ~에게 추파를 던지다 go on dates 데이트하다 attempt 시도 backfire 역효과를 낳다 vanity 허영심 at times 때때로 behavior 행동 be obsessed with ~에 집착하다 appearance 외모 show off 자랑하다, 뽐내다 comb 머리를 빗다 flex muscles 근육을 만들어 보이다 self-centered personality 자기 중심적인 성격 offend 기분을 상하게 하다 take revenge on ~에게 복수하다 nomination 후보 지명 award 상 due in part to 부분적으로 ~때문에, 어느 정도 ~때문에 be held in high regard 높이 평가받다 critic 비평가

난이도 ★★★   Category   주제(What)

53 What can *Johnny Bravo* be partially credited for?

(a) bringing Elvis's music to a new generation
(b) raising the status of animated television
(c) coining the catchphrase "golden age"
(d) inspiring more series about handsome men

〈조니 브라보〉는 부분적으로 무엇에 대해 인정받을 수 있는가?

(a) 엘비스의 음악을 새로운 세대에 소개함
(b) 애니메이션 텔레비전의 위상을 제고함
(c) '황금시대'라는 캐치프레이즈를 만듦
(d) 잘생긴 남자에 대한 더 많은 시리즈에 영감을 줌

어휘 partially 부분적으로 be credited for ~로 인정받다 raise 올리다 status 지위 coin (새로운 어휘를) 만들다 inspire 영감을 주다

정답 (b)

해설 본문 1단락에서 "⁵³ *Johnny Bravo* was part of a wave of cartoons released in the 1990s that ushered in a "golden age" of animated television series."(〈조니 브라보〉는 애니메이션 텔레비전 시리즈의 황금기를 이끈 1990년대에 개봉된 만화의 물결의 일부였다.)라고 하였다. 조니 브라보라는 애니메이션 시리즈가 애니메이션 텔레비전 시리즈의 황금기를 이끈 일부였다고 했으므로 (b)가 정답이다.

난이도 ★★★ | **Category** | **세부사항(Why)**

54 Why did Van Partible create *Johnny Bravo*?

(a) to meet academic requirements
(b) to get a job as an animator
(c) to help his professor with a film
(d) to give tribute to a famous singer

반 파티블은 왜 〈조니 브라보〉를 만들었는가?

(a) 학업 요건을 충족하기 위해
(b) 애니메이션 제작자로 취직하려고
(c) 그의 교수가 영화 일을 하는 것을 도우려고
(d) 유명한 가수에게 경의를 표하기 위해

어휘 meet 충족시키다   academic requirement 학업 요건   animator 애니메이션 제작자   give tribute to 경의를 표하다

정답 (a)

해설 본문 2단락에서 "54 Johnny Bravo was created in 1993 by Van Partible for his thesis project at Loyola Marymount University."(조니 브라보는 1993년 로욜라 메리마운트 대학에서 논문 과제를 위해 반 파티블에 의해 만들어졌다.)라고 하였다. 반 파티블이 대학 논문 과제를 위해 조니 브라보를 제작했는데 이는 학업 요건을 충족시키기 위함이므로 (a)가 정답이다.

난이도 ★★★ | **Category** | **세부사항(What)**

55 What did Partible first do to prepare *Johnny Bravo* for public exposure?

(a) expand the short into a thirty-minute special
(b) get feedback from a test audience
(c) put together a compilation of world cartoons
(d) make a short film based on an earlier project

파티블은 〈조니 브라보〉가 대중에게 노출되도록 하기 위해 처음에 무엇을 했는가?

(a) 단편을 30분 특집으로 확장한다
(b) 시험 청중으로부터 피드백을 받는다
(c) 세계 만화 모음집을 취합한다
(d) 이전 프로젝트에 기반한 단편 영화를 제작한다

어휘 exposure 노출   expand the short 단편을 확장하다   test audience 시험 청중   put together 모으다, 취합하다 compilation 모음집, 편찬

정답 (d)

해설 본문 2단락에서 "55 After talks with the company, Partible revised the film into a seven-minute short."(이 회사와의 대화 후, 파티블은 이 영화를 7분짜리 단편으로 수정했다.)라고 하였다. 보기 중 이 내용과 일치하는 (d)가 정답이다.

정답 Key Paraphrasing

본문에 쓰인 'Partible revised the film into a seven-minute short.'와 유사한 표현은 'make a short film based on an earlier project'이다.

난이도 ★★★ | **Category** | **세부사항(How)**

56 How does Bravo try to entice the women he is interested in?

(a) by flattering their appearance
(b) by focusing solely on his own looks
(c) by treating them with respect
(d) by telling them funny jokes

브라보는 그가 관심 있는 여성들을 어떻게 유혹하려고 하는가?

(a) 그들의 외모에 아첨함으로써
(b) 그 자신의 외모에만 초점을 맞춤으로써
(c) 그들을 존중하며 대함으로써
(d) 그들에게 재미있는 농담을 함으로써

정답 (b)

해설 본문 3단락에서 "⁵⁶He is obsessed with his appearance and shows off by combing his hair or flexing his muscles."(그는 외모에 집착하고 머리를 빗거나 근육에 힘을 주면서 뽐낸다.)라고 하였다. 그는 잘생긴 자기의 외모로 여성들에게 어필하려고 했으므로 (b)가 정답이다.

정답 Key **Paraphrasing**

본문에 쓰인 'He is obsessed with his appearance'와 유사한 표현은 'by focusing solely on his own looks'이다. 특히, 'his appearance'와 'his own looks'는 같은 것을 나타내며 'be obsessed with(~에 집착하다)'와 'focusing solely on(단지 ~에만 초점을 맞춤)'도 유사성이 높은 표현이다.

난이도 ★★★ | Category 추론(What)

57 What most likely is the series' contribution to the animation industry?

(a) It proved that animation was award-worthy.
(b) It was the first cartoon to be enjoyed by adults.
(c) It became a training ground for successful animators.
(d) It gave the network its biggest critical success.

이 시리즈의 애니메이션 산업에 대한 기여는 무엇일 것 같은가?

(a) 애니메이션이 수상할 가치가 있다는 것이 입증되었다.
(b) 그것은 어른들이 즐기는 최초의 만화였다.
(c) 성공적인 애니메이션 제작자를 위한 훈련장이 되었다.
(d) 그것은 네트워크에 가장 큰 성공을 안겨주었다.

정답 (c)

해설 본문 마지막 단락에서 "⁵⁷However, it helped start the career of several animators who continued creating award-winning cartoon series including Family Guy and The Fairly Odd Parents."(하지만, 그것은 Family Guy와 The Fairy Odd Parents를 포함한 상을 받은 만화 시리즈를 계속해서 만든 몇몇 애니메이션 제작자들의 경력을 시작하는 데 도움을 주었다.)라고 하였으므로 (c)가 정답이다.

정답 Key **Paraphrasing**

본문에 쓰인 'it helped start the career of several animators who continued creating award-winning cartoon series'와 유사한 표현은 'It became a training ground for successful animators.'이다.

난이도 ★★★ | Category 어휘(동사: offend)

58 In the context of the passage, offend means _____.

(a) excite
(b) distract
(c) harass
(d) anger

본문의 맥락에서 offend는 _____를 의미한다.

(a) 흥분시키다
(b) 주의를 산만하게 하다
(c) 괴롭히다
(d) 화나게 하다

정답 (d)

해설 본문 3단락 "His self-centered personality and pride in his looks always [58] offend the women, and most episodes end with them taking revenge on Bravo in a funny way."(그의 자기 중심적인 성격과 외모에 대한 자부심은 항상 여성들의 기분을 상하게 하며, 대부분의 에피소드는 여성들이 브라보에게 우스꽝스럽게 복수하는 것으로 끝난다.)에서 동사 offend는 '~의 기분을 상하게 하다'라는 의미로 사용되었다. 보기 중 이 의미와 가장 가까운 (d)가 정답이다.

난이도 ★★★　**Category**　어휘(과거분사: aired)

59 In the context of the passage, <u>aired</u> means _____.

(a) shown
(b) voiced
(c) published
(d) opened

본문의 맥락에서, aired는 _____를 의미한다.

(a) 보여진
(b) 소리 나는
(c) 출판된
(d) 개방된

어휘 aired 방송된　shown 보여진　voiced 소리 나는　published 출판된　opened 개방된

정답 (a)

해설 본문 마지막 단락 "The Johnny Bravo series lasted for four seasons with a total of 67 episodes and was last [59] <u>aired</u> in August 2004."(조니 브라보 시리즈는 총 67개의 에피소드로 네 시즌 동안 지속되었고 2004년 8월에 마지막으로 <u>방송되었다</u>.)에서 과거분사 aired의 의미는 '방송된'이다. 보기 중 이 의미와 가장 가까운 (a)가 정답이다.

PART 2　**60-66**　잡지 기사: 은행 금전 출납원의 고객 정보 도용

A NEW SOURCE OF BANK SECURITY THREATS

Now that banking is highly digitized, concern over bank security has shifted from masked robbers to cybercriminals. However, the more likely—and often overlooked—threat is the bank workers themselves. Bank tellers and other bank employees have instant access to customers' personal information and accounts. [60] Recently, a growing number of them are being found guilty of tapping into customer accounts to steal personal information and money. Such crimes are now [65] <u>rampant</u> in the United States, with at least one new case filed against a teller each month.

[61] Tellers and other retail-branch employees can withdraw money, wire funds, and sell personal information to thieves. Tellers who deal in personal information do so in exchange for money or [66] <u>perks</u> such as networking with high-profile figures and trips on private planes. The thieves then use the information to get money

은행 보안 위협의 새로운 출처

은행 업무가 고도로 디지털화됨에 따라 은행 보안에 대한 우려는 가면을 쓴 강도에서 사이버 범죄자로 옮겨갔다. 그러나 자주 간과되는 것으로, 위협은 은행 직원들 자신일 가능성이 더 높다. 금전 출납원 및 기타 은행 직원은 고객의 개인 정보와 계정에 즉시 접속할 수 있다. [60]최근, 그들 중 점점 더 많은 이들이 개인 정보와 돈을 훔치기 위해 고객 계정을 도용한 것으로 유죄 판결을 받고 있다. 이러한 범죄는 현재 미국에서 [65]만연해 있으며 매달 적어도 한 건은 창구 직원을 상대로 새로운 소송이 제기된다.

[61]금전 출납원과 다른 소매 지점 직원들은 돈을 인출하고, 자금을 송금하고, 개인 정보를 도둑들에게 팔 수 있다. 개인 정보를 거래하는 출납원들은 돈을 받거나 유명 인사와의 인맥 형성, 개인 비행기 여행과 같은 [66]특혜의 대가로 그런 일을 한다. 그리고 나서 절도범들은 계좌에서 돈을 인출하고 고객 이름으로 직불카드, 신용카드, 수표를 만드는 데 이 정보를 사용한다.

from accounts and make debit cards, credit cards, and checks in customers' names.

One reason these crimes are so prevalent is that they require little tech-savvy or computer expertise. An Internet search can call up tutorials with step-by-step instructions on how to carry out the scams. Tellers usually hide their thefts by withdrawing less than $10,000, the limit that automatically sets off another layer of review under current banking laws. [62] When accounts have large balances, these unauthorized withdrawals can go undetected for years.

According to security experts, [63] tellers are particularly open to bribes because they are paid small salaries for an often stressful and potentially dangerous job. On average, a teller receives around $30,000 in annual salary, an amount that does not reflect the high-risk nature of the job.

Banks have been dealing with the issue by paying their customers for losses. Security controls are usually weak. Typically, bank tellers do not go through extensive background checks during the hiring process and are then given full access to accounts and customer information. [64] Moreover, banks usually stop investigating a suspected fraud when a teller resigns. This allows most tellers to quickly move on to other banks. Authorities have weighed stronger penalties for lawbreakers and more scrutiny in the hiring process as potential solutions to the problem.

이러한 범죄가 만연하는 한 가지 이유는 그것들이 기술에 정통하거나 컴퓨터에 대한 전문 지식을 거의 필요로 하지 않기 때문이다. 인터넷 검색은 신용 사기를 수행하는 방법에 대한 단계별 지침이 포함된 사용지침서를 불러올 수 있다. 금전 출납원은 일반적으로 현행 은행법에 따라 자동적으로 또 다른 검토 단계를 야기하는 한도인 1만 달러 미만을 인출함으로써 도난 사실을 숨긴다. [62] 계좌 잔고가 많을 때, 이런 무단 출금은 몇 년 동안 감지되지 않을 수 있다.

보안 전문가들에 따르면, [63] 금전 출납원들은 스트레스를 많이 받고 잠재적으로 위험할 수도 있는 직업에 적은 급여를 받기 때문에 뇌물에 특히 노출되어 있다고 한다. 평균적으로 창구 직원은 연봉으로 약 3만 달러를 받는데, 이는 고위험직의 성격을 반영하지 않은 액수이다.

은행들은 고객들에게 손실에 대한 대가를 지불함으로써 그 문제를 처리해 왔다. 보안 통제가 일반적으로 약하다. 보통 은행 창구 직원은 채용 과정 중에 광범위한 신원 조회를 거치지 않고 계좌 및 고객 정보에 대한 모든 접속 권한을 부여받는다. [64] 게다가 은행들은 보통 창구 직원이 사직하면 사기 혐의에 대한 조사를 중단한다. 이것은 대부분의 출납원들이 다른 은행으로 빠르게 이동할 수 있게 해준다. 당국은 이 문제에 대한 가능성 있는 해결책으로 범법자들에 대한 더 강력한 처벌과 채용 과정에서의 더 많은 조사를 고려해 왔다.

어휘 ▶ now that ~이니까 banking 은행 업무 highly digitized 고도로 디지털화된 concern 우려, 걱정 security 보안 shift from A to B A에서 B로 옮겨가다 masked robber 가면을 쓴 강도 cybercriminal 사이버 범죄자 more likely 가능성 높게 overlooked 간과되어지는 threat 위협 bank teller 금전 출납원, 창구 직원 instant access to ~에 즉각적인 접속 account 계좌, 계정 recently 최근에 found guilty of ~로 유죄 판결을 받은 tap into 활용하다, 도용하다 rampant 만연한 at least 적어도 case filed against ~에게 제기된 소송 withdraw 인출하다 wire fund 자금을 송금하다 deal in 거래하다 in exchange for ~와 교환으로, ~의 대가로 perk 특혜 high-profile figure 유명 인물 debit card 직불카드 check 수표 prevalent 만연한 require 요구하다 tech-savvy 기술에 능숙한 expertise 전문지식 call up 불러오다 tutorial 사용 지침서, 사용 지침 프로그램 instruction 지침 carry out 수행하다 scam 신용 사기 theft 절도 set off 유발하다, 일으키다 layer 층 balance 잔액 unauthorized withdrawal 무단 출금 go undetected 감지되지 않다 expert 전문가 particularly 특히 bribe 뇌물 potentially 잠재적으로 on average 평균적으로 amount 액수, 양 reflect 반영하다 high-risk nature 고위험성 loss 손실 typically 전형적으로, 보통 go through 겪다 extensive 광범위한 background check 신원 조회, 배경 조사 hiring process 채용 과정 moreover 게다가 investigate 조사하다 suspected fraud 사기 혐의 resign 사직하다 authorities 당국 weigh 저울질하다, 고려하다 penalty 처벌 scrutiny (상세) 조사, 정밀 검사

60 According to the article, how are some bank tellers creating security issues for banks?

(a) by leaking private information to the masses
(b) by stealing the customers of other banks
(c) by stealing money from customer accounts
(d) by demanding cash from their depositors

기사에 따르면, 일부 금전 출납원들이 은행들에게 보안 문제를 어떻게 일으키고 있는가?

(a) 대중에게 개인 정보를 유출함으로써
(b) 다른 은행의 고객들을 도용하여
(c) 고객 계좌에서 돈을 도용하여
(d) 예금자에게 현금을 요구함으로써

어휘 bank teller 금전 출납원 security issue 보안 문제 leak 유출하다 private information 개인 정보 the masses 대중 steal 훔치다 account 계좌, 계정 demand 요구하다 depositor 예금자

정답 (c)

해설 본문 1단락에서 "⁶⁰ Recently, a growing number of them are being found guilty of tapping into customer accounts to steal personal information and money."(최근, 점점 더 많은 이들이 개인 정보와 돈을 훔치기 위해 고객 계정을 도용한 것으로 유죄 판결을 받고 있다.)라고 하였으므로 (c)가 정답이다.

🔑 **정답 Key** Paraphrasing

본문에 쓰인 'tapping into customer accounts to steal personal information and money'와 유사한 표현은 'by stealing money from customer accounts'이다.

---

61 What kind of information can thieves buy from tellers?

(a) a customer's account balance
(b) data on a customer's banking practices
(c) knowledge of a customer's spending habits
(d) a customer's account information

도둑들이 금전 출납원으로부터 어떤 정보를 살 수 있는가?

(a) 고객의 계좌 잔액
(b) 고객의 은행 업무 방식에 대한 자료
(c) 고객의 소비 습관에 대한 지식
(d) 고객의 계정 정보

어휘 thief 도둑 account balance 계좌 잔액 banking practice 은행 업무 방식 spending habit 소비 습관

정답 (d)

해설 본문 2단락에서 "⁶¹ Tellers and other retail-branch employees can withdraw money, wire funds, and sell personal information to thieves."(금전 출납원과 다른 소매지점 직원들은 돈을 인출하고, 자금을 송금하고, 개인 정보를 도둑들에게 팔 수 있다.)라고 하였다. 금전 출납원이 접근할 수 있는 고객의 개인 정보는 고객 계정에 대한 정보이므로 고객 계정 정보를 도둑들에게 팔 수 있다. 따라서 (d)가 정답이다.

🔑 **정답 Key** Paraphrasing

본문에 쓰인 'personal information'과 유사한 표현은 'a customer's account information'이다.

62 Which customers could be at a higher risk of being robbed by tellers?

- (a) those who have less than $10,000 in the bank
- (b) those who do not check their accounts daily
- (c) those who maintain a large account balance
- (d) those who have over $10,000 in their account

어떤 고객이 금전 출납원에 의해 도난당할 위험이 더 높은가?

(a) 은행에 10,000달러 이하가 있는 사람
(b) 매일 계좌를 확인하지 않는 사람
(c) 거액의 계좌 잔액을 유지하는 사람
(d) 계좌에 10,000달러 이상이 있는 사람

어휘 **at a higher risk of** ~할 위험이 더 높은   **be robbed by** ~에 의해 도난당하다   **maintain** 유지하다   **account balance** 계좌 잔액

정답 (c)

해설 본문 3단락에서 "⁶²When accounts have large balances, these unauthorized withdrawals can go undetected for years."(계좌 잔고가 많으면 이런 무단 출금은 몇 년 동안 감지되지 않을 수 있다.)라고 하였으므로 (c)가 정답이다.

정답 Key Paraphrasing

본문에 쓰인 'accounts have large balances'와 유사한 표현은 'maintain a large account balance'이다.

---

63 What is most likely the reason why bank tellers accept bribes from criminals?

- (a) They believe they are being underpaid.
- (b) They do not think their actions are wrong.
- (c) They are being threatened by the criminals.
- (d) They do not think it is a serious crime.

금전 출납원들이 범죄자들로부터 뇌물을 받는 이유는 무엇일 것 같은가?

(a) 그들은 자신들이 저임금을 받고 있다고 믿는다.
(b) 자신의 행동이 잘못되었다고 생각하지 않는다.
(c) 그들은 범죄자들로부터 위협받고 있다.
(d) 그들은 그것이 심각한 범죄라고 생각하지 않는다.

어휘 **accept bribes** 뇌물을 받다   **criminal** 범죄자   **be underpaid** 저임금을 받다   **be threatened by** ~에 의해 위협받다   **serious** 심각한   **crime** 범죄

정답 (a)

해설 본문 4단락에서 "⁶³tellers are particularly open to bribes because they are paid small salaries for an often stressful and potentially dangerous job"(금전 출납원들은 스트레스를 많이 받고 위험할 수도 있는 직업에 적은 급여를 받기 때문에 뇌물에 특히 노출되어 있다)라고 하였다. 스트레스와 위험이 큰 일에 종사하면서도 급여가 적은 상황이 이들을 뇌물에 노출되게 한다고 지적했으므로 (a)가 정답이다.

정답 Key Paraphrasing

본문에 쓰인 'they are paid small salaries for an often stressful and potentially dangerous job.'과 유사한 표현은 'They believe they are being underpaid.'이다.

64 How do some dishonest tellers escape from criminal charges?

(a) by avoiding background checks
(b) by quitting their jobs promptly
(c) by bribing the bank where they work
(d) by giving back what they have stolen

부정직한 금전 출납원들은 어떻게 형사 고발에서 벗어나는가?

(a) 신원 조회를 회피함으로써
(b) 즉시 직장을 그만둠으로써
(c) 근무 은행에 뇌물을 바침으로써
(d) 훔친 것을 돌려줌으로써

어휘 dishonest 부정직한 escape from ~로부터 회피하다 criminal charge 형사 고발 avoid 피하다 background check 신원 조회 quit 그만두다 promptly 신속하게 bribe 뇌물을 주다 give back 돌려주다

정답 (b)

해설 본문 5단락에서 "⁶⁴Moreover, banks usually stop investigating a suspected fraud when a teller resigns."(게다가 은행들은 보통 창구 직원이 사직하면 사기 혐의에 대한 조사를 중단한다.)라고 하였다. 창구 직원이 다니던 은행을 그만두면 은행들이 조사를 중단하니까 형사 고발을 피할 수 있으므로 (b)가 정답이다.

정답 Key Paraphrasing
본문에 쓰인 'when a teller resigns'와 유사한 표현은 'by quitting their jobs promptly'이다.

---

65 In the context of the passage, rampant means _____.

(a) violent
(b) fashionable
(c) passionate
(d) widespread

본문의 맥락에서, rampant는 _____를 의미한다.

(a) 폭력적인
(b) 유행하는
(c) 열정적인
(d) 널리 퍼진

어휘 rampant 만연한 violent 폭력적인 fashionable 유행하는 passionate 열정적인 widespread 널리 퍼진

정답 (d)

해설 본문 1단락 "Such crimes are now ⁶⁵rampant in the United States, with at least one new case filed against a teller each month."(이러한 범죄는 현재 미국에서 만연하고 있으며 매달 적어도 한 건은 창구 직원을 상대로 새로운 소송을 제기한다.)에서 rampant는 '널리 퍼진'의 의미로 사용되었으므로 보기 중 이 의미와 가장 가까운 (d)가 정답이다.

---

66 In the context of the passage, perks means _____.

(a) interests
(b) benefits
(c) prizes
(d) tasks

본문의 맥락에서, perks는 _____를 의미한다.

(a) 이해관계
(b) 혜택들
(c) 상금들
(d) 업무들

TEST 1   TEST 2   TEST 3   TEST 4   TEST 5   TEST 6   TEST 7

어휘 perk 혜택, 특혜   interests 이해 관계   benefit 혜택   prize 상   task 업무

정답 (b)

해설 본문 2단락 "Tellers who deal in personal information do so in exchange for money or ⁶⁶<u>perks</u> such as networking with high-profile figures and trips on private planes."(개인 정보를 취급하는 출납원들은 돈을 받거나 유명 인사와의 인맥 형성, 개인 비행기 여행과 같은 특혜의 대가로 개인정보를 취급한다.)에서 perks는 명사로 '특혜, 혜택'의 의미로 사용되었다. 보기 중 이 의미와 가장 가까운 (b)가 정답이다.

PART 3 | 67-73 | 지식 백과: 덴마크 코펜하겐의 관광명소가 된 인어공주 동상

THE LITTLE MERMAID STATUE

The Little Mermaid statue is a bronze sculpture of a mermaid that sits by the waterfront of Langelinie in Copenhagen, Denmark. ⁶⁷Named after a popular Danish fairy tale, the statue was a gift to the city by Danish brewer Carl Jacobsen. It is a well-known landmark and tourist attraction in Copenhagen. The statue attracts over a million tourists from around the world every year.

Measuring 4 feet tall and weighing 385 pounds, the small statue was commissioned in January 1909 by Carl Jacobsen, the son of the founder of Carlsberg Brewery. ⁶⁸Jacobsen first became fascinated with Danish author Hans Christian Andersen's fairy tale after watching a ballet performance of *The Little Mermaid* at the Royal Theater. He also admired the performance of Ellen Price, the lead ballerina who played the role of the mermaid. Jacobsen wanted the character to be remembered forever, so he hired a young and talented sculptor named Edvard Eriksen to create its likeness.

Eriksen's first drawings of how the statue would look were immediately approved by Jacobsen. ⁶⁹At Jacobsen's request, Eriksen asked Ellen Price to model for the statue. Price refused, however, because she did not want to pose nude. So, Eriksen instead recruited his own wife as the statue's model. The Little Mermaid statue was placed on top of a stone beside the sea to make it look more natural. The statue ⁷²<u>deviated</u> from the fairy tale's single-tail mermaid in that it was sculpted with two fins. It was unveiled at the harbor of Langelinie in August 1913.

Since its initial public display, ⁷⁰the statue has been vandalized many times due to its high profile, but each

인어공주 동상

인어공주 동상은 덴마크 코펜하겐의 랑겔리니의 물가에 앉아 있는 인어공주의 청동 조각상이다. ⁶⁷유명한 덴마크 동화의 이름을 따서 지어진 그 동상은 덴마크 양조업자 칼 야콥슨이 이 도시에 준 선물이었다. 그것은 코펜하겐의 유명한 랜드마크이자 관광 명소이다. 이 동상은 매년 전 세계에서 백만 명 이상의 관광객들을 끌어 모은다.

키가 4피트이고 몸무게가 385파운드인 이 작은 조각상은 1909년 1월 칼스버그 맥주의 설립자의 아들인 칼 야콥슨(Carl Jacobsen)에 의해 제작이 의뢰되었다. ⁶⁸야콥슨은 왕립극장에서 열린 〈인어공주〉 발레 공연을 보고 난 후, 덴마크 작가 한스 크리스티안 안데르센의 동화에 처음으로 매료됐다. 그는 또한 인어 역을 맡은 발레리나 엘렌 프라이스(Ellen Price)의 연기에 감탄했다. 야콥슨은 이 캐릭터가 영원히 기억되기를 원했고, 그래서 그는 그것의 화상을 만들어내기 위해 에드바르드 에릭센(Edvard Eriksen)이라는 젊고 재능 있는 조각가를 고용했다.

에릭센이 그 동상이 어떻게 보일 것인지를 그린 최초의 도안들은 야콥슨에 의해 즉시 승인되었다. ⁶⁹야콥슨의 요청에 따라 에릭센은 엘렌 프라이스에게 이 조각상의 모델이 되어 달라고 부탁했다. 하지만 프라이스는 누드 포즈를 취하고 싶지 않았기 때문에 거절했다. 그래서 에릭센은 대신 자신의 아내를 조각상의 모델로 영입했다. 인어공주 조각상은 더 자연스러워 보이게 하기 위해 바다 옆에 있는 돌 위에 놓여졌다. 이 동상은 지느러미 두 개로 조각되었다는 점에서 동화의 외꼬리 인어에서 ⁷²벗어나 있었다. 그것은 1913년 8월 랑겔리니 항구에서 공개되었다.

처음 공개될 때부터 ⁷⁰인어상은 높은 인지도 때문에 여러 차례 파손되어 왔지만

time, the people who supervise its care manage to
⁷³ restore the mermaid to its original state. Today, the
Little Mermaid statue is still a major tourist attraction in
Copenhagen, drawing millions of tourists each year to
the site. ⁷¹ In fact, its popularity has resulted in more than
a dozen copies of the bronze statue being displayed in
cities around the world, including in the United States,
Spain, and Brazil.

그때마다 관리하는 사람들이 간신히 그 인어상을 원상태로 ⁷³복구해낸다. 오늘날, 인어공주 동상은 매년 수백만 명의 관광객들을 이 장소로 끄는 코펜하겐의 주요 관광 명소이다. ⁷¹사실, 이것의 인기는 미국, 스페인, 브라질을 포함한 전 세계 도시에 12개 이상의 청동상이 전시되는 결과를 낳았다.

어휘 statue 동상, 조각상 bronze sculpture 청동 조각상 mermaid 인어 by the waterfront 물가에 named after ~의 이름을 따서 이름 지어진 Danish 덴마크의 fairy tale 동화 tourist attraction 관광 명소 be commissioned 의뢰되다, 주문되다 become fascinated with ~에 매료되다 ballet performance 발레 공연 admire 감탄하다 likeness 화상, 초상화, 유사성 sculptor 조각가 deviate from ~에서 벗어나다 fin 지느러미 be unveiled 공개되다 harbor 항구 initial 최초의 public display 대중에 대한 전시 be vandalized 파손되다 due to ~ 때문에 high profile 높은 인지도, 세간의 주목 supervise 관리하다, 감독하다 manage to+동사원형 간신히 ~하다 restore 복구하다 to its original state 원상태로 result in ~을 결과로 낳다

난이도 ★★★ **Category** **주제(What)**

67 What was the inspiration for building the bronze
statue?

(a) the mascot of a Danish brewery
(b) tales of a local mermaid sighting
(c) the need for a city landmark
(d) a story about a mythical creature

청동상을 만드는 데 무엇이 영감을 주었는가?

(a) 덴마크 양조장의 마스코트
(b) 현지 인어 목격담
(c) 도시 랜드마크의 필요성
(d) 신화 속 생명체에 대한 이야기

어휘 inspiration 영감 bronze statue 청동상 Danish brewery 덴마크의 양조장 tales of sighting 목격담
mythical creature 신화 속의 생명체

정답 (d)

해설 본문 1단락에서 "⁶⁷ Named after a popular Danish fairy tale, the statue was a gift to the city by Danish brewer Carl Jacobsen."(유명한 덴마크 동화의 이름을 따서 지어진 이 동상은 덴마크 양조업자 칼 야콥슨이 이 도시에 준 선물이었다.)라고 하였다. 그 청동상이 유명한 동화의 이름을 따서 지어졌다는 것에서 청동상을 제작하는데 영감을 준 것이 그 동화, 즉 인어공주에 대한 이야기임을 알 수 있으므로 (d)가 정답이다.

난이도 ★★★ **Category** **세부사항(When)**

68 When did Jacobsen's fascination with the Little
Mermaid start?

(a) when he saw the work of a young sculptor
(b) when he saw an adaptation in dance
(c) when he read the well-known fairy tale
(d) when he met a talented young ballerina

야콥슨이 인어공주에 매료된 것은 언제 시작되었는가?

(a) 젊은 조각가의 작품을 보았을 때
(b) 무용으로 각색된 작품을 보았을 때
(c) 유명한 동화를 읽었을 때
(d) 재능 있는 젊은 발레리나를 만났을 때

어휘 fascination 매료 sculptor 조각가 adaptation 각색 fairy tale 동화 talented 재능 있는

정답 (b)

해설 본문 2단락에서 "⁶⁸ Jacobsen first became fascinated with Danish author Hans Christian Andersen's fairy tale after watching a ballet performance of *The Little Mermaid* at the Royal Theater."(야콥슨은 왕립극장에서 열린 〈인어공주〉 발레 공연을 보고 덴마크 작가 한스 크리스티안 안데르센의 동화에 매료됐다.)라고 하였으므로 (b)가 정답이다.

🔑 정답 Key **Paraphrasing**

본문에 쓰인 'after watching a ballet performance of *The Little Mermaid*'와 유사한 표현은 'when he saw an adaptation in dance'이다. 특히, 'a ballet performance of the Little Mermaid'와 'an adaptation in dance'는 같은 것을 나타낸다.

난이도 ★★★ | Category | 추론(Why)

69 Why most likely was Eriksen's wife chosen as the model for the statue?

(a) She was not deterred by the terms of the modeling job.
(b) She did not want another woman to pose nude for her husband.
(c) She was recruited at the request of the statue's sponsor.
(d) She had a natural resemblance to the character.

왜 에릭센의 부인이 그 동상 모델로 선정되었을까?

(a) 그녀는 모델 업무 조건 때문에 단념하지 않았다.
(b) 그녀가 다른 여성이 남편을 위해 나체 포즈를 취하는 것을 원하지 않았다.
(c) 그녀는 그 동상 후원자의 요청에 따라 모집되었다.
(d) 그녀는 그 캐릭터와 자연스럽게 닮았다.

어휘 statue 동상, 조각상 be deterred by ~에 의해 단념하다 term 조건 recruit 채용하다, 모집하다 request 요청 resemblance 닮음

정답 (a)

해설 본문 3단락에서 "⁶⁹ At Jacobsen's request, Eriksen asked Ellen Price to model for the statue. Price refused, however, because she did not want to pose nude. So, Eriksen instead recruited his own wife as the statue's model."(야콥슨의 요청에 따라 에릭센은 엘렌 프라이스에게 이 조각상의 모델이 되어 달라고 부탁했다. 하지만 프라이스는 누드 포즈를 취하고 싶지 않았기 때문에 거절했다. 그래서 에릭센은 대신 자신의 아내를 여신상의 모델로 영입했다.)라고 하였다. 누드 포즈를 취해야 하는 업무 조건 때문에 엘렌 프라이스가 거절했지만 에릭센의 아내는 그러한 업무 조건을 꺼려하지 않아서 모델 일을 수락한 것으로 추론되므로 (a)가 정답이다.

난이도 ★★★ | Category | 세부사항(What)

70 What was a consequence of the fame of the Little Mermaid statue?

(a) The city had to regulate its tourism industry.
(b) The statue now appears in every country.
(c) The statue has been repeatedly damaged.
(d) The city was forced to move the statue.

인어공주 동상의 명성의 결과는 무엇이었는가?

(a) 그 도시는 관광 산업을 규제해야 했다.
(b) 그 동상은 현재 모든 나라에 존재한다.
(c) 그 조각상은 반복적으로 훼손되어 왔다.
(d) 그 도시는 그 동상을 옮기도록 강요받았다.

어휘 consequence 결과 fame 명성 regulate 규제하다 tourism industry 관광 산업 appear 등장하다 repeatedly 반복적으로 damaged 훼손된 be forced to+동사원형 ~하도록 강요받다

정답 (c)

해설 본문 4단락에서 "⁷⁰ the statue has been vandalized many times due to its high profile,"(그 조각상은 세간의 이목을 끌었기 때문에 여러 차례 파손되어 왔다)라고 하였으므로 (c)가 정답이다.

🔑 **정답 Key Paraphrasing**

본문에 쓰인 'the statue has been vandalized many times'와 유사한 표현은 'The statue has been repeatedly damaged.' 이다.

난이도 ★★★   Category   추론(Why)

71 Why did other countries probably copy Copenhagen's statue?

(a) because they wanted to strengthen ties with Denmark
(b) because they hoped to appeal to more visitors
(c) because they also have folktales about mermaids
(d) because they wanted a better version of the statue

왜 다른 나라들이 코펜하겐의 동상을 모방했을 것 같은가?

(a) 덴마크와의 유대를 강화시키길 원했기 때문에
(b) 더 많은 방문객에게 어필하기를 원했기 때문에
(c) 그들도 인어에 대한 민담을 가지고 있기 때문에
(d) 그 동상의 더 나은 버전을 원했기 때문에

어휘 strengthen 강화하다 tie 유대 appeal to ~에게 호소력을 가지다 folktale 민담

정답 (b)

해설 본문 4단락에서 "⁷¹ In fact, its popularity has resulted in more than a dozen copies of the bronze statue being displayed in cities around the world, including in the United States, Spain, and Brazil."(사실, 이것의 인기는 미국, 스페인, 그리고 브라질을 포함한 전 세계 도시에 12개 이상의 청동상이 전시되는 결과를 낳았다.)라고 하였다. 코펜하겐에 있는 인어상이 관광객들의 인기를 끌자 다른 도시에서도 이런 동상을 전시하게 된 것으로 추론되므로 (b)가 정답이다.

난이도 ★★★   Category   어휘(동사: deviate)

72 In the context of the passage, deviated means _____.

(a) turned
(b) divided
(c) wandered
(d) differed

본문의 맥락에서, deviated는 _____를 의미한다.

(a) 회전했다
(b) 나누어졌다
(c) 방황했다
(d) 달라졌다

어휘 deviate 벗어나다, 일탈하다 turn 돌다 divide 나누다 wander 방황하다, 헤매다 differ 다르다

정답 (d)

해설 본문 3단락에서 "The statue ⁷² deviated from the fairy tale's single-tail mermaid in that it was sculpted with two fins."(이 동상은 지느러미 두 개로 조각되었다는 점에서 동화의 외꼬리 인어에서 벗어났다.)라는 문장에서 deviated는 '벗어났다, 달라졌다'의 의미로 사용되었다. 보기 중 이 의미와 가장 가까운 (d)가 정답이다.

73 In the context of the passage, restore means
_____.

(a) adjust
(b) rescue
(c) repair
(d) arrange

어휘 ▶ restore 복구하다 adjust 조절하다 rescue 구조하다 repair 수리하다, 보수하다 arrange 배열하다

정답 ▶ (c)

해설 ▶ 본문 4단락 "⁷⁰ Since its initial public display, the statue has been vandalized many times due to its high profile, but each time, the people who supervise its care manage to ⁷³ restore the mermaid to its original state."(처음 공개될 때부터 이 동상은 세간의 이목을 끌면서 여러 차례 파손되었지만 매번 관리 감독하는 사람들이 그것을 원래 상태로 복원한다.)라는 문장에서 restore는 '수리하다, 고치다'의 의미로 사용되었으므로 (c)가 정답이다.

PART 4 **74-80** 비즈니스 레터: 거래 회사에 회계감사가 시작됨을 통보하는 편지

Mr. Dean Williams
Chief Operating Officer
Woodland Furniture, Inc.
50 Grandville St.
Los Angeles, CA

Dear Mr. Williams:

⁷⁴ This letter is to formally advise you that Blue Upholstery Co. has decided to perform an audit of the accounting practices of Woodland Furniture, Inc. **The audit will start tomorrow and will be performed for our company by Watkins & Smith Auditing Services.**

As we have informed you, ⁷⁵ the audit was ⁷⁹ prompted by discrepancies in some of your work orders and invoices as noted by our accounting department. **The differences concern several business transactions that Woodland Furniture, Inc., and Blue Upholstery Co. made during the past six months. Our accounting department believes that this audit is needed and reasonable.**

딘 윌리엄스 씨
최고 운영 책임자
우드랜드 퍼니처 사
그랜드빌 가 50번지
캘리포니아 주 로스앤젤레스

윌리엄스 씨께:

⁷⁴이 편지는 블루 업홀스터리 사(Blue Upholstery Co.)가 우드랜드 퍼니처 사(Woodland Furniture, Inc.)의 회계 관행에 대한 감사를 실시하기로 결정했음을 공식적으로 알려드리기 위한 것입니다. 감사는 내일 시작되며 왓킨스 앤 스미스 회계서비스 사(Watkins & Smith Auditing Services)에 의해 우리 회사를 위한 감사가 행해질 것입니다.

귀하에게 알려 드린 바와 같이, ⁷⁵우리의 회계 부서에 의해 지적된 대로 일부 작업 주문서와 송장의 불일치로 인해 감사가 ⁷⁹촉발되었습니다. 이러한 차이는 우드랜드 퍼니처와 블루 업홀스터리가 지난 6개월 동안 한 여러 가지 사업 거래에 관한 것입니다. 우리 회계 부서는 이 감사가 필요하고 합리적이라고 생각합니다.

The audit will be conducted according to the auditing firm's administration and control policy, which states that [76] "all invoices raised by either company and concerning the other company will be held by Watkins & Smith Auditing Services until the result of the audit is known."

[77] We are requesting your complete cooperation with the auditors for the process to be finished as quickly as possible. [78] We are hoping to reach an acceptable conclusion with the audit so that our trust can be restored in future business [80] dealings with Woodland Furniture, Inc.

If you have any questions about the audit process, please contact Susan Davis, Project Auditor of Watkins & Smith Auditing Services at 603-555-5771.

Sincerely,

Greta Fulton

Greta Fulton
President
Blue Upholstery Co.

TEST 1
TEST 2
TEST 3
TEST 4
TEST 5
TEST 6
TEST 7

감사는 감사 회사의 행정 및 통제 정책에 따라 진행되며, [76] 감사 결과가 알려질 때까지 각 회사에 의해 제기된 상대 회사 관련 모든 송장은 왓킨스 앤 스미스 회계서비스사에 의해 보관될 것입니다.

[77] 우리는 가능한 한 빨리 절차가 마무리될 수 있도록, 당신 회사가 회계감사자들과 전적으로 협력해 주시길 요청합니다. [78] 우리는 감사와 함께 수락 가능한 결론에 도달하여 우드랜드 가구 주식회사와의 향후 비즈니스 [80] 거래에서 신뢰를 회복할 수 있기를 희망합니다.

감사 과정에 대해 궁금한 점이 있으시면 왓킨스 앤 스미스사의 프로젝트 감사 담당자 수잔 데이비스(603-555-5771)에게 연락하십시오.

진심으로,

그레타 풀턴
회장
블루 업홀스터리 사

어휘 formally 공식적으로 advise 알리다 audit 감사 accounting practice 회계 관행 inform 알려주다, 통보하다 prompt 촉발시키다 discrepancy 불일치 invoice 송장, 청구서 as noted 지적된 대로 accounting department 회계부서 concern 관련하다 business transaction 비즈니스 거래 reasonable 합리적인, 타당한 conduct 시작하다 auditing firm 회계 회사 administration 행정 control policy 통제 정책 raise ~를 작성하다 be held by ~에 의해 보관되다 request 요청하다 complete 전적인, 완전한 cooperation 협조 as quickly as possible 가능한 한 빨리 restore 회복하다 business dealing 비즈니스 거래

난이도 ★★★ **Category** **주제**(Why)

74 Why did Greta Fulton write Dean Williams a letter?

(a) to inform him about an auditing firm's services
(b) to let him know that auditors will be checking his records
(c) to ask him the most convenient day to have an audit
(d) to request an explanation for some reported discrepancies

그레타 풀턴은 왜 딘 윌리엄스에게 편지를 썼는가?

(a) 감사 회사의 서비스에 대해 그에게 알리려고
(b) 감사인들이 그의 기록들을 확인할 것임을 통지하려고
(c) 감사를 하기에 가장 편리한 날을 그에게 물어 보려고
(d) 보고된 불일치에 대한 설명을 요청하려고

inform 알려주다   auditing firm 감사 회사   convenient 편리한   request 요청하다   explanation 설명
discrepancy 불일치

(b)

본문 1단락에서 "⁷⁴ This letter is to formally advise you that Blue Upholstery Co. has decided to perform an audit of the accounting practices of Woodland Furniture, Inc."(이 편지는 블루 업홀스터리 사가 우드랜드 퍼니처 사의 회계 관행에 대한 감사를 실시하기로 결정했음을 공식적으로 알려드리기 위한 것입니다.)라고 하였다. 상대방 회사에 대한 감사가 시작될 것임을 통보하려고 이 편지를 썼으므로 (b)가 정답이다.

---

75 What is the main subject of consideration for the audit?

(a) a conflict within the accounting department
(b) a gap in reporting from the two businesses
(c) concerns over orders that were not delivered
(d) personal differences between the two businesses

감사의 주요 고려 사항은 무엇인가?

(a) 회계 부서 내의 충돌
(b) 두 업체로부터의 보고에서의 차이
(c) 납품되지 않은 주문에 대한 우려
(d) 두 사업체 간의 개인적 차이

consideration 고려 사항   conflict 갈등, 충돌   accounting department 회계 부서   gap in ~에서의 차이   concern 우려

(b)

본문 2단락에서 "⁷⁵ the audit was prompted by discrepancies in some of your work orders and invoices as noted by our accounting department."(우리의 회계 부서에 의해 지적된 대로 일부 작업 주문서와 송장의 불일치로 인해 감사가 촉발되었습니다.)라고 하였다. 두 업체간 거래의 작업 주문서와 송장(청구서)에서의 불일치가 이번 감사의 원인이므로 (b)가 정답이다.

본문에 쓰인 'discrepancies in some of your work orders and invoices'와 유사한 표현은 'a gap in reporting from the two businesses'이다.

---

76 How long will Watkins & Smith keep the questionable receipts?

(a) as long as the investigation is in progress
(b) until the invoices are paid in full
(c) as long as the companies work together
(d) until the procedures have begun

얼마나 오랫동안 왓킨스 앤 스미스 사는 미심쩍은 영수증들을 보관할까?

(a) 조사가 진행 중인 동안
(b) 청구서가 완전히 지불될 때까지
(c) 회사들이 함께 일하는 동안
(d) 그 절차가 시작될 때까지

questionable 의심스러운, 미심쩍은   receipt 영수증   as long as ~하는 한   in progress 진행 중인   invoice 송장, 청구서
procedure 과정, 절차

(a)

해설 본문 3단락에서 "All invoices raised by either company and concerning the other company will be held by Watkins & Smith Auditing Services <u>until the result of the audit is known.</u>"(감사 결과가 알려질 때까지 각 회사에 의해 제기된 상대 회사와 관련된 모든 송장은 왓킨스 앤 스미스사에 의해 보관될 것입니다.)라고 하였다. 감사 결과가 나올 때까지 모든 송장(청구서)은 감사 회사인 왓킨스 앤 스미스사에서 보관할 것이라고 했으므로 (a)가 정답이다.

정답 Key Paraphrasing

본문에 쓰인 'until the result of the audit is known'와 유사한 표현은 'as long as the investigation is in progress'이다.

난이도 ★★★ **Category** 세부사항(Why)

77 Why is Fulton asking for Williams's cooperation?

(a) to make the audit valid
(b) to prove that Williams is guilty
(c) to complete the audit quickly
(d) to secure a future contract

풀턴이 왜 윌리엄스의 협조를 요청하고 있는가?

(a) 감사를 유효하게 하기 위해
(b) 윌리엄스가 유죄라는 것을 증명하기 위해
(c) 감사를 신속하게 완료하기 위해
(d) 향후 계약을 확보하기 위해

어휘 ask for 요청하다 cooperation 협력 audit 감사 valid 유효한 prove 증명하다 guilty 유죄의 complete 완료하다 secure 확보하다 contract 계약

정답 (c)

해설 본문 4단락에서 "⁷⁷ We are requesting your complete cooperation with the auditors <u>for the process to be finished as quickly as possible.</u>"(우리는 가능한 한 빨리 절차가 마무리될 수 있도록 당신 회사가 회계감사원들과 전적으로 협력해 주시기를 요청합니다.)라고 하였다. 보기 중 이 내용과 일치하는 (c)가 정답이다.

정답 Key Paraphrasing

본문에 쓰인 'for the process to be finished as quickly as possible'과 유사한 표현은 'to complete the audit quickly'이다.

난이도 ★★★ **Category** 추론(How)

78 Based on the letter, how would Fulton probably react if the audit proves irregularities?

(a) She could lose trust in the auditing firm.
(b) She will cease to have faith in the partnership.
(c) She could ask auditing services for another review.
(d) She will put together a lawsuit.

편지에 따르면, 회계감사에서 부정이 입증된다면 풀턴은 어떻게 반응할까?

(a) 그녀는 회계감사 회사에 대한 신뢰를 잃을 수 있다.
(b) 그녀는 파트너십에 대한 믿음을 끊을 것이다.
(c) 그녀는 감사 기관에 다른 검토를 요청할 수 있다.
(d) 그녀는 소송을 제기할 것이다.

어휘 react 반응하다 irregularity 변칙, 부정 trust 신뢰 auditing firm 회계 회사 cease 중단하다 faith 믿음, 신뢰 review 검토 lawsuit 소송

정답 (b)

해설 본문 4단락에서 "⁷⁸ We are hoping to reach an acceptable conclusion with the audit <u>so that our trust can be restored in future business dealings with Woodland Furniture, Inc.</u>"(우리는 감사와 함께 수락 가능한 결론에 도달하여 향후 우드랜드 퍼니처 주식회사와의 사업 거래에서 신뢰를 회복할 수 있기를 희망합니다.)라고 하였다. 감사 결과 수락 가능한 결론이 나오면 우드랜드 사에 대한 신뢰를 회복할 것이라는 말에서 그렇지 않은 결과가 나오면 신뢰하지 않을 것임이 추론되므로 (b)가 정답이다.

79 In the context of the passage, <u>prompted</u> means _____.

(a) motivated
(b) convinced
(c) advised
(d) helped

본문의 맥락에서, prompted는 _____를 의미한다.

(a) 동기가 된
(b) 납득된
(c) 권장된
(d) 도움받은

어휘 prompted 촉발된 motivated 동기가 된 convinced 납득된 advised 권장된 helped 도움받은

정답 (a)

해설 본문 2단락 "the audit was ⁷⁹<u>prompted</u> by discrepancies in some of your work orders and invoices"(작업 주문서와 송장의 일부 불일치로 인해 감사가 촉발되었습니다.)에서 prompted는 '동기가 된, 촉발된'의 의미로 사용되었으므로 (a)가 정답이다.

80 In the context of the passage, <u>dealings</u> means _____.

(a) discounts
(b) managements
(c) arrangements
(d) distributions

본문의 맥락에서, dealings는 _____를 의미한다.

(a) 할인
(b) 경영
(c) 계약
(d) 유통

어휘 dealing 거래 discount 할인 management 경영 arrangement 협의, 계약 distribution 유통

정답 (c)

해설 본문 4단락 "We are hoping to reach an acceptable conclusion with the audit so that our trust can be restored in future business ⁸⁰<u>dealings</u> with Woodland Furniture, Inc."(우리는 감사와 함께 수락 가능한 결론에 도달하여 향후 우드랜드 퍼니처 주식회사와의 사업 거래에서 신뢰를 회복할 수 있기를 희망합니다.)에서 dealings는 '거래, 계약'의 의미로 사용되었으므로 (c)가 정답이다.

ANSWER
KEY

TEST 1

Grammar		Listening			Reading		
No.	Ans.	No.	Ans.	Part	No.	Ans.	Part
1	D	27	B		53	A	
2	A	28	C		54	B	
3	D	29	B		55	C	
4	B	30	A	1	56	B	1
5	C	31	D		57	D	
6	A	32	A		58	D	
7	A	33	C		59	A	
8	B	34	B		60	B	
9	D	35	A		61	C	
10	C	36	B	2	62	D	
11	B	37	C		63	A	2
12	C	38	D		64	D	
13	A	39	C		65	C	
14	D	40	C		66	B	
15	C	41	A		67	D	
16	C	42	D		68	B	
17	A	43	D	3	69	A	
18	B	44	B		70	D	3
19	C	45	C		71	C	
20	D	46	D		72	A	
21	D	47	A		73	C	
22	C	48	A		74	B	
23	B	49	B	4	75	A	
24	D	50	D		76	A	
25	A	51	C		77	C	4
26	B	52	B		78	C	
					79	B	
					80	D	

TEST 2

Grammar		Listening			Reading		
No.	Ans.	No.	Ans.	Part	No.	Ans.	Part
1	B	27	B		53	D	
2	C	28	C		54	A	
3	D	29	D		55	B	
4	C	30	A	1	56	B	1
5	D	31	D		57	C	
6	B	32	C		58	D	
7	A	33	B		59	A	
8	D	34	D		60	A	
9	C	35	B		61	C	
10	B	36	C	2	62	D	
11	B	37	B		63	C	2
12	A	38	A		64	A	
13	C	39	D		65	D	
14	D	40	C		66	B	
15	A	41	A		67	D	
16	B	42	D		68	C	
17	C	43	A	3	69	B	
18	D	44	B		70	A	3
19	A	45	C		71	B	
20	D	46	A		72	A	
21	A	47	D		73	D	
22	B	48	B		74	B	
23	A	49	A	4	75	A	
24	C	50	C		76	D	
25	B	51	C		77	C	4
26	D	52	D		78	A	
					79	C	
					80	B	

ANSWER KEY — TEST 3

Grammar		Listening			Reading		
No.	Ans.	No.	Ans.	Part	No.	Ans.	Part
1	D	27	A		53	C	
2	A	28	B		54	B	
3	C	29	D		55	D	
4	C	30	B	1	56	C	1
5	B	31	C		57	A	
6	A	32	D		58	B	
7	B	33	C		59	D	
8	D	34	D		60	A	
9	C	35	B		61	D	
10	B	36	A		62	C	
11	D	37	C	2	63	B	2
12	A	38	D		64	D	
13	A	39	B		65	A	
14	B	40	D		66	B	
15	D	41	A		67	D	
16	B	42	B		68	C	
17	D	43	C	3	69	A	
18	C	44	A		70	B	3
19	C	45	B		71	A	
20	B	46	D		72	B	
21	D	47	C		73	C	
22	A	48	B		74	B	
23	C	49	A	4	75	C	
24	B	50	C		76	A	
25	A	51	D		77	A	4
26	B	52	A		78	D	
					79	C	
					80	D	

ANSWER KEY — TEST 4

Grammar		Listening			Reading		
No.	Ans.	No.	Ans.	Part	No.	Ans.	Part
1	C	27	C		53	A	
2	A	28	B		54	D	
3	D	29	A		55	A	
4	A	30	D	1	56	B	1
5	B	31	B		57	C	
6	C	32	D		58	D	
7	B	33	C		59	B	
8	D	34	C		60	B	
9	A	35	B		61	B	
10	C	36	A		62	C	
11	C	37	D	2	63	A	2
12	D	38	D		64	D	
13	B	39	C		65	C	
14	A	40	B		66	A	
15	D	41	D		67	D	
16	C	42	A		68	C	
17	A	43	C	3	69	B	
18	B	44	C		70	C	3
19	D	45	A		71	D	
20	A	46	B		72	B	
21	C	47	D		73	A	
22	D	48	A		74	C	
23	B	49	C	4	75	B	
24	A	50	B		76	A	
25	C	51	C		77	B	4
26	D	52	A		78	A	
					79	D	
					80	C	

TEST 5

Grammar		Listening			Reading		
No.	Ans.	No.	Ans.	Part	No.	Ans.	Part
1	D	27	B		53	A	
2	B	28	D		54	D	
3	A	29	A		55	C	
4	B	30	A	1	56	B	1
5	C	31	D		57	C	
6	D	32	C		58	D	
7	C	33	B		59	A	
8	A	34	A		60	C	
9	D	35	C		61	A	
10	B	36	D	2	62	B	
11	B	37	B		63	B	2
12	C	38	C		64	D	
13	D	39	A		65	C	
14	A	40	B		66	D	
15	C	41	D		67	A	
16	C	42	C	3	68	B	
17	B	43	A		69	C	
18	D	44	B		70	A	3
19	A	45	A		71	D	
20	D	46	D		72	B	
21	C	47	C		73	C	
22	D	48	A		74	B	
23	A	49	B	4	75	D	
24	B	50	C		76	B	
25	A	51	B		77	A	4
26	C	52	D		78	A	
					79	C	
					80	D	

TEST 6

Grammar		Listening			Reading		
No.	Ans.	No.	Ans.	Part	No.	Ans.	Part
1	B	27	B		53	C	
2	D	28	C		54	B	
3	A	29	D		55	A	
4	A	30	A	1	56	B	1
5	C	31	B		57	D	
6	B	32	C		58	A	
7	B	33	D		59	C	
8	C	34	D		60	D	
9	D	35	A		61	B	
10	A	36	C	2	62	C	
11	D	37	B		63	D	2
12	C	38	D		64	A	
13	A	39	C		65	C	
14	B	40	B		66	B	
15	D	41	C		67	A	
16	C	42	A	3	68	D	
17	C	43	D		69	C	
18	B	44	B		70	C	3
19	C	45	D		71	B	
20	D	46	C		72	D	
21	A	47	B		73	A	
22	B	48	A		74	B	
23	A	49	B	4	75	D	
24	B	50	C		76	A	
25	C	51	D		77	D	4
26	D	52	C		78	C	
					79	B	
					80	A	

ANSWER KEY

TEST 7

Grammar		Listening			Reading		
No.	Ans.	No.	Ans.	Part	No.	Ans.	Part
1	B	27	B		53	B	
2	D	28	C		54	A	
3	C	29	D		55	D	
4	C	30	A	1	56	B	1
5	A	31	B		57	C	
6	B	32	C		58	D	
7	A	33	D		59	A	
8	D	34	D		60	C	
9	A	35	A		61	D	
10	B	36	D		62	C	
11	C	37	B	2	63	A	2
12	D	38	D		64	B	
13	C	39	C		65	D	
14	A	40	B		66	B	
15	D	41	C		67	D	
16	B	42	A	3	68	B	
17	D	43	D		69	A	
18	B	44	B		70	C	3
19	D	45	D		71	B	
20	B	46	C		72	D	
21	A	47	B		73	C	
22	B	48	A		74	B	
23	C	49	D	4	75	B	
24	A	50	B		76	A	
25	C	51	D		77	C	4
26	A	52	C		78	B	
					79	A	
					80	C	

G-TELP KOREA 문제 제공
지텔프 기출문제 해설집 Level 2

2021. 9. 6. 1판 1쇄 발행
2021. 10. 20. 1판 2쇄 발행
2021. 11. 30. 1판 3쇄 발행
2022. 1. 7. 1판 4쇄 발행
2022. 8. 1. 1판 5쇄 발행
2023. 1. 11. 1판 6쇄 발행
2023. 6. 7. 1판 7쇄 발행

지은이 | G-TELP KOREA 문제 제공
       성안당 지텔프 연구소 해설
펴낸이 | 이종춘
펴낸곳 | **BM** ㈜도서출판 **성안당**
주소 | 04032 서울시 마포구 양화로 127 첨단빌딩 3층(출판기획 R&D 센터)
     | 10881 경기도 파주시 문발로 112 파주 출판 문화도시(제작 및 물류)
전화 | 02) 3142-0036
     | 031) 950-6300
팩스 | 031) 955-0510
등록 | 1973. 2. 1. 제406-2005-000046호
출판사 홈페이지 | **www.cyber.co.kr**
ISBN | 978-89-315-5758-9 (13740)
정가 | 22,000원

이 책을 만든 사람들

책임 | 최옥현
진행 | 조혜란, 김은주
편집·교정 | 김은주
본문 디자인 | 나인플럭스
표지 디자인 | 나인플럭스
홍보 | 김계향, 유미나, 정단비, 김주승
국제부 | 이선민, 조혜란
마케팅 | 구본철, 차정욱, 오영일, 나진호, 강호묵
마케팅 지원 | 장상범, 박지연
제작 | 김유석

■ 도서 A/S 안내

성안당에서 발행하는 모든 도서는 저자와 출판사, 그리고 독자가 함께 만들어 나갑니다.
좋은 책을 펴내기 위해 많은 노력을 기울이고 있습니다. 혹시라도 내용상의 오류나 오탈자 등이
발견되면 **"좋은 책은 나라의 보배"**로서 우리 모두가 함께 만들어 간다는 마음으로 연락주시기
바랍니다. 수정 보완하여 더 나은 책이 되도록 최선을 다하겠습니다.
성안당은 늘 독자 여러분들의 소중한 의견을 기다리고 있습니다. 좋은 의견을 보내주시는 분께는
성안당 쇼핑몰의 포인트(3,000포인트)를 적립해 드립니다.

잘못 만들어진 책이나 부록 등이 파손된 경우에는 교환해 드립니다.

초급 Basic Grammar in use 4/e

전 세계 수백만 명의 학습자가 사용하는 영문법 교재입니다. 이 책의 구성은 스스로 공부하는 학생과 영어 수업의 필수 참고서로 적합한 교재입니다. 학습가이드를 통하여 영문법을 익히고 연습문제를 통하여 심화학습 할 수 있습니다. 쉽고 간결한 구성으로 Self-Study를 원하는 학습자와 강의용으로 사용하는 모두에게 알맞은 영어교재입니다.

❙ Book with answers and Interactive ebook 978-1-316-64673-1
❙ Book with answers 978-1-316-64674-8

초급 Basic Grammar in use 한국어판

한국의 학습자들을 위하여 간단 명료한 문법 해설과 2페이지 대면 구성으로 이루어져 있습니다. 미국식 영어를 학습하는 초급 단계의 영어 학습자들에게 꼭 필요한 문법을 가르치고 있습니다. 또한 쉽게 따라 할 수 있는 연습문제는 문법 학습을 용이하도록 도와줍니다. 본 교재는 Self-Study 또는 수업용 교재로 활용이 가능합니다.

❙ Book with answers 978-0-521-26959-9

초급 Essential Grammar in use 4/e

영어 초급 학습자를 위한 필수 문법교재 입니다. 학습가이드와 연습문제를 제공하며 Self-Study가 가능하도록 구성되어 있습니다.

❙ Book with answers and Interactive ebook 978-1-107-48053-7
❙ Book with answers 978-1-107-48055-1

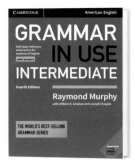

중급 Grammar in use Intermediate 4/e

미국식 영어학습을 위한 중급 문법교재입니다. 간단한 설명과 명확한 예시, 이해하기 쉬운 설명과 연습으로 구성되어 Self-Study와 강의용 교재 모두 사용 가능합니다.

❙ Book with answers and interactive ebook 978-1-108-61761-1
❙ Book with answers 978-1-108-44945-8

BM (주)도서출판 성안당   CAMBRIDGE 독점 UNIVERSITY PRESS 수입
www.bmcambridge.co.kr   도서문의 031-950-6394

중급 **Grammar in use Intermediate 한국어판**

이해하기 쉬운 문법 설명과 실제 생활에서 자주 쓰이는 예문이 특징인 \<Grammar in use Intermediate 한국어판\>은 미국 영어를 배우는 중급 수준의 학습자를 위한 문법 교재입니다. 총 142개의 Unit으로 구성되어 있는 이 교재는, Unit별로 주요 문법 사항을 다루고 있으며, 각 Unit은 간단명료한 문법 설명과 연습문제가 대면 방식의 두 페이지로 구성되어 있습니다. 문법과 전반적인 영어를 공부하고 하는 사람은 물론 TOEIC, TOEFL, IELTS 등과 같은 영어능력 시험을 준비하는 학습자에게도 꼭 필요한 교재입니다.

▌Book with answers 978-0-521-14786-6

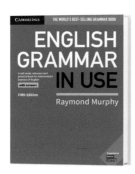

중급 **English Grammar in use 5/e**

최신판으로 중급 학습자를 위한 첫 번째 선택이며, 해당 레벨에서 필요한 모든 문법을 학습할 수 있는 교재입니다. \<IN USE\> 시리즈는 전 세계 누적 판매 1위의 영문법 교재로 사랑받고 있습니다. 145개의 Unit으로 이루어져 있으며, Study guide를 제공하여 Self-Study에 적합하며 강의용 교재로 활용할 수 있습니다.

▌Book with answers and interactive ebook 978-1-108-58662-7
▌Book with answers 978-1-108-45765-1

고급 **Advanced Grammar in use 3/e**

영어 심화 학습자를 위한 영문법 교재입니다. Study planner를 제공하여 자율학습을 용이하게 합니다. 포괄적인 문법 범위와 친숙한 구성으로 고급레벨 학습자에게 적합합니다. 이미 학습한 언어 영역을 다시 확인할 수 있는 Grammar reminder 섹션을 제공합니다. Cambridge IELTS를 준비하는 학생들에게 이상적인 교재입니다.

▌Book with answers and Interactive ebook 978-1-107-53930-3
▌Book with answers 978-1-107-69738-6

BM (주)도서출판 **성안당**   **CAMBRIDGE** 독점 UNIVERSITY PRESS 수입   www.bmcambridge.co.kr   도서문의 031-950-6394

G-TELP KOREA 문제 제공

지텔프

기출문제 해설집

Level 2

G-TELP KOREA 문제 제공 | 성안당 지텔프 연구소 해설

기출문제집

지텔프 출제 경향 완전 분석

BM (주)도서출판 **성안당**

G-TELP 기출문제 **7**회분 수록!

G-TELP KOREA 문제 제공

지텔프

기출문제 해설집

(Level 2)

기출문제집

BM (주)도서출판 **성안당**

G-TELP 기출 문제
TEST
1

GRAMMAR
LISTENING
READING AND VOCABULARY

시험 시간 90분

시험 준비하기

1. 휴대폰 전원 끄고 시계 준비하기
2. Answer Sheet, 컴퓨터용 사인펜, 수정 테이프 준비하기
3. 노트테이킹 할 필기구 준비하기

 ※ LISTENING MP3를 스마트폰-네이버 앱-렌즈-QR/바코드로 바로 들어보세요!

https://han.gl/5fx4i

시작 시간 : _____ 시 _____ 분
종료 시간 : _____ 시 _____ 분

General Tests of English Language Proficiency
G-TELP

Level 2

GRAMMAR SECTION

DIRECTIONS:

The following items need a word or words to complete the sentence. From the four choices for each item, choose the best answer. Then blacken in the correct circle on your answer sheet.

Example:

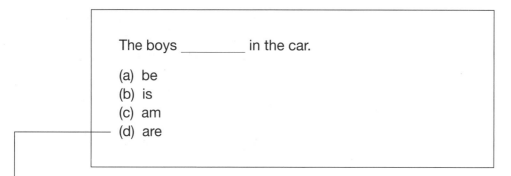

The boys _____ in the car.

(a) be
(b) is
(c) am
(d) are

The correct answer is (d), so the circle with the letter (d) has been blackened.

NOW TURN THE PAGE AND BEGIN

1. In celebration of Earth Science Week, the school is hosting an essay writing contest with the theme "Caring for Our Geoheritage." Essays _____ be submitted to the science department before the 21st of October.

   (a) could
   (b) might
   (c) would
   (d) must

2. After seeing the imperial palaces and Baroque streetscapes of Vienna and Prague, John and Lois will tour Santorini for the next leg of their honeymoon. They _____ around Europe when you try to contact them next week.

   (a) will still be traveling
   (b) will still have traveled
   (c) were still traveling
   (d) have still been traveling

3. Many computer users hate priority updates, but tech experts say they're important for the computer's security. It is advised that users _____ their computer to allow automatic updates, unless they prefer manual updates.

   (a) will set
   (b) are setting
   (c) have set
   (d) set

4. Dan's client, for whom he is designing a website, is demanding more work than he agreed to deliver. If he had known that the client was so difficult to work with, he _____ the project.

   (a) will not accept
   (b) would not have accepted
   (c) had not accepted
   (d) would not accept

5. Kaitlin is ardently pursuing her dream of becoming a fashion designer. She _____ design classes at the Paris Fashion Institute for three months now. While there, she is gaining hands-on experience and building her professional network.

   (a) attends
   (b) will be attending
   (c) has been attending
   (d) attended

6. Choking happens when an airway gets blocked and the person cannot breathe properly. If the blockage is minor, the person should be encouraged to keep _____ until the blockage is cleared.

   (a) coughing
   (b) to have coughed
   (c) having coughed
   (d) to cough

7. Harris runs regularly, but he doesn't pay attention to what he's eating. If he were to prioritize eating healthier food, he _____ some of that weight he frequently complains about.

(a) would lose
(b) will lose
(c) is losing
(d) would have lost

8. The number of farmers in industrialized nations has been steadily declining. In the US, more and more farmers are approaching the age of 65. Upon retirement, they will pass their farms to their children, _____ in farming.

(a) what often have no interest
(b) who often have no interest
(c) which often have no interest
(d) that often have no interest

9. With December fast approaching, retail stores are getting ready for the holiday season. Just this morning, Bradford's Department Store announced that it plans _____ at least 80,000 seasonal workers to handle the Christmas rush.

(a) hiring
(b) to have hired
(c) having hired
(d) to hire

10. We arrived late at the airport last night and had to hurry through dinner just to catch our flight. We _____ at the airport's burger restaurant when our flight was called for boarding.

(a) still dined
(b) are still dining
(c) were still dining
(d) had still dined

11. About a year ago, Joan started saving a third of her salary as a travel fund. If she hadn't given up her daily mocha latte along with other luxuries, she _____ the Eiffel Tower last month.

(a) did not see
(b) would not have seen
(c) would not see
(d) had not seen

12. Most basketball players are incredibly tall: a survey found that the average height in the NBA is 6 feet 7 inches! _____, there have been great players as short as 5 feet 3 inches.

(a) Furthermore
(b) Therefore
(c) On the other hand
(d) Until then

13. Jamal's marriage counselor frequently stresses that he _____ carefully when his spouse comes to him with a complaint. In keeping with this advice, Jamal now asks questions and withholds judgment instead of immediately trying to defend himself.

    (a) listen
    (b) listens
    (c) will listen
    (d) is listening

14. My mother likes to shop at flea markets. The possibility of a good bargain always thrills her. Right now, she _____ for Christmas decorations at the Randolph Street Market.

    (a) will scout
    (b) has been scouting
    (c) scouted
    (d) is scouting

15. Monica was so embarrassed that she was late for her cousin's wedding in Oklahoma. If she hadn't taken the wrong exit on the expressway, she _____ in time to witness her cousin walk down the aisle.

    (a) would arrive
    (b) was arriving
    (c) would have arrived
    (d) had arrived

16. Coffee connoisseurs say that only fresh beans can be used to make the perfect cup of coffee. They recommend _____ just a seven-day supply of beans, which can be stored in an airtight jar for maximum freshness.

    (a) to buy
    (b) having bought
    (c) buying
    (d) to be buying

17. The Nazca Lines are large drawings etched into the ground of the Nazca Desert about 2,500 years ago. These geometric shapes and animals were most likely drawn by ancient Nazca people. _____, their purpose remains unclear.

    (a) However
    (b) Moreover
    (c) Therefore
    (d) Similarly

18. Paula was dismayed when her son's pediatrician told her that she should be giving him 5 ml of multivitamins instead of just 1 ml. She _____ her son the wrong dosage for the past three months!

    (a) gave
    (b) had been giving
    (c) will have given
    (d) is giving

19. Etiquette dictates that drivers also show courtesy when parking. When a car is pulling out of a space, you should wait nearby and turn on your hazard signal _____ others know you are claiming the space.

(a) having let
(b) letting
(c) to let
(d) to have let

20. Yesterday, we went to the new pasta house in town. The spaghetti tasted great, but there were only a few dishes to choose from. If I were to make the menu, I _____ ravioli and risotto.

(a) would also have served
(b) am also serving
(c) had also served
(d) would also serve

21. When the body loses fluids, it also loses essential salts like sodium and potassium. To avoid headaches and other symptoms of dehydration, doctors suggest that one _____ drinking fluids throughout the day.

(a) will continue
(b) has continued
(c) continues
(d) continue

22. Around 11% of the 2.3 million couples marrying in the US each year marry in June, the most popular wedding month. This means that every single day next June, roughly 8,400 couples _____ say "I do."

(a) may
(b) can
(c) will
(d) must

23. Stuart and William, who have been close friends since high school, founded S+W Shoes together. When they celebrate their store's anniversary in November, they _____ high-quality footwear for twenty-five years.

(a) are selling
(b) will have been selling
(c) have been selling
(d) had sold

24. Snail slime is a mucus with plenty of nutrients that protect the snail's skin from drying out. Because of its hydrating properties, skincare experts advocate _____ snail slime in products such as facial masks and moisturizers.

(a) to be using
(b) to use
(c) having used
(d) using

25. To be successful at selling online, you should price your product carefully. Ask yourself, "If the item belonged to someone else, and they were selling it to me, how much _____ to pay for it?"

   (a) would I be willing
   (b) would I have been willing
   (c) will I be willing
   (d) had I been willing

26. Julie went to Main Street hoping to buy a bottle of the pure essential oils she occasionally gets to perfume her house. Unfortunately, when she got there, the shop _____ had already closed for the night.

   (a) that she bought the fragrant oils
   (b) where she bought the fragrant oils
   (c) which she bought the fragrant oils
   (d) when she bought the fragrant oils

LISTENING SECTION

TEST 1

TEST 2

TEST 3

TEST 4

TEST 5

TEST 6

TEST 7

DIRECTIONS:

The Listening Section has four parts. In each part you will hear a spoken passage and a number of questions about the passage. First you will hear the questions. Then you will hear the passage. From the four choices for each question, choose the best answer. Then blacken in the correct circle on your answer sheet.

Now you will hear a sample question. Then you will hear a sample passage.

Now listen to the sample question.

(a) one
(b) two
(c) three
(d) four

Bill Johnson has four brothers, so the best answer is (d). The circle with the letter (d) has been blackened.

NOW TURN THE PAGE AND BEGIN

27. (a) so she can train for a career in the arts
    (b) so she can have a release for her artistry
    (c) because they want her to stop bowling
    (d) because they want her to drop French class

28. (a) Her classes are well attended.
    (b) Her name sounds very familiar.
    (c) Her art lessons are expensive.
    (d) Her artwork looks professional.

29. (a) to find all the colors on a table
    (b) to draw what they observed
    (c) to find white objects on a white background
    (d) to apply color to an egg

30. (a) by coloring the subjects white
    (b) by selecting a different color of paper
    (c) by using every color of pencil
    (d) by using the paper's white background

31. (a) that Heather should draw what she knew
    (b) that the table's position should be changed
    (c) that Heather does not have good eyesight
    (d) that certain objects did not appear to be white

32. (a) because it was unnecessary
    (b) because Heather should find it herself
    (c) because there were no white pencils
    (d) because white is not easily visible

33. (a) start working on her art exam
    (b) keep perfecting her egg drawing
    (c) take a test in her language class
    (d) practice her ability to "see"

34. (a) how to prevent loneliness
    (b) the advantages of being by oneself
    (c) the benefits of going out
    (d) how to avoid the company of others

35. (a) because they are afraid of being judged
    (b) because they think it will not be fun
    (c) because most activities require a partner
    (d) because they worry about their safety

36. (a) It allows them to find new interests.
    (b) It makes them eager to spend time together again.
    (c) It causes them to want more time by themselves.
    (d) It makes them feel distant from each other.

37. (a) by inspiring one to think like a famous artist
    (b) by making one notice the surroundings
    (c) by allowing one to focus on a project
    (d) by making one more open to meeting other people

38. (a) They have the most principles.
    (b) They accept whatever happens.
    (c) They have a lot of priorities.
    (d) They are very self-aware.

39. (a) by doing outdoor activities
    (b) by doing something productive
    (c) by doing whatever one likes
    (d) by doing exciting new things

40. (a) She has a lot of trash to throw away.
    (b) She is undecided about going to a yard sale.
    (c) She has too much unwanted stuff at home.
    (d) She is hesitant to donate her unused things.

41. (a) when he put it for sale online
    (b) when he held a yard sale
    (c) when he reduced its price
    (d) when he went to visit Iowa

42. (a) items that look good in pictures
    (b) things that can be easily fixed
    (c) items that come with descriptions
    (d) things that appeal to one's senses

43. (a) by using free yard sale websites
    (b) by not needing to pay for shipping fees
    (c) by holding multiple yard sales
    (d) by not having to pay third-party fees

44. (a) because she can sell items only on weekends
    (b) because she will spend less time on it
    (c) because she can negotiate more easily
    (d) because she already has photos of everything

45. (a) sell her items on her own property
    (b) create her own online shopping website
    (c) use a selling method that reaches more buyers
    (d) put up ads in her neighborhood

TEST 1

TEST 2

TEST 3

TEST 4

TEST 5

TEST 6

TEST 7

Part 4. *You will hear an explanation of a process. First you will hear questions 46 through 52. Then you will hear the talk. Choose the best answer to each question in the time provided.*

46. (a) how to choose the right air freshener
    (b) how to improve one's health using scents
    (c) how to buy affordable fragrances
    (d) how to make an air freshener

47. (a) because it makes people feel good
    (b) to impress visitors to the house
    (c) because it affects people's focus
    (d) to cover up smells from bad air

48. (a) They can pose a health risk.
    (b) They smell too strong.
    (c) They threaten the environment.
    (d) They include unstable substances.

49. (a) because glass bottles are more durable
    (b) because plastic bottles contain chemicals
    (c) because glass bottles hold scents better
    (d) because plastic bottles are not the right shape

50. (a) The scent will last too long after spraying.
    (b) The ingredients will have a bad reaction.
    (c) The scent would not be pleasant enough.
    (d) The ingredients would not blend well.

51. (a) ones that are mixed with many scents
    (b) ones that contain good additives
    (c) ones that are completely pure
    (d) ones that kill all viruses and bacteria

52. (a) open windows to air out the room
    (b) shake the contents of the bottle
    (c) clean all of the house's bedding
    (d) test it on one piece of furniture

READING AND VOCABULARY SECTION

DIRECTIONS:

You will now read four different passages. Each passage is followed by comprehension and vocabulary questions. From the four choices for each item, choose the best answer. Then blacken in the correct circle on your answer sheet.

Read the following example passage and example question.

Example:

> Bill Johnson lives in New York. He is 25 years old. He has four brothers and two sisters.
>
> How many brothers does Bill Johnson have?
>
> (a) one
> (b) two
> (c) three
> (d) four

The correct answer is (d), so the circle with the letter (d) has been blackened.

ⓐ ⓑ ⓒ ●

NOW TURN THE PAGE AND BEGIN

Part 1. Read the following biography article and answer the questions. The underlined words in the article are for vocabulary questions.

SIR NICHOLAS WINTON

Sir Nicholas Winton was a British humanitarian best known for rescuing Jewish children in Czechoslovakia from the Nazis just before the Second World War. The rescued later became known as "Winton's Children."

Nicholas George Wertheimer was born on May 19, 1909 in London. His parents, Rudolf and Barbara Wertheimer, were German Jews who had moved to England and changed their surname to Winton. Young Nicholas grew up in a mansion, his father being a successful bank manager. Winton attended Stowe School, and eventually became a stockbroker.

In December 1938, 29-year-old Winton was about to visit Switzerland for a holiday when a friend who was helping refugees in Czechoslovakia invited Winton to join him. There, he was asked to help in the refugee camps. Moved by the terrible conditions faced by Jewish families and other political prisoners, he immediately organized an operation to evacuate the camps' Jewish children from Czechoslovakia to England. He returned to England to arrange for the children's rescue. Together with his mother, his secretary, and several concerned individuals, Winton found adoptive parents for each child, secured entry permits, and raised funds for the children's passage.

On March 14, 1939, the first train carrying Winton's rescued children left Prague. They were brought to the Liverpool Street station in London, where British foster parents received them. Throughout the next five months, Winton organized seven other children's trains, rescuing a total of 669 children. His efforts only ceased when all German-controlled borders were closed at the outbreak of World War II.

Winton's efforts went unnoticed until nearly 50 years later, when his wife found an old scrapbook containing the children's photos, letters, and other documents. She turned the records over to a Holocaust historian, and soon after, stories of Winton's heroic deeds fell into the hands of a prominent figure in the newspaper industry. Winton then appeared on a nationwide BBC television program, leading to his reunion with those whom he had rescued. These included British politician Alfred Dubs and Canadian TV journalist Joe Schlesinger.

Winton died in July 2015 at the age of 106. Throughout his life, he received many honors, including a knighthood by the Queen and an honorary citizenship in Prague. His story is also the subject of several films, including the award-winning documentary, *The Power of Good*.

53. What is Nicholas Winton famous for?

   (a) saving Jewish children in
       Czechoslovakia
   (b) his work in the Czech refugee
       camps
   (c) fighting the Nazis in the war
   (d) his adoption of Jewish Czech
       children

54. When did Winton first see the awful
    situation of the Jews?

   (a) when his family moved to England
   (b) while he was helping out at a
       refugee camp
   (c) while he was a student at Stowe
       School
   (d) when he visited Switzerland

55. What did Winton do when he returned
    to England from Czechoslovakia?

   (a) He arranged for the release of
       political prisoners.
   (b) He encouraged other people to
       help in the camps.
   (c) He prepared for the transport of
       Jewish children.
   (d) He brought some Jewish children
       back with him.

56. How did he ensure that each rescued
    child would have a home?

   (a) by ensuring their safe passage to
       England
   (b) by finding British parents who were
       willing to take them in
   (c) by raising funds for a children's
       home in England
   (d) by also working for their parents'
       rescue

57. Based on the article, when were
    Winton's noble actions probably
    introduced to a wider audience?

   (a) when his story appeared in a small
       newspaper
   (b) when he appeared in a movie about
       his life
   (c) when his story was published in a
       history book
   (d) when he was seen on national
       television

58. In the context of the passage, evacuate
    means _____.

   (a) empty
   (b) leave
   (c) abandon
   (d) transfer

59. In the context of the passage, ceased
    means _____.

   (a) ended
   (b) paused
   (c) failed
   (d) quieted

Part 2. *Read the following magazine article and answer the questions. The underlined words in the article are for vocabulary questions.*

RESEARCHERS HAVE CREATED A PLASTIC CLOTHING MATERIAL THAT COOLS THE SKIN

Scientists from Stanford University have developed a new fabric that works better than cotton in keeping the body cool. The fabric can be made into clothing that will help save energy on air conditioning.

Keeping the body cool without the help of air conditioning is a big challenge. Under normal conditions, at least 50% of a person's body heat is released as infrared radiation. If this radiation could leave the body without being blocked by clothing, a person would feel cooler. The new material described in the journal *Science* works by allowing the body to release heat in two ways. First, like ordinary fabrics, it lets bodily sweat evaporate through it. Second, it also allows infrared radiation to escape — a cooling system that is not possible with regular clothing materials.

The fabric, called *nanoporous polyethylene or nanoPE*, is a modified form of polyethylene, a clear, stretchable plastic commonly used as "cling wrap." Cling wrap allows infrared radiation to pass through. However, it also traps moisture and is completely transparent. To address these limitations, the scientists identified a kind of polyethylene commonly used in making batteries. This plastic material lets infrared light pass through but is also opaque enough to block visible light. They then treated the plastic with chemicals to allow it to "breathe" like a natural fiber.

To make the material more fabric-like, the researchers created a three-ply version: a cotton mesh <u>sandwiched</u> between two sheets of treated polyethylene. When the new fabric was compared to ordinary cotton, it was found that it kept a person's skin 4°F or 2.3°C cooler. This drop in temperature would make a nanoPE wearer less inclined to turn on an air conditioner or electric fan.

The researchers are still working on <u>refining</u> the fabric, including adding more cloth-like characteristics and colors, and making the manufacturing process cost-effective. If successful, the new fabric could make people more comfortable in hotter climates. It can also reduce the energy costs of a building by up to 45%.

60. According to the article, what would be a benefit of the new cooling fabric?

(a) increasing the efficiency of air conditioning
(b) saving money on electricity use
(c) keeping the body at the ideal temperature
(d) boosting the fashion industry

61. How does the Stanford material differ from regular fabrics?

(a) It does not allow body heat to escape.
(b) It enables sweat to evaporate easily.
(c) It does not block infrared radiation.
(d) It absorbs the evaporating sweat.

62. Why can plastic wrap not be used as a clothing material?

(a) because it is not stretchable enough
(b) because it is made with unsafe chemicals
(c) because it lets radiation escape
(d) because it can be seen through

63. What is true about the three-ply version?

(a) It was able to keep the body's surface cooler.
(b) It lowered a person's temperature quickly.
(c) It felt more comfortable than ordinary cotton.
(d) It could maintain a normal body temperature.

64. How most likely would the new fabric reduce energy costs?

(a) by being easier to manufacture than other fabrics
(b) by keeping a building cool for longer
(c) by reducing the wearer's sweating
(d) by decreasing the need for air-conditioning

65. IIn the context of the passage, sandwiched means _____.

(a) frozen
(b) separated
(c) inserted
(d) crowded

66. In the context of the passage, refining means _____.

(a) civilizing
(b) improving
(c) repairing
(d) cleansing

Part 3. *Read the following encyclopedia article and answer the questions. The underlined words in the article are for vocabulary questions.*

TETRIS

Tetris is a video game created by Russian game designer and computer engineer Alexey Pajitnov. It is one of the most successful video games of all time.

The idea for Tetris came to Pajitnov in 1984 while playing Pentominoes, his favorite puzzle game, which involves rearranging pieces of five equally-sized squares to fill a rectangular board. He imagined the pieces falling into a well and then piling up. He then developed an electronic game out of this idea during his spare time while working for the Soviet Academy of Sciences. The result was Tetris.

The name "Tetris" derives from *tetra*, the Greek word for "four," and tennis, Pajitnov's favorite sport. It requires players to rotate and move pieces consisting of four cubes in different combinations as they fall toward the bottom of the screen at increasing speeds. The goal is to arrange the pieces to form a continuous horizontal line from one edge of the screen to the other. This clears the line, earns points, and moves the new falling pieces down the cleared-out space. When the pieces are not arranged properly and fill up the screen, the game ends.

Pajitnov shared Tetris with his friends, and it spread quickly. The game was not patented yet two years later, despite being already distributed in the US and Europe. Different foreign companies claimed the rights to Tetris, until the Soviet government gave Atari, a video game company, exclusive rights to the arcade version, and to another video game company, Nintendo, the rights to the console and handheld versions. Tetris was eventually bundled with Nintendo's handheld system, the GameBoy, and sold millions of copies as a result.

The game's simple concept and controls are huge factors in its success. It is easy enough to learn, yet so engaging as one has to quickly decide how to arrange the pieces. Despite the game's success, it was only in 1996 after the Soviet Union was dissolved that Pajitnov received the rights to his creation and founded The Tetris Company.

Tetris has sold over 200 million copies around the world, and has been released on over 65 different platforms. It is one of the best-selling video games of all time.

67. How did Pajitnov come up with the concept for Tetris?

   (a) He created a similar board game first.
   (b) He played a computer game of tennis.
   (c) He got a commission from the government.
   (d) He took inspiration from a puzzle game.

68. What is the goal of Tetris?

   (a) to get the lowest number of penalty points
   (b) to keep the pieces from stacking up too high
   (c) to prevent the pieces from falling over
   (d) to build a continuous line from top to bottom

69. Which probably contributed to the success of the game's GameBoy version?

   (a) the game's ownership by Nintendo
   (b) the failure of Atari's arcade version
   (c) the US manufacturing of the game
   (d) the delay in the game's patenting

70. What largely accounts for the popularity of Tetris?

   (a) its variety of controls
   (b) its unusual gameplay concept
   (c) its being challenging to learn
   (d) its lack of complexity

71. When did Pajitnov finally own the rights to Tetris?

   (a) when Nintendo sold it to him
   (b) when he sued the government for it
   (c) when the Soviet Union broke up
   (d) when it became a best-selling game

72. In the context of the passage, exclusive means _____.

   (a) sole
   (b) original
   (c) superior
   (d) shared

73. In the context of the passage, founded means _____.

   (a) discovered
   (b) provided
   (c) formed
   (d) bought

Mr. Henry Morgan
Building Administrator
One Kennedy Place

Dear Mr. Morgan:

I have owned a residential unit at One Kennedy Place for almost 15 years. I have been satisfied with how the condominium is maintained until very recently. Some important issues with the building have come up that management should address promptly.

For the past several weeks, the lobby has not been kept at its usual standard of cleanliness. The floor from the building's entrance up to the elevator hallway is always dirty. It's also a problem that the cleaners have recently begun mopping the lobby floor at eight o'clock on weekday mornings, when most residents are passing through the lobby on their way to work.

Also, I notice that the employees of the travel agency on the building's ground floor have started taking their breaks on the front steps of the building. This should stop. Aside from creating disruptive noise, most of them smoke cigarettes, forcing anyone who enters the building to inhale their fumes.

Lastly, there are no longer enough parking spaces in front of the building because three of the seven parking spaces were suddenly allotted to the travel agency. This has left the building's residents with only four parking spaces for their visitors.

I hope you can resolve these problems quickly. The other unit owners and I always pay our monthly dues on time, so it is only reasonable that we receive the same quality of services that we did in the past. If not, I shall take my complaint to the homeowners board. Thank you.

Respectfully,

Elaine Barnes
Elaine Barnes
Unit 1602

74. Why did Elaine Barnes write the building administrator a letter?

(a) to raise a question about safety
(b) to complain about the building
(c) to ask about a condominium unit
(d) to explain issues with her unit

75. What did Barnes say is now a problem with the building's lobby?

(a) It is not as clean as it used to be.
(b) The elevators are always dirty.
(c) It is too crowded on workday mornings.
(d) The cleaners are not working anymore.

76. What is Barnes probably requesting that management do about the building's front steps?

(a) prohibit people from lingering there
(b) ask non-smokers to avoid them
(c) provide a designated smoking area
(d) clean up the cigarette butts

77. When did the need for more parking spaces in front of One Kennedy Place arise?

(a) when the residents began having more visitors
(b) after the parking lot was turned into office spaces
(c) after a business was given more parking spaces
(d) when the travel agency started to have a lot of clients

78. Why does Barnes feel that the unit owners can demand a high quality of service?

(a) because they have strong ties to the board
(b) because they are long-time residents
(c) because they have been paying their dues promptly
(d) because they are paying higher rent than the agency

79. In the context of the passage, address means _____.

(a) label
(b) handle
(c) greet
(d) convey

80. In the context of the passage, disruptive means _____.

(a) chaotic
(b) disorganized
(c) messy
(d) disturbing

THIS IS THE END OF THE TEST

〉〉〉 본책 p.028 정답·해석·해설

G-TELP 기출 문제
TEST
2

GRAMMAR
LISTENING
READING AND VOCABULARY

시험 시간 90분

시험 준비하기

1. 휴대폰 전원 끄고 시계 준비하기
2. Answer Sheet, 컴퓨터용 사인펜, 수정 테이프 준비하기
3. 노트테이킹 할 필기구 준비하기

 ※ LISTENING MP3를 스마트폰-네이버 앱-렌즈-QR/바코드로 바로 들어보세요!

https://han.gl/mwSxy

시작 시간 : _____ 시 _____ 분
종료 시간 : _____ 시 _____ 분

General Tests of English Language Proficiency
General Tests of English Language Proficiency G-TELP

Level 2

GRAMMAR SECTION

DIRECTIONS:

The following items need a word or words to complete the sentence. From the four choices for each item, choose the best answer. Then blacken in the correct circle on your answer sheet.

Example:

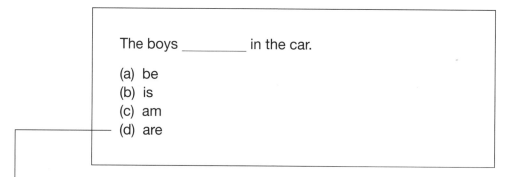

The boys _____ in the car.

(a) be
(b) is
(c) am
(d) are

The correct answer is (d), so the circle with the letter (d) has been blackened.

NOW TURN THE PAGE AND BEGIN

1. The beachgoers at Blue Marina
   Beach Resort saw a young dolphin
   stranded helplessly on the sand. They
   helped the poor creature return to
   the sea _____ it wouldn't die of
   dehydration.

   (a) in case
   (b) so that
   (c) unless
   (d) because

2. Mr. Jackson has promised to help
   rebuild the houses of the typhoon
   victims on Fiji Island. He _____
   assistance to disaster victims
   worldwide since he joined the Building
   Wishes Foundation in 1999.

   (a) is giving
   (b) gives
   (c) has been giving
   (d) will give

3. A credit card company announced
   the launch of a security application
   to protect customers who purchase
   things online. It's a mobile app that
   _____ use facial and fingerprint
   scans instead of passwords to access
   an account.

   (a) could
   (b) may
   (c) should
   (d) will

4. The song "In My Life" reminds Martin
   of Grandma Ellie. They used to sing
   it together during family gatherings. If
   only his grandmother were alive today,
   he _____ her with the popular
   Beatles song.

   (a) would still have serenaded
   (b) will still serenade
   (c) would still serenade
   (d) is still serenading

5. I am really happy that my mother is
   buying me a new laptop. My current
   laptop, _____, has a broken
   screen and many faded keys. It badly
   needs to be replaced.

   (a) that is already quite old
   (b) what is already quite old
   (c) who is already quite old
   (d) which is already quite old

6. Tourists come to Wallberg Mountain
   in Germany during the winter to
   participate in winter sports such as
   skiing and snowboarding. Many of
   them also enjoy _____ down the
   mountain trails.

   (a) to sled
   (b) sledding
   (c) to be sledding
   (d) having sledded

7. Jason has been tirelessly practicing his audition piece for the musical *Beauty and the Beast*. He is dying to get the role of the Beast. At the moment, he _____ in front of the casting director.

(a) is singing
(b) sings
(c) will be singing
(d) sang

8. Stephanie injured her arm badly when she fell out of a maple tree. If she had listened to her mother's warning not to climb it, she _____ from an unstable branch.

(a) was not falling
(b) had not fallen
(c) would not fall
(d) would not have fallen

9. Kelly's skin got irritated after using a scented lotion. Now, she has a rash covering parts of her body. Since discovering that she is allergic to the product, she has decided _____ using it.

(a) to be discontinuing
(b) having discontinued
(c) to discontinue
(d) discontinuing

10. James was exhausted after a long day at the office. He had attended three meetings and finished a quarterly report. _____, he fell into a deep sleep almost as soon as he got home.

(a) Meanwhile
(b) Therefore
(c) Moreover
(d) Besides

11. The passengers of Dragon Airways thanked the pilots and crew for landing them safely in Bangkok, Thailand. A monsoon rain _____ for over an hour when the pilot announced their safe approach to Suvarnabhumi Airport.

(a) poured
(b) had been pouring
(c) has been pouring
(d) will have poured

12. Caring for your teeth properly is important in achieving good grooming and overall health. You should thoroughly clean each section of your mouth. Moreover, you should practice _____ your teeth after every meal.

(a) brushing
(b) to brush
(c) having brushed
(d) to have brushed

13. Patrick is considering rescheduling his meeting with a client because he has a bad case of the flu. If only he were feeling better, he _____ his proposal to his client as planned.

(a) would have presented
(b) is presenting
(c) would present
(d) will present

14. Last night, I was surprised to find my seven-year-old son still awake at 10:30. I had worked late because our office was updating its financial records. Fortunately, my son _____ his homework when I got home.

(a) is finishing
(b) has been finishing up
(c) will finish up
(d) was finishing up

15. Silver Lot Software recently released a mobile program that searches for cheaper parking spaces in different cities. With this new application installed, users _____ reserve a parking space anywhere, whenever they want.

(a) can
(b) will
(c) should
(d) would

16. Napping is a good way to feel refreshed and energized. However, doctors recommend that a person only _____ a 20- to 30-minute nap to stay alert and perform well without feeling groggy.

(a) will take
(b) take
(c) has taken
(d) takes

17. Harry will soon be promoted to senior vice president of sales. He's happy that his years of hard work have paid off. By the time he receives his promotion, he _____ for the company for 12 years.

(a) works
(b) has been working
(c) will have been working
(d) will work

18. Lara had no choice but to change into another dress after she accidentally splattered coffee on herself. If she had been more careful, she _____ the coffee all over her favorite dress.

(a) had not spilled
(b) was not spilling
(c) would not spill
(d) would not have spilled

19. Although going on international tours is an expensive hobby, many people think it's worth spending the money to pursue their passion. They adore _____ abroad to see scenic spots and experience other cultures.

(a) traveling
(b) to travel
(c) having traveled
(d) to be traveling

20. Aunt Julie never uses chemicals when growing her vegetables because she wants her harvests to be purely organic. She only applies fertilizer _____ to make sure that her crops are safe and healthy to eat.

(a) which it comes from nature
(b) what comes from nature
(c) who comes from nature
(d) that comes from nature

21. Grace's schedule has become hectic since her company started preparing to launch a new product. She barely sees her friends anymore. If she were to free up some time, she _____ them on their movie dates.

(a) would join
(b) is joining
(c) will join
(d) would have joined

22. Jonathan cannot wait to see the house he's buying on Woodrow Street. His real estate agent has agreed to take him there tomorrow, but warns him that workmen _____ the house's interior when they arrive.

(a) will paint
(b) will be painting
(c) are painting
(d) had been painting

23. Forgetting about the big football game, Marlon went to the supermarket and ended up stuck in traffic for three hours. His friends suggested that he _____ an eye on the home game schedule from now on.

(a) keep
(b) will keep
(c) kept
(d) is keeping

24. A study showed that sniffing rosemary, an aromatic herb, may increase a person's alertness and improve memory. If you want _____ sharp during a test or a presentation, try smelling rosemary oil beforehand.

(a) staying
(b) to be staying
(c) to stay
(d) having stayed

25. Sophie, my five-year-old niece, went to the dentist's office for a toothache after eating too much candy. If she hadn't eaten all those sweets, she _____ to visit the dentist to have her teeth checked.

(a) was not needing
(b) would not have needed
(c) had not needed
(d) would not need

26. Professor Craig is so strict that many of his students drop out halfway through the semester. The dean advised that the professor _____ his students fairly, or his class will be canceled due to lack of enrollment.

(a) will treat
(b) treats
(c) is treating
(d) treat

LISTENING SECTION

TEST 1

TEST 2

TEST 3

TEST 4

TEST 5

TEST 6

TEST 7

DIRECTIONS:

The Listening Section has four parts. In each part you will hear a spoken passage and a number of questions about the passage. First you will hear the questions. Then you will hear the passage. From the four choices for each question, choose the best answer. Then blacken in the correct circle on your answer sheet.

Now you will hear a sample question. Then you will hear a sample passage.

Now listen to the sample question.

(a) one
(b) two
(c) three
(d) four

Bill Johnson has four brothers, so the best answer is (d). The circle with the letter (d) has been blackened.

ⓐ ⓑ ⓒ ●

NOW TURN THE PAGE AND BEGIN

27. (a) that she does not have time for a vacation
    (b) that she has not bought airplane tickets yet
    (c) that she has not chosen the best destination
    (d) that she has not booked a hotel room yet

28. (a) so they could avoid the crowds
    (b) because it is the time when most people go there
    (c) so they could find cheaper airfares
    (d) because it is the only time they are free

29. (a) making all of her travel arrangements
    (b) finding a better travel destination
    (c) canceling her airline reservations
    (d) getting affordable plane tickets

30. (a) by making sure every seat on the airplane gets sold
    (b) by training their crew well
    (c) by having their airplanes fly frequently
    (d) by increasing the price of their airfares

31. (a) to prevent passengers from changing their flight
    (b) to keep from overfilling the plane
    (c) to avoid last-minute flight cancellations
    (d) to get more passengers onboard

32. (a) postponing the vacation until a later time
    (b) getting expensive plane tickets
    (c) having some quiet time by himself
    (d) leaving his wife behind

33. (a) It shows her the ratings of the different airlines.
    (b) It helps her to locate open seats on flights.
    (c) It teaches her how to save money while traveling.
    (d) It assists her with selecting the best tour package.

Part 2. *You will hear a presentation by one person to a group of people. First you will hear questions 34 through 39. Then you will hear the talk. Choose the best answer to each question in the time provided.*

34. (a) It is not enjoyable.
    (b) It is not necessary.
    (c) It can be time-consuming.
    (d) It can be expensive.

35. (a) because they do not want to damage the dress
    (b) because they prefer to appear in something new each time
    (c) because the dress has to be returned
    (d) because the dress is hidden in the back of the closet

36. (a) It sells designer clothing.
    (b) It makes formal clothes and jewelry.
    (c) It rents out dresses and fashion accessories.
    (d) It sells dresses at discounted prices.

37. (a) by reading all of the dress reviews
    (b) by narrowing down the categories
    (c) by browsing through the entire collection
    (d) by seeing how a dress looks on a real model

38. (a) extending the dress's rental period
    (b) the dress's express delivery fee
    (c) having to dry-clean the dress again
    (d) the dress's extra insurance cost

39. (a) ship the dress back to the store
    (b) write a complaint on the store's website
    (c) rent an additional dress
    (d) exchange it for another dress

40. (a) why she buys organic shampoo
    (b) the difference between organic and regular products
    (c) her experience with a new shampoo
    (d) the popularity of argan oil shampoo

41. (a) because it is easier to make
    (b) because it is made with fewer ingredients
    (c) because it is sold everywhere
    (d) because it is less effective at cleaning hair

42. (a) because they just buy whatever is fashionable
    (b) because the suds in regular shampoo irritate the eyes
    (c) because organic shampoo is now more affordable
    (d) because they are concerned about their health

43. (a) It takes out unwanted oils from the hair.
    (b) It reduces the need to wash as often.
    (c) It makes the scalp produce more oil.
    (d) It absorbs deep into one's skin.

44. (a) by finishing off with regular shampoo
    (b) by applying more shampoo
    (c) by massaging the hair more briskly
    (d) by shampooing more than once daily

45. (a) buy some shampoo that foams easily
    (b) look for the most affordable product
    (c) get the product without harmful chemicals
    (d) purchase shampoo that gets rid of more oils

46. (a) how to get back to work after a long leave
    (b) planning for a perfect vacation
    (c) how to be more productive at work
    (d) surviving the first day on the job

47. (a) to devote time for meeting friends back at home
    (b) to be able to sleep all of Sunday
    (c) to spend the day unpacking and cleaning
    (d) to set aside time to get ready for the work week

48. (a) on the first day back at work
    (b) when one's return to work is approaching
    (c) when one's sleep cycle goes back to normal
    (d) all throughout the vacation

49. (a) It reminds one about upcoming duties.
    (b) It helps one start tasks before returning to work.
    (c) It allows one to schedule more meetings.
    (d) It keeps one busy while on a vacation.

50. (a) They can train themselves to be morning people.
    (b) Their coworkers will be too busy to talk.
    (c) They can start working on tasks before others arrive.
    (d) Their coworkers will still be on vacation.

51. (a) talking about one's vacation
    (b) focusing on a single task at a time
    (c) trying to finish many tasks all at once
    (d) planning another vacation

52. (a) It keeps one's mind off work.
    (b) It gives one the same feeling as being on vacation.
    (c) It breaks up the daily routine.
    (d) It gives one something fun to think about while working.

READING AND VOCABULARY SECTION

DIRECTIONS:

You will now read four different passages. Each passage is followed by comprehension and vocabulary questions. From the four choices for each item, choose the best answer. Then blacken in the correct circle on your answer sheet.

Read the following example passage and example question.

Example:

Bill Johnson lives in New York. He is 25 years old.
He has four brothers and two sisters.

How many brothers does Bill Johnson have?

(a) one
(b) two
(c) three
(d) four

The correct answer is (d), so the circle with the letter (d) has been blackened.

ⓐ ⓑ ⓒ ●

NOW TURN THE PAGE AND BEGIN

ELON MUSK

Elon Musk is a South African-born American engineer and entrepreneur known for founding high-technology companies including SpaceX and Tesla Motors. Also recognized for his environmental and charity work, Musk is one of the wealthiest people in the world.

Elon Reeve Musk was born on June 28, 1971 in Transvaal, South Africa. His father, Errol Musk, is a South African-born electromechanical engineer. His mother, Maye Haldeman, was a Canadian model. Young Elon showed his inventive nature early in life. He acquired his first computer at age 10, and with an unusual talent for technology, designed a space game called *Blastar* at 12. Musk went to private schools in Pretoria, South Africa. He attended Queen's University in Canada, and transferred to the University of Pennsylvania where he received his bachelor's degrees in economics and physics.

Musk attended Stanford University for a Ph.D. in applied physics. However, he decided to join the Internet boom that was starting at the time. He left school and soon launched the first in a chain of successful business ventures. Zip2 was a company that provided city guide software for high-profile newspapers. In 1999, Compaq Computer Corporation acquired Zip2. That same year, Musk co-founded X.com, an online payments company that eventually became part of PayPal.

Musk started SpaceX in 2002 to promote space travel for private individuals. Known as the first private company to launch a rocket into space, SpaceX also manufactures space launch vehicles and is now the world's largest maker of rocket motors. It was also in 2002 that Musk became a US citizen. He invested in Tesla Motors afterward, and joined the company as its board chairman. Tesla Motors produces electric cars including the Roadster, a high-performance sports car, and the more affordable Model 3, a sedan that has become the company's best-selling model and one of the world's most popular electric vehicles.

Further business ventures include a research company for artificial intelligence and investment in a high-speed transportation system. He is the chairman of the Musk Foundation, a charity group that provides emergency solar energy to disaster-hit areas. For his contributions in the fields of technology, energy, and business, Musk has received many recognitions, including the Stephen Hawking Medal for Science Communication and a Gold Medal from the Royal Aeronautical Society.

53. What type of company is Elon Musk known for running?

(a) organizations that help the needy
(b) businesses that make earth-friendly structures
(c) non-profits that support new inventions
(d) enterprises that use advanced technologies

54. How did Musk show his technological skills as a child?

(a) by creating a piece of entertainment
(b) by designing an online game
(c) by assembling his own personal computer
(d) by improving existing video games

55. Why most likely did Musk stop pursuing his studies?

(a) so he could join a web company
(b) so he could start his own business
(c) because he had a hard time entering a university
(d) because he lost interest in getting a college degree

56. According to the article, what is the goal of SpaceX?

(a) building the world's largest rocket engines
(b) allowing non-astronauts to visit space
(c) making space travel affordable to everyone
(d) producing the fastest electric cars

57. How does the Musk Foundation help victims of natural disasters?

(a) It sells them solar panels at no profit.
(b) It gives them jobs in one of Musk's companies.
(c) It provides them with a free source of power.
(d) It gives them emergency loans.

58. In the context of the passage, chain means _____.

(a) pattern
(b) link
(c) cycle
(d) series

59. In the context of the passage, recognitions means _____.

(a) honors
(b) notifications
(c) acceptances
(d) realizations

Part 2. *Read the following magazine article and answer the questions. The underlined words in the article are for vocabulary questions.*

NEANDERTHALS PAID A HIGH PRICE FOR A COLD MEAL

Recent archeological findings propose that one of the reasons Neanderthals became extinct may have been their failure to make full use of fire. Researchers suggest that Neanderthals, a subspecies of humans that died out around 40,000 years ago, may have known how to control fire. However, they may not have used it effectively enough to ensure their survival. Some experts believe that their methods of food preparation, particularly their reluctance or inability to use fire, may have been a key factor in their demise.

Early humans, who were closely related to Neanderthals, used fire for several reasons. One of these was to cook food. Cooking gave our human ancestors more calories from a limited amount of food. Aside from improving taste and making food safer to eat, the heat in cooking also breaks down proteins into simpler units, making it easier for the body to use as energy. This gave our ancestors an <u>edge</u> in the cold climate of Ice Age Western Europe, which supplied little food.

Neanderthals needed more calories than humans due to their stocky physique and higher body mass index. By not using fire to cook their food, they got fewer calories from the limited resources available to them. Mathematical models have shown how the use of fire affected the survival of early humans and Neanderthals. The models indicated that the more humans used fire for food, the more their population grew compared to that of Neanderthals. This increase in the human population led to a greater <u>demand</u> for food. As a result, they may have simply "outcompeted" the less populous Neanderthals, which could have led to the latter's extinction.

Not everybody agrees with the findings, however. The lack of information about Neanderthals makes it difficult to make definitive conclusions about their disappearance. It is still not clear how many calories Neanderthals actually needed to live, and scientists do not even agree on whether Neanderthals only ate plants or meat, or both. Knowing their diet could determine the extent to which cooking with fire could have affected their survival.

60. What may be one of the reasons for the disappearance of Neanderthals?

  (a) their inability to employ fire properly
  (b) their deaths at the hands of early humans
  (c) their tendency to let fires rage out of control
  (d) their ignorance to the existence of fire

61. How did cooking food benefit the ancestors of modern men?

  (a) by improving their appetite
  (b) by adding nutrients into the food
  (c) by helping them get more energy from food
  (d) by letting them keep food longer

62. Based on the article, why did Neanderthals need more calories to survive?

  (a) They moved around more often.
  (b) They needed energy to collect resources.
  (c) They lived in colder places than humans.
  (d) They had a greater weight to height ratio.

63. What could have driven the Neanderthals to extinction?

  (a) They ate food that was not safely prepared.
  (b) They were pushed into less populated areas.
  (c) Early humans took away their food supply.
  (d) Early humans killed them in competitions.

64. Which factor could help determine if cooking really affected the Neanderthal's survival?

  (a) the type of food they regularly ate
  (b) the methods they used to cook food
  (c) the type of food humans left for them
  (d) the amount of plants they grew for food

65. In the context of the passage, edge means _____.

  (a) ability
  (b) point
  (c) border
  (d) advantage

66. In the context of the passage, demand means _____.

  (a) search
  (b) requirement
  (c) surplus
  (d) order

HONEYBEE

The honeybee, *Apis mellifera*, is one of the most well-respected insects in the world. It plays an important role in ensuring the production of plant seeds through a process called pollination. However, the honeybee is best known for producing one of people's favorite food items: honey.

Honeybees have hairy bodies that are <u>divided</u> into three parts: the head, the thorax, and the abdomen. The head has two large eyes and a pair of antennae. The thorax, which is the midsection of the insect's body, carries two pairs of wings and three pairs of legs. The abdomen is where wax and honey are made. Honeybees are light-brown to golden-yellow in color and grow to about 12 millimeters long.

Honeybees live in colonies of as many as 80,000 bees. They build their homes, called hives, close to an abundant supply of flowers that produce their food, namely nectar and pollen. Hives are usually built inside hollow trees or rock openings. There are three types of honeybee: the queen, the workers, and the drones. The queen lays eggs and directs the other bees. The workers are female bees that do not lay eggs but instead search for food, make honey, and protect the hive. The drones are the male bees that mate with the queen.

Their form of communication is quite unique. When a worker bee discovers a food supply, she passes on the food's location to the other bees through special dances. A bee that is performing the "round dance," or flying in a fast, circular motion, is saying she has found a food source. The "waggle dance," or the rapid side-to-side movement of the tail, <u>conveys</u> the distance and direction of the food. The honeybee's body also gives off chemical signals to find mates for the queen, help worker bees return to the hive, and warn other bees when the colony is being attacked.

Honeybees are important in agriculture as they transfer pollen from the male to the female parts of a flower to produce seeds. Moreover, they help create a large beekeeping industry by providing important consumer products including honey, royal jelly, wax, and sealant.

67. What is the honeybee most popularly known for?

   (a) taking honey from flowers
   (b) transferring plant seeds
   (c) stopping the spread of pollen
   (d) making a sweet food item

68. Which is NOT true about the honeybee's physical appearance?

   (a) It is generally light-colored.
   (b) Its body is covered with hair.
   (c) It has two pairs of legs.
   (d) It is a winged insect.

69. Why do honeybees only live where plenty of flowers are found nearby?

   (a) because the queen bee lays her eggs on flowers
   (b) because flowers provide them with food
   (c) because it is easier to build a hive among flowers
   (d) because flowers are their main food

70. How do honeybees tell the other bees where food is?

   (a) by shaking their tails quickly
   (b) by marking it with a circle
   (c) by moving their antennae side-to-side
   (d) by leaving a trail of scents back to the food

71. What is most likely the role of honeybees in agriculture?

   (a) They move flowers from one garden to another.
   (b) They help new plants grow.
   (c) They provide flowers with food.
   (d) They guard flowers from pests.

72. In the context of the passage, divided means _____.

   (a) separated
   (b) torn
   (c) reduced
   (d) dissolved

73. In the context of the passage, conveys means _____.

   (a) leads
   (b) carries
   (c) sends
   (d) expresses

Mr. John Davis
Davis Construction Company
789 E. Apache
Tucson, AZ

Dear Mr. Davis:

This letter is in response to your inquiry on January 8 about the availability of our drywall products. I am pleased to inform you that we do have 4- by 8-foot sheets of drywall in stock.

The wallboards, for your use as interior walls, can be shipped either from our warehouse in Oak Forest or from our store in Crestwood. Each sheet costs $38, and there is an extra fee of $19 for packing. However, we will give you a discount if you order 20 sheets or more.

You wrote that you were interested in buying 15 sheets of our BasicBadge drywall. We can deliver an order that size within two to three days. Let me also mention that Golden Seas Freight, Inc., our reliable partner in shipping our clients' orders, is providing a 50% discount on freight charges this month. The regular cost for shipping 15 sheets of drywall is $200, but with the price markdown, you'll only pay $100. This will give you sizeable savings.

Once you have thought about our offers, and perhaps made a final decision on the number of drywall sheets to order, kindly contact me in my office at 555-9999. I have included a full-color brochure of our other products, including our latest range of soundproof and fire-resistant StandFast drywall, in case you have further needs.

We are looking forward to doing business with you. Thank you very much for your query.

Sincerely yours,

Susan Parker
Customer Service Officer
Builders Depot

74. Why did Susan Parker write a letter to John Davis?

(a) to inquire about construction materials
(b) to inform him that a product is available
(c) to tell him more about their company
(d) to advise where a product will be delivered from

75. What will Davis get if he orders more drywall sheets from Parker?

(a) a lower price for each sheet
(b) free wooden boards
(c) zero charges on packing
(d) free overnight shipping

76. What did Parker assure Davis about his order?

(a) They will look for a company to ship the order.
(b) They do not allow shipping of smaller orders.
(c) They will deliver it only if he pays in full.
(d) They can deliver it in three days or less.

77. How could Davis be able to pay just half the shipping rate?

(a) by buying more than 15 sheets
(b) by paying for the shipment in advance
(c) by making the purchase within the month
(d) by selecting another shipping service

78. Why most likely did Parker include a brochure with her letter?

(a) to encourage him to order more merchandise
(b) to ensure that his building is protected from fire
(c) to allow him to choose a different color drywall
(d) to persuade him to invest in the company

79. In the context of the passage, sizeable means _____.

(a) important
(b) heavy
(c) significant
(d) grand

80. In the context of the passage, further means _____.

(a) increased
(b) additional
(c) excess
(d) enhanced

THIS IS THE END OF THE TEST

〉〉〉 본책 p.084 정답 · 해석 · 해설

G-TELP 기출 문제
TEST
3

GRAMMAR
LISTENING
READING AND VOCABULARY

시험 시간 90분

시험 준비하기

1. 휴대폰 전원 끄고 시계 준비하기
2. Answer Sheet, 컴퓨터용 사인펜, 수정 테이프 준비하기
3. 노트테이킹 할 필기구 준비하기

 ※ LISTENING MP3를 스마트폰-네이버 앱-렌즈-QR/바코드로 바로 들어보세요!

https://han.gl/mh2vS

시작 시간 : _____ 시 _____ 분
종료 시간 : _____ 시 _____ 분

General Tests of English Language Proficiency
G-TELP

Level 2

GRAMMAR SECTION

DIRECTIONS:

The following items need a word or words to complete the sentence. From the four choices for each item, choose the best answer. Then blacken in the correct circle on your answer sheet.

Example:

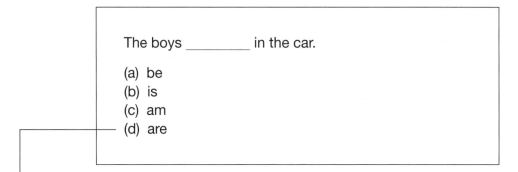

The boys _____ in the car.

(a) be
(b) is
(c) am
(d) are

The correct answer is (d), so the circle with the letter (d) has been blackened.

NOW TURN THE PAGE AND BEGIN

1. Aunt Nona likes her pork very tender and juicy. To make sure that this batch will be to her liking, she _____ let it stew at a low heat for at least an hour.

   (a) could
   (b) can
   (c) would
   (d) will

2. Clarisse missed getting a copy of Elinor Barton's latest novel and bought the e-book version instead. A paperback enthusiast, she _____ the printed copy if she had known it was going to sell out so quickly.

   (a) would have pre-ordered
   (b) will be pre-ordering
   (c) had pre-ordered
   (d) would pre-order

3. You can check in at the hotel when you get there at 12 p.m., but there's no guarantee that your room will be ready. Most likely, the housekeeper _____ the room when you arrive.

   (a) still cleans up
   (b) has still cleaned up
   (c) will still be cleaning up
   (d) was still cleaning up

4. Bradley is secretly buying his mother a silver bracelet, even though she swore she didn't want a birthday present. If she knew what he was doing right now, she _____ him for spending his hard-earned money.

   (a) will scold
   (b) would have scolded
   (c) would scold
   (d) has scolded

5. Ralph heard mysterious scratching noises coming from his front porch late last night. He went outside very cautiously _____, only to learn that it was just his dog wanting to get inside the house.

   (a) investigating
   (b) to investigate
   (c) to have investigated
   (d) having investigated

6. We can tell stars from planets in the night sky because stars twinkle and planets don't. The brightest "star" we see doesn't twinkle. _____, it is not really a star but is actually the planet Venus.

   (a) In fact
   (b) Otherwise
   (c) Even so
   (d) Moreover

7. Eunice isn't very happy with her current hobby, cross-stitching, because it limits her artistic expression. Looking for a more satisfying way to express her creativity, she _____ taking up painting instead.

(a) will now consider
(b) is now considering
(c) was now considering
(d) has now considered

8. When helping accident victims, don't lift or move them even if they aren't feeling any pain. Any movement can risk _____ a possible injury. Instead, make the victim comfortable while waiting for an ambulance.

(a) to worsen
(b) to be worsening
(c) having worsened
(d) worsening

9. We are very strict with the way visitors interact with the animals exhibited in this zoo. For one, you _____ not touch the tarsiers because they are very sensitive creatures that easily get stressed.

(a) might
(b) could
(c) should
(d) would

10. Mr. O'Leary, a flower enthusiast, says that azaleas can bloom for up to eight weeks. To enjoy the blooms the longest time possible, he advises that hobbyists _____ the bell-shaped flowers in late spring.

(a) will plant
(b) plant
(c) are planting
(d) planted

11. Michael is running a food truck that sells Angus beef burgers in Dewey Square. He isn't entirely satisfied with his business, though. If he were to get more capital, he _____ a dine-in hamburger restaurant.

(a) has opened
(b) will open
(c) would have opened
(d) would open

12. Of all the music genres, Chantal loves the blues the most. "Sweet Home Chicago," _____ on the guitar when she was a child, is the first blues song she ever learned.

(a) which her father often played
(b) that her father often played
(c) what her father often played
(d) who her father often played

13. The usually fashionable young pop singer Ada has chosen her own gown for the red carpet event: a baggy, unflattering orange dress. If her personal stylist were to see her now, he _____ of her outfit.

(a) would certainly disapprove
(b) will certainly disapprove
(c) certainly disapproves
(d) would certainly have disapproved

14. Some people claim that man-made global warming is only a myth spread by misguided scientists. They say that the Earth's climate _____ throughout its existence, and the current warming is a part of a natural cycle.

(a) had always changed
(b) has always been changing
(c) was always changing
(d) will always have changed

15. Jeffrey ignored his leaky bathroom sink for several months and came home one day to find his apartment flooded. If he had fixed the leak earlier, his home _____ the serious water damage.

(a) would be spared
(b) had been spared
(c) is spared
(d) would have been spared

16. Whenever Francine's sales team lags behind in performance, she assumes all responsibility for it. She doesn't mind _____ all the blame, because her team's failure only means she isn't leading them well enough.

(a) to take
(b) taking
(c) to be taking
(d) being taken

17. Please tell your boss to return my call as soon as possible. I am urging that he _____ about the ongoing drop of your company's stock prices immediately.

(a) finds out
(b) is finding out
(c) has found out
(d) find out

18. Matt has always been drawn to talented and intelligent women. Therefore, it was no surprise to his family that the woman _____ had graduated at the top of her class from Harvard University.

(a) that he chose to marry her
(b) what he chose to marry
(c) whom he chose to marry
(d) which he chose to marry

19. The Romans influenced many European cultures for hundreds of years. Had it not been for their rule, the so-called Romance-speaking countries, including Italy, France, and Spain, _____ completely different languages.

(a) had developed
(b) were developing
(c) would have developed
(d) would develop

20. Mr. Delaney insisted on painting their house himself. However, his wife would rather have hired professional help — and for good reason. He _____ the house for two months by next week, but with unimpressive results.

(a) will paint
(b) will have been painting
(c) painted
(d) is painting

21. Fans of the Kensington Eagles say that the Frankford Foxes won due to home-court advantage. _____ the basketball game was held at Frankford High School, the Foxes received more cheers and encouragement than the Eagles.

(a) Whether
(b) Although
(c) Until
(d) Because

22. Travis couldn't agree to a job interview because he had promised to watch his son's baseball game on the same date. He called the HR head to request that his interview _____ to a later day.

(a) be moved
(b) will be moved
(c) has been moved
(d) is moved

23. Hillary is upset that she won't be Suzette's maid of honor at her wedding. She finds it hard _____ that despite their closeness all these years, she isn't Suzette's best friend after all!

(a) having believed
(b) to have believed
(c) to believe
(d) believing

24. The inventor Wilson Greatbatch discovered the pacemaker quite by accident. He _____ on a heartbeat recording machine when he installed the wrong transistor in the device. To his surprise, it made a heart-like beat when activated.

(a) worked
(b) was working
(c) has been working
(d) will have worked

25. Public service seems to take a back seat until Election Day approaches. We _____ about the potholes on our street for a year before the mayor finally acted on it–two months before the elections.

(a) had been complaining
(b) complain
(c) will have been complaining
(d) have complained

26. I know I gave you little time to prepare last quarter's financial report. But have you finished _____ this month's income and expenses? We could at least present those figures at the meeting tomorrow.

(a) to have balanced
(b) balancing
(c) having balanced
(d) to balance

LISTENING SECTION

DIRECTIONS:

The Listening Section has four parts. In each part you will hear a spoken passage and a number of questions about the passage. First you will hear the questions. Then you will hear the passage. From the four choices for each question, choose the best answer. Then blacken in the correct circle on your answer sheet.

Now you will hear a sample question. Then you will hear a sample passage.

Now listen to the sample question.

    (a) one
    (b) two
    (c) three
    (d) four

Bill Johnson has four brothers, so the best answer is (d). The circle with the letter (d) has been blackened.

ⓐ ⓑ ⓒ ●

NOW TURN THE PAGE AND BEGIN

27. (a) She joined a sports club.
    (b) She has sports-minded friends.
    (c) She created a community club.
    (d) She teaches a water sport.

28. (a) because she does not have a good team to join
    (b) because she prefers a more casual hobby
    (c) because she has a serious health condition
    (d) because she cannot afford swim lessons

29. (a) by helping to relieve one's stress
    (b) by engaging all of the muscles
    (c) by making the lungs stronger
    (d) by keeping one's body heat down

30. (a) that it combines other simple strokes
    (b) that it requires very little energy
    (c) that it gives her strength to swim for hours
    (d) that it presents a nice challenge

31. (a) It requires one to swim with eyes closed.
    (b) It is among the most difficult strokes.
    (c) It could possibly lead to an injury.
    (d) It causes one to drift aimlessly.

32. (a) because he never had an interest in it
    (b) because he has not found a good teacher
    (c) because he lacks any natural talent for it
    (d) because he has not put forth the effort

33. (a) go find a new swimming club to join
    (b) get a lifetime membership at the club
    (c) go check out the club with Jessica
    (d) participate in a swimming contest

Part 2. *You will hear a presentation by one person to a group of people. First you will hear questions 34 through 39. Then you will hear the talk. Choose the best answer to each question in the time provided.*

34. (a) making full use of one's artistry
    (b) raising the value of one's property
    (c) improving the appearance of vacant lots
    (d) turning a hobby into a source of income

35. (a) how to breed new plants
    (b) how to design a landscape project
    (c) how to choose the best site to landscape
    (d) how to determine a landscaping budget

36. (a) to make drafts that look appealing
    (b) to create a new type of tool
    (c) to find one's unique drawing style
    (d) to avoid using only common tools

37. (a) how often the flowers will bloom
    (b) the best schedule for watering the plants
    (c) where the plants will be located
    (d) the amount the plants need trimming

38. (a) by using one fertilizer for all soil types
    (b) by testing soil before buying it
    (c) by purchasing new and improved fertilizers
    (d) by knowing the type of the soil

39. (a) They can copy the services provided by others.
    (b) They should offer the most competitive prices.
    (c) They can compare the quality of their products.
    (d) They should be aware of potential legal concerns.

40. (a) how to get good exam scores
    (b) how to organize a study group
    (c) the tricks for staying focused on studying
    (d) the methods for preparing for exams

41. (a) They talk about things that are off-topic.
    (b) They discuss too many topics at once.
    (c) They get into too much detail.
    (d) They invite their personal friends.

42. (a) studying the lesson on his own
    (b) hearing others talk about the lesson
    (c) having the lesson taught to him
    (d) hearing himself talk about the lesson

43. (a) so she can study all of the material quickly
    (b) so she can study ahead of the others
    (c) so she can base her study time on a lesson's difficulty
    (d) so she can spend long hours on each lesson

44. (a) different methods of dealing with a subject
    (b) time-saving tips about which topics to study first
    (c) advice on how to make a study guide
    (d) suggestions on how to manage their time

45. (a) make his own study guides
    (b) discuss exam topics with other people
    (c) share his notes with Joanna
    (d) review test material at his own pace

46. (a) preparing for a career change
    (b) how to turn down a job offer
    (c) choosing between job offers
    (d) how to start one's career

47. (a) because it is the only job available
    (b) because it fits the graduate's training
    (c) because it offers a high salary
    (d) because it promises a satisfying career

48. (a) one that is not too challenging
    (b) one that can spark enthusiasm
    (c) one that offers the most benefits
    (d) one that guarantees promotions

49. (a) because they worry about not succeeding
    (b) because employers do not reward risk-taking
    (c) because they fear being different from others
    (d) because successful people never take risks

50. (a) by choosing the right team to join
    (b) by communicating with them online
    (c) by keeping in touch with them in person
    (d) by setting up a team webpage

51. (a) by aiming for the lowest level job available
    (b) by doing work that is above one's level
    (c) by waiting for a better job to come along
    (d) by making the most of one's current position

52. (a) They can serve as role models.
    (b) They can assure one's success.
    (c) They can make all of one's difficult decisions.
    (d) They can make one's life easier.

READING AND VOCABULARY SECTION

TEST 1

TEST 2

TEST 3

TEST 4

TEST 5

TEST 6

TEST 7

DIRECTIONS:

You will now read four different passages. Each passage is followed by comprehension and vocabulary questions. From the four choices for each item, choose the best answer. Then blacken in the correct circle on your answer sheet.

Read the following example passage and example question.

Example:

Bill Johnson lives in New York. He is 25 years old.
He has four brothers and two sisters.

How many brothers does Bill Johnson have?

(a) one
(b) two
(c) three
(d) four

The correct answer is (d), so the circle with the letter (d) has been blackened.

NOW TURN THE PAGE AND BEGIN

Part 1. Read the following biography article and answer the questions. The underlined words in the article are for vocabulary questions.

WALTER P. CHRYSLER

Walter P. Chrysler was an American industrialist, engineer, and car manufacturer. He was the founder of Chrysler Corporation, now a part of Fiat Chrysler Automobiles.

Walter Percy Chrysler was born on April 2, 1875 in Wamego, Kansas. His father was a railroad engineer, and the young Chrysler initially followed the same path. At 17, he skipped college and entered a four-year machinist apprentice program instead. His excellent skills in machinery and plant management led to a successful career in the railway industry, starting at the American Locomotive Company where he eventually became works manager at age 35.

Chrysler's fondness for cars showed when he bought his first car, a Locomobile, even before he could drive. He took the car apart, learned how it worked, and reassembled it. Chrysler was still with American Locomotive in 1912, when General Motors president Charles Nash asked him to manage a GM plant that made their upscale brand, Buick. Being a car enthusiast, Chrysler readily accepted the job. He greatly increased the plant's production by introducing the assembly line process. This success got him promoted to president of GM's Buick division.

Buick soon became the most popular car brand in the US, but despite this achievement, Chrysler left GM due to differences with its founder. He was then hired to head the failing automaker, Willys-Overland Company, and later, the Maxwell Motor Company. Chrysler left Willys when its executives refused to make a new car he designed. He had more success at Maxwell, where he owned the majority of the stock that gave him corporate control. He helped the company regain financial stability with the Chrysler 6, his well-received new car that had a great design, superior engine, and affordable price.

The Chrysler name was so successful that the Maxwell Motor Company was restructured into the Chrysler Corporation in 1925. Chrysler then bought the Dodge Brothers car company as a division of Chrysler to compete with Ford and Chevrolet's low-priced cars. Chrysler Corporation became a major player in the American car industry, joining General Motors and Ford Motor Company as one of America's "Big Three" automakers.

Chrysler retired as president of his company in 1935, but stayed on as chairman of the board until his death in August 1940. The Chrysler Building, a skyscraper he financed, is now an iconic part of the New York City skyline.

53. How did Walter P. Chrysler's father influence him?

    (a) by choosing his program of study
    (b) by hiring him as an apprentice
    (c) by inspiring his original career
    (d) by introducing him to machines

54. When did Chrysler's love of cars become apparent?

    (a) while he was still in college
    (b) after buying his first car
    (c) when he was learning to drive
    (d) after working at a car plant

55. Why did Chrysler accept the job as manager of GM's Buick plant?

    (a) because he was ready for a career change
    (b) because he was looking for a promotion
    (c) because the plant manager insisted
    (d) because automobiles were his passion

56. What most likely was the reason that Chrysler left the Willys-Overland Company?

    (a) He did not like its executives.
    (b) He disagreed with its founder.
    (c) It rejected his idea for a new car.
    (d) It was not a successful company.

57. How was Chrysler able to make Chrysler Corporation a major car company?

    (a) by merging with another automaker
    (b) by forming the largest car company in America
    (c) by making cheaper cars than the top rivals
    (d) by bringing in workers from competitors

58. In the context of the passage, promoted means _____.

    (a) increased
    (b) advanced
    (c) inclined
    (d) advertised

59. In the context of the passage, stability means _____.

    (a) permanence
    (b) loyalty
    (c) assistance
    (d) security

TEST 1
TEST 2
TEST 3
TEST 4
TEST 5
TEST 6
TEST 7

TAKING PHOTOS MAKES PEOPLE ENJOY EXPERIENCES MORE

People might assume that taking pictures of experiences can ruin their ability to enjoy the moment. However, a new study suggests that capturing experiences on camera can actually make people happier. According to Kristin Diehl, the study's lead researcher and an associate professor at the University of Southern California, picture-taking can increase one's engagement in an otherwise ordinary experience and boost one's enjoyment.

The study, which was published in the *Journal of Personality and Social Psychology*, is the first wide-ranging research on how taking photos influences the enjoyment of events. It involved over 2,000 people who participated in nine experiments: three in real-life situations, and six in the lab. They went through everyday experiences such as taking a bus tour and eating in a food court, as well as more intense activities like going on a virtual safari. The participants were instructed to either take pictures of their experiences or not. Surveys given after the experiment showed that in almost all cases, those who took photos enjoyed the moments much more than the non-picture-takers.

While earlier reports argued that picture-taking can sidetrack one's attention from enjoying a moment, the new research showed that photography, in fact, gets people more involved in the experience. The extra attention to detail required by composing a photo makes them appreciate the experience even more. According to Diehl, it is the mental process involved when planning to take the picture rather than just the act of shooting that makes a person more engaged. As an example, the researchers cited an experiment in which the participants wore glasses that tracked their eye movements during a museum tour. Those who took photos of the exhibits appreciated them better than those who did not.

The research likewise noted some downsides to taking photos. A camera that is difficult to use can prevent a person from enjoying an event. Also, taking photos can make a bad experience even worse. In a lab experiment involving a virtual safari, participants who took pictures of a pride of lions attacking a water buffalo enjoyed the scene less than those who just watched the unpleasant scene.

60. What does the report say about taking photos of an experience?

(a) that it adds pleasure to the experience
(b) that it makes it hard to recall the experience
(c) that it is more fun than the experience itself
(d) that it makes the experience unique

61. How were the people in the experiments grouped?

(a) into those who had good or poor memory
(b) as participants in either lab or virtual situations
(c) into those who love photos or do not
(d) as either picture-takers or non-picture-takers

62. What makes an event more engaging when taking pictures?

(a) the art of taking the picture
(b) the ease of using the camera
(c) the act of preparing the shot
(d) the nature of the event

63. Why did the picture-takers get more involved in the museum exhibits?

(a) Their eye trackers made them see the exhibits better.
(b) The exhibits became more interesting to them.
(c) They were naturally more observant.
(d) The museum they toured had better exhibits.

64. Why most likely did the picture-takers enjoy the lion attack less?

(a) because they saw a less lifelike safari scene
(b) because they were forced to watch the scene
(c) because they could not focus on watching
(d) because they felt more involved with the scene

65. In the context of the passage, boost means _____.

(a) improve
(b) affect
(c) carry
(d) create

66. In the context of the passage, sidetrack means _____.

(a) lessen
(b) distract
(c) confuse
(d) direct

ST. ELMO'S FIRE

St. Elmo's fire is a weather event most commonly witnessed as a glowing bright-blue or violet flame on the edge of sharp or pointed objects. Observed in many parts of the world, St. Elmo's fire is most visible at night. It lasts for several minutes and sometimes looks like a dancing ball, a cluster of stars, or fireworks. Although described as "fire," the phenomenon is actually heatless and does not burn the objects it touches.

St. Elmo's fire usually appears during thunderstorms when there is a high electric charge difference between the ground and the clouds. It creates electrical energy that acts on the gases in the air and breaks their molecules apart, resulting in an ionized gas called "plasma." Different gases produce different colors as plasmas. St. Elmo's fire is usually blue because the air is <u>rich</u> in nitrogen and oxygen that glow blue when combined. The flame usually comes with a distinct hissing, crackling, or buzzing sound.

St. Elmo's fire commonly occurs on pointed objects such as lightning rods, church towers, or the masts of ships. It is sometimes confused with lightning that flashes in the sky during storms and ball lightning. However, St. Elmo's fire is more similar to the neon lighting used in advertising. Neon also uses plasma to produce a soft glow.

The name "St. Elmo's fire" comes from St. Erasmus, also called St. Elmo, the patron saint of Mediterranean sailors. The early sailors sometimes saw the glow at night on the tops of their ships' masts, which appeared to be on fire but did not burn. St. Elmo's fire usually appeared toward the end of a violent thunderstorm, so the sailors took it as a good sign that their saint was helping them get through the storm.

St. Elmo's fire is <u>mentioned</u> in several historical accounts as "stars" that formed on the points of the spears of Roman soldiers. It also appeared in the writing of notable figures including Julius Caesar, Christopher Columbus, and Charles Darwin.

67. What is St. Elmo's fire?

   (a) a naturally occurring flame
   (b) an early variety of firework
   (c) an extreme weather condition
   (d) a weather-related occurrence

68. Why does St. Elmo's fire produce a blue glow?

   (a) because of its intense heat
   (b) because it reflects the blue storm clouds
   (c) because of its mixture of gases
   (d) because it combines electric currents

69. How are neon lighting and St. Elmo's fire similar?

   (a) They use the same source of light.
   (b) They both appear on pointed objects.
   (c) They both occur during storms.
   (d) They produce the same color of light.

70. Based on the passage, what did the early sailors probably believe about St. Elmo's fire?

   (a) that it signaled the start of violent storms
   (b) that it was an assurance of their safety
   (c) that it made their ships' masts stronger
   (d) that it guided them to a land of prosperity

71. What do historical accounts suggest about St. Elmo's fire?

   (a) It has been sighted throughout written history.
   (b) The Romans discovered it first.
   (c) It helped soldiers during wars.
   (d) Notable figures portrayed it as dangerous.

72. IIn the context of the passage, rich means _____.

   (a) luxurious
   (b) plentiful
   (c) gorgeous
   (d) expensive

73. In the context of the passage, mentioned means _____.

   (a) reached
   (b) created
   (c) noted
   (d) praised

Michael Reed
Human Resources Department
LEAD Certification Services

Dear Mr. Reed:

I would like to offer my services as an independent technical expert (TE) for the audit of Lexicon Publications in Harrisville, Utah. I am currently working as editor-in-chief at Jonathan Mellen Press, a publishing firm based in North Ogden. I have been with the company for almost 11 years. I started as an editorial assistant, became an assistant editor, and was elevated to editor-in-chief within a few years.

I understand that LEAD Certification Services is an auditing firm that helps companies secure certifications from the International Organization for Standardization (ISO) to raise their reputation within their industries. You hold inspections to check if a client observes the strict standards set by the ISO. The audit of Lexicon Publications, in particular, will include determining if its editorial and printing departments operate within ISO guidelines.

The expertise I have gained at Jonathan Mellen Press qualifies me as a technical expert for the said audit. As editor-in-chief, I am familiar with ISO's standards for quality management. In fact, we use the same system to ensure an efficient workflow in our editorial processes. I also work closely with our printing department to make sure that our manuscripts become quality print products.

The expert input I could contribute during the audit should complement that of the other TEs and auditors. This will result in a reliable overall audit. I would greatly appreciate having an interview with you. I have enclosed my resume for your review, along with a list of references.

Sincerely,

Victoria Witham
Victoria Witham
Jonathan Mellen Press

74. What role is Victoria Witham looking to fill at Michael Reed's firm?

    (a) as an editor-in-chief
    (b) as a publishing expert
    (c) as an auditing assistant
    (d) as a printing supervisor

75. How can Witham's career at Jonathan Mellen Press be described?

    (a) Her promotion was sudden.
    (b) She specializes in literary fiction.
    (c) She rose through the ranks.
    (d) She started in the auditing department.

76. Why most likely do companies hire LEAD Certification Services?

    (a) to be certified as a company with high standards
    (b) to receive advice on producing quality products
    (c) to find out how to print ISO certificates
    (d) to learn about the auditing business

77. How does Witham ensure that manuscripts are printed properly?

    (a) by coordinating with the printing department
    (b) by utilizing her own personalized system
    (c) by overseeing the printing of the manuscripts
    (d) by hiring a company specializing in printing

78. How can Reed find out more about Witham's qualifications?

    (a) He can discuss with other technical experts.
    (b) He should ask her references for her resume.
    (c) He can watch her contributions to the team.
    (d) He should look at the attached documents.

79. In the context of the passage, observes means _____.

    (a) watches
    (b) notices
    (c) follows
    (d) celebrates

80. In the context of the passage, complement means _____.

    (a) surpass
    (b) flatter
    (c) befriend
    (d) enhance

THIS IS THE END OF THE TEST

〉〉〉 본책 p.138 정답 · 해석 · 해설

G-TELP 기출 문제
TEST
4

GRAMMAR
LISTENING
READING AND VOCABULARY

시험 시간 90분

시험 준비하기

1. 휴대폰 전원 끄고 시계 준비하기
2. Answer Sheet, 컴퓨터용 사인펜, 수정 테이프 준비하기
3. 노트테이킹 할 필기구 준비하기

 ※ LISTENING MP3를 스마트폰–네이버 앱–렌즈–QR/바코드로 바로 들어보세요!

https://han.gl/K0CYO

시작 시간 : _____ 시 _____ 분
종료 시간 : _____ 시 _____ 분

General Tests of English Language Proficiency
G-TELP

Level 2

GRAMMAR SECTION

DIRECTIONS:

The following items need a word or words to complete the sentence. From the four choices for each item, choose the best answer. Then blacken in the correct circle on your answer sheet.

Example:

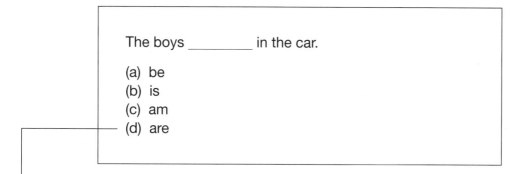

The boys _____ in the car.

(a) be
(b) is
(c) am
(d) are

The correct answer is (d), so the circle with the letter (d) has been blackened.

NOW TURN THE PAGE AND BEGIN

1. A new weight loss magazine called *Veggies and Mindsets* was recently launched. The magazine advises _____ psychological factors that contribute to overeating as a way to change one's unhealthy habits.

   (a) having analyzed
   (b) to analyze
   (c) analyzing
   (d) to have analyzed

2. At last, Matthew got the go-ahead for his minimalist design of a client's residence in Manhattan. The client _____ all of his drafts before the last one was finally accepted.

   (a) had been rejecting
   (b) was rejecting
   (c) will reject
   (d) has rejected

3. Researchers found that the food being marketed to children is not necessarily healthier than that sold to adults. In fact, many breakfast cereals designed to appeal to children _____ contain as much as 50 percent sugar.

   (a) will
   (b) shall
   (c) would
   (d) can

4. Mr. Robinson has been complaining of chest pains for weeks now. If I were him, I _____ to the doctor before things get any worse. He's getting older and should be taking better care of his health.

   (a) would go
   (b) will go
   (c) would have gone
   (d) am going

5. Government officials enjoy special privileges that ordinary citizens do not. Because of this, many people believe it necessary that government officials _____ to a higher standard of behavior.

   (a) have been held
   (b) be held
   (c) will be held
   (d) were held

6. Fans have been missing the cast of *The Five Club* since the decade-long series ended ten years ago. To celebrate the show's upcoming 20th anniversary, the BDC network _____ reruns of the show starting January 31st.

   (a) will have been airing
   (b) airs
   (c) will be airing
   (d) has aired

7. Sarah failed her history exam because she accidentally left an entire page unanswered. She missed a total of 20 questions as a result. If she had double-checked her exam papers, she _____ the test.

(a) would pass
(b) would have passed
(c) will be passing
(d) had passed

8. A building on Green Avenue caught fire last night. Fire officials are still investigating the cause of the accident. A tenant on the third floor, _____, says he heard an explosion before the alarms went off.

(a) which the fire started
(b) when the fire started
(c) that the fire started
(d) where the fire started

9. Last month, ZYB Corporation announced that it would be splitting up into two new companies by December. The change is expected _____ $2.4 billion in savings for each of the companies over the next three years.

(a) to deliver
(b) delivering
(c) to be delivering
(d) having delivered

10. Rachel's friends are coming over for dinner, and she is now preparing three dishes by herself. By the time her guests arrive later, she _____ for over four hours straight.

(a) will cook
(b) has been cooking
(c) will have been cooking
(d) had cooked

11. During the winter season, people can take simple safety measures to protect themselves against the cold. One of the easiest methods to keep warm during winter involves _____ several layers of loose clothing.

(a) to wear
(b) having worn
(c) wearing
(d) to be wearing

12. My parents grew up in San Francisco, but they met in Chicago. I've always thought of it as an odd twist of fate. If they hadn't both gone to work in Chicago after college, I _____!

(a) had not been born
(b) would not be born
(c) will not be born
(d) would not have been born

13. Principal Spencer leaves the district at the end of the school year, but St. Peter High School has decided not to hire a new principal. _____, Superintendent Kristy Thomas will be assuming the position.

(a) Likewise
(b) Instead
(c) Moreover
(d) Overall

14. A wind farm was built in Rockford to provide clean energy for 10,000 homes. The wind facility _____ renewable energy, and is expected to result in cleaner air and lower greenhouse gas emissions.

(a) is now producing
(b) has now produced
(c) was now producing
(d) will now have produced

15. The travel agency wasn't able to find us a good deal for our trip during the Christmas holidays. The agent recommended that we _____ our trip until after the peak season ends.

(a) postponed
(b) are postponing
(c) will postpone
(d) postpone

16. Roy is hardworking, funny, and very smart. However, his thoughtless comments often offend his coworkers. Perhaps he _____ if he were to learn how to speak more tactfully.

(a) would have been more likeable
(b) will be more likeable
(c) would be more likeable
(d) has been more likeable

17. The basketball star assured sneaker fans that his partnership with High-Flying Shoes won't end with his retirement. He has confirmed that his signature line _____ continue even after his professional playing days are over.

(a) will
(b) could
(c) may
(d) must

18. Tina spent much of her algebra class daydreaming and doodling in her notebook. She'd rather dissect a frog than learn algebra. She does not consider _____ polynomials to be very fun.

(a) to multiply
(b) multiplying
(c) to have multiplied
(d) having multiplied

19. Yosemite National Park is recognized for its giant sequoia trees, granite cliffs, and waterfalls. Tourists _____ the area since 1855, but it was not until 1890 that the US Congress made it into a park.

   (a) are visiting
   (b) visited
   (c) will have been visiting
   (d) have been visiting

20. Although known for its discounts and low prices, P&F Store is losing customers to nearby grocery stores because of its rude salespeople. If only its staff were more courteous and helpful, customers _____ to shop there.

   (a) would love
   (b) would have loved
   (c) will love
   (d) love

21. Cycle-ball is a sport that combines football and motorcycling. It is played by two players riding around a court and attempting _____ a ball into their opponents' goal, using the bikes' front wheels.

   (a) shooting
   (b) to have shot
   (c) to shoot
   (d) having shot

22. Not all well-known television actors get rich. Some of them earn less by accepting limited contracts. _____ getting paid for a show's entire season, they are only paid for the scenes they appear in.

   (a) Aside from
   (b) Other than
   (c) In spite of
   (d) Rather than

23. My six-year-old nephew loves the building blocks set I gave him. The Police Station set includes a station, mini-figures of crooks and police officers, and motorcycles. He _____ with it when I visited this morning.

   (a) will have played
   (b) was playing
   (c) is playing
   (d) has played

24. After a series of credit checks, Pacific West Bank learned about Mr. Frasier's outstanding loan balance with another bank. The bank refused his request for a loan and suggested that he _____ for financial support elsewhere.

   (a) apply
   (b) applies
   (c) will apply
   (d) applied

25. You will definitely like my friend John.
Just like you, he is fond of traveling
to other countries and learning
new languages. He's also the guy
_____ last year.

(a) what I took an art class with
(b) which I took an art class with
(c) whom I took an art class with
(d) that took an art class with

26. Knightley Corp. had been the leading
communications technology firm until
its sales began to decline 10 years
ago. If the company had focused on
innovation, it _____ its market
share to other technology companies.

(a) would not lose
(b) was not losing
(c) had not lost
(d) would not have lost

LISTENING SECTION

DIRECTIONS:

The Listening Section has four parts. In each part you will hear a spoken passage and a number of questions about the passage. First you will hear the questions. Then you will hear the passage. From the four choices for each question, choose the best answer. Then blacken in the correct circle on your answer sheet.

Now you will hear a sample question. Then you will hear a sample passage.

Now listen to the sample question.

(a) one
(b) two
(c) three
(d) four

Bill Johnson has four brothers, so the best answer is (d). The circle with the letter (d) has been blackened.

ⓐ ⓑ ⓒ ●

NOW TURN THE PAGE AND BEGIN

27. (a) a book about the benefits of owning a pet
    (b) a book about how to adopt pets
    (c) a book about various kinds of dogs
    (d) a book about how to train dogs

28. (a) It will protect his neighborhood
    (b) It could motivate him to get some exercise.
    (c) It will keep him from tripping.
    (d) It could stop him from feeling lonely.

29. (a) because they are easy to take anywhere
    (b) because she sees them everywhere
    (c) because all of her friends prefer them
    (d) because she likes buying clothes for them

30. (a) its readiness to face scary situations
    (b) its total loyalty to its owner
    (c) its great physical strength
    (d) its high level of intelligence

31. (a) by grooming their coats frequently
    (b) by doing physical activities with them regularly
    (c) by taking them to get weekly fitness checks
    (d) by feeding them the highest quality food brand

32. (a) because it can sense danger from afar
    (b) because its color makes it hard to see at night
    (c) because its size frightens bad people
    (d) because it warns its owner of strangers

33. (a) go shopping at a pet store
    (b) research about German Shepherds
    (c) look at big dogs up for adoption
    (d) go to look at some small dogs

Part 2. *You will hear a presentation by one person to a group of people. First you will hear questions 34 through 39. Then you will hear the talk. Choose the best answer to each question in the time provided.*

34. (a) an energy-efficient smart car
(b) the opening of a motorcycle company
(c) a new battery-powered vehicle
(d) the introduction of an electric bicycle

35. (a) when they worked together at a bank
(b) when they were still at their university
(c) when they were hired at a design company
(d) when they toured a motorcycle factory

36. (a) to pull up a map for directions
(b) to reduce the air resistance
(c) to make an important call
(d) to change the seat color

37. (a) It only has one mode.
(b) It does not require any energy.
(c) It comes in different sizes.
(d) It is not very heavy.

38. (a) by plugging the batteries into an electric outlet
(b) by running the scooter only at its normal speed
(c) by buying new batteries at a motorcycle store
(d) by exchanging batteries at a charging station

39. (a) double the number of batteries
(b) a discounted scooter price
(c) an entire year of free services
(d) a discount at charging stations

40. (a) what course to take in college
    (b) which kind of school to attend
    (c) how much tuition he can afford
    (d) the fastest way to get a diploma

41. (a) by researching them online
    (b) by having experienced both herself
    (c) by learning from Richard
    (d) by talking with her relatives

42. (a) because he has more course requirements
    (b) because he needs to wait to save up for tuition
    (c) because he has limited time to spend on campus
    (d) because he should take advantage of the facilities

43. (a) It allows for a more flexible schedule.
    (b) It provides students more hours of class time.
    (c) It trains students on job-related skills.
    (d) It teaches students about the whole field.

44. (a) when classmates cause distractions
    (b) when they only have a few assignments
    (c) when they are studying by themselves
    (d) when teachers forget to give reminders

45. (a) take his courses through the web
    (b) get some tips on studying alone
    (c) enroll in a four-year university
    (d) ask his company for some advice

Part 4. *You will hear an explanation of a process. First you will hear questions 46 through 52. Then you will hear the talk. Choose the best answer to each question in the time provided.*

46. (a) writing a resume for an interview
    (b) succeeding in a job interview
    (c) preparing for a video interview
    (d) negotiating pay in an interview

47. (a) so they can get the proper education
    (b) so they know how to express their personality
    (c) so they have time to develop new skills
    (d) so they can avoid unsuitable workplaces

48. (a) to show their desire to join the company
    (b) to be able to answer any tough questions
    (c) to differentiate themselves from others
    (d) to demonstrate their skills of memorization

49. (a) if the candidates have confidence
    (b) how fashionable the candidates are
    (c) how polished the candidates look
    (d) if the candidates are in formal wear

50. (a) by causing the interviewer to feel rushed
    (b) by making them nervous about being on time
    (c) by causing them guilt for sleeping too late
    (d) by making the interviewer dislike them

51. (a) They should get to know more about the interviewer.
    (b) They can give the interviewer a list of questions.
    (c) They should ask the interviewer relevant questions.
    (d) They can ask the interviewer to repeat each question.

52. (a) how to find out the interview results
    (b) the amount of the annual salary
    (c) whether they passed the interview or not
    (d) the best way to get in touch

READING AND VOCABULARY SECTION

DIRECTIONS:

You will now read four different passages. Each passage is followed by comprehension and vocabulary questions. From the four choices for each item, choose the best answer. Then blacken in the correct circle on your answer sheet.

Read the following example passage and example question.

Example:

Bill Johnson lives in New York. He is 25 years old.
He has four brothers and two sisters.

How many brothers does Bill Johnson have?

(a) one
(b) two
(c) three
(d) four

The correct answer is (d), so the circle with the letter (d) has been blackened.

NOW TURN THE PAGE AND BEGIN

VIRGINIA APGAR

Virginia Apgar was an American physician, anesthesiologist, and medical researcher. She is best known for developing the "Apgar score," a method that assesses a newborn baby's physical condition and checks if the baby needs additional medical attention.

Virginia Apgar was born on June 7, 1909 in Westfield, New Jersey. Coming from a family who loved music, she played the violin as a child. However, it was her father's fondness for scientific investigation (he experimented with electricity and radio waves) that made her want to pursue a career in the field of medicine.

Apgar earned a degree in zoology from Mount Holyoke College. She then entered Columbia University's school of surgery where she graduated fourth in her class in 1933. Early in her career, Apgar realized that she would have limited opportunities as a surgeon because the field was dominated by male practitioners. In 1935, she moved to anesthesiology, a field that was not identified as a medical specialization at the time. She became the 50th physician in the US to receive a certificate in anesthesiology.

In 1938, Apgar became the first woman to head a department at Columbia Presbyterian Medical Center when she was appointed as the director of the Department of Anesthesiology. She began studying the effects of anesthesia during childbirth, and realized that babies were given little medical attention after birth. She then developed the Apgar score in 1952. The scoring system allowed doctors to measure how well a newborn endured the birthing process by observing five categories: appearance, pulse, reflexes, activity, and breathing. It is still used worldwide as a standard health scoring system for newborns. Apgar's other contribution in ensuring the newborn's health was her discovery of the negative effects on babies of cyclopropane, an anesthetic typically given to mothers during childbirth. She stopped using it on women in labor, and other doctors followed suit after she published her findings.

In 1959, Apgar joined the March of Dimes Foundation where she performed research and gave lectures about birth defects. She also wrote her bestseller *Is My Baby All Right?* in 1972. Even after her death in 1974, Apgar left a lasting mark in the field of medicine, especially in neonatal care.

53. What is Virginia Apgar best known for?

   (a) developing a way to check a newborn's well-being
   (b) being the first woman to pursue a medical career
   (c) creating ways to check babies prior to birth
   (d) founding the scientific field of anesthesiology

54. Based on the article, why most likely did Apgar change her medical specialty?

   (a) because she lost all interest in surgery
   (b) because she wanted to study a more popular field
   (c) because she felt snubbed by the male doctors
   (d) because she wanted a better chance at succeeding

55. How does the Apgar score probably help newborns?

   (a) by determining if they need extra medical care
   (b) by teaching mothers the proper care for babies
   (c) by guiding mothers through a safe delivery
   (d) by rating the doctors working with newborns

56. Why did doctors stop using the anesthetic cyclopropane?

   (a) It prolonged the mother's labor pains.
   (b) It caused harm to babies during delivery.
   (c) It was bad for the mother's health.
   (d) It caused the baby to fail the Apgar test.

57. In what way did Apgar help the March of Dimes Foundation?

   (a) by writing a book for the group
   (b) by donating the proceeds from her book to the group
   (c) by sharing information on birth abnormalities
   (d) by holding free medical consultations

58. In the context of the passage, limited means _____.

   (a) short
   (b) reserved
   (c) minor
   (d) few

59. In the context of the passage, head means _____.

   (a) take
   (b) lead
   (c) grow
   (d) start

ASKING QUESTIONS IS A BETTER WAY TO KEEP RESOLUTIONS

A new study suggests that a better way to keep a promise is to ask a question and then answer it. Researchers from universities in the United States discovered that people are more likely to succeed in changing their behavior if they put their goals in the form of a question instead of a statement. For example, rather than telling oneself, "I will stop smoking," a person is more likely to keep the promise by asking, "Will I stop smoking?" and then answering, "Yes."

In a study jointly published in the *Journal of Consumer Psychology*, researchers examined the results of 104 earlier studies completed over the course of 40 years. The studies were about the effects of using the question-and-answer method to accomplish a goal such as following a healthier diet or exercising more. The majority of the studies showed that questions, specifically those that could be answered by "yes" or "no," are more likely to alter one's behavior than statements.

According to Eric Spangenberg, co-author of the study and a professor at the University of California, various types of questioning worked. In most of the studies, the participants were asked by other people about their goals, and they only had to answer them. In other cases, some participants worked together with a friend when setting a goal or resolution in order to make it a public statement. Committing to something publicly works because it compels people to show others that they are achievers.

Spangenberg believes that questioning gives a person a sense of responsibility or guilt about not doing the positive action. This encourages behavioral changes. The researchers learned that questions answerable by "yes" or "no" tended to be more effective because they are clear and precise. However, one doesn't have to use yes-or-no questions to prompt a shift in attitude. The study also showed that questions regarding socially-accepted behavior, such as volunteering or working out regularly, have the strongest effect. Other research showed that making fewer promises, monitoring one's improvement through a diary, and being determined can also help in fulfilling goals.

60. What is the study all about?

(a) strategies for setting practical resolutions
(b) a method for achieving one's goal
(c) how to ask more effective questions
(d) how to succeed in changing one's mindset

61. How did the researchers gather data for the study?

(a) by sharing the data they had gathered separately
(b) by analyzing a collection of previous studies
(c) by researching the most easily fulfilled resolutions
(d) by holding interviews with 104 participants

62. Which of the following makes people feel pressured to act on their resolutions?

(a) keeping their resolutions to themselves
(b) asking a friend about his or her resolutions
(c) being questioned about their intentions
(d) deciding to keep all of their resolutions

63. Why most likely are yes-or-no questions more helpful in meeting goals?

(a) They give one a sense of certainty.
(b) They can relieve guilty feelings.
(c) They can challenge one's attitude.
(d) They help one understand the goal.

64. What is NOT a way to achieve a resolution?

(a) keeping track of one's progress
(b) maintaining a strong power over one's will
(c) avoiding setting too many resolutions
(d) continuing to find fault with oneself

65. In the context of the passage, alter means _____.

(a) regulate
(b) develop
(c) influence
(d) convert

66. In the context of the passage, encourages means _____.

(a) motivates
(b) involves
(c) pressures
(d) praises

NARWHAL

The narwhal is a medium-sized whale that lives in the Arctic waters of Norway, Greenland, Russia, and Canada. The whale is distinct from other whales because of a straight spiral tusk that extends from its face. This horn-like tusk gives the narwhal the nickname "unicorn of the sea."

Both male and female narwhals grow 4 to 5.5 meters in length. A full-grown animal can weigh between 800 and 1,600 kilograms. Feeding on squid, fish, and shrimp, narwhals can live up to 50 years. Their color varies according to age; newborn narwhals are blue-gray, juveniles are blue-black, and adults, a mottled gray. Old narwhals are mostly white. Females start bearing calves at six to eight years old. Like other marine mammals, they give birth to one live young at a time and nurse it on milk. Narwhals usually live in groups of about five to ten members. Several small groups occasionally congregate to form larger groups of up to 1,000 individuals.

The whale's unique feature, its tusk, is commonly found on males and can grow to more than three meters. Despite its straight appearance and prominent position on the head, the tusk is not a horn but is actually an enlarged tooth that grows from the left side of its upper jaw. This tusk has millions of nerve endings that allow the narwhal to feel its way through the water and communicate with others. Males rubbing tusks together is now believed to be a way of exchanging information rather than a display of rivalry.

"Narwhal" is derived from the Old Norse word *nár*, meaning "corpse" and *hvalr*, meaning "whale," because the animal's grayish spotted color looks like that of a dead body. People in medieval Europe believed the whale's twisting tusk to be the horn of a mythical horse-like creature called the unicorn. These highly-prized horns were believed to possess powers.

There are about 75,000 narwhals in existence today. While humans hunt them heavily, other predators, such as polar bears, killer whales, and sharks also contribute to the decrease in the animals' population.

67. What makes the narwhal different from other whales?

    (a) its unusually big size
    (b) its ability to live in Arctic waters
    (c) a curved horn on its head
    (d) a bony attachment to its face

68. How can one determine how old a narwhal is?

    (a) by finding out its weight
    (b) by looking at its eye color
    (c) by analyzing its skin tone
    (d) by studying the food it selects

69. Why most likely is the growth on the narwhal's head called a tusk and not a horn?

    (a) because horns do not grow in a straight line
    (b) because the tusk is growing from the mouth
    (c) because horns do not have nerve endings
    (d) because tusks only grow on sea mammals

70. How did the narwhal get its name?

    (a) through the twisted shape of its tusk
    (b) through the color its corpse turns
    (c) through the deathly appearance of its skin
    (d) through its similarity to the unicorn

71. Based on the article, what is true regarding the threats to the narwhal population?

    (a) They are safe from land mammals.
    (b) Their numbers are at near-extinction levels.
    (c) They are still being hunted out of superstition.
    (d) Humans are their main threat.

72. In the context of the passage, congregate means _____.

    (a) rally
    (b) gather
    (c) mingle
    (d) collect

73. In the context of the passage, derived means _____.

    (a) taken
    (b) stolen
    (c) received
    (d) assumed

Mr. William Thomson
President
Imperial Construction Services
Albany, NY

Dear Mr. Thomson:

Thank you for your interest in our upcoming construction project. I am pleased to inform you that we are impressed with your proposal and, after careful consideration, have decided to <u>award</u> the contract to your company.

We admire the "design-build delivery system" that you offer your clients. We agree that the system could result in a smooth and efficient delivery of your services. Bringing together both of our companies' design and construction experts at the beginning of the project could allow the team to agree on a projected cost early in the process.

Under the design-build delivery system, you are offering to head the design team for the building and prepare the documents for construction. Moreover, you will also do the actual construction. This will allow us to coordinate with only one contact: Imperial Construction Services. If put into practice, this single-contact arrangement can give us better results due to faster services, reduced risks, and great savings.

I am very interested in discussing the details of your proposal with you. As we are <u>intent</u> on finishing the building's construction on or before the deadline, I would like to invite you or your representative to meet with us as soon as possible. Please call me at 417-555-8203 to set up the meeting.

I am looking forward to hearing from you again. Thank you very much.

Sincerely,

Rosa Cooper
New Projects Department
Hall and Moore Bookstore

74. What is the main purpose of Rosa Cooper's letter?

(a) to inquire about company rates
(b) to request a project proposal
(c) to inform about the approval of a proposal
(d) to announce a new construction project

75. What could be the result of gathering both companies' experts?

(a) a better building design
(b) an estimated project cost
(c) cheaper building materials
(d) better working relationships

76. What is one of the provisions under William Thomson's design-build delivery system?

(a) that his company will take charge of the design
(b) that Cooper must do the actual construction
(c) that a third party will oversee the construction
(d) that the necessary papers must be prepared early

77. How most likely would having multiple contacts affect Cooper's project?

(a) Her company would take on fewer risks.
(b) The process would be slowed down.
(c) Her company could save more money.
(d) The process could feel uncoordinated.

78. Why is Cooper asking Thomson for an immediate meeting?

(a) because she wants to get the project done in time
(b) because she has already fallen behind schedule
(c) because she needs some changes to the proposal
(d) because she wants to meet the people she will work with

79. In the context of the passage, award means _____.

(a) honor
(b) share
(c) donate
(d) give

80. In the context of the passage, intent means _____.

(a) clear
(b) engaged
(c) focused
(d) stuck

THIS IS THE END OF THE TEST

》》》 본책 p.190 정답 · 해석 · 해설

G-TELP 기출 문제

TEST

5

GRAMMAR
LISTENING
READING AND VOCABULARY

시험 시간 90분

시험 준비하기

1. 휴대폰 전원 끄고 시계 준비하기
2. Answer Sheet, 컴퓨터용 사인펜, 수정 테이프 준비하기
3. 노트테이킹 할 필기구 준비하기

 ※ LISTENING MP3를 스마트폰-네이버 앱-렌즈-QR/바코드로 바로 들어보세요!

https://han.gl/alXFg

시작 시간 : _____ 시 _____ 분
종료 시간 : _____ 시 _____ 분

General Tests of English Language Proficiency G-TELP

Level 2

GRAMMAR SECTION

TEST 1

TEST 2

TEST 3

TEST 4

TEST 5

TEST 6

TEST 7

DIRECTIONS:

The following items need a word or words to complete the sentence. From the four choices for each item, choose the best answer. Then blacken in the correct circle on your answer sheet.

Example:

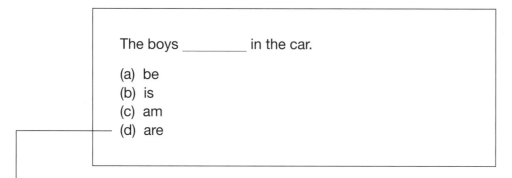

The boys _____ in the car.

(a) be
(b) is
(c) am
(d) are

The correct answer is (d), so the circle with the letter (d) has been blackened.

NOW TURN THE PAGE AND BEGIN

101

1. Yesterday, I was late for my cousin's birthday party. She was already cutting the cake when I arrived. If I hadn't gone to the salon to have my nails done, I _____ to the party on time.

   (a) would get
   (b) will be getting
   (c) had gotten
   (d) would have gotten

2. The newspaper finally found a copy editor from among the applicants that took the editing test this morning. Not surprisingly, the candidate _____ on the test was chosen.

   (a) which got the highest score
   (b) who got the highest score
   (c) whom got the highest score
   (d) what got the highest score

3. Cakes Ahoy, the local bakery on Palmer Street, is facing stiff competition from global brands. It is vital that the company _____ rebranding their business to stay abreast of the market.

   (a) consider
   (b) is considering
   (c) has considered
   (d) considers

4. Hannah got angry at George for saying that she looked like an old maid in her outfit. Not wanting to upset her further, George apologized immediately and said that he _____.

   (a) just joked
   (b) was just joking
   (c) has just been joking
   (d) is just joking

5. I bought a new pair of earphones to use when running. I like that the earbuds don't fall out easily. I _____ also hear traffic through it, so it's safe for running in the city.

   (a) may
   (b) shall
   (c) can
   (d) could

6. Barry is very excited about going to college, especially since he will be attending Harvard. He has daydreamed his whole life about going to the Ivy League university but never anticipated actually _____ admission.

   (a) to have gained
   (b) having gained
   (c) to gain
   (d) gaining

7. I think Grandpa hasn't gotten into the habit of taking his medicine yet. If he were mindful of it, Grandma _____ to remind him to take his medicine every time.

   (a) will not have
   (b) would not have had
   (c) would not have
   (d) does not have

8. Abby's online clothing store has gained a strong following only a month after its launch. It is so successful that Abby is looking for more clothes _____ in order to meet the demand from eager buyers.

   (a) to sell
   (b) having sold
   (c) selling
   (d) to have sold

9. Sean is feeling sleepy and knows he should pull the car over for a nap soon. By the time he gets to the next rest area, he _____ for at least four hours.

   (a) had driven
   (b) will be driving
   (c) drives
   (d) will have been driving

10. Any gardener knows that weeds compete with landscaping plants for sunlight and water. It is therefore important that the weeds _____ regularly to ensure that the plants get adequate nutrition.

    (a) were removed
    (b) be removed
    (c) have been removed
    (d) will be removed

11. I can understand why you're not very happy about waiting tables, but you can find a better job when you finish school. _____, you should work hard on your studies.

    (a) Besides
    (b) Meanwhile
    (c) In fact
    (d) Likewise

12. Charles failed to close an important deal after submitting an incomplete business proposal. If he had listened more closely to his client's needs during their first meeting, he _____ a more convincing proposal.

    (a) would prepare
    (b) had prepared
    (c) would have prepared
    (d) was preparing

13. Trier, a city in southwestern Germany, is as beautiful and charming as the more famous German cities. Moreover, it has cheaper restaurants and hotels. It's also worth _____ that Trier is the country's oldest city.

(a) to mention
(b) having mentioned
(c) to be mentioning
(d) mentioning

14. My list of things to do during my out-of-town trip next week just keeps getting longer. I _____ them off one by one as I go from one activity or site to another.

(a) will be checking
(b) am checking
(c) have checked
(d) will have been checking

15. Sheila made herself a cup of coffee to help her stay awake while studying. However, the coffee did not seem to work. _____ becoming alert after drinking it, she felt even sleepier.

(a) While
(b) In addition to
(c) Rather than
(d) Aside from

16. My talented friend Naomi made a documentary about the local art scene, and it will premiere at the Hillsboro Film Festival next month. I can't wait _____ it so I can see Naomi's hard work.

(a) having watched
(b) watching
(c) to watch
(d) to be watching

17. The Foxes lost to the Boomerangs in the playoffs following their star player Nelson Hale's injury. If Hale's knee had not been injured, I bet he _____ his team to their third straight victory this season.

(a) had led
(b) would have led
(c) will lead
(d) would lead

18. BGC Group underwent major shifts after it was acquired by the Manhattan-based LCM Network. For one, they _____ from their radio station in Brooklyn for 30 years before they moved to Midtown Manhattan.

(a) have been broadcasting
(b) will have broadcasted
(c) are broadcasting
(d) had been broadcasting

19. Everyone was shocked when the boss started shouting at the sales team for poor performance. The staff understood why she was frustrated, but they did not consider _____ to be an appropriate response.

(a) yelling
(b) to be yelling
(c) to yell
(d) having yelled

20. When I was a child, we lived in a house near Honda Beach. I visited the place again last week, and it wasn't the same. The beach, _____, is now a tourist destination filled with resorts.

(a) which we used to swim for free
(b) when we used to swim for free
(c) that we used to swim for free
(d) where we used to swim for free

21. Shadow bands are wavy stripes of light that appear during a total solar eclipse, but they are most visible when in motion. If one were to photograph them, the shadow bands _____ in the still image.

(a) are probably not showing up
(b) would probably not have shown up
(c) would probably not show up
(d) will probably not show up

22. As part of the president's anti-corruption campaign, many government officials are being investigated for overspending and having luxurious lifestyles. The president believes it is necessary that the people _____ trust in the government.

(a) have maintained
(b) maintained
(c) will maintain
(d) maintain

23. Luke's professors are alarmed by his absences, and they worry that he might be forced to quit school soon. He _____ his classes since he got a part-time job at a fast food chain.

(a) has not been attending
(b) did not attend
(c) would not attend
(d) had not been attending

24. "Playborhood" is a movement that promotes the creation of more open spaces in the neighborhood for children to play in. Its supporters believe that children _____ go outside and play to develop their creativity.

(a) could
(b) should
(c) would
(d) shall

25. Sara is contemplating a trip across town to pay a client a visit. He might be away on a trip, though. If I were her, I _____ the client first to check if he is in town.

(a) would call
(b) had called
(c) would have called
(d) will call

26. The popular womenswear brand Boundless Sky will be selling their clothes exclusively online starting next week. This is because more and more people _____ online nowadays.

(a) have shopped
(b) will be shopping
(c) are shopping
(d) had been shopping

LISTENING SECTION

TEST 1

TEST 2

TEST 3

TEST 4

TEST 5

TEST 6

TEST 7

DIRECTIONS:

The Listening Section has four parts. In each part you will hear a spoken passage and a number of questions about the passage. First you will hear the questions. Then you will hear the passage. From the four choices for each question, choose the best answer. Then blacken in the correct circle on your answer sheet.

Now you will hear a sample question. Then you will hear a sample passage.

Now listen to the sample question.

(a) one
(b) two
(c) three
(d) four

Bill Johnson has four brothers, so the best answer is (d). The circle with the letter (d) has been blackened.

ⓐ ⓑ ⓒ ●

NOW TURN THE PAGE AND BEGIN

27. (a) because he had other plans
    (b) because he was working
    (c) because he was not invited
    (d) because he got the date wrong

28. (a) The guests did not like the food.
    (b) The venue was not large enough.
    (c) The guests arrived too early.
    (d) The caterer was delayed.

29. (a) It was not warm enough.
    (b) It did not taste very good.
    (c) It looked unappetizing.
    (d) It seemed partly cooked.

30. (a) because some guests did not get dessert
    (b) because some guests did not like the food
    (c) because she ordered too many tarts
    (d) because she had forgotten to buy a cake

31. (a) by showing up for a surprise visit
    (b) by singing her favorite song
    (c) by giving her the perfect gift
    (d) by making a caring gesture

32. (a) not pay for any of the service
    (b) blog about the poor quality
    (c) ask for part of her money back
    (d) not hire her for another event

33. (a) so the matter will be resolved faster
    (b) so Monica will have evidence of the problem
    (c) so the complaint will be considered formal
    (d) so Monica can send necessary documents

Part 2. *You will hear a presentation by one person to a group of people. First you will hear questions 34 through 39. Then you will hear the talk. Choose the best answer to each question in the time provided.*

34. (a) clothes that exceed store capacity
    (b) clothes that have been in storage a long time
    (c) clothes that are sold directly from the factory
    (d) clothes that cannot be sold to customers

35. (a) They are close copies of the original.
    (b) They are sold at the same prices.
    (c) They use the same materials.
    (d) They are older designs of the same items.

36. (a) their partnership with social media sites
    (b) the size of their inventory
    (c) their innovative online shopping site
    (d) the quality of their products

37. (a) that it is a damaged product
    (b) that it is not a fake article
    (c) that it is being sold illegally
    (d) that it is sold at regular price

38. (a) because they like picking real items from fake ones
    (b) because fake products are worth the low cost
    (c) because they know the store sells real items
    (d) because the store's clothes look like the originals

39. (a) by spending a certain amount
    (b) by buying wholesale
    (c) by paying using a credit card
    (d) by having them shipped within the US

40. (a) browsing the Internet
    (b) using social networking sites
    (c) accessing blocked websites
    (d) using their smartphones

41. (a) They cannot focus on their job.
    (b) They do not get tired easily.
    (c) Their productivity lessens.
    (d) They get more work done.

42. (a) because social media sites cannot be hacked
    (b) because social media loads faster than email
    (c) because people use social media more often
    (d) because many people do not have email

43. (a) having to draw up social media regulations
    (b) employees behaving unprofessionally
    (c) needing to check social media for recruiting
    (d) employees suggesting new work guidelines

44. (a) by setting up a firewall system
    (b) by educating them on proper use of social media
    (c) by asking them not to post anything while at work
    (d) by monitoring their online activities regularly

45. (a) allow them to keep using social media
    (b) ban them from using certain kinds of sites
    (c) discipline those who are caught using social media
    (d) encourage them to use social media more

46. (a) They decorate it to look natural.
    (b) They use it for outdoor picnics.
    (c) They make it appear bigger.
    (d) They turn it into a storage area.

47. (a) choose the right furniture
    (b) get the balcony's exact measurements
    (c) understand the shape of the balcony
    (d) build a roof over the balcony

48. (a) because its size allows a limited use
    (b) because all balconies have only one purpose
    (c) because it is expensive to have several uses for it
    (d) because it can only fit small furniture

49. (a) It goes well with any wall paint color.
    (b) It gives an illusion of being outdoors.
    (c) It is cheaper than real grass.
    (d) It makes the balcony look larger.

50. (a) those that are comfortable
    (b) those that are nice to look at
    (c) those that will be most useful
    (d) those that are long and narrow

51. (a) It makes the balcony look more colorful.
    (b) It makes the balcony look warmer.
    (c) It gives comfort when the weather is cold.
    (d) It adds a holiday feel to the balcony.

52. (a) by including some colorful artwork
    (b) by putting photographs on the walls
    (c) by featuring one's prized possessions
    (d) by adding some eye-catching decor

READING AND VOCABULARY SECTION

DIRECTIONS:

You will now read four different passages. Each passage is followed by comprehension and vocabulary questions. From the four choices for each item, choose the best answer. Then blacken in the correct circle on your answer sheet.

Read the following example passage and example question.

Example:

Bill Johnson lives in New York. He is 25 years old.
He has four brothers and two sisters.

How many brothers does Bill Johnson have?

(a) one
(b) two
(c) three
(d) four

The correct answer is (d), so the circle with the letter (d) has been blackened.

ⓐ ⓑ ⓒ ●

NOW TURN THE PAGE AND BEGIN

Part 1. Read the following biography article and answer the questions. The underlined words in the article are for vocabulary questions.

FRIEDRICH NIETZSCHE

Friedrich Nietzsche was a leading German philosopher known for his writings on religion and morality, and for developing the concept of the "super-man." Nietzsche's writings influenced many important thinkers of the 20th century. He published numerous works during his career, many of which were criticized for their anti-Christian ideas and remain controversial to this day.

Friedrich Wilhelm Nietzsche was born on October 15, 1844 in Röcken bei Lützen, a small town in the former state of Prussia, now a part of Germany. His father was a Protestant preacher who died when Nietzsche was four years old. The family moved to Naumburg in 1850. He received a classical education at Schulpforta, Germany's top boarding school. He then went to the University of Leipzig to study philology, literature, and history. There, he was strongly influenced by the writings of philosopher Arthur Schopenhauer.

At the age of 24, Nietzsche started working as a professor at the University of Basel in Switzerland. At 28, he published his first book, *The Birth of Tragedy*, a work that strayed from classical scholarship and demonstrated the sort of bold, poetic expression that would feature prominently in his later work. The book was not well received by his colleagues, who felt that it lacked discipline and relied too much on speculation, and it diminished Nietzsche's status within his department.

Nietzsche resigned from his job in 1879 due to various illnesses. This led to a long period of isolation that resulted in his most <u>fruitful</u> period of writing. It was during this time that some of his most important works, *Thus Spoke Zarathustra, Good and Evil,* and *Twilight of the Idols* were published. In them, Nietzsche came up with the central themes of his philosophy, including the super-man, an individual who creates his own values.

Just as his work was gaining respect in Europe, Nietzsche was hospitalized for a mental breakdown in 1889. He spent the rest of his life under the care of his mother and sister. The nature of his mental illness is still unknown, although some claim that his own philosophy led to his madness. He later caught pneumonia and died in 1900.

Nietzsche's ideas inspired many intellectuals of the 20th century, including Carl Jung, Sigmund Freud, and Jean-Paul Sartre. The Nazi Party used his work as an excuse for its criminal activities. This connection to Hitler's party has caused Nietzsche's work to leave <u>unsavory</u> impressions on some readers.

53. What made Friedrich Nietzsche's work so controversial?

   (a) his perspective on a major religion
   (b) his provocative anti-German sentiments
   (c) his lessons in Christian morality
   (d) his criticism of other philosophers

54. When did Nietzsche start showing an interest in philosophy?

   (a) while reading classical literature
   (b) when listening to his father's sermons
   (c) while working in Switzerland
   (d) when studying a writer's works in college

55. What most likely was the reason that Nietzsche's colleagues did not approve of his first book?

   (a) because it promoted poetry among his students
   (b) because it criticized their lack of discipline
   (c) because it went against academic tradition
   (d) because it focused too much on the classics

56. Why did Nietzsche quit his teaching post at Basel?

   (a) He wanted to devote his time to writing.
   (b) He experienced a decline in health.
   (c) He was busy developing his philosophy.
   (d) He was put into a mental hospital.

57. What can be said about Nietzsche's philosophical beliefs?

   (a) They provided a clear description of madness.
   (b) They never caught on with 20th century thinkers.
   (c) They were used as a reason to commit crime.
   (d) They inspired people to become superior beings.

58. In the context of the passage, fruitful means _____.

   (a) blooming
   (b) important
   (c) effective
   (d) productive

59. In the context of the passage, unsavory means _____.

   (a) unpleasant
   (b) bland
   (c) uninteresting
   (d) inedible

Part 2. Read the following magazine article and answer the questions. The underlined words in the article are for vocabulary questions.

CHINESE MILLIONAIRES ARE LEAVING CHINA

There are now about one million millionaires in mainland China. More and more of these millionaires are using their wealth to move themselves and their families abroad.

They relocate to other countries using "investment visas," visas which allow foreigners to live in another country based on the investment they will be making there.

Many countries provide the said means of entry for wealthy people. In the United States, foreigners can get residency or "green cards" for themselves, their spouses, and children under 21 years old if they invest one million US dollars (USD) to create a business that employs at least 10 workers. In Spain, Australia, and the UK, one can apply for a permanent residency visa by investing in finances or property in an amount that ranges from 662,000 to 4.65 million USD.

Since China first saw a <u>hike</u> in its population of *nouveau rich*, or those who only recently acquired wealth, investor visa programs around the world have been dominated by rich Chinese citizens who want to move abroad. More than 80 percent of the total investor visas issued in the US in 2013 and 2014 were issued to Chinese immigrants. The UK government also plans to make entry easier for Chinese investors.

Still, not all countries receive Chinese millionaires. Canada canceled its investment visa in early 2015 after receiving too many Chinese applicants. The visa previously gave residency to foreigners who would lend at least 726,720 USD interest-free to any Canadian province for five years. However, the Canadian government said the visa had become greatly undervalued as a cheap <u>route</u> out of China, and had also made locals angry as wealthy immigrants inflated property values.

Many of the wealthy Chinese move not only for economic opportunities but for providing a better life for their families. To Chinese parents, this means raising their kids in an environment that has safe food and clean air and water. Many also want their children to get a high-quality Western education. Furthermore, parents use the investor visa to get foreign citizenship for their yet-to-be-born children, making it easier for them to travel and attend university abroad later.

60. What are Chinese millionaires mainly using investment visas for?

   (a) generating more wealth for their country
   (b) investing in foreign governments
   (c) moving their families out of China
   (d) traveling to other countries

61. Why most likely are governments allowing Chinese millionaires to live in their country?

   (a) to bring money into the local economy
   (b) to increase their own country's population
   (c) to increase the workforce in their own country
   (d) to help solve China's population problem

62. What did the Canadian government do with its investment visa policy in 2015?

   (a) It increased the cost of obtaining the visa.
   (b) It stopped implementing the policy.
   (c) It closed the policy to Chinese applicants.
   (d) It opened the policy to more nationalities.

63. According to the article, why do many of the rich Chinese move?

   (a) so they can follow their relatives abroad
   (b) so they can improve the life of their families
   (c) so they can expand their businesses
   (d) so they can own properties abroad

64. Based on the article, what is probably true about the way Chinese parents view China?

   (a) It is not a good place to give birth.
   (b) There are very few educational institutions.
   (c) It does not have any investment opportunities.
   (d) There are unfavorable conditions for children.

65. In the context of the passage, hike means _____.

   (a) trip
   (b) change
   (c) rise
   (d) gathering

66. In the context of the passage, route means _____.

   (a) address
   (b) trail
   (c) map
   (d) way

JERKY

Jerky is meat that has been cut into long thin strips and then dried. It is a favorite food of travelers, campers, and outdoor enthusiasts because it is lightweight and does not need to be refrigerated. Jerky can be made from almost any meat, but it is usually made from beef, pork, or turkey. The word "jerky" originated from the Quechua word *ch'arki*, which means "dried meat."

The Quechua-speaking Incas made jerky as early as the 1500s. However, the food only became popular during the Europeans' westward expansion in North America, when traders and explorers began to see it as an ideal source of nutrition during their travels. During the Industrial Age in the late 18th century, American companies began mass-producing jerky. Today, jerky is a ubiquitous food product. It is available in different brands and flavors, and can be bought globally from supermarkets, convenience stores, specialty shops, and even gas stations. It can also be made at home.

To make jerky, the meat is slightly frozen to make cutting easier. The fat is then removed since it does not dry and spoils easily. The meat is sliced into thin strips and salted to inhibit bacterial growth. It is then usually marinated with varying ingredients that can include oil, salt, spices, lemon juice, soy sauce, and wine. The meat strips are refrigerated for several hours. They are then drained on clean towels, and dried either in a dehydrator or an oven at low temperatures to avoid overcooking. The jerky is ready when it is dry and darker in color, and breaks gently when bent.

Jerky should be stored in airtight containers or resealable plastic bags. Well-dried jerky will last for two to three months without refrigeration, while store-bought processed jerky can last for up to two years. Because it is made of lean meat, jerky is high in protein. And because it is lightweight, highly nutritious, ready-to-eat, and has a long shelf life, it is commonly served at military camps. Jerky has also been used by astronauts during space flights.

67. What was likely the origin of the word "jerky"?

    (a) the process used to make it
    (b) the place where it was first made
    (c) the kind of meat used to make it
    (d) the characteristic texture

68. When did jerky start to be produced in large amounts?

    (a) when America was explored
    (b) during the Industrial Revolution
    (c) during westward expansion in Europe
    (d) when people learned to make it at home

69. Why is the fat removed from the jerky?

    (a) to make it more flavorful
    (b) to make it more nutritious
    (c) to prevent it from spoiling
    (d) to prepare it for easier slicing

70. How can one confirm that jerky is ready for eating?

    (a) by checking that it is no longer moist
    (b) by breaking it into small pieces
    (c) by feeling if it is hot to the touch
    (d) by seeing that the color remains bright

71. Why most likely would store-bought jerky be ideal for soldiers?

    (a) It is the most nutritious dried food.
    (b) It is easy to prepare anywhere.
    (c) It can be traded for other food items.
    (d) It can be kept for long periods.

72. In the context of the passage, ubiquitous means _____.

    (a) favorite
    (b) widespread
    (c) strange
    (d) invasive

73. In the context of the passage, inhibit means _____.

    (a) frighten
    (b) forbid
    (c) prevent
    (d) simulate

Part 4. Read the following business letter and answer the questions. The underlined words in the letter are for vocabulary questions.

Rachelle Hudson
234 Palm Street
Beach Park District, FL

Dear Ms. Hudson:

A pleasant day to you!

Our records show that you have been a customer of Skin Holiday products since we opened our shop last year. To thank you for your business, we are inviting you to an invitation-only after-hours party to be held next Friday, August 14.

We are inviting only our preferred customers to shop at Skin Holiday after the normal store hours on Friday. As our way of saying thanks, we have prepared exciting things for you. Free cocktails and dinner will be served. In addition, our famous local band, the Beachcombers, will be setting up in a corner of the store to entertain us during the event.

You'll surely enjoy the after-hours shopping experience, as all items in stock will be marked down 40-70 percent. You will also be among the first customers to see our newest perfume collection, which we will launch to the public next month.

We will be giving away bottles of shower gel and body lotion, along with other small gifts. And to make the event even more unforgettable, a photo booth, which our guests can use for free, will be set up at the store.

Please accept the enclosed $25 gift certificate that you can use when you purchase $100 or more from our store.

We are looking forward to seeing you at Skin Holiday for our exclusive party on Friday night. Please bring this invitation with you and present it at the door.

Sincerely,

L. Woods

Lewis Woods
Store Manager

74. Why did Lewis Woods write to Rachelle Hudson?

    (a) to announce a special loyalty program
    (b) to ask her to come to an event
    (c) to thank her for shopping at Skin Holiday
    (d) to invite her to his store's anniversary party

75. According to Woods, who can visit the shop after normal store hours on Friday?

    (a) those who bought tickets for the special event
    (b) those who have brought in new customers to the store
    (c) those who are too busy to visit during normal hours
    (d) those who are frequent shoppers at the store

76. What will guests NOT be able to do at the party?

    (a) consume complimentary mixed drinks
    (b) be entertained by a comedy troupe
    (c) listen to the work of a musical group
    (d) enjoy food at no additional cost

77. What can the guests do at the party to make it more memorable?

    (a) They can have their pictures taken.
    (b) They can try on the latest Skin Holiday perfume.
    (c) They can claim their gifts at the booth.
    (d) They can make their own soap and lotion.

78. Based on the letter, why most likely did Woods include a gift certificate in the letter?

    (a) so that Hudson will spend more money at the store
    (b) so that Hudson can buy items at any store
    (c) so that Hudson can use it as a gift for someone else
    (d) so that Hudson will stay at the party longer

79. In the context of the passage, business means _____.

    (a) assistance
    (b) matter
    (c) support
    (d) competition

80. In the context of the passage, exclusive means _____.

    (a) licensed
    (b) stylish
    (c) secretive
    (d) private

THIS IS THE END OF THE TEST

〉〉〉 본책 p.248 정답 · 해석 · 해설

G-TELP 기출 문제
TEST
6

GRAMMAR
LISTENING
READING AND VOCABULARY

시험 시간 90분

시험 준비하기

1. 휴대폰 전원 끄고 시계 준비하기
2. Answer Sheet, 컴퓨터용 사인펜, 수정 테이프 준비하기
3. 노트테이킹 할 필기구 준비하기

 ※ LISTENING MP3를 스마트폰-네이버 앱-렌즈-QR/바코드로 바로 들어보세요!

https://han.gl/xLwHw

시작 시간 : _____ 시 _____ 분
종료 시간 : _____ 시 _____ 분

General Tests of English Language Proficiency
G-TELP

Level 2

GRAMMAR SECTION

DIRECTIONS:

The following items need a word or words to complete the sentence. From the four choices for each item, choose the best answer. Then blacken in the correct circle on your answer sheet.

Example:

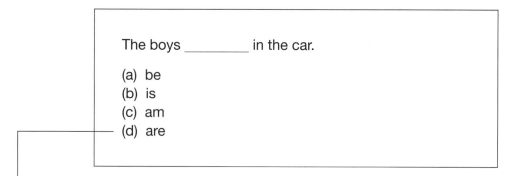

The boys _____ in the car.

(a) be
(b) is
(c) am
(d) are

The correct answer is (d), so the circle with the letter (d) has been blackened.

NOW TURN THE PAGE AND BEGIN

1. The quarterly audit of Marcus Industries showed a big difference between its reported gross income and the actual cash on hand. The company owner, Travis Marcus, launched an investigation _____ where the missing money went.

   (a) having determined
   (b) to determine
   (c) to be determining
   (d) determining

2. Cousin Matilda will be in Kendal City next month for a one-day conference. I haven't seen her in years, so I called to insist that she _____ her night with us while she's in town.

   (a) spends
   (b) will spend
   (c) is spending
   (d) spend

3. David signed up for the only anthropology class that still had slots available. However, the professor was so demanding that he failed. If David had known, he _____ until next semester to take the course.

   (a) would have waited
   (b) will wait
   (c) would wait
   (d) had waited

4. Michael should really buy a new bicycle. Yesterday, he almost had an accident on the way home when the handlebars on his 10-year-old bike broke. Soon after, he _____ his house when the brakes failed!

   (a) was approaching
   (b) had been approaching
   (c) has approached
   (d) approached

5. Our marketing supervisor wanted to send the newly hired salespeople into the field immediately to increase sales. Knowing they weren't ready, the VP for sales suggested _____ the new recruits on basic salesmanship first.

   (a) having trained
   (b) to be training
   (c) training
   (d) to train

6. The Shelton Condominiums association has received many complaints about safety issues lately due to poor maintenance. Among other things, the elevators _____ for three months before management decided to fix them.

   (a) will malfunction
   (b) had been malfunctioning
   (c) malfunctioned
   (d) have been malfunctioning

7. People who suffer from diabetes don't have to avoid eating sweet treats altogether. There are many types of fruit, such as kiwis and peaches, that diabetics _____ eat without risking increased blood sugar levels.

   (a) must
   (b) can
   (c) will
   (d) should

8. On our way to school, we pass by a house where a bad-tempered old man lives. We always avoid _____ too close to that house for fear of being yelled at by the cranky man.

   (a) to get
   (b) having gotten
   (c) getting
   (d) to be getting

9. Mrs. Whitfield is so mad at her poodle for ruining the geraniums in her garden. She _____ her flower bed of the ruined plants now. Tomorrow, she'll plant new seeds again.

   (a) clears
   (b) has been clearing
   (c) cleared
   (d) is clearing

10. For centuries, we have been relying mostly on harmful fossil fuels for energy. If hydrogen were to be fully developed as a fuel, we _____ a limitless source of clean energy in water.

    (a) would have
    (b) would have had
    (c) are having
    (d) will have

11. The Zyklones are a punk rock band that's enjoying great success in Europe and Asia. However, the achievement _____ true international renown is making it in the US music scene.

    (a) who will bring the band
    (b) what will bring the band
    (c) which it will bring the band
    (d) that will bring the band

12. Camille is so disappointed that she will miss the premiere of the seventh *Journey through the Galaxy* movie. If she were not working the night shift, she _____ to the screening at five o'clock this evening.

    (a) could have gone
    (b) can go
    (c) could go
    (d) had gone

TEST 1

TEST 2

TEST 3

TEST 4

TEST 5

TEST 6

TEST 7

13. Vera and I have things to discuss about tomorrow's Halloween party, but I need to go buy the decorations and party favors now. She is dropping by at 4 p.m., but until then, I _____ at Marcy's Party Supplies.

(a) will be shopping
(b) have shopped
(c) will shop
(d) had been shopping

14. I suggest you hurry up painting the fence and stop talking to the neighbor. It _____ be noon soon, and the hot midday sun tends to make outdoor work unbearable.

(a) could
(b) will
(c) might
(d) must

15. Any country that wants to have nuclear weapons shouldn't be concerned with developing the arms alone; they should also have test sites. Countries must consider _____ a weapon's range and effectiveness to be high priorities.

(a) having tested
(b) to be testing
(c) to test
(d) testing

16. Although humans kill them by the millions, mosquitoes are still one of the planet's most successful insects in terms of numbers. If they didn't reproduce so well, we _____ of mosquitoes more easily.

(a) will get rid
(b) would have gotten rid
(c) would get rid
(d) are getting rid

17. Ray is watching a meteor shower on the rooftop of his apartment building. The shower will last for hours, and by the time it ends at 3 a.m., he _____ up there for six hours.

(a) will be sitting
(b) has sat
(c) will have been sitting
(d) sits

18. My company suffered another huge quarterly loss and just announced a major decrease in our year-end bonuses. _____ we were saddened by the news, it was still a better option than losing our jobs.

(a) Because
(b) Although
(c) Unless
(d) Whenever

19. Not many people bought Aston Electronics' new smartphone because its features were too limited, so the model has been discontinued. If Aston engineers had designed the device using the existing 5G technology, more people _____ it.

(a) had bought
(b) would buy
(c) would have bought
(d) were buying

20. As this is your first day of work, I know that most of you have concerns. Don't hesitate _____ me any questions. It'll show that you're really interested in this firm you've just joined.

(a) to have asked
(b) asking
(c) having asked
(d) to ask

21. Colette is proud to be bilingual. She speaks English as her first language. At the same time, French, _____ from her father, comes naturally to her as a second language.

(a) which she learned as a child
(b) that she learned as a child
(c) what she learned as a child
(d) who she learned as a child

22. Due to heavy traffic, it takes Chester three hours to reach the office in his new car. His boss recommends that Chester _____ taking the subway to shorten his travel time.

(a) resumes
(b) resume
(c) will resume
(d) has resumed

23. Delecta Foods brought down a product's cost by using cheap ingredients. Soon, customers were complaining about the poor quality of the product. If Delecta _____ its usual high standards, the company wouldn't have suffered such embarrassment.

(a) had maintained
(b) would maintain
(c) maintains
(d) were to maintain

24. Many students prefer the ease of using search engines over going to the library to do research. However, Laura still prefers the library _____ she likes the smell of ink on new books.

(a) even though
(b) because
(c) anytime
(d) so that

25. Our office receives no clients and seldom has visitors. That's why management doesn't require that we _____ to work in formal office attire and instead encourages us to wear comfortable clothes.

    (a) will report
    (b) are reporting
    (c) report
    (d) reported

26. Mr. Abbot is confident that he'll make a successful presentation at the board meeting tomorrow. He _____ his speech for three weeks now, and his slideshow presentation is very impressive.

    (a) practiced
    (b) is practicing
    (c) had practiced
    (d) has been practicing

LISTENING SECTION

TEST 1

TEST 2

TEST 3

TEST 4

TEST 5

TEST 6

TEST 7

DIRECTIONS:

The Listening Section has four parts. In each part you will hear a spoken passage and a number of questions about the passage. First you will hear the questions. Then you will hear the passage. From the four choices for each question, choose the best answer. Then blacken in the correct circle on your answer sheet.

Now you will hear a sample question. Then you will hear a sample passage.

Now listen to the sample question.

(a) one
(b) two
(c) three
(d) four

Bill Johnson has four brothers, so the best answer is (d). The circle with the letter (d) has been blackened.

NOW TURN THE PAGE AND BEGIN

27. (a) because her coffee does not taste good
    (b) because her business is not doing well
    (c) because coffee is getting more expensive
    (d) because her profits do not cover the bills

28. (a) putting in longer hours at the shop
    (b) reducing the business's overhead expenses
    (c) shutting down her coffee shop
    (d) letting someone else operate the business

29. (a) that she give away free coffee
    (b) that she let customers stay for as long as they want
    (c) that she provide wireless charging stations
    (d) that she give customers free Internet access

30. (a) put more furniture in the shop
    (b) rent a larger space nearby
    (c) replace the tables with smaller ones
    (d) place the chairs farther apart

31. (a) by adding coffees imported from different countries
    (b) by serving pastries and other sweets
    (c) by offering several new coffee drinks
    (d) by selling milkshakes and smoothies

32. (a) a way to save more money
    (b) an even better cappuccino
    (c) an additional source of funding
    (d) more manpower for improvements

33. (a) She will apply for a loan from the bank.
    (b) She will ask Paul to be her business partner.
    (c) She will borrow money from her friends.
    (d) She will use her personal savings.

Part 2. *You will hear a presentation by one person to a group of people. First you will hear questions 34 through 39. Then you will hear the talk. Choose the best answer to each question in the time provided.*

34. (a) the importance of the English language
    (b) fun activities to do during summer
    (c) an English language school
    (d) an educational summer camp

35. (a) It has received major awards within its region.
    (b) It employs the largest number of teachers.
    (c) It has a good philosophy about learning.
    (d) It attracts students from all over the world.

36. (a) how to read novels written in English
    (b) how to solve their social problems
    (c) how to express themselves in English
    (d) how to deliver a report on current events

37. (a) The class is strict and formal.
    (b) The activities are more fit for daily use.
    (c) The students practice their skills in the real world.
    (d) The class lasts longer than the others.

38. (a) by showing them where to submit a resume
    (b) by helping them network with companies
    (c) by referring them for English-speaking jobs
    (d) by helping them succeed in job interviews

39. (a) sign up for a membership
    (b) call the program's office
    (c) complete the online form
    (d) pay the enrollment fee

40. (a) applying for a job as a researcher
    (b) browsing the Internet for a seminar
    (c) purchasing tools for information gathering
    (d) watching a seminar on the web

41. (a) It provides more in-depth material.
    (b) It offers a hundred-dollar rebate.
    (c) It has a cheaper registration fee.
    (d) It has a one-click sign-up process.

42. (a) the chance to work with other participants
    (b) the option of listening to recordings again
    (c) the ability to see the presentation slides
    (d) the chance to ask follow-up questions

43. (a) because she can just stay in her office
    (b) because it takes place before she goes to work
    (c) because she can choose a convenient time
    (d) because it is on a daytime schedule

44. (a) She will not have enough free time.
    (b) Her office work will have to be delayed.
    (c) She will not be able to expand her network.
    (d) Her meetings cannot be rescheduled.

45. (a) attend some talks virtually
    (b) hire another personal assistant
    (c) reserve a hotel room in London
    (d) watch the speakers on location

Part 4. *You will hear an explanation of a process. First you will hear questions 46 through 52. Then you will hear the talk. Choose the best answer to each question in the time provided.*

46. (a) practice taking high-quality pictures
    (b) search the Internet for different filters
    (c) learn how to use its different functions
    (d) print a copy of the camera's manual

47. (a) It makes shooting easier.
    (b) It produces better-looking photos.
    (c) It enables one to take photos more quickly.
    (d) It is best for experimental photography.

48. (a) so one can always practice taking pictures
    (b) so one has a chance to capture shocking moments
    (c) so one can get used to the feel of a camera
    (d) so one has an opportunity to become professional

49. (a) by taking pictures from one angle only
    (b) by getting nearer to the subject
    (c) by putting more emphasis on the background
    (d) by choosing an interesting subject

50. (a) by allowing more time for exposure
    (b) by always using the camera's flash
    (c) by placing the subject near a window
    (d) by buying some extra lamps

51. (a) They should press the shutter button twice.
    (b) They must ask the subject not to move.
    (c) They should attach a different kind of lens.
    (d) They must keep their hands steady while shooting.

52. (a) so they can keep their files in order
    (b) so they can avoid unpleasant subjects next time
    (c) so they can improve their work
    (d) so they can delete any duplicate photos

READING AND VOCABULARY SECTION

DIRECTIONS:

You will now read four different passages. Each passage is followed by comprehension and vocabulary questions. From the four choices for each item, choose the best answer. Then blacken in the correct circle on your answer sheet.

Read the following example passage and example question.

Example:

Bill Johnson lives in New York. He is 25 years old. He has four brothers and two sisters.

How many brothers does Bill Johnson have?

(a) one
(b) two
(c) three
(d) four

The correct answer is (d), so the circle with the letter (d) has been blackened.

ⓐ ⓑ ⓒ ⬤

NOW TURN THE PAGE AND BEGIN

Part 1. *Read the following biography article and answer the questions. The underlined words in the article are for vocabulary questions.*

SEQUOYAH

Sequoyah was a Native American metalworker, scholar, and linguist best known for inventing the written form of the Cherokee language. His writing system helped the Cherokee people learn how to read and write—one of the rare instances in history when a member of a pre-literate people was able to create an effective writing system.

Sequoyah was born around 1770 in eastern Tennessee at about the time when Europeans were first settling in that part of North America. He never knew his father, who was probably a white trader named Nathaniel Gist, and grew up with his Cherokee mother, Wuh-teh. Although he did not attend school, he was naturally intelligent and became a successful metalworker.

As a metalworker, Sequoyah often did business with white people and noticed that they communicated across great distances by "drawing symbols on leaves." He believed that the "talking" paper made whites successful, because they could send and receive knowledge more efficiently. Convinced that such a practice would help the Cherokee people maintain their independence, Sequoyah decided to develop a way of writing down the Cherokee language.

He started by creating a symbol for each Cherokee word but soon realized there were too many words for this system to be useful. He resorted to drawing a symbol for each syllable in the language instead. Sequoyah had been working on the symbols for 12 years when he finally completed the "syllabary" that consisted of 86 symbols.

At first, the Cherokees doubted that his invention would work. He showed the Cherokee leaders its usefulness with the help of his daughter who had learned the system. The leaders sent her out of earshot and <u>dictated</u> words for Sequoyah to write. Then they gave the written message to the girl, who read it back word for word.

Soon, Sequoyah's writing system was being taught in Cherokee schools. The Cherokees quickly learned it because it was simple. Sequoyah later took his writing system to the Cherokees in Arkansas, and then moved to Oklahoma. He died in 1843 in San Fernando, Mexico while looking for a group of Cherokees who had moved there.

His invention allowed the Cherokees to print books and newspapers in their own language and to <u>preserve</u> their history and culture. Today, a statue of Sequoyah stands in the US Capitol. His former house in Oklahoma was also made a historic landmark.

53. What did Sequoyah do for the
    Cherokee people?

    (a) He united them into one nation.
    (b) He streamlined their alphabet.
    (c) He invented their system of writing.
    (d) He defended them from the
        Europeans.

54. How did Sequoyah become acquainted
    with Europeans?

    (a) through his father's business
    (b) through working with them
    (c) through his metalworking classes
    (d) through growing up with them

55. What prompted Sequoyah to create his
    symbols?

    (a) seeing white people use a written
        language
    (b) the need to improve the existing
        writing system
    (c) having difficulty with the Cherokee
        syllabary
    (d) the desire to communicate with
        white people

56. Based on the article, what most likely
    happened after Sequoyah's meeting
    with the Cherokee leaders?

    (a) The leaders asked him to simplify
        his invention.
    (b) The leaders approved the use of
        his writing system.
    (c) The leaders started learning to
        write immediately.
    (d) The leaders rejected his invention.

57. Why did Sequoyah move to Arkansas?

    (a) to lead the tribe to a safer place
    (b) to teach white people the Cherokee
        language
    (c) to find the Cherokees who moved
        there
    (d) to teach his people how to read
        and write

58. In the context of the passage, dictated
    means _____.

    (a) spoke
    (b) overpowered
    (c) drew
    (d) commanded

59. In the context of the passage, preserve
    means _____.

    (a) store
    (b) cure
    (c) protect
    (d) process

Part 2. *Read the following magazine article and answer the questions. The underlined words in the article are for vocabulary questions.*

THE WORKPLACE PREFERENCES OF MILLENNIALS

According to a global survey, millennials—the generation of people born between the 1980s and early 2000s—have special preferences with regard to their work environments. Unlike older workers who place less emphasis on workplace decor and amenities, millennials consider the workplace itself a key factor when deciding to take a job.

The study, which was performed by Johnson Controls, was designed to help employers successfully recruit and retain millennial workers, now the largest portion of the workforce. Specifically, the researchers wanted to know what physical factors of the workplace millennials value most. To do this, they surveyed 5,000 millennial workers in Asia, Europe, and America.

The researchers found that millennials prefer workplaces that have a modern and aesthetically pleasing design. They also want their offices to be environmentally friendly and technologically up-to-date. To millennials, technological amenities in the workplace are a necessity, and not just a <u>luxury</u>. They are well versed in the use of various devices and online platforms and believe that such knowledge is important for them to be effective in their jobs.

Millennials also want offices that allow them more flexibility. They enjoy being able to personalize the decor of their workspaces and also having areas where they can collaborate and socialize with their colleagues. Moreover, they prefer working in pedestrian-friendly urban locations that are close to shopping areas and entertainment facilities, with easy access to public transportation.

As a response to the expectations of millennials for their workplaces, companies that want to be competitive have invested in millennial-friendly offices. More and more firms are now creating more open spaces, break rooms, and employee lounges to encourage workers to collaborate.

Many companies are now also providing open seating areas that offer freedom of movement and encourage workers to find the space that will help them perform at their best. While companies that cater to the preferences of millennials are becoming competitive, those that <u>disregard</u> them are considered out-of-date and may even be turning potential talent away.

60. What did researchers find about the preferences of millennial workers?

    (a) that they place less emphasis on their work environment
    (b) that they require special treatment from their employers
    (c) that they consider amenities the top priority
    (d) that they care about the space they work in

61. Why should companies probably listen to millennials when designing their office?

    (a) because employers see millennials as the most valuable workers
    (b) because millennials make up a significant number of workers
    (c) because employers have been unable to retain millennial workers
    (d) because millennials have the most up-to-date design ideas

62. According to the article, why would millennials rather work in a city environment?

    (a) They can socialize with workers from other companies.
    (b) They have more flexible working options.
    (c) They enjoy proximity to different conveniences.
    (d) They have more access to public parks.

63. What is the expected effect of making office layouts more open?

    (a) workers becoming more competitive
    (b) millennials investing in more companies
    (c) workers improving their social skills
    (d) millennials having more motivation to work together

64. How could the study probably assist employers in recruiting millennial workers?

    (a) by encouraging them to design their office accordingly
    (b) by helping them come up with an attractive salary package
    (c) by allowing them to hire only those who perform best
    (d) by helping them identify who has potential

65. In the context of the passage, luxury means _____.

    (a) leisure
    (b) delight
    (c) privilege
    (d) fortune

66. In the context of the passage, disregard means _____.

    (a) refuse
    (b) ignore
    (c) disobey
    (d) forget

Part 3. Read the following encyclopedia article and answer the questions. The underlined words in the article are for vocabulary questions.

CASSIOPEIA

Cassiopeia is a constellation, or a group of stars, found in the northern hemisphere between the constellations Cepheus and Perseus. It is the 25th largest of the 88 constellations known today. Cassiopeia's stars resemble the shape of either a W or an M, depending on the time of the year and the observer's location. Due to its simple shape and the brightness of its stars, it is one of the most recognizable constellations in the night sky.

The constellation was first recorded in the second century by the Greek astronomer Ptolemy. It was named after the beautiful wife of King Cepheus in Greek mythology. Queen Cassiopeia, full of pride because of her beauty, boasted that she was more beautiful than the sea nymphs. This enraged the sea goddesses. As punishment, the arrogant queen was tied to a chair and placed in the heavens. She is said to be spinning around the northern sky endlessly, half of the time hanging upside down.

There are a total of 53 known stars in Cassiopeia, but its unique shape is formed by its five brightest stars. The brightest, Alpha Cassiopeiae, is 60 times brighter than the sun. It is also 40 times larger and weighs over five times as much. Cassiopeia is at the center of a group of constellations that are named for figures associated with the legend of Perseus, including the queen's husband Cepheus, her daughter Andromeda, and the winged horse Pegasus.

Unlike constellations which can only be seen during one particular season, Cassiopeia is visible for the entire year in the northern hemisphere and during the spring in the southern hemisphere. It can be seen at night looking like a W in spring and summer, and like an M during winter and autumn.

Because Cassiopeia is one of the easiest constellations to find, it is often mentioned in popular culture. The familiar constellation has been referenced in such diverse forms of media as adventure novels, science fiction television shows, and romantic comedy films.

67. Why can most people easily identify the constellation Cassiopeia?

   (a) because its shape is easy to remember
   (b) because it has the brightest stars
   (c) because its formation is the largest in the sky
   (d) because it has a fixed appearance

68. Where did the name "Cassiopeia" come from?

   (a) from the name of a real-life queen
   (b) from a Greek astronomer's name
   (c) from a group of jealous goddesses
   (d) from a mythological woman

69. How is Cassiopeia's distinct appearance shaped?

   (a) by the size of its largest stars
   (b) by a continuous rotation
   (c) by the formation of its brightest stars
   (d) by a union with nearby constellations

70. What makes Cassiopeia different from other constellations?

   (a) It can be seen by the naked eye.
   (b) It disappears from view during spring.
   (c) It can be seen all year round.
   (d) It is only visible in the north.

71. What is most likely the reason Cassiopeia is often mentioned in the movies?

   (a) because it is the most beautiful constellation
   (b) because it is well known to many people
   (c) because it has a name that is easy to pronounce
   (d) because it has a romantic story behind it

72. In the context of the passage, enraged means _____.

   (a) energized
   (b) depressed
   (c) confused
   (d) angered

73. In the context of the passage, particular means _____.

   (a) specific
   (b) precise
   (c) regular
   (d) selective

George Turner
15ᵗʰ floor, Columbus Circle
28 West 44th Street
Manhattan, NY

Dear Mr. Turner:

I am writing this letter in reference to my application for the position of associate editor with the *MoneyBiz Times*. I was informed during my interview on December 2 that the recruitment process would take about two weeks. Since I haven't heard from you, I would like to take this opportunity to restate my eagerness to work with your company.

After learning more about what you expect from an associate editor during our meeting, I am convinced that I am an ideal candidate for the position. I have proven editing skills, a talent for effectively coordinating with stakeholders, and the ability to manage multiple projects at the same time. I believe you also need someone with genuine enthusiasm for the subjects that you publish.

I am confident that we share the same interest in global affairs and business news. Moreover, my four years of experience as an editor with the *Financial Daily* has prepared me to excel in this type of news writing. I am hopeful that my perfect score on the editing exam you gave, along with my master's degree in journalism and bachelor's degree in economics, might be viewed as evidence that I am suited for the job.

As I mentioned during the interview, my past employers and colleagues can vouch for my dedication to producing work of the highest quality. I look forward to hearing from you soon. Again, thank you so much for considering me for the position.

Sincerely,

Judith Rand
Judith Rand

74. Why did Judith Rand write to George Turner?

(a) to provide information about her recent achievements
(b) to follow up on the result of her interview
(c) to find out if she will be invited to interview
(d) to submit her application for an editing position

75. How did Rand most likely learn more details about the qualifications for the job?

(a) She saw *MoneyBiz Times'* advertisement for the job.
(b) She called the HR department to ask about the job.
(c) She talked to one of the ideal candidates for the position.
(d) She was told about them during the interview.

76. According to the letter, what do Rand and Turner probably have in common?

(a) being passionate about similar topics
(b) the ability to manage multiple editors
(c) being knowledgeable about global problems
(d) the enthusiasm for talking to stakeholders

77. Which best shows Rand's interest in what the *MoneyBiz Times* does?

(a) her bachelor's degree in journalism
(b) her outstanding news writing
(c) her master's degree in economics
(d) her prior work in the industry

78. What can Turner request from Rand's former workmates at *Financial Daily*?

(a) legal proof that what she said is true
(b) information about her personal matters
(c) a recommendation based on her past performance
(d) a list of all the articles that she edited

79. In the context of the passage, <u>suited</u> means _____.

(a) applicable
(b) right
(c) comparable
(d) decent

80. In the context of the passage, <u>dedication</u> means _____.

(a) devotion
(b) celebration
(c) honor
(d) obedience

THIS IS THE END OF THE TEST

〉〉〉 본책 p.302 정답 · 해석 · 해설

G-TELP 기출 문제

TEST

7

GRAMMAR
LISTENING
READING AND VOCABULARY

시험 시간 90분

시험 준비하기

1. 휴대폰 전원 끄고 시계 준비하기
2. Answer Sheet, 컴퓨터용 사인펜, 수정 테이프 준비하기
3. 노트테이킹 할 필기구 준비하기

 ※ LISTENING MP3를 스마트폰-네이버 앱-렌즈-QR/바코드로 바로 들어보세요!

https://han.gl/m9Obk

시작 시간 : _____ 시 _____ 분
종료 시간 : _____ 시 _____ 분

General Tests of English Language Proficiency G-TELP

Level 2

GRAMMAR SECTION

TEST 1

TEST 2

TEST 3

TEST 4

TEST 5

TEST 6

TEST 7

DIRECTIONS:

The following items need a word or words to complete the sentence. From the four choices for each item, choose the best answer. Then blacken in the correct circle on your answer sheet.

Example:

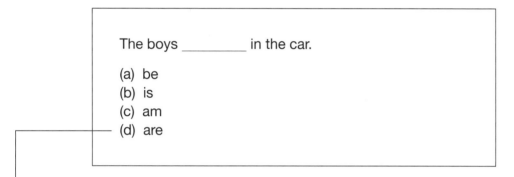

The boys _____ in the car.

(a) be
(b) is
(c) am
(d) are

The correct answer is (d), so the circle with the letter (d) has been blackened.

NOW TURN THE PAGE AND BEGIN

1. Mr. Kruger won't go to work tomorrow because he has to fulfill an important commitment. It's his son's fifth birthday, and Mr. Kruger has promised that he _____ take the boy to OceanWorld.

   (a) may
   (b) will
   (c) can
   (d) should

2. Many cell phone models have different features that appeal to different customers. These include sleek designs, wide screens, and special applications. The feature _____ in a cell phone is a high-resolution camera.

   (a) what Abby is looking for
   (b) which Abby is looking for it
   (c) who Abby is looking for
   (d) that Abby is looking for

3. Clarisse performed so poorly on the final exam in anatomy that she might've failed the class. Fortunately, her professor only requires that she _____ a written report for extra credit to make up the lost points.

   (a) submits
   (b) will submit
   (c) submit
   (d) has submitted

4. It won't be long until Pamela's dream vacation finally becomes a reality. She _____ for the past two years for a month-long vacation in Zurich. This summer, she will be flying first class to the Swiss capital.

   (a) will save
   (b) saved
   (c) has been saving
   (d) is saving

5. In her rush to get to the office, Lisa left an important folder on the kitchen table this morning. Now, she has _____ back home to fetch it, with the risk of arriving late for work.

   (a) to drive
   (b) having driven
   (c) to be driving
   (d) driving

6. The customers of Café Versátil are always satisfied with the wide variety of choices on the restaurant's menu. Aside from the usual Spanish cuisine, they _____ also order dishes from other parts of Europe.

   (a) should
   (b) can
   (c) will
   (d) would

7. Yvonne is known among her friends as the best person to discuss problems with. She doesn't mind _____ to her friends talk in detail about their concerns, and she always tries to offer fair advice.

(a) listening
(b) to listen
(c) having listened
(d) to have listened

8. Our company president felt responsible for approving the release of a poorly-designed product that failed in the market. If she had invested more in R&D, the product _____ a better chance of succeeding.

(a) will have had
(b) has had
(c) would have
(d) would have had

9. Suspension medicines contain liquids and solids that don't mix together well. That's why it is recommended that they _____ first before use. Otherwise, the solid ingredients will settle at the bottom of the bottle.

(a) be shaken
(b) have been shaken
(c) are shaken
(d) will be shaken

10. The president of the Lakeville Heights homeowners association was proven to have misused its funds. Some members of the association _____ for the guilty officer to be replaced.

(a) now petition
(b) are now petitioning
(c) had now petitioned
(d) were now petitioning

11. Dan is having difficulty choosing the color of his new car. Beige and white, _____ for California's sunny climate, would be his practical choices. However, he really finds dark-blue and black cars elegant.

(a) what are the ideal colors
(b) that are the ideal colors
(c) which are the ideal colors
(d) who are the ideal colors

12. Due to a small budget, Greenest Earth, Inc., is considering selling its new patent for cleaning up oil spills. If the company were to get enough money to develop the technology, it _____ millions in profits.

(a) has made
(b) would have made
(c) will make
(d) would make

13. Last night, an under-the-weather James broke his high school baseball team's record for most runs by a single player. If he had sat out the game, he _____ the record that had stood for nearly 10 years.

(a) would not break
(b) had not broken
(c) would not have broken
(d) will not have broken

14. The residents of West Palm Beach had no reason to worry about another massive flood, after all. It _____ continuously for a week until the sun finally came out last Thursday.

(a) had been raining
(b) was raining
(c) has rained
(d) will rain

15. Many people prune their trees every year to keep branches from growing out of control. Arborists advise _____ limbs and branches in the springtime while they are actively growing rather than during the fall.

(a) to trim
(b) to have trimmed
(c) having trimmed
(d) trimming

16. Writers often get overconfident that their newly-finished work is error-free. However, it is the little typos, such as misplaced commas, that often go unnoticed. It is better _____ a manuscript as many times as possible.

(a) proofreading
(b) to proofread
(c) having proofread
(d) to be proofreading

17. Why won't you take the offer to head our office in London? Are you worried about leaving your family? If I were you, I _____ the job now, and then have my family follow later.

(a) would have accepted
(b) will accept
(c) have accepted
(d) would accept

18. It's too bad you can only visit us on Saturday. We already have a nature trip planned for this weekend. If you want to join us, we _____ in a cabin at the Golden Sun Park.

(a) stay
(b) will be staying
(c) will have been staying
(d) have stayed

19. We have to work in two groups to finish the film assigned to us on time. One group will work on the storyline and equipment, _____ the other group will scout for talent and locations.

    (a) unless
    (b) hence
    (c) after
    (d) while

20. Pierce was eager to close a million-dollar deal, but he came down with the flu and missed yesterday's appointment. If he hadn't looked so awful and sick, he _____ with the client to close the deal.

    (a) would meet
    (b) would have met
    (c) is meeting
    (d) had met

21. Some fads that become popular worldwide can be fun but dangerous. For example, planking, which involves _____ face-down on high, narrow spaces, sometimes leads to accidents—and even death.

    (a) lying
    (b) to lie
    (c) having lain
    (d) to have lain

22. Marlon has been studying so intensely for his final exam in physics that he has barely had time for anything else. By this time tomorrow, he _____ *Conceptual Physics* for five days straight!

    (a) will be reading
    (b) will have been reading
    (c) will read
    (d) has been reading

23. Brigitte and Tanya don't have enough time to exercise lately because of their hectic work schedule. If their office on 8th Avenue weren't so far away from their apartment, they _____ to work every day.

    (a) would have walked
    (b) will walk
    (c) would walk
    (d) have walked

24. The archeologists didn't expect to uncover any relics at the neglected Mayan site. After discovering remarkable jade artwork and jewelry, however, the lead archeologist is now insisting that they _____ the old site more thoroughly.

    (a) search
    (b) are searching
    (c) will search
    (d) searched

25. Greg was worried about the seeming
    lack of enthusiasm during his
    board presentation. Disappointed,
    he _____ his talk when the
    CEO jumped out of his seat and
    congratulated him on a job well done.

    (a) had been ending
    (b) ended
    (c) was ending
    (d) had ended

26. During the Carboniferous period,
    the air had 50 percent more growth-
    promoting oxygen than it does today.
    _____ this oxygen surplus, insects
    grew to gigantic sizes, such as bird-
    sized dragonflies and three-meter-long
    millipedes.

    (a) Because of
    (b) In spite of
    (c) In case of
    (d) Instead of

LISTENING SECTION

TEST 1

TEST 2

TEST 3

TEST 4

TEST 5

TEST 6

TEST 7

DIRECTIONS:

The Listening Section has four parts. In each part you will hear a spoken passage and a number of questions about the passage. First you will hear the questions. Then you will hear the passage. From the four choices for each question, choose the best answer. Then blacken in the correct circle on your answer sheet.

Now you will hear a sample question. Then you will hear a sample passage.

Now listen to the sample question.

(a) one
(b) two
(c) three
(d) four

Bill Johnson has four brothers, so the best answer is (d). The circle with the letter (d) has been blackened.

ⓐ ⓑ ⓒ ●

NOW TURN THE PAGE AND BEGIN

27. (a) He was unhappy with the service.
    (b) He was very pleased with it.
    (c) He was only satisfied by the food.
    (d) He was excited by the ambience.

31. (a) The food is not worth its cost.
    (b) The food is fairly priced.
    (c) The food is quite expensive.
    (d) The food is low-priced.

28. (a) lighting from traditional Spanish candles
    (b) modern art paintings hung on the walls
    (c) authentic Spanish-style furnishings
    (d) murals painted with bright colors

32. (a) because they were cheerful
    (b) because he liked the food
    (c) because they served his food quickly
    (d) because he was served before the other customers

29. (a) that he would not recommend it
    (b) that it had a very unusual flavor
    (c) that he did not like the shellfish
    (d) that it is the best paella he has eaten

33. (a) to bypass heavy weekend traffic
    (b) to secure the best table
    (c) to get there right when it opens
    (d) to avoid the busiest time

30. (a) from the pizza's themed toppings
    (b) from the type of dough used
    (c) from the ingredients available all year
    (d) from the amount of time the pizza is cooked

Part 2. *You will hear a presentation by one person to a group of people. First you will hear questions 34 through 39. Then you will hear the talk. Choose the best answer to each question in the time provided.*

34. (a) produce the most famous graduates
    (b) be the world's best dance school
    (c) develop a new style of dance
    (d) train students to become skilled dancers

35. (a) by providing live musical accompaniment
    (b) by managing students in large classes
    (c) by making the school more secure
    (d) by serving snacks during breaktime

36. (a) It has experienced ballet instructors.
    (b) Its students learn ballet progressively.
    (c) Its tuition fee is very high.
    (d) It has been approved by a famous ballet club.

37. (a) Beginners struggle to understand modern dance.
    (b) Beginners will not be able to keep up with the moves.
    (c) The instructors cannot teach basic dance.
    (d) The class needs more mature dancers.

38. (a) because it does not need much discipline
    (b) because it does not take much effort to perform
    (c) because it focuses on a single dance
    (d) because it is a mix of several modern dances

39. (a) a Step-Up identification card
    (b) a certificate of registration
    (c) a discount on the class fee
    (d) an extra dance course for free

40. (a) because his wife does not like the meetings
    (b) because his wife cannot attend it herself
    (c) because the meeting is for fathers only
    (d) because he likes participating in school meetings

41. (a) They will spend less time on homework.
    (b) They can message with classmates while studying.
    (c) They will not have to carry books to school.
    (d) They will not have to listen to the teacher.

42. (a) to offset the increase in the electric bill
    (b) to help the school buy computer programs
    (c) to pay for the students' new tablets
    (d) to help the school develop software

43. (a) Textbooks come with games to inspire learning.
    (b) Children like reading printed texts.
    (c) Textbooks contain more information.
    (d) Children remember more of the information.

44. (a) because the pages do not have any pictures
    (b) because students cannot interact much with the material
    (c) because the content quickly becomes outdated
    (d) because reading them can cause back trouble

45. (a) to use the option that is not as expensive
    (b) to encourage students to have more fun in class
    (c) to think of ways to arrange classroom space
    (d) to use the option that will not cause back pain

TEST 1
TEST 2
TEST 3
TEST 4
TEST 5
TEST 6
TEST 7

Part 4. *You will hear an explanation of a process. First you will hear questions 46 through 52. Then you will hear the talk. Choose the best answer to each question in the time provided.*

46. (a) to explain the different traits of employees
    (b) to discuss how to be a good manager
    (c) to give tips on how to resolve disagreements at work
    (d) to present the different types of conflict at work

47. (a) It allows management to see who has the best ideas.
    (b) It can create new ideas for the company.
    (c) It can test how well a manager responds to conflicts.
    (d) It builds friendships between co-workers.

48. (a) when they have become more relaxed
    (b) while they are still emotional
    (c) while the argument is going on
    (d) when a professional mediator is available

49. (a) because they should not get involved in quarrels
    (b) because they must hear everyone's follow-up questions
    (c) because they have not developed listening skills yet
    (d) because they need to hear everyone's perspective

50. (a) by making them focus on the issue
    (b) by inspiring them to solve the problem together
    (c) by helping them like each other
    (d) by allowing them to share more interests

51. (a) forcing both sides to cooperate
    (b) telling the two employees what to do
    (c) finding other possible solutions
    (d) acting on the solution agreed upon

52. (a) encourage conflicts among workers
    (b) ignore conflicts when they happen
    (c) use conflicts to find areas of improvement
    (d) learn to prevent all future conflicts

READING AND VOCABULARY SECTION

TEST 1

TEST 2

TEST 3

TEST 4

TEST 5

TEST 6

TEST 7

DIRECTIONS:

You will now read four different passages. Each passage is followed by comprehension and vocabulary questions. From the four choices for each item, choose the best answer. Then blacken in the correct circle on your answer sheet.

Read the following example passage and example question.

Example:

Bill Johnson lives in New York. He is 25 years old.
He has four brothers and two sisters.

How many brothers does Bill Johnson have?

(a) one
(b) two
(c) three
(d) four

The correct answer is (d), so the circle with the letter (d) has been blackened.

NOW TURN THE PAGE AND BEGIN

JOHNNY BRAVO

Johnny Bravo is the main character of the American animated television series of the same name. Created by Van Partible for Cartoon Network, Johnny Bravo is a good-looking but dumb and overconfident man whose efforts at impressing women are always unsuccessful. He is recognized for his voluminous blond hair, muscular body, and voice that sounds like Elvis Presley. Bravo is also remembered for his catchphrases that include "Hey there, pretty momma!" and "Hoohah!" *Johnny Bravo* was part of a wave of cartoons released in the 1990s that ushered in a "golden age" of animated television series.

Johnny Bravo was created in 1993 by Van Partible for his thesis project at Loyola Marymount University. The animated film was originally about an Elvis impersonator and had the title *Mess O'Blues*. Partible's professor showed the animation to his friend at Hanna-Barbera Studios. After talks with the company, Partible revised the film into a seven-minute short. He changed the character's style, hired Jeff Bennett to do the voice-over, and renamed the film *Johnny Bravo*. The new Johnny Bravo short aired on Cartoon Network's *World Premiere Toons* in March 1995. It received positive reviews from the audience and quickly became popular. As a result, it was made into a 30-minute series, which premiered in July 1997.

In the series, Johnny Bravo wears a tight black T-shirt, blue jeans, and black sunglasses. He is always flirting with women and trying to get them to go on dates, but his attempts to impress the women often backfire because of his vanity and—at times—sexist behavior. He is obsessed with his appearance and shows off by combing his hair or flexing his muscles. His self-centered personality and pride in his looks always <u>offend</u> the women, and most episodes end with them taking revenge on Bravo in a funny way.

The *Johnny Bravo* series lasted for four seasons with a total of 67 episodes and was last <u>aired</u> in August 2004. It received many nominations, but never won an award. However, it helped start the career of several animators who continued creating award-winning cartoon series including *Family Guy* and *The Fairly Odd Parents*. Due in part to *Johnny Bravo* and other cartoons of its era, animated series are now held in high regard by critics and are enjoyed by children and adults alike.

53. What can Johnny Bravo be partially credited for?

(a) bringing Elvis's music to a new generation
(b) raising the status of animated television
(c) coining the catchphrase "golden age"
(d) inspiring more series about handsome men

54. Why did Van Partible create Johnny Bravo?

(a) to meet academic requirements
(b) to get a job as an animator
(c) to help his professor with a film
(d) to give tribute to a famous singer

55. What did Partible first do to prepare *Johnny Bravo* for public exposure?

(a) expand the short into a thirty-minute special
(b) get feedback from a test audience
(c) put together a compilation of world cartoons
(d) make a short film based on an earlier project

56. How does Bravo try to entice the women he is interested in?

(a) by flattering their appearance
(b) by focusing solely on his own looks
(c) by treating them with respect
(d) by telling them funny jokes

57. What most likely is the series' contribution to the animation industry?

(a) It proved that animation was award-worthy.
(b) It was the first cartoon to be enjoyed by adults.
(c) It became a training ground for successful animators.
(d) It gave the network its biggest critical success.

58. In the context of the passage, offend means _____.

(a) excite
(b) distract
(c) harass
(d) anger

59. In the context of the passage, aired means _____.

(a) shown
(b) voiced
(c) published
(d) opened

A NEW SOURCE OF BANK SECURITY THREATS

Now that banking is highly digitized, concern over bank security has shifted from masked robbers to cybercriminals. However, the more likely—and often overlooked—threat is the bank workers themselves. Bank tellers and other bank employees have instant access to customers' personal information and accounts. Recently, a growing number of them are being found guilty of tapping into customer accounts to steal personal information and money. Such crimes are now <u>rampant</u> in the United States, with at least one new case filed against a teller each month.

Tellers and other retail-branch employees can withdraw money, wire funds, and sell personal information to thieves. Tellers who deal in personal information do so in exchange for money or <u>perks</u> such as networking with high-profile figures and trips on private planes. The thieves then use the information to get money from accounts and make debit cards, credit cards, and checks in customers' names.

One reason these crimes are so prevalent is that they require little tech-savvy or computer expertise. An Internet search can call up tutorials with step-by-step instructions on how to carry out the scams. Tellers usually hide their thefts by withdrawing less than $10,000, the limit that automatically sets off another layer of review under current banking laws. When accounts have large balances, these unauthorized withdrawals can go undetected for years.

According to security experts, tellers are particularly open to bribes because they are paid small salaries for an often stressful and potentially dangerous job. On average, a teller receives around $30,000 in annual salary, an amount that does not reflect the high-risk nature of the job.

Banks have been dealing with the issue by paying their customers for losses. Security controls are usually weak. Typically, bank tellers do not go through extensive background checks during the hiring process and are then given full access to accounts and customer information. Moreover, banks usually stop investigating a suspected fraud when a teller resigns. This allows most tellers to quickly move on to other banks. Authorities have weighed stronger penalties for lawbreakers and more scrutiny in the hiring process as potential solutions to the problem.

60. According to the article, how are some bank tellers creating security issues for banks?

    (a) by leaking private information to the masses
    (b) by stealing the customers of other banks
    (c) by stealing money from customer accounts
    (d) by demanding cash from their depositors

61. What kind of information can thieves buy from tellers?

    (a) a customer's account balance
    (b) data on a customer's banking practices
    (c) knowledge of a customer's spending habits
    (d) a customer's account information

62. Which customers could be at a higher risk of being robbed by tellers?

    (a) those who have less than $10,000 in the bank
    (b) those who do not check their accounts daily
    (c) those who maintain a large account balance
    (d) those who have over $10,000 in their account

63. What is most likely the reason why bank tellers accept bribes from criminals?

    (a) They believe they are being underpaid.
    (b) They do not think their actions are wrong.
    (c) They are being threatened by the criminals.
    (d) They do not think it is a serious crime.

64. How do some dishonest tellers escape from criminal charges?

    (a) by avoiding background checks
    (b) by quitting their jobs promptly
    (c) by bribing the bank where they work
    (d) by giving back what they have stolen

65. In the context of the passage, rampant means _____.

    (a) violent
    (b) fashionable
    (c) passionate
    (d) widespread

66. In the context of the passage, perks means _____.

    (a) interests
    (b) benefits
    (c) prizes
    (d) tasks

THE LITTLE MERMAID STATUE

The Little Mermaid statue is a bronze sculpture of a mermaid that sits by the waterfront of Langelinie in Copenhagen, Denmark. Named after a popular Danish fairy tale, the statue was a gift to the city by Danish brewer Carl Jacobsen. It is a well-known landmark and tourist attraction in Copenhagen. The statue attracts over a million tourists from around the world every year.

Measuring 4 feet tall and weighing 385 pounds, the small statue was commissioned in January 1909 by Carl Jacobsen, the son of the founder of Carlsberg Brewery. Jacobsen first became fascinated with Danish author Hans Christian Andersen's fairy tale after watching a ballet performance of *The Little Mermaid* at the Royal Theater. He also admired the performance of Ellen Price, the lead ballerina who played the role of the mermaid. Jacobsen wanted the character to be remembered forever, so he hired a young and talented sculptor named Edvard Eriksen to create its likeness.

Eriksen's first drawings of how the statue would look were immediately approved by Jacobsen. At Jacobsen's request, Eriksen asked Ellen Price to model for the statue. Price refused, however, because she did not want to pose nude. So, Eriksen instead recruited his own wife as the statue's model. The Little Mermaid statue was placed on top of a stone beside the sea to make it look more natural. The statue deviated from the fairy tale's single-tail mermaid in that it was sculpted with two fins. It was unveiled at the harbor of Langelinie in August 1913.

Since its initial public display, the statue has been vandalized many times due to its high profile, but each time, the people who supervise its care manage to restore the mermaid to its original state. Today, the Little Mermaid statue is still a major tourist attraction in Copenhagen, drawing millions of tourists each year to the site. In fact, its popularity has resulted in more than a dozen copies of the bronze statue being displayed in cities around the world, including in the United States, Spain, and Brazil.

67. What was the inspiration for building the bronze statue?

   (a) the mascot of a Danish brewery
   (b) tales of a local mermaid sighting
   (c) the need for a city landmark
   (d) a story about a mythical creature

68. When did Jacobsen's fascination with the Little Mermaid start?

   (a) when he saw the work of a young sculptor
   (b) when he saw an adaptation in dance
   (c) when he read the well-known fairy tale
   (d) when he met a talented young ballerina

69. Why most likely was Eriksen's wife chosen as the model for the statue?

   (a) She was not deterred by the terms of the modeling job.
   (b) She did not want another woman to pose nude for her husband.
   (c) She was recruited at the request of the statue's sponsor.
   (d) She had a natural resemblance to the character.

70. What was a consequence of the fame of the Little Mermaid statue?

   (a) The city had to regulate its tourism industry.
   (b) The statue now appears in every country.
   (c) The statue has been repeatedly damaged.
   (d) The city was forced to move the statue.

71. Why did other countries probably copy Copenhagen's statue?

   (a) because they wanted to strengthen ties with Denmark
   (b) because they hoped to appeal to more visitors
   (c) because they also have folktales about mermaids
   (d) because they wanted a better version of the statue

72. In the context of the passage, deviated means _____.

   (a) turned
   (b) divided
   (c) wandered
   (d) differed

73. In the context of the passage, restore means _____.

   (a) adjust
   (b) rescue
   (c) repair
   (d) arrange

Mr. Dean Williams
Chief Operating Officer
Woodland Furniture, Inc.
50 Grandville St.
Los Angeles, CA

Dear Mr. Williams:

This letter is to formally advise you that Blue Upholstery Co. has decided to perform an audit of the accounting practices of Woodland Furniture, Inc. The audit will start tomorrow and will be performed for our company by Watkins & Smith Auditing Services.

As we have informed you, the audit was <u>prompted</u> by discrepancies in some of your work orders and invoices as noted by our accounting department. The differences concern several business transactions that Woodland Furniture, Inc., and Blue Upholstery Co. made during the past six months. Our accounting department believes that this audit is needed and reasonable.

The audit will be conducted according to the auditing firm's administration and control policy, which states that "all invoices raised by either company and concerning the other company will be held by Watkins & Smith Auditing Services until the result of the audit is known."

We are requesting your complete cooperation with the auditors for the process to be finished as quickly as possible. We are hoping to reach an acceptable conclusion with the audit so that our trust can be restored in future business <u>dealings</u> with Woodland Furniture, Inc.

If you have any questions about the audit process, please contact Susan Davis, Project Auditor of Watkins & Smith Auditing Services at 603-555-5771.

Sincerely,

Greta Fulton
Greta Fulton
President
Blue Upholstery Co.

74. Why did Greta Fulton write Dean Williams a letter?

    (a) to inform him about an auditing firm's services
    (b) to let him know that auditors will be checking his records
    (c) to ask him the most convenient day to have an audit
    (d) to request an explanation for some reported discrepancies

75. What is the main subject of consideration for the audit?

    (a) a conflict within the accounting department
    (b) a gap in reporting from the two businesses
    (c) concerns over orders that were not delivered
    (d) personal differences between the two businesses

76. How long will Watkins & Smith keep the questionable receipts?

    (a) as long as the investigation is in progress
    (b) until the invoices are paid in full
    (c) as long as the companies work together
    (d) until the procedures have begun

77. Why is Fulton asking for Williams's cooperation?

    (a) to make the audit valid
    (b) to prove that Williams is guilty
    (c) to complete the audit quickly
    (d) to secure a future contract

78. Based on the letter, how would Fulton probably react if the audit proves irregularities?

    (a) She could lose trust in the auditing firm.
    (b) She will cease to have faith in the partnership.
    (c) She could ask auditing services for another review.
    (d) She will put together a lawsuit.

79. In the context of the passage, prompted means _____.

    (a) motivated
    (b) convinced
    (c) advised
    (d) helped

80. In the context of the passage, dealings means _____.

    (a) discounts
    (b) managements
    (c) arrangements
    (d) distributions

THIS IS THE END OF THE TEST

〉〉〉 본책 p.356 정답 · 해석 · 해설

ANSWER SHEET

G-TELP

※ TEST DATE

MO.	DAY	YEAR

등급 ① ② ③ ④ ⑤

감독확인 관인

성 명

성 명 란

	초성	ㄱ	ㄴ	ㄷ	ㄹ	ㅁ	ㅂ	ㅅ	ㅇ	ㅈ	ㅊ	ㅋ	ㅌ	ㅍ	ㅎ					
중성	ㅏ	ㅐ	ㅑ	ㅒ	ㅓ	ㅔ	ㅕ	ㅖ	ㅗ	ㅘ	ㅙ	ㅚ	ㅛ	ㅜ	ㅝ	ㅞ	ㅟ	ㅠ	ㅡ	ㅢ	ㅣ
종성	ㄱ	ㄴ	ㄷ	ㄹ	ㅁ	ㅂ	ㅅ	ㅇ	ㅈ	ㅊ	ㅋ	ㅌ	ㅍ	ㅎ	ㄲ	ㄸ	ㅃ	ㅆ	ㅉ

수 험 번 호

1) Code 1.

⓪①②③④⑤⑥⑦⑧⑨
⓪①②③④⑤⑥⑦⑧⑨
⓪①②③④⑤⑥⑦⑧⑨

2) Code 2.

⓪①②③④⑤⑥⑦⑧⑨
⓪①②③④⑤⑥⑦⑧⑨
⓪①②③④⑤⑥⑦⑧⑨

3) Code 3.

⓪①②③④⑤⑥⑦⑧⑨
⓪①②③④⑤⑥⑦⑧⑨
⓪①②③④⑤⑥⑦⑧⑨

주민등록번호 앞자리 — 고 유 번 호

문항	답 란	문항	답 란	문항	답 란	문항	답 란	문항	답 란
1	ⓐⓑⓒⓓ	21	ⓐⓑⓒⓓ	41	ⓐⓑⓒⓓ	61	ⓐⓑⓒⓓ	81	ⓐⓑⓒⓓ
2	ⓐⓑⓒⓓ	22	ⓐⓑⓒⓓ	42	ⓐⓑⓒⓓ	62	ⓐⓑⓒⓓ	82	ⓐⓑⓒⓓ
3	ⓐⓑⓒⓓ	23	ⓐⓑⓒⓓ	43	ⓐⓑⓒⓓ	63	ⓐⓑⓒⓓ	83	ⓐⓑⓒⓓ
4	ⓐⓑⓒⓓ	24	ⓐⓑⓒⓓ	44	ⓐⓑⓒⓓ	64	ⓐⓑⓒⓓ	84	ⓐⓑⓒⓓ
5	ⓐⓑⓒⓓ	25	ⓐⓑⓒⓓ	45	ⓐⓑⓒⓓ	65	ⓐⓑⓒⓓ	85	ⓐⓑⓒⓓ
6	ⓐⓑⓒⓓ	26	ⓐⓑⓒⓓ	46	ⓐⓑⓒⓓ	66	ⓐⓑⓒⓓ	86	ⓐⓑⓒⓓ
7	ⓐⓑⓒⓓ	27	ⓐⓑⓒⓓ	47	ⓐⓑⓒⓓ	67	ⓐⓑⓒⓓ	87	ⓐⓑⓒⓓ
8	ⓐⓑⓒⓓ	28	ⓐⓑⓒⓓ	48	ⓐⓑⓒⓓ	68	ⓐⓑⓒⓓ	88	ⓐⓑⓒⓓ
9	ⓐⓑⓒⓓ	29	ⓐⓑⓒⓓ	49	ⓐⓑⓒⓓ	69	ⓐⓑⓒⓓ	89	ⓐⓑⓒⓓ
10	ⓐⓑⓒⓓ	30	ⓐⓑⓒⓓ	50	ⓐⓑⓒⓓ	70	ⓐⓑⓒⓓ	90	ⓐⓑⓒⓓ
11	ⓐⓑⓒⓓ	31	ⓐⓑⓒⓓ	51	ⓐⓑⓒⓓ	71	ⓐⓑⓒⓓ		
12	ⓐⓑⓒⓓ	32	ⓐⓑⓒⓓ	52	ⓐⓑⓒⓓ	72	ⓐⓑⓒⓓ		password
13	ⓐⓑⓒⓓ	33	ⓐⓑⓒⓓ	53	ⓐⓑⓒⓓ	73	ⓐⓑⓒⓓ		
14	ⓐⓑⓒⓓ	34	ⓐⓑⓒⓓ	54	ⓐⓑⓒⓓ	74	ⓐⓑⓒⓓ		
15	ⓐⓑⓒⓓ	35	ⓐⓑⓒⓓ	55	ⓐⓑⓒⓓ	75	ⓐⓑⓒⓓ		
16	ⓐⓑⓒⓓ	36	ⓐⓑⓒⓓ	56	ⓐⓑⓒⓓ	76	ⓐⓑⓒⓓ		
17	ⓐⓑⓒⓓ	37	ⓐⓑⓒⓓ	57	ⓐⓑⓒⓓ	77	ⓐⓑⓒⓓ		
18	ⓐⓑⓒⓓ	38	ⓐⓑⓒⓓ	58	ⓐⓑⓒⓓ	78	ⓐⓑⓒⓓ		
19	ⓐⓑⓒⓓ	39	ⓐⓑⓒⓓ	59	ⓐⓑⓒⓓ	79	ⓐⓑⓒⓓ		
20	ⓐⓑⓒⓓ	40	ⓐⓑⓒⓓ	60	ⓐⓑⓒⓓ	80	ⓐⓑⓒⓓ		

G-TELP Level 2
문항과 시험 시간

문법	26문항 / 20분
청취	26문항 / 약 30분
독해 및 어휘	28문항 / 40분
합계	**80문항 / 약 90분**

G-TELP

수 험 번 호

1) Code 1.

2) Code 2.

3) Code 3.

주민등록번호 앞자리 — 고 유 번 호

문항	답 란	문항	답 란	문항	답 란	문항	답 란	문항	답 란
1	ⓐⓑⓒⓓ	21	ⓐⓑⓒⓓ	41	ⓐⓑⓒⓓ	61	ⓐⓑⓒⓓ	81	ⓐⓑⓒⓓ
2	ⓐⓑⓒⓓ	22	ⓐⓑⓒⓓ	42	ⓐⓑⓒⓓ	62	ⓐⓑⓒⓓ	82	ⓐⓑⓒⓓ
3	ⓐⓑⓒⓓ	23	ⓐⓑⓒⓓ	43	ⓐⓑⓒⓓ	63	ⓐⓑⓒⓓ	83	ⓐⓑⓒⓓ
4	ⓐⓑⓒⓓ	24	ⓐⓑⓒⓓ	44	ⓐⓑⓒⓓ	64	ⓐⓑⓒⓓ	84	ⓐⓑⓒⓓ
5	ⓐⓑⓒⓓ	25	ⓐⓑⓒⓓ	45	ⓐⓑⓒⓓ	65	ⓐⓑⓒⓓ	85	ⓐⓑⓒⓓ
6	ⓐⓑⓒⓓ	26	ⓐⓑⓒⓓ	46	ⓐⓑⓒⓓ	66	ⓐⓑⓒⓓ	86	ⓐⓑⓒⓓ
7	ⓐⓑⓒⓓ	27	ⓐⓑⓒⓓ	47	ⓐⓑⓒⓓ	67	ⓐⓑⓒⓓ	87	ⓐⓑⓒⓓ
8	ⓐⓑⓒⓓ	28	ⓐⓑⓒⓓ	48	ⓐⓑⓒⓓ	68	ⓐⓑⓒⓓ	88	ⓐⓑⓒⓓ
9	ⓐⓑⓒⓓ	29	ⓐⓑⓒⓓ	49	ⓐⓑⓒⓓ	69	ⓐⓑⓒⓓ	89	ⓐⓑⓒⓓ
10	ⓐⓑⓒⓓ	30	ⓐⓑⓒⓓ	50	ⓐⓑⓒⓓ	70	ⓐⓑⓒⓓ	90	ⓐⓑⓒⓓ
11	ⓐⓑⓒⓓ	31	ⓐⓑⓒⓓ	51	ⓐⓑⓒⓓ	71	ⓐⓑⓒⓓ		
12	ⓐⓑⓒⓓ	32	ⓐⓑⓒⓓ	52	ⓐⓑⓒⓓ	72	ⓐⓑⓒⓓ		
13	ⓐⓑⓒⓓ	33	ⓐⓑⓒⓓ	53	ⓐⓑⓒⓓ	73	ⓐⓑⓒⓓ		
14	ⓐⓑⓒⓓ	34	ⓐⓑⓒⓓ	54	ⓐⓑⓒⓓ	74	ⓐⓑⓒⓓ		
15	ⓐⓑⓒⓓ	35	ⓐⓑⓒⓓ	55	ⓐⓑⓒⓓ	75	ⓐⓑⓒⓓ		
16	ⓐⓑⓒⓓ	36	ⓐⓑⓒⓓ	56	ⓐⓑⓒⓓ	76	ⓐⓑⓒⓓ		
17	ⓐⓑⓒⓓ	37	ⓐⓑⓒⓓ	57	ⓐⓑⓒⓓ	77	ⓐⓑⓒⓓ		
18	ⓐⓑⓒⓓ	38	ⓐⓑⓒⓓ	58	ⓐⓑⓒⓓ	78	ⓐⓑⓒⓓ		
19	ⓐⓑⓒⓓ	39	ⓐⓑⓒⓓ	59	ⓐⓑⓒⓓ	79	ⓐⓑⓒⓓ		
20	ⓐⓑⓒⓓ	40	ⓐⓑⓒⓓ	60	ⓐⓑⓒⓓ	80	ⓐⓑⓒⓓ		

password

G-TELP Level 2
문항과 시험 시간

문법	26문항 / 20분
청취	26문항 / 약 30분
독해 및 어휘	28문항 / 40분
합계	**80문항 / 약 90분**

G-TELP

※ TEST DATE

MO.	DAY	YEAR

감확독관인

성 명

등급 ① ② ③ ④ ⑤

성명란

수 험 번 호

1) Code 1.

2) Code 2.

3) Code 3.

주민등록번호 앞자리 — 고 유 번 호

문항	답 란	문항	답 란	문항	답 란	문항	답 란	문항	답 란
1	ⓐ ⓑ ⓒ ⓓ	21	ⓐ ⓑ ⓒ ⓓ	41	ⓐ ⓑ ⓒ ⓓ	61	ⓐ ⓑ ⓒ ⓓ	81	ⓐ ⓑ ⓒ ⓓ
2	ⓐ ⓑ ⓒ ⓓ	22	ⓐ ⓑ ⓒ ⓓ	42	ⓐ ⓑ ⓒ ⓓ	62	ⓐ ⓑ ⓒ ⓓ	82	ⓐ ⓑ ⓒ ⓓ
3	ⓐ ⓑ ⓒ ⓓ	23	ⓐ ⓑ ⓒ ⓓ	43	ⓐ ⓑ ⓒ ⓓ	63	ⓐ ⓑ ⓒ ⓓ	83	ⓐ ⓑ ⓒ ⓓ
4	ⓐ ⓑ ⓒ ⓓ	24	ⓐ ⓑ ⓒ ⓓ	44	ⓐ ⓑ ⓒ ⓓ	64	ⓐ ⓑ ⓒ ⓓ	84	ⓐ ⓑ ⓒ ⓓ
5	ⓐ ⓑ ⓒ ⓓ	25	ⓐ ⓑ ⓒ ⓓ	45	ⓐ ⓑ ⓒ ⓓ	65	ⓐ ⓑ ⓒ ⓓ	85	ⓐ ⓑ ⓒ ⓓ
6	ⓐ ⓑ ⓒ ⓓ	26	ⓐ ⓑ ⓒ ⓓ	46	ⓐ ⓑ ⓒ ⓓ	66	ⓐ ⓑ ⓒ ⓓ	86	ⓐ ⓑ ⓒ ⓓ
7	ⓐ ⓑ ⓒ ⓓ	27	ⓐ ⓑ ⓒ ⓓ	47	ⓐ ⓑ ⓒ ⓓ	67	ⓐ ⓑ ⓒ ⓓ	87	ⓐ ⓑ ⓒ ⓓ
8	ⓐ ⓑ ⓒ ⓓ	28	ⓐ ⓑ ⓒ ⓓ	48	ⓐ ⓑ ⓒ ⓓ	68	ⓐ ⓑ ⓒ ⓓ	88	ⓐ ⓑ ⓒ ⓓ
9	ⓐ ⓑ ⓒ ⓓ	29	ⓐ ⓑ ⓒ ⓓ	49	ⓐ ⓑ ⓒ ⓓ	69	ⓐ ⓑ ⓒ ⓓ	89	ⓐ ⓑ ⓒ ⓓ
10	ⓐ ⓑ ⓒ ⓓ	30	ⓐ ⓑ ⓒ ⓓ	50	ⓐ ⓑ ⓒ ⓓ	70	ⓐ ⓑ ⓒ ⓓ	90	ⓐ ⓑ ⓒ ⓓ
11	ⓐ ⓑ ⓒ ⓓ	31	ⓐ ⓑ ⓒ ⓓ	51	ⓐ ⓑ ⓒ ⓓ	71	ⓐ ⓑ ⓒ ⓓ		
12	ⓐ ⓑ ⓒ ⓓ	32	ⓐ ⓑ ⓒ ⓓ	52	ⓐ ⓑ ⓒ ⓓ	72	ⓐ ⓑ ⓒ ⓓ		
13	ⓐ ⓑ ⓒ ⓓ	33	ⓐ ⓑ ⓒ ⓓ	53	ⓐ ⓑ ⓒ ⓓ	73	ⓐ ⓑ ⓒ ⓓ		
14	ⓐ ⓑ ⓒ ⓓ	34	ⓐ ⓑ ⓒ ⓓ	54	ⓐ ⓑ ⓒ ⓓ	74	ⓐ ⓑ ⓒ ⓓ		
15	ⓐ ⓑ ⓒ ⓓ	35	ⓐ ⓑ ⓒ ⓓ	55	ⓐ ⓑ ⓒ ⓓ	75	ⓐ ⓑ ⓒ ⓓ		
16	ⓐ ⓑ ⓒ ⓓ	36	ⓐ ⓑ ⓒ ⓓ	56	ⓐ ⓑ ⓒ ⓓ	76	ⓐ ⓑ ⓒ ⓓ		
17	ⓐ ⓑ ⓒ ⓓ	37	ⓐ ⓑ ⓒ ⓓ	57	ⓐ ⓑ ⓒ ⓓ	77	ⓐ ⓑ ⓒ ⓓ		
18	ⓐ ⓑ ⓒ ⓓ	38	ⓐ ⓑ ⓒ ⓓ	58	ⓐ ⓑ ⓒ ⓓ	78	ⓐ ⓑ ⓒ ⓓ		
19	ⓐ ⓑ ⓒ ⓓ	39	ⓐ ⓑ ⓒ ⓓ	59	ⓐ ⓑ ⓒ ⓓ	79	ⓐ ⓑ ⓒ ⓓ		
20	ⓐ ⓑ ⓒ ⓓ	40	ⓐ ⓑ ⓒ ⓓ	60	ⓐ ⓑ ⓒ ⓓ	80	ⓐ ⓑ ⓒ ⓓ		

password

G-TELP Level 2
문항과 시험 시간

문법	26문항 / 20분
청취	26문항 / 약 30분
독해 및 어휘	28문항 / 40분
합계	**80문항 / 약 90분**

※ TEST DATE

MO.	DAY	YEAR

G-TELP

감독 확인	

등급	①	②	③	④	⑤

성 명	

성명란																					
성	초성	ㄱ	ㄴ	ㄷ	ㄹ	ㅁ	ㅂ	ㅅ	ㅇ	ㅈ	ㅊ	ㅋ	ㅌ	ㅍ	ㅎ						
	중성	ㅏ	ㅑ	ㅓ	ㅕ	ㅗ	ㅛ	ㅜ	ㅠ	ㅡ	ㅣ	ㅐ	ㅒ	ㅔ	ㅖ	ㅘ	ㅙ	ㅚ	ㅝ	ㅞ	ㅟ
	종성	ㄱ	ㄴ	ㄷ	ㄹ	ㅁ	ㅂ	ㅅ	ㅇ	ㅈ	ㅊ	ㅋ	ㅌ	ㅍ	ㅎ	ㄲ	ㄸ	ㅃ	ㅆ	ㅉ	
명	초성	ㄱ	ㄴ	ㄷ	ㄹ	ㅁ	ㅂ	ㅅ	ㅇ	ㅈ	ㅊ	ㅋ	ㅌ	ㅍ	ㅎ	ㄲ	ㄸ	ㅃ	ㅆ	ㅉ	
	중성	ㅏ	ㅑ	ㅓ	ㅕ	ㅗ	ㅛ	ㅜ	ㅠ	ㅡ	ㅣ	ㅐ	ㅒ	ㅔ	ㅖ	ㅘ	ㅙ	ㅚ	ㅝ	ㅞ	ㅟ
	종성	ㄱ	ㄴ	ㄷ	ㄹ	ㅁ	ㅂ	ㅅ	ㅇ	ㅈ	ㅊ	ㅋ	ㅌ	ㅍ	ㅎ	ㄲ	ㄸ	ㅃ	ㅆ	ㅉ	
	초성	ㄱ	ㄴ	ㄷ	ㄹ	ㅁ	ㅂ	ㅅ	ㅇ	ㅈ	ㅊ	ㅋ	ㅌ	ㅍ	ㅎ	ㄲ	ㄸ	ㅃ	ㅆ	ㅉ	
	중성	ㅏ	ㅑ	ㅓ	ㅕ	ㅗ	ㅛ	ㅜ	ㅠ	ㅡ	ㅣ	ㅐ	ㅒ	ㅔ	ㅖ	ㅘ	ㅙ	ㅚ	ㅝ	ㅞ	ㅟ
	종성	ㄱ	ㄴ	ㄷ	ㄹ	ㅁ	ㅂ	ㅅ	ㅇ	ㅈ	ㅊ	ㅋ	ㅌ	ㅍ	ㅎ	ㄲ	ㄸ	ㅃ	ㅆ	ㅉ	
란	초성	ㄱ	ㄴ	ㄷ	ㄹ	ㅁ	ㅂ	ㅅ	ㅇ	ㅈ	ㅊ	ㅋ	ㅌ	ㅍ	ㅎ	ㄲ	ㄸ	ㅃ	ㅆ	ㅉ	
	중성	ㅏ	ㅑ	ㅓ	ㅕ	ㅗ	ㅛ	ㅜ	ㅠ	ㅡ	ㅣ	ㅐ	ㅒ	ㅔ	ㅖ	ㅘ	ㅙ	ㅚ	ㅝ	ㅞ	ㅟ
	종성	ㄱ	ㄴ	ㄷ	ㄹ	ㅁ	ㅂ	ㅅ	ㅇ	ㅈ	ㅊ	ㅋ	ㅌ	ㅍ	ㅎ	ㄲ	ㄸ	ㅃ	ㅆ	ㅉ	

수험번호													
		–					–						
⓪	⓪		⓪	⓪	⓪	⓪		⓪	⓪	⓪	⓪	⓪	⓪	⓪
①	①		①	①	①	①		①	①	①	①	①	①	①
②	②		②	②	②	②		②	②	②	②	②	②	②
③	③		③	③	③	③		③	③	③	③	③	③	③
④	④		④	④	④	④		④	④	④	④	④	④	④
⑤	⑤	–	⑤	⑤	⑤	⑤	–	⑤	⑤	⑤	⑤	⑤	⑤	⑤
⑥	⑥		⑥	⑥	⑥	⑥		⑥	⑥	⑥	⑥	⑥	⑥	⑥
⑦	⑦		⑦	⑦	⑦	⑦		⑦	⑦	⑦	⑦	⑦	⑦	⑦
⑧	⑧		⑧	⑧	⑧	⑧		⑧	⑧	⑧	⑧	⑧	⑧	⑧
⑨	⑨		⑨	⑨	⑨	⑨		⑨	⑨	⑨	⑨	⑨	⑨	⑨

1) Code 1.

	⓪ ① ② ③ ④ ⑤ ⑥ ⑦ ⑧ ⑨
	⓪ ① ② ③ ④ ⑤ ⑥ ⑦ ⑧ ⑨
	⓪ ① ② ③ ④ ⑤ ⑥ ⑦ ⑧ ⑨

2) Code 2.

	⓪ ① ② ③ ④ ⑤ ⑥ ⑦ ⑧ ⑨
	⓪ ① ② ③ ④ ⑤ ⑥ ⑦ ⑧ ⑨
	⓪ ① ② ③ ④ ⑤ ⑥ ⑦ ⑧ ⑨

3) Code 3.

	⓪ ① ② ③ ④ ⑤ ⑥ ⑦ ⑧ ⑨
	⓪ ① ② ③ ④ ⑤ ⑥ ⑦ ⑧ ⑨
	⓪ ① ② ③ ④ ⑤ ⑥ ⑦ ⑧ ⑨

주민등록번호 앞자리						–	고유번호						
						–							
⓪	⓪	⓪	⓪	⓪	⓪		⓪	⓪	⓪	⓪	⓪	⓪	⓪
①	①	①	①	①	①		①	①	①	①	①	①	①
②	②	②	②	②	②		②	②	②	②	②	②	②
③	③	③	③	③	③		③	③	③	③	③	③	③
④	④	④	④	④	④		④	④	④	④	④	④	④
⑤	⑤	⑤	⑤	⑤	⑤	–	⑤	⑤	⑤	⑤	⑤	⑤	⑤
⑥	⑥	⑥	⑥	⑥	⑥		⑥	⑥	⑥	⑥	⑥	⑥	⑥
⑦	⑦	⑦	⑦	⑦	⑦		⑦	⑦	⑦	⑦	⑦	⑦	⑦
⑧	⑧	⑧	⑧	⑧	⑧		⑧	⑧	⑧	⑧	⑧	⑧	⑧
⑨	⑨	⑨	⑨	⑨	⑨		⑨	⑨	⑨	⑨	⑨	⑨	⑨

문항	답란	문항	답란	문항	답란	문항	답란	문항	답란
1	ⓐ ⓑ ⓒ ⓓ	21	ⓐ ⓑ ⓒ ⓓ	41	ⓐ ⓑ ⓒ ⓓ	61	ⓐ ⓑ ⓒ ⓓ	81	ⓐ ⓑ ⓒ ⓓ
2	ⓐ ⓑ ⓒ ⓓ	22	ⓐ ⓑ ⓒ ⓓ	42	ⓐ ⓑ ⓒ ⓓ	62	ⓐ ⓑ ⓒ ⓓ	82	ⓐ ⓑ ⓒ ⓓ
3	ⓐ ⓑ ⓒ ⓓ	23	ⓐ ⓑ ⓒ ⓓ	43	ⓐ ⓑ ⓒ ⓓ	63	ⓐ ⓑ ⓒ ⓓ	83	ⓐ ⓑ ⓒ ⓓ
4	ⓐ ⓑ ⓒ ⓓ	24	ⓐ ⓑ ⓒ ⓓ	44	ⓐ ⓑ ⓒ ⓓ	64	ⓐ ⓑ ⓒ ⓓ	84	ⓐ ⓑ ⓒ ⓓ
5	ⓐ ⓑ ⓒ ⓓ	25	ⓐ ⓑ ⓒ ⓓ	45	ⓐ ⓑ ⓒ ⓓ	65	ⓐ ⓑ ⓒ ⓓ	85	ⓐ ⓑ ⓒ ⓓ
6	ⓐ ⓑ ⓒ ⓓ	26	ⓐ ⓑ ⓒ ⓓ	46	ⓐ ⓑ ⓒ ⓓ	66	ⓐ ⓑ ⓒ ⓓ	86	ⓐ ⓑ ⓒ ⓓ
7	ⓐ ⓑ ⓒ ⓓ	27	ⓐ ⓑ ⓒ ⓓ	47	ⓐ ⓑ ⓒ ⓓ	67	ⓐ ⓑ ⓒ ⓓ	87	ⓐ ⓑ ⓒ ⓓ
8	ⓐ ⓑ ⓒ ⓓ	28	ⓐ ⓑ ⓒ ⓓ	48	ⓐ ⓑ ⓒ ⓓ	68	ⓐ ⓑ ⓒ ⓓ	88	ⓐ ⓑ ⓒ ⓓ
9	ⓐ ⓑ ⓒ ⓓ	29	ⓐ ⓑ ⓒ ⓓ	49	ⓐ ⓑ ⓒ ⓓ	69	ⓐ ⓑ ⓒ ⓓ	89	ⓐ ⓑ ⓒ ⓓ
10	ⓐ ⓑ ⓒ ⓓ	30	ⓐ ⓑ ⓒ ⓓ	50	ⓐ ⓑ ⓒ ⓓ	70	ⓐ ⓑ ⓒ ⓓ	90	ⓐ ⓑ ⓒ ⓓ
11	ⓐ ⓑ ⓒ ⓓ	31	ⓐ ⓑ ⓒ ⓓ	51	ⓐ ⓑ ⓒ ⓓ	71	ⓐ ⓑ ⓒ ⓓ		
12	ⓐ ⓑ ⓒ ⓓ	32	ⓐ ⓑ ⓒ ⓓ	52	ⓐ ⓑ ⓒ ⓓ	72	ⓐ ⓑ ⓒ ⓓ		
13	ⓐ ⓑ ⓒ ⓓ	33	ⓐ ⓑ ⓒ ⓓ	53	ⓐ ⓑ ⓒ ⓓ	73	ⓐ ⓑ ⓒ ⓓ		
14	ⓐ ⓑ ⓒ ⓓ	34	ⓐ ⓑ ⓒ ⓓ	54	ⓐ ⓑ ⓒ ⓓ	74	ⓐ ⓑ ⓒ ⓓ		
15	ⓐ ⓑ ⓒ ⓓ	35	ⓐ ⓑ ⓒ ⓓ	55	ⓐ ⓑ ⓒ ⓓ	75	ⓐ ⓑ ⓒ ⓓ		
16	ⓐ ⓑ ⓒ ⓓ	36	ⓐ ⓑ ⓒ ⓓ	56	ⓐ ⓑ ⓒ ⓓ	76	ⓐ ⓑ ⓒ ⓓ		
17	ⓐ ⓑ ⓒ ⓓ	37	ⓐ ⓑ ⓒ ⓓ	57	ⓐ ⓑ ⓒ ⓓ	77	ⓐ ⓑ ⓒ ⓓ		
18	ⓐ ⓑ ⓒ ⓓ	38	ⓐ ⓑ ⓒ ⓓ	58	ⓐ ⓑ ⓒ ⓓ	78	ⓐ ⓑ ⓒ ⓓ		
19	ⓐ ⓑ ⓒ ⓓ	39	ⓐ ⓑ ⓒ ⓓ	59	ⓐ ⓑ ⓒ ⓓ	79	ⓐ ⓑ ⓒ ⓓ		
20	ⓐ ⓑ ⓒ ⓓ	40	ⓐ ⓑ ⓒ ⓓ	60	ⓐ ⓑ ⓒ ⓓ	80	ⓐ ⓑ ⓒ ⓓ		

password

⓪	⓪	⓪	⓪
①	①	①	①
②	②	②	②
③	③	③	③
④	④	④	④
⑤	⑤	⑤	⑤
⑥	⑥	⑥	⑥
⑦	⑦	⑦	⑦
⑧	⑧	⑧	⑧
⑨	⑨	⑨	⑨

G-TELP Level 2
문항과 시험 시간

문법	26문항 / 20분
청취	26문항 / 약 30분
독해 및 어휘	28문항 / 40분
합계	**80문항 / 약 90분**

G-TELP Level 2
문항과 시험 시간

문법	26문항 / 20분
청취	26문항 / 약 30분
독해 및 어휘	28문항 / 40분
합계	**80문항 / 약 90분**

G-TELP

※ TEST DATE

MO. DAY YEAR

성 명

감독
확인
관인

등급 ① ② ③ ④ ⑤

성
명
란

초성 / 중성 / 종성

수 험 번 호

1) Code 1.

2) Code 2.

3) Code 3.

주민등록번호 앞자리 — 고 유 번 호

문항	답 란	문항	답 란	문항	답 란	문항	답 란	문항	답 란
1	ⓐ ⓑ ⓒ ⓓ	21	ⓐ ⓑ ⓒ ⓓ	41	ⓐ ⓑ ⓒ ⓓ	61	ⓐ ⓑ ⓒ ⓓ	81	ⓐ ⓑ ⓒ ⓓ
2	ⓐ ⓑ ⓒ ⓓ	22	ⓐ ⓑ ⓒ ⓓ	42	ⓐ ⓑ ⓒ ⓓ	62	ⓐ ⓑ ⓒ ⓓ	82	ⓐ ⓑ ⓒ ⓓ
3	ⓐ ⓑ ⓒ ⓓ	23	ⓐ ⓑ ⓒ ⓓ	43	ⓐ ⓑ ⓒ ⓓ	63	ⓐ ⓑ ⓒ ⓓ	83	ⓐ ⓑ ⓒ ⓓ
4	ⓐ ⓑ ⓒ ⓓ	24	ⓐ ⓑ ⓒ ⓓ	44	ⓐ ⓑ ⓒ ⓓ	64	ⓐ ⓑ ⓒ ⓓ	84	ⓐ ⓑ ⓒ ⓓ
5	ⓐ ⓑ ⓒ ⓓ	25	ⓐ ⓑ ⓒ ⓓ	45	ⓐ ⓑ ⓒ ⓓ	65	ⓐ ⓑ ⓒ ⓓ	85	ⓐ ⓑ ⓒ ⓓ
6	ⓐ ⓑ ⓒ ⓓ	26	ⓐ ⓑ ⓒ ⓓ	46	ⓐ ⓑ ⓒ ⓓ	66	ⓐ ⓑ ⓒ ⓓ	86	ⓐ ⓑ ⓒ ⓓ
7	ⓐ ⓑ ⓒ ⓓ	27	ⓐ ⓑ ⓒ ⓓ	47	ⓐ ⓑ ⓒ ⓓ	67	ⓐ ⓑ ⓒ ⓓ	87	ⓐ ⓑ ⓒ ⓓ
8	ⓐ ⓑ ⓒ ⓓ	28	ⓐ ⓑ ⓒ ⓓ	48	ⓐ ⓑ ⓒ ⓓ	68	ⓐ ⓑ ⓒ ⓓ	88	ⓐ ⓑ ⓒ ⓓ
9	ⓐ ⓑ ⓒ ⓓ	29	ⓐ ⓑ ⓒ ⓓ	49	ⓐ ⓑ ⓒ ⓓ	69	ⓐ ⓑ ⓒ ⓓ	89	ⓐ ⓑ ⓒ ⓓ
10	ⓐ ⓑ ⓒ ⓓ	30	ⓐ ⓑ ⓒ ⓓ	50	ⓐ ⓑ ⓒ ⓓ	70	ⓐ ⓑ ⓒ ⓓ	90	ⓐ ⓑ ⓒ ⓓ
11	ⓐ ⓑ ⓒ ⓓ	31	ⓐ ⓑ ⓒ ⓓ	51	ⓐ ⓑ ⓒ ⓓ	71	ⓐ ⓑ ⓒ ⓓ		
12	ⓐ ⓑ ⓒ ⓓ	32	ⓐ ⓑ ⓒ ⓓ	52	ⓐ ⓑ ⓒ ⓓ	72	ⓐ ⓑ ⓒ ⓓ		
13	ⓐ ⓑ ⓒ ⓓ	33	ⓐ ⓑ ⓒ ⓓ	53	ⓐ ⓑ ⓒ ⓓ	73	ⓐ ⓑ ⓒ ⓓ		
14	ⓐ ⓑ ⓒ ⓓ	34	ⓐ ⓑ ⓒ ⓓ	54	ⓐ ⓑ ⓒ ⓓ	74	ⓐ ⓑ ⓒ ⓓ		
15	ⓐ ⓑ ⓒ ⓓ	35	ⓐ ⓑ ⓒ ⓓ	55	ⓐ ⓑ ⓒ ⓓ	75	ⓐ ⓑ ⓒ ⓓ		
16	ⓐ ⓑ ⓒ ⓓ	36	ⓐ ⓑ ⓒ ⓓ	56	ⓐ ⓑ ⓒ ⓓ	76	ⓐ ⓑ ⓒ ⓓ		
17	ⓐ ⓑ ⓒ ⓓ	37	ⓐ ⓑ ⓒ ⓓ	57	ⓐ ⓑ ⓒ ⓓ	77	ⓐ ⓑ ⓒ ⓓ		
18	ⓐ ⓑ ⓒ ⓓ	38	ⓐ ⓑ ⓒ ⓓ	58	ⓐ ⓑ ⓒ ⓓ	78	ⓐ ⓑ ⓒ ⓓ		
19	ⓐ ⓑ ⓒ ⓓ	39	ⓐ ⓑ ⓒ ⓓ	59	ⓐ ⓑ ⓒ ⓓ	79	ⓐ ⓑ ⓒ ⓓ		
20	ⓐ ⓑ ⓒ ⓓ	40	ⓐ ⓑ ⓒ ⓓ	60	ⓐ ⓑ ⓒ ⓓ	80	ⓐ ⓑ ⓒ ⓓ		

password

G-TELP Level 2
문항과 시험 시간

문법	26문항 / 20분
청취	26문항 / 약 30분
독해 및 어휘	28문항 / 40분
합계	80문항 / 약 90분

※ TEST DATE

MO.	DAY	YEAR

G-TELP

감독확인관인

성 명

등급	①	②	③	④	⑤

성 명 란

초성 / 중성 / 종성 (한글 자모 마킹란)

수 험 번 호

(0~9 마킹란)

1) Code 1.
(0 1 2 3 4 5 6 7 8 9)

2) Code 2.
(0 1 2 3 4 5 6 7 8 9)

3) Code 3.
(0 1 2 3 4 5 6 7 8 9)

주민등록번호 앞자리 | 고 유 번 호
(0~9 마킹란)

답 란

문항	답 란	문항	답 란	문항	답 란	문항	답 란	문항	답 란
1	ⓐ ⓑ ⓒ ⓓ	21	ⓐ ⓑ ⓒ ⓓ	41	ⓐ ⓑ ⓒ ⓓ	61	ⓐ ⓑ ⓒ ⓓ	81	ⓐ ⓑ ⓒ ⓓ
2	ⓐ ⓑ ⓒ ⓓ	22	ⓐ ⓑ ⓒ ⓓ	42	ⓐ ⓑ ⓒ ⓓ	62	ⓐ ⓑ ⓒ ⓓ	82	ⓐ ⓑ ⓒ ⓓ
3	ⓐ ⓑ ⓒ ⓓ	23	ⓐ ⓑ ⓒ ⓓ	43	ⓐ ⓑ ⓒ ⓓ	63	ⓐ ⓑ ⓒ ⓓ	83	ⓐ ⓑ ⓒ ⓓ
4	ⓐ ⓑ ⓒ ⓓ	24	ⓐ ⓑ ⓒ ⓓ	44	ⓐ ⓑ ⓒ ⓓ	64	ⓐ ⓑ ⓒ ⓓ	84	ⓐ ⓑ ⓒ ⓓ
5	ⓐ ⓑ ⓒ ⓓ	25	ⓐ ⓑ ⓒ ⓓ	45	ⓐ ⓑ ⓒ ⓓ	65	ⓐ ⓑ ⓒ ⓓ	85	ⓐ ⓑ ⓒ ⓓ
6	ⓐ ⓑ ⓒ ⓓ	26	ⓐ ⓑ ⓒ ⓓ	46	ⓐ ⓑ ⓒ ⓓ	66	ⓐ ⓑ ⓒ ⓓ	86	ⓐ ⓑ ⓒ ⓓ
7	ⓐ ⓑ ⓒ ⓓ	27	ⓐ ⓑ ⓒ ⓓ	47	ⓐ ⓑ ⓒ ⓓ	67	ⓐ ⓑ ⓒ ⓓ	87	ⓐ ⓑ ⓒ ⓓ
8	ⓐ ⓑ ⓒ ⓓ	28	ⓐ ⓑ ⓒ ⓓ	48	ⓐ ⓑ ⓒ ⓓ	68	ⓐ ⓑ ⓒ ⓓ	88	ⓐ ⓑ ⓒ ⓓ
9	ⓐ ⓑ ⓒ ⓓ	29	ⓐ ⓑ ⓒ ⓓ	49	ⓐ ⓑ ⓒ ⓓ	69	ⓐ ⓑ ⓒ ⓓ	89	ⓐ ⓑ ⓒ ⓓ
10	ⓐ ⓑ ⓒ ⓓ	30	ⓐ ⓑ ⓒ ⓓ	50	ⓐ ⓑ ⓒ ⓓ	70	ⓐ ⓑ ⓒ ⓓ	90	ⓐ ⓑ ⓒ ⓓ
11	ⓐ ⓑ ⓒ ⓓ	31	ⓐ ⓑ ⓒ ⓓ	51	ⓐ ⓑ ⓒ ⓓ	71	ⓐ ⓑ ⓒ ⓓ		
12	ⓐ ⓑ ⓒ ⓓ	32	ⓐ ⓑ ⓒ ⓓ	52	ⓐ ⓑ ⓒ ⓓ	72	ⓐ ⓑ ⓒ ⓓ		
13	ⓐ ⓑ ⓒ ⓓ	33	ⓐ ⓑ ⓒ ⓓ	53	ⓐ ⓑ ⓒ ⓓ	73	ⓐ ⓑ ⓒ ⓓ		
14	ⓐ ⓑ ⓒ ⓓ	34	ⓐ ⓑ ⓒ ⓓ	54	ⓐ ⓑ ⓒ ⓓ	74	ⓐ ⓑ ⓒ ⓓ		
15	ⓐ ⓑ ⓒ ⓓ	35	ⓐ ⓑ ⓒ ⓓ	55	ⓐ ⓑ ⓒ ⓓ	75	ⓐ ⓑ ⓒ ⓓ		
16	ⓐ ⓑ ⓒ ⓓ	36	ⓐ ⓑ ⓒ ⓓ	56	ⓐ ⓑ ⓒ ⓓ	76	ⓐ ⓑ ⓒ ⓓ		
17	ⓐ ⓑ ⓒ ⓓ	37	ⓐ ⓑ ⓒ ⓓ	57	ⓐ ⓑ ⓒ ⓓ	77	ⓐ ⓑ ⓒ ⓓ		
18	ⓐ ⓑ ⓒ ⓓ	38	ⓐ ⓑ ⓒ ⓓ	58	ⓐ ⓑ ⓒ ⓓ	78	ⓐ ⓑ ⓒ ⓓ		
19	ⓐ ⓑ ⓒ ⓓ	39	ⓐ ⓑ ⓒ ⓓ	59	ⓐ ⓑ ⓒ ⓓ	79	ⓐ ⓑ ⓒ ⓓ		
20	ⓐ ⓑ ⓒ ⓓ	40	ⓐ ⓑ ⓒ ⓓ	60	ⓐ ⓑ ⓒ ⓓ	80	ⓐ ⓑ ⓒ ⓓ		

password
(0~9 마킹란)

G-TELP Level 2
문항과 시험 시간

문법	26문항 / 20분
청취	26문항 / 약 30분
독해 및 어휘	28문항 / 40분
합계	**80문항 / 약 90분**